ウィトゲンシュタインと
レヴィナス

倫理的・宗教的思想

ボブ・プラント

訳者：米澤克夫（監訳）／寺中平治／菅崎香乃／
河上正秀／出雲春明／馬場智理

三和書籍

ジョイ（Joy）とジョン・ウォートン（John Wharton）に捧げる

WITTGENSTEIN AND LEVINAS:
ETHICAL AND RELIGIOUS THOUGHT
by Bob Plant

Copyright © 2005 by Bob Plant

Japanese translation rights arranged with
TAYLOR & FRANCIS GROUP
through Japan UNI Agency, Inc., Tokyo

Printed in Japan

この下品な笑いは私の心を引き裂いた。どうして彼らは、どこかで誰かが
絶望のあまり呻き、限りない苦しみを被っているときに、そのように笑うこ
とができるのだろうか。

　　　　　　　　ステファン・ツヴァイク（Stefan Zweig）『心の焦燥』

　問題は、どれだけ多くのものをあなたがそれから取り出そうとしているの
か、ということではない。どれだけ多くのものをあなたはそれに付け加えよ
うとしているのか、ということでもない。むしろ問題は、起こっていること
がいわゆるわれわれの関与に無関係であるように思われるときでさえ、われ
われはどんな予測不可能性に対してもどれだけ素直にイエスといおうとして
いるのか、ということなのである。

　　　　　　　　ジョン・ケージ（John　Cage）『月曜日からの1年』

目 次

はじめに ……………………………………………………………………… 1

謝　辞 ………………………………………………………………………… 4

序　論 ……………………………………………………………………… 7

取り憑き ……………………………………………………………………… 7

ウィトゲンシュタイン：極端な多元主義と自然性 ……………………… 10

ウィトゲンシュタインの「差異」への関心の哲学的動機は何であるか……… 10

「差異」は実際にどのように深くまで及ぶのか ……………………… 12

レヴィナス：生き延びた者の責め ……………………………………… 16

聖潔性とレヴィナスの反自然主義 ……………………………………… 18

「絶対的に他なるもの」への覚書 ……………………………………… 20

第1章　平穏の思想：ピュロン主義とウィトゲンシュタインにおける治療としての哲学 ……………………………… 27

まえがき ……………………………………………………………………… 27

信念の放棄：ピュロン主義的自然主義 ……………………………… 29

社会的カメレオン：ピュロン主義の倫理的・政治的意味 ……………… 37

ウィトゲンシュタインの文法的治療と病の源泉 ……………………… 41

世界を正しく見ること：ウィトゲンシュタインのレトリック…………… 50

ウィトゲンシュタインとピュロン主義的保守主義 …………………… 64

第2章　世界像を信頼すること：『確実性の問題』以後の知識、信念、倫理 ………………………………………… 79

まえがき ……………………………………………………………………… 79

ピュロン主義との共鳴：疑い、知識、信念の無根拠性 ……………… 81

iv

岩と砂：根本的諸命題と冒涜 ･･ 95

愚か者と異教者とドグマティズム：宗教的原理主義の問題 ････････････ 102

説得と改宗と他者を判断すること：『確実性の問題』の倫理的・政治的意味 ･･･110

第3章　多元主義、正義、傷つきやすさ：ウィトゲンシュタインの政治化 ･･････････････････････････ 137

まえがき ･･･ 138

政治、宗教、多元主義のレトリック ･･･････････････････････････････････ 138

全体主義とリオタールの不一致の政治学 ･･･････････････････････････････ 147

身体、魂、苦しみ、無道徳主義の妖怪 ･････････････････････････････････ 155

原始的なものと近代的なもの：フレーザーの『金枝篇』へのウィトゲンシュタインの批評 ･･ 167

リオタールの多神教的正義の再考 ･････････････････････････････････････ 172

第4章　幕　間：争いよりも平和を好む ･････････････････ 189

第5章　報いなき悲惨さ：宗教、倫理、罪悪感（責め）についてのウィトゲンシュタインの見解 ･････････････ 197

まえがき･･ 198

信念の帰結：ウィトゲンシュタインの躊躇の解釈 ･･･････････････････････ 199

霊魂の不滅と倫理的責任 ･･･ 208

罪、悲惨さ、悪しき良心 ･･･ 214

罪悪感（責め）、審判、ドストエフスキーの命法：報いなき宗教 ･･････････ 218

第6章　侵犯すること：ハイデッガーとレヴィナスにおける責めと犠牲、および日常的生 ･･････････････････ 237

まえがき ･･･ 238

v

| ハイデッガーの『存在と時間』における良心と責め | 239 |

レヴィナスの亡霊：侵犯することと存在することの暴力 …………… 247

責めと顔の文法 ……………………………………………………………… 252

告白：責めの単独性と日常的経験 ……………………………………… 262

第7章　倫理学の非合理性：レヴィナスと責任の限界 ……… 289

まえがき ……………………………………………………………………… 290

第三者のために神に感謝すること：政治的なものに取り憑かれること／
レヴィナスの祈り ………………………………………………………… 290

倫理の非合理性：レヴィナスの反自然主義 ………………………… 305

自然性にかんする諸見解：レヴィナス、ニーチェ、ウィトゲンシュタイン … 316

犬の吠え声：動物（としての）他者 ………………………………… 324

動物性 ……………………………………………………………………… 332

第8章　汚　染：レヴィナス、ウィトゲンシュタイン、デリダ … 349

まえがき ……………………………………………………………………… 349

幽霊屋敷：レヴィナスの住まいの現象学 …………………………… 350

歓待の危険性 ……………………………………………………………… 353

反復可能性の法から告白的なものへ ………………………………… 358

懐疑論、信頼、暴力 ……………………………………………………… 362

不可能なものについて（決断すること）…………………………… 369

永続的な信仰 ……………………………………………………………… 374

全体の要約 …………………………………………………………… 391

監訳者解説・あとがき …………………………………………………… 394

参考文献 …………………………………………………………… 408

人名・事項索引 ………………………………………………… 430

凡　例

1　本　書　は、Bob Plant：*Wittgenstein and Levinas* —— *Ethical and religious thought* —— , Routlege,　2005の全訳である。

2　原文の‘　’には「　」を用いた。イタリック体表記の書名には『　』を付した。

3　原文のイタリック体には原則として傍点を付した。

4　原文の（　）と［　］はそのまま用いた。

5　人名に関しては、必要に応じて原語のスペルを付しておいた。

6　巻末にあった原文の注は章末に移した。必要に応じて一部訳注を付けたところもある。

7　ウィトゲンシュタインの著作からの引用文の訳は、基本的に山本　信・大森荘蔵編集『ウィトゲンシュタイン全集』全10巻（大修館書店）、『原因と結果：哲学』（羽地亮訳、晃洋書房、2010年）、『ウィトゲンシュタインの講義：ケンブリッジ1932-1935年：アリス・アンブローズとマーガレット・マクドナルドのノートより』（講談社学術文庫、野矢茂樹訳、講談社、2013年）、『反哲学的断章——文化と価値』（丘沢静也訳、青土社、1999年）を用いさせていただいたが、訳語の統一性から一部変更した箇所もある。

8　レヴィナス、デリダ、ハイデッガー、ニーチェなどの著作からの引用文は邦訳を使わせていただいたり、参考にした箇所もあるが、最終的には原文の英訳に基づいて翻訳した。

9　他の著作の引用文において邦訳をほぼ全面的に使わせていただいた（訳語の統一性からごく一部変更した箇所もある）のは以下のものである（順不同）。

ディオゲネス・ラエルティウス著、『ギリシャ哲学者列伝』（下）、加来彰俊訳、岩波文庫、1994年。

セクストス・エンペイリコス、『ピュロン主義哲学の概要』、金山弥平・金山真理子訳、京都大学出版会、2005年。

ジョーゼフ・ヘラー、『キャッチ＝22』（下）、飛田茂雄訳、2007年。

T. モラウェッツ『ウィトゲンシュタインと知　『確実性の問題』の考察』、菅豊彦訳、産業図書、1983年。

N.マルコム『ウィトゲンシュタイン——天才哲学者の思い出』、板坂元訳、平凡社、1998年。

F. ニーチェ「道徳の系譜」『ニーチェ全集11』（ちくま学芸文庫）、信太正三訳、筑摩書房、1993年。

L. トルストイ『懺悔』（岩波文庫）、原久一郎訳、岩波書店、1961年。

P. ウィンチ「未開社会の理解」（『倫理と行為』所収）、奥雅博、松本洋之訳、勁草

書房、2009年。

J. デリダ『名を救う——否定神学をめぐる複数の声』、小林康夫・西山雄二訳、未来社、2005年。

F. ドストエーフスキイ『カラマーゾフの兄弟 第1-4巻』（岩波文庫）、米川正夫訳、岩波書店、1978年。

E. レヴィナス『他性と超越』、合田正人・松丸和弘訳、法政大学出版局、2001年。

——『観念に到来する神について』、内田樹訳、国文社、1997年。

はじめに

　本書は、1997年から2001年にアバディーン大学で、ジョナサン・フライデー博士（Dr. Jonathan Friday）とイアン・マクラクラン博士（Dr. Ian Maclachlan）の指導のもとで執筆された私の学位論文の修正版であり、縮約版である。やや長くなるが、まず本書成立の事情について述べておきたい。私は1992年（広い意味で「分析的」タイプの）哲学を研究し始めたが、すぐに倫理学と宗教の哲学に関するウィトゲンシュタイン（Wittgenstein）の後期の著作の意義に没頭するようになった。そのあと1995年から1997年に、私は大学院で現代の「大陸」哲学を研究した。このような研究の道筋をとった理由はまったく状況に依存した偶然的なものであるが、私が初めてレヴィナス（Levinas）に出会ったのはこの頃である。彼の哲学への最初の反応は敵意以外のなにものでもなかったということについて、私は言い訳するつもりはない。それにもかかわらずエッセイ集やインタビューの通読をとおして、私は次第にレヴィナスの思想のある側面に心惹かれるようになった（読者はお気づきになると思われるが、私はレヴィナスの独特な作品にはまったく納得させられていない）。そのころの私のテューターの一部を狼狽させたことだが、この時期を通じて私のウィトゲンシュタインへの関心は依然存続していた。私が初めて『確実性の問題』――彼の著作の他のどれよりも私を夢中にさせ続けているテキスト――を読んだのはこの時期である。これらの研究のすべては、ウィトゲンシュタインとレヴィナスにおける宗教的護教論の問題についての修士論文となって結実した。1997年に私はこの作品をもとに学位論文作成作業に着手した。

　本書の全体をとおして、私はいわゆる「分析的」伝統と「大陸的」伝統の両方から多くの哲学者の著作を利用している。けれども、これらすべてのなかでデリダ（Derrida）には特別席がリザーブされている。従って、本書の主眼となる論点が提示されたので、私は彼への私の関心について少し述べるべきであろう。

　私は非常に遅れてデリダの分量の多い著作に出会った。実は学位論文を始める以前は、私は意識的にデリダを避けてきた。私がそのころデリダにもっていたイメージ（多くの「分析」哲学を支配し続けているイメージ）は、――機知に富んでいて面白いが――、油断のならない「ポスト・モダンの」懐疑論者というものであった。だから多様な倫理的・政治的諸問題に関する彼の著作を読んだ

1

あとに、デリダが非常に人間味のある思想家であるばかりではなく、ウィトゲンシュタインと類似した仕方で反懐疑論的であったということに気づいて私は驚かされた。さらに近年の多くのレヴィナス的主題の明瞭な説明と展開において、デリダの著作は、私の最も継続的な多くの一貫した関心に自然に入り込んできた。それゆえ彼がウィトゲンシュタインとレヴィナスについての本書の以下の分析の中に「しばしば訪れる(haunt)」ことが許されるということは、私にはまったくふさわしいように思えた(そして今もそのように思えている)。

　さてここまで書いてくれば、このような自叙伝的な詳細からきちんとした一連の物語を完成させることがこの際しきたりであろう。しかしそのようにすることは本書がどうして現れたのかについて誤った印象を与えるだろう。そうするかわりに私はウィトゲンシュタインの最後の覚書である『確実性の問題』から若干の文章を引用したいと思う。というのもそれは、以下の章の中心的主題を要約しているからである。

　『確実性の問題』の終わりころに、ウィトゲンシュタインは、その信念や実践が彼自身のものとは「根本的に」異なっているように思えるひとびとを想像している。

　　私が物理学の命題に従って自分の行動を律しているということは、間違いなのであろうか。しかるべき理由は何もない、というべきであろうか。それこそわれわれが「しかるべき理由」と呼ぶものではあるまいか。……その理由を適切とは見なさないひとびとにわれわれが出会った、と仮定しよう。われわれはこれをどう考えたらよいか。彼らは物理学者の見解を尋ねるかわりに、神託に問うようなことをするのである。(だからわれわれは彼らを原始人と見なす。)彼らが神託を仰ぎ、それに従って行動することは誤りなのか。——これを「誤り」と呼ぶとき、われわれは自分たちの言語ゲームを拠点として、そこから彼らのゲームを攻撃しているのではないか。……ではわれわれは彼らの言語ゲームを攻撃することは正しいか。それとも誤りか。勿論ひとはさまざまなスローガンを動員して、われわれのやり方をもち上げようとするだろう。……二つの相容れない原理がぶつかり合う場合は、どちらも相手を蒙昧と断じ、異端と謗る。……さきに、私は他人を「攻撃」するだろう、といった——だがその場合、私は彼に理由を示さないであろうか。勿論示す。だがどこまで遡るかが問題である。理由の連鎖の終わるところに説得がくる(宣教師が原住民を入信さ

せるときのことを考えてみよ）。

(1999：§§608-12)

これらの若干の断章においてウィトゲンシュタインはレトリックや対立や合理的正
当化に関するたくさんの厄介な問題を提起している。『確実性の問題』を初め
て読んで以来、私は自らがこれらの懐疑論的文章に絶えず引き戻されるのに気
づいた。だがそのとき、現在においても同様だが、ここでウィトゲンシュタインが提
示している諸問題は、より一般的な認識論的反応のみならず、倫理的な反応を
要求しているように私には思えた。本書がそのような要求に答えるという方向に
少しでも前進しているというのが私の希望である。

　最後に一言。本書を通じて、私は過度と判断されかねないくらい多量の注参
照や索引を列挙した。そのことの弁明として私は二つのことを述べておきたい。
第一点目。私が引用した多くの文献は、索引がつけられていない（デリダの出
版社は特にこの点に罪がある）か、不十分にしか列挙されていない。このこと
は、承認されるような正当化もない非常に失望させるような慣例であるように私
には思われる。第二点目。本書はウィトゲンシュタインとレヴィナスについての最
初の論考である。だから私は、当面の主題と関係がある可能な限り多くの資料
を提示することが重要だと感じたのである。

ボブ・プラント

シェフィールドにて、2004

3

謝　辞

　本書はジョナサン・フライデー（Jonathan Friday）およびイアン・マクラクラン（Ian Maclachlan）の激励と、哲学的厳しさと、治療的笑いがなければ、完成できなかったであろう。またアバディーン大学において彼らの監督のもとで私が過ごした時間が、最高に幸福な思い出だけを残してくれたのは、彼らの友情のおかげである。私はまたその助力と、とりわけいわゆる「分析的／大陸的分離」を公然と無視することに先例を作ったことに対し、サイモン・グレンディニング（Simon Glendinning）に感謝したいと思う。アバディーン大学の哲学科と仏文科には、非常に歓待的な研究環境に対して、そしてまたポール・トマージ（Paul Tomassi）とゴードン・グレアム（Gordon Graham）には、特に第2章と第3章の初期の草稿への彼らの批評に対して、心から謝意を表したい。エリック・マシューズ（Eric Matthews）には私の学位論文への彼の洞察に満ちた批評に対して、そしてピーター・バウマン（Peter Baumann）には（デリダの定式化を借りれば）「日̇常̇的̇な̇も̇の̇の̇内̇部̇における非日常的なものの産出」への私の気づきを鮮明にしてくれた非常に多くの刺激的な会話に対して感謝したい。ジャッキー・ラトリ（Jackie Rattray）とオードリー・スモール（Audrey Small）には、その友情と寛大さに対して特に感謝したい。

　本書の諸節は多くの雑誌に（短縮された形で）発表された。ここでそれらの論文の一部の転載を許可してくださったことに対し、それらの雑誌に対してお礼を申し上げたい。第1章のバージョンは、「哲学の終焉：レトリック、治療、ウィトゲンシュタインのピュロン主義」（'The End(s) of Philosophy：Rhetoric, Therapy and Wittgenstein's Pyrrhonism', in *Philosophical Investigations*, Vol.27, No.3（July 2004）,222-57）として発表された。第2章の部分は、「われわれの自然的性質：ウォルターストーフのリード・ウィトゲンシュタイン論」（'Our Natural Constitution：Wolterstoff on Reid and Wittgenstein', in *Journal of Scottish Philosophy*, Vol.1, No.2（Autumn 2003）,157-70）として発表された。第2章と第3章の部分は、「冒涜、ドグマティズム、不正義：『確実性』の粗い刃」（'Blasphemy, Dogmatism, and Injustice：The Rough Edges of *On Certainty*', in *International Journal for Philosophy of Religion*, Vol.27, No.2（October 2003）,101-35）として発表された。第5章と第6章は、「出口な

き倫理学：レヴィナスとマードック」（'Ethics without Exit：Levinas and Murdoch',in *Philosophy and Literature*,Vol.27,No.2（October 2003）,456-70）として発表された。第5章と第7章は、「デリダとレヴィナスの関連を正当に論じること：マーク・ドゥーリーへの返答」（'Doing Justice to the Dorrida-Levinas Connection：A Response to Mark Dooley',in *Philosophy & Social Criticism,* Vol.29,No.4（July 2003）,427-50）として発表された。私はまた本書の当初の草稿へのコメントに対して3人の匿名の査読者に感謝したい。またその助力とこの企画への激励に対して、ラウトレッジ（Routlege）社のジョー・ホワイティング（Joe Whiting）、アムリスト・バンガード（Amrist Bangard）、テリー・クラーグ（Terry Clague）、イェリッツ・アリ（Yeliz Ali）、そしてウェアセット（Wearset）社のゲイル・ウエルシュ（Gail Welsh）、アラン・フィドラー（Alan Fidler）の諸氏にもお礼を申し上げたい。

序　論

　　われわれのこの人生は病院である。そこではすべての患者がベット
を替えたいという欲望に取り憑かれている。ストーブのそばで苦しむこ
とを好む者もいるだろうし、窓のそばですぐによくなるだろうと思っている
者もいる。私は常に、いつもいる場所以外のどこかですぐに癒えるだろ
うという気がしている。そして引っ越しという考えは、私がたえず私の
魂と議論している問題である。

C. ボードレール（C.Baudelair）『散文詩』

　　もしわれわれの状態が本当に幸福であったら、われわれは幸福にな
るために、それからわれわれの思いをそらそうとする必要はないだろう。

B. パスカル（B.Pascal）『パンセ』

取り憑き

　レヴィナスはかつて、彼の著作が構造主義に反対して「主体性をある形態に
おいて保持しようとする企て」を表現しているのかどうかと問われたことがあっ
た。彼の答えは明快で、「この主題に関する私の思想は、構造主義とは反対
の方向を向いている」というものであった。レヴィナスの関与は、もちろんデカルト
的な「自己自足的なコギト」（Levinas 1984：63）に対するものではなく、むしろ
倫理的な主体に対するものである。というのも、「他者（the other）はわれわ
れの存在論的実存に取り憑き（haunt）、魂を覚醒させ、たとえわれわれが存在
論的に他者を拒絶する自由をもっているとしてさえ、われわれは永久に、悪しき良
心（葛藤ある良心）（bad conscience）[訳注1]で非難され続ける」（ibid.:63−4）
からである。この文の哲学的根拠やその意味するところはほとんど自明ではな

7

いとしても、それから本書を始めるための二つの理由がある。第一に、私の目標の一部は、ここに表現されている思想がレヴィナス哲学の核心部分を形成しているということを示すことである。「他者はわれわれの存在論的実存に取り憑く」ということは、レヴィナスの著作を貫いている導きの糸である。この文を引用した第二の理由は、それが私の論証の中心的主題をもっと広い範囲で際立たせてくれるからである。ここでなぜそうなのかを説明したい。

　人間主体は他者たち（others）との関係から離れて適切に理解されることはできないということは、ほとんど哲学的興味をひかない一般的に広くゆきわたった主張である。重要なのは、この関係についてのレヴィナス特有の理解が、どのように主体性の明瞭な倫理的説明を与えるのかということである。従って私が多くの倫理的、政治的、宗教的脈絡のもとで解明しようするのは、先に言及した「取り憑かれる」という概念である。しかし主体性の問題をこのようなやり方で立てることは、同時にわれわれをウィトゲンシュタインの思想のある側面の圏内に引き寄せることである。このように述べることは、ウィトゲンシュタインの後期の著作が「自我（the self）の展開された観念」（Werhane 1995：62）を欠いているように見えるということから考えると、驚くべき主張であるように思えるかもしれない。「自我」ということでデカルト的思惟実体に類似したものが意味されているのであれば、このことは正しいといえるかもしれない。それにもかかわらず、認識論的テーゼに関するウィトゲンシュタインの著作への定型的アプローチにおいて、容易に看過されている彼の著作における倫理的主体性の一つの意味がある。もちろんこの倫理的側面を解明することは、かなりの文献的再構成を必要とする。そのことはまた、頻繁に引用されるウィトゲンシュタインの見解の一部について慎重な吟味を必要とする。私は、ウィトゲンシュタインが倫理的主体性について体系的な説明を提示していると指摘するつもりはない。それにもかかわらず、そのような体系的な説明の可能性について重要な示唆を彼は与えてくれているということを私は論証したいと思う。レヴィナスの思想が密接に関連してくるのはまさにこの点においてである。

　レヴィナスの著作は、洞察力に富んでいると同様に、しばしばわれわれを当惑させる表現を含んでいる。実際彼の一般的なテキスト表現はしばしば、伝統的に「哲学的」と呼ばれるものよりもむしろ「詩的作品」（Wittgenstein 1994a：24）に類似している。だがそれにもかかわらずレヴィナスの思想は、哲学的内

容に富んでいる。これから説明するように、レヴィナスに馴染みのないひとびとにとって（あるいは私自身のように、馴染みの感覚が彼によって絶えず崩壊させられることがありうるということに気づいているひとびとにとって）、彼の著作は、前期（そして論争のあるところだが後期[2]）ウィトゲンシュタインに従えば、「示される」ことしかできないものを「語ろうとする」一貫した企てとして有用に読まれることができるだろう。つまりレヴィナスの絶えざる「言語の限界に逆らって」（933：44）の突進は、ウィトゲンシュタインが「絶対的に希望がない」（ibid.：44）と同時に最も「重要な」（1996b：94）仕事と考えた「真に倫理学の本である倫理学の本」（ibid.：40）を書こうとする彼の企てを表現している[3]。ウィトゲンシュタインの前期の思想のこのような側面は、レヴィナスへ至る最初のルートを与えてくれる。しかしながら私の主たる関心は、レヴィナスと後期ウィトゲンシュタインの間には興味深いさらなる相関関係があるということを示すことである。なぜなら、二人の哲学者の方向性は非常に異なっているように見えるかもしれないにしても、それでもウィトゲンシュタインは多くの「レヴィナス的」主題について語るための価値ある事柄を有しているからである。二人の哲学者は倫理性の「文法」と宗教性の「文法」の関係に関心をもっているだけではなく、（たとえば）人間の顔（the human face）、傷つきやすさ（vulnerability）、罪悪感（責め）（guilt）[訳注2]に注意を払っている。

　本書の各章で私は「分析哲学的」伝統と「大陸哲学的」伝統の両方から多くの哲学者の著作を引用したが、デリダにも特別な場所を用意しておいた。彼の思想は、さまざまな思想の評価の基準を提供してくれるからである。しかしながら、私のデリダへの主たる関心は倫理的、宗教的諸問題に関する彼の近年の著作にあるということには、特に言及しておかなければならない[4]。特に私の関心をひくのは、デリダが、贈り物（gift）と歓待（hospitality）と住まい（家）（home）のアポリア、倫理的生の犠牲的構造、そして「善き良心（葛藤なき良心）（good conscience）」のさまざまなたくらみについての彼の省察における多くのレヴィナス的モチーフを、どのように問題化し、作り直しているかということである。デリダとレヴィナスの関係について利用可能な重要な二次的文献[5]（そしてデリダとウィトゲンシュタインへの部分的関心[6]）は存在するが、目下のところ、ウィトゲンシュタインとレヴィナスについて利用可能な詳細な著作はまったく存在しない[7]。そのような理由から私は二人の哲学者についていくばくかのことを順

次述べることによって、私の構想を具体化したいと思う。

ウィトゲンシュタイン：極端な多元主義と自然性

　後期ウィトゲンシュタインは体系的な思想家ではないとしても、彼の後期の著作はいわば広範囲に採石が試みられ、それらの中心的「論証」が抽出されてきた。しかしこの一般的な哲学的抽出の試みは、そこにおける広範囲にわたる治療的・自然主義的洞察をほとんど考慮しないで企てられてきた[8]。ウィトゲンシュタインは繰り返し「諸言語ゲーム」（1958：§24）、「諸生活形式」（ibid.：p.226）、「諸世界像」（1999：§167）という用語を強調しているので、彼の後期の著作はしばしば基本的に言語的・概念的「多元性」にかかわっているものと見なされている。彼の公言された「関心は、同一に見えるものが実際は異なっているということを示すことにある」（Drury 1981：171）ということを考えてみれば、このことはおそらく驚くことではないだろう[9]。それにもかかわらず二つの重要な問題がここで提示される必要がある。（1）ウィトゲンシュタインの「差異（differences）」への関心の哲学的動機はどのようなものであるか[10]。（2）そのような「差異」は実際にどのように深くまで及ぶものなのか。これら二つの問いにおいて問題となっているのはどんなことであるのか、そしてまた各々の問いが私の論証において演じる役割が何であるのか手短に述べてみよう。

ウィトゲンシュタインの「差異」への関心の哲学的動機は何であるか

　第1章で私は、この問題がウィトゲンシュタインの広範囲にわたる治療的着想の考察によってのみ答えられることができるということを論証する。先に述べた彼の「差異」への強い関心を動機づける決定的なものは、理論的な当惑から解放された生への彼の願望である。これらの当惑が生じるのは、言語が「われわれを思考へとそそのかす」（1958：§93）からである。つまり言語は、ウィトゲンシュタイン自身がかつてそう考えたように、哲学的諸問題が「ア・プリオリで……最高に単純な」（ibid.：§97）事物の本質と、特に「言語の本質」（ibid.：§92）を発見することによってのみ答えられることができると思いこませてしまうからである。後期ウィトゲンシュタインは、この本質の仮定がどのようにしてそれらの当

惑——われわれはそこから解放されることを求めることになるのであるが——を募らせることになるかを説明することを企てている。もしわれわれが抽象的な理論化（とそれを導く「結晶的な純粋性という先入観」）に抵抗し、それに代わって言語が「日常生活において」（ibid.：§108）実際に機能している多様な仕方を記述することにかかわるならば、われわれは異なった言語ゲームが異なった多かれ少なかれ複雑に絡み合った「諸規則」によって支配されているということに気づく。この「所与」（ibid.：p.226）としての多様性[11]を承認し、尊重することによってのみ、われわれの「本質」への強迫観念とこれによって生み出される哲学的不安を回避できる。

　しかしながらウィトゲンシュタインの概念的誘惑への専心は、前例のないものではない。かくして多くの顕著な類似性が、彼の著作とピュロン主義的懐疑論との間に生じる。ウィトゲンシュタインとセクストス・エンピリコス（Sextus Empiricus）は共に明らかに治療的な用語で彼らの各々の企てを構想し、概念的不安から解放された哲学のない生という理想を同じように共有している。しかしまたここで認識される必要があるのは、各々の哲学の倫理的・政治的意味である。セクストスにとってこのことは、理論的思弁を生活から退けることと、自然な「アタラクシア（*ataraxia*）」（平静な心の状態）を教化することである。従ってわれわれの「動物」としての本性を取り戻すことは、それがまたわれわれから倫理的・政治的関与の重荷からも解放してくれる限りにおいて、倫理的に有意義である。つかの真の「現象」（1996：1：19）から手引きを得ることによってのみ、そしてわれわれの直接的な共同体の「伝承された法律や慣習」（ibid.：1：24）に受動的に順応することによってのみ、われわれは「アタラクシア」を手に入れ保持できる。これらのピュロン主義がどのような意義をもつかは、厄介な問題を含んでいる。それにもかかわらずピュロン主義の意味は、やや不明瞭な後期ウィトゲンシュタインの倫理的・政治的意味をうまく処理するのに非常に有用である。ウィトゲンシュタインの多様性、多元性への没頭と「言語の現実の使用」（1958：§124）をただ記述することへの関与を考慮することによって、彼の著作はしばしば、擬似ピュロン主義的「保守主義」かつ／または（and/or）相対主義ではないかと疑われてきた。ここから第二の問いが導かれる。

「差異」は実際にどのように深くまで及ぶのか

　この問いに答えるためには、ウィトゲンシュタインの後期の思想を支えている最小限の自然主義（the minimal naturalism）に注目しなければならない。もしわれわれが諸言語ゲームや諸生活形式や諸世界像の多様性の内部に根本的な「差異」が存在しているのに気づくならば、社会的な領域は限りない対立（conflict）、あるいは（リオタール（Lyotard）の用語を使えば）「不一致（dissensus）」の領域として正当に特徴づけられることができる。ウィトゲンシュタインが述べているように、「二つの相容れない原理がぶつかり合う場合は、どちらも相手を蒙昧と断じ、異端と謗る」（1999：§611）。この説明においては、そのような党派集団の間に非強制的なコミュニケーションが成立する見通しは、とりわけ「理由の連鎖の終わるところに説得がくる（宣教師が原住民を入信させるときのことを考えてみよ）」（ibid.：§612）のであるから、ますます厳しくなるように思える。そのような見解が『確実性の問題』では一般的である。だからこのテキストがウィトゲンシュタインの最も保守的で相対主義的な著作と見なされてきたのは、驚くにはあたらない。そのように告発するひとびとは、『確実性の問題』を幾分かは倫理的・政治的意義を有するものとして正しく評価しているとしても、彼らはその内的な複雑性を過小評価している。というのも、徹底的に吟味してみれば、諸世界像の間のこれらの「差異」と対立の奥深さが、そのような評価では、十分に捉えられていないことが明らかになるからである。ウィトゲンシュタインは「普遍的な事態」（ibid.：§440）にそれとなく言及しているばかりでなく、「動物としての……、原始的な存在としての人間」（ibid.：§475）と、すべての言語ゲームにおける「信頼（trust）」（ibid.：§509）の排除しがたい役割[12]への彼の考察は、社会的な領域は基本的にばらばらに分離されてはいないということを示唆する。むしろ彼が他の別のところで示唆しているように、「人間共通の行動様式」（1958：§206）こそ、人間の生活がそのもとで意味をもつ自然の背景を与えてくれるのである[13]。（後に論じるように、この論点は、言語的振る舞いの「前言語的」（1990：§541）、「原始的な振る舞い」（ibid.：§545）からの派生的性質に関するウィトゲンシュタインの見解と、人間の身体や顔や魂への彼の多くの考察において支持されている。私はウィトゲンシュタインの自然主義を、「最小限の」自然主義として、あるいは「表層の自然主義（a 'naturalism

of surfaces')」（Gaita 2003）と呼ばれうるものとして表現した。これは故意
の多義的表現である。というのも私がウィトゲンシュタインに帰属させている種
類の自然主義とは、——第3章で論じられるように——もっとも極端な反自然
主義的、反基礎主義者的思想家によってさえ必然的に前提されているものだ
からである。従ってこの最小限の自然主義は、人間、文化、歴史的時代と人間
的動物および非人間的動物との間の真の「差異」に還元可能でもないし、かと
いってそれに鈍感なわけでもない。だがおそらくこの論点を表現する最良の方
法は、ウィトゲンシュタイン自身の「諸概念ときわめて一般的な自然の諸事実の間」
（Wittgenstein 1958：p.230）の関係への言及である。なぜなら、私も同様に
「人間の自然史（誌）に対する考察」を行い、それによって「何人も疑わなかっ
たが、しかし［しばしば］われわれの眼前にあるがゆえに注意されることのなかっ
たことの確認」（ibid.：§415）をしたいと思っているからである。

　これまで示唆したように、ウィトゲンシュタインの自然主義は『確実性の問題』
においては直接的には明瞭ではない。それにもかかわらず、もしこのテキストを
（私が第3章で行ったように）別の思想家たちと比較して読み解こうとするなら
ば、ウィトゲンシュタインの自然主義がどのようにして彼の治療的企てと適合する
のかについてもっと明快な見方が得られると思われる。さらにウィトゲンシュタイ
ンの後期の著作のこの側面を確認することによって、われわれは、特に宗教的
事柄にかんする思想、つまりウィトゲンシュタインの一見した反護教論的「信仰主
義（fideism）」に行われた密接に関連する非難に応答することができる[14]。ス
マート（Smart）が簡潔に述べたように、ウィトゲンシュタインの宗教へのアプロー
チ（あるいは少なくともこのアプローチにかんするある解釈[15]）は、「自分自身の
宗教とは異なった宗教の研究を……時間の無駄だということにしてしまうので、
それは私から仕事を奪ってしまうことなる、あるいは少なくとも半分の仕事を奪っ
てしまうことになるという理由から」（Smart 1971：173）、問題をはらんでいる。
「ウィトゲンシュタイン的信仰主義」の問題は、ウィトゲンシュタインの自然主義の
光のもとで吟味してみるための有用なテスト・ケースを与えてくれる。そして私
は第5章で、信仰主義の問題はウィトゲンシュタインの思想のこの重要な側面の
軽視によってのみ生じるのだということを論証したい。彼の後期の著作のまった
く定説的な擬似共同体主義的な読み方[16]では、彼の見解の多くは、信仰主

的な結論にいたるように見える[17]。かくして信仰者と非信仰者は各々「まったく異なった種類の推論」（1994b：58）を用いるのであり、「まったく異なった地平」（ibid.：56）に留まっているとウィトゲンシュタインが主張するとき、彼は急進的な共約不可能性（inommensurability）のテーゼに関与しているように見える。しかしながら「フレーザー『金枝篇』について」においてウィトゲンシュタインがフレーザー（Frazer）の「原始的な」[18]宗教的・魔術的実践の人類学を批判するとき、彼は「迷信的な」実践と「今日の真に宗教的な行為」の間の「連結項を発見することの重要性」（1996a：69）を強調している。フレーザーが考慮に入れることに失敗していることは、彼が記述している儀式がいかに人間の「一般的な傾向性」（ibid.：78）や「血縁関係」（ibid.：70）や「共同的霊」（ibid.：80）を反映しているかということである[19]。このようにして「死、誕生、性生活」（ibid.：66-7）と結びついたこれらの特殊な「諸現象」のなかに[20]、人間の生活——それが測り知れないほどの社会的・歴史的な多様性をもっているとしても——を統一するもっとも基本的な特徴が見出される。しかしそのようなウィトゲンシュタインの一連の見解は、宗教的な信念の問題を越えたより一般的な倫理的・政治的関心に関するものである。このことは、共感の「統一原理」（Greisch 1999：50）についての後期ウィトゲンシュタインとウェルナー・マルクス（Werner Marx）の著作の相違にかんするグレーシュ（Greisch）の近年の見解に見られることができる。かくして、グレーシュは次のように嘆いている。

　　後期ウィトゲンシュタインの思想に馴染んでいるひとは誰しも、憐みの倫理学が諸言語ゲームとそれに対応する諸生活形式の異質性を克服できると見積もっている［ウェルナー・マルクス］のオプチミズムを共有することに困難を見出すだろう。

（1999：58）

グレーシュとスマートは、ウィトゲンシュタインの後期の著作について同じ一般的な懸念（つまり、それは人間の生を根本的に共約不可能な「諸生活形式」へと分離してしまうという懸念）を表明している[21]にもかかわらず、その問題に著しく倫理的・政治的な新味を加えている。このような強調は正しい。なぜなら宗教的な「信仰主義」の問題はすでに、特に自分自身のものとは異なった「世界

像」と公平にかかわるにはどうしたらよいかという倫理的・政治的問題であるから
である[22]。しかしながらグレーシュの見解にかんして顕著なのは、彼がいかにウィ
トゲンシュタイン自身の思想における「原始的な」振る舞い（「共感」の振る舞い
も含めて）（Wittgenstein 1993：381）――倫理的・政治的生はそれらに依
拠しているのであるが――の役割を看過しているかということである。

　さて以上が本書の前半の章が定位されている内容である。しかし
第5章で私はある「宗教的な」主題に関するウィトゲンシュタインの倫理化
（ethicalization）に焦点を当てることにする。特にここで筆者の興味を喚起
するのは、「霊魂の不滅」という概念と「責任という倫理的観念」という概念の
関係、および後者の概念が「死さえ止めえない」（1994b：70）罪悪感（guilt）
の経験とどのように結びつくのかについての彼の提言である[23]。ここで表現さ
れている所感は、ウィトゲンシュタインの著作では特に変わったものではない。と
いうのも、そこで暗示されている倫理的「べき」と存在論的「できる」の間の分裂
は、真の宗教性に関する彼の説明で繰り返し指摘される特徴だからである[24]。
だから第5章で私は、ウィトゲンシュタインの反護教論を本質的に信仰主義的な
ものとして読むかわりに、信仰者が自らの宗教的帰依に対する「お返しとして」
何も約束されないという宗教性の倫理化された概念を示唆しているものとして
彼を読む可能性について論じる。終末論的保障なしの信仰の可能性は、私が
信じるところでは、「［彼の宗教的確信を］定言的に……述べるひとは、それに
ついて護教論的であるひとよりもずっと知的であった」（ibid.：62-3）というウィ
トゲンシュタインの主張の哲学的により興味深い理解の仕方である。それはま
たわれわれが宗教的信念と倫理的責任の関係を解明するのに寄与する。だ
がこの期待を掻きたてる可能性にもかかわらず、ウィトゲンシュタインは決して宗
教と倫理に関する彼の見解を体系的に構築しなかった。しかしながら明白な
ことは、彼は人間の生の宗教的側面と倫理的側面は密接に結びついている――
従って倫理との関係なくしては宗教にはいかなる真の意義も与えられない――
ということをかたく信じていたということである。かくしてウィトゲンシュタインの断
片的な考察は、補足を必要とする。そして――第6章と第7章で論じるように
――レヴィナスがこの補足を与えてくれる。

15

レヴィナス：生き延びた者の責め

　レヴィナスもまたウィトゲンシュタインと同様に、宗教と倫理を分かちがたいもの
と見なしている。しかし彼はウィトゲンシュタインよりもさらに先に進み、「他者
（the other）との関係」を「宗教」として記述している（Levinas 1996a：7）。つ
まりわれわれは「神の非存在論的概念」を探し求めなければならない。そして
このことは、「他者［人間］との関係から出発して」（2000：180）のみ可能である。
それでもまだレヴィナスとウィトゲンシュタインとの間には、多くの重要な並行性が
浮かび上がってくる。たとえば二人とも、傷つきやすさと苦しむこと（suffering）
を他者たち（others）との関係において基本的なものとして見ている。さらにそ
の沈黙の（「『汝殺すなかれ』」（1998b：186））において「命令と要求」を構成
している「顔」の倫理的意義についてのレヴィナスの考察は、ウィトゲンシュタイン
自身の身体と顔への見解を有効な形で拡張している。私はこれらの相関関係
を第6章と第7章で強調している。しかしウィトゲンシュタインの宗教と倫理にか
んする思想の一部をわれわれに鮮明にさせてくれるレヴィナスの著作の一側面
がある。レヴィナスの倫理学は、そのようなものとして示されるのはまれにしかな
いにもかかわらず、「生き延びた者の」（2000：12）責め（罪悪感）（guilt）と
いう非常に特殊な責めの概念に取り憑かれている。端的に述べれば、レヴィナ
スは、私がただ世界内に存在するという理由だけで私は他人（anoter）を犠牲に
して生きている、と主張している。彼は「もし強奪者（usurper）でないとすれば、
個人とは何であろうか」、「良心の到来ということが、私のそばの死体の発見や、
暗殺による生きることへの私の恐怖でないとすれば、それは何を意味するのだろ
うか」（1997a：100）と比喩的に問うている。従ってハイデッガーの存在論へ
の専心に挑戦して、レヴィナスは、「私が存在することは正当化を要求する。存
在すること、そのことはすでに他人の場所を占領していることであるのではない
のか。現存在（Dasein）のそこに（da）はすでに倫理的問題である」（1993：
48）と主張している。そのようなものとして第一の問いは、「なぜ無ではなく存
在するのか」ではなく、むしろ「存在することは正当であるか」（ibid.：92）であ
る。これらが衝撃的なテーマである理由は、少なくともレヴィナスはそのような責
めが和らげられうるという示唆を否認しているからである。むしろわれわれの他
者への関係は、「防御する日よけなしに鉛色の太陽のもとにいるのと同じように、

避難所なしに人前に身をさらすこと」（2000：196）である。なぜなら、実際のところ責任（responsibility）は「われわれがそれに応じるにつれて増大し、その負い目（debt）を無罪放免とすることは不可能である」（ibid.：125）からである。他者に対して「われわれのツケ（勘定）は決して清算されない」（1993：125）のは、われわれは常にこの他者（*this* other）に対してもっと多くのことをなしえたというだけではなく、またこの他者に対するもっとも倫理的な反応でさえ常に別の他者（*another* other）を犠牲にしているからである。倫理学のまったく非目的論的なレヴィナスの概念こそ、宗教性が特定の宗教的世界像によって約束された「ハッピー・エンドから独立して」（1988a：175）考えられる必要があるとされる理由である。それゆえ私は第6章において、レヴィナスの責めの概念が、（1）1940年代のナチの死の強制収容所と、（2）ハイデッガーの『存在と時間』という二重の源流をもっているということを認識してのみ、適切に理解されることができると論じるだろう。私はここでこの二重のアプローチを簡略に説明しておきたい。

　レヴィナスの思想は、彼自身の告白によれば、「ナチの恐怖の記憶」（1997a：291）によって「支配されている」。実際彼の著作は、「われわれはアウシュビッツ以後において絶対的な命法について語りうるだろうか。われわれは道徳性の欠如のあとに道徳性について語りうるだろうか」（1988a：175）という問いに答えようとする一貫した企てである。レヴィナスのレトリックは、より「告白的な」ホロコーストの作家のそれと並行性を有しているだけではなく、他者の「裸性（nakedness）」（1993：102）、「曝露（exposure）」（1998b：145）、傷つきやすさ（vulnerability）」（1996a：102）への関心は、必然的に、われわれを死の強制収容所の日常的現実へと連れてゆく。しかもレヴィナスの著作においてホロコーストの哲学的な力が真に浮かび上がってくるのは、「生き延びたことの恥」についての彼の文章においてである。

　レヴィナスの倫理学をハイデッガーの存在論に関係づけることは、ハイデッガー的構想の倫理的・政治的意味についてのレヴィナスの疑念を考慮すると、かなり心もとない企てである。レヴィナスは、『存在と時間』が「哲学の歴史におけるもっとも優れた書物のひとつ」だと見なしているとしても、ハイデッガーの悪名高いナチへの加入（と特に彼の「ホロコースト……についての沈黙」（1989：487））がその「驚嘆すべき書物」（ibid.：488）の中心的主題か

17

らまったく分離させられることができるかどうかについては、不確かなままである。それにもかかわらず（「良心の呼び声（call of conscience）」と存在論的「責め」（ontological 'guilt'）にかんする）『存在と時間』の第54章から60章は、レヴィナスの倫理学と、レヴィナスの中心的主題の多くのデリダによる後年の展開の両方を理解するのにきわめて重要であると私は第6章で指摘するだろう（私は第8章でデリダについて明示的に論じるだろう）。これらの主題は、レヴィナスが拒絶する「自らの存在において、まさにこの存在を問題としてもっている当の者」（that 'entity which in its Being has this very Being as an issue'）（Heidegger 1999：p. 68）としての現存在のハイデッガーの分析と密接に関連しているにもかかわらず、それらはレヴィナスに対して、彼自身の倫理化された主体性——つまり、それ自身の「存在の可能性（potentiality-for-Being）」によってだけではなく、その残忍な世界内存在に異議を申し立てる他者（the other）によって取り憑かれている主体——の説明のための生の哲学的素材を与えてくれる。

聖潔性とレヴィナスの反自然主義

ウィトゲンシュタインの自然主義が注釈者たちによって過小評価されてきたとすれば、レヴィナスの反自然主義は注目されてさえこなかった。私は第7章で、この怠慢がなぜ起こったかを、次の二点を考察することによって明らかにしたい。(1) なぜレヴィナスが彼の倫理学を明らかに「宗教的」語彙で語ったのか。(2) どのようにして彼の倫理学は明らかに味も素っ気もない「自然性」という概念から益を得るのか。ここでの中心的問題は、他人（another）（そして「聖潔性（聖潔的なもの）(saintliness)」(1998a：172)あるいは「報いなき愛は価値がある」(ibid.：172)というわれわれの一貫した信念）のために、われわれ自分自身の利益や福祉を犠牲にするときに、「人間性（人間的なもの）は純粋な存在（pure being）と断絶する」というレヴィナスの主張である。手短にいえば、人間は「聖潔性……つまり自分自身の存在よりはむしろ他者の存在をずっと愛しているひとを、賞賛することができない」(ibid.：172)ので、「非理性的な動物」である。この主張はレヴィナスの宗教性の概念の核心に存在するだけではなく、また彼の反自然主義を基礎づけるものである。というのも彼は、「存在論の第一の真

理は存在するための競争（the struggle to *be*）［である］」し、自然の領域を支配しているのはまさにこの原理であると主張しているからである。存在の諸法則に反して、倫理学は「私の自然的意志の残忍性が私自身の実存の第一次的なものとなることを禁じるのであるから、自然に反している」（1984：60）。

　レヴィナスの反自然主義の一つの帰結は、彼の倫理学の（申し立てによれば）「徹底的な」再考察が、ただ単に伝統的な人間中心的仮定を繰り返しているということである。だから彼は、「ひとはまったく動物の顔を拒絶することはできない」としても、「ここでの優先権は、動物の顔にではなく人間の顔に見出される」（1988a：169）、そして非人間的な動物への倫理的関心は「苦しむことの観念の動物への感情転移から生じる」（ibid.：172）と主張している。レヴィナスによれば、他者たちへの真の関心は、人間の動物的構成要素からの絶対的な断絶だけではなく、また「合理的（reasonable）なもの」からの断絶を特徴づけている。ウィトゲンシュタインは、この後者の論点、つまり、倫理性（倫理的なもの）は「合理性（reason）」に基づいていないという論点について同意するだろう。しかしながら、それゆえに倫理学は「非合理的（unreasonable）なもの」であるというレヴィナスの結論は吟味されなければならない。ここでは、ウィトゲンシュタインの用語を借用して、倫理的な生は「合理的ではない（また非合理的でもない）」（Wittgenstein 1993：§559）ということの方がベターであろうと私はいいたい。というのも、ここで「合理性」について語ることは、「われわれが……無分別な（irrational）ものとして、［あるいは］知性（intelligence）などの低い状態に相当するものとして『かたづけてしまうこと』に……慣れている」（1993：389）そのような自然的、原始的な現象から、注意をそらしてしまうことになるだろうからである。レヴィナスは、「自分の場合のみならず、他人の痛みの箇所を手当てし、治療すること……これらは原始的な反応である」（Wittgenstein 1990：§540）という可能性を無視している限りにおいて、自然的領域を正確に表現してはいない。要するにレヴィナスの自然性（自然的なもの）にかんする味もそっけもない説明は、同時に、（「聖潔性」も含めた）倫理的な生の基礎をなすそのような原始的な諸反応、つまりわれわれが多くの非人間的な動物と共有する自然的な諸反応を排除しているのである。

19

「絶対的に他なるもの」^{訳注3}への覚書

現代哲学においてはレヴィナスの著作への注目度はあまり一様ではない。彼の業績は、自らを厳密に（ときどき排他的に）「大陸的」と割り振っているひとびとによってやや批判的に受け止められている。しばしばレヴィナスは、宗教研究や文学や文化論の分野でややくつろいでいる（at home）ようであるが、多くのアカデミックな機関では彼の業績はまったく注目されていない。その理由は疑いもなく複雑である[25]が、しかし「大陸的」世界の外の研究者にレヴィナスの思想を紹介しようと企てている入手可能な二次的文献の欠如は、この状況を悪化させることができるだけである。それでもまだ、レヴィナスの用語は多くの哲学者の想像力を捉えていないかもしれない一方で、「絶対的単独性（absolute singularity）」や「『他者』の絶対的に他なるもの（radical otherness of the 'other'）」という概念は、多くの他の学問分野で支配的になってきた[26]。この用語の価値は、明らかに、それが適用される特殊な脈絡の内部でのみ評価されるべきである。しかしそのような修飾的語句はしばしばいかなる説明も正当化もされないままに用いられている[27]ということも、同様に明らかである。それは、バーンスタイン（Bernstein）が「『他者（*the* 'Other'）』という一般的な表題のもとですべての相違をひとまとめにするという安易な『ポスト・モダン的』傾向」（Bernstein 1991：219）[28]として正当に非難していることである。この用語を用いることであまりにも多くの悪影響が生じてきた。しかも「絶対的に他なるもの（radical otherness）」という用語は完全に適切な意味をもっているということが、お決まりのこととして仮定されている。第3章と第4章で私はこのことに焦点を当てて論じるつもりであるが、そのような概念の危険性は容易に要約されることができる。仮に他者（the other）は「絶対的に他なるもの」であるということが容認されたとしても（そしてこのことが決して問題性を含んでいないとしても）、そこから何らかの倫理的な帰結が必然的に導かれてくるわけではない。なぜなら他者との「関係」は、不思議（wonder）や驚嘆（astonishment）や単なる惑わし（befuddlement）といった用語でも同様に語られうるだろうからである[29]。もし他者が実際に絶対的に他なるものであるとするならば、他者との出会いがあったことはいかにして知られることができるのだろうか。というのも、他者はそのようなものとして「現れることすらないだろう」（Derrida 1992a：68）か

らである[30]。第二の問題は、レヴィナスの著作に特に関係があるこの連結点において生じる。自己（self）と単独の「他者」（the singular 'other'）との関係を強調することによって、レヴィナスは、対面的な関係の親密さ（the intimacy of the face-to-face relation）の外側にあるそれらの他なる「他者」（other 'other'）に関する倫理的関係と政治的関係との間の通路を説明しなければならない。それゆえ次の二点に関して、かなり多くの本質的なことが語られる必要がある。それは、（1）「絶対的に他なるもの」というまさにその概念を説明すること。（2）この「絶対的に他なるもの」との単なる出会いと倫理的・政治的責任の要求との隔たりを橋渡しすること。レヴィナスは倫理学から正義（公正）へのこの動きを説明しようと企てているのであるが、「他者」の絶対的単独性（the *absolute* singularity of the 'other'）への彼の繰り返し行われる強調は、必ず政治的なものの領域を、倫理的な関係の「裏切り」（1994a：158）であるかのように見えさせる。私は、他性（他なるもの）（otherness）の観念をまったく排除することなしに、申し立てられているその絶対性をウィトゲンシュタインの最小限の自然主義に関連づけることによって和らげたいと望んでいる[31]。私の論点は、このような仕方でレヴィナスとウィトゲンシュタインをいわば相互批判的に交渉させることによって、彼らの各々の哲学的構想を近づける（必ずしも心地よいものであるとは限らないが）ことができるだけではなく、またわれわれが倫理的、政治的、宗教的に重要な事柄に取り組むことを可能するということである。

　これらの主張を具体化する前に、いわゆる「大陸哲学」の仮定された「他性（他なるもの）」について「分析哲学」圏内で指摘したいもう一つの論点がある（逆の場合も同じである）。これらの伝統の間の区別を維持することは可能であるということを私は承知しているが、本書ではそうしない。この比較的最近の境界を私は故意に避けたということではなく、むしろそうすることが私の関心を引かなかったからにすぎない。同様に、大陸圏のひとびとは伝統的に「難解である」のに対し、分析圏のひとびとは生得的な「明晰性」に恵まれているとも私は思わない。哲学者というのは多くの異なった仕方で「難解」なのである。疑いもなくこれらすべての論点にかんしては正当化が必要だと思うひともいるだろうが、それについて私は特に弁解しない。そのような読者に私がいえることは、もし私の一連の分析にいくばくかの価値があるとすれば（そのことは常に他者が判断すべきことであるが）、それは、現代哲学を悩ませているお決まりの対立に

直面した場合には、私は擬似ピュロン主義的無関心（indifference）を保持して
いるためであるということである。哲学の実践は、「哲学」として何を考えるか
——そして何を考えるべきか——についての暗黙のメタ哲学的決断を含んでい
る[32]。だからたとえば英国では、しばしばただ単に大陸哲学を「本気で哲学的」
と認めることを拒否する幅広い哲学界に抗して、大陸哲学は特権を振りかざし
て好きなようにやってきた。しかし大陸の哲学者たちはこの点でまったく無罪潔
白であると考えることは、間違いであるだろう。哲学的セクト主義と疑問の余地
がある知的「善き良心（葛藤なき良心）」は、いわゆる「分析的／大陸的分割」
の両方の側を苦しめるものなのである。近年になってこの状況はおそらく変化
し始めてきてはいるが、この動きは漸次的なものであり、しばしばその動機にお
いて冷笑的である。これらの飛び地の間で批判的な歓待を行うことの必要性
は残されているが、当面はおそらく戦略的な無関心をとることで十分であるだろ
う。

原　注

1　Kerr 1997：Chs 1-6 を参照せよ。

2　第1章を参照せよ。

3　Wittgenstein 1993: 40 も参照せよ。後の章で示すように、「不可能なものへの願望」はレヴィ
　ナスとデリダの両方の心を捉えている。

4　デリダの初期の著作は密接にこれらの近年の取り組みに関連しているが、私は彼の初期と近
　年の著しい相関性の一部にのみ注目したいと思う（Bernstein 1991：172 - 98 を参照せよ）。
　一部の注釈者たち（特に Baker1995：97 - 116；Patrick 1997：71 - 90）の傾向は、脱構
　築的実践の「倫理学」を吟味することであった。これらの分析は興味深いものであるが、
　彼らの幅広い方法論的関心はしばしばデリダの思想の倫理的構図を曖昧にする。

5　Caputo 1993; Bernasconi 1997; Critchley 1999a,1999b;De Vries 1999; Bennington
　2000b：Ch.3;Llewelyn 2002 を参照せよ。

6　Staten 1986; Gaver and Lee 1994; Glendinning 1998; Wheeler 2000 を参照せよ。

7　Greisch(1991：69 - 74)と Werhane(1995：61 - 3)は、ウィトゲンシュタインとレヴィナスの間の
　いくつかの可能な相関性を指摘している。

8　Clack(1999) は著しい例外である。

9　ウィトゲンシュタインは、彼の後期の著作を表わすために、彼の好んだ標語として「私はあな
　たに違いを教えるだろう」を選んだ (Drury 1981：171)。

10　私は（ウィトゲンシュタインとレヴィナスの両方に）多くの伝記的挿話に時々言及するが、最終
　的に何か哲学的な事柄がそれらから帰結するということはない。

11　この多様性は、「固定したものでも、一挙に与えられるものでもない」(Wittgenstein 1958: §23)

としても。

12 第8章で私はこの論点を「証言」と「信仰」についてのデリダの発言に関連させて展開する。

13 Scutz 1964：234 もまた参照せよ。

14 Nielsen 1967；Clack 1999：78 - 79 を参照せよ。つまり特殊な共同体の「内的な」規則拘束的な宗教的実践は、その「外部」の批判的な評価から隔離されているという見解。

15 Nielsen 1967：193, n.1 を参照せよ。

16 Trigg 1999：178 を参照せよ。

17 Nielsen 1967：191 を参照せよ。

18 ウィトゲンシュタインとは異なり、フレーザーはこの用語を軽蔑的な意味で用いている。

19 Wittgenstein 1996a：64 - 6, 68, 70, 72 - 4 も参照せよ。

20 後の章で明らかになるように、私はここで「傷つきやすさ」と「苦しむこと」を加えたい。

21 私が第3章で論じるように、これこそウィトゲンシュタインがリオタールのような「極端な」多元主義に関心を抱いた理由なのである。

22 私はこのことを第2章と第3章で展開する。

23 同様な思想は、神があることを「命令した」ということはその要求に応じることが「可能でさえある」(1994a：77) ということを意味しないという、ウィトゲンシュタイの示唆に現れている。

24 デリダが彼自身に著作について、「私が行おうとしていることは、日常的なものの内部に非日常的なものが生み出されること……見出すことである」(Derrida 200oa：415) と述べているように。

25 その理由が複雑であることの一部は、レヴィナス(とデリダ)がしばしば「ポストモダニスト」―「懐疑論」や「相対主義」の同義語として使用されがちな有用でない曖昧な用語―と呼ばれてきたためにであった。

26 Gellner 1993：23；Davis 1996：3 を参照せよ。

27 たとえば Campbell and Shairo 1999 に収録された諸論文を参照せよ。後の章で私はこの本の多くの論文に言及する。

28 第3章を参照せよ。

29 真に「絶対的に他なるもの」(the *genuinely* 'radically other') とは感覚 (意識) をもった存在者の普通の領域に見出されるべきものではなく、無生物的諸対象の領域 (そこでは「絶対的に他なるもの」は決してそのようなもの［感覚 (意識) をもった存在者］としては認められてこなかった) に見出されるべきだと主張されるかもしれない。私は第3章でこの問題に戻る。

30 Bernstein 1991：74 も参照のこと。

31 レヴィナスについての最近の (まったく問題性を含んでいる)「自然主義的な」読み方としては、Nuyen 2000 を参照。

32 Derrida 1995a：219 を参照。

訳　注

1 「悪しき良心（葛藤ある良心)」と訳した 'bad conscience' は、後に出てくる「善き良心 (葛藤なき良心)」すなわち 'good conscience' と対比されて用いられており、前者は「良心の疚しさ」、後者は「良心に疚しからぬこと」を意味する。こうした対比については、ニーチェ

が『善悪の彼岸』や『道徳の系譜』において行っているが、そこでは 'das schlechte Gewissen'、すなわち「悪しき良心（良心の疚しさ）」は、文字通り「悪しきもの」であり、ルサンチマンの人間による発明とされる。これに対して、'das gute Gewissen'、「善き良心（良心に疚しからぬこと）」は貴族的なものと結びつけられている。しかし、本書においては、たとえば第 8 章に見られるように、善き良心は「利己主義的な幻想以上のなにものでもない」とされる一方で、悪しき良心はデリダやレヴィナスの言説を援用しつつ、倫理学や政治学の中核をなすものとされる。つまり、ニーチェとは異なり、悪しき良心はそれがはらむ逆説性ゆえに肯定的に評価されている。（この訳注のみ出雲春明記）

2　本書ではウィトゲンシュタインとレヴィナス（彼を介してのデリダ）の共通な倫理的用語として、'guilt'、'guilty' という言葉が頻繁に用いられている。ウィトゲンシュタインは「倫理学講話（*A Lecture on Ethics*)」において 'feeling guilty' という言葉を使用し、邦訳では「罪悪感をもつ」と訳されている。著者は英訳に従って、レヴィナスの『全体性と無限』第三部 b 三における 'culpabilité' に対応する言葉として 'guilt' を、'coupable' に対応する言葉として 'guilty' を用いていると思われるが、レヴィナスは、彼が影響を受けたハイデッガーの『存在と時間』第五十八節における 'Schuld'（本書ではハイデッガーの英訳に従って 'Guilt' という G を大文字にした英語が当てられている）と 'schuldig'（ハイデッガーの英訳では 'guilty'）を念頭においてそれらの言葉を用いていると思われる。『存在と時間』の原　佑、渡邊二郎訳（中公クラシックス、2003 年）では、それぞれの語が「責め」、「責めあり」と訳されている。そこで本書では、紛らわしいが、'guilt'、'guilty' という言葉を、ウィトゲンシュタイン関連の脈絡では「罪悪感」、「罪悪感をもつ」と訳し、ハイデッガー、レヴィナス、デリダ、ニーチェ関連の脈絡では一貫性を重視して、「責め」、「責めを負う」などと訳すことにした。（レヴィナス、デリダ、ニーチェの邦訳では必ずしもそのように訳されているわけない。）

　『全体性と無限』第三部 b 三のフランス語の原書における該当箇所、その箇所の英訳、および二つの邦訳を掲げておくので、参考にされたい。

"La liberté s'inhibe alors non point comme heurtée par une résistance ; mais comme arbitraire, coupable et timide ; mais dans sa culpabilité elle s'élève à la responsabilité."(Emmanuel Levinas, *Totalité et Infini*, 4.ed, Martinus Nijhoff, 1984, p.178.)

"Freedom then is inhibited, not as countered by a resistance, but as arbitrary, guilty, and timid; but in its guilt it rises responsibility." (*Totality and Infinity*：*An Essay on Exteriority*, trans. A.Lingis, Pittburgh：Duquesne University Press, 1996, p.203.)

「この場合〈自同者〉の自由が抑止されるのだが、ただし、ある抵抗に出ばなをくじかれたものとして抑止されるのではなく、独断的であるがゆえに罪あるもの、罪あるがゆえに小心翼々としたものとして抑止される。けれども、このような罪障性をとおして自由は責任へと高められる。」（合田正人訳『全体性と無限』国文社、1989、308 頁）

「自由が抑制されるのはこの場合、なんらかの抵抗に衝突したものとしてではない。恣意的で咎あるもの、それゆえに小心なものとして抑制されるのである。けれども自由は、それが咎

あることにおいて責任へと高められる。」（熊野純彦訳『全体性と無限』（下）岩波文庫、2006、52頁）

3 「絶対的に他なるもの（radical otherness）」（第3章では「絶対的に『他なるもの』（radically 'other'）」、第7章の原注では「絶対的に他なるもの（the absolutely Other）」）」という英語表現も現れている）という用語は、『全体性と無限』の次の文章に出てくるものである。「形而上学が渇望する〈他なるもの（l'Autre)〉は、私が食べるパン、住む地方、眺める風景、あるいはときに私が自分自身にとって、この「私」という「他なるもの」であるようなしかたで「他なるもの（l'autre）」なのではない。そうしたものについてなら私は満腹して、だいたいにおいて満足することができる。あたかも、それらが私に欠けていたかのように、である。満足することによって、そうしたものたちの他性（l'altérité）〔他なるものであること〕は、思考する私、あるいは所有する私の同一性のうちに吸収されることになる。形而上学的な渇望は、これに対して、まったく他なるものを目ざし、絶対的に他なるもの（l'absolument autre）に向けられているのである。」（レヴィナス著、熊野純彦訳『全体性と無限』（上）岩波文庫、2005、39頁）

　ここでは「形而上学が渇望する〈他なるもの (l'Autre)〉」が「絶対的に他なるもの (l'absolument autre)」であるとして、「他なるもの (l'autre)」と対置されている。篤学のレヴィナス研究者小手川正二郎によれば、『全体性と無限』においては、前者は「『同』に対する『他』」あるいは「『自我とは根底的に異なる他性』」を意味し、後者は「自我とは異なるさまざまなもの（世界、事物、他人）」を指しており、'autre' は「個別性をもった具体的な他人」、「もう一人の人間」を意味するという。また 'l'autre' が 'autre' と同義で用いられる箇所もあるという。そして 'les autre' は「他人たち」を意味するという。小手川正二郎著『蘇るレヴィナス―『全体性と無限』読解―』水声社、2015、64、5頁参照。

　本書では、'the other' は一般的には 'autre' の意味で用いられているようであるが、'l'autre' の意味で用いられている箇所もあるし、レヴィナス思想の説明の脈絡では 'the other is 'radically other'' という表現も用いられているので（第6章原注130、283頁参照）「他者」と訳し、'anathor' は 'autre' に対応すると解釈して「他人」、「他のひと」、「別のひと」と、'others' は 'the other' の複数形と解釈して「他者たち」と訳した。さらに本書には、'other 'other'', 'the *other* others', '*other* others', 'the 'otherness' of the other' といった英語表現が現れているが、それぞれ「他なる『他者』」、「他なる他者たち」、「他の他者たち」、「他者の『他性』」などと訳しが、それらの深い意味については、読者諸氏の解釈に委ねたい。

25

第1章　平穏の思想

ピュロン主義とウィトゲンシュタインにおける治療としての哲学

　　もし雷のごろごろ鳴る音が怖くなく、実際に耳をつんざくような音がしないな
らば、子供たちはめったに雷を恐れないことに気づいた。一方子供たちは雷
がときどき害を与え、死をもたらすのを知るとき、その恐れだけが子供たちに影
響を与える。理性が恐怖を告げるとき、習慣によって安心が得られる。

ルソー（Rousseau）　『エミール』

　　哲学者とは常に、彼にとって哲学は与えられていず、本当のところ自らに哲
学の本質と目的について問わなければならない人間のことである。

デリダ（Derrida）　『倫理学、制度そして哲学への権利』

まえがき

　ウィトゲンシュタインはかつて、彼の方法が「正しい」ということに気づいた限り
において、「安住の地」に達したと語った[1]。ウィトゲンシュタインは続けて、「私
の父は実業家であったし、私も実業家である。私は私の哲学が実用的になり、
何かがなされ、何かが解決されることを望んでいる」（Drury 1981：pp.125-6）
と述べた。ウィトゲンシュタインは彼の「特別な」哲学的「能力」（ibid.：91）に

気づいていたにもかかわらず、それでも彼の人生の大半において「この仕事と関係を断ち、アカデミックな哲学者の生活様式とはまったく異なった生活様式で生きようとするプランをもっていた」。ドゥルーリー（Drury）は、次のように結論づけている。

　ところで実際のところ、これらのいろいろなプランに最終的なものは何もないこと、またウィトゲンシュタインが死ぬ二、三日前まで彼の哲学的著作にずっと携わっていたことはわれわれにとって喜ばしいことであろう。しかし私にとって、もしわれわれがウィトゲンシュタインがその生活の仕方をすべて変えようとする意図を執拗にもっていたことに共感を覚えず、また理解しないならば、われわれがウィトゲンシュタインを理解していないことは確かである。

（1981：92）

　要するに、ウィトゲンシュタインが自分の生活を変えようとする考えは、「まったくの一時的な願望ではなく、彼がそのような変化がもはや可能ではないと悟るときが来るまで、永年にわたって強く抱いていた確信であった」（ibid.）。数少ないウィトゲンシュタインの親友の一人[2]によるこれらの感想は、伝記および哲学の両面で興味をひく。ドゥルーリーは、ウィトゲンシュタインは哲学を捨てることを望んでいたが、それは単に特異な心理状態から来たのではなく、むしろ彼の良き哲学の実践という考え方の中心をなしていたことを強調したが、これは正しかった[3]。さらにドゥルーリーは、もしわれわれがウィトゲンシュタインのこの動機を無視する——あるいは彼の著作が「実用上の目的」（ibid.：96）をもっていたことを見逃す——ならば、われわれはウィトゲンシュタインを誤解することになると強調しているが、その際ウィトゲンシュタインが哲学のない生活を強く望んでいたことを無視すると、そこに危険が含まれることにドゥルーリーは気づいている。

　もちろんこのことを認めたからといって、それは哲学についてのウィトゲンシュタインの反哲学的な考え方がまったく特異的なものなのではないだろうかという疑念を払拭するものではない。しかしそのような判断（疑念）は急ぎ過ぎであろう。というのはウィトゲンシュタインは、彼の哲学の先駆者たちに強い関心を示すことはめったになかったが[4]、このことは彼の哲学へのアプローチが他の哲学者たちと共通するところは何もないという主張とは一緒にされるべきでは

ないからである。本章で私は、ウィトゲンシュタインの哲学についての「治療的（therapeutic）」概念が、ピュロン主義的懐疑論（Pyrrhonian Skepticism）——16世紀に甦った大変挑発的なギリシャの思考様式——と直線でつなげることができることを論ずる[5]。私がこのつながりを追求する理由は三つある。第一の理由は、ピュロン主義（Pyrrhonism）とウィトゲンシュタインの両者が、哲学そのものの解消を目指すという哲学の理念によって導かれており、その限りピュロン主義者自身の治療的枠組みは、ウィトゲンシュタインがより多くの歩くひと（普通のひと）[訳注1]に哲学を捨てさせるという「根気強くもっていた目的」の哲学的意味を理解する方法を提供するからである。第二の理由は、ピュロン主義は多くの本質的な問い（たとえば判断の基準は本質的に疑いうること、信念の生活への関与、哲学の実践における「自然的なもの」の位置に関するもの）を提起しているからであり、これらの問いはウィトゲンシュタインの多くの関心に類似しているだけでなく、私のそれに続く倫理的、政治的、宗教的テーマへの取り組みへの試金石を与えるからである。そして第三の理由は、究極的に私が関心をもち、また特に「（ピュロン主義者とウィトゲンシュタインの両者によって提唱された）「無動揺（平静）（unperturbedness）」という哲学的な理想が、倫理的・政治的な領域を包括するより広い生きる上での理想に変形できるかどうかは、倫理的・政治的問いについてのウィトゲンシュタインの後期の著作の意味するところにかかっているからである。後の章で、われわれはいかにしてウィトゲンシュタインを「政治学的に扱う」かという試みが、その基礎にある自然主義を無視するような形で彼の後期の著作を高度に選択的に読むことにかかっていることを見る。ウィトゲンシュタインの思想は、確かに倫理的・政治的意味をもっているけれども[6]、私の主張は、これらの意味するところは彼の著作のどこでピュロン主義と関連しているか——そしてまた究極的にはどこが違うのか——を考慮に入れたときにのみ理解できるということである。しかしながらこのことを実際に行うためには、それに先立ってピュロン主義の中心的なモチーフのいくつかを明らかにすることが必要である。

信念の放棄：ピュロン主義的自然主義

　治療的技法（therapeutic technique）は、多くのギリシャ・ローマの哲学においても役割を演じているが、しかしその適用がもっとも徹底した形で見ら

れるのはピュロン主義においてである[7]。ピュロン主義者にとって治療技術は、哲学的「治療」を要求している病を形成している信念（belief）そのものに向かう人間の傾向性である[8]。この強い欲求を退けることによってのみ、われわれは過分な生存への重荷から解放され、またそれによって必要なアタラクシア（ataraxia）――「魂が掻き乱されていない静穏な状態」（Sextus 1996：1：10）[9]――を得ることができる。ピュロン主義とは、習得されるべき技術ではなく（むしろ植えつけられた「性向」（ibid.：1：8）として）考えられるべきであるということが、究極的に説得力をもつかどうかについては、議論の余地がある。それにもかかわらずこの違いの背後にある動機は高く評価できる。というのはセクストス（Sextus）が強調しようとしているのは、ピュロン主義的態度は反理論的な方向に向かうことと、そこではたった一つの方法が支配的であってはならないという、この二点だからである[10]。「身体的症状を治療している医者は効果において異なる治療法をもっている」……まさにそのように「懐疑論者もまた効果において異なる議論を展開する」（ibid.：3：280）[11]。それゆえピュロン主義者の熟慮した上での議論に対する態度が極めて実践的であるのは驚くに値しない。理性的な方法は、それが生きている者の健康の獲得を容易にする限りにおいてのみ評価されるべきである[12]。これらの治療をするという抱負を考慮に入れると、ピュロン主義的治療者によれば、何が人間の健康な状態を形成しているかを決めることが必要となってくる。しかしながらこの問いに答えるためには、まずピュロン主義が行った伝統的哲学の実践についての特徴づけと、それがそれ自身伝統との関係においてどのように理解されているかの二つを理解しなければならない。

　セクストスは伝統的な哲学を「ドグマティズム（の哲学）」、「アカデメイア派（の哲学）」、「懐疑派（の哲学）」[訳注2]に分けたが、彼の主たる関心は最後のものにある――他のものは比較対照する際の戦略上重要なポイントを供給している[13]。実際セクストスは、直接ドグマティストとアカデメイア派の両者について、真理について同じように大胆な信念を抱いていると非難することによって、直接この分類型を問題視している[14]。というのはドグマティストは「自分たちは真理を発見した」と主張しているが、その一方でアカデメイア派のひとは「真理は捉えられていない」と主張しているからである（ibid.1：4）。彼らは表面上異なるにもかかわらず、よく調べてみると両者において真理が大変重要な位置を占めており、その限りにおいて、明

らかにこれらの哲学者の間には自ずと一致するものがある[15]。しかしながらピュロン主義にとって治療による解消を要求するのは、この信念のもっとも根底にあるもの——そしてそれに付随して起こる傲慢な主張——である。このようにしてピュロン主義者は、明らかにその概念の語彙集から「真理」に言及しているものをすべて削除し[16]、「そうである」を、より現象論的である「私にとってはそう見える」で置き換える[17]。この削除するという方法は必須である。なぜなら事実のように見えるものだけを強調することによってのみ、セクストスは真理の基準という難問を避けることを望んでいるからである[18]。結局次のようになる。

[真理についての主張が争われている場合の]真理の基準について生じている議論に決着をつけるためには、それによって真理を決定できる合意された基準が必要となる。そして合意された基準を得るためには、最初にこの基準についての議論に決着をつける必要がある。かくして推論は循環の形を採ることになり、基準を見出すことは疑わしくなる。

(Sextus 1996：2：20-5)[19]

しかし「誰も……外界の事物がこの仕方で現れるのかあるいはあの仕方で現れるのかどうかを議論しないで、むしろ外界の事物はそう現れているようなものなのかどうかについて議論している」(ibid.：1：23-7)[20]。このようにして伝統的哲学の失敗は、自然の力に直面して、認知する上でのある種の頑固さを奨励するところにある。哲学者たちは生きる上で必要な基盤を提供するということでそれぞれの主張をしているが、彼らの理論は彼らが解決しようと目指している諸問題を単に複雑にしていたということを正しく捉えるのに失敗しているのである[21]。そのような哲学に携わるには、多くの認識上、規範上の同意が要求されるが、しかしそれは明らかに自然本能を邪魔[22]することによって、生活上の病を増やす[23]のである。アタラクシアを得るために必要なのは、ドグマではなく、生活において予測不可能なものに接した際、自然な柔軟性をもって対応することを熱心に教え込むことである[24]。要するにピュロン主義者は、その生活から規範的なものを取り除くことを望み、それによって「物事はいかに進むべきかについての見解……をもつことなくして、まさに自然がわれわれを導くように生活を送り続けることができる」(Nussbaum1991:531)ことを強調する。

それゆえピュロン主義者を支えているのは、動物の領域に訴えることである。実

際次のようになる。

> 船に乗っている(ピュロンの)旅の道連れが皆嵐におびえたとき、ピュロンは
> 平静さと自信に満ちた態度を保ちながら、餌を食べている船のなかの子豚を
> 指さして、このようなあり方が賢人が自らを保つべき平然とした状態であると皆
> に語った。

(Diogenes1925:481)

少しの間その問題となる規範性を脇に置くと、このモデルは、不愉快なことに、明らか
に人間界を動物界のはるか上に高めて置く西洋思想の支配的な伝統に沿った形で
描かれている。しかしピュロン主義者にとって人間は、もしアタラクシアへの欲求が満
たされるならば、その隣人である動物から多くを学ばなければならない[25]。結局次の
ようになる。

> どんな生き物が嵐のなかでも難破しないのか。力に余るもくろみもせず、そ
> れを乗り切る建造物ももたず、自然本能に駆り立てるままに生きるものだけであ
> る。……自然の欲求が命ずるままに、あちこち草を食みながら歩いて行くの
> は、安住の場所を作る者ではなく、放浪する者である。

(Nussbaum1991:523)

次いでセクストスは、ドグマティストの哲学とアカデメイア派の哲学の間には深い
一致があるという意見を補足して、今度はこれらの立場とピュロン主義との間に別
の接点があることを示す。というのはアカデメイア派のひとも、ドグマティストも、そし
てまた懐疑派のひとも、皆アタラクシア——これによってピュロン主義者にはその優
越性が主張される実践的な尺度が提供されている——を共有しているといわれ
るからである。先に述べたように、ピュロン主義とドグマティストの哲学の違いは、ド
グマティストの哲学が誤った仮定、つまり客観的真理の獲得が、この共有された解
放の目的を確保するのに先立って必要であるという仮定から出発しているところにあ
る[26]。しかしながらピュロン主義者によればアタラクシアは、真理の探究を一瞬の現
象的経験——「これを超えて何もない、否これ——自然のなかで実際に歩まれて
いる生活のあり方——これが目的である」(ibid.532)——の生活に置き換える

ことによってのみ達成されるのである。このようにしてピュロン主義者は、単に真理を獲得する可能性を問題視するだけでなく、より徹底してそうしようと試みることの利点さえも問題視する。この執拗な拘束を捨てると、ひとは「自然な動物的衝動」（ibid.546）の次に来る理論的な思索から解放される[27]。このようにしてディオゲネスによれば、ピュロン自身は「この原則に一致した生活を率先して送り、理由もなく自分の道からはずれ、事前に何ら警戒をすることもなく、彼らが出会うあらゆる危険に直面するのである」（1925;475）。この拘束の重荷から解放されて、ひとは――動物のように――一瞬の「現象」（Sextus 1996：1：19）、と本能の導き[28]だけをもったままに置かれる。変化する世界は、単純にピュロン主義者を「襲う」が、ピュロン主義者の側では、彼自身が「動揺」させられる（Nussbaum：1991：533）ことを認めながら、受身的で従順な状態を保つのである。

　しかしこの「心配ごとがなく、静かな……魂」を邪魔する「信念」についてはどうなのであろうか。セクストスは説明する。

　　何かが自然本来的に善または悪である信じているひとは、絶えず動揺している。善と思われるものごとが彼に具わっていないときには、自然本来的に悪いものごとによって責め立てられていると考え、彼が善と思っているものごとを追い求める。ところが実際にそれを獲得してみると、一つには道理に反し度を過ごして興奮するため、一つには変化を恐れて、自分に善と思われるものごとを失ってしまわないよう、あらゆる努力をするために、いっそう大きな動揺に投げ込まれることになる。これに対して自然本来的に善あるいは悪であることについて不確定の態度を取るひとは、何ごとも熱心に回避することもなければ、追求することもない。そしてまさにそれゆえに、アタラクシアを得る。

　　　　　　　　　　　　　　　　　　　　　　　　　　　　　（1996：1：27-28）[29]

　　それに加えて（あるものは本来的に善または悪である）という信念をもつことは、実際の体験そのものよりも悪い。それはちょうどあるとき外科の手術あるいは他のそれに類する体験をしているひとがそれに耐えているのに、そばにいるひとが行われていることは悪であると信じて気を失うようなものである。

　　　　　　　　　　　　　　　　　　　　　　　　　　　　　（1996：3：235-6）[30]

不安、苦痛、苦しみは、自然の生活を送る上での解決不可能な特徴的出来事である。セクストスの観点ではこれらを避けることができないが、それにもかかわらずその一方で、ひとはこれらを不必要に一層悪化させないようにすることはできる[31]。それゆえピュロン主義者の抱負は、単純素朴にユートピアンになることではない。なぜなら実際アタラクシアは、ピュロン主義者の法外な信念上の事柄に関した目的であるけれども、ピュロン主義者は生活のあらゆる面において同程度の平静さが可能であるとは思っていないからである。確かに「あるときはピュロン主義者も寒さを感じ、のどが渇いたり、それに似たような感情をもつ」が、しかし

　　普通のひとは二重の情況——つまり情態［魂の状態］そのものによるものと、それに劣らずこれらの情況が自然本来的に悪であるという思いによるもの——から影響を受けているのに対し、懐疑論者はそれぞれの情態が自然本来的に悪であるという信念を余分にもつことをしないから、より節度を保ちつつ、この苦境を切抜けるのである。……われわれはこの信念に対して懐疑論者の目指すところはアタラクシアではあるが、しかし避けられないものについては、節度ある情態をもっているというのである。

$$(1996：1：29\text{-}30)^{32}$$

身体上・心理上の苦しみは、当然不愉快で、多くの場合大変うまく避けられるが[33]、しかしそれが「自然本来上」悪あるいは神の懲戒のサインと信じることは、単に人間の苦悩を増すだけである[34]。それゆえアタラクシアを得るためには、われわれは理論的な説明を要求するのではなく、むしろ過度な思索によって与えられる避けがたい苦痛を増すことに抵抗する能力が要求される。それゆえ「懐疑的方法の目的」（ibid.：1：25）がアタラクシアである限り、そのためにピュロン主義はドグマティズムから解放される可能性とそれに続く「正しく生きる」（ibid.：1：17）能力の両方を根本的に信頼する力を維持している[35]。かくてピュロン主義者自身ドグマティストに由来するものをすべて払拭できるかどうかは問題として残っていることになる[36]。というのは少なくとも一つのことにおいて、ピュロン主義者は小さな確信——アタラクシアそれ自体は追及に値する目的である——をもっているに違いなく、そしてこれはピュロン主義者だけのものではないからである[37]。実際この同意がなければ、ピュロン主義の態度を採用することもまたそれ

第1章　平穏の思想　　ピュロン主義とウィトゲンシュタインにおける治療としての哲学

を主張する根拠も存在しないであろう[38]。要するにピュロン主義者は、必然的に規範的——その限り少々ドグマ論的——な面を含んでいるのである[39]。

　ここでわれわれは方法論の問題へと導かれる。今述べたような目的論が与えられたとすると、どのようにしてピュロン主義者は実際に哲学的ドグマティズムの土台を崩す努力をするのか。セクストスは説明する。

　　われわれは現象と現象、または本体と本体とを対置させる。……たとえば同じ塔が、遠くからは丸く見えるのに対し、近くに寄ると四角に見えるとき、現象と現象を対置させている。そして天体の秩序から神の摂理を推理するひとへの反論として、われわれはしばしば善人が不幸に遭い、悪人が栄えるという事実を対置するが、このとき本体と本体とを対置しているのである。

（1996：1：31-2）[40]

ドグマティストに、その主張が真であるか偽であるかの可能性は同程度（「等価」（ibid：1：8））であると説得することによって、この擬似弁証法的な[41]動きのもたらす観点は過激な「不可知論」を促進させることになる（Diogenes 1925：475）[42]。ここでは説得（persuasion）が重要である。というのはピュロン主義者の非理論的で、非ドグマ論的でありたいという強い望みが示されると、ピュロン主義者はドグマティストの言説に「感化」させられる危険を冒すことはできないからである。ピュロン主義者が正当性をもっていうことができるすべてのことは、「これは私の経験がまったく自然にそうするようにさせたのであり、そしてこれはこれまで私がこれらの行為から出て来ると観察したものである。あなた自身にとって何が起きたか見なさい」（Nussbaum 1991：540）[43]ということである。先に触れたように、ピュロン主義者にとって理性的論議は、純粋に治療に関係したものである。というのはピュロン主義者は議論するのに、別の場合にはくつがえすことになるのと同じ仕方の議論を喜んで採用するからである[44]。それゆえ議論することの第一の価値は、「今この場での弟子に対する説得性である」。そこには「論理的妥当性と健全性を、単に強くに望まれているものと置き換えてしまう」レトリックが働いている[45]。多くの「論理的過誤」（ibid.：548）が犯されるであろうが、それはドグマティズムを衰えさせ、さらにアタラクシアをもたらすのに効果的であることが証明される限りにおいてである[46]。ピュロン主義者が、ドグマティストの諸主

35

張は等価であることを示すことによって始めようと望んでいたのは、最初に来る主張が真か偽かのいずれかであるとするいかなる判断も独断的と思われ、そこでは経験によっては決定（決断）できないということである。これのもつ方法論上のねらいは重要である。というのはピュロン主義者の意図は患者に疑いを生じさせないということだからである。不決断の経験は、むしろ「途方に暮れている（being-at-a-loss）」という、疑いの状態として理解されるべきである[47]。この種の躊躇を疑いから区別するもの——このようにしてピュロン主義を他の形式の懐疑論から区別するもの——は、疑いは理解の対象となるが、その一方で途方に暮れているのはそうではないということである[48]。ひとは、すでにある主張（そしてその否定）が意味しているであろうことを理解しているときにのみ、その主張の説得性を「疑う」ことができる。たとえばひとは「水曜日は緑であるが、木曜日はわずか四フィートの長さである」という主張において、もしこの主張を真とした場合、それが何を意味しているかについて何の観念内容も浮かばなければ、この主張の真理性を疑うことすらできないのである[49]。このような場合、ひとは実際どう返答するか「途方に暮れてしまう」であろう（多分これが自称ピュロン主義者の直面する大きな困難、つまりあらゆる真理の主張をあたかもそれらが無意味であるかのように述べるところに見られる困難である[50]）。ピュロン主義者が辛抱強く繰り返し教え込もうとしているのは、明らかにこの躊躇の状態（「判断中止（epoche、エポケー）[51]」）、あるいはセクストスが「おそらく」と「ありうる」という項目の下に議論したもの）」（1996：1：194-195）[52]である[53]。

　要約する。哲学病から完全な健康への道は、相矛盾する見解も同程度に妥当（等価）であることを示すところから始まる。それに続いて二つの見解のうちどちらを選ぶかは勝手にできると思われるところでは、不決断の状態（判断中止）が生じる。最後にこのようにして理性を停止させると、平静（アタラクシア）が「影のように」（Diogenes 1925：519）続いてくる[54]。ピュロン主義の認識論的な分野を概観したことによって、今われわれはより社会的な本性の問題に向きを変えることができる。私は過度にピュロン主義的生活の実践面にかかわるのではなく[55]、ピュロン主義者の哲学をより広く見渡したところに結論的に得られる倫理上・政治上のことにかかわる。それ故私は今のところセクストスが述べている生活は、少なくとも最小限実行可能であると仮定する。

第1章　平穏の思想　　ピュロン主義とウィトゲンシュタインにおける治療としての哲学

社会的カメレオン：ピュロン主義の倫理的・政治的意味

　ヌスバウムによれば、信念から解放され、また「現象的事実」の生活に身をまかせることを通して（Diogenes 1925：517）、ピュロン主義的回心は、「怒り、恐れ、嫉妬、悲嘆、妬み、情熱的な愛……のようなものがすべて見られなくなる心境をもたらす。その理由は、これらすべては……信念に基づいているからである。そしてピュロン主義者は何の信念ももたなくなるであろう[56]」。ヌスバウムは、次のように続けている。

　　信念の放棄は横柄さや怒りっぽさをなくす。……彼らが主張していることであるが、ドグマティストは自己愛的で、軽率で、のぼせあがっている。……それに比べて懐疑論者は静かで、寛容である……ドグマティストは他人に彼等自身の道を押し付けることによって、他人に干渉するというイメージをもたれている。それに比べて懐疑論者は寛容である。

（1991：553）

　このようにまとめてしまうと、ピュロン主義に過度に好意的な光を当てることになるが、ピュロン主義者の別の生活上の特徴については、はるかに問題の多いイメージがもたれている[57]。これを調べるのに一番いいのは、ヌスバウムが付け加えている次の「彼自身のことは彼自身」にまかせ、そして「他人には他人の道を行かす」ことによって、ピュロン主義者は「社会的偏見の奴隷」（ibid.）[58]ではない、という点に注意を払うことである。ピュロン主義者が好む静寂主義的形態の「保守主義（conservatism）」（Popkin 1979：49）[59]が与えられたならば、この主張は注意して扱うべきである。かくてヌスバウムは比較的早い時期に示した解釈において、ピュロン主義者の回心について次のように述べているが、これは正しい。

　　ピュロン主義者はますます彼らが望む懐疑の道を歩むことに慣れ、それにつれて彼らがますます容易に自分たちが確信していることすべてを維持するようになったのは当然のことである。その結果ピュロン主義者は徐々にではあるが、ますます議論することを少なくすることが必要となったのであろう。議論

37

することは結果的に徐々にピュロン主義者自身の生活から遠ざかることになる。結局私には、質問をありのままに提示しても、すぐに無関心な素振りをし、そしてさらなる議論は必要ないことを示すであろうと思われる。

(1991：540)

ここで大事な点は、ピュロン主義の枠組みにおいて、この「無関心な素振り」がまた社会的・政治的な領域そのものにおいても見られないかというと、それを確認するものは何もないということである[60]。実際ピュロン主義者の生活についてのセクストス自身の記述のなかでは、異なった生活様式の等価性[61]が示され、広く行きわたった「法と慣習」がピュロン主義者に「生活上の行為」（1996：1：23-4）において何が善でありまた悪であるかの基準を与えている、と明確に語られている。これはピュロン主義者が「現象に呼応して、[ピュロン主義者]に[ピュロン主義者]の国の慣習、法、制度の慣習と一致した生活を仕向けるある理論的根拠」（ibid.1：17）に従っているということである[62]。ここに述べられていることは、単に広く認められている「友人間、夫婦間における誠実さが見られること」（Nussbaum1991：554）を示しているだけではない。次のことを考えてみる。(1) 前ピュロン主義者（ドグマティスト）の規範的次元での生活は、回心によって信念からも解放される[63]、(2) ピュロン主義者は一般的な社会的、文化的環境に適応する自分たちの能力を誇っているが[64]、そうするとピュロン主義者は、「社会的偏見」から影響を受けないでいられるという指摘は維持できなくなる。というのはもしピュロン主義者も自分たちは「社会的偏見」が深くしみこむように設定された文化（われわれはヌスバウムも含めてそうであると考えている[65]）のなかにいることに気がついたとして、ピュロン主義者はいかなる理由で正当性をもってそのような慣行に従うことを避けられるのかということである。結局これらの行動を避けることは、アタラクシアに到達したり、それを保つ上で助けになるものではない。ピュロン主義者を擁護するひとはこのことについて、ピュロン主義者はそのような「偏見」を助長する信念を採用しないであろうという理由から、ピュロン主義者はアタラクシアを獲得するであろうという議論をするかもしれない[66]。ピュロン主義者は、ユダヤ人はまったく根絶するのに相応しいとか、あるいは神の前では同性愛は嫌悪されるということは信じないであろう。またピュロン主義者は、女性は生まれつき男性に劣っているとは信じないであろう。しかしながらピュロン

主義者は、もしそうしないことがアタラクシアを得ることを危うくするとしたら、他人に従い人種差別主義者に同意し、同性愛嫌悪および（あるいは）性差別主義の活動をするであろう[67]。ここでピュロン主義者は、アタラクシアをそのような慣習に代わる案として提案できたであろうか。たとえばピュロン主義者は、彼の仲間の市民に、人種差別、性あるいはジェンダーについては「無知」であるという態度を主張できたのであろうか。多分そうではないであろう。というのはピュロン主義の枠組みのなかには、そのような煩わしい（そして規範的な）反文化的活動に従事する理由は存在しないからである。実際他人が自らドグマティズムの病から回復するのを助ける一般的な動機づけは、もしそうすることがその人自身のアタラクシアを維持することと矛盾しないとしても、特に余分なことと思われる[68]。

　ピュロン主義の次元は、次の『キャッチ＝22』からの引用句にうまく表現されている。

　「おれはお前がなにをいっても信用しないよ」とネイトリーは照れたような笑いを浮かべて、少しおだやかな口調で答えた。「おれがまともに信じているのは、アメリカがこの戦争（いくさ）に勝つということだけだよ」。

　「あんたは戦争（いくさ）に勝つことばかりえらく強調しなさるが、」とその薄汚い邪悪なじいさんはあざけっていった。「本当のこつは戦争に負けることに、どの戦争に負けることができるかを見抜くことにあるんですじゃ。イタリアは何世紀にもわたって戦争に負けつづけてきたが、まあ見てごらん。わしらがそれにもかかわらずどんなにみごとにやってきたかを……」。

　ネイトリーはとまどいを隠しもせず、口をポカンと開けてじいさんを見つめた。「お前がなにをいっているんだか。今度こそほんとうにわからなくなった。まるできちがい『同然だぞ』」。

　「しかしわしは正気な人間らしく生きていますじゃ。わしはムッソリーニが国の親玉だったときにはファシストじゃったが、いまはあいつが追い落とされたので反ファシストになっとる。わしはドイツ軍がわしらをアメリカ軍から守るためにここにいたころは熱狂的な親ドイツ党じゃったが、アメリカ軍がわしらをドイツ軍から守るためにここにいまは熱狂的な親アメリカ党ですじゃ……」。

　「しかし」、ネイトリーは不信の念をもって叫んだ。「おまえは裏切り者だ！日

和見主義者だ。破廉恥で無節操なオポチュニストだ！」。

「わしは107歳ですじゃ」とじいさんはおだやかに念を押した。

「おまえには主義主張がないのか」

「もちろんありませんじゃ」

(Heller 1961：261-2)

この引用句は、ピュロン主義者の態度が逆説的な性質をもっていることを目立たせる上で有効である。というのはピュロン主義者にとって問題として残っているのは、彼らは倫理的・政治的事柄においてどっちつかずであることを望んでいるけれども、そうすることによってピュロン主義者は実質的には倫理的・政治的な立場を保っているからである[69]。倫理的、政治的選択を（明確に）止めることは、すでに一つの非常に重要な倫理的・政治的決断を（暗黙裡に）していること、つまり（明確な）倫理的・政治的決断を控えるという決断をしているのである[70]。ここでピュロン主義者は彼等自身関与しないことに関与しているのである──あるいはデリダが述べたように、「ノー」ということに（あるいは「イエス」も「ノー」もいわないことに[71]）「イエス」といっているのである。このようにしてピュロン主義者の「不決断」はキメラと表せる[72]。さらにこの（不決断に賛成する）決断それ自体がピュロン主義の実践的根拠において正当化できるかというと、それもはっきりしない。というのは、もし一人ひとりが自ら行う倫理的・政治的決断の能力が評価され（かつまたそれによってピュロン主義者が好む種類の静寂主義が非難される）というこの二つが認められる社会的・文化的環境にピュロン主義者自身がいたとすると、ピュロン主義者は、彼等自身をさらなる倫理的・政治的決断と活動に従事させる──あるいは少なくとも他人にはそうしていると見える）──という彼自身の目的論に支配される立場に置くことになるからである。平静な生活にとって、単に他人の決断を真似ることが──助けになるかどうかはいうまでもなく──可能であるかどうかさえ明らかでない。というのはひとは最初に、誰をそして何を真似る（あるいは除外する）かを選ばなければならず、それによって他人の重大な倫理的・政治的判断を抱えることになるからである[73]。要するに完全なピュロン主義者は、ここで支持するピュロン主義そのもののもつ解放という目標を維持するために、寄生的な生活を犠牲にしなければならないのである。さらにピュロン主義者が彼の周りにいるひとびとをうまく真似ることができ、そ

れゆえ道徳的には尊敬すべき自律した個人のように見える——そしてヘラーの老人のように「恥ずべき、無法な楽観主義者」でない——と仮定しても、そこに結果として生じるピュロン主義者の社会的生活と私的生活との間にある裂け目は[74]、それ自体アタラクシアの獲得と維持にとって有害であることが証明される。それゆえ社会的にはカメレオンとなり、不決断で関与しないという状態を保ちたいという願いは、単に問題を起こすだけで、多分決定的に逆説的なのである。

　後の章で、私はこれらの問題のいくつかに立ち戻りたい。しかし今私は、それぞれセクストスとウィトゲンシュタインによって提案された哲学的治療の間に、ある重要な相関関係があることを明らかにすることによって、これまでの分析を発展させたい。二人の哲学者の間にある多くの方法上の類似点に注意を払うけれども、ここでの私の目的はウィトゲンシュタインの後期の著作についての有力な「保守主義的」解釈を確認——そして後には批判——をすることである。

ウィトゲンシュタインの文法的治療と病の源泉

　ウィトゲンシュタインの哲学者に対する「血にまみれて険しい道（hard way）を行け」という教えには、何か定言的なものがあったことをリーズ（Rhees）は示唆している[75]。リーズは、ウィトゲンシュタインが「『あなたが何を求めようと、あなたはそれへの道で骨折り仕事を引き受けなければならない』……まるで骨折り仕事や奮闘が特別な不幸であるように（1969：169）」といおうとしたのではない、と主張している。むしろ「血にまみれて険しい道」を行くことは何かそれ自身のためにする価値があるものであった。

　　このことを理解しないならば、ひとはウィトゲンシュタインの哲学は重要であるという確信を理解できるとは、私には思われない。というのはウィトゲンシュタインは治療が患者にとって重要であるという仕方で哲学は重要であるとは考えていないからであり、……彼が実践したように、慰みを求めることに反対する意味で哲学は「血にまみれた険しい道」であり、……そしてそれは単に思考や活動の道だけではなく、同様に生きる道であったからである。そして「険しさ」は実際には価値ある種類の人生の基準となっていた。多分私は、「彼にとって」と付け加えるべきである。

（Rhees 1969：169-70）

　ウィトゲンシュタインによって主張された哲学の「険しさ」とその道を行くところに見られるより広い範囲に及ぶ生きる上での野心を強調するのは正しいけれども[76]、治療・治癒とのアナロジーについての誤解あるいは単なるそれへの嫌悪から、リーズは誤って「慰め」を何か「安易な道を行く」ことと一緒にしている。これは誤りである。というのは病を治す治療として実践される哲学については、「安易さ」は必然的に存在しないからである。実際治療としての哲学は、しばしば「ゆっくりした治療がもっとも肝心なのである」（Wittgenstein 1990：§382）ところでは、長引く、困難な過程を辿るであろう[77]。しかし多分リーズの疑念の基礎にあるのは、同様の事実無根の仮定、つまり治療との類比は、哲学のもくろみ——それがどのように解釈されようと——を些末なものとしてしまうという仮定である[78]。この観点からすると、ウィトゲンシュタインをピュロン主義のような本来的に治療的な取組と関係づけることは、単にウィトゲンシュタインが極めて真摯に彼の著作に取り組んでいることを無視するだけでなく[79]、また彼の著作の哲学的偉大さを減少させることとなる。もしこれが実際にリーズの疑念ならば、この疑念を抱いているのはリーズ一人だけではない[80]。しかしわれわれは、ウィトゲンシュタインは哲学的当惑（philosophical perplexity）に終止符を打つことを求めているが、それを哲学を「些末」なものとして見るという主張と混同してはならない。これはまったく別の問題である。前者の目標は完全に「真摯な」哲学的態度と両立して残っているのからである。（多分歯医者は患者の歯痛を治療することを望んでいるが、しかしそれによって歯医者は歯科医療——あるいは歯痛——を「些末である」とは判断していないのである）。リーズは、何故ウィトゲンシュタインが哲学することをそのように大変重要であると考えていたか、またいかなる目的のためにウィトゲンシュタインが彼自身の独特な方法で哲学を実践していたかを、述べるのに失敗している[81]。本章の後の方で、私はウィトゲンシュタインとピュロン主義との間に相関関係があることが正当化されるだけでなく、さらにこの関係を説明することによって、これらの問いに十分に答えることができ、そこでウィトゲンシュタインにとって哲学が重要であったことが確認されると同時にそのような哲学をすることの指針となる目的が哲学のない生活であることが示される、という議論をする。私の立場からすると、ウィトゲンシュタインが哲学（少

なくとも彼が実践したような哲学）は本来的に「価値ある」生活と結びついていると考えていたというリーズの提案には、大変問題がある。というのはわれわれは、ウィトゲンシュタインが決して哲学者でない者を哲学の集まりに導こうと試みなかったことを思い出すべきだからである。もっともウィトゲンシュタインは学生に、より普通のひとのために、そして彼の目からすれば「価値あるもの」（学生たちは「血にまみれて険しい道」を行くために要求されている道徳的素質を欠いていたので必ずしも必要ではないのであるが）のために、哲学を捨てることを説得するのにある程度成功していたのではあるが[82]。私からすると、リーズの見解に反して、ウィトゲンシュタインの「血にまみれて険しい道を行け」という命令は実際のところ仮言的と理解されるべきである。彼の要点は、もしひとが哲学することを決心するならば本式に哲学すべきであり、「血にまみれて険しい道を行く」べきである、ということである。しかし最初は哲学することに何の価値も存在しないのである——実際もし君が哲学をすることなく生きることができるならば、そのほうがはるかによい。かくてウィトゲンシュタイン的態度からする定言判断のもつ力は、ひとが最終的に——彼自身の忠告に反して——「哲学すること」を決心した後にのみ発揮される。これは哲学者でない者には何も要求しない。さらに（再びリーズに反対して）、明らかに哲学的当惑は人間の苦悩の源であるがゆえに、哲学はウィトゲンシュタインにとって重要であった。哲学は、医学あるいは他の治療法のように、われわれが「健康」——いかにこれが解釈されようと——の状態を手に入れ、改善し、維持する範囲においてのみ価値がある。他の治療法と同じように、哲学はそれ自体として価値があるのではなく、むしろわれわれがそれからの解放を求めてうろたえることの奥に寄生しているのである[83]。医学が必要とされないならば、世のひとびとは疑いもなく「より良く」なるだろうし、また同様に哲学も必要とされないならば、世のひとびとは疑いもなく「より良く」なるだろう（これは世のひとびとがより健康的ならば医学および（あるいは）哲学はもはやまったく実践されないという主張からは区別される。これは、哲学と（または）医学がもはやまったく実践されないならば、世のひとびとはより良くなるだろうという主張からは区別される）[84]。それゆえここでウィトゲンシュタインが究極的に関心をもっているのは、何か広い意味での倫理的なもの——つまり人間存在という概念からくる傷つきやすさ——である。

いかなる場合にひとびとはある語を用いるのか、彼らがその語について何を
いうのか、その語は何と置き換えてもよいのか、と問いを発し、そして答として
その語の使用を記述しようとするとき、われわれはただ、ある哲学的問題を取
り除くのに有効であると思われる限りにおいてそうしているのである。……わ
れわれはただ、それが問題を引き起こす限りにおいて、言語に関心をもつ。わ
れわれが取り除きたいと思っている問題を除去するのに必要であるときにの
み、わたくしはある語の実際の使用を記述するのである。……新しい規則の
方が混乱が少ないという理由や、おそらくわれわれは通常の言語をこの光の
もとで見てみようとは思っていなかっただろうという理由のもとに、時々私は新
しい規則を定めなければならない。

（Wittgenstein 1979B：97）[85]

　偽なる言語的写像、魅惑的な[86]哲学的前提、「誤解に駆り立てられること」
（1958：§109）は問題を生み出すものである。注意深い、言語・記述的な哲学
的実践は、これらの問題を問題でなくす。ここには「些末」といわれるものは何
もない。実際先にその概要を述べた解放的・ピュロン主義者的哲学モデルは
正反対のものを勧めていることになる。というのは生きる上での健康を得るより
も、何か骨の折れる、厳しい、そしてゴールとして価値のあるものは何かあるのか
ということになるからである。これらの一般的な論点を心に留めて、今私は何故
ウィトゲンシュタインの作品がピュロン主義者の道を辿ったかを説明しようと思う。
　常に十分な理解は得られていなかったとしても、ウィトゲンシュタインが彼の著
作を「哲学病」（ibid.：§593）の「治療」（ibid.：§255）に向けられた治療的
戦略と特徴づけていたことは広く知られている。実際ウィトゲンシュタインは医学
および精神分析という専門職への訓練を受けることを考えていたが、それは多
分彼が言い張るほどには彼の哲学の仕事にとって偶然的であったとはいえない
であろう[87]。そのような伝記的な事実には何の価値もないが、しかし私はここで
すでに議論されたピュロン主義者的な治療に対応するいくつかの節に焦点を当
てたい。『哲学探究』においてウィトゲンシュタインは、彼の哲学探究の特徴を次
のように述べている。

　われわれは、自分たちの言葉の適用に関する規則の体系を、聞いたことも

第1章　平穏の思想　　ピュロン主義とウィトゲンシュタインにおける治療としての哲学

ないようなやりかたで洗練したり、完全にしたりしようとは思わない。

　というのはわれわれが目指している明晰さは、もちろん完全な明晰さなのだから。だが、このことは、単に哲学的な諸問題が完全に消滅しなくてはならないということであるにすぎない。

　本当の発見とは、私の欲するときに哲学するのを中断することを可能にしてくれるような発見のことである——それは哲学に平穏を与え、それ自体が問題になるような問題によっては哲学がもはや追いまくられないようにする発見である。——そしていまや実例に即して一つの方法が示され、しかもこれら実例の系列をひとは中断することができる。——一つの問題でなく、もろもろの問題が解消される（もろもろの困難が取り除かれる）。

　哲学の方法が一つしかない、というようなことはない。実にさまざまな方法があり、いわば異なった治療法があるのである。

（1958：§133）

　この引用句は、いくつかピュロン主義のテーマを思い出させる。たとえばウィトゲンシュタインが「目指している」哲学的「明晰」さは、そこではその問題の理論的解消ではなく、その消失と同一視されている。さらにこの「明晰さ」は、哲学が「平穏（平和、peace）」を見出し、思考が「苦悩」から解放されたまさにそのときに生じる。最後にウィトゲンシュタイン自らの反理論的立場と医学・治療（の立場）との類似性を強調するために、ウィトゲンシュタインは、（セクストスのように）[88]哲学がたった一つの方法をもつことを否定する。むしろ新しい治療の内的多様性は、率直にいってそれが扱う病気の多数性を映しているのである[89]。これらのテーマを各々考察しよう。

　いわゆる「ビッグ・スクリプト[訳注3]」に見られる諸節で、ウィトゲンシュタインは「われわれの考えていることがユニークであると考えていたケースの隣に他の似たようなケースを置くことができるとき、そこに得られる特別な心の平穏」（1993：175）に言及している。ウィトゲンシュタインは、「もし私がここでわれわれは言語の限界に突き当たっているというならば、そこでは常に……退くことが必要であるように思われる。だが反対に何の問題も残っていないのであるから、完全な満足が得られる」と続ける。言葉を変えれば、「問題は言葉の実際の意味において解けたのである——水に浸したひとかたまりの砂糖にように」（ibid.：183）

45

ということである[90]。同様に「新」哲学者は、「今までわれわれの意識の上に不可解な形でのしかかっていたものを捉えることを最終的に許す……解放の言葉を見つける努力をする」ひとと特徴づけられる。つまりウィトゲンシュタイン的治療家は、「それでもってひとが……事物を表現しまたそれを無害なものにすることができる言葉をわれわれに伝えるのである」（ibid.165）。結局今度は『反哲学的断章――文化と価値』においてウィトゲンシュタインは次のようにまとめている、「私の理想はある種の冷静さである。情熱に口をはさむことなく、情熱を取り囲む寺院（1994a：2）、思想は平穏のうちにある。これこそ、哲学する者が心の底から望んでいる目標である」（ibid.：43）。かかる諸節において、顕著にピュロン主義的意味合いが見てとれる。哲学は、もし正しく実践されれば、特定の当惑を解消することを可能にし、また平静な状態へと導くであろう[91]。同じ主張が、わずかに違った形ではあるが『断片』で述べられている。そこではもっとも「哲学的探究において注目すべきかつ特徴的な現象」が、「単に解決の前段階に過ぎないようにしか見えないものを、解決として認識してしまうところに起きる……困難」と同一視されている。というのは「ここでの困難」は「止まる」ときを知ることだからである。それでウィトゲンシュタインはわれわれに「われわれはいうべきことはすべていった。――そこから導かれる何かではなく、まさにそれが解決なのだ！」（1990：§314）とわれわれに注意を促す。この後者の形式化には興味がある。というのはそれがヌスバウムによるピュロン主義者の自然主義についての要約（「これを超えてあるものは何もない。何もない。これ――（自然{そして慣習}のなかで生活が実際に進んでいる仕方）――これが目的である」（1991：532）と共鳴するところがあるからである。この著しい類似性についてヌスバウムは何もいっていない。それにもかかわらずこのようにウィトゲンシュタインを明確に形式化したことを通して、ヌスバウムはそこにウィトゲンシュタイン自身の哲学の計画の重要な特徴を強調する。というのは哲学のない生活に関しては、ウィトゲンシュタインはセクストスよりも明確さにおいては劣るが、それにもかかわらずウィトゲンシュタインは、よりありのままである（そして彼にとってはむしろトルストイ的である）種類の生活をあこがれることにおいて、ピュロン主義者と共有するものがあるからである。実際私が第3章で論ずるように、ウィトゲンシュタインの「他人を手本にするのではなく、自然を君の導きの星にせよ！」（1994a：41）という命令は、言語的なものの本質は前言語的なものから派生して来たということ

第1章　平穏の思想　　ピュロン主義とウィトゲンシュタインにおける治療としての哲学

の強調[92]および彼のフレーザー（Frazer）の人類学の批判[93]という二つに、重要な哲学的根拠づけを与えるものとして受け入れられる。しかし私がまず取りかかりたいのは、ウィトゲンシュタイン自身による哲学「病」の原因についての理解である。

　ピュロン主義者によれば、哲学病は必要のない不安を生み出す信念へと向かう性癖のことである。人間の生活には、程度の差はあるにしろ、必然的に苦しみが含まれていると仮定して、そのようなものは生来の悪であると信じること、あるいは神の画策を信じることは、単にひとの悲惨さを複雑にするだけである。そのような重荷を避けるためには、ひとは信念を捨て、無抵抗のエートスを養い、それによって世の流れに従うことを学ばなければならない。ピュロン主義者の図式によれば、不安の源はこのようにしてある種の自然的な傾向性から生まれたものであり、その上かかる不安を克服する鍵もまた自然（そしてある程度は文化）の力に動物として従うところにある。要するにここでは自然は災いと救いの両方となっている。私が先に述べたように、私は過度にこの図式——たとえばいかにしてピュロン主義者が理に適った形で自然の秩序の一側面（原始的な人間の衝動）を他の側面（信念へ向かう生来の傾向性）よりも大事にすること——の内的整合性にかかわることはしない。私にとって興味があるのは、同様な傾向がウィトゲンシュタインの著作のなかにも出て来ることである。ウィトゲンシュタインによれば、一体どこにわれわれは哲学的「動揺」の源を見出すのか（1958：§111）。ウィトゲンシュタインは、問題の根源はわれわれが「ある種の表現形式」（1969：27）あるいは「文法上の錯覚」（1958：§110）に、「魔法をかけられている」（1999：§31）[94]あるいは魅せられているところにあることを強調している。それゆえ新しい記述的哲学（descriptive philosophy）はこれらの傾向性に対する「闘争」（1969：§27）あるいは「戦い」（1958：§109）と特徴づけられる[95]。しかし何故この傾向性に逆らえないのか。ここにウィトゲンシュタインは、非難の矛先をもっぱら伝統的哲学の足元に向けているとして読む誘惑に駆られる。そして実際この仮説を支える多くの語句がある。二つの特に目立つ例を選ぶと、ウィトゲンシュタインは、次の類比を取り上げている。

　　哲学者はしばしば、幼児に似ている。幼児は、まず最初に、鉛筆で好き勝手な線を紙に書きなぐってから、大人に「これなあに？」とたずねるのである。

47

――こういうことがあった、大人が子供に何度か絵を描いてみせ「これは男のひと」、「これは家」、などといった。すると子供も、いろんな線をひっぱって、「じゃ、これはなあに」と聞いたのだ。

(1994a：17)

　私が一人の哲学者と庭に腰かけている。彼は何度も「あれが木であることを私は知っている」と繰り返し、そういうたびに近くの立ち木を指し示す。たまたま別のひとがやって来てそれを聞き、私はそのひとにこう告げる。「このひとは気が変なのではない。われわれは哲学をやっているのです……」。

(1999：§467)[96]

ここでは伝統的哲学が明らかに愚かなものとして描かれ、その意味もはっきりと示されている。最初の引用句では哲学者が混乱した子供のように行動しているが[97]、一方次の引用句では彼の行動が第三者の存在の前では許されるべきものとなっている。ウィトゲンシュタインは、哲学者はまさに彼の哲学の仕事に取り組んでいるとか、それが率直にいって哲学が実際に（そして正しく）必要としているものであるとは主張しない。というのはこのような哲学像は、相変わらず強く冷笑の的となっているからである。いずれにしてもこれはウィトゲンシュタインが示した全体像のほんの一部に過ぎない。というのは伝統的な哲学における実践は、しばしば問題を複雑にしていると非難されるけれども、問題それ自体は本質的に哲学が作るものではないからである[98]。むしろウィトゲンシュタインは、われわれを虜にしているのは深く「われわれの言語」に根ざしていると主張する（1958：§115）。このようにして哲学は混乱を悪化させるが、その「源」は「われわれの言語形式と同じように、われわれのうちに深く根ざしているのである（ibid.：§111）。この点でもっとも注目すべきは、異なった議論の領域間における誤解を招きやすい類似性である[99]。というのはウィトゲンシュタインは「すべては目に見えるように開かれており、かくて「隠れたものには……何の興味もない」と主張しているが（ibid.：§126）[100]、それにもかかわらずウィトゲンシュタインは「表層」文法と「深層」の文法の間の区別をしている（ibid.：§664）[101]からである。この区別は形式上、言語使用の表層の下に、発掘が要求される秘密な実在を示唆する限りにおいて、不適当である。しかしそのような『論考』像は明ら

第1章　平穏の思想　　ピュロン主義とウィトゲンシュタインにおける治療としての哲学

かにウィトゲンシュタインが心に抱いていたことではない。むしろ次のようである。

　　もっとも重要なものごとの様態は、……その単純さと平凡さによって隠され
　ている。（ひとはこのことに気がつかない――それがいつも眼前にあるからで
　ある。）……いったん目にすればもっとも驚くべき、もっとも強烈なものが、われ
　われを驚かさないということである。

（1958：§129）[102]

それゆえウィトゲンシュタインが何も隠されていないというとき、すべてが正しいの
ではない。「隠されて」いる何かが存在する。しかしそれは深奥または深遠に
おいてという意味ではない。むしろわれわれがわれわれの言葉の使用について
明確な展望（ibid.：§122）を得るのを妨げているのは、それにあまりにも慣れ親
しんでいることである。そのような「文法的問題」を解くのは困難であるが、そ
れは明らかに「その問題がもっとも古くからある思考習慣、つまりわれわれの言
語そのものに深く埋め込まれているもっとも古くからあるイメージと結びついてい
るからである」（1993：183-4）[103]。

　　「食べる」および「飲む」のような機能を果たすと思われる「ある（to be）」と
　いう動詞がある限り、ひとが時間の流れおよび空間の広がり等々について語
　る限り、人間の意志は同じ神秘的な困難さに続けて突き当たり、そしていかな
　る説明も取り除くことができないように思われる何かをじっと続けて見るだろう。

（1993：185-7）[104]

ウィトゲンシュタインはこのようにして言語それ自体を、われわれに課せられた
思考の連鎖を誤った方向に導く限り悪者と見る[105]。「日常言語（ordinary
language）」は、哲学の言語がそこに移されなければならない場所であるとと
もに、われわれにとって魅惑の場でもある[106]。言い換えればウィトゲンシュタ
インは、日常言語を「ふるさと（home）」と表すと同時に（1958：§116）、移り行くあ
るいは逃げ行く場としている。この結果哲学的当惑はまったく自然現象となる。
そのような「神話」を生むのは哲学者の言語ではなく、むしろ哲学自体がその生
命力を言語自体の隠れた「形式」（1993：199）および「ある種の本能」（Moore

1993：144）から引き出すか、あるいは衝動的に「それらを誤解する」のである（Wittgenstein1958：§109）[107]。そのような衝動は「恒常的に争いや不安」を呼び起こすが（1993：163）[108]、それは少なくともそこに「知性の……ではなく、意志の」（ibid.：161）[109]困難さが存在するからという理由ではない。実際まさに「泣き出すことまたは怒りの爆発を押さえるのがむずかしいように」、われわれを混乱させる表現を使わない」（ibid.：161）のはしばしば困難である[110]。

　ウィトゲンシュタインが、そのような「混乱」の本質や起源について述べるのは比較的少ないが[111]、先の引用句は、明らかにそれらの混乱が人為的に形成されたものではなく、むしろ愛するひとの死に涙したり、あるいは怒りのために足を鳴らすわれわれの性向と同じように自然であることを示唆している。しかし医者が病気発生の一般的な根拠について仮説を立てる必要がないのとちょうど同じように、またウィトゲンシュタインにとっても概念病の根底にある原因について類比的な推測をすることは重要でなかった。「真に一般的な自然の事実」は彼の治療計画（私は後方の章で触れるように、それらはその倫理的次元にとって中心をなす）にとって関係が深い一方で、ウィトゲンシュタインは「自然科学」にも「自然誌（史）」にもかかわらないことを強調している（1958：p.230）。かくて医学的およびウィトゲンシュタイン的治療者の両者にとっては、彼らがそのような病気が伝染する仕方と何がそれと戦うことができるかを指摘することができることで十分である。これはそのような治療者が根底にある原因を理解する必要がないといっているのではなく、むしろこの知識が特に深くある必要はないということをいっているのである[112]。私がここで広く強調したいと望んできた要点は、いかにしてセクストスとウィトゲンシュタインの二人が、そのような病の起源と（可能な）治療が自然の領域の中にある——つまり原始的な傾向性あるいは衝動、そして哲学のない生活というより平穏な状態へと向かうことのなかにある——と主張しているかである。

世界を正しく見ること：ウィトゲンシュタインのレトリック

　ここで次に、ウィトゲンシュタインの「平穏の思想（peaceful thought）」は「これこそ、哲学する者が心の底から望んでいる目標である」（1994a：43）という主張は、それ自身記述的なのかそれとも規範的なのかという問題が出て来る[113]。

これを別の仕方で形式化してみると、「われわれは言語と格闘している。われわれは言語との格闘に携わっている」（ibid.：11）、「われわれはどのような種類の理論も立ててはならない。われわれの考察においては仮説のようなものが許されてはならない。あらゆる説明が捨てられ、記述だけがその代わりになされるのでなくてはならない。」（1958：§109）というような意見において、さまざまなアピールを「われわれ」は誰に向けていっているのかとはっきりした形で問うことである。よく考えてみるとこのような言葉は、伝統的な哲学的実践における記述でないことは明らかである。むしろこれらの言葉は、ウィトゲンシュタイン自身の方法論の記述であるとともに伝統的哲学への非難でもある。これをウィトゲンシュタインはより司法上の言葉、「われわれの仕事のみが正当（just）とされなければならない。つまりわれわれはひたすら哲学の非正当性を指摘してそれを解消し、そして新しい学派も――綱領も設定しない（1993：§181）と述べている[114]。注釈者たちはここにおけるウィトゲンシュタインの規範の意味を過小評価する傾向にあるが、数多くある「ただ記述せよ」（1996a：63）および「すべてのものを、そのあるがままにしておく」（1958：§124）[115]という命令に賛成するのが難しいと思われる限り、このような消極的な態度は驚くにあたらない。しかしはっきりいってここに私の主眼点がある。というのはこれらは実際に哲学者がある道を進むこと、または「こういうふうにものごとを見よ！」（1994a：61）という命令だからである。デリダの言葉を借りれば、ウィトゲンシュタインは暗黙裡にわれわれに、「私を信ぜよ……私はあなたに本当のことをいっている（Derrida 1996：82）」、あるいは「私の解決を選べ、私の解決の方がよい、私の解決を取れ、私の解決を大切にせよ、私の解決に反対しないならばあなたは真理のなかにいる」（Derrida 1998a：9）と訴えているのである[116]。さらにここで、ウィトゲンシュタインの暗黙の規範とピュロン主義自体の最小限のドグマティズムとの間には相関関係があることが付け加えられる。というのは、「そのためにすべてがなされる……懐疑的方法の目的」は「アタラクシア」であることが思い出されるからである（Sextus 1996：1：25）。ピュロン主義者はあらゆる信念の痕跡から――あるいは暗にドグマティズムから――自らを解放することはできない[117]。似たような言い方になるが、まさにウィトゲンシュタインの方法論がまったく新しく[118]、また「正当な」（1993：181）記述の哲学の実践を始めるのを求めるとき、われわれはいかにしてウィトゲンシュタインが彼の方法を妥当性をもって規定することができたかを問

うていいであろう。ここでウィトゲンシュタインの著作のメタ哲学的な態度に関して疑問——通常は『論考』との関係おいて起きる疑問——が生じるのは明らかである。彼の後期の著作においてはこのことに関して広くピュロン主義からする返答が存在するが、私ははじめにウィトゲンシュタインの初期の著作におけるかかる方法論的—修辞的問題についてのピュロン主義的な取り扱いに目を向けたい。

『論理哲学論考』の最後から二番目の節でウィトゲンシュタインは、有名な警告を述べている。

　　私の命題は、私を理解するひとがそれを通り、それの上に立ち、それを乗り越えていく時に、最後にそれが無意義であると認識することによって、解明の役割を果たすのである。（彼は梯子をのりこえてしまった後には、それをいわば投げ捨てねばならない）……彼はこれらの命題を克服せねばならない。その時彼は世界を正しく見てとるであろう。

（1995：6.54）

ウィトゲンシュタインは多分この隠喩をマウトナー（Mauthner）から借りたのであろうが[119]、これはセクストスが彼自身の立場を「梯子の助けを借りて高い場所に登り」、そして「登った後に梯子をはずすひと」（Mates 1996：p.258）になぞらえたことから来ており、ウィトゲンシュタインはこのイメージを、『論考』で、有意味に語る（say）ことができるものと語ることができないものとの境界設定の意義を「示す（show）」ものとして採用している[120]。つまり「映像理論」において確立された意味の境界のなかで、ウィトゲンシュタインは論理的（同語反復的[121]）でも事実の世界の命題の「写像[122]」でもない彼自身のテキストを説明しなければならなかった。セクストスが続けてよりはっきりとした治療的用語で「瀉下薬は身体的腐食物だけでなく、その上それ自体を排出する」（1996：1：206-7）と述べているように、また「これらの議論は他の議論と共にそれら自身にも適用されるのである」（ibid.2：188）[123]。さらにこの超越論の放棄を究極的にウィトゲンシュタインにもたらしたものは、『論考』の結びの言葉「語り得ないものについては、われわれは沈黙（silence）しなければならない」（1995：7）で確かめることができる。意味の境界を決定することによってウィトゲンシュタインは、語られえず、単に示さ

第1章 平穏の思想 ピュロン主義とウィトゲンシュタインにおける治療としての哲学

れうるもの、はっきりいえば倫理的、宗教的——あるいは「神秘的」——なものの境界を設定したのである[124]。

私がピュロン主義の文脈においてウィトゲンシュタインの著作を位置づけたことを認められ、さらにピュロン主義者の「途方に暮れている」に関して先に私が述べたことを思い出すと、『論考』における沈黙への言及は適切である。というのは沈黙は、ウィトゲンシュタインによって神秘的なものをいかなる自然科学の不法侵入からも守る（彼の沈黙は尊敬の沈黙であって、嘲笑の沈黙ではない[125]）ために導入されただけでなく、また沈黙は哲学の解放がそれ自身のなかに含まれているかもしれないものを示しているからである。つまり論考の立場からする「梯子」——哲学的混乱の沼地からはい出るために梯子を使われてきた——をはずすことは、『論考』自体の命題の治療的性格について何事かを述べているだけでなく、何が「世界を正しく見ること」（ibid.6.54）なのかについての糸口を与えているのである。もちろんこのピュロン主義的隠喩は注意して取り扱わなくてはならない。というのはウィトゲンシュタインは別の箇所で次のような注意を与えているからである。

こういっていいかもしれない。私が到達したいと思う場所が、梯子を使ってはじめてのぼりつけるような場所なら、私は、そこに到達することをあきらめるだろう。というのも私は、実際にめざすべき場所に、厳密にいえば、すでにいなければならないのだから。……梯子を使わなければ手に入らないようなものは、私の興味をかきたてない。

(1994a：7)[126]

この空間的な比喩を採用するところから出て来る危険は、それがひとが近寄るかもしれない「どこか別の場所」を示唆していることである。しかしウィトゲンシュタインが探し求めている場所は、明らかにわれわれが今立っているところである[127]。というのはここで「われわれの言語の論理が誤解されているからである」（1995：p.3）。かくしてウィトゲンシュタインが主張しているのは劇的なパースペクティヴの変化であり、そこでは「登ること」への終わりなき欲望（あるいは「頂上に挑戦し、頂上の向こうを見たいという衝動」（1993：389））にわれわれが捕えられ、また挫折させられていることが止むのである。ウィトゲンシュタインの沈黙と

53

ピュロン主義者のアタラクシアとを同一視することは単純化し過ぎであろうが、それにもかかわらずわれわれは「ひとが沈黙のうちに過ぎなければならない」ものを「示し」ている『論考』の実践的な次元に気づくべきである。われわれが述べたように、哲学は「思考の論理的明晰さを目指しており」、準ピュロン主義的な用語を用いれば、「学説の体系」ではなく、むしろその仕事が「思想を……明晰にする」活動として定義されている（1995：4.112）。解けない問題は存在しない。というのは「答えを言葉にすることができないとき、また問いも言葉にできないからである。謎は存在しない。ともかく問いを立てることができるならば、それに答えることもまた可能である（ibid.：6.5）。それでこの後者の主張は、ウィトゲンシュタインが「人生の問題」と呼ぶものに適用される。というのはその「解決」は同様に「問題の消失」（ibid.：6.521）というところに位置づけられるからである。数年後ウィトゲンシュタインはこの「問題」に戻り、次のように述べている。

　　人生の問題を解決するには、問題を消してしまって生きるという方法がある。……人生に問題があるということは、君の人生が、人生というものの鋳型に合っていないということだ。だから君は、君の人生を変えるほかない、そしてそれを鋳型に合わせるのだ。すると、問題であったものは、姿を消す。……だがわたしたちは、こんな気持ちをもっているのではないだろうか、「人生に問題を感じないひとは、なにか大切なこと、いや、もっとも大切なことが、見えないのではないか」と。また私は、こうもいいたくなる。「そのように惰性的に生きているだけのひとは、そう、まさに盲目なのだ、いわばモグラだ。目が明きさえすれば、そのひとだって、問題があることに気づくのではないか」と。……あるいは、次のようにいうことは許されないだろうか。「正しく生きているひとは、問題があったとしても、それを、悲しいとは感じない。つまり、問題とは感じないで、むしろ喜びを感じる。いわば自分の生を取り囲む明るいエーテルと感じるのであって、あやしげな背景とは考えないのである」と。

（1994a：27）

ここにまた明らかにピュロン主義と共鳴するものがある。つまりひとが「合わせ」なければならない「鋳型（mould）」をもっている人生についてのウィトゲンシュタインの捉え方の特徴は、ピュロン主義者が自然的および文化的世界の揺らぎに

関して柔軟性が必要であることを強調したのを反映したものであるということである。さらにセクストスとウィトゲンシュタインの両者にとって、これを自らに対する悲しむべき制約と見なす必要はない[128]。むしろ自分自身を「人生の鋳型」に「合わせる」ことは、すべてのそのような余分な不安を追い払い、そしてこれは、大ざっぱにいえば、「正しく生きる」ことを形成するのである。伝記上の記録によれば、これらの語句は、それが何かウィトゲンシュタイン自身の生活の移り行く方向を捉えている限り、特別に興味をそそられる。『論考』の完成——彼は哲学の「不可侵で決定的」（1995：p.4）な終焉と考えていた——によって、ウィトゲンシュタインは哲学理論の確立から身を引くことによって、彼の人生の「形」を変えたのである。ウィトゲンシュタインは折に触れて哲学を捨てる試みをし、より世俗的な形で建築家、庭師、病院の雑役夫、研究室助手、学校の教師の職業に就いたが、これらすべてが失敗であったことが証明されている。というのはウィトゲンシュタインは再三再四学問としての哲学に立ち戻っているからである[129]。それにもかかわらず彼は自分の生活を変える試みを続けていた。ウィトゲンシュタインがこの目的に到達するのに失敗したことが、彼の動機が依然として本質的にはピュロン主義的であったという主張を犯すものではない。むしろこれが一つ示唆しているのは、ウィトゲンシュタインの哲学上の基準が彼のピュロン主義の先駆者の基準より少し高かったこと、つまり彼の完全主義（または「病気」）からの回復があまりにも早かったこと、あるいは彼が哲学以外の職業では成功しなかったことがウィトゲンシュタインをして彼ができることを知っているたった一つのことへと引き戻したということである[130]。理由はどうあれ、『論考』の完成、ひとに［その］命題を超越し、次いで「世界を正しく見る」（ibid.：6.54）ことを可能にさせる内的目標、ウィトゲンシュタイン自身の哲学を捨てるという試み、これらすべてはピュロン主義者に深く根づいている治療的構想のなかで結びついている。『論考』が直面している問題のいくつかを概観したので、これからは後期の著作、特にどのようにこれらの「記述的」著作の哲学的位置づけが、そこに暗に含まれている規範性と共に理解を得るかということに立ち返りたい。

　思い出してみると、説得が唯一ピュロン主義者が利用できる説教の仕方である——つまり潜在的な回心「これが私の経験がまったく自然に私にそうさせるものであり、これが私のこれまでこれらの行為から結果として出て来ると気づいたものであり、自分自身に起こるものを見よ」（Nussbaum1991：540）に訴える仕

方である[131]。ピュロン主義者の「現象に基盤を置いた生活」に向けて、その反ドグマ的であろうとする熱望や欲求を認めると、ピュロン主義者自身は本質的にレトリカルな手段に訴えざるを得なくなる。ここで重要なのはこれに似たレトリカルな次元がウィトゲンシュタインの後期の著作に出ていることである。かくて『哲学探究』においてわれわれは次に注目する。

　理想というものは、われわれの考えでは、揺るぎなく固定している。君はそれから抜け出ることはできず、常にそれへと立ち戻っていかなければならぬ。外側などはないのだ。外側には生の息吹が欠如している。――こうした考えはどこから来たのか。この理念は、いわばメガネのようにわれわれの鼻の上に居すわっていて、われわれの見つめるものは、皆それを通して見えるのである。われわれはそれを取りはずすという考えに思い至らない。

(1958：§103)

ここでウィトゲンシュタインがそれとなく述べているのは、『論考』において大変鮮明に描かれているような、われわれを「捕えて」（ibid.：§115）放さない見方も含めて、われわれの言語についてのゆがんだ見方から解放される可能性であり[132]、われわれは「それを通して注視しているものを何でも見るメガネ」をはずし、理想言語への『論考』的信仰――世界がそれに対応しているに「違いない」とわれわれが考えている「先入見」（ibid.：§131）――を抹消しなければならないのである[133]。このような信念を捨てることによってのみ解放への道が拓ける。しかしながらこれらの「メガネ」は取り換えるのではなくはずすことが求められている[134]、そしてこれがなぜウィトゲンシュタインが、彼自身の哲学の流儀をそれ自身「新しい……偶像」（1993：171）として設定することに警告を発していたかという理由である[135]。というのは先に指摘したように、哲学者が直面している仕事は、「聞いたこともない」（ibid.：179）何かを理論的に明らかにすることではなく、「われわれがとに知っている」（1958：§109）ことの記述であり、まさしく［われわれ］の目の前に横たわる！」（1994a：39）ものの記述だからである[136]。

　ウィトゲンシュタインの新しいアプローチを構成している本質的な要素は、ウィトゲンシュタインによる、言語が使われるいろいろな仕方は哲学的正当化を要求するという考え方の除去である[137]。私は第2章において正当化の本質と限界に

第1章　平穏の思想　　ピュロン主義とウィトゲンシュタインにおける治療としての哲学

ついて議論するつもりであるが、それにもかかわらずこのことは、われわれ現在の関心と直接関係して来る。それはウィトゲンシュタインが『確実性の問題』で述べている次の言葉である。

　　二つの相容れない原理が実際にぶつかり合う場合は、どちらも相手を蒙昧と断じ、異端と謗る。……先に、私は他人を「攻撃」するだろう、といった——だがその場合、私は彼に理由を示さないであろうか。もちろん示す。だがどこまで遡るかが問題である。理由の連鎖の終わるところに説得がくる（宣教師が原住民を入信させるときのことを考えてみよ）。

(1999：§611-12)

この引用句は印象的である。というのはこれがウィトゲンシュタインの探究というテーマにおける正当化と説得力の問題を表しているだけでなく、まさしく何か探究のレトリカルな方向を捉えているからである。しかしこれを説明するためには、最初に多少後期の著作の一般的なスタイルについて述べておく必要がある。

　ここで繰り返す必要があるのは、セクストスとウィトゲンシュタインの二人における治療とは哲学的問題の理論的解決ではなく、むしろその解消（dissolution）に向かわなければならないということである[138]。私は二人の哲学者によって練られた方法上の策略が同じだということを示唆しているのではない。結局哲学の文献において一般に展開されている標準的な弁証法的動きは[139]、ウィトゲンシュタインの後期の「縦横無尽（criss-cross）」（1958：p.ix）スタイル[訳注4]によって複雑なものとされるが、一方セクストスはよりはっきりと（極端に短縮されているにもかかわらず）弁証法的モデルの内部に留まっている[140]。それにもかかわらず、この明白な違いさえ簡単なものではない。ウィトゲンシュタインの著作は形式上ある種の弁証法的な動き——少なくとも制約されたピュロン主義スタイル——に従事しているという議論は可能であろう。というのはウィトゲンシュタインとセクストスの両者において、最初の二つの弁証法的要素が働いているからである。セクストスの著作においてこれは諸定立（theses）の対置（これよって矛盾した主張の等価性、次に判断中止、そして最後にアタラクシアへ導く）ということで表されているが、一方ウィトゲンシュタインの書物においては、比較される対立物として、「中間的」（ibid.：§122）なケースを示す例を彼が戦略的に採用するとこ

57

ろに現れている。かくてウィトゲンシュタインは次のように語る。

　われわれが唯一と考えている事例の隣に、別の事例を置くことができるとき
に生じる心の特別な平穏さは、言葉が正に一つ（あるいはまさに二つ）……
の意味をもつのではなく、五つあるいは六つの異なった仕方で用いられている
ことを示すとき、われわれの探究のなかに幾度となく生じる。

（1993：175）

ウィトゲンシュタインの著作の擬似弁証法特徴を正当化するには、細かい分析が
必要であろうが、私はここでそれを試みることはしない。代わりに私は彼の後期
の著作がもっている、より「断片的」な性質に焦点を当てたい[141]。
　『哲学探究』の序文でウィトゲンシュタインは、次のことを認めている。

　私はこれらの思想をすべて短い文節からなる覚書として、書き下した。同
じ主題について連鎖的に述べた場合もあるし、一つの領域から他の領域へ
いきなり飛躍した場合もある。……自分の得た諸結果をそのような一つの全
体へ融合しようとする多くの、不成功に終わった試みのあとで、私は、決して成
功しないことを悟った。自分の書きうる最良のものがどうしても単なる哲学的
覚書にとどまるであろう。

（1958：p.ix）

この『哲学探究』を形式化するという運命づけられた努力（他のひともまた試み
たもの[142]）は、ウィトゲンシュタインにかんしては単なるばかげた行為以上の重要
な理由からうまくいかなかった。ウィトゲンシュタインの「思想はまもなく」、その体
系化の努力という点では「欠点があるとされた」けれども、ウィトゲンシュタインは
「これはまさに探究そのもの性質とつながっていた」と説明している。すなわち
独特なテキストの「縦横無尽」という性質は、単に「［それらの］長く、複雑な旅行
のコース」（ibid.）を旅した景色の地形を反映したものなのである。他の箇所
でもわれわれは「哲学に取り組むこと」は第一に「自分自身で取り組むことである」
（1994a：16）について語ったが、しかしこの主張も同様に注意されるべきである。
というのはウィトゲンシュタインは「自分自身に取り組むこと」を優先していた

が、彼は（リーズがほのめかしているように[143]）、それによって彼の野心を彼自身の私的な解放に制限していたわけではないからである。この意味において『哲学探究』における「風景のスケッチ」は、擬似告白として記述されてもよいであろう[144]。というのはやはりここでウィトゲンシュタインの「［彼］自身に取り組むこと」が何か新しいことの開始[145]、つまり自分たち自身のなかに哲学的に当惑していることを見出しているひとびとの生活における、パースペクティヴあるいは「方式」（1990：§461）の根本的変化を目指しているからである。（少なくともウィトゲンシュタインは、「誰かが自分自身で考えるための励ましになる）ことを望んでいた」（1958：p.x））。この点は、ウィトゲンシュタインが哲学的当惑を知性よりも「意志」に相応しい誘惑あるいは事柄として特徴づけたときに採用した擬似宗教的用語によって具体化される[146]。実際誘惑、罪、責任、罰という言語を活用する傾向を見ると、ウィトゲンシュタインのよく議論される「私は宗教的人間ではないが、あらゆる問題を宗教的な観点から見ざるを得ない」（M.Drury 1981：94）という主張にあまり違和感をもたなくなる。後の章で議論するが、ウィトゲンシュタインの宗教性の細かい内容ははっきりしない。しかし彼が宗教的生活（特にトルストイ的あり方において）は、彼自身そのなかに完全に入ることはできなかったにもかかわらず、それを大変魅力的なものと見ていたことに疑いはない[147]。それ故この深い宗教へのあこがれは、ウィトゲンシュタインがしばしば哲学の問題に対して取り憑かれたような態度をとったこと、およびそれらの問題が彼の著作において表現されている方法の両方において、はっきりと捉えられるに違いない[148]。要するに彼が「すべての問題を宗教的観点から見ざるを得なかった」というウィトゲンシュタインの告白の意味の一部は彼が用いた語彙のなかに見出され、また彼自身の哲学への誘惑を解くことができ、そして他人にいかに彼等自身を治療するかを示すことにおいて、彼が問題となっていると感じているもののなかに見出される[149]。この言外の宗教的な意味によってウィトゲンシュタインは、暗黙のうちに読者に対して自分自身に取り組むことを訴えているのである。シールズ（Shields）が提案しているように、「誘惑の言葉で哲学の問題」を語ることにおいて、ウィトゲンシュタインは事実上「道徳的責任が、われわれが誘惑を実際の罪とすることにある程度従うことを要求する」限り、「道徳的責任を誘惑された個人よりも上に置いたのである」（1997：56）。このことに注意すると、「美学講義」においてウィトゲンシュタインが次のように告白しているのは興味深い。

私が今行っているのも同様に説得ということである。……私は「諸君にそれをそのように見てもらいたくない」といっているのである。……私はある意味ではあるスタイルの思考を別のスタイルの思考に対立させて宣伝しているのである。正直なところ、私はもう一つのほうにうんざりしている。それに私は自分の考えていることを叙述しようとしている。それにもかかわらず、「後生だからそのようなことはしないでくれ」といっている。……われわれがどれだけのことをしているかによって思考のスタイルが変わり、私がどれだけのことをしているかによって思考のスタイルが変わり、私がどれだけのことをしているかによって人々にその思考のスタイルを変えるよう説得できる。

(1994b：27 - 28)[150]

　ウィトゲンシュタインはここで率直に「宣伝すること」と「ひとにその思考スタイルを変えるように説得すること」について語っているが、その限り彼の哲学の意図が彼自身の個人的アタラクシアを超えて広がっていることを示唆している。かくてこのような言葉は、リーズの多分ウィトゲンシュタインはこれまでただ彼自身のために語っていたという疑念を否定する[151]。しかしさらにここでどうしてもいわれなければならないことがある。というのは、ウィトゲンシュタインの強調していることがより単独でという性格をもっているように見える言葉が存在するからである。たとえば1947年のノートにおいて、ウィトゲンシュタインは「学派を打ち立てることができない……」のは、彼一人だけかどうかを問うているからである。それに応えてウィトゲンシュタインは、「私には学派は作れない。私はもともと、真似されるのがいやだからである。そしてどう転んでも、哲学雑誌に論文を発表するような手合いにだけは、真似されたくない」(1994a：61)。この他人に「真似され」たくないという間接的ないい方は、リーズの仮説にとってプラスとなる証拠のように見える。もっともウィトゲンシュタインは比較的早い段階で、次のように述べている。

　私のかかえている問題をすっかり余計なものにしてしまうような、生き方の変革ではなく、私の仕事をほかの人たちがやり続けてくれること——これが私の希望だなどというのは、お門違いもはなはだしい。(だから私には、決して学派などつくることができないのだろう)

第1章　平穏の思想　ピュロン主義とウィトゲンシュタインにおける治療としての哲学

(1994a：61)

それゆえこの引用句からさえウィトゲンシュタインに、（常に楽天的ではなかったとしても[152]）彼の著作の意味が、学問としての哲学、彼自身の哲学的満足、そして実際には彼の生涯という枠を超えて感じ取られるであろうという野心が強く残っていたと結論づけることができる。要するにこの引用句は、われわれにウィトゲンシュタイン自身この探究において一人であるかどうかを語っているのではないが、その一方でこの引用句はこの探究は単なる独りよがりからの解放ということを超えることを目指していたという見解を後押ししているのである[153]。もちろん目的はもはや哲学そのものの死（間もなく私はこの点にもどる）ではなくて、むしろ個々の哲学者に、そのひとが欲するとき、そのひともまた「哲学すること」（1958：§133）を中断することができる「発見」をする上での救済の可能性なのである。かくていずれにしてもウィトゲンシュタインにおいて「学派をつくる」ことが不可能なのは、彼が単に理論的ではなくむしろピュロン主義者（そして実際に純粋な狂信性[154]）のように、基本的に実践的、つまり「人間の生き方の変化」（1994a：61)」をもたらすことを求めることへの転換によるのである。

　ここから自然にわれわれは、ウィトゲンシュタインがどのように哲学的実践の未来を見ていたかという問題へと導かれる。彼が学問としての哲学との関係に悩んでいたことを明らかにする上で役に立つ伝記的な資料[155]に加えて、ウィトゲンシュタインの著作のなかにこの緊張したつながりをほのめかすものが多くある。先に指摘したように、「本当の発見とは、私の欲するときに哲学するのを中断することを可能にしてくれるような発見のことである」（1958§133）というウィトゲンシュタインの覚書を、哲学的実践へ向けての彼の基本的な態度を表していると取ることができる。というのは彼が強く望んでいたのは「思想は平穏のうちにある」（1994a：43）ということだったからである。ここではウィトゲンシュタインがいつも哲学の完成は彼の生涯のなかで可能であると考えていた、といわれているのではない――『論考』を終えるに当たって、彼は実際哲学の中心問題は解決されたと考えていたにもかかわらずそうなのである。『論考』の後、「哲学の終わり」という観念に関してためらいが増していた。かくて『断片』でウィトゲンシュタインは次のような注意を述べている。

哲学における焦燥や不安は、われわれが哲学を誤って眺める、誤って見ると
　　ころから生じているといえるかもしれない。……だがその場合にも、われわれ
　　の仕事を完了させることはできないのだ！──当然のことである、というのは、
　　その仕事には終わりがないからである。……（われわれは当てずっぽうの推
　　量や説明を、言語的な事実の冷静な吟味に置き換えたい）。

（1990：§447）

　この告白は、ウィトゲンシュタインの後期の著作で公言された記述的方向が与え
られるならば完全に理解可能である。哲学者がこれからは記述だけをしなけ
ればならない多くの言語ゲームは、「固定されたものでも、一度に与えられるも
のでもない」（「新しいタイプの言語、新しい言語ゲーム……が存在するように
なり、他のものがすたれ、忘れられていく」（1958：§23））。このことによって自
ずと新しい哲学の仕事が無限にあることが確信されるであろう[156]。それゆえわれ
われは、哲学自体に終わりをもたらす可能性についての自信の違いが示され
ているのは、明らかにウィトゲンシュタインの後期における言語概念の多様性と
置換性[157]──これらの現象に対する彼の前期における鈍感さと比較される[158]
──にあるといえるであろう[159]。しかし再びこのことは、ウィトゲンシュタインの奥
にあるピュロン主義を損なうものではないといえる。ここでは自ずと少なくとも二
つの読み方が可能である。（1）ウィトゲンシュタインは「彼の生活のあり方をす
べて変えるという意図を執拗にもって」おり、そして学問としての哲学と「縁を切
ろうと」する（しかもウィトゲンシュタイン自身彼の「虚栄心」（Drury 1981：92）
が彼を哲学に戻したことを確認していた[160]）というドゥルーリーの意見、そしてウィ
トゲンシュタインの「君は、私が好むときに哲学することを中断できるといったこと
を知っている、それは嘘だ、私は・で・き・な・い・」（ibid.：186,n.9）というウィトゲンシュ
タインの叫びについてのリーズの回想に注意をすると、そのような言い方は正確
には、ウィトゲンシュタインにおいて決して「哲学することを止める」ことへの欲求
が止むことはなかったけれども、彼自身のうぬぼれが彼の道を妨害したと解釈さ
れる。つまりウィトゲンシュタインが強く望んでいたことが本質的にピュロン主義
者的なものとして残っていたのである。もちろん彼にはそれを実現することに携
わることはできなかったという事実はあるが。（2）より複雑な解釈をするとわれ
われは、ウィトゲンシュタインは実際彼の新しい記述的哲学には限界がないこと

を認めるようになったが、一方これはウィトゲンシュタインにとって継続して「驚き」（Holland 1990：22）の源として残っていただけでなく、それ自体哲学のもくろみからの解放の潜在的な源としても残っていたといえるであろう。哲学の仕事は今や果てしない（というのはなぜ言語ゲームは、それによって哲学に探求の確定した領域を与える、固定した安定に到達すべきなのか）ように見える。しかしその一方でウィトゲンシュタインにおいて、哲学の仕事は本質的に不確定性であることが認められるように哲学の仕事それ自体が再定義され、そこでは彼が初期の『論考』的完全主義に対して抱いていた嘆きは見られない[161]。これらの解釈はそれぞれ異なっているが、それにもかかわらず一つの決定的な点において一つになっている。すなわちウィトゲンシュタインのピュロン主義が実践上成功するか（失敗するか）は「知性よりもむしろ意志を取り扱わなければならない困難」（1994a：17）にあったということである。

　ウィトゲンシュタインの著作をピュロン主義的次元から再構築してみると、次のようにまとめることができる。『論考』に、心と言語と世界の間にある関係について完全な説明を与える意図があるとされている限り、『論考』の次元には完全性がある。その意味を厳密に決めることによって、この計画は哲学に終局をもたらした。しかしながら後期の著作においては、もはや意味それ自体をいかなるアプリオリな意味においても決定することはできないが、その代わり意味は多様な言語実践の機能と見られることにおいて、ウィトゲンシュタインの立場はより複雑になっている[162]。このようにして『論考』の「透明な純粋さという先入見」（1958：§108）を捨てることによって、哲学の車輪が回り続けていくことに絶望する意味はほとんどなくなった[163]。むしろウィトゲンシュタインの目的は、実際の言語使用のメカニズムから独立しては、哲学の車輪は回り続けなかったことを確信することにあった[164]。一方先には一つの固定した、確認できるゴールがあったが、今や哲学者は多くの特殊な、常に流動している目的に直面した。そしてこれが何故ウィトゲンシュタインが（セクストス）と同じように、医学的な比喩を用いたかという理由であり、そこでは「一つの問題ではなく、諸々の問題が解消される……」、「哲学の方法が一つしかない、というようなことはない。実にさまざまな方法がある、いわば異なった治療法があるように 」（ibid.：§133）と主張されている。

　今まで私はウィトゲンシュタインの方法、スタイル、メタ哲学に存在する問題に焦点を当ててきた。これらの問題は明晰化が強く要求されるテーマであるが、

それは少なからずウィトゲンシュタインの著作から生じてくるより倫理的・政治的事柄についての説得力のある研究にとって本質的な材料を形成しているからである。今私が向かうのはこの後者の問題である。

ウィトゲンシュタインとピュロン主義的保守主義

セクストスの「現象主義的生活」についての概略を思い出してみると、私はピュロン主義者の社会への順応主義について、ピュロン主義者はヘラーの「邪悪な老人」（1961：260）――批判することなしに政治力がたまたま支配するものをなんでも採用してしまう性格――を望んでいると皮肉った。しかしヘラーの登場人物でもっとも目立つのは、彼が話し相手の非難に対して絶えることなく反論をすることであった。かくて老人は、いかなる争いが負けるかを学ぶことの実践上の利点についてよく考え、彼の質問者にそのひとの生活の質と生涯の両面を気づかせることによって、「狂気」という非難に応えたのである。このようにしてこの信じがたい対話の終わりに、老人は誇らしげに「もちろん」自分は「いかなる原則」ももっていないと断言したのである（ibid.：262）。ここでのピュロン主義者の教訓は、カメレオンのような生活を教え込むことによって、ひとはむしろ落ち着いた暮らしを得ることと、それを保つことの二つができる、ということである。しかしもしピュロン主義者がアタラクシアを獲得し維持する上で向かうことになる倫理的・政治的に可能な極端な状態を例示するのにヘラーの登場人物が役立つならば、われわれはそのようなひとを悩ませる意味合いがウィトゲンシュタイン著作に見出せるかどうか問うてもいいだろう。つまり「思想は平穏のうちにある」（1994a：43）を彼が強く望むことにおいて、われわれはそれに類比する形での倫理的・政治的無関心を見出すのであろうか[165]。何人かの注釈家はウィトゲンシュタインの成熟した思想のなかに、このことを発見している。かくてニーリ（Nyíri）は次のように主張する。

ウィトゲンシュタインの分析の特別な傾向、彼の多くの覚書と反省の内容、そしてこの哲学が明確に存在するようになった歴史的情況については、一方でウィトゲンシュタインと他方である重要な典型的保守主義との間に家族的類似性のあることが実際に見られることに光を当てる解釈が求められる。

第1章　平穏の思想　　ピュロン主義とウィトゲンシュタインにおける治療としての哲学

(1982：44)[166]

　しかしこれは単に伝記的観点からなされたというのではない。というのはニーリはそのような読み方は「ウィトゲンシュタイン哲学のより完全な理解にとって必要なステップである」（ibid.：45）と提唱しているからである[167]。とりわけ方法論上の問題としてニーリはこの相関関係を発展させて、それはカルテンブルンナー（Kartenbrunner）の保守主義の一般的な「理論……に対する嫌悪」、彼らの「親しい仲間に対する親族的傾倒（知性による構成物に反対するものとしての生活経験を断固として好むこと）、そして最後に保守主義者の「常に具体的なものから始める」という意見を注目することによってなされる。保守主義をこのように読むこと（ここでは議論の進行上問題としない）において、先に述べた理論への「反感」は「その極端な表現」が「具体的」なものに面したとき一定の「沈黙を好む」（ibid.：47）ところに見出される。要するに「与えられた生活形式は究極的な所与である」（ibid.：59）[168]。同様に今度はグラボウスキー（Grabowsky）を引用すると、保守主義の「不可解なものは黙って尊敬するibid.：56」（これは「保守主義の態度」（ibid.：55）のまさに本質を要約している）はウィトゲンシュタインとつながる[169]。しかしこれらの疑念をもつのはニーリ一人ではない。ブルア（D.Bloor）も同様に「ウィトゲンシュタインのテキストは繰り返しいかにして彼が保守主義特有のテーマを発展させているかを示している」（1983：161）と論じている[170]。ブルアは『確実性の問題』の中心的な主張を確かめて、次のようにその大意を述べている。

　ウィトゲンシュタインが、私の生活は私が知り、私が疑いがないと思っていることを示し、……「私の生活は多くの事物を受け入れることで満足しているところに成り立っている」と述べ、また別のところでは……言語ゲームは何か合理的なものでもあるいは不合理なものでもない、「それはわれわれの生活のように──存在する……」ことに気づかされる、と語っていることが思い出される。ウィトゲンシュタインは、正当化はどこかで終わらなければならない、しかしそれは知性の疑念の状態においてあるいは自明の真理の把握においてではない、という。それは「根拠のない行為の仕方」において終わる。把握するのがむずかしい事物は、われわれの信念に根拠がないことである、といえ

る。……われわれはその確実性が「われわれはある共同体（コミュニティ）に属している」という事実から導かれる信念の体系を受け継いでいる。……疑うことは寄生するところに生じる。つまり限られた信念のエリアに注意を向ける獲得された技術である。……そこでわれわれは疑いをもつ。保守主義的思考のあらゆるカテゴリー的枠組、つまり権威、信仰、共同体——、これらすべては一つに編み合わされて、理性に対する生命の優位、規範に対する実践の優位、思考に対する存在の優位を示している。

(1983：161-2)[171]

　それではこのように特徴づけられるわれわれとは何なのか。そしてより焦点を絞って、ウィトゲンシュタインの思想をピュロン主義の次元で見ると、必然的にヘラーの「悪魔のような老人」によって演じられた種類の「過激な」保守主義へと導かれるのか。
　これらの「保守主義とする」読み方を維持するのは困難ではない。たとえば、これらの一般的な保守主義の伝統を、16世紀と17世紀を通じてのピュロン主義の復活と関連づけることによって、さらにとりわけ直接聖書の権威に訴えるプロテスタントを衰えさせることになる反宗教改革者によるピュロン主義の応用と関連づけることによって、ニーリとブルアの分析は発展させられるであろう[172]。このピュロン主義者によって勢いづけられたカトリックの信仰主義は、興味をひくものである。なぜならそれはピュロン主義に潜在する（極端ではないけれども）保守的な色合いに光を当てるだけでなく、また宗教の哲学におけるウィトゲンシュタイン自身の影響がしばしばまさにそのような反護教的な信仰主義を促進するといわれるからである[173]。それでニーリとブルアの主張は依怙贔屓の感が強すぎるかもしれない。結局ウィトゲンシュタインははっきりと次のように警告している、「われわれの誤りは、われわれが『原現象（proto-phenomenon）』として見るべきところで説明を求めていることである。つまりそれはこの言語ゲームが行われている（1958：§654）というべきだったところである」、そして同様に「私が根拠づけの委細をつくしたのであれば、私は確固たる基盤に達しているのであり、私の鋤はそりかえってしまう。そのとき私は『自分はまさにこのように行動をするのだ』」（ibid.：§217）[174]といいたくなるところである。第2章で論じるように、ここでのウィトゲンシュタインの認識論的視点は、ヘラーの老人の視点よりも深いけれども、

そこにはある意味が残されている。それはそのような立場が潜在的に政治的意味をもっている——特に彼の言語ゲームに口出しをする哲学者の「干渉」をはっきりと[175]禁ずる見解のなかに残されている——という意味のことである[176]。さらに（先に論じたように）哲学と生活との関係について[177]ウィトゲンシュタインは、生活の諸問題についての理論的な「解決」は単に要求されていないだけでなく、またこれらの解決の終焉を探し求める哲学的探究も存在しないのである、と戒めている。生活は、哲学的な理論的研究によって、より楽になったりまたより価値のあるものになったりするのではない。つまり生活は、哲学のもくろみの外で、（単に我慢できるということだけでなく）完全に生きがいのあるものとして送られて来たし、また依然としてそうである。そこで生活（そして哲学）上の問題の正しい「解決」法は、もはや問題が問題として経験されないように問題を解消させることである。この解消の治療的過程はそう簡単ではないけれども、最終的にはひとの生活に解放をもたらすという効果をもち、さらに「喜び」（1994a：27）の源にさえなるのである。それゆえウィトゲンシュタインの著作は、それがピュロン主義的と捉えられる範囲においては、先にその概要を述べた保守主義的な読み方に向かうことになる。しかしこのことは最初は納得が得られるけれども、ニーリとブルアの大雑把なアプローチは、最終的にはウィトゲンシュタインの成熟した思索をゆがめることになる[178]。というのはこれらの疑念の根底にあるのは、ウィトゲンシュタインの保守主義ではなく、むしろ彼の外見上の急進的反基礎づけ主義だからである。ニーリとブルアが述べた相関関係は興味深いが、彼らがあのようにはっきりと政治用語で問題を述べたことは、基礎にある哲学の問題から注意をそらすことになる。ウィトゲンシュタインの後期の著作には、倫理的および政治的に有意味なものが存在するが、しかしそれが彼に帰せられる保守主義に訴えたところで十分に表されるものではない。むしろ彼の著作を倫理学と政治学の問題にまで広げ、かつ究極的には徹底したピュロン主義者によって提示された困難な静寂主義を超えたのは、ウィトゲンシュタインのピュロン主義的自然主義である。ニーリとブルアが焦点を当てたのは、ひとつの特別な——確かに重要であるが——ウィトゲンシュタインの著作がもつ次元である。つまりその明白な擬似コミュニタリアニズム（擬似共同体主義）的反基礎づけ主義である。しかしウィトゲンシュタインがしばしば共同体、伝統、訓練に訴えていることを強調すると、彼の後期の著作におけるかかるテーマを支え、かつまた強化する、彼のより深い自

然主義を見落とす傾向が生まれる[179]。

　本章において私は、これまでウィトゲンシュタインの自然主義の一つの側面を確認してきた。つまり哲学的当惑は、単に哲学的思索がもたらす病状だけでなく、むしろ「日常言語」とわれわれがその多様な機能を誤解する自然的「衝動」の両者の病状である、というウィトゲンシュタインの主張である。ウィトゲンシュタインが、セクストスと同様に、究極的にはひとの哲学的当惑とそれからの解放の可能性の両方を自然の領域に置くべきであるとしたのは明らかに有意義である。しかしながらこれは彼の自然主義のもっとも重要な面ではない。むしろ先に触れたように、ここでの重要な問題は、ウィトゲンシュタインの自然主義がどの程度倫理的−政治的事柄に関係しているかということである。次章で私は『確実性の問題』を細かいところまで問題とすることによって、このことを追求する。次の三つの理由から、このテキストに焦点を当てる必要がある。（1）『確実性の問題』では、共同体（コミュニティ）、伝統、訓練が繰り返し強調されているが、このことはニーリとブルアによってなされた一般的な主張を裏づけているように見える、（2）ここでは多分他の箇所よりも、ウィトゲンシュタインの成熟した思考がもつ倫理的−政治的関心をもっとも容易に認識することができる、（3）このテキストでは、よりはっきりとした形で「コミュニタリアン（共同体主義者）」としての意味が見てとれるが、ウィトゲンシュタインは特に「学習」と「信頼」についての発言において、彼の自然主義の倫理的意味に関して重要な指標を示している、という理由である。

原　注

1　本章の要約版については Plant 2004 を参照せよ。
2　Drury 1981：161 を参照せよ。
3　デリダによるウィトゲンシュタイン批判（Derrida 1993a：62-3）と、彼がウィトゲンシュタインの業績を適切に述べることに「失敗した」という彼の比較的最近の「告白」（2000a：351）を参照せよ。
4　Wittgenstein 1993：462 を参照せよ。いくつかの注意すべき例外については、Drury 1981：102-8 を参照せよ。
5　ここで私はフォグリン（Fogelin）のウィトゲンシュタインとピュロン主義についての意見（1986,1987：Ch.XV; また Hardwick1971：24; Hook Way 1990：16 を参照せよ）に倣った。フォグリンは、この相関関係が見過ごされて来たことを示唆しているが、それはもしウィトゲン

シュタインが懐疑論者の立っている基盤を執拗に突き崩す試みをしていたとすると、いかなる形式の懐疑論とも並べてウィトゲンシュタインを読むことは見かけ上ひねくれた読み方になってしまうからである（1987：226）。しかしここで問題となっているのは、ウィトゲンシュタインが「実際に」ピュロン主義者であったかどうか（実際彼らの書いたものなどには精通していた）ではなくて、ウィトゲンシュタインの方法と動機がピュロン主義傾向を示しているかどうかということである。

6 Drury 1981：97,99 を参照せよ。

7 Nussbaum 1991：521-2,536,538,541 を参照せよ。

8 Nussbaum 1991：527 を参照せよ。

9 異なった言い方としては、「無動揺（unperturbedness、平静）」（Hookway 1990：4）あるいは「混乱からの解放（freedom from disturbance）」（Nussbaum 1991:529）がある。エリスのピュロンはインドを訪れたと考えられるが（Diogenes 1925：475; Hankinson 1995：58ff.）、このことはピュロン主義と東洋哲学との間の関係について興味ある問題を引き起こす。

10 Nussbaum 1991：538; Sextus 1996：1：13-17）を参照せよ。

11 また Nussbaum 1991：540,545 を参照せよ。これから見るように、扱い方の強弱には変化があるかも知れないが、ここには対置する形での議論という本質的な方法論は変わらない。かくてピュロン主義には明確な方法が欠けているとセクストスが主張するのは誤解を招く言い方である。

12 Diogenes 1925：491; Hookway,1990：1; Nussbaum 1991：548 を参照せよ。

13 Sextus 1996：1：3-4 を参照せよ

14 哲学的「ドグマティズム」については Wittgenstein 1958 §131; 1994b：72; Nietzsche 1968：§446 を参照せよ。

15 Nietzsche1968：§455 を参照せよ。

16 ピュロン主義者が、それとなく「真理」を口にしていたに違いないかどうかということについては問題が残っている。これに関連した観点については、Derrida 1992a：257,265,288,296-8; 1996b：82; 1998b：18,26-8,30,44-5,47,63-4 を参照せよ。

17 Diogenes 1925：515-17 を参照せよ。これは些末な手法ではない。というのは言語ゲームが変わるところでは、概念も変わり、概念と共に語の意味も変わるからである（Wittgenstein 1995：§65；また 1990：§438 を参照せよ）。さらにこの件に関してはローティ（Rorty）の主意主義（1999：pp.xviii-xix, xxii,176）に注意せよ。およびウィトゲンシュタインにおけるより主意主義的な香りに溢れた言葉（1995a：374）、デリダの「哲学的」および「自然」言語についての意見（1995a：374）もまたこの核心に触れている。

18 Hookway 1990：9 を参照せよ。

19 また Diogenes 1825：501-3,507 を参照せよ。同様な観点がヒュームによってデカルト学派に対してなされている。Passmore1968：135-6 を参照せよ。ポプキン（Popkin）は、宗教改革によって始まった認識論上の危機と関連させて、これらの問題の多くについて繰り返し述べている（1979：1-2, 13, 51）。デリダは法の基礎（1990：943,1001; 2001e：57）および「計算への決心（1990：963）」にかんして同様な観点を示している——しかし第 8 章で見るように、これはデリダをピュロン主義的静寂主義に導くものではない（1990：947,963,971）。

20 また Diogenes 1925：515 を参照せよ。

21 Nussbaum 1991：523 を参照せよ。

22 私がここで「引き起こす（cause）」という言葉を避けた理由は後に明らかになる。

23 ピュロン主義者は、ドグマティストが自然本来的傾向性を無視していると批判するが、その

一方でまた理論的ドグマティズムそれ自体が自然本来的上の起源をもつことも示唆している（Nussbaum 1991：530; また 526 を参照せよ）。

24 Nussbaum 1991：523, 534 を参照せよ。

25 人間と動物の類似性については、Sextus 1996：15：9-79 を参照せよ。

26 Nussbaum 1991：529 を参照せよ。

27 また Inwood and Gerson 1988：238 を参照せよ。

28 Burnyeat1983：126 を参照せよ。

29 また Diogenes 1925：513 を参照せよ。

30 また Nussbaum 1991：524, 531 を参照せよ。

31 Sextus 1996：1：25-30 を参照せよ。（Nietzsche 1968：§260 と比較せよ）。

32 また Diogenes 1925：519 を参照せよ。

33 「苦痛を伴う努力は全面的に避けるに値するものかというと、そうでもない」ということについては、Inwood and Gerson 1988：338 に引用されているセクストスの見解を参照せよ。また Caputo 1998：29 に注目せよ。

34 Sextus 1996：1：27-8 を参照せよ。

35 また Nussbaum 1991：529 を参照せよ

36 Nussbaum 1991：527 を参照せよ。

37 Nussbaum 1991：545 を参照せよ。

38 Nussbaum 1991：544 を参照せよ。

39 この信念に対する最小限の必要性は認めるとしても、ピュロン主義者は依然として先に述べたプラグマティックな理由から自分たちを正当化できた。つまりいかなる拘束もない生活は不可能であるかもしれないが、ピュロン主義は依然としてそのようなやっかいな拘束を最小限にする最善の道を示している。

40 ピュロン主義の議論における十箇条の「方式」については、Diogenes 1925：493-9 を参照せよ。

41 Popkin 1979：63 を参照せよ。

42 また Diogenes 1925：487 を参照せよ。

43 また Inwood and Gerson 1988：181-2 を参照せよ。

44 Diogenes 1925：484-5 を参照せよ。

45 われわれはここで、ピュロン主義者の発言の疑似遂行文的な性格（Nussbaum 1991：535）に注目すべきである。これと関連した観点については Rousseau 1930：210 を参照せよ

46 かくてヌスバウムは、ピュロン主義の方法に見られる無矛盾の原理について注意を払っている（1991：548）。

47 Mates 1996：pp.30-2 を参照せよ。

48 興味あることに、ウィトゲンシュタインは疑いを「一瞬の躊躇」として言及している（1993：379）。

49 疑いもなくこの言い方でさえ特別な状況では理解可能であろう（Wittgenstein 1999：§350）。

50 ピュロン主義者は自らを、さまざまな言語ゲームの間にあるいは外に置く試みをすることによって、「基準……　つまり」無意味なものから有意味なものを「区別する基礎」（Mates1996: p.31）を欠くことになる、といわれるかもしれない。

51 あるいは「「理性の停止」、ひとはこれによって「何事も否定も肯定もしようとはしないのである」（Nussbaum 1991:528; また Hookway 1990:5 を参照せよ）。同様にヌスバウムはこれを「理性的同意」（ibid.：547）の「麻痺」（1991：530）として言及している。ここにピュロン主義

的エポケー（Sextus 1996：1：36ff）と現象学的（Husserl 1982：§§7-9）エポケーとの間には相関関係がある。これは16世紀におけるピュロン主義復活のデカルトへの影響（Popkin 1979: Chs Ⅱ-Ⅹ）とフッサールのデカルト的伝統によって与えられたもので、驚くにはあたらない。

52 デリダもまた、「おそらく（perhaps）」と「ありうる（maybe）」について語っているけれども、彼にとってはこれらは同義ではない（1992b：95：1997a：2,4,13,16-17）。ここでその「アポリア（難問）」は失敗でもあるいは単なる麻痺でもない」（Derrida 1993b：32; また1999a：66,73を参照せよ）というデリダの主張は、興味あるものとして付け加えることができる。これらの論点については第8章で戻ることにする。

53 ピュロン主義者の「途方に暮れている」は直接的な現象には適用されない。彼は「すべての定言的主張には……同意をしないけれども、……彼は、いかに事物が今そうあるように自分に見えているかについては喜んで語るが、しかしそれらが実際にいかにあるかということについては、何の立場も採らない」（Mates 1996：p.31）からである。

54 アタラクシアは意図的に求められるものではない。もしアタラクシアが目的論的な意味での目標となると、それが今度はまた一層の不安を生み出すことになるかもしれないからである。むしろアタラクシアは「単なる偶然」（Nussbaum 1991：530; また532, 541-5；Sextus 1996：1：25-30を参照せよ）によってもたらされるのである。

55 Burnyeat 1983; Nussbaum 1991：551ffを参照せよ。

56 実際のところ「アタラクシアへ向かうこと」それ自体は、まったく「自然的な」（Nussbaum 1991：546; また528,540を参照せよ）ことになる。

57 Nussbaum 1991：554を参照せよ。ここですでにどの範囲で「無関心」（Diogenes 1925：477）と「寛容」を融合させられるのかという疑問が生じる。このことにはついては第3章で戻る。

58 また Inwood and Gerson 1988：174を参照せよ。

59 16世紀および17「世紀におけるカトリック的ピュロン主義的信仰主義の中核をなしていたのは、この伝統的な「保守主義」であった（Popkin 1979: Ch. Ⅲ）。

60 Annas and Barnes 1985：163-4,169を参照せよ。

61 Sextus 1996：1：145-63を参照せよ。

62 また Inwood and Gerson 1988：239; Sextus 1996：1：231を参照せよ。

63 Nussbaum 1991：531,534を参照せよ。

64 Nussbaum 1991：535を参照せよ。「懐疑的方法」の行きつくところは「美術と工芸における指導」（Sextus 1996：1：23-4；また Burnyet 1988：126を参照せよ）である。

65 この限定をすることの必要性は、ピュロン主義の枠組みでは「偏見」と「不寛容」（およびその反対語）の概念が足場を得ることさえできないという、より深い問題を浮かび上がらせる。

66 Hankinson 1995：293を参照せよ。

67 Annas and Barnes 1985：169を参照せよ。

68 なぜひとは「他人に向かって働きかけようとし、また働きかけるべきなのか（そしてまったく自分一人平静でいられないのか）」という問いについては、第6章および第7章で論じられる。

69 同じことは、ピュロン主義者が認識上の同意を欠いていると想定されていることについてもいえる。

70 Nussbaum 1911：528,540.546を参照せよ。

71 Derrida 1992a, 257,265,288,296-8; 1995a; 384; 1996a: 68を参照せよ。

72 Sartre 1977：48; Derrida 1992a：195を参照せよ。

73 Heidegger 1999: p.386を参照せよ。それでいくぶんパラドックス的になるが、多元主義的

社会は全体主義的独裁国家よりもピュロン主義者により多く問題を課すことになるだろう。第3章で多元主義と全体主義に戻ることにする。

74 Annas and Barnes 1985：169 を参照せよ。

75 私は「定言的（categorical）」という用語を、カント的な意味（1976：78ff.）で使う。これについては第5章でウィトゲンシュタインと関連して再び取り上げる。

76 Rees 1969：171; Wittgenstein 1993：161. を参照せよ。

77 ウィトゲンシュタイン（1958：§106; 1993：183; 1994a：74）とフロイトの両者は、彼等各々の構想を特徴づけるために、結び目を解くという隠喩を用いる。また精神分析と脱構築の内部における、またその両者の間におけるある種の「混乱」に注目せよ（Derrida 1998a：1-38）。

78 「些末な（trivial）」についてのウィトゲンシュタインの発言については、Moore 1993：114. を参照せよ。

79 ウィトゲンシュタインは、彼の研究（思索）が彼を「精神異常」にいたらせるのではないかという恐れを抱いていたが、それについては 1993：468. を参照せよ。

80 Luckhardt 1991: 255-72. を参照せよ。リーズ（Rhees）もルックハルト（Luckhardt）もピュロン主義については言及していない。

81 Drury 1981：96 を参照せよ。

82 Drury 1981：136; Monk 1991：334ff.; Shusterman 1997：21 を参照せよ。

83 この意味においてウィトゲンシュタインは、哲学的実践一般（および特に哲学的議論）について強い目的論的見解をもっていた。彼は、誰かが単に哲学的当惑と議論を楽しむ可能性について述べているようには思われないからである。非目的論的な議論の可能性と価値については、Bennington 2000 を参照せよ。

84 かくて治療としての哲学は、それがそれ自体の存在とそれ自体の消滅の夢を悲しむ限りにおいて、根本的に「反制度的制度」である（Derrida 1992a：58, また 36; 1995a：327-8, 346, 376; 200f：74-5 を参照せよ）。

85 また Moore 1993：114 を参照せよ。

86 Wittgenstein 1958：§93 を参照せよ。

87 Monk 1991：335, 356-7 を参照せよ。精神分析のように、ウィトゲンシュタインの著作は「ディスカッション」の重要性を強調している（Moore 1993：113）。

88 Nussbaum 1991：538,540,545; Sextus 1996：3：280 を参照せよ。

89 ローゼンツバイク Rosenzweig 1999：55. を参照せよ。パットナム（Putnam 1999,1-20）は、ここでローゼンツバイク立場をウィトゲンシュタインの立場と結びつけている。

90 また Derrida 1998a：3,17 を参照せよ。

91 ウィトゲンシュタインはまた、われわれを「深い不安に陥れる」（1993: 173）ものにかんしてひとは「穏やかにされ」、「われわれの概念における混乱」は「ある混乱が……消え去る」という形で治療されることができ（そこにおいてわれわれは「完全な満足」（ibid.：181-3）にたちする）、さらに「われわれの目的はある当惑を取り除く」（1979b：31）ことであるが、それは「日常文法をさまざまに適用する」ことによって達成されると語っている。

92 Wittgenstein 1958：§§25, 244, 343, 415; 1990：§§391, 540-1, 545; 1994a：31 を参照せよ

93 Wittgenstein 1996a：61-81 を参照せよ。ウィトゲンシュタインの著作とトルストイの『懺悔』との類似性について、トンプソンは次の点の強調で一致が見られるとする。（1）人生の問題の「解消」（Thompson1997: 101-7, 109, 111）。（2）行為を理論の上に置く（ibid.: 110）。（3）宗教信仰の非終末論性格（ibid.: 104-5）。またトンプソンは、ソンタグ（Sontag）と同様に、

第1章　平穏の思想　　ピュロン主義とウィトゲンシュタインにおける治療としての哲学

トルストイの自然主義的「ノスタルジー」に言及している（1995：125）。

94 また Wittgenstein 1958：§109; 1990：§690; 1999 §435 を参照せよ。

95 Wittgenstein 1993：183-7 を参照せよ。

96 また Wittgenstein 1990：§405 を参照せよ。

97 また問いを発する「本能」と「子供たちに『なぜ』と尋ねさせる」こととの関係についてのウィトゲンシュタインの発言（Moore 1993：114）を参照せよ。

98 ウッドは、ウィトゲンシュタインについての彼自身の注釈において、「哲学の問題を生み出す」のは、伝統的哲学の「言語を人工的な仕方で振舞わせようとする企てである」（1990：55, 強調は著者、また Rorty 1999; xxi-xxii を参照せよ）と誤って主張している。

99 スタテン（Staten）のウィトゲンシュタインを脱構築の立場からする読み方は、彼の自然主義を見落としている（特に Staten 1986：75 を参照せよ）。

100 ウィトゲンシュタインは、混乱へ向かうわれわれの傾向性（および哲学的当惑は新しい発見と説明によって「解決」できるという誤った信念）もまた科学的手法への強迫観念に取り憑かれていることによると主張している（1958：§230; 1969：18）。

101 この区別は、われわれが多様な人間の活動の内部で働く語のあり方（深層文法）に注意するよりも、語のみ（表層文法）に捉われていることにかかわる。後の章でこれを再び取り上げる。

102 Moore 1993：114; Blanchot 1997：238-40 を参照せよ。

103 かくて「哲学することは、それが解く結び目と同様に複雑になってしまったに違いない」（Wittgenstein 1990：§452: また §382 を参照せよ）。Nietzsche 1977：p.58; 1989：209）に倣って、ウィトゲンシュタインはまた「われわれの言語に根を下ろしているあらゆる神話」（1993：199）について述べている。

104 また Moore 1993：109-10 を参照せよ。

105 ニーチェの語と文法の魅惑的な性質についての発言（Nietzsche 1972a：p.p.37-8; 1987：§16-17,19）、および哲学者は「概念と語は、思考が大変貧弱で不明瞭であった時代からのわれわれの遺産である」（1968：§409: また 1989：209 を参照せよ）ということを認識するのに失敗しているという彼の非難に注意せよ。ニーチェの言語と哲学の関係についての見解は、Nietzsche 1972a：p. 191 におけるホリングデール（Hollingdale）の発言を参照せよ。

106 Staten 1986：77 を参照せよ。

107 また Wittgenstein 1993：453. を参照せよ。ウィトゲンシュタインはこのような「衝動」について次のような例を挙げている。「『神』および『魂』という語に伴って起こることは『数』という語に伴って起こる。われわれはこれらの語を直示的に、つまり指し示すことによって説明することは止めるとしても、これらの語を名詞的に説明することは諦めない。ひとびとが数は黒板の上に書かれたいたずら書きであるという理由は、何かを指したいという欲求である」（1979b：32）。また同様に「もしわれわれが，［直示的定義］はある語をある事物の語たらしめる事物を命名する特別な過程であると考えるならば、われわれは誤解することになる。これは一種の迷信である」（1993：44）。彼は同様に、われわれの「あらゆるものを原因と結果で参照せようとする……強い衝動」に言及し、これは事実上「われわれはこの図式を起こりうるものには何にでも適用するであろう」（ibid.：375）ということを意味しているとしている。

108 また Moore 1993：114 を参照せよ。

109 また Wittgenstein 1994a：17 を参照せよ。

110 ここには、ピュロン主義者の生活から「信念」および「真理」という語彙を取り除こうとす

るときに彼らが直面する困難がある。

111 Putnam 1999：2 を参照せよ。

112 分子生物学者が必ずしもよい医者とはならないのとちょうど同じように、ウィトゲンシュタイン的治療者は現代進化論のなかに完全な基礎となる理論を要求しない（Wittgenstein 1996a：69）。ここには「正確さ」の問題がある。それは自然科学において要求される種類の正確さが、さらに他の領域においても可能な有用性をもつかどうかということである（Wittgenstein 1958：§88）。

113 後の章で明らかになるように、この規範性は特に宗教的信仰についてのウィトゲンシュタインの考察において明らかとなる。

114 これを Diogenes 1925：487-8 と比較せよ。

115 また Wittgenstein 1958：§§109, 124-8, 665; 1990：§220; 1993：177; 1996a：61-2; 1999：§189. を参照せよ。

116 「解決（solution）」という用語は、ウィトゲンシュタインの「解消（dissolution）」という目的からすると用語としては落ち着かないが、その一般的な意味は適用可能なものとして残る。

117 Nussbaum 1991：527 を参照せよ。

118 Moore 1993：113 を参照せよ。

119 Sluga:1996: 13 を参照せよ。ニーチェも同様な隠喩を採用している（Nietzsche 1972a:27, n. 42）。

120 Wittgenstein 1995：4.114-4.1212 を参照せよ。

121 Wittgenstein 1995：4.46-4.4661, 6.22 を参照せよ。

122 Wittgenstein 1995：4.121. 5.511, 6.13 を参照せよ。

123 また Diogenes 1925：490-1 を参照せよ。

123 Wittgenstein 1995：6.41-445, 6.522 を参照せよ。第 2 章で明らかになるように、語ること（saying）と示すこと（showing）の区別は『確実性の問題』で再び登場する（Clack 1999：Chs 1-2）。

124 Wittgenstein 1995：6.41-445, 6.522. を参照せよ。第 2 章で明らかになるように、語ること（saying）と示すこと（showing）の区別は『確実性の問題』で再び出て来る（Clack 1999：Chs 1-2）。

125 実際ウィトゲンシュタインは、「この本の論点は倫理的なところにあり」、そして彼の関心は、『論考』が書くことを不可能にする（空虚な）本にある（Monk 1991：178）、と主張している。私は第 5 章でこのことを再び取り上げる

126 Wittgenstein 1958：§§128-9, 415; 1994a：63 と比較せよ。

127 Wittgenstein 1958：§§89. 109 と比較せよ。

128 Wittgenstein 1993：183 を参照せよ。たとえばこれは自由意志の実在性を否定するものではなく、むしろひとのすることができる選択は常に与えられた自然的・文化的地平のなかで形成されているということを承認するものである。

129 Monk 1991：Chs 8-9 を参照せよ。ウィトゲンシュタインは彼の幸福なときを哲学から離れて過ごしているときと同一視している（彼のフォレイクル（Fouracre）宛ての手紙を参照せよ。Monk 1991：494）。

130 Drury 1981：92, 186 n. 9. を参照せよ。これはまったく正しくない。どう見ても他の分野における彼の能力を見るために建築へちょっと寄り道をしたと考えるべきである（Monk 1991：235-8）。かくてウトゲンシュタインは哲学ほど強烈に彼の心を捉えるものを見出すことができなかった、といった方がよいであろう。

第1章　平穏の思想　　ピュロン主義とウィトゲンシュタインにおける治療としての哲学

131 また Burnyeat 1983：123-4; Hookway 1990：2; Nussbaum 1991：539. 548 を参照せよ。

132 Wittgenstein 1958：§§823, 114 を参照せよ。

133 ピュロン主義者が世の変化に応じて方向を変える必要性を強調したことを思い起こすと、ウィトゲンシュタインが『哲学探究』で事実上行ったことは、「世界は理論に合致しなければならない」という方法論上の仮定を理論化しない記述的手法と置き換えることであった。

134 Fogelin 1996：34 を参照せよ。

135 この点についてシオッフィ（Cioffi）は、ウィトゲンシュタインによるフレイザーの反道具主義的読み方は、その見かけにもかかわらず、個々の点を考慮に入れることなく、いわば十派ひとからげ的に受け取られるべきではないと示唆しているが、ここでの警告とともに留意しておくべきである。「フレイザーの『金枝編』」は第 3 章と第 5 章で再び取り上げる。

136 また Wittgenstein 1958：§§103, 115, 133, 255; 1994a：63; Genova 1995：33; Fogelin 1996：34. を参照せよ。

137 Wittgenstein 1958：§656, p.200 を参照せよ。

138 Wittgenstein 1958：§133; 1994a：9 を参照せよ。

139 McGinn 1997; 25 を参照せよ。

140 Burnyeat 1983：121.

141 デリダの「断片」と「体系」の関係についての発言を参照せよ（1999c：181）。

142 Feyerabend 1988：281 を参照せよ。

143 Rhees 1969：170. を参照せよ。

144 疑いもなくより正当な告白の儀式と、ウィトゲンシュタインが後期の著作において疑問を発する対話者をしばしば用いていることについては、いわれるべきことがある。告白については第 8 章でデリダに言及しながら再び取り上げる。

145 ウィトゲンシュタインの「告白」についての発言（1994a: 18）と、デリダの告白と罪の「将来性」についての発言 1997b：19-21）を参照せよ。

146 Scields 1997：55-6 を参照せよ。

147 私は第 5 章において、ウィトゲンシュタインの「私は宗教的人間ではない……」（Drury 1981：108, 117, 144, 162, 179-80）という主張の裏にあるのは、この制度への忠誠を欠いていたこと（ホランド（Holland）が主張しているように、彼が申し立てたような祈るための身体能力がなかったということではない）を論じる。ホランドは、先の発言とウィトゲンシュタインの「私は、祈りのためにひざまずくことができない。ひざが痛いからだ。」（1994a：56）というコメントの間には、明らかに食い違いがあると述べようとした。ホランドは、比較するためにテイラー（Taylor）の「モラリストの信仰」を用いて、「テイラーの立場をとりわけウィトゲンシュタインの立場から区別するのは、テイラーの立場に身を置くひとがひざまずいて、祈ることである」（Holland 1900: 28）と結論づける。しかしホランドは、ウィトゲンシュタインがノルウェーから戻って来たとき、そこで「祈りにときを過ごした」（Drury 1981：135）と彼が断言したこと、あるいは別の機会に彼が、彼とドゥルーリーが「ともにクリスチャンであることには意味があると述べた」（ibid.：130）という事実については、何も触れていない。

148 Moore 1993：113. を参照せよ。ウィトゲンシュタインの「ある言語形式に取り憑かれている」（Wittgenstein 1979b：98）ことについての発言を参照せよ。

149 Moore 1993：113. を参照せよ。

150 ウィトゲンシュタインはフロイトの本質主義を批判し（1994b：47-8, 50）、さらに「いかにして――正しい解決の場である――どこで止まるかを示すことには失敗した（ibid.：42, また 51;1994a; 16, 34 を参照せよ）」ことを批判しているけれども、フロイトのひとびとに対して「自

然な行動と思考の仕方」を形成する新しい「思考の方法」を発展させる試みから、はなはだしく狼狽させられるということはなかった（1994b：45）。（またウィトゲンシュタインのダーウィン（Darwin）とコペルニクス（Copernicus）についての発言（1994a：18）を参照せよ）。しかし、――ウィトゲンシュタイン自身の告白からすると――、これこそまさに彼が行おうと試みていたことであるということに、いかにして彼は反対することができたであろうか。

151 Rhees 1969：170 を参照せよ。

152 Wittgenstein 1958：p.X を参照せよ。

153 ひとは、他人を助ける前に、自分自身から出発しなければならないだろうが（Wittgenstein 1994a：44）。

154 Wittgenstein 1994a：32, 53, 64, 86 を参照せよ。

155 Monk 1991：334ff.; Pascal 1996：34ff；Shusterman 1997：21 を参照せよ。

156 Wittgenstein 1999：§§65, 256 を参照せよ。

157 第3章で明らかになるように、この多元性の強調（ウィトゲンシュタインのいわゆる「多元主義」）は自然主義によって和らげられている。

158 Wittgenstein 1958：§§23, 97, 114; 1990：§321. を参照せよ。

159 『哲学探究』の第133節において、ウィトゲンシュタインは、彼の「欲する」ときに「彼に哲学することを止めさせることができる」発見について語っていることを銘記すべきである。

160 Wittgenstein 1994a：48. を参照せよ。『哲学探究』の序文でウィトゲンシュタインは次のように述べている、「私は、つい先頃ごろまで、自分の仕事を存命中に公刊しようなどという考えを、まったく放棄していた。そうした考えは、確かに折に触れて激しくなったのであるが、その理由は、主として自分が講義や講義録や討論のなかで展開した思索の結果が、しばしば誤解され、多かれ少なかれ水増しされ、あるいは毀損されて一般に流布しているという事実を、否応なく知らされたことにある。そのことによって私の自負心が奮い立ち、私はそれを静めるのに苦労したのである」（1958：pp.ix-x, 強調は筆者）。

161 Wittgenstein 1958：§§105-8 を参照せよ。第5章で明らかになるように、ウィトゲンシュタインは彼の前期の著作での言語的・概念的完全主義を拒絶する一方で、ある種の倫理的完全主義――多分（なかでも）ファニア・パスカル（Fania Pascal 1996：45-50）に対するウィトゲンシュタインの「罪」の告白のなかにもっともはっきりと表れているもの――は支持している。第6章で再び取り上げる。

162 Wittgenstein 1958：§§24, 79-80, 179, 203, 304, p.224; 1990：§17; 1999：§§348, 432 を参照せよ。

163 Wittgenstein 1993：183 を参照せよ。

164 Wittgenstein 1958：§§108, 132, 271 を参照せよ。

165 これはウィトゲンシュタイン自身の――しばしばナイーブな――政治的共感についての伝記上の問題からは区別されなければならない（Monk 1991：178, 342-4; Pascal 1996：55-7）。

166 ニーリ（Nyíri）は、（とりわけ）カルテンブルンナー（Kaltenbrunner）、オークショット（Oakeshott）、マンハイム（Mannheim）、モーラー（Mohler）、グラボウスキー（Grabowsky）によって解明された保守主義に焦点を当てている。

167 また Nyíri 1982：54 を参照せよ。

168 また Nyíri 1982：45 を参照せよ。

169 ウィトゲンシュタインの沈黙と法の「神秘的」基礎についてのデリダの発言（Derrida 1990：943）を参照せよ。

170 フィリップス（Phillips）は、「あらゆるものをそれが現にある場所に置くことのなかには、文

化的固定性と同様に文化的混乱に注意することが含まれている」（Phillips 1986：49）という主張をして、この保守主義的な読み方に反対する。しかしこれは問題を複雑にする。というのは問題は、記述的方法が（ウィトゲンシュタインの非干渉の原理と一緒になって（1958：§§126, 226））、その選択のために「保守主義的」であるかどうかではなくて、このアプローチが「それが記述的である限り」保守主義的であるかどうかということだからである。

171 後の章で明らかになるが、ウィトゲンシュタインはわれわれが「理性」に取り憑かれ、より自然な「現象」と行動パターンを無視することに疑念をもち続けていた（1893：389）。

172 Popkin 1979：1-7, 49, 70ff. を参照せよ。

173 Nielsen 1967 を参照せよ。

174 またWittgenstein 1999：§559を参照せよ。「ライフスタイル、慣習、法」に関してフィロ（Philo）は、「異なったひとびとの間では、これらのことはわずかに違っているというようなことではなく、まったく一致しないのである。その結果争いや葛藤が起こり、必然的に経験された現象は異なり、また判断をめぐってお互いに争いとなる。このような状況なので、断固としてこれこれのことは正しい、あるいは理解できる、あるいは素晴らしい、あるいは有益であると、無分別にも愚かにもいうひとが誰かいるだろうか。あるひとがこうだと断定することは何であれ、子供の頃からの経験が正反対である別のひとによって否定されるであろう」（Annas and Barnes 1985：155 において引用された）と述べている。私は第2章と第3章で『確実性の問題』における（明らかに）これと似た発言に戻るだろう。

175 ウィトゲンシュタインの著作におけるいわゆる「保守主義的」要素については、また Jones 1986：282; Wittgenstein 1993：407 を参照せよ。

176 Wittgenstein 1958：§§126, 226 を参照せよ。特に政治的問題（アイルランド語の存続）にかんして、ドゥルーリーは、ウィトゲンシュタインの「ある言語が滅びるときが来たら、それは常に悲劇である。しかし何かをすることによってそれを止めさせることができるという訳ではない。夫と妻の間の愛が終わろうとしているとき、それは悲劇的なことである。しかしそこでは何もできない。滅びようとしている言語についても同様である……」（Drury 1981：152）という主張を回想している。関連した点については、Derrida 1998c：30 を参照せよ。

177 Wittgenstein 1994a：4, 27 を参照せよ。

178 ニーリの「保守主義的」読み方に関する批判には、Jones 1986; Schulte 1986 を参照せよ。

179 興味あることに「訓練（training）」に言及するとき、ウィトゲンシュタインはしばしばドイツ語の'abrichten' を用いている。この語は通常動物の「調教（conditioning）」と関連づけられている。私はこのことに私の注意を向けてくれたピーター・バウマン（Peter Baumann）に感謝している。

訳　注

1 「歩くひと（普通のひと）」と訳した原語は 'pedestrian' であるが、ここでは「普通のひと」を意味するところから、括弧で「普通のひと」を補った。後に出て来るが、哲学者は「血にまみれて険しい道を行くひと」である。それとの対比で哲学にかかわらない普通のひとを「歩くひと」と表している。

2 伝統的哲学とされているうち、ドグマティズムの哲学（「定説主義」とも訳される）は、真理を発見したとする立場で、アリストテレス派、エピクロス派、ストア派などの立場を指す。アカ

デメイア派とは真理は把握できないとする立場で、クレイトマコスやカルネアデスの一派などを指す。懐疑派とは真理の探究を続ける立場である。（セクストス・エンペイリコス、金山弥平・金山真理子訳『ピュロン主義哲学の概要』、京都大学出版会、2005 年、6 ページを参照した）。

3 'The Big Typescript' は、ウィトゲンシュタインの講義ノートの一つである

4 「縦横無尽」スタイルは、ウィトゲンシュタインの後期の代表的な著作である『哲学探究』の序において、「同じ主題について連鎖的に述べた場合もあるし、一つの領域から他の領域へいきなり飛躍した場合もある」（藤本隆志訳『哲学探究』（ウィトゲンシュタイン全集第 8 巻、9 ページ）と述べているが、この叙述のスタイルのことである。

第2章　世界像を信頼すること

『確実性の問題』以後の知識、信念、倫理

　　懐疑論とその解決は……偽善における教訓とほとんど同じように世間を渡り歩いている。それは、われわれが深く受けとめていない問題にわれわれが信じていない解決を与えることである。

　　　　　　　　　　　　　　　S.キャベル（S.Cavell）『理性の要求』

　　真理への軽蔑は、真理への熱狂的な強要に劣らずわれわれの文明を傷つける。加えて、無関心的なマジョリティは、常に周囲にいる多くの狂信者のための道を開く。……われわれは自らの信念を保持し続ける権利をもっている。

　　　　　　　　　L.コワコフスキ（L.Kolakowski）『自由、名声、嘘、裏切り』

　　宗教にとってのかなり多くの問題は、宗教的なひとびとである（彼らがいなければ、宗教の記録は汚点のないものとなるだろうに）。

　　　　　　　　　　　　　　　J.D.カプート（J.D.Caputo）『宗教論』

まえがき

　第1章で、ウィトゲンシュタインとピュロン主義との著しく顕著な類似性を明らかにした[1]。しかしそこでの私の主たる関心は、各々の治療的哲学の（一見して）

類似した倫理的・政治的な意味であった。だから私はウィトゲンシュタインの「保守的な」解釈はまったく根拠がないものではないにしても、その解釈は適切ではないと示唆した。実際のところ、ウィトゲンシュタインの後期の文献を詳細に吟味してみれば、そこに明瞭な政治的方向性を見出すことが次第に困難になってくるのである。その一つの理由は、ウィトゲンシュタインの擬似共同体主義的な読み方は、多くの倫理的・政治的な解釈の可能性を容易にするということである。だからこれらのテクストに、自由主義的、多元主義的[2]、かつ相対主義的な側面のルーツを確認することは可能である。他の場合においては（特にこれから見るように宗教的信念に対する考察においては）ウィトゲンシュタインは、ドグマティズムに対して弁明を与えているように見える。従って、ウィトゲンシュタインの著作を「政治化する」（現存する政治的なサブテクストを特定するか、あるいは特殊な政治的な課題を展開するために彼の著作を利用する）というどのような企ても、そのような解釈の可能性を注意深く扱わなければならない。われわれは、いわば「疑問符を打ちこむ深さが十分ではない」（Wittgenstein 1994a：62）ということを確証しなければならない。このことは、私が第3章で論証するように、ウィトゲンシュタインの成熟した著作を下支えしている自然主義について精査してみることを必要とする。というのも彼の思索のこの決定的な側面は、何らかの特殊な政治的見解と同じではないとしても、そのようなものとしての倫理的・政治的理論化に欠くことができないものだからである。しかしながら、この章での私の関心は、『確実性の問題』――（一般的な解釈によれば）「保守的な思想のカテゴリー的な枠組み」（Bloor 1983：161 - 2）を表現しているテクストの見かけ上の共同体主義的・相対主義にある。ブルア（Bloor）の主張は真剣に注意を払ってみることを正当化しているとしても、彼が確認しているこれらの特殊な強調点（「権威、信仰、共同体（authority, faith, community）」（ibid.：162））の役割を損なわせることになるあまりにも多くのことが、『確実性の問題』には解釈上の争点として残っている[3]。実際のところ、このテクストのどのような擁護可能な読み方もウィトゲンシュタインの他の著作を考慮にいれなければならないというのは、まさにこのような理由のためである。だから私は、『確実性の問題』を、ウィトゲンシュタインの宗教的信念に関する考察と一緒に読解していきたいと思う。その際私は、彼の後期の著作が極端な認識論的、倫理的・政治的帰結をもたらす潜在的可能性をはらんでいることを、強調したいと思う。もっと特殊的

には、私は次のようなことを行いたいと思っている。（1）正当化と相対主義の相互関連的な諸問題に取り組むこと。（2）認識論的な言説（discourse）と倫理的・政治的な言説の両方におけるレトリックの役割を規定すること（第3章でこの問題を展開する）。（3）このような全般的な構想において、「原始的な振舞い」が演じる決定的役割を明らかにすること（この論点は第3章と第5章で展開されるだろう）。

ピュロン主義との共鳴：疑い、知識、信念の無根拠性

エドワーズ（Edwards）によれば、『確実性の問題』は、ウィトゲンシュタイン自身の認識論的見解に関する論考としてではなく、哲学の一般的な反懐疑論的基礎主義に対する代替的な「比較の対象」として読まれるべきである。この見解では、ウィトゲンシュタインの同様に説得力のある「非基礎主義的」見方は、「習慣的な思考法」（Edwards 1985：184）からのわれわれの解放の手助けとなる。ウィトゲンシュタインを、論争において戦略的で、存在論的に非関与的であると見なすエドワーズの捉え方[4]は、かくして、著しくピュロン主義的である[5]。ニーリ（Nyíri）とブルアの解釈と同様に、そのような解釈は、本当らしくないとはいえない。『確実性の問題』にはピュロン主義的なものが存在するが、しかしそれはそのような（申し立てられた）「非基礎主義」に見出されるべきではない[6]。われわれはこれらの覚書から、体系的な認識論的立場を導き出すことはできない（またおそらく導き出すべきではない）が、このことを認めることは、われわれをまったく極端なピュロン主義的ないし反基礎主義的結論に関与させることではない。それでは、『確実性の問題』のピュロン主義はどこに存在するのだろうか。第一に、ウィトゲンシュタインの懐疑論への激しい攻撃は、ピュロン主義的読み方を禁じるものではない。このようにいう理由は、ピュロン主義が、もっとオーソドックスな（広義でデカルト主義的な）形態の懐疑論から区別されるその特徴にある。というもの、ウィトゲンシュタインはここで多くの哲学的諸問題に触れている[7]にもかかわらず、彼の元来の関心は、ムーア（Moore）の実在論的、「常識哲学的」反懐疑論が依拠している諸前提を問いただすことであるからである[8]。実際のところ『確実性の問題』をそのように魅力的にしているのは、それが伝統的な懐疑論と反懐疑論の両方への攻撃を行っているという点にある[9]。ここでのウィトゲン

シュタインの目的は、懐疑論的主張を確証することでも反懐疑論的主張を確証することでもなく、むしろすべての論争が、「知識（知っていること）」と「疑い（疑うこと）」を適用することが「意味をなす」（Wittgenstein 1999：§2）状況についての文法的混乱からどのようにして生じるかを論証することである。このことは、私を第二のもっと実質的な論点へと導いてゆく。ウィトゲンシュタインが懐疑論とも反懐疑論とも手を結ぶことを拒絶していることは、セクストス自身によるドグマティストとアカデミー派の扱い方と響き合うところがある。いずれの哲学者も、懐疑論者と反懐疑論者の共通点を強調することによって、知識と疑いの通常の哲学的二分法に巻き込まれることを回避する[10]。このようにして第1章で論じられたように、ピュロン主義的な枠組みにおけるドグマティズム的とアカデミズム的の見かけ上の区別は、各々が客観的真理、または事物は「本当は」いかにあるかということに固執している限りにおいて、「解消される」。このようにしてピュロン主義者は、治療的に動機づけられた不可知論によって、この「第三の方法」を行使することによって、真理主張者（ドグマティスト）と真理否定者（アカデミー派）を共に苦しめているような主張（断定）することを避けようとする。アタラクシアは、独断的な同意によっても独断的な不同意によっても獲得されることはなく、主観的な「現象」の生の背後にある何かあるものに自らを関与させようとする衝動を断念することによって、獲得される。同様にウィトゲンシュタインがムーアの「常識の擁護」を問題にするのは、彼が懐疑論に同意したいと思うからではなく、ムーアがものごとを「間違った光のもとに」（ibid.,§19）おいているからである[11]。ムーアの根本的誤謬は、ただ単に彼が知識と疑いについて述べていることにあるのではなく、むしろ彼があまりにも多くのことを語りすぎているということか、どこで止まるべきかを知らないということにある[12]。ムーアが認知的な確信（epistemic certitude）にそのような「証明」を与えようとする（「ここに手があり」（ibid.：§19）[13]、そして「生涯を大地からほとんど離れることなく過ごした」（ibid.：§93）ということを彼は知っていると宣言するときに彼が行うように）ことは、「知識」、「疑い」そしてその他の関連する概念の本性と、適用可能性と、相互関連性を誤解することである。ムーアのそれらの主張（assertions）は、それらの意味がその特殊の脈絡とは無関係に保障されるということを前提にしているので、どのような明瞭な適用ももっていない[14]。しかしひとたびわれわれがそのような用語の「日常的」機能を想起する[15]ならば、ムーアのそれらの主張を駆

り立てている「衝動」は、鎮められるだろう。客観的真理が（セクストスによれば）われわれを惑わせるのとまったく同じような仕方で、「形而上学的なもの」（ibid.: §482）と「超越的な確実性」（ibid.: §47）への憧れは、『確実性の問題』においては治療を必要とする哲学的な苦しみとなる。

さてこれまで述べたことが、『確実性の問題』のおおざっぱにいってピュロン主義的地形を構成している。しかしウィトゲンシュタインとセクストスの間には、もっと特殊な接触点がある。たとえばセクストスの動物性への訴え[16]と、「栗鼠は、今年の冬も食糧の貯えが必要だと、帰納によって推論するのではない。まったく同様にわれわれ人間も、自分たちの行動や予言を理由づけるためには帰納の法則を必要としない」（ibid.: §287）というウィトゲンシュタインの見解[17]の間には、顕著な相関関係が生じる。しかし私の目下の関心が『確実性の問題』の見かけ上の擬似共同体主義にあるので、しばらくの間ウィトゲンシュタインの自然主義から離れることにする。それよりむしろ、ウィトゲンシュタインとセクストスの間のもっと直接的な相関性は、判断基準の（潜在的に）アポリア的な本性にお互いが気づいている点である。しかしこのことを正しく解明する前に、私はまず『確実性の問題』の主要な主題を概観してみなければならない。

上で述べたように、ウィトゲンシュタインがここで伝統的な哲学的実践から取りあげているもっとも注目すべき論点は、彼が「知識」と「疑い」の間に成り立つと判断している親密な文法的関係である。これらの二つの概念をまったく対立するものとして示す（ムーアによって前提されている）ある哲学的遺産とは反対に、ウィトゲンシュタインは、日常的、非哲学的使用においては、「知識」と「疑い」は実は同一の哲学的コインの両面であるということを示唆している[18]。ムーアの間違いの一つは、「『私はそれを知っている』という命題は」、「『私は痛い』と同じような疑う余地のない表白」（ibid.: §178）[19]であるとして仮定したということである。ここでの決定的論点は、「私は知っている」を支配している文法は、ムーア自身の使用とはまったく合わない仕方で「限定されている」（ibid.: §554）ということである[20]。（ウィトゲンシュタインがここで念頭においている種類の命題は、「ここに一つの手がある」（ibid.: §1）[21]、「私は人間である」（ibid.: §4）[22]、「物理的対象が存在する」（ibid.: §35）[23]、「自分の誕生のはるか昔から大地が存在した」（ibid.: §84）[24]、「私は生涯を大地からほとんど離れることなく過ごした」（ibid.: §93）[25]、「私の身体がいったん消滅し、しばらくして

また現れたなどということはない」（ibid.：§101）、「あらゆる人間は両親をもつ」（ibid.：§240）である[26]。）ムーアが見逃していることは、「私は知っている」の使用が条件付きのものであるということである。というのも、彼は「『私は知っていると思った』という表現を忘れてしまった」（ibid.：§12）[27]からである[28]。あることを知っているということは、その主張のための正当化（証拠、根拠等々）が提示されることができるということを含意している。そしてこのことこそ、ムーアが彼の諸命題の絶対的な認識的確信（the absolute epistemic certitude）を表現しようとする彼のさまざまな企てにおいて、見逃していることである。従ってウィトゲンシュタインは、彼の後期の記述的方法を念頭において、「知っている」という主張が、どのようにして、哲学者がしばしば強制する「形而上学的アクセント」（ibid.：§482）から自由に[29]「日常的生活で」（ibid.：§406）使われているかに、関心を抱いている[30]。このことが、ムーアの諸命題の各々に対しても、われわれは「それをわれわれの言語ゲームの一着手とするような状況を私は想像することができるが、そうすればその命題から哲学的な異常さは消えてしまう」（ibid.：§622）理由なのである[31]。言い換えれば、「私は知っている」という語句に見かけ上の哲学的意義を与えるのは、ムーアがその語句をなんらかの特殊な脈絡の外で頻繁に使用しているからである[32]。しかしこの主要な混乱にもかかわらず、ムーアの立場は、哲学的に注目する価値がある。彼の［「私は知っている」という］自己保証[33]はそれ自身においてほとんど興味をひかないかもしれないが、「確実に知られた真理の例としてムーアが数え上げる命題にはおおいに意義がある」（ibid.：§137）。なぜならわれわれは「探究の末にそれらの命題に到達する」（ibid.：§137-8）のではないからである[34]。つまりムーアの実例は、知識（知っていること）と疑い（疑うこと）の言語ゲームの条件性を越え出ている[35]。それゆえ、それらは日常的な状況のもとで有意味に疑われることはできない[36]。従ってムーアが誤ってここから結論していることは、彼はそのような命題が「真であるということ」を「知っている」ということである（Moore 1994a：48）[37]。しかしながらウィトゲンシュタインは、これらのタイプの命題を「知識（知っていること）」の表題のもとに包含することを拒絶する。なぜならそれらの諸命題の認識的身分（epistemic status）は、ムーアが認識している以上に根本的であるからである[38]。かくしてウィトゲンシュタインは、「ムーアは、彼が知っていると主張することを、実は知っているのではない。ただそれはムーアにとって、私

にとってと同様、揺るがぬ真理なのである。それを不動の真理と見なすことがわれわれの疑問と探究の方法をさだめているのである」（Wittgenstein 1999：§151）と述べている。われわれは、「探究の末に［それらの命題に］到達する」のではない。なぜならそれらは「探究を構成しているものの必然的な部分であるからである」[39]。そのような諸命題が批判的吟味を免れているということがなければ、「ここで疑うとすれば、これはすべてを巻きぞえにして混沌のなかに落とすような疑いであろう」（ibid.：§613）——あるいは少なくとも「『誤謬』と『真理』がわれわれの生活のなかで演じている役割」（ibid.：§138）が根本的に変わってしまう。そのような極端な懐疑論的状況のもとでは（そのようなことが想像可能であると仮定して[40]）「あらゆる判断の基礎を私が失うことを意味するだろう」（ibid.：§614）[41]。ムーアの命題がウィトゲンシュタインにとっても「揺るがぬものである」ということは、彼は以前の立場を退けているのではなく、むしろムーアが有意味にいうことができることとできないことを確定しようと企てているということを際立たせているのである。問題は、ムーアがこの「揺るがぬものである」ということに条件的、仮言的用語を割り当てているということにある[42]。このことは、そのような「絶対的堅固さ」を過小評価している限りにおいて、それを誤って表現している。われわれは、そのようなことを「知ら」ない。むしろそれらが揺るがぬものであるのは、知識（知っていること）の言語ゲーム自身に参加するための必然的な背景を与えているからなのである[43]。根本的諸命題は、認識的確信（epistemic certitude）の事柄ではない（それらの意義は認識論よりもより深いところにある[44]）。そしてウィトゲンシュタイン自身がそれらの命題の擬似認識的身分（quasi-epistemic status）を明らかにしようと努力しているのは、この「深さ」のためである[45]。かくしてそのような命題が「揺るがぬものである」のはどうしてなのかということをムーアが矮小化しているということは、「われわれの考察のすべてを支える足場」（ibid.：§211）においてわれわれがもっている絶対的で、黙契的で、実践的な「信頼」[46]が明らかにされるのは、われわれの全自然的、社会的世界との関係においてであるというウィトゲンシュタインが繰り返し行っている主張において、さらに強調されている[47]。ムーアはあたかも、彼の確信を証明したいと思って、「大地が次の瞬間にも存在するということに、あなたは何を賭ける用意があるのか」という問いに、「私は1年間のサラリーを賭ける」と反応するかのようである。そのような賭けが奇妙だと思われるのは、次のような理由か

らである。（1）そこで賭けられていること（大地が連続して存在すること）それ自身が、賭けることの言語ゲームにおいて前提されていなければならないということ。そして（2）「1年間のサラリー」の掛け金は、もしわれわれの全生活がそのような関与の揺るぎない堅固さに依存していないとすれば、当然無意味であるということ[48]。

　私は上記の文章において、ムーアの主要な間違いは、彼が「あまりにも多くのこと」をいおうと企てていることにあると示唆した。しかしながら、この定式化が依然として不十分なままであるという一つの意味がある。というのも、ウィトゲンシュタインが「物理的対象が存在する」は「元来そのようには表現できないものを言い表わそうとする、誤った試み」（1999：§37）であると述べるとき、『論理哲学論考』の語ること（saying）／示すこと（showing）の区別との著しい相関性が生じるからである。なぜなら、これらの擬似認識的基礎は直接語られることを拒絶する[49]が、しかしむしろ間接的に示されるからである。つまりそのような「確信」は、生きた実存のなかに示される[50]のであって、もっぱらわれわれが語ることのなかに存在するのではないのである[51]。これらの根本的な確信は、適切で明確な表現を許すにはわれわれにあまりにも身近で、親しいものである。それらはわれわれの生活のなかに「深く根を下ろしている」ので、われわれは「［それらに］触れることができない」（ibid.：§103）[52]。哲学的困惑の起源にかんするウィトゲンシュタインの説明（特に言語は「すべてのものを同じに見えさせる……力」（1994a：22[53]）をもっているという彼の警告）について第1章で私が述べたことを念頭におくと、この「背景」（ibid.：16）的確信を言い表す何らかの企てに内在する問題点がもっと明らかになる。ムーアの「私は……を知っている」という主張（彼が提示している証明や証拠など）は、根本的諸命題を経験的仮説のように見えさせるという避けがたい傾向性をもっている[54]。しかし「言語ゲームの本質は、実践的な方法（行為の仕方）であって、思弁でも無駄口でもない」（1993：399）。「ここに一つの手があり、ここにもう一つの手がある」（1994b：82）というムーアの主張は、最初の身振りや手が役割をもっている日常生活の過程に哲学的混乱以外の何物も付け加えない。このようにして、ムーアの誤謬はおそらく、彼があまりにも多くのことを語ったということにではなく、むしろどんなことも語ろうとする彼の「衝動」（Wittgenstein 1958：§109）、つまり彼が「文法のなかに……体現されている」（Moore 1993：103）（示されている）ことを、「言

語の使用によって表現する」（語る）という彼の企てにあると見なされるべきであろう。

　もし同じ「文法」が疑い（疑うこと）と知識（知ること）の両方を支配しているとすれば、われわれは、デカルト（Descartes）が仮定しているように[55]、意のままに疑うことを選択することはできない[56]。というのも、もし知っているという主張がさらなる正当化の可能性と、その主張が機能すべき特殊な状況を要求するとすれば、疑うという主張もまたそうでなければならない。このようにして、われわれは「疑うための根拠」（Wittgenstein 1999：§122）や「慣れ親しんだやり方を残すための理由」（1993：379）をもたなければならない、とウィトゲンシュタインは主張する。しかし彼はこれよりももっと断固たる態度でデカルトの方法に反対する。というのも、疑いは本質的に確信に寄生している、といわれているからである[57]。もしあるひとが「すべてを疑おうとする」ならば、そのひとは「［何かあることを］疑うところまで行き着くこともできないだろう」。というのも「疑いのゲームはすでに確実性（certainty）を前提している」（1999：§115）からである[58]。

　　どちらが右手でどちらが左手であるかをいかにして判定するか。私の判断が他人のそれと一致することを、私はどうやって知るのか。この色が青であることを私はいかにして知るか。こういう場面で私が私自身を信用しないならば、なぜ他人の判断を信じなければならないのか。ここに理由と称すべきものがあるだろうか。とにかく私は、どこかで信用することを始めなければならぬのではないか。つまりどこかで疑いを遮断してことを始めなければならない。これは惜すべき軽率さといったものではなく、判断作用そのもののあり方なのだ。

　　　　　　　　　　　　　　　　　　　　　　（Wittgenstein 1999：§150）[59]

「私はなぜ、椅子から立ち上がろうとするときに自分にはまだ両足があるかどうか確かめようとしないのか」という問いに答えて、われわれは、疑われていることよりももっと確実な理由や証拠を提示できない[60]。そしてこのことが、その問いに対するウィトゲンシュタインの答え（「理由はない。そうしないだけのことである。それがすなわち行動である」（ibid.：§148））が、なぜ曖昧であるとしても、――ニーリやブルアが解釈しているように――本来的に「保守的である」としても解釈されるべきではないのかという理由なのである。というのも、もしあるひとが自

分自身の足や手や外的世界について絶えず不確かであるとすれば、当人がそれらの存在的身分を確定することにおいて自分自身の分別や感覚や第三者の証言（あるいはそれらを結合したもの）を信頼すべきだと仮定することは、ただ単に論点を先取しているにすぎないということになるだろうからである[61]。

このようにして、ムーアが提示した実例の数々は、学ぶことの可能性が「依存している」たぐいの諸命題を特定している限りにおいて、さらに注意を払う価値があるものなのである[62]。子どもがあることを学ぶ可能性は、他者への自然的順応や、特に子供が最初大人を信頼したり「信じたりする」ことに依存している[63]。疑うことは信じることの・後・にのみ起こりうる[64]。というのも、「ひとが教えてくれることをすぐさま疑うなどということが、どうして子供にできるだろうか。それはある種の言語ゲームを学ぶ能力がその子供にはないということを意味するだけである」（ibid.：§283）からである。歴史について学ぶとき、子供は最初先生や「テクスト」（ibid.：§§162,599）が語ることを信頼する。子供は、これらがそのような事柄についての絶対的権威であると理解しなければならない[65]。もちろん、後に子供は自分が以前に一義的に受け入れた特殊な事柄にかんするそれらの情報源に異議を唱えるかもしれない。しかしそのような異議申し立ては、子供が多くの他のことを学び、受け入れた後にのみ始まることができる[66]。（実際子供は、自分の以前の信念へのこの申し立てにおいてさえ、ある地点において、新しい証拠と探求方法——それらは明らかに他のひとびとの業績と証言から推論されたものであろう——を信頼しなければならない[67]。）われわれ自身の方法への反省は可能である。われわれはある点までは、「検査そのものを検査する」（ibid.：§459）ことができる。しかしわれわれがなんであれあること（歴史、地理学、物理学等々）を行わなければならないとすれば、そのような自己反省はどこかで終わらなければならない[68]。ここでの中心的論点は、信頼こそが、学ぶことや、問いを提示することのみならず、明白な不信の成立のためにも必須な条件であるということである[69]。もちろん、発達のごく初期の段階においては、子供の信頼の「原始的振舞い」[70]は、その原初的な世話（気遣い）への敬愛の態度において明瞭である[71]。ここにおいて原型的な（archetypal）「原始的振舞い」が見出される、と私は信じる。というのも、「言語ゲームが存在する」ためには何が「疑いを超えたところに」存在しなければならないのかを明確に確定することは「不可能である」としても、・あ・ることが「疑いを免れて」（ibid.：§283）信頼されているということが、前もって必

要とされるからである[72]。結局この前言語的信頼に基づいてこそ、子供が生存し、共同体に参加し[73]、後にさらなる信頼の諸関係について判断することができるのである[74]。

　ここで子供の実例に注意を払うことが有用であるのは、それが、信頼と他の関連する諸概念との区別を明らかにするからである。私は後の章でアブラハムとイサクの例[75]に戻ることにするが、この物語はここでは特に教訓的である。（特にウィトゲンシュタインが宗教的信仰を「信頼すること（trusting）」（1994a：72）として特徴づけているという理由から）。このようにして『創世記』22では、神がアブラハムに、イサクをモイラに連れてきて、「彼を捧げ物としてささげる」（22：1,12）よう命じて、彼の信仰をどのように試したかが語られている。この説明には注目すべき多くのことがある。第一に、アブラハムの神への二つの反応（「私はここにおります」（22：1,12））は、直接的で曖昧なところがない。「あなたの目の前にいる私は、あなたに仕える、あなたの忠実な僕です」（Levinas 1996a：146）[76]。さらに、神の命令を聞いた後も、アブラハムはそれが正当であるとする弁明を求めて、彼の当初の肯定的反応の精神を止めたりしない。神は、その犠牲の命令の「理由」を与えるように申し立てられることはない。第二の論点は、アブラハムが「捧げ物にする子羊」（22：7）が見当たらなかったことについてのイサクの後の詮索もかかわらず、結局「祭壇の薪の上に」（22：7）縛りつけられたのはイサク自身であったときに、このことによってイサクもまた同様に正当化を求めて彼の父親へ訴えようと促されることはなかった、ということである[77]。アブラハムとイサクの両者の場合において、そのような子供のような[78]、無条件的な信頼（trust）は、「頼り（reliance）」の条件性と対比されることができる。われわれが誰かあるひとを頼りにする（rely）場合に、彼は実際「信頼されている（trusted）」が、しかしそれは特殊な種類の経験の領域にかんしてのみである。そのような頼りは、このようにして、われわれ自身の判断に従属したままである限りにおいて、条件的である[79]。（私はxにかんして無条件にあるひとを頼りにすることさえあるかもしれない。それにもかかわらず、このような頼りを区別する場合でさえ、私は私自身の判断力を強く頼りにしてきている。）しかしヘルツベルク（Hertzberg）が強調しているように、真の信頼（genuine trust）にかんしては、

　　どれくらいの範囲で、どの点において私が彼を信頼するかには、あらかじめ

与えられた限界がないだろう。……あるひとを頼りにするときには、私はいわば彼を上から見下ろしている。私は世界へ私の支配力を行使している。私は彼の行為の判断者であり続ける。あるひとを信頼するときには、私は下から見上げている。私は他者から世界がどのようなものであるかを学ぶ。私は彼を私の行為の判断者として許容する。

(1988：314-15)[80]

　これらの論点に注目すると、なぜ特殊な「私は知っている」という主張を行うことの可能性よりももっと多くのことが、『確実性の問題』におけるウィトゲンシュタインの考察から帰結するかが明らかになる。このようにして彼が、個別的な命題にではなく、「われわれが依拠する枠組み」（1999：§83）[81]、われわれの「世界像」（ibid.：§§162,167）[82]、「命題の全体系」」（ibid.：§141）[83]、「多くの判断が形づくる一つの全体」（ibid.：140）[84]に言及するとき、真の賭けが現れてくる。これらの表現について注目すべき重要なことは、次の点である。つまり、ウィトゲンシュタインは「普遍的事態」（ibid.：§440）（「人間の営む言語ゲーム」（ibid.：§554）と「人間の営む探究の根本原理」（ibid.：§670）[85]）に言及しているにもかかわらず、『確実性の問題』における彼の支配的な傾向性は、われわれが「依拠する枠組みの一部」（ibid.：§83）、この「見方」（ibid.：§92）、私の「確信」（ibid.：§102）について、それらの場合における「われわれの」、「この」、「私の」の範囲にかんしてはなんら明示することなく、話しているということである[86]。要するに、ウィトゲンシュタインの主張は、それが、われわれが躾けられ、われわれが特殊な世界像を受け継ぐ特殊な共同体にかんしてなされている限りにおいて、潜在的に相対主義的であるように見える。このこと（とウィトゲンシュタインのもっと一般的な反科学主義）に注目すれば、「われわれは、科学的な証拠に反するようなことを信じるひとを、分別あるひととは呼ばない」（ibid.：§324）という彼の見解は、われわれは「科学と教育によって結ばれた一つの共同体に……属している」（ibid.：§298）が、他の共同体は同じ仕方で拘束されていないかもしれないということを意味している、と解されることができよう。科学はわれわれの合理性の規範であるということは、われわれの生活が適応させられている仕方について重要なことを述べているが、それだけの話である。それにもかかわらず、われわれ自身の世界像が歴

第2章　世界像を信頼すること　　『確実性の問題』以後の知識、信念、倫理

史的・文化的に位置づけられているということを認識することは、相対主義者が
しばしば仮定しているように、われわれのそれに対する態度は定言的ではない
ということを必要とするということを、意味していない[87]。恋愛のアナロジーがこ
こでは教訓的である[88]。たとえば、私はこれまでにたくさんの失恋を経験してきた
かもしれない。私はまた、統計的にいえば、私の新しい関係が、結局は先行者た
ちと同じような仕方で進行するということはおそらく確率が高いだろうということ
に、気づいているかもしれない。しかしこのいずれのことも、現在の恋人への私
の揺るぎない関与と信用の土台を崩す必要はない。過去において愛が私を見
捨てたということ（あるいは、他者たちは私が愛するひとを愛していない（あるい
はもはや愛していない）ということ）は、今愛が私を見捨てるだろうと考える理由
ではない[89]。というのも、恋愛の「文法」の一部からすれば、私の現在の恋人は
常にここでは例外として理解されることができるということになるのであり、そして
私の通常の疑い（実際のところ歴史と確率の保証それ自体）は、ここでは成立し
ないだろうということなるからである[90]。要するに、われわれの根本的な関与に
かんして控えめな態度を取ることはまったく不必要である。かくしてモラウエッツ
（Morawetz）によれば、

> 自分自身の思考方法をもつことは、他のひとびとの行動を、「理由（根拠）を
> 与えている」とか「判断を下している」とか、と了解するための唯一の源泉な
> のであり、真偽の唯一の尺度なのである。*p* が誰かあるひとにとって（つまり明
> らかにわれわれと異なった仕方で判断するひとにとって）真であるということ
> は、それが真であるとか、部分的に真であるとか、あるいは、それは私に判断
> 不可能なものである、と私がいう根拠ではない。異質な思考の方法を記述す
> るのに使う概念は私自身の概念であり、他人の信念の真偽にかんする私の態
> 度は、何が真であるかについての私自身の規準によって規定される。
> 　自分自身の観点が果たしてこの機能を果たすべきかどうかと尋ねることは、
> 私が判断とか証拠と呼んでいるものは本当に判断や証拠であるかどうかと尋
> ねるのと同様、ナンセンスな問である。

(1978：133)[91]

この一節は興味深い。なぜならその反相対主義的強調は、容易に見過ごされて

しまうにもかかわらず、『確実性の問題』の重要な特徴であるからである[92]。しかしながら、それは唯一の強調ではない。その限りにおいてモラウエッツは、（別の読み方がもたらすかもしれない「不満足な結論」（ibid.：123）を恐れて）これらの諸問題に対するウィトゲンシュタインの混乱したかかわりを過小評価している[93]。従ってわれわれは、ウィトゲンシュタインが最終的には、次の（1）と（2）のいずれを提示しているのかと尋ねなければならない。（1）アタラクシアへのその要請を「推論が……循環論に陥ってしまうこと」（Sextus 1996：2：20）に「基づかせ」ようと努めているピュロン主義者への信頼できる反応[94]と、（2）その異議申し立てに対する擬似ピュロン主義的反応である。私はしばらくの間、このこれらの問題に向かうことにする。第一に、ウィトゲンシュタインの「世界像」や「われわれが依拠する枠組み」（等々）へのさりげない言及の力を確かめるために、ウィトゲンシュタイン自身の例証の一つから別の例証が有用に展開されることができるかもしれない[95]。私は上の空という状態になって、家の鍵を置き忘れることがよくある。このような場合に私はポケットや床や戸棚等々を探す。これらの可能な場所をすべてチェックしてから、私はズボンのポケットに鍵を見つける。このことから私の最初の探しはまったく不十分であり、その鍵はずっとそこにあったのだと結論する[96]。しかし私が次のように結論することを妨げるものは何であろうか。（1）鍵は最初の探しと二度目の探しの間に、不思議なことに私のポケットに「現れた」（そしてその鍵は時々そうなる）のか？（2）いたずら好きの精霊が私の持ち物を頻繁に移動させることを好むのか？ それとも（3）私は鍵が私のポケットに入ることを「望んだ（willed）」のか？ いずれの仮説も「事実と一致する」（Wittgenstein 1999：§199）ので、生の経験的状況が特にこれらの結論のいずれかを私に強要することはない[97]。最終的にここでの争点は、ただ単に（1）と（2）と（3）のいずれが適切にこの特殊な事実を説明できるかどうかということではない。むしろ争点は、全「世界像」―― つまり（1）と（2）と（3）のいずれかを認めることは、私の「ものの全見方」（ibid.：§292）を根こそぎにするかどうか、そして「私はこれまでの［言語］ゲームを……継続できる」（ibid.：§617）かどうかである[98]。

　無条件的で原始的な信頼に基礎をおいている子供の学習と社会化は、それゆえ、もっと一般的に世界像を包み込むように拡張されなければならない[99]。というのも、子供の生活に示されている信頼は（もしわれわれが「損傷を被った」

（Herzberg 1988：320）生活に言及していないのであれば）、後の生活を通して失われるのでも解消されるのでもなく、むしろ、拡張と転移の絶えざる過程を受けるからである。われわれの年長者への主要な信頼は、結局以下のものを信頼することに拡張される。（1）他なる他者たち（*other* others）（彼らが世界についてわれわれに語ることを含む）と、（2）対立する意見と情報の間で判断するわれわれ自身の能力と、（3）われわれが育てられた、ないしは後に参加する社会的、宗教的諸制度。疑いもなくこれらの関与は多かれ少なかれ暫定的で条件的なものであろうが、多くは明白に定言的(無条件的)性格をもつだろう[100]。信頼が失われてしまう仕方は複雑で予測不可能であろうから、直線的で累積的な物語は存在しない。自分の家族を信頼することも、自分の先生や友人を信頼することに論理的に先だってはいない。このようにしてわれわれの原始的な信頼は、もっと限定された「頼り」が依拠すべき根拠を与えるにもかかわらず、成人の生活の本質的な部分であり続ける[101]。さらに（たとえば）親との関係を超えたこの信頼の自然的拡張は、学習過程の核心に存在する。というのも、われわれは一連の単称命題を学ぶのではなく[102]、むしろ相互に支え合う諸命題の全体的組織を学ぶのであるからである[103]。ウィトゲンシュタインが強調しているように、特殊な諸事実であるように見えるものを学ぶとき、われわれは間接的に「われわれが依拠する［全］枠組み」（1999：§83）、諸命題の「全体系」（ibid.：§141）あるいは「組織」（ibid.：§102）を「獲得する」（ibid.：§279）。子供は体の異なった諸部分を名指すことを学ぶとき、暗黙裡に[104]物体的世界の永続性について学ぶ[105]。つまりわれわれの「両手は、それに注意を向けていなくても消え失せはしない」（ibid.：§153）[106]ということ、あるいはある体の部位が突然別の部位に変化しないということについて学ぶ。これを「私の手」として同定することを学ぶためには、私はまた「私の手」をある日から別の日まで存続するとして（同じ手であるとして）見るようにならなければならない。その場合もちろん誰も私にはっきりと「これはあなたの手です。見なさい。それは突然消え去ったり、他の何かに変化したりしない[107]」といわないにしてもである。この手を私のものであり、かつ今日も昨日と同じ手として同定することの永続的な失敗は、ただ単にある言語ゲームが獲得されることを妨げるだけであろう[108]。ハドソンが述べているように、日常的な状況においては、「［『私は二つの手をもっている』］ということに間違うということは、手について間違った何かをいうことではなく、われわれ自身から手について

語ることの資格を奪うことであろう」（Hudson 1986a：120）。そのとき学習する子供のように、何かあるものや誰か（私は身体をもっているということ、世界は私の想像の作り話ではないということ、概してひとびとは私を欺こうとはしないこと[109]）を信頼することなしには、われわれの自然的世界や社会的世界への適応は見込みのないものとなるだろう[110]。そして結局のところこのことこそが、「ムーアがあることを知っている」のではなく、彼が提示している諸命題が「彼の言語ゲームを支える不動の基盤」（Wittgenstein 1999：§403）であるという理由なのである。

　従ってわれわれが「われわれの信念には根拠がないこと」（ibid.：§166）を洞察しなければならないのは、まさにこの点においてである。というのも、もし「根拠を与えること」および「証拠を正当化すること」（ibid.：§204）という実践が特殊な諸言語ゲームの一側面でしかない[111]（そして、これらすべての実践は「それらの生」（ibid.：§105）がその内部で与えられるべき規則によって支配された脈絡を必要とする[112]）とすれば、そのような諸言語ゲームそれ自身は何か他のものに「根拠づけられている」（ibid.：§205）と有意味にいわれることはできない[113]。むしろそれらの諸言語ゲームは、日々の実践と哲学的探究が始まる「所与」（1958：p.226）を構成している[114]。かくしてウィトゲンシュタインは、「言語ゲームはいわば予見不可能なものであるということを、君は心にとどめておかなければならない。私のいわんとするとことはこうである。それには根拠がない。それは理性的ではない（また非理性的でもない）。それはそこにある……われわれの生活と同様に」（ibid.：§559）と警告する。正当化と根拠を与えることは、理論の領域においてではなく、人間の行為においてそれらの自然的終点に達する[115]。従って、われわれの諸言語ゲームの原始性がどのような理論的な弁明も要求しないのは、特にどのような弁明もそれ自身信頼に依存しなければならないからである[116]。むしろわれわれは、それらを正当化と疑いを超越した「原始的なもの」（1958：§656）として扱わなければならない[117]。だからこそ、そのような根本的信念を見たところ反証するような事実に直面した場合でも、われわれはその信念を疑問視したり、廃棄したりすべきであるという、どのような強制的な理由も存在しないのである[118]（すぐに私はこのことについて詳しく述べるだろう）。

　『確実性の問題』の中心的主題は、かくして次のように要約されることができ

る。(1) ドグマティストとアカデミー派についてのセクストスの扱いを真似て、ウィトゲンシュタインは、伝統的な懐疑論とムーアの反懐疑論の両方を病気にかからせている文法的混乱を強調している。「知識（知る）」と「疑い（疑う）」が現実的にどのように使用されているかに焦点を当てることによって、ウィトゲンシュタインは、これらがまったく対立概念であるという（共有された）仮定を問題に付している。(2) しかしながらムーアの反懐疑論は、ただ単に間違っているだけではない。むしろその意義は、ムーアが懐疑論者に対して「証拠」として提示している種類の諸命題にある。ウィトゲンシュタインの関心事は、そのような諸命題がどのように知識ゲームの条件性を超越し、明瞭な説明を受けつけないかということである。実際のところムーアが、彼の数多くの主張において、そのような事柄が「真である」ということを「知っている」と控えめに述べているのは、まさにこの無条件性である。ここで「知識（知る）」と「疑い（疑う）」について述べることが誤解を招きやすいのは、そのような諸命題が異議（を唱えること）を超えているということを、知識／疑いの言語ゲーム自体が前提しているからである。(3) 従ってここで問題になっているのは、特殊な「知っている」という主張を行う可能性の条件ではなく、莫大な数の人間的諸活動のために必要とされる背景である。同様に、学ぶこと（そしてもっと広くいえば社会的相互作用）は、ある事柄が無条件に信頼されるということを必要とする。というのも、ウィトゲンシュタインが示唆しているように、われわれは諸命題の「巣」（1999 : §225）を獲得するのだとすれば、反証の可能性に関してここで争点となることは、あれこれの信念ではなく、全「われわれの依拠する枠組み」（ibid. : §83）なのだからである。

　先に私が示唆したように、『確実性の問題』の中心的主題を乗り越える一つの実り豊かな方法は、宗教に関するウィトゲンシュタインの見解を概観してみることである。ここでの要約を念頭において、私はなぜこの相互関係が彼の後期の倫理的な意義を理解するために必要なのかをもっと詳細に明らかにするだろう。

岩と砂：根本的諸命題と冒涜

　『確実性の問題』とウィトゲンシュタインの宗教にかんする見解の関係については比較的注釈書が少なかった[119]が、実は彼は次の文章にこの相互関係を示唆しているのである。

商人が売物のリンゴを、確実を期するという以外には何の理由もなしに、一つ
ひとつ検査しようとする。（それなら）彼はなぜ検査そのものを検査しないのか。
此処でわれわれは、信念のことを問題にしても構わないだろうか（私は宗教的
な信念の意味でいっているので、臆測のことをいっているのではない）。

(1999：§459)

ウィトゲンシュタインがここで宗教的信念にさりげなく触れていることには多くの
理由があるのだが、しかしもっとも意義があるのは、彼が信念と仮説にかんして
行っている区別である[120]。かくしてウィトゲンシュタインは「宗教的信念について
の講義」において、「『このひとたちは最後の審判があるという意見（ないし見
解）を厳格に固持している』」という主張について、ここで次のように述べている。

「意見」というのは奇異に聞こえる。
〈ドグマ〉〈信仰〉という異なった言葉が使われるのは、この理由による。
　われわれは仮説についても、高い確率についても語ってはいない。また知
識についても。
　宗教的な対話にあっては、われわれは「私はかくかくのことが起こると信ず
る」といった表現を用い、それを科学のなかで用いるのとは違った仕方で用い
ている。

(1994b：57)[121]

いくつかの顕著な相違にもかかわらず[122]、これらの種類の信念は、ウィトゲンシュ
タインがムーアの反懐疑論において特定している「蝶番」命題と並行性をもって
いる。それは、両者が仮説を立てることと結びついた暫定的な条件性を欠いて
いるという点においてである[123]。「表層文法」の上では一致があるとしても、最
後の審判の信念は、天文学者のいまだ起こっていない隕石の到来の信念とは
共約可能（commensurate）ではない[124]。後者においては、証拠が集められ、
観察や計算が行われ、仮説が確証されるか反証されることができる。しかしな
がら宗教の信者にとっては、最後の審判は、そのような経験的な推測に対して[125]
「まったく異なった次元に」（1999b：56）位置している[126]。それにもかかわら
ずキェルケゴール（Kierkegaard）が警告しているように、「まったく異なってい

る」（1973：253）[127] というこの「カテゴリー」の意味は、ほとんど明らかではない。だから私はこの重要な主張を解明したいと思う。

　さて、「試す（テストする）（testing）」という概念は、宗教的領域ではまったく無縁なことではない。先に論じたように、アブラハムは実際神によって「試」された。それにもかかわらず、そのような信仰の試しは、著しく一方的なものである。というのも、われわれを試練（テスト）にさらすのは神なのであるから。もちろんこのことには、明らかな例外がある。「ヨハネの手紙一」4：1ではかくして、信者は偽りの予言に対して警告されている。「友よ、どんな霊、あらゆる霊も信頼しないようにしなさい。彼らが神からきているかどうかを見るために霊を試しなさい」と。それでもまだここで擁護されている類の「試し」は、明らかに経験的なものでも、仮説的なものでもない。というのも、どのような「結果」も、神が望まれていることが発見されたという結論を許容するだろうから。そのような「試し」が立証できる最大の事柄は、われわれの側における（信仰や信頼や理解の）失敗であるだろう。この留保はさておき、先に述べたような仕方で宗教的信念を「試す（テストする）」可能性にかんして明らかな問題が生じてくる。しかしこのことは私が追跡したいと思っている論点ではない。むしろ私の興味を引くのは、そのような可能性を考察する場合においてさえ、われわれはすでにどの程度まで、そのような信念が宗教的生活において演じる重要な局面をすでに誤解しているだろうかということである。しかし最後の審判の信念は、擬似帰納法的手続きに基づいてあたかもわれわれが自然に経験からこの信念に導かれたかのように生じたものと解釈されるべきではない。（ウィトゲンシュタインが「経験そのものが、経験から学べ、と指図するわけではない」（1999：§130）と述べているように。）そのような信念は「私が真と偽を区別すべき背景」（1999：§94）を形成しているので、それらはある個人（やそのひとの共同体）が「証明」や「証拠」や「妥当な演繹」と見なすと思われるものを構成することにおいて、決定的な役割を演じる[128]。だからたとえば、ある個人があることを信じていないということ（*non*-belief）がある「幻覚的な」現象によって決して損なわれる必要はない。［もちろん］無信者（non-believer）が、そのような現象を宗教的意義をもつものと判断するということもありうるかもしれない。かくしてそのような現象は、当人の世界像をその根底において動揺させるかもしれない。当人は後に聖職者に助言を求めるかもしれない。しかし同様に当人はその「幻覚」を純粋に心理学的な起源を有するも

のと判断し、その代わりに精神科医の助言を求めるかもしれない。当の現象それ自体には、これらの解釈のどれに当人が従うべきかを示すものは何も存在しない[129]。むしろ当人がその内部で訓練され、それを介して自分の判断基準を身につけてきた受け継がれた世界像が、上記の「幻覚」への当人の反応を知らせてくれるだろう、ということがもっともありそうなことである[130]。このことは、「性急であるがしかし許容されうる」といったことではないだろう。むしろそれは、当人にとって「判断作用そのもの」（ibid.: §150）を構成するものの必須の一部なのである。このことは、非信者の「幻覚」の世界像が、そのような出来事によって損なわれうるということを否定することではない。ポイントは、そのような現象は当人の世界像を損なう必要はないということである。というのも、ここでは当人の目はただ単に疑いに対して閉じられているのであるかもしれないからである[131]。かくして非信者の「幻覚」は、当人が宗教的解釈をまったく心に抱かなくても適切に（そして訓練が与えられれば、もっと直接的に）説明されることができる。しかしながら、この実例には教訓的な過度の単純化がある。というのも、そのような現象を通行可能なもの（negotiable）（つまり、考慮の余地があるもの[132]）としてさえ経験することが、各々の世界像の内部から適切な選択肢とは見なされないだろうと思われるからである[133]。非信者が助言を求めて聖職者を訪問してみようと考慮することさえ、非信者の共同体（そしておそらく当人）によって、当の宗教的見解への「弱体化」の前触れを証明するものと判断されるということは、ありそうなことである[134]。同様に、そのような幻覚を宗教的意味のあるものと見なす信者たちにとっては、ここで精神科医に助けを求める可能性を心に思い描くことさえ、世俗的な見解（あるいはある種の冒涜）へ傾きの前触れを構成することになるだろう。要するに、各々の世界像の核心部には、それ自身の指定された防御境界線の外部での解釈的可能性を探し求めること、あるいはその限りにおいて、それらの防御境界線の永続性に異論を唱えることを禁止する規則が存在するのである[135]。

　このようにして基礎的信念が合理的正当化を超えているのは、それらが「ほかのものに固定されているという意味で不動である」からではなく、それらの周りを「回転する」（ibid.: §152）実践によって同じ場所に留められているからである。つまりそれらはまさに、何が正当化を必要とするのか、いつどのようにしてそのような正当化が起こるべきかを確定するからである[136]。だからマーティン

（Martin）は次のように結論している。

　　宗教的なものであれ他のものであれ、基礎的な確信のレベルでは、合理的
　と非合理的の区別、そして真理と虚偽の区別でさえ、行われることはできな
　い。……真理を虚偽から選り分けるときに理性が示す方向性が妥当性を与
　えられるのは、原子的な信念の認識可能なマトリックスが、堅固にいわば無時
　間的に固定されているからである。

（1984：603, 強調は著者）

　マーティンの要約は、何気なしに時間性の役割という決定的に重要なことを明
らかにしている。それではわれわれは「無時間性」への彼のほのめかしをどの
ように理解すべきであろうか。そしてそれはなぜ重要なのであろうか。これら
の問題にアプローチする一つの可能的に実り豊かな方法は、根本命題のタイプ
を区別することである。かくしてハドソンは、ウィトゲンシュタインが「来たり、行っ
たりするかもしれないが、しかし他のものではない（may come or go, but not
others）」（Hudson 1986a：124）「根本的命題の種類」を区別するために、「河
床」（1999：§97）という比喩を用いている。一部の根本的命題は河床で変化
する「砂」に似ているが、他のものは不動の「河床」に類似している[137]。従って
マーティンのいう「無時間的」命題は後者のタイプを指しているかもしれない。し
かしながらハドソン自身が認めているように、「根本的命題の最深部の河床レベ
ルにおいて」さえ明らかにある変化が「起こる」（ibid.：125）[138]。しかし確かに
このことを考慮すると、「砂」と「岩」の区別は非常に表面的なものとなってしま
う[139]。それにもかかわらず、もしわれわれがヘルツベルクの信頼についての見
解の光の下でマーティンの時間性への言及を再考すれば、この図式から救い
出されることができる価値があるものが存在すると私には思われる。第一に、
根本的命題のタイプをあまりにも厳格に区別しようとするどのような企ても、これ
らの単なる仮説から区別する絶対的に決定的な方法も存在しないといとすれ
ば、問題をはらんでいるということを、われわれは承認すべきである[140]。それで
もまだそのような区別をしようとするハドソンの試みは、重要なことを明らかにし
ている。つまり「ひとびとが理に合う、理に合わぬ、と見なすものは時と共に変わ
る」（Wittgenstein 1999：§336）としても、一部の信念にとってこの種の観察

は必然的に回顧的なものであるだろうということをである[141]。どのような種類の根本的命題も「来たり、行ったりするかもしれない」(Hudson 1986a：124)としても、どの時点においてもこれらの信念の一部は絶えず変化するだろうということは、有意味なこととして考えられることはできない[142]。ここではわれわれは「何事であれ……この命題に対する反証と見なす」(Wittgenstein 1999：§245)用意はない。そしてこのことがまさにこれらの信念を「岩」として構成するものなのである。われわれがここで抱いている無条件的な信頼は、子供の大人たちへの素朴な信頼、アブラハムの神に対する関係、イサクのアブラハムへの信頼と並行している[143]。従って、この脈絡のもとで「頼り（reliance）」について話すのは、ひとを誤りに導くであろう。なぜなら「頼り」とは、そのような関与が条件的でかつ既存の判断基準に従属しているということを含意しているであろうからである[144]。さらに、そのような信念が実際に信頼されているということには、われわれがそれらをどの程度まで、そしてどのような点において信頼するかということにかんして、前もって与えられたいかなる境界も存在しないだろう」(Herzberg 1988：313. 強調は著者)ということを意味している[145]。ハドソンの砂／岩の区別の定式化に関して欺瞞的なことは、回顧に関するこの論点を強調することを省いているときに、彼はそのような規定が「前もって」実際になされることができるということを暗示しているということである[146]。だからかつて「岩」と見なされたものが取って代わられるようになりうる[147]としても、このことは予言されることはできなかっただろうし、そのときに暫定的ないしは仮説的であると理解されることもできなかった、ということに注目することは重要である。（当初「砂」タイプの仮説的な根本的信念と解されるものがついには「岩」へと凝固するということ、そしてまた逆の事態が起こるということは想像可能である[148]。）このようにして「岩」的な確信は、それらの変化についてのいかなる判断も、——つまりそれらは変化するかもしれないというのではなく、それらは変化した——というように、後知恵によってなされるであろうという意味で、「無時間的に固定化されている)」(Martin 1984：603)[149]。このことを念頭において、ウィトゲンシュタインの宗教性についての説明について今やもっと詳細に集中したいと思う。

　「宗教的信念についての講義」においてウィトゲンシュタインは、（一見して）「奇跡的な」出来事を目撃することを想像している[150]。そのときウィトゲンシュタインは、そのような現象を信念の証拠として提示する「非常に信じやすいひと」

に出会ったとすれば、彼は「それは一つのやりかたでしか説明できないのか。こうであったり、ああであったりすることができないのか」（1994b：60-1）と述べる傾向があるだろう、ということを認めている。そのようなシナリオにおいてウィトゲンシュタインは、その「信じやすいひと」に、まさにわれわれが「ひどいやりかたで行われていると思われる実験室内の実験を扱う」ようにそれらの現象を扱うことによって、別の説明の可能性を納得させようと試みるだろう。しかしこの反応をウィトゲンシュタインは、非常に騙されやすいひと（おそらくそのような出来事に基づいて信念を変えてしまいそうなひと）のために取っておく。それとは対照的に、「そのような現象に対して極めて情熱的な信念を表明している」あるひとの仲間において、ウィトゲンシュタインは、「そのようなことはかくかくのやりかたでもまったく同じように惹き起こすことができたであろう」という形の反応が「私の側の冒涜」（ibid.：6）であるように思えるような場面では適切ではないだろうと、われわれに語っている[151]。さらに万一われわれがここで冒涜するという危険を冒す用意があるとしても、信者が以下のように答えることを妨げるものは何もないだろう。「これらの僧侶たちが欺いているということはありうることだが、それにもかかわらず、別の意味では奇跡的な現象がそこに起こっているのだ」と。あるいは「あなたは詐欺師だが、それにもかかわらず神があなたを用いていらっしゃるのだ……」（ibid.）、と。従って、『反哲学的断章――文化と価値』においてわれわれは、「宗教的信仰は……信頼そのものであり」（1994a：72）、そのような信念は「権威に服従することである」といわれている。しかしウィトゲンシュタインは続けて、「いったん権威に服従してしまえば、権威に反抗することなしに、権威を問いなおし、あらためて権威を信じるにたるものと思うわけにはいなかい」（ibid.：45）と述べている[152]。要するに、真の宗教性の「文法」は、われわれが（申し立てられた、あるいは一見した）反例に出会ったときに、その非妥当性の可能性を考慮してみることさえ禁じるのである[153]。従ってここで生じてくることは、冒涜とは何であるかということではなく、ウィトゲンシュタインが真の（*authentic*）宗教性と見なすものに対する特殊な感覚である[154]。「非常に信じやすいひと」の場合においては、ここで宗教的信念が、「情熱的な帰依」（ibid.：64）[155]もしくは「信頼すること」（ibid.：72）よりももっと証拠に基づく推論を含む限りにおいて、冒涜の危険は取るに足らないように見える。ウィトゲンシュタインが真の信仰者と争うことを禁ずるもの[156]は、上で触れられた「奇跡」についての別の説明的仮説

を提示することの不適切性——と軽視——である。この見解においては、「信じやすいひと」が抱いているとされた類いの擬似経験主義を示していると判断されたひとは誰でも、公平な闘争的ターゲットである。そのような個人は（彼らがただ単に宗教性の「思想と遊んでいる」（ibid.：33）[157] 限りにおいて）すでにおそらく無意識的にであると思われるが——仮説的・証拠的「ゲーム」に参加しているので、類似した用語で彼らに応答し、彼らと論争することは、非常に適切である[158]。（実際、彼らの告白された信仰の現実的（仮説的）本性を証明することさえ適切であるだろう。）われわれはこの場合、冒涜することについてむやみに心配する必要はない。というのは、冒涜とはここでは考察すべき対立仮説を提示すること以上のものではないからである。それとは対照的に、自分の信念に非常に「情熱的である」ひとびとに対して、ウィトゲンシュタインはかなりの注目と敬意を示している。ここで冒涜が緊急の問題となるのは、反対の証拠が彼の信仰の土台を崩すかもしれない（もちろんそれは土台を崩すことはないか、または少なくとも崩す必要がないだろう[159]）からではなく、むしろそのような証拠を提示してもわれわれは彼らの信仰それ自体の実存的意義を矮小化しているからである。こういう訳で、冒涜が起きるのは、一つの言説体系（ここでは科学的言説体系）の諸規則が真に宗教的なものと「論争すべき拠点として」（1999：§609）不当に使用される場合においてである。またウィトゲンシュタインは、しばしば宗教的信仰を、「知性」や「精神」（ibid.：33）」によってではなく、「愛」（1994a：33）、「情熱」（ibid.：53）、あるいは「ハート」や「魂」によって必要とされるとして話しているということは、注目に値する。このことが有意義であるのは、信仰者を愛するひとと比較することは、信仰的信念を擬似経験的仮説と取り違えようとする衝動に逆らうことだからである。だからたとえば、真の信仰者に対する冒涜は、彼女の恋人が社会的エチケットや教育的学力が欠けているからという理由から、彼は彼女の関与に値しないということを友達に納得させようと試みることにたとえられる。それとは対照的に、日常的な基礎の上に恋に陥いりがちなひとびとの間では、そのようなアドバイスは、必ずしも不適切でも侮辱的でもない[160]。

愚か者と異教者とドグマティズム：宗教的原理主義の問題

「宗教的信念についての信念」は、ウィトゲンシュタインの後期の記述的方法

の一つの特殊な適用となっている。そしてまさにここにおいてこそ、彼の成熟した業績（第1章で論じられた）の規範性がもっとも顕著になっている。実際冒涜についての先の私の議論において、ウィトゲンシュタインは、宗教的信念に対する仮説的態度を、ただ単に混乱しているとしてではなく、根本的に不敬である（irreligious）として明確に非難している。しかし最後の審判を実に恐るべき意味をもつとしてもただ単に予言された経験的事実として扱う信者を「迷信的」として公然と非難するこの傾向[161]は、そのような信念がある予言的、経験的要素をもっているかもしれないということを否定することではない[162]。ウィトゲンシュタインが否定していると思われることは、真に宗教的な信念がこの種の予言性に還元されうるか、またはこの種の予言に依存しうるということである。この論点は、これらの種類の関与と、ムーアの「蝶番」命題との間の類似性に関連させて、有用に展開されることができる。そのような信念は、後者の命題と同様に、反例となる証拠（と他のひとびとが見なすもの）に屈服する必要がない[163]。というのも、これらの信念こそが、（われわれの「矛盾」の規準を含む）全生活の「準拠枠」を構成し、注目に値する自己犠牲と人格的危機のための背景を与えてくれるからである[164]。それにもかかわらず、宗教の定言的次元と仮言的（仮説的）的次元の両方に合うように調整可能な宗教性の説明を定式化することがすぐに困難に直面するのは、少なからずウィトゲンシュタインが真の（定言的な）信者と迷信的（仮言的）な信者の間に引こうとしている線が、必ずしも明瞭ではないからである[165]。この困難に焦点を当てるために、私は現代的なキリスト教的「原理主義」という一つの特に顕著な実例を考察したいと思う[166]。

　19世紀のアメリカ合衆国におけるキリスト再臨派運動のすぐ後に、たくさんの現在周知の——多かれ少なかれ社会的に公認された——宗教集団が有名になった。そのような宗派を結びつける本質的な特徴は——少なくとも外的観察者にとっては——彼らのしばしば熱烈な至福千年主義、つまり、内在的「キリストの再臨」、「審判の日」の文字通りの経験的・歴史的信念であった。かくして特殊な聖書の解釈に基づいて、安息日再臨派は、1844年のキリストの再来を予言した[167]。一方エホバの証人は1914年と1984年の間、多くの予言を行った[168]。それ以来両方の集団が、キリストの再来やハルマゲドン（あるいはどのような好きな用語を用いてもよいが）の特殊なタイム・テーブルを定式化することに用心深くなったということは、驚くにはあたらない[169]。しかしこれらの実例にかんし

て明白なことは、ウィトゲンシュタイン的見取り図を困難にする彼らのやりかたである。というのも、彼らには「真の」信念と「迷信的」信念とのいずれのカテゴリーも、容易に場所を割り当てられることはできないからである。一方において、そのような集団は、上で要約された予言的なそれらの災難の責任を負う聖書の文字通りの解釈を支持する。大抵の場合彼らはまた、科学の諸発見にかんしては非常に選択的であり、その代わりに創世記に大部分由来する宇宙論や自然史を選ぶ[170]。このような確信をもつ信者たちは、同様に、文化的・政治的出来事や自然的災害ですら大胆な黙示録的解釈へと進む傾向がある[171]。他方において、そのような信仰のメンバーたちは、彼らの関与において、度重なる予言の失敗と世俗的な世界像の増大する重要性にもかかわらず、多くの場合傲慢なほど定言的だといわれることができる[172]。かくしてウィトゲンシュタイン的な読み方においては、われわれがそのような関与を「迷信的」として正当に非難しうるかどうか、あるいは彼らの持続されている自己確信が予言的失敗に直面しても認識的に保障され、正当化の限界と信念の無根拠性に関して一層深い解釈の例証となるかどうかは、不明瞭のままである。結局「事実がひどく跳ね上がっているときに私が鞍にしがみついているとは考えられない」（Wittgenstein 1999：§616）（「どんな反証が出てきてもわれわれは屈服するには及ばない」（ibid.：§657））とすれば、なぜこのことがまた経験的気質の「迷信的」信者にも適用すべきではないのか[173]。これらの実例を念頭においてわれわれは、ウィトゲンシュタインはただ宗教的ドグマティズムや、セクト主義や、非寛容性の火を焚きつけているだけであるかどうかを、探らなければならない[174]。同様に、彼は宗教的護教論に対して彼の嫌悪感を表明し、「それを定言的に述べた者は、それについて弁解じみていた者よりも利口だった」（1994b：62 - 3）ということ[175]を示唆するとき、われわれはここでは倫理的に、そして政治的に差し迫ったことが生じるかどうか尋ねるかもしれない。私はこの後者の問題を第3章でもっと十分に展開するつもりであるが、ここではウィトゲンシュタインの後期の著作と宗教的教条主義の間の（一見した）連携について予備的に検討してみることは、役立つであろう。

　先に触れた「原理主義者」にとって、最後の審判が実際に起こらないことは、非常にしばしば棄教に至らせるのではなく、むしろ誤りうる人間の予言を過度に信頼するひとびとを（集団の内部で）[176]「説論する」ことに至らせる[177]。そのような予言的失敗は、容易に日和見主義者や背教者を排除しようとする価値ある

企てとして解釈されることができるかもしれない[178]。かくして、われわれはここで
ただ単に信念の定言的本性を再度強調し、ウィトゲンシュタインとともに、「この
ような根本的な事柄にかんしても、君の意見を変えねばならないとしたらどうか」
という問いに、「考えを変えてはならない。〈根本的〉であるとは、まさにそういう
ことだ」（ibid.：§512）と主張することによって応じることができるだろう[179]。エ
ホバの証人の数多くの予言的失敗は、彼らの世界的な拡張を少しも妨げなかっ
た。彼らはそのような時期に（特に1975年に[180]）一時的な信徒の喪失を被った
が、これらの挫折は、いくつかの小さな教義上の修正によって取り除かれた[181]。
同様の修正は、安息日再臨派によって彼らの1844年の予言の失敗について行
われた。また同様に（聖書中心の原始信仰への復帰を説く（訳者挿入））キリス
ト・アデルフィアン派によっても行われた。手短にいえば、これらの修正的な作戦
行動が明確に示すことは、もしわれわれが「体系上のどこかで思い切った十分
な調整を施す」用意があれば、「どんな言明も真であると見なされることができ
る」（Quine1994：43）ということである[182]。私の先に提示した問題を繰り返せ
ば、——信仰の放棄が恒久的な延期に開けているところで——このような見
かけ上限りない修正の能力が与えられれば、そのような信念を単なるドグマティ
ズムと区別するものは何であろうか[183]。われわれは信者を非合理的な「頑固さ」
（Kuhn 1996：204）といって公然と非難するための根拠をもっているだろうか。
ウィトゲンシュタインの説明からすると、それらの信念が実際に手放されるべきと
きに、われわれはあるひとが信念の「鞍に留まりうる」可能性を排除しなければな
らないだろうか[184]。そしてこの後者の命令の合理的根拠と身分とは何であろう
か[185]。そのような非難の適切性は「頑固さ」、「不合理性」、「強情さ」を構成
するものが異なった世界像の間で共通に通用しているという誤った仮定に依存
しているということを指摘することによって、われわれはこれらの問いに応答する
かもしれない。結局、「あることが失敗であるかどうか——それは特殊なシステ
ムのなかでの失敗なのである。ちょうどあることがある特殊なゲームのなかでの
失敗であって、別のゲームのなかでではないように」（Wittgenstein 1994 b：
59）[186]。だから、敬虔なカトリック教徒が教皇により明瞭に啓示されるようになっ
た神の意志を参照することによって、教義における変更を正当化するかもしれな
い[187]。同様に、天文学者は新しい経験的な証拠と（あるいは）よりよい理論的・
説明的モデルを参照することによって、彼らの見解における変更を正当化するこ

とができる[188]。これらの調整は彼らの各々の世界像の内部では正当であるが、しかしウィトゲンシュタイン的説明において問題として残ることは、他者の基準によってひとを判断する可能性である[189]。「頑固」、「強情」というさまざまな非難は、特殊な世界像の内部では場所をもつかもしれないが、しかしこれらのさまざまな攻撃の基準はすべてのそのような世界像の土台を崩すと仮定することは、不当とはいわなくとも、限りない哲学的混乱の源である[190]。

『確実性の問題』の関心は主に認識論的なものであるとしても、ウィトゲンシュタインはときどき、広義でもっと「政治的な」種類の事柄（少なくとも「フレーザー『金枝篇』について」と「宗教的信念についての講義」において暗示されている事柄）にさりげなく言及している。たとえば、彼は次のように述べている。

私が物理学の命題に従って自分の行動を律していることは、間違いなのであろうか。しかるべき理由は何もない、というべきであろうか。それこそわれわれが「しかるべき理由」と呼ぶものではあるまいか。

その理由を適切とは見なさないひとびとにわれわれが出会った、と仮定しよう。われわれはこれをどう考えたらよいか。彼らは物理学者の見解に尋ねるかわりに、神託に問うようなことをするのである。（だからわれわれは彼らを原始人と見なす。）彼らが神託と仰ぎ、それに従って行動することは誤りなのか。……これを「誤り」と呼ぶとき、われわれは自分たちの言語ゲームを拠点として、そこから彼らのゲームを攻撃しているのではないか。

ではわれわれが彼らの言語ゲームを攻撃することは正しいか、それとも誤りか。

勿論ひとはさまざまなスローガンを動員して、われわれのやり方をもち上げようとするだろう。二つの相容れない原理がぶつかり合う場合は、どちらも相手を蒙昧と断じ、異端と謗る。

さらに、私は他人を「攻撃」するだろう、といった……だがその場合は、私は彼に理由を示さないであろうか。勿論示す。だがどこまで遡るかが問題である。理由の連鎖の終るところに説得がくる。（宣教師が原住民を入信させるときのことを考えてみよ。）

(1999：§§608-2)

これらの見解は次のように再解釈されるかもしれない。異なった世界像にはめ

込まれている「諸原理」は時々根本的に異なっている[191]ので、それらの間での非レトリカルな出会いが可能かどうかという問題が生じる[192]。つまり、もし二つの集団が「誤り」や「間違った措置」を構成するものは何であるかを判断するための同じ基準を所有していない[193]とすれば、「理由（根拠）を提示すること」という過程は終わりに達しなければならない[194]。この地点においてわれわれは次第にレトリカルな手段を使用するように強いられるので、非強制的、非闘争的コミュニケーションへの見通しは、暗くなるように見える[195]。ここでの問題は、ただ単にあらかじめ確立され共有された基準（それが、理性、人間性、あるいは神意に由来するものだとしても）が適用されるべきかどうか（リオタール（Lyotard）が「告訴」（1988：p.xi）の問題と呼んだもの[196]）ではなくて、もっと重大なこととして、どのような基準を用いるべきか、そしてそのことがまた基準を要求するとした場合、どのようにしてわれわれはそのような決断を正当化できるのか、等々に関する基準それ自体にかかわってくる[197]。もし『確実性の問題』が示唆しているように、われわれの判断基準が特殊な共同体の世界像へのわれわれの社会的適応の中核的部分であるとすれば、それぞれの成員を異なったように訓練する諸共同体の間の合理的議論のための終点にはすぐに到達されるであろう——もちろん、そのような議論が始まるべき十分な共通性があると仮定しての話であるが[198]。従ってここで問題となっているのは、「決断をすること」は、合理的、討議的、正当化可能的手続きであるということのその普通の意味を失い始めるかどうかである[199]。ある共有された基準に訴えることがなければ、複数の世界像の間での決断の過程は、非常に恣意的であるように見える。私はクワインと特にクーンに触れることによって、この可能的な判断の危機を例証してみたいと思う。

　クワインは「反証となる経験……の光のもとで、どの言明を再評価すべきか」に関しては「選択の多くの許容度」（Quine 1994：42-3）があると述べている（「いかなる言明も改訂を免れない」、おそらく「排中律という論理法則」（ibid.：43）でさえもそうである）にもかかわらず、彼は、「効率」[200]、「単純性」というプラグマチックな基準を「全体系をできるだけ乱したくないというわれわれの自然的傾向性」（ibid.：44）と結びつけている。クワインは、科学とはただ単に——人間がいかにしてもっとも効率的に「経験の流れへ対処しやすい構造」（ibid.：44）をもたらすことができるかによって現金化される——「常識の延長」（ibid.：45）にすぎないと主張しているということが与えられると、われわれの信念体系に

おける存在論的単純性への彼の動き[201]は、究極的には人間性と広義の進化論的動機に基づいていることになる。かくして、クワインは科学の存在論さえもそれ自身「認識論的にはホメロスの神々に匹敵する『便利な媒体』を与えるために『状況に持ち込まれた』ものと見なす」（「物体と神々はただ程度においてのみ異なっているのであって、種類において異なっているのではない。両方の種類の存在者は文化的な措定者としてのみわれわれの概念体系に入る」（ibid.：44））にもかかわらず、彼のプラグマチックな自然主義は、科学が他の世界像に対して優越するということを保証している。もっと際立っているが、それと類似したやり方は、クーンの『科学革命の構造』——多くのウィトゲンシュタイン的主題を繰り返しているテクスト——においてなされている。複数の科学的パラダイムの間での共約不可能性[202]（incommensurability）（と特に観察の理論負荷性（thory-ladenness of observation）[203]）に関して、クーンは明らかに、「競合する複数のパラダイムの支持者たちは彼らの仕事を異なった世界において実践している」、従って「彼らが同じ方向において同じ地点から見ているときに、［彼らは］異なったものを見ている」（Kuhn1996：150）という一見したところでは極端な主張をしている。後年彼は、各々の競合するパラダイムによって使用される「説得のテクニック」（ibid.：152）と、これらのテクニックが成功した暁にはどのようにゲシュタルト的[204]「転換（conversion）」[205]に至るかについて、意見を述べている。科学の概念的・革命的（つまり著しく非累積的[206]発展についての彼の特徴づけが与えられると、クーンは相対主義と非難された——彼はすぐにその非難を拒否したが……。かくして『科学革命の構造』の補遺において、彼はさらに誤って「非合理性という非難」（ibid.：199）を招いた「その著作の箇所」を説明している。いまやクーンがそのような非難に答える仕方は、非存在論的道具主義[207]と「科学的進歩」（ibid.：206）への関与の両方を主張することによってである。彼がこの立場を支持するのは、科学的実践は本質的に「パズル解き的」（ibid.：205）能力によって特徴づけられるという非常に強い（同質的な）確信のためである。この統一的な原理を適切に位置づけると——そしてクーンは彼の注意を近代西洋科学の発展に限定しているということが与えられると——、彼は彼がかかわっている類の「コミュニケーションの断絶」は「部分的」なものにすぎないということをわれわれに再保証してくれるということにおいて正当化される。「科学的実践」という表題のもとで、そのような競合する複数のパラダ

イムは、それらの特殊な方法や概念化においてはそうではないにしても、少なくともそれらの一般的な目的（「パズル解き」）において一致を見出す。だからクーンは、「説得されるためのどのようなよい理由（根拠）もないということを……含意する」（ibid.：199）ものは彼の著作のなかには何も存在しないと結論する。われわれの目的にとってもっと意味のあるのは、この理想像（vison）の最小限の統一性は、科学的「進歩」が可能であるということだけではなく、また「論証が論証のうえに累積し、挑戦の後の挑戦が成功裏に解決されるときに、最後には盲目的な強情さだけが抵抗の継続を説明することができる」（ibid.：204）ということを保証することができるのに十分であるという、クーンのさらに進んだ主張である。ここではもっとピュロン主義的根拠に基づいてクーンに問いただすことは可能である。というのも、彼が「単なる相対主義」（ibid.：205）の危険を避けるために仮定しなければならないことは、「パズル解き」は本質的に科学がそれによって構成されているものであるということ（そしてこの最小限の基準は広く認められ、拘束力があるということ）だけではなく、またそのようなパズルが「よりよい」やり方で（「予測が正確であること、……簡潔であること、範囲が広いこと、他の個別的事柄と両立すること」（ibid.：206）を伴って）解決されるとき、新しい理論は「盲目的頑固さ」（ibid.：204）からのみ抵抗されるということである。クーンのレトリックが印象的なのは、特に彼が先に次のように論じていたからである。

　　もし二人のひとがたとえば彼らの理論の相対的実り豊かさ（多産性）について一致していないとしても、あるいはそのことについては一致しているが実り豊かさの相対的重要性については一致していないとしても、……どちらも間違いだと非難されることはできない。またどちらも非科学的だと非難されることもできない。理論選択には、適切に適用されれば、当の集団内の各人を同じ決定に導かなければならないようないかなる中立的なアルゴリズム（形式的手順）も、いかなる体系的な決定手続きも存在しない。

（1996：199-200）

この文章は『科学革命の構造』の核心部におけるパラドクシカルなものを明るみに出している。一方においてわれわれは、「理論選択のいかなる中立的なアルゴリズムも存在しない」といわれているが、しかしクーン自身は、以下のことを評価す

べき「中立的な」基準のようなものが存在すると仮定しなければならない。(1) 提
示された理論が正当に科学的理論（あるいはそもそも理論）としての資格を与えら
れるかどうか。(2) 新しい理論がその先行理論に対して優位性をもつこと。われ
われは仮にクーンの「パズル解き」としての科学の定義を受け容れる（彼はなぜそ
うなのかという説得力のある理由を提示していない）としても、より深刻な問題は、
正当な「変則例」と「解決」を構成するものは何であるかということについての各々
の理解が根本的に異なっている競合するパラダイムの間で、いくつかの擬似超越
的基準に訴えないで、どのようにしてわれわれは恣意的でないなやり方で選択すべ
きなのかということである。同様に、クーンがある理論よりも別の理論によって「納
得させられるためのどのようなよい理由もないということを……含意する」（ibid.:
199）ものは彼の著作には何もないと述べているとき、クーンはこの論点を看過して
いる。というのも、ここで問題になっていることは、まさに「よい理由（根拠）」を構成
するものとは何であるかということであるからである。同様にクーンがさらなる「予
測の正確さ、……単純性、範囲」をもっている「よりよい」理論について述べるとき、
何がここでの「正確さ」、「単純性」、「範囲」として見なされるべきかという問題
が残る[208]。

　かくして『確実性の問題』の中心的テーマを考慮にいれるとき、クーンの立場
が前面にもたらすものは、次の事柄である。(1) 判断基準の一見してアポリア的な
性質。(2) 合理的正当化の限界。(3) もし自然科学[209]（あるいは実際何らかの
組織化された社会的活動[210]）のような活動が可能であるべきだとすれば、ある信
念が必然的に無条件的でなければならないこと。もちろんピュロン主義者にとって
は、基準に関する無限後退や悪循環への潜在的可能性は、ドグマティズムと闘い、
アタラクシアをもたらすのに効果的なレトリカルで、治療的な戦術として受け入れら
れる[211]。しかしそのような戦術によって厄介な倫理的・政治的無関心がもたらされ
るとすれば、私はウィトゲンシュタインの『確実性の問題』および宗教的信念につい
ての考察と関連させることによって、正義（公正）の問題に戻りたいと思う。

説得と改宗と他者を判断すること：『確実性の問題』の倫理的・政治的意味

　私が示唆してきたように、『確実性の問題』の第608節から第612節で問題
となっていることは、倫理的・政治的一致（合意）の限界についてである。つま

り、そこで概略が示されている状況において、われわれは好きなようにレトリカルな——あるいは場合によっては強制的な[212]——戦術しかもっていないのかどうかという問題である[213]。私は政治的・宗教的多元主義に関連させてこのことを第3章でさらに検討するつもりであるが、前もっての解明を必要とする多くのウィトゲンシュタイン的主題がある。ここでもっとも緊急なのは、諸言語ゲームはどの程度個別化されることができるかということである。このことは争いが生じているゲーム相互（と世界像相互[214]）の問題にとって前提条件となることである。

やや特徴的と思われることは、ウィトゲンシュタインはこの問題にかんしていかなる明白な判断も示していないということである。かくして『哲学探究』において列挙されている諸言語ゲームは、「宗教的信念」のような全体的で、複雑な社会的実践ではなく、「原始的な」（1958：§25）諸言語ゲーム（宗教的信念のようなものがそれによって成立するような「乞う、感謝する、……祈る」（ibid.：§23）こと、「命令し、問う」こと、および「話す」（ibid.：§23）こと）である[215]。しかしこれらの文章においてウィトゲンシュタインはまた、もっと明瞭に経験科学と結びつけられる類の実践（「ある対象を熟視し、あるいは計算したとおりに、記述する……ある仮説を立て、検証する」こと、「ある実験の諸結果を表や図によって表現する」（ibid.：§23）こと）についても言及している。しかしながらここで注目されるべきことは、彼がリストに挙げている数多くのその他の言語ゲーム（「命令する、そして命令に従って行為する、……ある出来事を報告する、ある言語を他の言語へ翻訳する」（ibid.）こと）は、そのように特に宗教とも科学とも結びつけられることはできないということである。そのときここではわれわれは、一様ではないやり方で、宗教や科学の諸言説や限りないその他の人間的諸活動に関連する原始的な諸言語ゲームが示されているのである。疑いもなく、ウィトゲンシュタイン的共感をもっている哲学者たちが、しばしば宗教的信念が同質的な言語ゲームを構成しているという思想の信用を急速に貶めているのは、彼らが批判者から「信仰主義」であるというしばしば受けている非難と結びつけられているというこのことを念頭においてのことである[216]。それにもかかわらず同様に、ウィトゲンシュタインが諸言語ゲームは多かれ少なかれ確定可能な境界を有していると見なしているということは、明白である[217]。そのような個別化の可能性がなければ、彼は「その言語ゲームにおける一つの動き」（ibid.：§22）[218]、ある言語ゲームが「欠けている」（ibid.：§96）、「新しい諸言語ゲームが……発

生する」（ibid.:§23）[219]、「異なった、別の言語ゲーム」（ibid.:§195）[220]、「彼らと闘うべき拠点としてわれわれの言語ゲームを使うこと」（1999：§609）などについて語ることはできないだろう。要するに、ある程度の個別化がなければ、言語ゲームの「ふち」がいかに「ぼやけている」（1958:§71）かもしれないとしても、われわれは言語ゲームの「内側」や「外側」があるということについて述べることはできないだろう[221]。

　そのとき「二つの相容れない原理がぶつかり合う」（1999：§610）ところでコミュニケーションにかんしてどんなことがいわれることができるだろうか。第一に、一見した共約不可能性の大部分はある共通の土台[222]（特に共有されているそれらの「原始的な」諸言語ゲーム[223]）を見出し、それを足掛かりにして克服されることができるので、そのような事態はおそらく稀にしか起こらないだろう。しかし「二つの原理が実際に和解されることができない」若干の厄介な場合があると仮定するとき、ここでは言説はまったく崩壊するか[224]、われわれの目的が「世界をまったく別様に見る」（ibid.:§92）[225]ように他者を説得するだけになってしまうところで、より戦術的[226]、宣伝（プロパガンダ）的[227] 方向転換をするかもしれない。「推論すること」は終点に達する[228]（私の理由（根拠）（reasons）はそれ自身正当化を超えており、「合理的」でも「非合理的」（ibid.:§559）でもない、そして私が提示することができる二次元の理由（a second-order reasons）はあなたが「理由」として承認していることを構成しないという二重の意味において）、多くの選択が残る[229]。たとえば私は、どのような根拠に基づいてこのことを行うべきかは不明瞭なままであるにしても、われわれの間の相違をただ単に「打ち切る」（ibid.:§238）ことができる[230]。それとは別に、私は私の見解を犠牲にして、あなたの見解に身をおこうと試みるかもしれない。もちろんここでも再度なぜ私がそのことを試みるべきかという理由はほとんど存在しないように見えるかもしれないにしてもである[231]。あるいは、優越性を想定して、私は私の言語ゲームの規則や判断基準をあなたの「誤った」（ibid.:§609）、「愚かな」、「異端的な」[232]実践に押しつけようと企てるかもしれない。すでに論じたように、この後者の反応の問題は、あなたの実践には欠陥があると判断するときに、私は暗黙裡に、「私が真と偽［「善」と「悪」等々］を区別すべき背景」（ibid.:§94）は、あなたのもの、おそらくはすべてのひとのものと同じであるということを仮定している。しかし再びこのことはまさに問題となることである[233]。私

の世界像の優越性を仮定することは、理由（根拠）を与えるという事柄ではなく[234]、あなたが間違っている（私の理由がよい理由である）ということ、あるいはあなたが違ったように判断し、生きた方が賢明であろうということを、あなたに説得するという事柄である。だからウィトゲンシュタインは続けて、次のような筋書きを想像している。

　　世界は自分自身と一緒に始まったと思いこんでいる王様があっても不思議ではないであろう。いまムーアとこの王様が出会って議論したとして、ムーアは自分の信念の正しさをうまく証明してみせることができるだろうか。王様を自説に転向させることがムーアにはできない、とはいわない。ただこの転向は特別な意味のものであるはずだ。つまり王様は、世界をまったく別様に見ることになるのである。
　　一つの見方の正しさをひとに確信させるものは、しばしばその見方の単純性や均勢であり、それが転向の原因になるということを想起すべきである。そういうときにひとは断言する。「これ以外にない。」

(1999：§92)

　　きわめて特殊な条件のもとで育ち、地球は五十年前に存在し始めた、と教えこまれてそう信じているひとを想像することができる。そのひとにわれわれが、地球は遥か昔から云々、と教えることも想像できる。……それはつまり、彼にわれわれの世界像を与えようとする試みである。
　　これは一種の説得によって行われることであろう。

(1999：§262)

ウィトゲンシュタインは、そのようなレトリカルな手続き（手順）がどのようにして成り立つのかの詳細な説明はまったく提示していないが、彼は宗教的な教育と改宗について触れている。これらの見解が適切であるのは、以前に述べたように、宗教的アナロジーが、それ自身『確実性の問題』の第612節に示唆されているからである[235]。宗教的教育に関してウィトゲンシュタインは、次のように書いている。

　　宗教の信仰とは、ある一つの座標系を情熱的に受け入れることにすぎない

113

のではないか、と思われる。つまり信仰ではあるのだが、一つの生き方、生の判断の仕方なのである。情熱的にそういうとらえ方をすることなのである。だから、宗教的信仰の教育は、その座標系を描写・記述する必要があり、同時に、良心に語りかける必要もあるだろう。そして最後にはこの両方の力によって、生徒が自分の意思によって、自分でその座標系を情熱的に受け入れる必要がある。あたかもそれは、一方で、誰かに私が私の絶望的な状況を見せつけられ、他方では、非常用錨を投げてもらうようなものである。最後に私は、自分の意思で、しかしどんなことがあっても先生に手を引いてもらうことではなく、それに突進して、それをつかむのである。

(1994a：64)

ここでわれわれは、多くの熟知した主題——特に全「生の判断の仕方」を構成する「座標系（準拠枠）」に関する主題を見出す。しかしもっと印象的なのは、いかにわれわれはそのような「系（枠）」を「情熱的に」受け入れるようになるかということに関するウィトゲンシュタインの記述である。ここでわれわれの興味を引くのは、われわれは最初「［われわれの］絶望的な状況を見せつけられ」、それから「非常用錨」を示されるだけであるということを彼が強調していることである。『確実性の問題』の第612節に沿ってこの概要を読み解けば、説得の過程は、次のように解明されるかもしれない。「二つの相容れない原理がぶつかり合い」、そしてわれわれが「理由（根拠）の終り」に達したときに、（ただ単にひるんで沈黙してしまうことはないと仮定すれば[236]）私にはレトリカルな手段が残されているだけである。従ってこの点で私はあなたに次のことを納得させようと企てるかもしれない。つまり、あなたの世界像の「鞍に留まっていたい」（1999：§616）というあなたの決断によって、それなしではこれから生きられないだろうということを、あなたはほんの少しの屈服の感情を伴って直接認めるようなあることがあなたには欠如している、と。手短にいえば、私が最初あなたに説き聞かせる必要があることは、実存的欠如の感じ（a feeling of existential deficit）である。そのときにのみ私はあなたに「非常用錨」（1994a：64）を示す。この欠如の感じを生み出すもっとも効果的なやり方は、他者の知性というよりは、むしろ他者の基本的な道徳的な性格に問いかけることによってである。「二人の原理が相容れないときに」あるひとを「愚か者」あるいは「異端」と非難することは、彼らの合理

的能力を問題にすることではない。なぜならこのことが判断基準であるとすれば、そのような非難をすることにはほとんど意味がないだろうからである。そのような非難が意味することは、他者が「合理的手続き」（とわれわれが見なすこと）を不当に使っているかまたは無視しているやり方を、問題にすることである。われわれが他者を「愚か者」とか「異端者」として非難するのは、まさに他者がものごとを違ったやり方で見ることができるということがわかっているからである[237]。

　私がウィトゲンシュタインの発言から再構成した宗教的改宗の見方は、ウィリアム・ジェームズによって提示されたもの[238]だけではなく、また「新宗教運動」[239]の信徒勧誘の手続きを調査する多くの心理学者や社会学者の成果でもある。たとえば次のように論じられてきた。

　　「改宗心とは、心理学者にとっては、宗教的レベルにおける精神的総合の崩壊と、別のものにそれが取って代わられるであるように思える。」かくしてそのプロセスには、崩壊の段階と再総合の段階という二つの段階があるということになる。

（Nelson 1987：130）

ウィトゲンシュタインが概略を示唆している改宗過程は、「強制的」としてもっともよく記述されるものにもっとも近い。そこにおいては、「再構造化」は、「［個人の］現在の信念が崩壊する」（ibid.：136）ように起こる。そのときにのみ「非常用錨」（Wittgenstein 1994a：64）、つまり「新しい一連の信念が植えつけられるという再構造化」（Nelson 1987：136）が与えられる[240]。この心理学的解釈はただ単に「新しい」世界像が「古い」世界像に取って代わるということを述べているのではない[241]。むしろそれは、そのような代替が起こるために必要な初期の破壊の手段にそれとなく言及しているのである。さらに私が潜在的改宗者の「実存的欠如」について述べたことが与えられれば、次のことが注目されるべきである。つまり新宗教運動は「潜在的改宗者に直接的に宗教的アプローチをしているのではなく」、むしろ

　　ドラッグ摂取の増大や犯罪や戦争や暴力といった世界の恐るべき状態を議論することによってスタートする。彼らは潜在的リクルートが同意してくれるというこ

とに気づいた場合にのみ、これらの問題への唯一の解決は彼らの運動の教え
に見出されるべきであるということを示唆することに移るだろう。

(Nelson 1987：138)

手短にいえば、そのようなレトリカルな戦術を成功に導くものは、厳密に知的ない
し神学的な問題というよりはむしろ、人間的な道徳的感覚(あらゆるひとにかかわり
があるはずの生活の特徴)への彼らの最初のアピールである[242]。
　『反哲学的断章——文化と価値』においてウィトゲンシュタインは、次のように
述べている。

　　人間の行為を最終的なかたちで弁護することはできない。確定している別
　の事柄との関連においてのみ、弁護できるのだ。いいかえれば、どうしてそう
　いう行動をするべきなのか (するべきだったのか) の理由としては、「そういう
　行動によって、こういう事態が生み出されるのだ」ということしかできない。と
　すると他方では、その事態を、目標として受け入れなければならなくなる。

(1994a：16)[243]

この文章を念頭において、私は『確実性の問題』の第608節から第612節にお
いてウィトゲンシュタイン自身が提示している例を展開したいと思う。Aの「座標系
(準拠枠)」が科学的な体系であるとしよう。ここではBは辺境的 (marginal) で
あり、Aが経験的調査研究に訴える状況で、Bは神託に助言を求めるとする[244]。
彼らの会話において、AとBは正当化の川床に至る。というのも、Aが自分の世
界像を支持する際に「理由(根拠)」として提示するものを、Bはそのようなものと
しては認めない (逆の場合もある) からである[245]。従って共有された基準へ
の追求は、各々の側が「『自分はまさにこのように行動するのだ』といいたくなる」
(Wittgenstein 1958：§217) と感じるので、失敗してきた。それにもかかわら
ず、AはこのときBに異議を唱えるように強制されると感じる。というのも、すべ
ての別の立場を間違っていると見なすことがAの立場の不可欠の部分である
からである[246]。Aがこのことを、宇宙旅行における科学のもっとも印象的な業績
の簡易的な一覧表を提示することによって行う。「もし他の遊星に旅行したけ
れば、西洋科学はそこにあなたを連れてゆくだろう。魔術はそうすることはでき

ないだろう」とAは主張する[247]。これに対してBは陽気に認めるだろう。「疑いもなくあなたは正しい。しかしわれわれは他の遊星に旅行したくない。われわれはそのようなことをすることにいかなる価値も認めない」と。Aは今やBに対してただ単に「愚かだ」と訴えるかもしれないが、それは後者が現代科学の効力を認識できないからではなく、むしろこの種の業績が彼の関心を呼ばないからである。それはBの文化的「生活形式」においてはどのような役割ももっていないのである[248]。もしAの論証がレトリカルな効力をもつべきであるとすれば、それは同時に、宇宙旅行のような活動はそれ自体価値があるということ[249]、そしてまたここでは科学的合理性に頼ることが規範的重要さをもっているということ[250]をBに納得させなければならない。これらの論点を私にもう少し敷衍させてもらいたい。掛け金（stakes）は宇宙旅行に対する科学の効力ではなく、むしろその医学的業績である、と仮定してみよう。かくしてAはBに自信をもって請け負う。「西洋医学の医学的技術で私はあなたのお子さんの糸状虫症を治療してあげられる」と。もちろんこのシナリオにおいては、BはAの異議申し立てを受け容れないことや、そして（あるいは）Aの処置がもたらす有益な結果を容認しないことに対して、「愚かである」（あるいはより有害である）と正当に非難されることができる。しかしここにおいてさえ状況は単純明快ではない。第一に、なぜBがAの異議申し立てを最初に容認すべきであるのかといういかなる強力な認知的な理由（epistemic reasons）はない。Aにとって糸状虫症を構成しているものは、Bにとってはおそらく（一部の原理主義者のエイズの理解の仕方に類似した）神による報復の作用、あるいは信仰の試練を表わしているかもしれない。Aが不必要な苦しみを見て取るところで、Bは彼の祖先の不敬に対して与えられた代償や、もし（Aがそうしたいと思うように）干渉されれば、ある種の冒瀆の結果と見なされるような罰を受けることになるということを見て取るかもしれない[251]。しかしこの最初の障害が、Aが密かに行ったその子供の「治療」と、Bへのこのテスト・ケースの提示によって回避されたと仮定しよう。そのときBは、少なくとも健康問題に関しては、Aの世界像の優越性を認めるようにさせられるだろうか。彼はそうしないだろう。結局このテスト・ケースは、Aの医学的処置（しばしば申し立てられた「奇跡の治癒」に対して科学者によってなされる判定）とは無関係なまぐれ当たりの出来事と判断されることができるだろう[252]。AはBの監視のもとで多くの子供たちを「治療する」と仮定せ

よ。その過程を通してAはBに、その医学的処置の「ことの経過を詳しく述べてあげて」（Wittgenstein 1999：§671）、感染症や人間の目の機能について説明し、その主張をサポートするための顕微鏡的証拠を示す。（実際AはまたBに、繰り返し糸状虫症を引き起こすことができることということ、そしてそれからそれを治療できることを示してあげるかもしれない。）いまやBは、彼自身の世界像が欠陥をもっており、修正されるか廃棄される必要があることを認めるだろうか。Aの一見した視力を蘇生させる能力はある魔力的な力に由来することをBが結論すべきではないという何らかの理由はあるだろうか[253]。ここでも再びなぜBがそのような承認をしなければならないのかといういかなる理由もない[254]。というのも、彼の抵抗は決して認識的に阻却可能（epistemologically unfeasible）ではないだろうから。われわれがこの種のシナリオをいかに精密化しようとも、外部の者にとっては失望させることではあっても、自分の世界像の「鞍に留まっていようとする」Bの決心は、認識的洞察力の欠如に由来していると見なされる必要はない。（さらにBがAの世界像の効力を容認するにせよしないにせよ、このこと自体は、Aの干渉は、いかに効率的であるにせよ、冒涜行為を構成しているという前者の確信を損なわない[255]。）私がここで『確実性の問題』と『反哲学的断章－文化と価値』におけるウィトゲンシュタインの見解から引き出そうとしている二つの主要な論点は、次のようなものである。（1）あるひとが「科学的業績」のようなものを容認すべきだといういかなる強制的な認識論的理由（根拠）もないということ。（2）「合理的」、非強制的論証は、そのような存在論的、認識的、規範的関与（帰依）の相互に共有された基盤の上においてのみ機能することができる——もちろんそのような共通性の正確な度合いは前もって規定可能でないかもしれないにしても——ということ。

　すでに示唆したように、二人ないしはそれ以上の「原理が実際に相互に和解されることができない」場合におけるコミュニケーションの可能性にかんするウィトゲンシュタインの見解は、倫理的・政治的意義をもっている。このことは西洋医学の技術についての先のシナリオにおいて容易に見て取れる。というのも、ここでBはAの治療上の成功を喜んで受け入れ、かくして彼自身の世界像を補足し、修正し、おそらくは廃棄するということは実際にありそうなことだからである[256]。しかしながら、この実例のもっと大きなレトリカルな効力は、付随的なものでも、「西洋帝国主義」の一例ということでもない。なぜなら人間の傷つきやすさ（vulnerability）の問

題は、超文化的な判断基準と他者の世界像を判断することの正当性について懐疑的なひとに対して、特に困難なケースを提示しているからである。ある共同体がたまたま惑星間旅行を評価するかどうかは、ほとんど直接的な重要性をもたないし、またもちろんわれわれがそのことに対してレトリカルな攻撃に着手すべきことでもない。これらの状況では、われわれはただ単にわれわれ自身のものとは異なっている他者の世界像に「我慢しなければならない」（ibid.：§238）だろう。しかしある共同体が子供の苦しみを取り除くことを重要と見なすか否かは、もっとも極端な多元主義者や相対主義者の感受性に対してさえ異論を突きつける問題である。ここでの争点は、（宇宙旅行の実例にかんしてはそうであるように）西洋医学がある「本質的な」価値をもっていることが示されることができるかどうかではない。私が第1章で述べたように、――何らかの療法のように――医学の価値は、まったく治療を必要としている病気に依存している。そのようなものとして、西洋医学の非常に効果的な方法を否定することは、人間の苦しみ（suffering）についての誤解やそれの矮小化からのみ生じることができる[257]。たとえば、子供の苦痛の表出が常に「ためらい」（Wittgenstein 1993：379）という態度で扱われるか、あるいはわれわれが「あるひとの叫びや身振り」（ibid.：381）に反応することにおいて他者が系統だって失敗することを目撃するような状況のもとでは、われわれは、このことを、「不道徳的」としてか、まったく「まともでない」（ibid.：383）として非難したいと思うだろう。傷つきやすさと信頼との関係がここではわれわれの非難を引き起こすというような極端なケースにまで退化させられてしまっているということは意味をもちうることであり、明らかに高慢な自己権力化を示しているものではない。人間的生存のこの基盤のレベルにおいては、そのような懐疑主義は、認識論的に不可解であるだけではなく、それが倫理的・政治的生活の建材を崩壊させる限りにおいて、最も深い道徳的関心を呼ぶものである[258]。第3章で論じるように、もし「極端に」異なった諸世界像の間で何らかの共通性が存在するとすれば、われわれが最終的に目を向けなければならないのは、傷つきやすさと苦しみである。カプートが正しく述べているように、「災難は……いつも変わることなく、溢れ出る血や、疲れ切った身体や、衰弱した心や、傷ついた生き物を含む不気味な（ominous）な同一性をもっている」（1993：41）[259]。しかしこの主張を確証するために私は最初、多元主義や、寛容性や、排他主義の問題や、「概念的帝国主義」と呼ばれるかもしれないもの

に属するウィトゲンシュタインの著作に生じる多くの問題を解明しなければならない。言い換えれば、さらなる周到な探究を必要とすることは、ウィトゲンシュタイン自身の非干渉（ある世界像を別の世界像の規準によって判断することと[260]、「現実の言語の使用」（1958：§124[261]）へ干渉することの禁止）の原理が、明瞭に倫理的・政治的問題にどの程度適用されてきたかということである。

原　注

1　本章の部分は Plant 2003a と 2003b に掲載された。
2　Pikin 1993：325 と Scheman 1996：384 を参照せよ。
3　『確実性の問題』は決して公刊が意図されたものではなく、むしろウィトゲンシュタインが「抜粋や推敲せずに亡くなった」（1999：p.vi）「最初の草稿」を再現したものである。それにもかかわらず、このテクストを刺激的にしているのは、まさにその「荒削りの鋭さ」であると私は唱えるだろう（Hudson 1986a：123-4；Plant 2003b）。実際「われわれはただ単に問いを発することによってのみ哲学することを教えることができるだろう」（1979b：97）というウィトゲンシュタインの示唆は、『確実性の問題』を読むときに特に適切であるように思える（Bambrough 1992：242）。
4　ウィトゲンシュタインは次のように述べるとき、エドワーズの読み方を確証しているように見える。「われわれが論じているすべての問題について、私はどのような意見ももっていない。たとえもっていたとしても、それがあなた方の意見と一致しなかったら、私はただちに議論のためにそれを撤回するだろう。なぜならそれはわれわれの議論にはまったく重要性をもたないからである」（Wittgenstein 1979b：97）。しかしここでのウィトゲンシュタインの論点は方法論的なものである。彼は、理論的な解決に携わっているのではなく、むしろ言葉の実際的使用にかんする文法的な記憶（grammatical reminders）を提示することに携わっているのである。
5　エドワーズは、このピュロン主義的関連を指摘しているわけではない。
6　後の章で論じるように、ウィトゲンシュタインの極端な「非基礎主義者」的解釈は、『確実性の問題』に憑きまとっている「心配事（worries）」（Gill 1974：279）を過大評価している。
7　Gill 1974：282；Kober 1996：414, 418 を参照せよ。
8　このことの二つの古典的な言明は、ムーアの「常識の擁護」（'A Defence of Common Sense'（Moore 1994a））と「外的世界の証明」（'Proof of an External World'（1994b ））である。『確実性の問題』の §521 において与えられている「ムーアの誤りは、ひとはそれを知りえないという主張に、『私はそれを知っている』という言明で対抗したところにある」という言明ほど、その著作におけるウィトゲンシュタインの立場の「簡潔な言明」（Gill 1974：279）はないとギルが示唆しているのは、もっともらしいことである。
9　Kober 1996：411 を参照せよ。
10　ウィトゲンシュタインのピュロン主義が徹底したものではないということは、彼の信念に対する態度に見られることができる。というのも、ピュロン主義が自然的生活と信念の生活の根本的な二分法を維持するのに対し、ウィトゲンシュタインは、理性と熟慮は自然的振舞いから派生したものであると主張するからである。さらにピュロン主義者は、正当化のアポリアを、信念を

放棄することによって回避しようと企てるのに対し、ウィトゲンシュタインの治療的方法は、われわれが信じることの「無根拠性」を承認することである。このようにして、ウィトゲンシュタイン的「アタラクシア」は、信念の放棄に帰着するのではなく、多くの信念は正当化を与えられることはできない（そして正当化を必要としない）ということを容認することに帰着する。私は後にこれらの論点に戻るだろう。

11 Fann 1969：169 も参照せよ。

12 Malcolm 1958：89; Wittgenstein 1990：§314 を参照せよ。この定式化がなぜ暫定的なものであるかは、後に明らかになるだろう。

13 Wittgenstein 1999：§1 も参照せよ。

14 Malcolm 1958：89 を参照せよ。

15 Malcolm 1958：90; Wittgenstein 1999：§9 を参照せよ。

16 Diogenes 1925：481; Nussbaum 1991：523 を参照せよ。

17 Wittgenstein 1999：§475 も参照せよ。このことは、ウィトゲンシュタインの因果性についての考察（1993：371-411）にも保持されている。

18 後に論じるように、信じることは疑うことの前提条件である（Wittgenstein 1999：§480）。

19 Wittgenstein 1999：§504 も参照せよ。われわれ自身の痛みでさえ不確かな場合がある。幼児にしばしば起こるように、（起こりうる）有害な出来事の単なるショックが一時的に痛みを感じているとわれわれに想像させるのに十分でありうる。

20 Gill 1974：280; Wittgenstein 1999：§549 を参照せよ。

21 Moore 1994b：81-2 も参照せよ。

22 Moore 1994a：48 も参照せよ。

23 Moore 1994a：48; 1994b：81-1, 83 も参照せよ。

24 Moore 1994a：48 も参照せよ。

25 Moore 1994a：48 も参照せよ。

26 ムーアはまた、他の人間（Moore 1994a：48, 53-54, 55）や、過去における対象（Moore 1994b：83）の存在についての確信について述べている。また「当然のことと思われているものの領域」（Schutz 1970b：111; 1974：4‐5; Husserl 1970：110, 121‐5, 127‐32, 140‐1, 146‐9, 165; 1982：17, 37, 132, 151 も参照せよ）にかんするシュルツの見解にも注目せよ。

27 Wittgenstein 1999：§§21, 481‐2 も参照せよ。

28 Malcolm 1958：88; Wittgenstein 1999：§§91, 243, 550‐1 を参照せよ。

29 Malcolm 1958：88; Wittgenstein 1993：379; 1999：§260 も参照せよ。

30 Wittgenstein 1999：§§47, 347, 407 を参照せよ。

31 このことをデリダ的用語で表現すれば、ウィトゲンシュタインの関心の対象となっていることは、「私は知っている」という句の反復可能性ということである。第 8 章でデリダに戻るだろう。

32 Wittgenstein 1999：§554 を参照せよ。フィンチ（Finch）はこのことを「普遍的な脈絡」（1975：385）と呼んでいる。

33 つまり、彼の「主観的確実性」（Wittgenstein 1999：§563; 1958 §607 も参照せよ）という随伴的感情」（ibid.：1999：§524）である。

34 Martin 1984：59 も参照せよ。

35 「私は知っている」という形式のムーアの諸命題は、「『私』には何の重要性もない」ということを意味する特殊な「文法的」身分をもっている。「この命題はもともと、『〈私は知らない〉という表現はここでは意味をなさない』ということを意味する。従って当然、『私は知っている』にも意味がないことになる」（Wittgenstein 1999：§58; Hudson 1986a：119 も参照せよ）。

121

36 Wittgenstein 1999：§§54, 56, 87-8, 526, 653 を参照せよ。それらは非常に「特殊な状況」
（ibid.:§423；§§25, 372, 387, 433, 461, 553, 622 も参照せよ）のもとでのみ有意味でありうる。
従ってムーアの間違いは、省略の間違い、つまりそのような諸命題が使用されうる状況を確
定していないことにある（Malcolm 1958: 89）。そしてこのことがまさに、これらの諸命題によっ
てウィトゲンシュタインが、「会話の途中で相手に『今日は』というようなものだ」（1999：§464）
と思わせられてしまう理由なのである。

37 Wittgenstein 1990：§405 も参照せよ。

38 Malcolm 1958：89；Wittgenstein 1999：§§308 を参照せよ。ウィトゲンシュタインは次のよ
うに述べている。「私は月に行ったことがない、ということを私が疑えないのはなぜか。どうす
れば疑いを試みることができるのか。何よりも、自分は月に行ったことがあるかもしれない、と
いう想定は下らないものに見える。その想定からどんな帰結が生じるわけでもなく、それによっ
て何が説明されるわけでもない。この想定と私の生活との間には何の連関もありえないはず
である」（Wittgenstein 1999: §117）。『確実性の問題』と「宗教的信念についての講義」
の両者における他の諸節は、宗教的信念の問題にプラグマチズムの原理を適用したジェーム
ズ（James）の態度（1985：444 - 7）を彷彿とさせる。

39 Finch 1975：384, 394；Wittgenstein 1999：§§94, 105, 153, 204, 472 を参照せよ。

40 『確実性の問題』における想像力の役割は曖昧である。というのも、われわれ自身の根本的
な信念が反証されるであろうと思われる状況を想像できる能力をもたないことが、どの程度ま
で、それ自身、われわれの現行の「われわれが依拠する枠組み」（1999：§83）や、世界
像」（ibid.：1999：§162, 163）によって確定されるかは明らかではないからである。かくして
何が根本的な信念（あるいはその反証）としての資格を有するかは、特殊な状況のもとで
の特殊な個人の想像的能力に依存している。

41 Wittgenstein 1999：§§472-3, 492, 516, 558, 576-9 も参照せよ。

42 Hudson 1986a：120 を参照せよ。

43 Wittgenstein 1999：§199 を参照せよ。

44 Finch 1975：392 を参照せよ。

45 Gill 1974：281 を参照せよ。

46 Wittgenstein 1999：§§337, 509, 672 を参照せよ。ジョシポヴィッチ（Josipovici）は、「『確
実性の問題』は同様に『信頼の問題』と呼ばれうるだろう」と正しく示唆している（1999：
271）。

47 Hudson 1986a：120；Wittgenstein 1999：§§7, 115, 150, 162-7, 283, 401-2, 472-7 を参照
せよ。シュッツ（Schutz）も同様に、この点における「信頼」に言及している（1964：95,
102；1970a: 78；1970b: 74, 92；1971: 228；1974: 7, 107-8）。ムーアの「矮小化」がいかにウィ
トゲンシュタインの冒涜に関する見解と並行性をもっているかは、後に明らかになるだろう。

48 Wittgenstein 1999：§§141-2, 144, 446 を参照せよ。賭けの例は、さらに宗教的信念の問
題に対しても意義を有している。というのも（キェルケゴールと同じように）ウィトゲンシュタイ
ンはこれらの脈絡において「リスク」（1994b：54）について述べているのみならず、またわれ
われは宗教的な言葉使いにおいては「高度な蓋然性（確率）……について話している」
（ibid.：57）のではないと主張しているからである。

49 Gill 1974: 283-5, 290；Finch1975: 385 を参照せよ。後の章で論じるように、レヴィナスは「語
られたもの（Said）」と「語ること（Saying）」という類似した区別を行っている。

50 Wittgenstein 1993：397；1999：§§7, 285, 411, 414, 427, 431 を参照せよ。

51 Wittgenstein 1958：§325；1999：§§501, 524, 552 を参照せよ。ウィトゲンシュタインは、「私

があることを知っている、ということは何によって証明されるのか。私はそれを知っている、と自分でいうのが証明にならないことだけは確かである」（1999：§487）と述べている。このことは、われわれが語ることは、それ自身が示すことの一形態でありうるということを否定することではない（実際ムーアが語ることを望んでいることは、すでに彼が何ごとかを語ることに示されている（ibid.：§114））。私の論点は、むしろ「示すこと」の非命題的（人を説得するという目的をもった（ibid.：§669））性格を強調することである。それにもかかわらずムーア自身は、この確信を「直接的に」表現することの不／可能性にかかわっている（Moore 1994a：56-7; 1994b：83-4）ということが注目されるべきである．

52 Wittgenstein 1958：§129; Hudson 1986a：122 - 3 も参照せよ。

53 Wittgenstein 1958：§§109-15, 664, p.224; 1969：27; 1990：§690; 1993：183-7; 1999：§§31, 435 も参照せよ。

54 Gill 1974：282; Finch 1975：389 を参照せよ。後に見るように、このことは、「真の」宗教性と単なる「迷信」とのウィトゲンシュタインの区別にとって要となることである。

55 Descartes 1976：20-1, 31ff. 61 を参照せよ。

56 Morawetz 1978：121; Wittgenstein 1999：§§4, 220, 323, 458, 519; Gaita 2000：172 を参照せよ。

57 Gill 1974：281 を参照せよ。

58 Wittgenstein 1993：377, 379, 381; 1999：§§354, 509, 625, 672 を参照せよ。

59 Drury 1981：114; Wittgenstein 1994a：16; 1999：§§459, 641, 672 も参照せよ。「地球は長年にわたった存在し続けてきた」や「これは私の手である」ということは、ムーアが提案しようと試みている類の検証に開かれてはいない（実際開かれることはできない）（Wittgenstein 1999：§§103, 138）。なぜなら「一つの仮設をめぐるすべてのテスト、あらゆる確証と反証は、ある体系のなかではじめて成立することである。そしてこの体系は、多分に恣意的で疑わしいものだがとにかくそれを起点として一切の論証が進行する、といったものではない。それはわれわれが論証と呼ぶものの核心に属しているのだ。体系は論証の出発点であるよりも、論証の生きる場である」（ibid.：§105）からである。

60 Wittgenstein 1999：§§2250 , 307 を参照せよ。

61 Wittgenstein 1999：§§111, 125, 138, 150, 245, 459, 515 を参照せよ。

62 Wittgenstein 1999：§§341, 343, 655 を参照せよ。

63 Malcolm 1958：92; Schulz 1964：233; 1966：119-20; 1970a：84; 1970b：81, 96; 1971：7, 13; 1974：7, 174-5, 244-5; Wittgenstein 1990：§413を参照せよ。私が他の箇所で論じた（Plant 2003a）ように、ウィトゲンシュタインとリードの「常識哲学」の間には、多くの重要な相関性がある（特に「誠実性」と「軽信性」の原理に関するリード（Ried）の見解）（1997: 193-4）に注目せよ）。

64 Hertzberg 1988：318; Wittgenstein 1999：§160を参照せよ。ウィトゲンシュタインは、「私には二つの手がある」のような基礎的な命題は算数の諸命題と「同じ水準にある」という理由を挙げて、彼の見解は「論理学的なもので、心理学的なものではない」（1999：§447;Hudson 1986a：121 も参照せよ; Lagenspetz 1992：7）ということを示唆している。

65 Hertzberg 1988：314 を参照せよ。

66 Lagenspetz 1992; Wittgenstein 1999：§344 を参照せよ。

67 Hudson 1986b: 176 を参照せよ。「遺伝」、われわれの「生物学的に決定された状態」、「先祖」、「同時代の人々」、「後継者」にかんするシュッツの見解（Schulz 1964：23, 25, 57-8, 59, 95, 229, 232-3; 1966：119；1970a：91; 1971：7, 15, 318; 1974：19, 88 ）にも注目せよ。

68 Wittgenstein 1999：§170 を参照せよ。

69 Wittgenstein 1990：§§413-16；1999：§170, 374, 472, 476, 509, 534, 538; Gaita2000：161
- 2 を参照せよ。疑いは確信に寄生しているが、不信も同様に信頼に寄生している。このよ
うにして、ヘルツベルク（Hertzberg）によれば、不信は「成長の過程において通常起こる
こと」であるにもかかわらず、「不信をもっているひと」は「他のひとびとによってダメージを
与えられたひと」である。実際のところ、「他のひとびとへのわれわれの信頼が無くなってしま
う」ことは、よく知られていることではあるとしても、「悲劇」（1988：320）である。

70 Hertzberg 1988：309 を参照せよ。

71 信頼のこの関係は、両方の仕方で機能する（Wittgenstein 1993：383）。

72 このことについては、デリダと関連させて、第 8 章で戻るだろう。

73 Hertzberg 1988：313 - 14 を参照せよ。

74 Hertzberg 1988：309, 316 を参照せよ。

75 このエピソードに関するヘルツベルクの説明を参照せよ（Hertzberg 1988：309.10）。

76 Isaiah 6：8 - 9 を参照せよ。第 6 章と第 7 章で私は、なぜレヴィナスがしばしば間主観性を
論じるときに「ここに私はいる」を用いるのかを解明するだろう。

77 ヘルツベルクは、次のように主張することによって、この論点に限定を加えている。「イサクは
彼の父の心中を知っていて、しかもなお抵抗しないで振舞った」場合にのみ、彼の信頼は「彼
の父の神への信仰と似ていた」（Hertzberg 1988：310）といえるだろう、と。

78 安易にひとを信頼してしまいがちな子供の傷つきやすさを説明するものは、この無条件性であ
る（Gaita 2000：22）。

79 Hertzberg 1988：312 を参照せよ。

80 第 6, 7 章で論じるように、このことは、他者の道徳的な「高み」についてのレヴィナス見解
（Levinas 1996a：17, 54）と関係づけられることができる。

81 Malcolm 1958：92 も参照せよ。

82 Wittgenstein 1999：§§95, 209, 262 も参照せよ。

83 Wittgenstein 1999：§§102, 105, 108, 136, 144, 185, 247, 279, 410-11 も参照せよ。

84 ウィトゲンシュタインは同様に、「君の異論の支えになる蝶番」（Wittgenstein 1999：§655;
§§341, 343 も参照せよ））、「一般に認められた原則」（ibid.：§551）、われわれの「見方」
（ibid.：§92）、「相互に結びついた多くの命題の集まり」（ibid.：§274）、「われわれの言語ゲー
ムの基礎」（ibid.：§558; §§449, 614 も参照せよ）、「私の確信の岩底」あるいは「根底」（ibid.：
§248）、われわれの「根本態度」（ibid.：§238; §517 も参照せよ）、「われわれの全見方」」
（ibid.：§292; §291 も参照せよ）、「命題の巣」（ibid.：§225）、われわれの「原理」（ibid.：
§611）、「神話の体系」（ibid.：§95, 92）について言及している。われわれはまた、ウィトゲ
ンシュタインがしばしば狂気や馬鹿という言葉によって、そのような命題との不一致について
語っている（ibid.：§71, 155, 217, 257, 420, 611; Kober 1996：423; Plant 2003a も参照せ
よ）ということ、そして「疑いが無分別である場合もあり、論理的に不可能と見える場合もあ
る。そして両者の間には明確な境界は引けないようである」（1999：§§454; §673;Bambrough
1992：242-3 も参照せよ）とさえ述べていることに注目すべきである。

85 Wittgenstein 1999：§§475, 614 も参照せよ。

86 Wittgenstein 1999：§§5, 95, 105, 108, 129, 131, 162, 209, 262, 291 - 2, 298, 517 も参照
せよ。それと関連する曖昧さは、シュッツ（Schutz）の「生世界……の根本的構造」と「相
対的 – 自然的世界観」（174：104）にかんする諸分析の間においても生じる。シュッツは、「日
常的生 – 世界」の「自然的態度」を記述するのに、同様にさまざまの異なった言葉を用い

る（ibid.：243）。「常識の態度」（ibid.：3）、「準拠枠」（1971：7; 13, 74, 77, 208; 1964：233 も参照せよ）、「関連性の体系」（1964：236; 1966：125, 130-1; 1970b：120; 1971：5, 227, 228, 317; 1974：91, 243, 261 も参照せよ）、「象徴のネットワーク」（1964：232）、「当然のことと見なされている誰もが認める世界の背景」（ibid.：234,）等々。またフッサール（Husserl）の「生活世界」や関連する諸概念への言及（1970：108, 113, 116, 119, 121-2, 125-6, 131, 136, 138, 140, 144-5, 158-9, 164; 1982：19-20, 33, 135-6, 138, 156）についても注目せよ。

87 Nyíri 1982：59 を参照せよ。

88 ガイタ（Gaita）は、われわれの道徳的な語彙は「恋愛関係」（と「恋愛の言語」）に基づいて「築かれて」きた、と示唆している（2000：p.xviii; pp. xix, 5 も参照せよ）。

89 類似した論点はウィトゲンシュタインによって提示されている（Wittgenstein 1999：§§599, 606, 662 - 3）。

90 Wittgenstein 1994b：56 を参照せよ。また恋愛の文法に関するガイタの見解に注目せよ（2000：24）。恋愛と歴史の関係については、愛しているひとがわれわれの以前の関係の亡霊から解放された「新しい歴史」を創始する限りにおいて、恋愛関係には擬似救済者的側面があるといわれることができるかもしれない（Barthes 1990: 23, 38, 174）。このことは、もっと明瞭な意味で宗教的な事柄および、第 5 章で論じるように、トルストイ（Tolstoy）が描写している改宗過程に明らかに関係がある。

91 Morawetz 1978: 134 も参照せよ。これらの見解を寛容に関するコワコフスキ（Kolakowski）の見解と比較せよ（1999：36-7）。

92 ここで引用されたモラウエッツの見解をスティーブンソン（Stevenson 1981：90-1）と比較せよ。

93 Bambrough 1992：241-2 を参照せよ。

94 ウィトゲンシュタインは、この「循環」への潜在的可能性を認めている。

95 Wittgenstein 1999：§134 を参照せよ。

96 類似した例は Malcolm 1990：4-5 に現れている。

97 Wittgenstein 1999：§130 を参照せよ。

98 この文字通りの例として、ウエルズ（Wells 1988: 99-103）を参照せよ。もっと哲学的な例はグレアム（Graham）の『悪とキリスト教倫理（Eivil and Christian Ethics）』に現れている。グレアムは、（サタンの力の「前科学的」宇宙論に戻ることによる）彼の悪の説明は「自然主義的で人間主義的な……思考法……に反する」（2001:164; 157, 159, 219 も参照せよ）ということを認めているが、それにもかかわらず、そのような再定式化は、「それとは別の［世俗的］概念がなしえない説明的仕事」（ibid.: 192）を達成するだろう、と主張する。実際「われわれの道徳的生活がその内部で定められている［この前近代的］宇宙論的ドラマ」（ibid.: 159 ; 153 も参照せよ）は、「入手可能な悪の最良の説明を……与えてくれる。そして悪は説明されることを待ち望んでいるものであるから、われわれはその最良の説明を信じるべきである」（ibid.: 161）。しかし「われわれは合理的である限りにおいて、……よくない説明よりもよりよい説明を選ばなければならない」（ibid.: 157;154 も参照せよ）というグレアムの忠告は、論点先取の誤りを犯している。というのもここでもまた問題となるのは、何が「よりよい」説明、「合理的」、「説明的成果」等々と見なされるべきであるかということだからである。同様に、この宇宙論的・神学的見方が世俗的な見方よりも「人間の実存にもっと意義をもつ」（ibid.: 229 ; 223 も参照せよ）とグレアムが主張するとき、彼は「もっと意義をもつこと」が複数の世界像に対して横断的に、あるいはそれらの内部で、明白かつ同質的な使用をもっているということを前提している。たとえば「なぜ邪悪なことが起こるのかということのどのような満足が

125

いく説明も、それらの内的本性への言及を含むべきであって、ただ単にそれらの因果的な先行事実への訴えを含むべきではない」（ibid.：163）ということは、ほとんど自明なことではない。といのもの、このことはもちろん、ある指示体系（準拠枠）によって与えられる「説明」の種類に依存しているからである。このようにしてグレアムは、「世俗的」（あるいはリベラルなキリスト教的）見方から、「前近代的な」終末論的見方への転換ということに含まれている問題点を過小評価している。

99 Wittgenstein 1999：§167 を参照せよ。

100 このことは、回顧的に振り返ってみると、それらの関与が揺らいでしまうと思われるかもしれないということを否定することではない。この限定については後に戻りたい。

101 Derrida 1990：945; 1992b：30, 97; 1995a：360, 393; 1995b：77; 1996b：82; 1998b：3, 18, 31, 44-5, 47-8, 54, 60, 63-4; 1998c：9, 20-1, 85; 1999a：80; Gaita 2000：160 を参照せよ。第 8 章でデリダに戻るだろう。

102 Wittgenstein 1999：§141 を参照せよ。

103 Wittgenstein 1999：§§140, 142, 225, 274; Kober 1996：42 を参照せよ。この論点は「事物へのわれわれの態度において、われわれは決して単一の事物のことを考えるのではない。そしてわれわれが明らかに単一の事物をそれ自体として把握するとき、われわれはそれをそれが実際の内容において属する組織から取り上げているのである」（Heidegger 1982：162; 163‐5 も参照せよ）というハイデッガーの主張と並行して読まれることができる。

104 つまり「明示的に」ではない。なぜなら「誰も［このことを彼に］教えてくれたわけではない」（Wittgenstein 1999：§§152-3）からである。

105 Wittgenstein 1999：§473 を参照せよ。

106 Wittgenstein 1999：§101 を参照せよ。

107 そのような「根本命題」の（再度の）回顧的な承認ということ（Wittgenstein1999 §517,§152 も参照せよ）は可能であるかもしれないにしても。

108 Wittgenstein 1999：§§279, 283 を参照せよ。

109 Derrida 1998：18, 28,44-5, 63 を参照せよ。

110 Tilghman 1991：103；Wittgenstein 1999：§§7, 152, 185, 204, 217, 220, 344, 427, 524 を参照せよ。

111 Wittgenstein 1958：§23; 1999：§§231, 250, 672 を参照せよ。

112 Wittgenstein 1990：§320; 1999：§§141, 554, 620 も参照せよ。

113 Malcolm 1972：208; Wittgenstein 1999：§§110, 130 を参照せよ。また法の無根拠性についてのデリダの見解（Derrida 1992a：192, 202-5, 208）に注目せよ。

114 かくして、哲学は疑いとともに始まるということ（Wittgenstein 1993：399）は間違っている。関連する論点にかんしては、「開始前的な保証」や、何らかの「問い」以前の「信頼」についてのデリダの見解（Derrida 1989：129-30, n.5）を参照せよ。

115 Wittgenstein 1999：§110 を参照せよ。ウィトゲンシュタインが繰り返し「行動様式」を強調することは、彼の自然主義を明らかにしているばかりではなく、また彼の著作の非基礎主義者的読み方を問題あるものにしている。第 3 章と第 5 章において明らかになるように、一般に「合理的」ということで基礎主義（foundationalism）が意味されているのであれば、ウィトゲンシュタインは非基礎主義者であるとしても、彼は人間的生の本能的、原始的基礎を強調しているのである。

116 Wittgenstein 1958：p.200; 1999：§475 を参照せよ。この意味で、次のような信頼にかんするメタ言説、つまりそれが解明し（語り）たいと切望しているものを生じさせ（示さ）ない

ような、信頼にかんするメタ言説は存在しえない。このことについては、デリダと関連させて第 8 章で再び戻るだろう。

117 Wittgenstein 1958：§116, p.200; 1999：§§164, 192, 212, 370, 375, 519, 620 を参照せよ。

118 Wittgenstein 1958：§§495, 513, 526, 616, 619, 657 を参照せよ。

119 いくつかの著しい例外は、Malcolm 1972; Gill 1974：282, 290; Martin 1984; Hudson 1986a：175-83; Phillip 1988：38ff である。

120 これは、あらゆるタイプの宗教的信念がまったく無条件的であるということではない（Hudson 1986b：177）。

121 Drury 1981：105 も参照せよ。

122 Martin 1984：608-13 を参照せよ。

123 Hudson 1986b：61 を参照せよ。

124 Wittgenstein 1994b：61 を参照せよ。

125 Wittgenstein 1994b：53, 55 も参照せよ。

126 Nietzsche 1968：§161 を参照せよ。たとえば最後の審判にかんする信念と、マルクス主義者のきたるべき革命にかんする信念をそのようにきっぱりと区別することはより困難だということがわかるだろう。

127 Kierkegaard 1973：255 を参照せよ。

128 Kierkegaard 1973：255 を参照せよ。

129 これはサルトル（Sartre）の例（1977：35-8）の改作である。「しるしの意味の決定が彼ひとりによってなされた」ということは、サルトルが、「かなり苦しいいくつかの［個人的な］挫折」を経験したとき、これらすべてを「自分が世俗的成功に適しない人間であり、宗教的成功、聖徳と信仰と勝利のみが自分にかちえられるというしるし」だと解釈した「相当立派な」イエズス会士についてコメントしたときに再度述べられている。しかしもちろんこの解釈は当の現象によって指令されたのではなかった。彼は「［引き続いたこの挫折から］ほかのことを結論することもできたのである。」（ibid.：38）われわれはここで他者の苦しみは、解釈を必要とするのではなく、むしろわれわれに助けを提供するように直接命じる一つの「現象」を構成しているということに注目すべきである。このことについて私は第 3、7、8 章でより詳しく展開するだろう。

130 Wittgenstein 1999：§§5, 630; 1990：§419; 1999：§128 を参照せよ。

131 Wittgenstein 1958：p.224 を参照せよ。「自然現象に突如として不規則が生じたとしても、そのために私が必然的に鞍から振り落とされるということはない」（Wittgenstein 1999：§619）。

132 Kober 1996：422 を参照せよ。

133 そのような出来事への反応がどのような熟慮も含まないということはありうることである――そのような場合、われわれは熟慮する代わりに「規則に盲目的に従う」（Wittgenstein 1958：§219）のである。

134 「私にとって、そのような仕方で自分の世界像を尋ねることは、すでに私が現実的にどうあるかについての新しい確信に直面して、元の見方を否認したということである」（Morawetz 1978：132）。サルトルも同様に次のように述べている。「もしたとえばあなたが司祭のところへ助言を求めにいくとすれば、あなたはその司祭を選んだのであり、司祭がどんな助言をしようとするかを、多少ともすでに心で知っていたのである。いいかえれば、助言者を選ぶということはやはり自分自身をアンガンジェすることである」（1977：37）と。

135 Derrida 1990：1015; 1992a：192, 204-5; 1998a：9, 13 を参照せよ。この論点はまた、本

来的な「文化の植民地的支配性」（Derrida 1998 c：24, 39; 2001d：88, 102; 2002f：57
も参照せよ）と「国境」（1993b：11）にかんするデリダの見解と関係がある。

136 Hudson 1986b：179; Wittgenstein 1999：§472 を参照せよ。

137 前者の注目すべき実例は、『確実性の問題』に現れている。そこでウィトゲンシュタインは、
月に飛んで行くことの不可能性についてコメントしている（Wittgenstein 1999：§106）。それ
についての命題は、「原理的に反証可能であり」、「その後反証されてしまった」のであるから、
「河床の砂に属している」（Hudson 1986a：124）。

138 他のところでハドソンはこのことを洗練化して、(1)「われわれの全世界観にとって絶対的根
本的」と、(2)「ある特定の原則や話題領域にとって根本的」と、(3)「ある時点で当然の
ことと見なされていること」という三分割的な区別を行った。彼は「これら三種類の根本命
題は、排他性と永続性に関してさまざまな度合いをもっているにしても、思考にとっての限界
を構成している」（1986b：177）と結論している。

139 さらに、もしわれわれが「砂」と「河床」を区別することを止め、代わりに一般的に「根
本的命題」について語るとすれば、何によってこれらの諸命題と単なる仮説——ハドソンが
先に提示した区別——が区別されるのであろうか（1986b：120; 1986b：176 も参照せよ）

140 Wittgenstein 1999：§§52, 87, 203 も参照せよ。

141 ウィトゲンシュタインの次の見解に着目するとき、このことの意味が理解できる。「私にとってゆ
るがぬ真理を表現する命題は、私があからさまに学んだものではない。コマ状の運動をする
物体の回転軸を知る場合と同じに、私はそれをあとから発見することができる」（1999：§152.
強調は著者による）。Morawetz 1978: 132-5 と、ウィトゲンシュタインの「予言」（1999：§§492,
652）への言及も参照せよ

142 「考えられることができない」と「物事を考慮からはずす」（Gaita 2000：164-6, 181, 185）
についてのガイタの見解を参照せよ。

143 Herzberg 1988：309-10 を参照せよ。

144 Herzberg 1988：312 を参照せよ。

145 Lagenspetz 1992：19 を参照せよ。

146 フリュー（Flew）が主に異議を唱えているのは、宗教的信仰者は前もって反証条件（どう
いう証拠が提示されたら反証されたことになるのか）を明示することができないことにかんし
てである（1971：14-15）。

147 このことは、極端な個人的苦しみが神の無限の力や愛に対する信仰を根底から覆すときに
しばしば起こる。しかし再びここでも、そのような状況下で自らの信仰を失うひともいるかもし
れないとしても、そのような状態は前もって詳述されることはできないだろう。

148 絶対的と解されることができないような何らかの可能な「根本的命題」を特定することは、
疑わしく思われる。従ってここでの問題は、ある根本的確信は他のそのような確信よりも（岩
として）より「理に適っている（reasonable）」かどうかということである。

149 「哲学者たちがいうように、人生は後ろ向きに振り返って理解されなければならないというこ
とは正しい」としても、彼らは、「人生は前に向かって生きられなければならないということを
……忘れている」（1965：89）、とキェルケゴールが皮肉っている。

150 あるいは「聖なる身振り」（Wittgenstein 1994a：50）。ウィトゲンシュタインは特に聖痕（十
字架にかけられたキリストの傷に似た傷跡（訳者挿入））について言及している（1994b：
60）にもかかわらず、他の可能な実例は、幻影や、奇跡的な治癒や、舌がかり（宗教的
な忘我状態で発せられる不可解な言葉（訳者挿入））を含んでいる。

151 ウィトゲンシュタインの「『神』の文法」に関する見解と、特に「途方もないことや冒涜的な

ことはまたその語の文法を示している」（Wittgenstein 1979b：32）という見解を参照せよ。

152 ガイタ（Gaita）は倫理的なものについて同じような論点を指摘している（2000：179）。

153 キェルケゴールが述べているように、真の信仰をもつためには、「万一他の人々がそれを放棄したとしても、それでもまだ、あなたが……それを保持するような仕方で、あなた自身はそれをもたなければならない」（1973：293; 1965：185 も参照せよ）。

154 Drury 1981：128 を参照せよ。ウィトゲンシュタインが、「ミシェル－セルヴェを異端として火刑に処した」（Drury 1981：180, 181 も参照せよ）カルバン（Calvin）へ共感を表明しているときのように、ときどきこの感受性は非常にひとを誤らせるものとなる。

155 Kierkegaard 1973：292 も参照せよ。

156 Wittgenstein 1999：§§609-12 を参照せよ。

157 Kierkegaard 1973：437 も参照せよ。

158 前者の信念が「実は」擬似経験的であることは、否定されるかもしれない。（1）（予言的失敗に直面した場合でさえ）信念の「鞍にとどまり続け」ようとする信者の決心と、（2）自分の信念のために自らが受ける生存にかかわる危機が与えられると、そのような個人は自らの信仰の真に「宗教的な」本性を示すことになる。

159 Wittgenstein 1999：§§512 を参照せよ。

160 Cavell 1979：106-7 を参照せよ。

161 Wittgenstein 1994a：72; 1994b：59 を参照せよ。

162 ウィトゲンシュタインが、キリスト教徒の世代のひとびとをただ単に「迷信的」だと非難することなしに、そのような信念はある予言的、経験的要素をもっているかもしれないというこの定式化をいかにして否定できるかを理解することは困難である。宗教的信念と迷信的信念との可能な区別の興味深い説明としては、ガイタによる彼の父の信仰にかんする考察を参照せよ（Gaita 1998：174ff.）。

163 Wittgenstein 1994b：56 を参照せよ。クーンはここで、特に特殊な科学的法則の反証データを受け容れることに気が進まないことにかんして、ウィトゲンシュタイン的図式に属する多くの発言を行っている（それらの法則はトートロジーとして（Kuhn 1996: 133）か、「擬似分析的」（Hoyningen-Huene 1993：211）として扱われる）。このことを、経験的確実性と数学的確実性の区別は明瞭ではないというウィトゲンシュタインの提言と比べて見よ（Wittgenstein 1999：§§455, 651, 657）。

164 Wittgenstein 1994b：54, 56, 57, 69, 70 を参照せよ。

165 この区別を維持することの難しさは、ハドソンによる「河床」の「砂」と「岩」の区別が直面する区別との難しさとパラレルである。

166 多くのそのような宗教集団は、自らを「原理主義」とは認識していない。この意味でこの用語は蔑称的である。カプート（Caputo）は、「原理主義とは、知性を重んじるひとびとが理解するのはほとんど不可能であるように見える」ということを認めている。というのも「それは、自らを批判的で知的と思い込んでいるひとびとにとっては明らかに不合理であるように思えるから」（2001：94）、と。

167 Barett 1998：71 を参照せよ。

168 Barett 1998：84 を参照せよ。キリスト・アデルフィアン派（聖書中心の原始信仰への復帰を説く（訳者挿入））も同様に1868 年と1910 年のキリストの再来を予言している。

169 Barett 1998：88 を参照せよ。

170 ウィトゲンシュタインが強調しているように、このことは彼らが進化論に無知であるということではない。というのも、「すこぶる明敏で教養の深いひとびとが聖書の世界創造の物語を信じ

ている一方で、別のひとびとはそれを歴然たる虚偽と見なしている。しかも後者が根拠とするのは、前者もよく知ってのことなのだ」（1999：§336）からである。

171 Nelson 1987：77-8 を参照せよ。この点においてキリスト・アデルフィアン派は、1948 年のイスラエル国の成立の終末論的意義に関する彼らの信念が与えられると、注目されるべきである（Barett 1998：71）。

172 デリダ的方向に沿って、カプートは、（「信者が、メシア（救世主）がやってきて、肉体を得たと信じ」、「世界が終ると断定した」）初期キリスト教について、実際に世界が「終わらなかった」ときに、「彼らは、あなたはいつ再びやってくるのですかと尋ね、祈り始める」と述べている。「というのも、この『あなたはいつやってくるのですか』は、未来をもつことへの鍵であるからである」（2000：16）、と。

173 Wittgenstein 1958：p.224 を参照せよ。

174 Caputo 1993：143 を参照せよ。これらの用語は必ずしも同義ではない。だから私は「ドグマティズム」と「セクト主義」という用語を非常に強い意味で用いている。ヒック（Hick）が擁護している種類の多元主義とプランティガ（Plantinga）の宗教的排他主義の間には進行中の論争がある。第 3 章でヒックに戻るだろう。

175 同様に、その宗教が自らを「正当化する」とき、「嫌悪をもよおすもの」（Wittgenstein 1994a：29）になる。『確実性の問題』においてウィトゲンシュタインは、「疑う余地のない命題に対して反論しようとする者には、『馬鹿げている』というだけでよいだろう。つまり答えるのではなく、正気づけてやるのだ」（Wittgenstein 1999：§495）と述べている。彼は続けて「これは実に奇妙なことだ。誰かが、自分の拠って立つ基盤を疑わせようとするたくらみを、『馬鹿げている』という一語で却けるとすれば、それは正しいと私は考える。にもかかわらず、彼がそこで『私は知っている』という表現を使って自分を守ろうとすれば、彼は間違っている、と私は思う」（ibid.：§498）と述べている。

176 （原文注 177）「マタイによる福音書」24：23-4 を参照せよ。他のひとびととともに、キリスト・アデルフィアン派はいまや彼らの過去の予言的誤謬を認め、そして「マタイによる福音書」24：36, 39, 42-4 の線でキリスト再降臨がいつ起こるかを知っていると口にしてはならないと強調している（Barett 1998：76）。

177 （原文注 176）Wittgenstein 1999：§495 を参照せよ。

178 「マタイによる福音書」25：31-3;「マルコによる福音書」13：22-3 を参照せよ。また「最後の審判の日」に信者はなぜ彼らの信念を維持することに多大の困難を経験することになるかを説明するために、「マタイによる福音書」24：7・10、「ルカによる福音書」21：12、ヨハネによる福音書」16：18-27 のような聖書を用いる傾向がある。この本来備わった被害妄想は宗教的世界像に特有なことではないと思われる。

179 ウィトゲンシュタインは、ムーアの根本的命題（1999：§§86, 103, 173）と宗教的信念（1994a：54；1994b：73）にかんする「揺るぎない」信念に言及している。

180 Barrett 1998：87-8 を参照せよ。

181 これらの挫折は回顧的に振り返ってみると「些細なこと」にすぎないように見えるとしても、と付言されるべきである。そのような予言的失敗に先だった段階においては、修正が必要とされるかもしれないという考えは、冒涜的ではあるとは見なされなかったとしても、意味のあることだとは思われなかったであろう。

182 Schutz 1964：105; Bambrouh 1922：240-1 を参照せよ。この理由から、そのような現象に遭遇した場合についてのグラハムの困惑は当惑させるものである。

183 Bambrouh 1922：243 を参照せよ。

130

第2章 世界像を信頼すること 『確実性の問題』以後の知識、信念、倫理

184 これらの心配はフリュー（Flew）の「神学と反証（Theology and Falsification）」（1971）の主張の中心に存在する。

185 Gaita 2000：p.xxxii を参照せよ。

186 Wittgenstein 1999：§336 も参照せよ。

187 このことは、ハドソン（Hudson）の「規則相関的（discipline - relative）」根本的命題と「歴史相関的（historically - relative）」根本命題（1986b：177）に関連がある。

188 クーンとファイヤアーベントが論じたように、科学的実践のこの見方は過度に単純化されたものである。実際のところ基礎的信念の非反証性にかんする『確実性の問題』におけるウィトゲンシュタインの見解が与えられると、彼自身の「科学」と「宗教」の境界設定はあまり明瞭なものではないということになる。

189 Wittgenstein 1999：§609 を参照せよ。

190 Wittgenstein 1993：181 を参照せよ。この論点は左右対称的である。宗教も科学も、それらのいずれからも支持を受けない。宗教的護教論へのウィトゲンシュタインの嫌悪に注目すると、われわれはまたこの嫌悪を何らかの「原始的」言語ゲームの護教論へと拡張する見解（1958：p.200; 1999：§475）も想起すべきである。

191 相反する「言語ゲーム」へのウィトゲンシュタインの言及は有用ではない。だからここでは相反する「世界像」について述べることにする。

192 このシナリオは恐らく単純化しすぎたものであろう。というのもウィトゲンシュタインの説明によれば、われわれはある世界像を別の世界像の諸規則によって判断できないにもかかわらず、このことは別の世界像に「間違い」を発見することを妨げないように思えるからである。さらにそのような判断が可能であるためには、これらの諸規則のかなり初歩的な理解が必要とされるだけである。われわれは「プレイヤー」である必要はないだろう。（宗教的信念にかんしては、ウィトゲンシュタインはいかなる伝統的な意味においても「プレイヤー」ではなかったということを、われわれは思い起こすべきである。）同様にウィトゲンシュタインの説明は、自らの世界像の諸規則を別の世界像に押しつけようと企てる第三の集団（a third party）を非難することを禁じていない。実際ウィトゲンシュタイン自身は、彼自身の真の信仰と擬似科学的迷信の区分において、まさにこれらの可能性を当てにしている。第7章と第8章でレヴィナスとデリダに関連させて「第三の集団」の問題に戻ることにする。

193 Wittgenstein 1958：§§22, 490 を参照せよ。

194 Wittgenstein 1999：§§34, 110, 164, 192, 204, 563, 625 を参照せよ。

195 Schutz 1964：347 を参照せよ。

196 この不一致の軽い場合にかんしては、クワインとウリアン（Qwine and Ullian 1970：125 - 38）とモラウエッツ（1978：119）も参照せよ。第3章でリオタールに戻るだろう。

197 セクストス（1996：2.20）を参照せよ。

198 私はここでそのような「根本的相違」が整合的な観念であると仮定しているが、第3章では、われわれ自身が「他者と対立している」ということに気づくことはすでに（暗黙裡に）ある程度の共通性を承認していることであると論じるであろう。このことは、「他者のためにということ（the for-the-other）の無償性、責任の応答は、……すでに『こんにちは』や『さようなら』という状況においては未発動である」（1997b：106）というレヴィナスの提言を理解する一つの方法である。あるいはデリダが要約しているように、「戦争、敵意、殺人でさえ、それでもまだ顔へと開けている始原的な歓待（［an］originary welcoming that is openness to the face）を前提しており、かくして常にそれを明瞭に示している」（1999b：90）。第7章でこのことに戻るだろう。

131

199 Gill 1974：283-4を参照せよ。

200 Quine 1994：44を参照せよ。

201 Quine 1994：45を参照せよ。

202 Glock 1996：48を参照せよ。『科学革命の構造』は1962年に出版されたが、『確実性の問題』は1969年まで出版されなかった。後者の未刊の草稿がすでに回覧されていなかったとすれば、ウィトゲンシュタインはこのような仕方ではクーンに影響を与えることはできなかった。実際のところクーンは『哲学探究』（1996：45）を引用しているにもかかわらず、彼は彼の思想にもっと特別な影響を与えた思想家として、ピアジェ（Piage）やウォーフ（whorf）やクワイン（Quine）を挙げている（ibid.：p.viii）。

203 Kuhn 1996: 125-6を参照せよ。関連する論点は、シュッツ（Schutz）によって経験の「選択性」に関して提示されている（1964：236；1966：125, 130-1；1970b：120; 1971：5, 8, 76, 82, 227, 228, 317；1974：91, 243, 261）。また、シュッツの経験の変則例または危機についての見解（1964：96；96：124；1970a：69, 88；1971：231; 1974：12, 168-9, 171にも注目せよ）。

204 クーン（Kuhn）は科学革命の過程と知覚に関するゲシュタルト・チェンジの間における重要な相違を指摘しているのであるが（1996：85, 114・5）。

205 Kuhn 1996: 150-2, 204を参照せよ。このこととWittgenstein 1999：§92, 262を比較せよ。

206 Kuhn 1996：84ffを参照せよ。

207 「進歩」の一般的理解についてのクーンの見解と、「自然は本当はどのようであるか（what nature is really like）」という問いへの彼の嫌悪を参照せよ。

208 類似した見解は、「一つの見方の正しさをひとに確信させるものは、しばしばその見方の単純性や均勢であり、それが転向の原因となる」（1999：§92）というウィトゲンシュタインの見解において提示されている。というのも、もしそのような基準が何らかのレトリカルな力をもつべきだとすれば、「単純性」や「均勢」とは何なのかについてすでに一致が存在するか、または新しい基準が同時にわれわれに納得させられていなければならないかのいずれかであるからである。

209 Wittgenstein 1999：§170を参照せよ。

210 Wittgenstein 1999：§§160, 283, 374, 472, 476を参照せよ。

211 Sextus 1996：2.20を参照せよ。このことの歴史的脈絡については、Popkin 1979：1-17を参照せよ。

212 ウィトゲンシュタインの「宣教師が原住民を入信させること」への言及（1999: §612）と、クーンの「説得」と「権力」にかんする見解（1996：93）を参照せよ。

213 この点にかんしては、ファイヤアーベント（Feyerabend）が科学と社会の関連を強調しているのは正当である。クーンも似た指摘をしている（1996：93）。

214 これから明らかになるように、このことは言語ゲームと世界像を合体させることではない。むしろ言語ゲームは世界像の建築材を構成している。

215 特殊な定式化においてウィトゲンシュタインは「人間の営む言語ゲーム」（1999：§554）に言及している。

216 Phillips 1986：5-16; Clack 1999：78-89を参照せよ。

217 Wittgenstein 1958：§71; 1990：§392を参照せよ。

218 Wittgenstein 1958：§293も参照せよ。

219 Wittgenstein 1999：§§63, 65, 256, 646を参照せよ。

220 Wittgenstein 1958：p. 188; 1999：§555も参照せよ。

221 Wittgenstein 1999：§§393, 396, 554, 620を参照せよ。

222 クーンの共約不可能性の理解は、このより穏健な立場に近づくことになった（Hoyningen-Huene 1993：218‐22; Kuhn 1996：198-207）。

223 第3章で私はこの可能性にかんするウィンチの提言を展開するだろう。

224 Wittgenstein 1958：§217を参照せよ。

225 Wittgenstein 1999：§206を参照せよ。そのような企てのレトリカルな力は、「新しい」ものの見方はただ単に異なっているだけではなく、またよりよいのだというその暗黙の主張にある（Kuhn 1996：203）。後にこの論点に戻るだろう。（原文注227）

226 私はこの用語をハーバーマス（Herbermas）的な意味で用いている（Steurman 1992：103-7; Love 1995：53‐4; Moon 1995：146‐8）。『哲学探究』の第23節を念頭において、ステェアマン（Steurman）は、ハーバーマスの「戦略的」と「コミュニケーション的」の区別を問題にしている。その際彼は、ウィトゲンシュタインが「理由（根拠）を提示することは一つの可能な言語ゲームであって、すべての可能な言語ゲームの基礎ではない」（Steurman 1992：106）と強調していることに注目している。しかしこの批判はさらに押し進められることができる。というのも、ハーバーマスの区別は問題を含んでいるというのは、ただ単にそれが言語ゲームの多様性に対して無関心であるだけではなく、「理由（根拠）を提示する」言語ゲームの内部において（あるいはもっと正確にいえば、言語ゲームの終わりにおいて）さえ、戦略的なことは決定的な役割を演じるからである（Wittgenstein 1999：§612）。かくして「コミュニケーション的行為」は、最終的には「戦略的なもの」の領域においてさえ見出される。そのことによって前者の後者に対するハーバーマスの優先性は損なわれることになる（Steurman 1992：105）。（原文注225）

227 Wittgenstein 1994b：28を参照せよ。（原文注226）

228 Wittgenstein 1999：§612を参照せよ。

229 クーンは、「各集団は、それ自身のパラダイムを支持するためにそのパラダイムを［用いる］」（1996：94）という内在的な「循環性」に言及している。

230 この措置を講ずること自体が、「ある種の実質的立場、つまり極端な相対主義である」（Johnston1991：143）ということになるだろう。後にこの論点に戻るだろう。

231 Wittgenstein 1999：§512を参照せよ。ウィトゲンシュタインのもっとも重要な強調は、われわれがそのような世界像を受け継ぎ、それを受け容れるように訓練されるということにかんするものであるにもかかわらず、彼は「私の古い信念を固持しようと決断する［ということ］」（1999：§516）について述べている。

232 Wittgenstein 1999：§611を参照せよ。

233 Morawetz 1978：123；Wittgenstein 1999：§199を参照せよ。そのような方法は「根拠づけられた決断をすることではない」というモラウエッツの主張は、ひとを誤りに導きやすいものである。というのもそれは、私の基準に従った完全に「根拠づけられた決断」であるからである。モラウエッツは、彼の手本を『確実性の問題』の別のいくつかの節から引き出して、「われわれが異質な思考の方法を記述するのに使う概念は、われわれ自身の概念である。他人の信念の真理と偽に対するわれわれの態度は、何が真であるかについてのわれわれ自身の基準によって規定される」（1978：133）ということを強調している。かくしてわれわれは「異質な」実践を判断することができない（あるいは判断してはいけない）という提言は、まったく誤っている（ibid.：128）。私は多くのモラウエッツの分析（と、特にわれわれ自身の世界像を疑問に付すことの危険（stakes）を彼が強調していること（ibid.：132-7）に同意する一方、われわれはこれらの認識的根拠に基づいて、つまり道徳的考察に立ち入ることなしに、『確実性の問題』の相対主義とかくも安易に歩調を合わせることができることには納得して

いない。第 3 章と第 5 章で私が論じるように、ウィトゲンシュタインの他の著作は、相対主義に対するより倫理的な異議申し立てへの道に開かれている。

234 Kuhn 1996：151 を参照せよ。

235 クーンも同様にパラダイムからパラダイムへの忠誠の移行に際して起こる「改宗経験」にそれとなく言及している（1996: 151）。クーンの著作のこの側面へのより共感的な解釈としては、Hoyningen‐Huene 1993：221, 252‐8 を参照せよ。

236 そのことは、沈黙が単なる欠如や欠乏として適切に特徴づけられることができるということではない（Lyotard 1988：p.xii, 29; Derrida 1988a：145-8; 2000b：135; Levinas 1989：487; Heidegger 1999：208-9）。

237 Bambrough 1992: 243 を参照せよ。また「赦し」に関するデリダの見解を参照せよ（1992b: 164-8）。

238 James 1985：209 を参照せよ。

239 この術語は明らかに「カルト」や「洗脳」についての以前の議論に取って代わっている。これらの「新」宗教の通覧としては、Barker 1990：31-40 を参照せよ。

240 このことは、ジェームズ（James）が宗教的改宗の相対主義的理解について述べていることと並行性がある（1985：228）。

241 Wittgenstein 1999：§262 を参照せよ。

242 このことは、サイエントリジー（米国の哲学者L.ロン・ハバードにより1952年に設立された宗教。人間は無限の能力と善性をもつという信条をもつ（訳者挿入））のもっと形式的な信徒勧誘の手続き——そこにおいては個人は自らを「改宗させる」ことができると申し立てられている——と対比されるかもしれない（Nelson 1987: 139）。ウィトゲンシュタイン的視点からすれば、そのような集団は疑いもなく真の宗教性に必要とされている基準を欠いているということになろう。おそらくサイエントリジーの「宗教的」地位については、実際のところ多くの行政当局によって異議を唱えられてきた（Baker 1990：40, n.6）。

243 Drury 1981：114）も参照せよ。

244 Wittgenstein 1999：§609 を参照せよ。

245 Wittgenstein 1999：§5 を参照せよ。われわれは、立場 A と立場 B において、A は B を包摂できるが、B は A を包摂できない場合に、A は B より優れていると主張するかもしれない（Morawetz 1978：130-1）。しかしこれは疑問の余地がある。結局立場 B が立場 A を包摂できないということは、ほとんど自明なことではない。われわれがこのことを仮定してしまいがちなのは、ただ単に真の意味での「包摂すること」とは何であるかについての特殊な経験科学的説明に深く囚われていることを示している。疑いもなく A は B の諸活動の（A の共同体にとっての）説得力のある説明を与えることができる。しかし B もまた同様に A の諸活動の（B にとっての）説得力のある説明を与えることができるだろう。ここでの問題は、「包摂すること」（あるいは「説明できること」）によって「優れていること（優越性）」を放逐することはそれ自体、特殊な科学的世界像の所産であるかどうかである（ibid.：124; Wittgenstein 1999：§298）。さらに異質の世界像を「受け入れ、包摂し」、「彼らが信じていることについて語る」（Morawetz 1978：130）ことができるという観念そのものが、それ自体問題を含んでいる（Wittgenstein 1994b：55）。第 5 章で後者について戻るだろう。

246 Johnston 1991：142-3; Plantinga 1998：187-209 を参照せよ。

247 このことは、ウィトゲンシュタインの「相対的」価値と「絶対的」価値の区別に関係している。第 5 章でこのことを論じるだろう。

248 だからローティ（Rorty）が、「現代天文学と宇宙旅行の利益がキリスト教的原理主義の利

点にまさる」（1999：p. xxv）と主張するときに、彼はただ単に論点先取しているだけなのである。

249 Feyerabend 1998：258 を参照せよ。

250 Plantinga 1998：131 を参照せよ。

251 この論点は、「あなたは自問しなければない。われわれは、医学がわれわれを助けるものであることの基準として、何を受け入れるか、と」（1993：403）というウィトゲンシュタインの見解の発展形態として見られることができる。エホバの証人が輸血を拒否することにかんする状況は、このことと関係がある。というのも強要された輸血でさえも、しばしばレシピエントにあたかも自分が冒涜行為を犯したかのように感じさせるからである。

252 Wittgenstein 1993：377 を参照せよ。

253 理論の単純性（簡潔性）という広義の科学的な基準からしても、B の説明が「よりよい」選択肢であることが判明するかもしれない（Morawetz 1978：124）。

254 この限りにおいて、そのような記述的手続きによって他方が「納得させられる」（1999：§671）だろうというウィトゲンシュタインの主張は、問題をはらんでいる。A は自らが行っていることを B に「説明する」ことにかんして、そして B に対してその裏付けとして顕微鏡による「証拠」を提示することにかんして、われわれは自らの望遠鏡による発見についてのガリレオ（Gallileo）と教会との議論にかんするファイヤアーベントの見解に注目すべきである。彼は、教会の反応は「科学的に正しかった」のであり、また「ひとびとを専門家の陰謀から救い出すという正しい社会的意図」（1998：137）をもっていたと見なしている。彼がこの結論にいたる理由の一つは、ガリレオが、なぜ望遠鏡が裸眼よりも「よりよい」観察データを提示したかという説得力ある理由を進んで与えることによって、彼の発見を理論的に立証できなかったことである（ibid.：89-105, 131 - 8）。同様に私の例では、B が A の「証拠」を受け容れることになるということは、提示されたデータではなく、むしろ B が A の世界像の内部で訓練されたということに依存している。B が、A の手続き（と特に顕微鏡によるデータ）をどんなこと（anything at all）に対しても「証拠」を与えてくれるものとして受け容れるべきだという理由はない。

255 プレストン（Preston）は、申し立てられている西洋医学の優越性にかんするファイヤアーベントの見解を次のように要約している。「まさに別の伝統の非常に異なった基準によれば、西欧科学の『業績』は無駄であるように思える」（1997：201）。恐らくプレストンは、西欧科学の業績がただ単に小さな業績であるという意味においてではなく、むしろまったく「業績」としては見られないという意味において、「無駄である」ように思えるということを意味しているのであろう。

256 Morawetz 1978：128 を参照せよ。

257 そしてここでの付加的な論点は、「有効性」の基準もまた受け容れられるということである。ここでの私の主張の脈絡は、私が西欧科学それ自体に対する非批判的態度を擁護しているのではないということを、明らかにするはずである。

258 Levinas 1988b：158 を参照せよ。

259 Caputo 1993：32-3, 54 を参照せよ。テレビのニュースは「悪い」ニュースに深い関心を示すことによって深い病的状態を露呈しているというしばしばなされる非難は、この意味において、それ自身道徳的に疑問の余地がある。というのも、われわれの共有された人間性を目立たせるのは、まさに「災難」であるからである。同じ反論は、歴史家が「大災害」に専ら注目する傾向についてのルソーの嘆き（1973：107）に対してもなされることができよう。

260 Wittgenstein 1999：§609 を参照せよ。

261 Wittgenstein 1958：§656 も参照せよ。

第3章　多元主義、正義、傷つきやすさ

ウィトゲンシュタインの政治化

多元性と多元性への敬意なき国家とは、第一に、全体主義的国家である。そしてこのことは恐るべきことであるばかりでなく、国家として機能しないということである……。最後に、そのような国家は国家でさえないであろう。それは何といったらよいかわからないが、石や岩のたぐいのものであろう。

　　　　　　　　　　　　　　　　　　J. デリダ「迎え入れの言葉」

正義は、常にひとびとを驚嘆させる例外としてしかあらわれない。そして、そのにせもの、つまり処世知にのみもとづき、いたるところで大声で喧伝されているような正義に対する関係は、質の点でも量の点でも、金の銅に対する関係に等しいのである。

　　　　A. ショーペンハウアー（A.Schopenhauer）『道徳の基礎について』

人間のアイデンティティが超越論的主観性の地位へと上昇することは、精神的なものが、ナイフの尖りや回転式連発拳銃の弾丸のように、内臓にすぎない私のハートに浸透することができるということによってもたらされる効果を無効にしない。

　　　　　　　　E. レヴィナス『観念に到来する神について』

137

まえがき

先の二つの章で私はウィトゲンシュタインの後期の著作とピュロン主義的懐疑論の関係を解明してきた。第1章で私は、セクストスとウィトゲンシュタインの治療的戦略がどの点において絡み合うのか、そしてまた二人が特に哲学のない生活によってどのように動機づけられているかを示した。第2章で私は、ウィトゲンシュタインの『確実性の問題』——ニーリ（Nyíri）とブルア（Bloor）が基本的に「保守主義的」主題を示していると主張するテキスト——を吟味することによって、この分析を拡張した。一見したところ『確実性の問題』は、ニーリとブルアの意味で基本的に「保守主義的」であるように見える。しかしそのような読み方は不十分である。なぜなら、ウィトゲンシュタインの後期の著作を徹底的に吟味してみれば、自然的な「人類の共通な振舞い」（1958：§206）を強調するもっと統一的な見方が提示されているからである。今述べた「保守主義的」解釈に加えて、しばしばウィトゲンシュタインは後期に極端な多元性ないしは「［相互に］還元不可能な多元性」（Greisch 1958：50）にかかわっていたと主張される。本章で私は、現代的な多元主義的思想におけるある傾向への広い意味でのウィトゲンシュタイン的批判を提示することによって、この見解に反論を展開したい。ファイヤアーベント（Feyerabend）の民主主義的相対主義、ヒック（Hick）の宗教的多元主義、リオタール（Lyotard）の「不一致」の政治学の吟味を介してこの分析を構成することによって、私はウィトゲンシュタインの体現化（embodiment）にかんする考察に向かいたいと思う。このことによって私は、上記の諸立場の各々のレトリカルな力がいかに多かれ少なかれ抑制された自然主義に依存しているかを明確に示したいと思う。

政治、宗教、多元主義のレトリック

ウィトゲンシュタインによれば、「受け入れられなければならないもの」、「所与」は「生活形式」（1958：p.226）である。複雑な行動様式のなかに体現され、それによって支えられているわれわれの言語的実践は、哲学者によるどのような正当化も必要としない。哲学の仕事はむしろ、言語が実際に機能する多様な仕方をわれわれに想起させることである[1]。このようにウィトゲンシュタインの初期の

著作と後期の著作の間で、存在論は、視野からまったく消え去ってはいるのではなく、むしろ隠れた「まったく単純な」(ibid.:§97) 世界の構造（それ自身は言語に反映されているのである[2]が）から、人間が活動的に従事している言語ゲームの複雑性へと変化しているのである。後期の著作の存在論は断片化されているが、そうではあっても存在論なのであり、ウィトゲンシュタインが「所与」としての人間的実践に彼の治療的「終止符」を打つことを必要とするものなのである。もちろんこの論点にかんしていわれるべき多くの別の事柄がある。しかしさしあたり私はただ単に、生活形式の所与性と、それらに含まれている言語ゲーム（およびその他の振舞い）への彼の方法論的——かつ議論の余地のある言葉であるが、擬似宗教的[3]——関与（帰依）を強調することにしたいと思う。さて、もしわれわれがこの見方を受け容れ、——しばしば行われるように——、「生活形式」を本質的に文化的なものと解釈する[4]ならば、多くの可能な倫理的・政治的な視点が利用可能となる。ファイヤアーベントは次のように主張するとき、これらの視点の一つを表現している。「伝統は善でも悪でもないのであって、ただ単にそこにあるだけである……。合理性は伝統の判定者ではなく、それ自身が一つの伝統であるか、または伝統の一側面である。だから合理性は善でも悪でもないのであって、ただ単にそこにあるだけである」。彼は続けて次のように述べている。「ある伝統は別の伝統と比較された場合にのみ、つまり世界を別の伝統の価値によって見る者によって考察された場合にのみ、望ましいないしは望ましくないという性質を帯びる」(Feyerabend 1988:243)[5]。ここにおいては、ある特殊な政治的政策の活動において使用されているとしても、われわれはウィトゲンシュタインにおいてしばしば認められる「所与」への敬意を見出す。われわれの熟慮 (deliberation) が行われる基盤としての伝統（「正」「誤」、「真」「偽」等々の事柄に関するものを含む）それ自体は、「正」または「誤」、「真」または「偽」と有意味にいわれることはできない——それらはただ単にそこにあるだけである。言い換えれば、これらの伝統は、すべてのそのような倫理的、認識的、存在的判断の可能性の諸条件を与えてくれる[6]。ファイヤアーベントはさらに続けて、このようにもし「伝統」の根本的多様性が与えられれば、民主主義的相対主義こそが唯一の適切な立場であると論じる。それは、「伝統や価値の多元性に注目するという理由から理にかなっており (reasonable)」、「自分自身の村やそこでの奇妙な習慣が世界のへそ（中央）であると仮定しないという理由から文明

化されている (*civilized*)」（1987：28）[7]。伝統の「与えられた」多様性への擬似ウィトゲンシュタイン的敬意[8]とクーン的共約不可能性のテーゼを結びつけることによって、ファイヤアーベントは相対主義的多元主義の熱狂的な擁護者となる。どのような単一の伝統（たとえばキリスト教信仰または西洋科学[9]）も、真理にかんして独占権をもっていないのは、とりわけ「信念を受け容れるための基準は時間や状況や当の信念の本性とともに変化する」（1987：264）[10]からである。この主張をファイヤアーベントは、広い意味でクワイン（Quine）的な仕方で、「あらゆる文化は、一部は偶然によって、一部は経験された障害によって、一部は一連の信念や必要性や期待——当の文化が当の障害を処理する仕方に伴って起こる期待——によって決定されるという仕方で、存在者を解釈する」（ibid.：246）と述べて正当化し、従って（クワインと共にではないにしても）、「公正な」社会とは、いかなる「特殊な信条」も他の信条よりもより大きな「権利」や「力」、（ibid.：246）、あるいは情報源への接近手段ももっていない社会である、と結論する。このことは、西洋的理性（reason）にその役割を与えることを否定することではない。

　　　［一つの］ことが、どんな代償を払っても、避けられなければならない。特殊な主題や特殊な専門的職業を定義する特殊な規範が、一般的な教育に行き渡ることは許されてはならない。そしてそのような規範が「高等教育を受けたひと」の定義的基準とされてはいけない。一般的な教育は、市民が諸規範の間で選択できるように、あるいはさまざまな規範に関与した諸集団を含む社会において彼のやり方を見出せるように態勢を整えるべきであるが、しかしそれは、いかなる条件のもとでも、一つの特殊な集団の規範に一致するように彼の心を曲げるようにしてはいけない。

　　　　　　　　　　　　　　　　　　　　　　　（Feyerabend 1988：167）[11]

　この非常に主意主義的で規範的な綱領は、もちろん問題なしというわけではない[12]。実際「反ユダヤ主義と人道主義との間で選択すべきものは『客観的には』何もない」（「人種差別は人道主義者には不道徳であるように思える」のに対し、「人道主義は人種差別主義者には取るに足りないように思える」（1987：8-9））というファイヤアーベントの主張が与えられると、われわれは、彼が擁護している

民主主義的相対主義の道徳的・認識的身分と、この想像された多元主義的社会は適切に（しかしここで「適切性」の規範とは何か、その規範を何が決めるのか？[13]）他の伝統を侵害する「全体主義的」伝統を食い止めることができるのかと問うかもしれない。他の伝統が無事に栄えることを許容することが何といってもベターであるという民主主義的相対主義の規範に訴えることは、すでに実質的な道徳的主張を行うことであり[14]、かくしてただ単に論点先取しているだけである。というのも、全体主義者が排除するのは、まさにそのような種類の基準であるからである。しかしここでの問題を論証するためには、政治的全体主義をもち出す必要はない。というのも、どんな伝統（たとえば多くの宗教的伝統）も、それ自身が（1）「真理」を所有しており、他の伝統が「間違っており」、そして（2）他者を改宗させるという道徳的に拘束力のある義務をもっていると信じることは、ファイヤアーベントの相対主義的伝統においては、その活動が厳しく制限されるものとなるだろうと思われるからである。要するにこの多元主義的ユートピアにおいて栄えることができる唯一の伝統は、多元主義的寛容をすでに尊重する伝統であるということになるだろう。しかしこのことは明らかに諸伝統に対する敬意と矛盾する。なぜならそれらの諸伝統は、それらのまったく議論の余地のない「所与性」において「ただ単に存在するだけ」なのであるから[15]。そのときよく考えてみると、ファイヤアーベントがこの政治的綱領を提示しうる根拠（そして彼が「一つのことがあらゆる代償を支払って避けられなければならない」（ibid.: 167）ということをどうして要求できるのか）は、不明瞭のままである。結局、もし伝統が多様でローカルにのみ正当化されるとすれば、このことは民主主義的相対主義にもまた当てはまらなければならない。彼の主張からすると、われわれは相対主義が最良の倫理的・政治的見解だということになるが、それは、相対主義が寛容性を最大化しようとし、かくしてすべての他の伝統に自己を表現させることができるという理由からである。だがこのことは宗教的排他主義（すぐに私はそれに戻るだろう）の例によって異議が唱えられるだけではなく、それは再び論点先取することになるだけであろう。というのも、何が「最良のオプション」（そして特に真に「倫理的・政治的なもの」）を構成するのかについての不一致が、そのような諸伝統の間のもっとも根本的な相違の一つであるだろうからである。ファイヤアーベントの政治的理論は、このうえもなく単純すぎる。それにもかかわらず、彼が取り組もうとした諸問題は、社会的・政治的事柄にもっと直接にかか

わっている他の哲学者たち、たとえば現代の宗教的多元主義に明瞭に関心を抱いている人々——の著作のなかに現れている[16]。このようにしてわれわれはヒック（Hick）の著作のなかに、現にあるがままの宗教的諸伝統への敬意と、著しく宗派的な世界における多元主義的寛容の承認（あるいは少なくともそれへの「希望」（1977：183））との間に、類比的な緊張が生じることを見出す[17]。私がこれから向かうのは、このもっと焦点の絞られたタイプの多元主義である。

　ヒックは、多元主義の理念にかんしてはアプリオリに暴力的なものも同質的なものもなく、多元主義的な仮説のいかなる短所も、広義の西洋的な「帝国主義」[18]の一部にすぎないと見なされてはいけない、と主張する点で正しい。実際のところこの点において、多元主義の系図は、少なくともそのさまざまな宗教的な形態において[19]、一般に考えられているよりももっと歴史的にも文化的にも確証される[20]ということを承認することは重要である。それにもかかわらず、近年において西洋は、自らの「道徳的優越性」（1995：14）について行われてきたさまざまな主張の僭越さを承認することを強いられてきているということを、ヒックは認めている。そのようなものとして、黙想的キリスト教徒は、魂の果実が、他の信仰の内部においてよりもキリスト教の内部において、「より豊富に得られるという訳ではない」（ibid.：16）ということを認めざるをえなかった。この自覚が、これらの「宗教が今やわれわれの共通の人間性という一つの世界の一部として新たな仕方で相互に出会いつつある」という有望な事実と結びつけられることによって、ヒックは、従来（せいぜい他の信仰をもつひとびとを憐れむだけの）伝統的なキリスト教神学によって支持されていた「宗教的帝国主義」（1977：182）は思い切った改革が必要であると結論するに至った[21]。「救済されるのはナザレのイエスによってのみである」と主張するのは、もはや正当ではない。啓蒙化されたキリスト教徒は、多様な文化的・宗教的「諸生活形式」の内部で、「究極的実在（the Ultimate Reality）が、さまざまな仕方で、解放と『救済』を求める人間的意識を引き起こした」と「喜んで」いうことができる（ibid.：181）[22]。

　ヒックの立場における主要な緊張が検討される価値があるのは、その立場が第1章と第2章で論じられた主題の多くに関連しているからである。だから私は、ヒックがどのように伝統的、排他主義的神学的立場を修正することを提案しているかを詳細に辿ることに関心を抱いていない[23]。私に関心があるのは、彼はその多元主義を「宗教の歴史の諸事実」（1995：51）において保証しようと

試みているにもかかわらず、その立場が取ることになる本質的に規範的な道筋である。というのも、ヒックは同質的な「新しい包括的な宗教」（ibid.：41）という考えを退け、代わりに擬似ウィトゲンシュタイン的言い回しで「現にあるがままの異なった諸伝統」[24]を残存させることについて述べているにもかかわらず、彼自身の多元主義が、伝統的なキリスト教神学とさまざまな他の宗教双方の排他主義者の自己像に背いているということを、彼は認めているからである[25]。この点でヒックは明らかに原理主義の復活に悩まされ[26]、そしてキリスト教はすぐに、リベラルと原理主義という二つの分派に分裂し、どちらも「他方を宗教的災難と見なす」（ibid.：134）ようになるかもしれないとさえ推測している[27]。このことが非常に嘆かわしいことであるのは、特にその神学的・政治的分裂の後者（原理主義）の側において、「危険な……急進論者」が社会に大きな「争い」（ibid.）を引き起こす引き金となるということにわれわれは気づかされるからである、とヒックは認めている。かくしてヒックは、ファイヤアーベント的なやり方に従うことによって、どのようにして「宗教における絶対主義が、われわれ自身の伝統の他の伝統に対する比類のない優越性を説くことによって、若者たちに、彼らが聖なる理由と見なすもののために喜んで殺したり、殺されたりするような動機を与え続ける」（ibid.：134）ことになるかを観察している。もし「正当化の絶対性が……何かを有効なものにする力をもちうる」とすると、宗教が「不和を生じさせる力に代わって癒しという力」をもつようになるという唯一の真の希望は、われわれ自身の宗教が神的なもの（the Divine）へのいくつかの正当な人間的反応のうちの一つであるという認識によって、当の絶対主義の解体を促すかどうかである。キリスト教の中心にある前述の分裂が、（それが引き返せないような仕方で進行中ではないと仮定して）回避されるべきであるとすれば、われわれは、「一つの伝統としての絶対主義と包括的な宗教の真に多元主義的な解釈」（ibid.：132）との間で選択しなければならない。つまりわれわれは、「われわれ自身の伝統が絶対的に真理であると断言するか、それともある形態の多元主義的見解を支持するかである」（ibid.：132）[28]。実際のところ、キリスト教が「21世紀の信頼できる……信仰」（ibid.：132）であるべきであるとするならば、後者の見解を採ることが「避けられない」。そのとき、これらの主張において、「よりよい」（多元主義的な）未来への鍵を握っているのは、単に文化的・歴史的自覚だけではない──結局、宗教的排他主義者は他の信仰の存在に

無知なのではない。むしろヒックは、「包括的な宗教的状況」への反応において歓待的な態度を擁護しているのである[29]。

　先に示唆したように、ここでのアポリアは、記述的であると同時に規範的であるというヒックの立場にある。というのも、彼が「現にあるがままの異なった諸伝統」[30]を残すようにというとき、彼自身の綱領は必然的に排他主義と衝突するということを、彼は認めているからである。実際のところヒックは公然と、現代の宗教的実践を「人間的家族の平和と多様性に対する反逆」（ibid.：118）として非難しているのである。これらの傾向が多元主義へのもっとも恐るべき脅威を形作っているとすれば、これは驚くべき非難ではない。彼は、排他主義の立場が内的に「一貫していて、整合的である」ということを認めている一方、それは「神が人類の大多数に、……永遠の天罰を与えている、と信じることができるひとびとにとって」（ibid.：19）のみいえることである。しかしヒックは、そのような立場が非難されるべきであると考えていることは明らかである。否、彼は、正統的キリスト教の伝道的活動を「完全な誤り」（ibid.：117）とさえ呼んでいるのである[31]。このようにして「究極的な超絶的実在（ultimate ineffable Reality）」は、多様な「異なった一連の人間的諸概念」を用いて「真に経験される」（ibid.：25）ことができる、とわれわれは保証される。しかしながら、このことが「あらゆる宗教的運動」に当てはまるわけではない——たとえば、「人身御供や、女性の抑圧や、計画的出産への反対や、同性愛への差別」（ibid.：44）等々の「有害な実践」を信奉するひとびとに対してはそうである。その時ウィトゲンシュタインと同様に、何が「真の」宗教性を形作るかについてのヒックの基準は、純粋に記述的でも、修正の余地があるものでもない[32]。

　このことから浮かび上がってくるのは、ヒックの立場にはレトリカルな効力が欠如しているということである。というのも、彼がいかにして排他主義者に多元主義の価値を納得させるかが不明瞭なままであるからである。かくして宗教的多元主義によって要求される「パラダイム・シフト」が可能であるということを証明するために、ヒックは、キリスト教的信念を、「クリスチャンが一般的に信じていること」——「何世紀もの間に大きく変化してきた」（ibid.：126）信念の網——と定義している[33]。しかしもしこのことが多元主義への変更の可能性の論証可能な証明であるとすれば、それは同様に原理主義的絶対主義の可能性の証明としても示されることができる。宗教的多元主義は（「われわれの伝統的教義の

144

一部」に異議を唱えている際に）「基本的なキリスト教の思想のどの部分も廃棄されることを要求しない」（ibid.：125）という主張は再び論点先取を犯していることになる。というのもそれは、何が必ずしも必須とはいえない仮説的（仮定的）教義を構成するものであり、何がキリスト教の実践にとって「基本的な」ものであるか[34]についての一致（合意）を前提しているからである。もちろんヒックは彼の思索においてこの緊張状態に気づいていないということはないし、「宗教的多元主義は……それらのさまざまな伝統と、それらによって与えられるさまざまな教義に対して、異なった地位を与えるということには、一つの意味がある」[35]ということを認めている。それにもかかわらずそのことは、彼がこの事実を、多元主義の「美点」（ibid.：45）として――他の多元主義者には明らかに自明であるが、それが冒涜であると思われる排他主義者にはそうではない再保証として――記述している、ということを物語っている[36]。このようにしてヒックは、最初の、恐らく乗り越え難い問題に直面する。つまり、排他主義者の「真の」宗教性にかんする考え方が多元主義者のものとはまったく異なっている場合に、どのように彼らに対して一致に向けて語るべきかという問題である。これは現代の多元主義的思想にとって特に困難なケースを示している。それにもかかわらず、ヒックが宗教的多元主義に特別な関心を抱き、しかも彼の立場が非多元主義者を明らかに容認できないということが与えられると、ここでそのことを強調することは必要である。実際のところ「ヒックは誰に向かって話しているのか」と問うことは適切である。というのも、特に多元主義的な寛容の価値は彼の議論においては証明されているというよりはむしろ仮定されているので、彼のターゲットとなる論敵が誰なのかが明らかではないからである[37]。結局、古代宗教と近代の信仰の間の対話の両方におけるヒックの多元主義的な傾向の強調は、そのような現象はただ単に、不敬的で退廃的で著しく世俗的な世界像の優位性に論拠を与えることになるのではないかという排他主義者の懸念を打ち消すためには何もしていない[38]。かくしてこれらのアポリアは、次のようなレヴィナス・デリダ的な言葉（私は後の章でそれに戻りたいと思っているのであるが）で要約できるかもしれない。他者の差異（the other's difference）を尊重することは、もしその他者が他なる他者たちの差異（the difference of *other* others）を尊重しないとすれば、可能であるだろうか？　そしてもしこのことが可能でない――あるいは望ましくない――とすれば、自分自身（われわれ自身の価値や実践）の

ヴァージョンを尊重する」といううわべだけの寛容とは異なったものが何か残るだろうか？[39]。言い換えれば、私は私の多元主義的歓待に礼儀正しく応答するひとびとだけを喜んで受け入れるのだろうか？　それともむしろ、歓待は、他者が、私の平和主義的で多元主義的な「家でくつろぐこと（being at home）」[40]へ潜在的な脅威や「危険」（Derrida 1995b：68）[41]を引き起こすところでのみ真に可能となるのであろうか？

　私の目的はヒックの多元主義的な動機を問題にすることではなく、むしろ第一にそのような多元主義を定式化することの諸困難を強調することであった。このようにして、ヒックの論証に付きまとう論理的諸問題を確認することによって、私は、いかに多元主義が——少なくともこの特殊な形態において——レトリカルな力を欠き、結局のところすでにその一般的な原理と目的に好意的なひとびとに語りかけているか示してきた[42]。われわれの違いが解消されかつ同時に尊重をされることができるということは、いかなるそのような政治的・宗教的企ても直面する主要なジレンマである。というのも、自分自身の（あるいは他者の）立場の単独性を危うくすることになく、多元主義的調和のためにどのような違いを犠牲にする（あるいは他者に犠牲になることを正当に要求する）ことができるのかを確認することは、まさに第一に各々の立場を区別することであるからである。実際この限りにおいて、排他主義者と多元主義者（の各々）にとって、他者の実践と宣言以上によい宣伝（プロパガンダ）はない。各々は各々の支持者に向かって、二者択一的な世界像を提示し、レトリカルにこれが本当に神が望むとあなたが思うことかと問うことによって、彼らに語りかけることができるだろう。

　ヒックの多元主義を駆り立てているものは「人類家族の平和と多様性」（1995：118）への深い敬意である。かくして排他主義への彼の激しい攻撃を下から支えているのは、われわれの歴史的、政治的、倫理的、宗教的実践や地位の間の相違にもかかわらず、われわれすべてがその一部であるような「共通の人間性」（1977：182）への訴えである。スリン（Surin）は、ヒックの物語のこの統一的な背景幕を正しく見分けているが、しかし「『共通の人間的歴史』というこの非歴史的な断言は、……望みないくらいイデオロギー的である」ことに気づくことを忘れているといって、彼を非難し続けている。実際、ポスト啓蒙主義的文化においては、「普遍主義的『多元主義』という衣装で」（Sturin 1990：120）[43]、われわれの理論（学説）を飾り立てること以上に真に社会的・政治的な

不正義を隠ぺいするのに効果的な方法はない。そのようなスリンの警告はまったく不当であるとはいえない。というのも、あらゆる多元主義の核心にあるのは、「多元性」と「統一性」というカテゴリーはまったく分離して考えられることはできないとい信念であるからである[44]。それにもかかわらず、「共通の人間性」という概念は、抑圧のイデオロギー的な武器として使用されうるし、また使用されてきたということ[45]は、それが本来的に抑圧的な観念であるということを意味していない[46]。結局、（スリンの「他者の扱いにくい『他性』」（the intractable otherness of the Other）（ibid.：126）への敬意も含めて）何らかの原理について考え、そして政治的な暴力や抑圧や無関心を容易にするために使用されることができないこの唯一無比の「奇妙さ」（ibid.：125）を「守る」ことを望むことは、著しく困難である[47]。私は後にこの論点に戻るだろう。しかしながらまず私は、「人間家族」というまさにその概念が、文化的・政治的・概念的同質化というもっと密かに）行われる企ての一部にすぎない（かくしてその概念それ自身が本質的に排他主義的である）というスリンの示唆を展開したいと思う。私はリオタール（Lyotard）のもっと極端な多元主義的ヴァージョンへ関連させて、このことを行うことにしたい[48]。

全体主義とリオタールの不一致の政治学

　第2章で私は、諸言語ゲーム（そして諸世界像）はどの程度個別化されることができるのかということにかんして、問題を提起した[49]。この問題がここで重要であるのは、それが多元主義者の論争の中心にあるからである。われわれが（ファイヤアーベントのように）「諸伝統」について話しているにせよ、（ヒックのように）「諸宗教」について話しているにせよ、これらが根本的に共約不可能として述べられるか、それとも統一されるとして述べられるかの度合いが、われわれがどのような種類の倫理的・政治的結論に到達するかを決めるだろう。もちろん定義からして、すべての多元主義は、社会の内部におけるある程度の多元性を容認する。しかしこの多元性が（スリンがそうであると判断されるべきだと忠告したように）究極的に還元不可能なたぐいのものであると判断されるべきかどうかは、別の問題である。このようにしてさまざまな宗教的諸伝統の「与えられた」多様性をヒックが承認していることは、それらの宗教的諸伝統が、人類

の救済ということと、自己中心主義の排除と、すべての「偉大な世界諸宗教」が
その一部とされる共有的「人類家族」（1995：17）に共通の関心を有している
と彼が見なしていることによって、和らげられる。これらの基準によってヒックは、
「真の」宗教性を絶対主義のさまざまな危険から区別するに至った。しかし先
に論じられたように、この区別によってヒックは、おそらく彼の主張がそこに向け
て発信することが意図されているひとびと、つまり宗教的排他主義者たちを最
初からおきざりにしている。しかしながら、もっと極端な形態の多元主義によれ
ば、単独性を「共通の人間性」によって和らげようとすることが、まさに、社会的・
宗教的正義の問題が拠って立つべきこととされる。というのも、ここでの課題は、
「極端な分離の多元主義、つまり多元性ということが一つの全体的共同体のな
かでの多元性ということや、全体の結合ないしは団結のなかでの多元性という
ことを意味していない多元主義を定義する」（Derrida1999b：96）ことだから
である。このようにしてファイヤアーベントと同じように、リオタールは、現代の社
会生活の分断化を強調するために、数多くのウィトゲンシュタイン的主題を用い
ることによって、「他者の立場が常に変わらずに他者であり続ける」（Barron
1992：31）場合に、われわれはいかにして正義（公正）を構想し、展開するかと
いう問題を提示している[50]。このジレンマに答えてリオタールは、「われわれがさ
まざまなゲームを演じることができるということ、そして興味深いことが駒を動か
すことであるとすれば、これらのゲームの各々が興味深いということを……容認
する」という「多神教的な」態度を擁護している。その際多神教徒は、「新しい
ゲームを発明し」、以前には「予期もされず、聞くこともなかった」「新しい駒の動
きを考えだし」、「あるゲームから別のゲームへと移行する」（1985：61）[51] こと
さえ行おうとする。非多神教徒を特徴づけるものは、「［彼らの］表明されたも
のに執着し」、「彼らが正しいと考える」（ibid.：62）[52]彼らの傾向である。そ
のような自己保証的なドグマティズムは誤っている。なぜなら、諸言語ゲームは
実際与えられているので、われわれがそれらを「演じ」続ける仕方は、本質的に
開放的であるからである[53]。このようにして諸言語ゲームのこの極端な個別化
に基づいて、リオタールは、「抑圧」ということを、「ある言語ゲームに別の言語
ゲームから生じる問題を持ち込み、それを押しつけ」（ibid.：53）ようとする（非
多神教徒の）傾向性と定義している[54]。正義の問題が生じるのは、政治的効力
が、諸言語ゲームにおいて、同じ概念的語彙、つまり「共通の人間性」や普遍的

「われわれ」の言語が使用されることを、要請するからである[55]。このようにして、伝統的な政治学における暗黙の禁止命令（implicit injunction）は、「操作的である（つまり共約可能である）かまたは消失する」。そしてこのことは、不可避的に「あるレベルの恐怖を含意する」（1997a：xxiv）[56]とわれわれは警告される。そのときリオタールによれば、最も基本的な倫理的・政治的な権利は、他であることの権利（the right *to be other*）、つまり異なった言語ゲームを演じること、ないしは同じゲームを異なった仕方で演じる権利である[57]。当の成員に、前もって確立された特殊的な物語（narratives）を強制するどんな国家も、——隠蔽された形態においてではあるとしても——本質的に全体主義的なのである[58]。

　従って『文の抗争（*The Differend*）』においてリオタールは、さまざまな「与えられた」物語を一般的な合理化のもとに包摂するというよりは、むしろそれらの物語を「公平に評し」ようと企てている[59]。ここでの彼の主要な関心は、次の二つのことである。つまり実際に起こっていることと、二つあるいはそれ以上の共約不可能な諸言語ゲームの間で論争が起こった場合に[60]、あるいは——リオタールの術語を使えば、単なる「訴訟」の問題として扱われることはできないが、むしろ「抗争（differend）」（1988：xi）[61]と見なされる争いが生じる場合に、正義という名のもとに行われることができることである。この区別を理解するために、われわれは、訴訟をポーカーにおける特殊なルールの適用において意見を異にする二人のカード・プレイヤーの間の論争にたとえてみることができる。ここでは二人のプレイヤーはポーカーの基本的ルールにかんしては一致している（そして彼らは実際にポーカーを行っている）ので、一致（合意）に向けた歩み寄りは可能である。抗争が起こるのは、各々の側の間の相違が非常に大きいので、どちらの側からしても他者がポーカー（あるいはおそらく何らかのゲーム）を演じていると見なさないような場合である[62]。従って「普遍的な判断規則が……一般に存在しない」（ibid.）ので、「各々の語彙に着目することよって、［各々の］抗争を証明することは、ある文学や哲学や……政治学」（Caroll 1987：169）の役割である。かくしてリオタールの目標は、（必然的に他者の他性（the other's otherness）の縮小において暴力的となる）一致に至るということではなく、むしろ各々の側が自らの慣用的語彙をもち、それによって社会的・政治的領域における不一致のレベルを維持するという権利である[63]。「われわれは正

義のための規則をもたない」ので、正義への要請は、「法に従うという事柄ではない」（Lyotard1985：65）。そのようなプログラムにかかわることは、全体主義が「論争の可能性」（Readings 1991：109）[64]の排除として定義される限りにおいて全体主義的であるだろう。「公正である（just）」の意味を確定したと主張する[65]ことによって、全体主義は、反対意見を沈黙させる――か少なくともそのような抵抗を、逸脱的[66]、非自然的、悪魔に取りつかれた、または「狂った」（Lyotard1988：8）ものとして中傷する[67]。

　これらの点を考慮してみれば、ヒックによる宗教的排他主義者の取り扱い方は、明瞭にリオタールが警告しているたぐいの全体主義的な口封じ的手続きを示している[68]。だから「ある種の暗黙の宗教的多元主義」（ibid.：122）の擬似自然主義的な普及に訴え、排他主義者が軽視する共通の「人間家族」をもち出すことによって、ヒックは効果的に排他主義者の人間性に疑いを投げかけている。同様に、ヒックは「救済／解放」（という非常に特殊な概念）を「偉大な世界諸宗教の各々」（ibid.：17）に中核的なものとして割り振り、続いて排他主義者的な神の観念への自明な嫌悪についてそれとなく言及することによって、排他主義者の宗教性に疑いを投げかけている[69]。同様に、もし宗教的多元主義が結局「避けがたい」（ibid.：132）とすれば、そのとき排他主義者の合理性もまた問題にされなければならない。そして最後に、排他主義的傾向を犠牲にすることが、本来的な「美徳」であるとすれば、頑迷な排他主義者の道徳的な破綻もまた注目されるべきである。要するに、ヒックの語り方によって設定されたパラメーターによって、排他主義者は、最初からある根本的な点において、非人間的、非宗教的、非合理主義的、非道徳的であると判断される。従って、これらの疑わしい資格証明書によって、排他主義者は発言に値しないと見なされているのは驚くべきことではない。

　リオタールの著作は、「お互いに和解されることができない」「二つの原理」が出会うという例を概念化するための一つの試みを提示している。そこでは、各々の側がただ単に「他者は馬鹿者で異教徒だ」（Wittgenstein 1999：§611）と明言する。もしリオタールが主張しているように、ある言語ゲームの諸規則の別の言語ゲームへの押しつけが「本来的に抑圧を含んでいる」（1985：53）とすれば、逆に「差異」に敬意を表することが、正義そのものの核心であるということになる。抵抗されなければならないのは、われわれ自身の実践がきっぱりと確定されて

いるか、さもなければ（「確定されている」にせよそうでないにせよ）本来的に他者の実践より優れていると見なしたいという誘惑に対してである。要するに、避けられなければならないことは、「われわれ自身の村とそこでの変わった習慣が世界のへそ（中心点）である」（Feyerabend 1987：28）という仮定である。言語的・概念的支配を回避し[70]、――それによって、「諸言語ゲームの[絶対的な]異質性」（1997a：xxv）を「証明する」[71]――ことへのリオタールの関心は、このようにしてウィトゲンシュタインの後期の著作の可能的な倫理的・政治的意義を強調する。このようにして、これまでは私はリオタールによるウィトゲンシュタインの政治化に対して無批判なままで対応してきた。しかし私は今や、リオタールの「多神教的正義」や「不一致の政治学」がどのようにレディングズ（Readings）――リオタール派の代表的人物の一人――によって応用されたかを示す一つの特に著しい実例を考察したいと思う。このことは、本章の終わりで、私をリオタールの企図に批判的に注目することに専ら集中させることになるだろう。

　レディングズは、ヘルツォーク（Herzog）の映画『緑のアリが夢見るところ（*Where the Green Ants Dream*）』を自らのインスピレーションとして取り上げて、この映画が強調していることは、「アボリジニ（オーストラリア先住民）と……リベラルな資本主義的民主主義」（Readings 1992：171）との間の共約不可能性であると主張している。ヘルツォークの映画は、土地の所有権にかんするアボリジニとローカルな採鉱会社の間の論争の描写において、「一つの他者（an other）を描いているというよりはむしろ、表現への一つの他者性（an otherness to representation）、つまり「抗争」（a differend）を如実に物語っている（ibid.：176）。レディングズは、続けて典型的にリオタール的やり方で、『緑のアリが夢見るところ』を要約している。

　　その論争は、……大英帝国のはずれにあるオーストラリアの砂漠のある
　　場所で起こっている。そこは同時に、帝国のすぐ後における先住民の権利
　　をめぐって近年西洋を沸かせている政治的闘争の中心的な土地である。映
　　画のなかでは、法的な調停における根本的な難問が、人間の表現可能性
　　（representability）と普遍的正義の可能性への近代主義者の固執の構
　　造的な必然性として生じている……。「『緑のアリが夢見るところ』は、もし正
　　義（公正）がアボリジニに適用されるべきであるとすれば、倫理的な責任は擬

151

似美学的な実験を要求している、ということを示している。正義を遂行することは、モデルに一致することよりも、むしろ実験の事柄である。

(1992：172-3)

もっと特殊的には、

　法廷の聴聞で、アボリジニは、証拠として聖なる物体を提出する。しかしその聖なる物体は、……まったくの未完成品、つまり「理解不可能な模様が彫ってある木製の物体」としてのみ記録されることができる。「その模様の意味はこの法廷では理解不能である」。……総督フィリップ は、アボリジニの聖なる物体が埋められた約200年前の1788年に彼の旗を掘り出した。しかしそれらの物体は同時に埋められたのではなかった。なぜなら、それらは同じ歴史において埋められたのではなかったからである……。その旗は西洋の歴史的時間においては掘り起こされたが、それらの物体はわれわれが承認しうるどんな意味においても歴史的ではない時間……西洋科学では考えられない時間に埋められた。

(1992：181)[72]

原告と被告は「ただ単に異なった言語を話すだけではなく、まったく共約不可能な言語ゲームにかかわっている」（ibid.：180）——その共約不可能性は、たとえばアボリジニ的な時間・空間の理解[73]と数を数える方法[74]において明らかになる。しかしもっとも決定的に重要なのは、アボリジニが、「緑のアリが住む聖なる土地」への彼らの関係をどのように見なしているかである。というのも、彼らはまったく特殊な仕方で「その土地に属している」からである。実は「［彼らは］その土地に属していない。［そこには］分離や抽象の思想の可能性さえ存在しない。彼らはどこへも移住させられることはできない。彼らはどこか別の場所で生き続けるというようないかなる抽象的な人間的本性（abstract human nature）ももっていない」（ibid.：183）。「普遍的言語」と「人間性の『共通法則』」を参照することによって「すべての相違は克服されうる」[75]という啓蒙主義的（そしてまたリベラル的）理想によって、アボリジニの声は効果的に口封じさせられる。法廷はアボリジニが話すことを公然と禁じるわけではない。「統一的な『われわれ』」

（ibid.：180）の要請において、彼らは法律上の発言を許されるという「まやかし」
（ibid.：181）にもかかわらず、他者の言語ゲームは必然的に抑圧されるのである。このようにしてアボリジニは概念的に沈黙させられる、といわれるかもしれない。法廷が暗黙裡に命じることは、「われわれが話すように話しなさい」ということである。というのも、この共通性がなければ、理解と相互的な妥協の目標は不可能になるからである[76]。レディングズにとって、裁判の不公正（不正義）は、アボリジニの言語が「共通の法則」や「共通の人間性」の言語へ翻訳できないことから生じる。「出会いが生じる」にもかかわらず、「それを表現するのに使用可能ないかなる言語も存在しない」ということが「起こる」（ibid.：183）。ヘルツォークの映画が証言しているのは、「たまたまの不公正な行為」ではなく、むしろ「われわれ」と呼ぶひとびとと、近代的ではなく、自らをひとびとと呼ばない共同体との遭遇に伴って起こる、「必然的で、構造的に潜在的な恐怖」（ibid.：184）なのである。「ここで生じるパラドックスは、いずれの側も間違ってはいないということである」。なぜなら、「『われわれ』は採鉱会社とアボリジニのどちらが正しいのかを語るどのような手段もない」からである。「いや『われわれ』は、彼らの論争についてきっぱりと断言できる。われわれができることは、……別の物語を語ろうとすることである」。つまり、「両方を総合化するか同一化しようとするのではなく、論争と違いをオープンな問題のままにしておこうとすることである」（ibid.：185）[77]。このようにリオタールの「多神教主義」が要求することは、他者を吸収しようとしたり、根本的な相違を否定しようとしたりする政治から離れる運動である。リオタールとレディングズにとって、スリンがヒックを批判するのとまったく同じやり方において、「すべての文化は根本的に同じであるという提言は、近代の帝国主義の商標である」。現代政治学の真の難題は、「もっとすばらしい（もっと普遍的な）隔離への抽象化（an abstraction into ever more splendid (more universal) isolation)」とは別のやり方で、どのようにして解放を再考するか」である。すなわち、「一致よりもむしろ不一致の地平のもとにおける共同体の観念」（ibid.：184）をいかに再考するかである。

　レディングズの『緑のアリが夢見るところ』の概要が示唆しているように、共約不可能性の領海は実際底知れないほど深い。しかしそれらは測り知れないのかという問題は残る。第2章での『確実性の問題』にかんする分析において、私はムーアがウィトゲンシュタインの「蝶番」命題の認識的身分をいかに誤解し

たかを明らかにした。このことを念頭において、今や私はレディングズの結論が
なぜ早まったものであるのかを解明したいと思う。というのも、さらなる分析が
必要なことは、（ムーアが何気なく注目した超認識的基礎（trans-epistemic
foundation）と類比的な）人間の相互的行為の蝶番として働く倫理的な基礎
が存在する可能性である。もしそのような倫理的な基礎が実際に確認されれ
ば、これは、ウィトゲンシュタイン自身の業績（特に『確実性の問題』）に断続的に
憑きまとう不安についてのもっと包括的な理解を容易にするだけではなく、ヒック
の宗教的多元主義についてのスリンの心配をも抑えてくれるだろう。そしてもっ
と決定的には、なぜリオタール的な立ち位置は擁護不可能なのかを明らかにし
てくれるだろう。これらの諸問題をうまく乗り越える最良の方法は、間接的には、
ウィトゲンシュタインのいわゆる反基礎主義（anti-foundationalism）によってで
ある。というのも、彼の後期の業績のこの読み方は、おのずから、ファイヤアーベ
ントの素朴な相対主義とレディングズのリオタール的な「多神教主義」のような
理論的行き過ぎに力を貸すことになるからである。しかしながら、後に明らかに
なるように、この反基礎主義的読み方は、不正確で論拠薄弱である。

　前述の立場の簡潔な例は、グレーシュ（Greisch）の最近の業績に見出される
ことができる。というのもそこでは、「ウィトゲンシュタインは『諸生活形式』に深く
根を下ろした言語ゲームの還元不可能な多元性の理論を展開した」、そして「そ
こにおいて彼は多元性によって異なった価値の問題を解決することを望んだ」
が、他方（たとえば）「フッサールはある種の目的論的な統一性を求めて努力し
た」（Greisch 1999：46）、と述べられているからである[78]。そのときこの概要に
よれば、ウィトゲンシュタインの後期の著作は、「還元不可能な多元性」の観念を
展開していることになる。このようにして、倫理における「統一的な原理」（ibid.：
50）としての「共感」の優位性に関するウェルナー・マルクス（Werner Marx）
の業績を概観して、グレーシュは悲観的に次のように結論した。

　　後期ウィトゲンシュタインの思想に慣れ親しんだひとなら誰でも、憐み
　（compassion）の倫理が諸言語ゲームとそれに対応する諸生活形式の異
　種性を乗り越えることができるように思えると判断する［ウェルナー・マルクス
　の］楽観主義を共有することに困難を見出すだろう。

（1999：58）

これらの見解にかんして興味深いことは、それらが、ウィトゲンシュタインの著作における「自然的な反応（natural reactions）」——「哀れみ（pity）」（1958：§287）や「同情（sympathy）」（1993：381）[79]の自然的反応を含む——の優位性をまったく見逃したということである。従ってグレーシュの嘆きは間違った方向性を目指している。なぜなら、彼が他のところで発見する「統一的原理」（the very 'unifying principle'）は、まさにウィトゲンシュタイン自身の著作の核心部に存在するからである[80]。私が今や確証するのは、まさにこの主張についてである。第一に、相互人間的、相互文化的諸反応のウィトゲンシュタインの説明を再解釈することによって。第二に、上で概観されたリオタール的立場を批判することによって。

身体、魂、苦しみ、無道徳主義の妖怪

（自分自身と他者の）痛み（pain）と苦しみ（suffering）は、ウィトゲンシュタインの後期の著作において頻繁に現れるテーマである。これらの現象は多くの認識論的問題に関係があるとしても、それらはまた倫理的意義ももっている[81]。私は『哲学探究』における次の一節から、この倫理的意義を再構成してみたいと思う。

　　自分にとってまったく親しみのない言語が通用している未知の国へ、研究者としてやってきたと思え。どのような状況のもとであなたは、その土地のひとたちが命令を下し、これに従い、命令に逆らう、等々というであろうか。指示連関の体制（the system of reference）こそ、人間共通の行動様式なのであり、それを介してわれわれは未知の言語を解釈するであろう。

　　　　　　　　　　　　　　　　　　　　　（Wittgenstein 1958：§206）[82]

ここでウィトゲンシュタインは、文化的相違に遭遇した場合であっても、言語的実践が一見したところでは共約不可能であるところでさえ——、われわれはまったく当惑することはないと考えていることは明らかである。われわれ自身の文化と他人の文化の間の多様な相違にもかかわらず、「人間共通の行動様式」は相互の当惑を打ち破ることができる[83]（実際この基本的な共通性がなければ、他

人の言語を学ぶことは不可能であろう）。他の文化と出会うことは、明らかに、曖昧にではあっても確定的な身体の形や行動的レパートリーが欠如したエイリアンのコロニーの中に自分自身を見出すことと同じではない[84]。極端なボーダーライン的ケースを除外すれば、われわれは直ちに人間を非人間から識別する[85]。そしてこの反応は、われわれの「自然誌（史）」（ibid.：§25）に深く根ざしている[86]。もちろん、たとえば交通事故のあと、運転手の身体を残骸と区別することは確かに困難であろう。全体の外形——とおそらくは特に顔[87]——の変化は、明らかにそのような識別を「直接的な」ことではなくしてしまうことができる。しかしそのような場合における（身体なのかそれとも残骸なのかという）ためらいは、比較的例外的なことであるだけではなく、まさにそのような識別が熟考を必要とするがゆえに、特にぞっとするものである。相互人間的関係におけるこの自然的な「直接性」は、他者に対して仮説的な態度をとることが、非常に「異常な」環境のもとでのみ起こるということを、効果的に示している。だからこそウィトゲンシュタインは、「魂に対する態度（an attitude towards a soul）」をもつことと、ただ単に「［誰かに］魂があるという意見をもつ（of the *opinion* that ［someone］ has a soul）」（ibid.：p.178）ことを区別するのである[88]。というのも、「人間が魂をもつということを信じる（believe that men has souls）」ということは実際に何を意味しているのかは、この「映像（picture）」の実践的適用のなかにあるからである（ibid.：§422）[89]。しかしながら、これらの発言の倫理的意義と、先に触れた「人間共通の行動様式」を構成しているものを共に評価するために、まずウィトゲンシュタインの身体の現象学を少しばかり理解することが必要である。

　ウィトゲンシュタインが人間の顔に注目することは、顔が他者たち（others）とわれわれの関係において特権的な地位をもっていることを考えれば、驚くべきことではない[90]。顔は他人のもっと一般的な存在の状態を表現できる[91]だけではなく、またわれわれは対面的な出会いには特別な価値をおく傾向がある[92]。ここには自然的な優先性がある[93]。というのも、この特徴的な顔つきの組み合わせは、人間に幅広い一連の表出的可能性を与えてくれるからである[94]。しかしウィトゲンシュタインの顔と身体の取り扱いの意義は、相互主観性に関するもっと一般的な哲学的偏見の土台を崩そうとする彼の企てにある[95]。ウィトゲンシュタインによれば、他者（the other）の顔（実際のところ、他者の全体としての身体）は、解読され、解釈され、そして反応されるべき一連の徴候（signs）を与えてくれるので

はない。むしろ先に示唆したように、他者が有意味に現実に存在するということは、直接的なことである[96]。ひとが他者の顔を見つめるとき[97]、ひとは意識と「意識の特殊なあや」を見る[98]。他者の顔に出会うとき、われわれは最初自ら「見つめ」（1990：§422）、それからその顔について「喜びや、悲しみや、退屈を推理する」（ibid.：§225）のではない[99]。だからこそ、「優しい顔の表情」は、「空間における物体の配置によっては［適切に］記述される」（1994a：82）ことはできないのである[100]。むしろわれわれは、「彼の顔を、悲しみに沈んだものとして、喜びに輝くものとして、退屈なものとして、直接記述している」（1900：§225）[101]。その意味は、「あなた自身の胸の内にあるのと同様に、そこにある」（ibid.：§420）[102]。顔は、喜びや悲しみや退屈や苦しみの直接的な表出であり、その限りにおいて、他者たちとのわれわれの関係においては本質的に神秘的なものは何もない[103]。それにもかかわらずウィトゲンシュタインは、デカルトの第二『省察』[104]に倣って、「しかしわれわれのまわりの人間がオートマン［自動機械］であって、たとえその行動の仕方がいつもと同じであるとしても、意識はもっていない、と考えることができないか」という可能性を考えてみる。

　もし私がいま―― 一人で自分の部屋にいて――そのように想像しているのであれば、私はひとびとが硬直した目つきで（恍惚状態にあるかのように）自分たちの仕事に従事しているのを見る――この考えはたぶん少々気味のわるいものである。しかし、いま一度でも、たとえば街頭でのふつうの交際のなかで、この考えに固執しようと試みてみよ！「あそこにいる子供たちは単なるオートマンにすぎないのであって、かれらの生きいきしたさまは、すべて機械的なものであるにすぎない」といったことを自分にいってみよ。そうすれば、こうした言葉があなたにまったく何もいっていないことになるか、あるいは、あなた自身のなかに一種の不気味な感情、ないしはそれに似たものが生ずることになるであろう。

(1958：§420)

ウィトゲンシュタインが「不気味な感情」について述べているときのポイントは、ただ単に懐疑論的懐疑は、理論においてほど、実践においては極端ではないということではない[105]。われわれは、他者たちが見かけ上はノーマルであるにもかかわ

らず、単なるオートマンのようである、ということはどのようなことであるかを想像するかもしれない。（哲学者にはよく知られているように、「他人たちとの日常的な交流」からの一時的な孤立は、われわれを、あらゆる種類の概念的曲芸——ウィトゲンシュタインがまったく反対していない可能性——に関与することを許す[106]。）われわれは群集のなかでともに歩いているひとびとや、政治的集会で語り合っているひとびとや、一緒にお祈りをしているひとびとや、そろった所作で踊っているひとびとの機械的外観によって、明瞭に強く印象づけられることができる。そして疑いもなくそのよう経験は、必然的に一時的であるにせよ、しばしば「不気味な感情」を生み出す[107]。しかしここではわれわれは、想像を通して、あたかも機械であるかのように、他人たちを知覚し始めたのだ。そして決定的なのは、まさにこの限定条件である。子供たちがオートマンであると想像することはそれとまったく異なっている[108]。というのも、ここではわれわれの想像は、子供たちに対するわれわれの幅広い実際的かかわりから切り離されることができない（これらの子供は実際にオートマンであるという決定的な実存的）関与を含んでいるからである。そのような態度は、やや「不気味な感情」においてではなくむしろ、深い嫌悪、恐怖等々において表現されるだろう。あたかもオートマンであるかのように子供たちを見ることの実行可能性は、彼らの動作の規則性にあり、そのことこそ、両者の類似点を掛けるべき概念的「掛け釘」（Tilghman 1991：100）を与えてくれるものなのである。しかし彼らの「諸々の動作や言葉や顔の表情」（Wittgenstein 1990：§594）を実際のオートマンとして理解することは、いかなるそのような留め金（固定装置）ももたない。というのも、彼らの「調和的な振る舞い」（Husserl 1982：114）は、非機械的な「普通の人間の有意的な動作」（Wittgenstein 1990：§594）の中心的パラダイムであるからである[109]。そしてこのような理由からまさにウィトゲンシュタインは、彼の最初の問いを、「しかし、私は、たとえその行動の仕方がいつもと同じであるとしても、……自分のまわりの人間がオートマンである、と考えることができないか」（1958：§420. 強調は引用者）と表現しているのである。

　ここでもっとも重要なのは、繰り返しがわれわれの他人たちとの出会いにおいて演じる役割である。明らかにある程度の行動的・言語的繰り返し[110]——とそれに伴うある程度の予測可能性[111]——は、人間の行動が有意味であるために必要であるが、しかしこの種の繰り返しはただゆるく組織化されている[112]。ウィトゲシュタインが、「もしひとの悲しみと喜びの身体的表現が、たとえば、時計のカチカチと

158

いう音と一緒に変化するとすれば、ここではわれわれは、悲しみのパターンと喜びのパターンの特徴的な形をもたないだろう」（ibid.：§174）と述べるとき、彼は関連した論点を述べている。そして同様に、それは次のような顔の表情、すなわち、

　　とらえ難いほどゆるやかに生じるようなそんな変化ができず、いわば、ただ五つの配置があるだけだといった、顔の表情を想像するようなものではないだろうか。それが変化する場合、ある状態から別の状態へ急にぱっと移行するのである。さて、この硬い微笑は、実際微笑といえるだろうか。なぜそういえないのか。

（1990：§527）[113]

　そのような顔（または身体）を心に思い描くことによって、われわれはある「機能障害」者──「擬似生物」（Husserl 91982：114）──が行為しているか、冗談を喋っていると想像している[114]。実際われわれは、「［感情の］表出は計算不可能性において成立している」というかもしれない。というのも、もしわれわれが常に「いかにして［他人が］呻いたり、動いたりするかを正確に」知るとしても、「いかなる顔の表情も、身振りも存在しないだろう」（Wittgenstein 1994a：73）からである。ウィトゲンシュタインが示唆しているように、われわれが音符を次から次へと予期できる楽曲によって「驚かされ続ける」ということは「ある意味で」可能であるかもしれない[115]。しかし同じことは、何かがうまくいっていないように見えることなしには、他人の行為に関してはいわれることができないだろう[116]。CDプレーヤーの「リピート」機能を使っても、不気味なものは明らかに何も存在しない。しかし「すべて同じ顔立ちをもったひとびとに出会ったと仮定してみよ。そのことは、われわれが彼らとどこにいるかを知らないのに十分であろう」（ibid.：75）。もしこのことが、われわれが自らの足場を失うのに十分であるとすれば、われわれはまた、その自然的・言語的振舞いが完全に予測可能であるひとによってわれわれ自身が当惑させられることに気づくだろう。もちろん予測可能性の度合は、ここでは重要である。われわれはたえず、いつ特定の個人が笑い、泣き、ののしるかを予測するやり方を、そのことによって「不気味な」感情を引き起こされることなしに、学習している。実際この程度の予測可能性がなければ、人間の相互行為は不可能であろう。このようにして、予測可能性は、「あるひとを

知ること」や、彼らと何らかの意味のある関係をもつ[117]ための自然的基礎を構成している[118]。しかしウィトゲンシュタインが示した音楽とのアナロジーは、このことを越えた度合の計算可能性を示唆している。ここでは他者の振舞いは、使い古しのレコードをかけることや、一つの語句が頭から離れないひとと同様に予測可能であろう。そのことは、彼らがいつ笑うかだけではなく、その笑いはどれくらい続くか、どれくらいの音量でどのような調子に達するか、等々をわれわれが知っているということを意味するだろう[119]。もちろん、人間が自然に示す流動的で「反復可能な」な種類の繰り返しと、もっと機能が阻害された緊張型統合失調症的（catatonic）なオートマンのたぐいの繰り返しの区別をどこで行うべきかを正確に確認することは不可能である。また疑いもなく、そのような判断を行うことにおいて躊躇するようなボーダーライン的なケースも存在する。しかしこのことは、われわれは、他者をあたかも実際に「帽子と衣服」（Descartes 1976：73）を身に付けた機械であるかのように見なすことを恣意的に選ぶことはまったくできない[120]、という主要な論点の土台を崩すことではない。

　ウィトゲンシュタインが体現（embodiment）という事柄に強い関心を抱いていることが明らかになってくると、彼が何度も「魂（soul）」[121]に言及していることは、非常に驚くべきことであるように見える。しかしウィトゲンシュタインの興味をひいていることは、ここでも再び、この語の文法が実際にどのように機能しているかということなのである[122]。このようにして分析してみれば、「魂」とはある神秘的な内的実体の指示語として機能しているのではない、ということが明らかになる。従ってウィトゲンシュタインは、「魂」という語を非人間的動物に拡張して、次のように述べている。

　　イヌはひょっとすると自分自身に話しかけるかも知れない、などとわれわれはいわない。それは、われわれがイヌの魂をそれほど精密に認知しているからなのか。そこでひとはいうかも知れない、生物のふるまいを見ているときには、その魂を見ているのだ、と。

（Wittgenstein 1958：§357）[123]

あるひと（ある「もの」）が「魂をもっている」と語る意味は、再び、彼らに対するわれわれの信念にではなく、むしろ彼らに対するわれわれの一般的な態度に示さ

れている[124]。換言すれば、「ひとが魂をもっていると信じる」ことは、この「映像（picture）」（ibid.：§422）の適用に示されている。そしてこのことが、「私の彼に対する態度は、魂に対する態度である。私は、彼に魂があるなどという・意・見をもっているのではない」（ibid.：p.178）という理由なのである[125]。この非常に非仮説的な「態度」の特徴づけが与えられると、なぜそのような「映像」が「死ぬべく定められている……不運な災難に傷つきやすい」（Gaita 2000：239）他者への倫理的関心というわれわれの観念に必須なものなのかが明らかになる[126]。スリン（Surin）やリオタールやレディングズとは反対に、——その映像が、何に、または誰に「痛み」や「意識」や「魂」という概念が有意味に属するものだと見なされることができるのかという範囲を確定する限りにおいて——、人間という種にかんして根源的に意義のあるものが存在する[127]。ひとびとが人間ではない動物や、生まれていない胎児の権利のためにキャンペーンを行うことは、まったくそれに同意しないひとびとにとってさえ、理解不可能なことではない[128]。それは、あたかもそのようなひとびとがカーペットや鉄のやすりの権利のためにキャンペーンを行っているかのようであるということではない——そのようにすることは、そのような「権利」が可能的にどのようなものにまで及ぶのかということについて、明らかに問いを誘発することになるであろう[129]。実際「扱いにくい他者の『他性』」（the intractable "otherness" of the Other）（Starin 1990：126）[130]について語るときに注意が必要とされるのは、この意味においてなのである。というのも、カーペットや鉄のやすり屑の「権利」についてのそのように著しく特殊な見解を差し止める基準は、絶・対・的・に「他なるもの」（radically 'other'）という概念が制限を受けるのに十分であるだろうからである[131]。

　しかしながら他のひとびと（others）に対するわれわれの反応可能性は、熟慮的なもの[132]、ないしは「アナロジー（類比）によって」（Wittgenstein 1990：§537）推論から生じること[133]として解釈されるべきではない。むしろわれわれは、「自分の場合のみならず、他人の痛みの箇所を手当てし、治療すること、——さらに、自分の痛みの振舞いには留意しないでも、他人の痛みの振舞いには気を配るということ、これら原始的な反応である。今この点について考慮することが有益であろう」。

　しかし、ここで「原始的な」という言葉は何をいおうとしているのだろうか。

それではまず、この種の振舞いは前言語的であるということである。すなわち、それは一つの言語ゲームの基盤であり、ある思考法の原型なのであって、思考の結果として生じたものではない、ということである。

　われわれは、自分自身の場合とのアナロジー（類比）によって、彼もまた痛みを体験しているのだと思う、だから他人を介抱する。こういう説明に対しては、それは「本末転倒している」ということができよう。

（Wittgenstein 1990：§§540-2）

言い換えれば、

　他人が痛みを感じているのは確実であるとか、彼が痛みを感じているかどうかを疑うとかいうことは、他の人間に対する、自然で、本能的な関係の諸形態に属するものであり、われわれの言語は単にこの振舞いの補助手段であり、延長なのである。われわれの行う言語ゲームは原始的な振舞いの延長である。

（Wittgenstein 1990：§§545）[134]

これらはいずれも、他人の振舞いの意味と正直性が問題になる場合があるということを否定することではない[135]。それらは、むしろ原理的に「他人が痛みを感じているのは、信ずることができるだけだが、自分が痛みを感じていれば、私はそれを知っているのだ」ということは、ただ単に「ひとは『彼は痛みを感じている』という代わりに『彼が痛みを感じている、と私は信ずる』という決心をすることができる。だが、それだけのことである。……一度──実際の場合に──他人の不安、痛みを疑ってみることを試みよ！」（1958：§303）ということを示唆することである[136]。第2章でのお馴染みのウィトゲンシュタイン的主題を繰り返せば、そのような状況では、われわれは「熟知した道筋を離れるための理由」を必要とする。というのも、「疑いはためらいの場合であり、本来的に規則の例外である」（1993：379）からである[137]。つまり、

　ゲームはあるひとが歯痛をもつかどうかを疑うことから始まるのではない。なぜならそのことは──いわば──われわれの生活におけるゲームの生物学的機能に合致しないからである。そのゲームは、そのもっとも素朴な形態に

おいては、あるひとの叫びや身振りや、同情やそのような類の反応である。われわれは彼を慰め、彼を助けようとする。

(Wittgenstein 1993：381)[138]

私がここで強調したいことは、もしウィトゲンシュタインが主張するように、言語が原始的な反応の「補助手段」であり、「拡張」(1990：§545)であり、「洗練されたもの」(1994a：31)であり、「取って代わったもの」[139]であるとすれば、われわれがいつ、どのように、だれの世話をすべきかということにかんする道徳的熟慮（それが、罠にかかった虫が苦しんでいるかどうかについての子供の物思いであれ、抽象的な倫理的理論定立という高度のもの[140]であれ）は他のひとびとに対する前言語的、自然的、「原始的」反応に基づいているということである[141]。これは、異なった文化によってそこでの道徳的価値が組織化され、実行される仕方が異なっているかもしれないという明らかな人類学的な事実と争うことではない。それはまた、カプートが述べているように、「肉体と痛みは歴史をもっている」ということ、たとえば、「麻酔薬の発見の以前と以後、医療技術が発達した文明の内部と外部、あれこれの宗教の内部と外部においては、痛みの経験には区別」(1993：208)があるかもしれない[142]ということを、否定することではない。しかしながらそれが示唆していることは、そのような文化的多様性の深さは（レディングズが示唆しているように）測り知れないということではなく、前言語的な振舞いと、道徳的で肉体を有する存在者の固有の傷つきやすさにかんする基本的な生理学的・生物学的諸事実の両方によって必然的に境界づけられているということである[143]。言い換えれば、歴史的・文化的実践と、合理的で倫理的・政治的な熟慮の過程において取られたさまざまな道筋は、他者たちに対するより自然的な関心(concern)という基盤においてのみ可能である[144]。従って、ウィトゲンシュタインがわれわれに注目させていることは、われわれが依存している必然的な背景と「暗黙の前提」(1958：p.179)である[145]。

　痛みの概念は、それがわれわれの生活において果たす固有の機能によって特徴つけられる。
　痛みはわれわれの生活の内にそれ特有の位置をもち、その連関の内にある。（つまり、生活の内にそれ特有の位置と諸関係をもっているものだけをわ

れわれは「痛み」と呼ぶのである。）

　数々の標準的な生活表現にとりかこまれ、その中心を占めるものとして痛みの表現は存在する。悲哀や愛情の表現は、それより遥かに進んだ生活表現の中核としてのみ存在する、等々。

（Wittgenstein 1990：§§532-4）

そのときこのことが、非道徳家（amoralist）の要求、つまりなぜ彼らがあるものまたはあるひとを気遣う（care）べきであるのかという説得力のある「理由」を挙げよという要求が非常にやっかいであるのかという理由なのである。というのも、ウィリアムズが述べているように、「われわれは、そのように尋ねるひとに、われわれが現行の状態から出発して、あるものを気遣うということについて彼と議論（argue）できる理由を実際に与えることができるということは、まったく明らかではない」からである。そのようなひとが要求することは、「論じることではなく、助ける、期待感を抱くこと」（1973：17）である[146]。もし非道徳家が（擬似ピュロン主義的な意味で[147]）、なぜ不必要な子供たちの苦しみが悲劇なのかということについて「当惑する」ならば、最初にわれわれはある悲劇が彼らに起こったのかどうか、彼らの生命が、彼らが「哀れみ（pity）の力」（Nuyen 2000：421）を感じられないような仕方で損害を与えられたのかどうか尋ねなければならない[148]。道徳的な無関心（moral indifference）という反応は、しばしば一時的な道徳的な枯渇状態（moral exhaustion）を如実に示している。枯渇状態の徴候と非道徳主義の間には明らかな相関関係があり、前者が後者へと至る非常に安全なルートを与えるのに対し、われわれ自身が他人たちへの苦しみの重圧に心が締めつけられるように感じることは、真の非道徳家によって示される頑固な無関心（persistent indifference）と混同されるべきではない。ここではわれわれは、助けへの訴えを効果的に感知し、それに応答する必要がある。もしウィトゲンシュタインが示唆するように、運命論への信念が、「理論というよりは、むしろ（しばしば「最も恐ろしい苦しみ」から生じた）ため息であり、叫びである」（1994a：30）とすれば、まったく同じことが極端な道徳的懐疑論についてもいわれることができるかもしれない[149]。そのとき、この意味において真の非道徳主義者であっても、道徳性の権威性に異議を唱えることはないだろう[150]。非道徳主義は、われわれのノーマルな道徳的反応と感受性への根本的な批判の根

拠を与えることはない。それはまたわれわれが懐疑的になるための根拠を確立しない。逆に、非道徳主義への誘因となるものは、われわれ自身の道徳的反応性への素質に異議を唱えるその能力にある[151]。つまり、非道徳主義者が無効であると主張するのは、われわれが無力なひとを助けたり、希望を失ったひとに希望を与えたりするわれわれ自身の力量にかんして抱く「善き良心」である。道徳性は、ここでは決して土台が崩されることはない。というのも、われわれは暗黙裡に、もっと——おそらくわれわれがもつことができるよりももっと道徳的であるように懇願されているからである。この点で真の非道徳主義者は、われわれが出会いそうに思われるもっとも無力で最も希望を失ったひとである。

　これらの論点を考慮すると、なぜ「道徳的共同体」が、根本的に、たとえば「科学的共同体」や「芸術的共同体」という理念に類似していないかが明らかになる。ウィンチが正しく述べているように、「ある意味でまた道徳的共同体ではない人間社会は存在しえないだろう」。道徳的関心は、われわれが参加するか無視するかを選択するかもしれない「活動形式」、あるいは——リオタールが示唆するように——「生活形式」（あるいは「言語ゲーム」）として適切に記述されることはできない[152]。むしろ道徳的諸問題は、それらが「人間同志の間の共通の生活」から生じるものであり、「人間が共に従事するいかなる特殊な活動形式も前提とするものではない」限りにおいて、「それらをあなたに強要する」（Winch 1960：239-40）[153]。苦しみを形づくっているものは、主に認識的あるいは仮説的事柄ではない。それは人間の自然的生活に中核的なものである。他者の苦しみは、われわれに助けるように命ずる。他者の悲惨さは、「行為を要求する。他者の傷は癒されなければならない。」（Tilghman 1991：113）。というのもそれは、われわれが、義務のもとにおかれることになる他者の苦しみの「文法」の一部なのであるからである。ショーペンハウアーが「自然の憐み（natural compassions）」について述べているように、「［それは］私に『とまれ！』と呼びかけ、他人のまえに護衛として立ち、さもなくば私のエゴイズムもしくは悪意が私を駆りたてたであろう侵害から他人をまもることなのである」（Schopenhauer 1995：149）[154]。われわれはこの「要求」に応じるかもしれないし、応じないかもしれないとしても、それに耳を傾けないことは、苦しみを苦しみとして認めないことである。それはたとえば、あたかも、敷石の上の単なる傷痕であるかのように、他者の身体に刻み目だけを知覚することであるだろう[155]。真

の無道徳主義者の社会では、合理的な討論（rational arugumentation）は実際役に立たないだろう。というのも、そのような討論の効果は、ある共通性が適切に機能しているということを要求しているからである。この共有された自然的「背景」——その背景のもとで討論されるか、あるいは彼女にただ単に苦しみの実例が示され、適切な応答が期待されるのであるが——がなければ、さらにいうべきないものは存在しない。このことがまさに、「倫理的なものから離れたどのような劇的なやり方も存在しえないのは、真面目に倫理的なものの実在性を疑うことがありえないのと同じ」（Gaita 2000：179）理由なのである。理由（根拠）を与えることは現行の状態から出発することはできない[156]。なぜなら、そこでは推論することは「終点に至る」（Wittgenstein：§192）のであるからである[157]。——実際真の非道徳主義者においては、推論することが始まる機会すらない。そのような場合においては、われわれは真の非道徳主義者の無関心がいかに深くまで及んでいるかを、確かめようと試みなければならない。しかし頑固な非道徳主義者にかんしてわれわれが最終的に頼みにしうることは、それが何を意味していようとも、「説得」（ibid.：§262、612）である[158]

　すでに指摘したように、ウィトゲンシュタインは、ときどき、（伝えられるところでは）言語的・概念的多様性——「諸言語ゲーム」や「諸生活形式」や「諸世界像」という彼の語彙において最も明瞭になっている多元主義——の哲学者として特徴つけられる。しかしこの読み方が無視していることは、ウィトゲンシュタインがわれわれに示しているすべての「差異[159]」の背後に、もっと統一的な自然主義があるということである。実際極端な社会的断片化というリオタールの描写の罠から彼を逃れさせるのは、まさにこのことなのである。しかしながらウィトゲンシュタインの自然主義を調べてみる場合に、「フレーザーの『金枝篇』へのウィトゲンシュタインの批評」は、特に注意を要する[160]。このテキストによって生み出された不釣り合いなくらい膨大な数の二次的文献を概観することよりも、むしろ私は、「人間は儀式的な動物である」（1996a：67）というウィトゲンシュタインの提言の特殊的な倫理的・政治的な意味を説明するために、その中心的なテーマを再構成するだろう。

第3章　多元主義、正義、傷つきやすさ　　ウィトゲンシュタインの政治化

原始的なものと近代的なもの：フレーザーの『金枝篇』へのウィトゲンシュタインの批評

「フレーザーの『金枝篇』へのウィトゲンシュタインの批評」は、その断片的な性格にもかかわらず、概略的にいって、（1）方法論的問題、（2）「見解」、「理性」、「儀式」、（3）「原始的な」主題と「近代的な」主題との関係という三つの部分に分けられることができる。最初に私は、ウィトゲンシュタインが彼自身の企図とフレーザーの人類学との間に行っている方法論的区別に集中したいと思う。

ウィトゲンシュタインは『哲学探究』において、「われわれが関心を抱くのは、確かにまた諸概念ときわめて一般的な自然の諸事実との対応でもある」ということを認めているが、それにもかかわらず、彼は「これらの概念形成の可能な諸原因に逆戻りする」ことは望んでいない。なぜなら最終的に彼は「自然科学に従事しているわけではない」から。「また自然誌（史）にも。――なぜなら、われわれは自然誌的なものごとさえ自分たちの目的のために創作することができるからである」[161]。彼は続けて次のように述べている。

　　ある種の概念が絶対に正しく、別の概念をもっているようなひとはまさにわれわれの洞察していることを洞察していないのだ、と信じているようなひとは、――ある種のきわめて一般的な自然的事実を、われわれが慣れているのとは違ったふうに表象してみるがよい、そうすればふつうのとは違った概念形成がそのひとにも理解できるようになるであろう、と［いっているのである］。

　　　　　　　　　　　　　　　　　　　　（Wittgenstein 1958：p.230）[162]

要するに、われわれがもっている概念や実践は、ア・プ・リ・オ・リ・に必然的ではないし、決定されてもいない。このことは次の二つのことを含意している。（1）われわれの現実的な自然誌（史）の諸事実が与えられると仮定しても、それにもかかわらず、かなりの程度の概念的多様性が可能であるということ。そして（2）もしこの自然誌（史）が異なっていると仮定した場合、われわれの現行の概念や実践も異なっているだろうということ。基本的にわれわれがここでかかわっていることは、文化的多様性の認識と「所与[163]」としての人間的生活の基本的共通性への関与である。「フレーザーの『金枝篇』へのウィトゲンシュタインの批評」が取り組んでいるのは、大部分において、この二重の事柄を強調することの哲学的・

167

人類学的必然性である。

　ウィトゲンシュタインにとって、フレーザーの人類学の中心的問題は、そこにおける暗黙の科学主義と、特に解釈と説明への傾向性である。ウィトゲンシュタインによれば、「〔宗教的〕実践を説明したいという考えは、……間違っているように思える」（1996a：61）。というのも「ひとはただ記述し、これが人間の生というものだ、という」（ibid.：63）べきであるから。ウィトゲンシュタインはここで、彼の後期の著作における多くの他の節を繰り返しながら[164]、言語的実践の「所与性」にかんする彼の存在論的関与と、われわれはなぜある生活形式が存在するのかを説明できず、「われわれができることは、それを記述すること——それを見るだけである」（Malcolm 1993：76）[165]限りにおいて、この彼の存在論的関与がいかにして当の哲学的企てを規定すべきなのかということの両方を強調している。「十分深く疑問符を打ち込」んだ（「土台にまで降り」（Wittgenstein 1994a：62）た）ので、説明と正当化の言述は「終わりに至る」（1996：§204）。この点において、「この場合われわれにいえるのは実はつぎのことだけである。すなわち、かの実践とこの見方とがともに起こる場合に、かの実践がこの見方から生ずるのでなく、まさしく両方ともそこにあるのだ、ということである」（1996a：62）。「かの実践がこの見方から生じるのでない」ということは、フレーザーがとりわけ、「人類の呪術的・宗教的見方」を擬似科学的「錯誤」や「愚行」として誤って述べているという理由から、「フレーザーの『金枝篇』へのウィトゲンシュタインの批評」における重要で、何度も繰り返される主題である[166]。しかしウィトゲンシュタインが述べているように、宗教的・呪術的儀式は、それらが「ある理論を立て」（ibid.：61）、それによって仮説的思弁を行う場合にのみ「錯誤であり」うる[167]。しかしながらウィトゲンシュタインにとって、「いかなる見解も宗教的象徴の基礎としては役立たない」（ibid.：64）のであり、「原始人の特質は、（フレーザーとは反対に）見解にもとづいて行動しないということである」（ibid.：71）[168]。

　ここでは当然優先性の問題が起こってくる。理性（reason）が行為（action）を基礎づけるのか、それとも行為が理性を基礎づけるのか、と。しかしこれらの用語で問いを立てる際の問題点は、言語と振舞いが暗黙裡に区別されているということである。だからこそウィトゲンシュタインは、「優先性」について語ることを躊躇し[169]、それに代わってこれらの現象の同時性を強調するのである[170]。それにもかかわらず、ここには真の曖昧性が存在する。というのも、既述のように

ウィトゲンシュタインは、他の箇所では、言語的行動の「原初的な反応」からの派生的性格を強調しているからである[171]。このようにして、言語と推論は、それらの共通のルートを自然的、前言語的振舞いにもっているといわれているのである。言語の主要な機能は、そのような原初的な反応を報告したり、記述したりすること——このことはわれわれが結局はその技術を習得することであるとしても——ではない。むしろ言語は、補助的な役割において、そのような自然的な振舞いの拡張として、教えられかつ学習される[172]。従って、われわれは行為（原初的な振舞い）の理性（熟考）に対する「優先性」について語るかもしれない。もちろんこのことが「自然的なもの」が「文化的なもの」の特殊な細目を決定し、——その含みとして、後者が前者に還元されうる、ないしは後者が前者からただ単に演繹されうるということを意味する、と解されない限りにおいてであるが。しかしながら前者が与えてくれるものは、その内部においてのみ後者がさまざまな形態で発展させられことができる境界条件である。

　ここでわれわれがわかり始めたことだが、フレーザーの人類学に関してウィトゲンシュタインを悩ませているものは、その思弁的性格と、それが「原始的な」宗教的儀式をいかに不正確に分析し、表現しているかということである。というのもフレーザーは、そのような実践を擬似科学的な装いで特徴つけることによって、それを単なる「愚行」（ibid.:61）として矮小化しているからである。ウィトゲンシュタイン的中和剤は、次の節に直接的に見出されることができる。

　　ひとは人類学の本をつぎのように書き始めることができよう。地球上の人間の生活や行動を観察すると、人間は、動物的と名づけることのできる行為、栄養の摂取、等々のほかに、独自の特質を帯び、儀式的行為と名づけることもできるような行為も行っていることがわかる、と。

（1996a：67）

このようにしてウィトゲンシュタインは、「原始的な」主題と「近代的な」主題の間の区分（潜在的にはリオタール的な「抗争（différend）」）——フレーザーが当を得ていると仮定しているだけではなく、主ら認識的である（epistemic）と解している空隙——を効果的に閉じている。というのも次のようにいえるからである。

このような実践を秩序づけている原理はフレーザーの説明するよりもはるか
に普遍的であり、しかもわれわれ自身の心のなかに存在するから、われわれは
あらゆる可能性をみずから考え出すことができるであろう。実際のところ、フ
レーザーの説明は、最終的分析において、われわれ自身に宿る傾向性に訴え
ていないものである以上、まったく何ら説明にもなっていないといえよう。

(1996a：65-6)

　フレーザーが彼の説明的仮説を定式化する可能性ですら、彼が彼（あるいは
われわれ）自身の文化的実践とまったく異なっていないと記述している文化的実
践に基づいている。われわれは、まさに「原始的なもの」と「近代的なもの」との
相違がリオタール的な意味で「極端」ではないからこそ、これらの儀式（と実際の
ところフレーザー自身の分析）をある程度理解できる[173]。このことは、これらのさ
まざまな時代を本質的に結びつけるものは共有された認識論である、ということ
ではない。つまり、われわれがそのようなさまざまな儀式を理解できるのは、それ
らがわれわれの近代的な世界像の小児的なヴァージョンを表現しているからだ
ということではない。「彼らの自然についての知識は、彼らがそれを文章に記せ
ば、われわれのものと根本的に区別されないであろう」（ibid.：74））。むしろ重
要な結びつきは、われわれが共有された本能的、自然的振舞いからなる共通の
人間性を共有しているという「より一般的な」事実にある。実際「現象がひとた
び私自身の所有する本能と結びつけば」（ibid.：72）、これらの文化的実践を
理解することの困難さは解消される。

　フレーザーはいう、「……このようなしきたりが殺された者の死霊への恐怖
によって命令されたものであるということは確実と思われる」、と。しかし、一体
なぜフレーザーは「死霊」という言葉を使うのか。自分にはわかっている迷信
的な言葉でわれわれにこの迷信を説明しているのだから、彼はかくも完全に
それを理解していることになる。あるいはむしろ、彼はここから、われわれのう
ちにも未開人のかの行動様式を正しいものと立証する何かがある、ということ
を知ることもできたであろう。——どこかにひとが神と呼ぶことのできる人間的・
超人間的存在がある、と私が信ずるとしたら（私はそれを信じないが）、——
私が「私は神々の懲罰を恐れる」というとしたら、それは、私がそれによって何

170

かをいおうとすることができる、あるいは、かの信仰と必然的に結びついているとは限らないある感情を表現することができる、ということを示している。

(1996a：68)[174]

かくしてフレーザーが評価しそこなっているのは、「それらの未開人」（ibid.：70）の振舞いと「今日のあらゆる真の宗教的行為」（ibid.：64）との間の「血縁関係」の本性である。言い換えれば、「これらのすべての実践が示しているのは、それがある実践が他の実践から由来するという問題ではなく、ある共通の精神」（ibid.：80）、あるいは「一般的傾向」（ibid.：78）[175]――つまり、以前に論じられた「原始的振舞い」や「本能的反応」に関するウィトゲンシュタインのさまざまな見解と関係がある自然的な傾向である、ということである。だから宗教的儀式の創始と永続性は、人類のもっとも基本的な傾向性と関心を証明する彼らの能力に依存している[176]のであって、フレーザーが解釈するように、混乱した擬似宗教的推測に根差しているのではない。フレーザーの錯誤は、道具的、目的・手段的行為を、すべての有意味な人間的活動の原型と解釈したことである。儀式的活動をこのような仕方で評価することは、明らかにそれらを、認識的に貧困化することである。しかしこの明らかな欠陥を生み出すのはフレーザー自身の比較のモデルなのである[177]。結局ウィトゲンシュタインが強調しているように、

　　私が何かに激怒しているとき、私は何度も杖で大地や木などを打つ。しかし、だからといって、大地に罪があるとか、それを打てばどうかなる、と私が信じているわけではない。「私は当り散らしている。」そして、すべての儀式はこの種のものである。このような行為は本能行為と名づけることができる。――そして、たとえば、私が以前に、あるいは私の祖父たちが以前に大地を打つとどうかなると信じていた、という歴史的説明はごまかしである、なぜならば、それは何も説明しない余計な仮定だからである。この行為が体罰の行為と似ている、ということは重要であるが、この類似以上には何も確証されていないのである。

(1996a：72)

憎む者の像を火刑にすること。愛する者の写真に口づけすること。こうしたことは、当然のことながら、似姿があらわしている対象に及ぼす特定の効果への信念に基礎をおいてはいない。その目的とするのは満足感であり、また、それは得られるのである。あるいはむしろ、それはまったく何ものも目的とはしていない。われわれはかくふるまい、そしてその場合満足したと感じるのである。ひとは愛する者の名前に口づけすることもできるであろう。そしてこの場合、名前による代償行為であることは明らかであろう。

(1996a：64)[178]

ここで強調されるべき論点は、われわれすべてが、人間として、儀式的諸活動に関与するということである。そして「人間」は「儀式的動物」（ibid.：67）であるといわれるかもしれないのは、この意味においてである。これらの活動は、文明化されていない迷信的な時代の名残り、あるいは「間違った物理学」として嘲笑されるべきではない[179]。フレーザーが行っているように、科学的基準に従ってそれらを判断することは間違っており[180]、「愚かである」（ibid.）だけではなく、それはまた根本的に正くない[181]。これらの「フレーザーの『金枝篇』へのウィトゲンシュタインの批評」の主題を念頭において、最後に私はリオタールの極端な多元主義に戻って、それに対して批判的な目を向けたいと思う[182]。

リオタールの多神教的正義の再考

「多神教徒か、背教徒か、未開人か？（Pagans, Perverts or Primitives）」という論文において、レディングズは「テロへの道に火をつける」のは、「われわれの共通の人間性という仮定」（Readings 1992：186）であると結論している。実際、彼によれば、「アボリジニが人間であると仮定することは、彼らの文化的多様性に対しては不正（unjust）である」（ibid.：185）。しかしレディングズの懐疑論は間違っている。というのも、（フレーザーの論証と類似した）彼の自身の論証はこの極端な立場の虚偽性を前提しなければならないからである。第一に、われわれは当然のことながら、レディングズですら「文化」（従ってまた「文化的多様性」）という用語を人間（*human beings*）[183]——、あるいは少なくとも人間に「類似している」（Wittgenstein 1958：§281）者[184]に対しての

み適用するだろう、と仮定することができる。このように彼の論証は逆説的である。というのも、もし「他者（the other）」——ここではアボリジニは、本当に「他なるもの（other）」（つまり理解不可能性、共約不可能性、翻訳不可能性、概念的相違）の典型であるとすれば、どのようにしてレディングズ自身は、（1）彼らをそのようなものとして同定しうるのか、そして彼らの苦境を証言できる——あるいはその限りでは彼らの苦境を「証言する」ために、政治学それ自体の必要性を証言することができるのか。もし他なるものが実際に絶対的に「他なるもの」（*radically* 'other'）であるとすれば、一体どのようにしてわれわれは出会い（邂逅）があったということを知りうるのか。というのも、他なるものがそのようなものとして「現れることさえないだろう」（Derrida 1992a: 68）[185]から。第二に、レディングスが（スリンと同じように[186]）、「人間性」という属性付与にかんして、いかなるそのような属性付与も政治的な排斥、辺境化、暴力を容易にしうる限りにおいて、慎重であるのは正しい[187]。しかしこのことが実際に警告しているのは、たかだかあるタイプの属性付与だけなのである。もしわれわれが「人間性」をあまりにも狭く特徴づけるならば、もちろん危険なことだが、「人種差別、性差別、同性愛差別」（Readings 1992：174）の可能性が根拠づけられることになる[188]。しかしそのときレディングズ自身の極端な「文化的多様性」への敬意は、それ自身ただ単に、恐怖や、誤解や、不信や、見下すような異国趣味という望ましくない倫理的・政治的特徴を強化することができるだけだろう。ここには、われわれが「他者の他性（otherness of the other）」を過度に強調するとき、レディングズが確認しているようなそのような不正の数々にまさに不可欠であるような疎外（ailienation）への傾向性を、不本意にも勧めることになるかもしれないということに類似した危険がある[189]。第三に、レディングズは、「共通の人間性」を仮定することが必然的に諸個人をそのカテゴリーから排除する可能性を含意することになるということにおいては正しいとしても、このことさえ、本質的に不正なことではない。非道徳主義者についてすでに論じたように、理由（根拠）と正当化が完全に「委曲をつくしてしまった」[190]（Wittgenstein 1958：§217）ような極端な場合においては、あるひとが——一時的にせよ——その「人間性を喪失してしまった」と主張することは、ただ単に言い訳可能であるばかりでなく、唯一の適切な反応である[191]。アウシュビッツを見学し、大規模な墓の写真を見て笑いとばしたり焼却炉に攀じ登ることで友人を面白がらせようとするネオ・ファシスト[192]（手短にいえば、執拗に「他者の不幸へ

の悪意ある喜び」（Schopenhauer 1995：135）に耽る人）は、実際この意味において「彼の人間性を喪失した」といわれることができる。彼の欠点は認識上のものではない。つまり彼はただ単に判断の誤りを犯したということでも、主として判断の誤りを犯したということでもない[193]。むしろ彼の道徳的反応と優先事項が非常に歪んでいるので、彼はもはや第一にそのような判断を行うことがどのようなことを意味しているかを理解していない、ということなのである。（このことこそ、「どうしてそのようなことができるのだろうか？」という抗議の反問が説明的な答を求めているのではないという理由なのである[194]。この抗議の叫びは、再び、大きな「ため息、叫び」（Wittgenstein 1994a：30）、つまり希望の表明や、慰めへの呼びかけや、当惑の共有を他人（another）から承認してもらうことをを懇願するものなのである[195]。）この個人は「われわれの世界に生きていない」（Cavell 1979：90）とか、「人間的ではない」（後の章で論じるように「動物」ではないにもかかわらず）といわれるかもしれないということは、単なるレトリカルな誇張的表現ではない。それはまったく適切な言い回しである[196]。

　アボリジニの苦境についてのレディングズの説明において印象深いことは、これらの存在者は、まず第一に不正を被る素質（the capacity to suffer an injustice）をもっているということを、必然的に仮定しているということである。レディングズは彼のエッセイにおいて、疑いなく、この潜在的素質についてはどのような疑念も表現していない。実際、万一そのことについての疑念が存在するとすれば、彼の全論証は余計なものだということになるだろう。そしてわれわれは、彼の思索が、カーペットや鉄のやすり屑が被った数多くの「不正」にではなく、アボリジニの苦境に集中しているのは、偶然の事柄と見なしうるだけだということになるだろう。このことは、リオタール的企てにかんする重要な論点をもっと一般的に際立たせることになる。差異という概念は、われわれが思い出すように、極端な対立の可能性に依存している[197]。しかしどのようにしてそのような対立が明らかになるのかと、尋ねられるかもしれない。対立がそのようなものとして存在するためには、「対立する当事者」の間には、ある共通性が存在しなければならない——少なくとも「対立する当事者」が存在しなければならない。このようにして、判断基準の間の対立は、判断基準を使用するひとびとの間においてだけ起こると有意味にいわれることができる。そしてこのことが、一部は、われわれは石やカーペットや木などとの間に「対立がある」といわ

れることができない理由である。同様に、（申し立てによれば）共約不可能な
諸言語ゲームや諸世界像の間の対立は、両方の当事者が諸言語ゲームを演じ
るか、諸世界像に「参加する」ということを前提にしている[198]。言い換えれば、
ここで再び必然的に前提にされていることは、アボリジニとその対立者の両方
が、諸言語ゲームないしは諸世界像がその内部でのみ機能している（人間的
な）生活形式を共有しているということである。先に私が「絶対的に他なるもの
（radical otherness）」という概念について述べたように、真に絶対的な対立
は、「対立」としてさえ現れないだろう。（逆説的なことだが、真に絶対的な対立
とは、まったく愛や平和や友情のようなものかもしれない。）このようにレディング
ズの論点は、まさにアボリジニが人間であり、われわれ自身と類似的な仕方で[199]、
そのようなものとして不正や「傷つけられること[200]」を経験できるのであるから、
かなりのレトリカルな力をもっている。ウィトゲンシュタインの最小限の自然主義か
ら実質的な倫理的基準を導き出すことは可能ではないかもしれないが、それは、
（明示的なものであれ他の形態のものであれ）「われわれ」の宣言（proclamation）
がただ単に「性急である」ということではなく、「許容される」（1999：§150）と
いうことを証明している。倫理的・政治的理論化がまさにスタートすることが絶
対に必要なのである[201]。

原　注

1　Witgenstein 1999：§9 を参照せよ。

2　Witgenstein 1995：4.121 を参照せよ。

3　ここでは、『論理哲学論考』、「倫理学講話」、「ハイデッガーの存在と不安について」にお
いて表現されている存在論的驚き（ontological wonder）に注目することは価値のあること
である。興味深いことにウィトゲンシュタインは、「倫理学講話」において、「言語で世界の
存在という奇跡をあらわす正しい表現は……言語自体の存在である」（1993：43-4）と付言
している。この点にかんして、「宇宙の起源を思い起こさせる……電話的なイエス」（Derrida
1992a：271, また 260, 270, 273 も参照せよ）と、言語の所与性にかんする見解（1992b：
27, 80-1; 1998c：40, 64, 67-8）──「贈り物」と「贈与すること」一般の本性にかんする
言説（1992b：62,80, 82,90-2, 99; 1999c：58,66-7, 71）も含めて──を参照せよ。第 8 章に
おいてこれらの多くの主題に戻ることにしたい。

4　これは論争を呼ぶ論点である。後に明らかになるように、私はこの概念の最小限の自然主義
的（minimally naturalistic）解釈に賛成する。

5　ショーペンハウアーに引用されたセクストスの見解（Schopenhauer 1995; 122）を参照せよ。

6 このことは、「決断」（Winch 1960: 235-7）、「事実」（ibid.: 237- 8）、「客観的実在」（1964: 308-9,313; 1970：253）という概念を文脈相対化する必要性と「異なった合理性」（1964：316-18; 1960：236）の可能性にかんするウィンチの考察と関連がある。道徳的領域がファイヤアーベント（や他のひとびと）が示唆するような仕方で実際にどの程度まで分断化されるかは、議論の余地がある（Graham 2001：8-9）。

7 普遍的な基準に訴えることがなければ、ファイヤアーベントはこの「理にかなっている（*reasonable*）」と「洗練化されている（*civilized*）」の使用を正当化できないだろう。なぜなら、これらの用語の各々を構成しているものは、諸伝統間の争いの事柄であるだろうからである。

8 Witgenstein 1958：§23; 1999：§609を参照せよ。

9 Feyerabend 1987：106ffを参照せよ。

10 ウィンチは同様に科学的概念の変わりやすさについて言及している（Winch 1960：234）。科学主義に関する彼の考察としては、1964: 308-9, 321; 1970:250, 253-4,258-9を参照せよ。

11 Morris 1990：143も参照せよ。ファイヤアーベントの見解を宗教的教育についてのルソーの助言（1973：115-16）と比較せよ。

12 ファイヤアーベントの政治的政策については、Preston 1997：191-211を参照せよ。

13 同様の問題は、クリッチェリーが「政治学の問題は、全体主義化へのすべての企てを繰り返し妨げるある形態の政治的生活の輪郭を描くことである」（Critchley 1999a：223; Campbell 1999: 42, 51も参照せよ）と主張するときにも生じる。なぜなら、この命令ですら、それによっていくぶんか「全体主義化的」示威行動を行っていることになるに違いないからである。まったく同じことは、「ドグマティズム的テーゼだけは避けられなければならないことである。これは定言命令である。ドグマティズムは……どんな代償を払っても避けられなければならない」（2002f：213）というデリダの主張についてもいわれることができよう。

14 Johnston 1991：143を参照せよ。

15 バーンスタイン（Bernstein 1991：222）はリオタールについて同じ論点を提示している。

16 9/11といわゆる「テロへの闘い」以来、私がこの章で論じるテーマは、より一層緊急なものになった。同様に、第8章におけるレヴィナスとデリダにかんする私の議論（特に「歓待」の問題にかんする議論）は、移民についての懸念にかかわる現行の政治的風潮においては特に関係がある。

17 私は主に、ヒック（Hick）が明示的に彼の批判者に応答している『信仰の虹（*The Rainbow of Faiths*）』（1995）に言及するだろう。

18 Hick 1995: 31を参照せよ。ヒックは、彼自身の多元主義が「特権化された優越的論点」（ibid.: 49）を主張しているのではなく、「帰納的に、地上レベルから到達される」（ibid.：50）ものであり、さらに彼の仮説は「宗教的観点、宗教の歴史の諸事実の観点から見て……『最良の説明』として提示されている」（ibid.：51）と示唆している。

19 Hick 1995: 34-7を参照せよ。多元主義と単なる多元性の認識は区別されるべきでる（Surin 1990: 117）。この区別は、たとえば、スージェン（Sugden）の「学識ある福音主義（informed evangelicalism）」（1990: 148、また150-2も参照せよ）には欠如している。多元主義は、スージェンが解釈しているように、福音主義的でないものについては、ある程度の忍耐と非強制性に達するのみである。

20 Hick 1995：34を参照せよ。

21 Hick 1995：16, 125を参照せよ。

22 Caputo 2001：20も参照せよ。

23 Hick 1977：167-84; 1995：87を参照せよ。

第3章　多元主義、正義、傷つきやすさ　　ウィトゲンシュタインの政治化

24 「擬似」はここでは重要である。というのも、ヒックはウィトゲンシュタインがジャストロー（Jastrow）の「アヒル - ウサギ図」を使用していることに言及している（Hick 1995: 24）にもかかわらず、彼はウィトゲンシュタインの（いわゆる）「信仰主義」には反対している（Hick 1996：237-8; 1988：7ff）からである。

25 Hick 1975：45-9 を参照せよ。

26 Hick 1977：184; 1995：121 を参照せよ。

27 Hick 1995：133 も参照せよ。

28 かくしてヒックの政治的政策は、ファイヤアーベントの場合と同じように、非常に主意主義的（voluntaristic）である（Wittgenstein 1999：§317 と比較せよ）。

29 結局、「[歴史的] データを集める唯一の方法」（Wittgenstein 1996a：69）が存在するのではない。

30 Hick 1995：12 を参照せよ。

31 Hick 1995：19 も参照せよ。かくして、「『神中心の』……神学的立場を[多元主義者が]採用することの背後にある主要な動機の一つは、まさに[このようなたぐいの]『恥ずべき』[実践]の神学的遺物に疑いを差し挟み、それを取り除きたいという欲求である」（Surin 1990：119）。

32 ヒックが「偉大な世界宗教の各々にとっての中心的関心となっている」（Hick 1995：17）ことは、それらの「救済／解放」への専心、つまり「人間における自然的な自己中心性から神的なものに再集中化することへと向かう現実的な変化」（ibid.：18; Derrida 1998b：42-3 も参照せよ）にかんすることであると主張している限りにおいて、彼の基準は暗に同質化的である（Surin1990：121-2）。

33 Surin1990：114 も参照せよ。

34 つまり、何が「砂」を河床の「岩」（Wittgenstein 1999:§99）から区別するのか。ヒックは、「異なった伝統の各々が……それ自身の優越性を必然的に伴う側面を徐々に篩にかけて選び出すだろう」（1995：123）ということを彼が明瞭に望んでいるという点において、この問題に正当な注意を払うことに失敗している。自らの著作の規範性を控えめに見せたいというこの強い願望は、ヒックが「私のイスラム教徒の同僚やユダヤ教徒の同僚やヒンズー教徒の同僚や仏教徒の同僚に、彼ら自身の伝統をどのように発展させようと試みるべきかを私はあえて語らない」（もちろん彼らが排他主義的な傾向の持ち主ではないと仮定してだが）、「なぜなら最終的には変化は宗教的伝統の内部から起こらなければならないから」（ibid.：121）と主張するときにも同様に示されている。

35 Hick 1995：30 を参照せよ。

36 Wittgenstein 1994b：61 を参照せよ。また「信仰の卓越した絶対性（the pre-eminent absolute of faith）の領域」（Levinas 1997a：172-3）が存在する可能性にかんするレヴィナスの見解に注目せよ。

37 ヒックはまた、日常生活の脈絡において広く行きわたっている「暗黙の宗教的多元主義」（Hick 1995：122）にそれとなく言及している。

38 Caputo 2001：102-3 を参照せよ。また告白に関するレヴィナスの見解（Levinas 1997a：172）にも注目せよ。

39 Derrida 1995b：106 を参照せよ。

40 Derrida 1993b：10-11, 33; 1995b：64; 1999a：69-70,81; 2000b：51 を参照せよ。あるいはもっと逆説的に、われわれは「どうして許されることができないこと（the unforgivable）が許されることができるのか。だがそれ以外の何が許されることができるだろうか」（Derrida 200

177

0b：39）と尋ねるかもしれない。（原文注 41）

41 Derrida 1995a：198-9, 386-7;200b：39 も参照せよ。（原文注 40）

42 このことは、正当化の限界と「合理的な」一致（合意）に達する可能性は、どの程度まで共有された判断基準（およびわれわれが適切に訓練されていること）に依存しているかということについての私の以前の議論と関係がある。また Winch 1960：234-5,239 も参照せよ。

43 ヒックの『『排他主義』の断固とした否認』によって「曖昧にされている」彼の論証の「同質化的傾向」（Sturin1990：125）についてのスリンの見解を参照せよ。

44 Derrida 1995b：61; 2000a：405 を参照せよ。

45 モリス（Morris）の「真の多元主義」（1990：1933）への訴えと、西洋的リベラリズムのユダヤ教的実践の扱い方についての彼の批判（ibid.：179-96）を参照せよ。

46 Hick 1995：31 を参照せよ。

47 デリダの「反復可能性」の説明がここでは適切である（1992a：42 - 3, 64, 276, 304; 1995a：175, 200, 372-3, 378, 388）。このことについては第 8 章で再度触れるだろう。

48 スリンの読み方によれば、ヒックの多元主義についてパラドクシカルなことは、他者の「他性」（the 'otherness' of the other）を真に認識できるのは、宗教的排他主義だけであるという点にかんしてである。

49 Surin1990：125-6 を参照せよ。カプトも同様に、「宗教」を構成する「相互的に還元不可能な生活形式」（2001：131）について言及している。

50 Lyotard 1985：51-4 を参照せよ。リオタールは、「ポストモダン」の社会は、「メタ物語（metanarratives）への不信」（1997a：xxiv; 1993：20 も参照せよ）によって特徴づけられると主張している。というのも、今やわれわれはそれに代わって、「多くの物語的な言語諸要素（narrative language elements）」の流通と、局地的に限定された「諸言語ゲーム」の根本的な「異種性」をわれわれが見出すからである。

51 リオタールはここでは、レヴィナスが他の「諸物語」や「諸言語ゲーム」よりも倫理的なものを優先していることを、批判している（Lyotard 1985：60）。ウィトゲンシュタインのいわゆる主意主義（彼の「人類学的仮定」（Lyotard 1993：21; 1985：51 も参照せよ; 1988：xiii; Readings 1991; 107）へのリオタールの批判は、間違っている。というのも、リオタールも同様に間違いを犯している——このことが間違いであると仮定して——からである。後に私はリオタールの立場を批判し、第 6 章と第 7 章でレヴィナスに戻ることにする。

52 ウィトゲンシュタインのゲーム・プレイにかんする見解（Wittgenstein 1994a：27）と比較せよ。もちろんこの段階においてリオタールは（ヒックと同様に）「［彼らの］表明されたものに執着し」、「彼らが正しいと考える」確固たる宗教的排他主義者をもてなす（accommodate）という悩みの種を抱えることになるであろう。しかし［後に］明らかになると思われるが、もてなすことは、リオタールが推奨していることではない。またパルメニデス（Parmenides）とフロイト（Freud）にかんするリオタールの見解（Lyotard 1985：62）を、ウィトゲンシュタインのコペルニクス（Copernicus）とダーウィン（Darwin）（1994a: 18）とフロイト（1994b: 51-2）にかんするウィトゲンシュタインの見解と比較せよ。

53 Carrol 1987：160 を参照せよ。この「物語的想像」の強調は、「語句（phrase）」という語彙が「言語ゲーム」という語彙に取って代わる『文の抗争（*The Differend*）』において、再び現れる。「語句」は今や「論証的な単位（discursive units）の［疑いえず、もっとも単純で］最小のもの」（Carrol 1987：164）を表わすようになる。というのも、「疑いを免れているものは、それが何であれ、少なくとも一つの語句が存在するということだから。このことは、事実に基いて（ideo facto）に検証することなしには、否定されることはできない。

いかなる語句も存在しないは一つの語句であるし、私は嘘をついているは一つの語句である」
（Lyotard 1988：65, また xii も参照せよ）。（実際リオタールは、科学さえも「一つの語句」
（ibid.：xii,29）であると主張している。）一つの語句が存在するということ（That-there-is-
a-phrase）は必然的である。語句の間の連関がどのようになされるかだけが、開かれたままになっ
ているのである（ibid.：29）。そのとき「政治の諸問題」（ibid.：xiii）が生じるのはこの場
面においてである。なぜならどのような連関も必然的に他の連関を犠牲にして機能するので
あるからである（ibid.：xii）。

54 Wittgenstein 1994b：§609 と比較せよ。

55 Levinas 1997b：9 を参照せよ。

56 Lyotard 1993：20 も参照せよ。

57 もちろん同じ言語を異なったように演じることと異なったゲームを演じることの区別は、それ自
身議論を呼ぶであろう。

58 Carrol 1987 を参照せよ。かくしてリオタールは、それ自身が一つの「与えられた」正当な
言説の領域（a 'given' and legitimate region of discourse）を形づくっている全体主義
の可能性を排除しているように思える。

59 Readings 1991：113 を参照せよ。

60 Readings 1991：118 を参照せよ

61 Lyotard 1988：13 も参照せよ。

62 Graham 2001：8 を参照せよ。

63 しかしわれわれは常にすでに妥協していると論じられるかもしれない。というのも「すべての
文化は元来植民地的であるからである。……あらゆる文化はそれ自身、ある程度の言語の
『政治学』の一方通行的な押しつけを通して制定されるから」（Derrida 1998 c: 39）である。

64 Lyotard 1985：66-7 を参照せよ。

65 Lyotard 1985：25；Readings 1991：108 を参照せよ。

66 Readings 1991：112 を参照せよ。というのも、このようにリオタールにとっては、政治は必然
的に実験的で、非目的論的な企てであるからである（ibid.: 124）。そしてこのような理由から、
彼はさらに「いかなる公平な社会も存在しない」（Lyotard 1985：25）と（ペシミズムを暗
示することなしに（Readings 1992：184 ））と主張している。もしひとは常にもっと善く、もっ
と公平に行為することができるということが事実ではないとすれば、正義（公正）という観念
それ自身は無意味となるであるだろう。道徳的公正（moral rectitude）の支持を表明する
傾向があるどのような社会（あるいは個人）も、危険なことに、ナイーブであるか、または専
制的である（Caputo 2000：112, 115）。第 7 章と第 8 章で見るように、レヴィナスとデリダは
いずれも類似した主張をしている。

67 狂人の口を封じることについてのデリダの見解（1998a：80- 1）を参照せよ。

68 ヒックは、彼の多元主義的な仮説がこの暗黙の多元主義の自然的拡張を構成していると考え
ているように見える。

69 Hick 1995：19 を参照せよ。

70 Readings 1991：109；Lyotard 1997a：xxiv-xxv を参照せよ。

71 Lyotard 1988：xiii；1997a：82 を参照せよ。

72 Derrida 1990：951 も参照せよ。

73 空間定位（spatialization）の方法についての絶対的な文化的「他性」（a radical
cultural 'otherness'）のやや説得力の欠ける説明としては、Shapiro 1999:62 を参照せよ。

74 Readings 1992：181-2 を参照せよ。また「魔術的影響」と「因果性」にかんするウィンチ

（Winch）の見解（1964：320）にも注目せよ。

75 レディングズは、「共通の人間性」（あるいは「人間的自然」）についてのいかなる概念も定義によって全体主義的である、と主張している（Readings 1992：174-6,184,186）。後に私はこの主張に異議を唱えるつもりである。

76 Derrida 200b：15,27,135を参照せよ。レディングズは後に、「先住民に対して行われた不正（injustice）は、人間性の広義の概念の内部に彼らを含むことによって妨げられることができる近代主義にたまたま付随した人種差別ではない。むしろすべての近代主義者のメタ物語のような普遍的人間性の仮定は、それが人間的諸権利の灯火を煽るとしても、恐怖へと至る道に火をつけることになる」（1992：186）と述べている。

77 ここでわれわれは第1章で論じられたピュロン主義者の「途方にくれている(being-at-a-loss)」を想起するかもしれない。これらの引用文をモラウエッツ（Morawetz）の『確実性の問題』にかんする見解（1978：123）と比較せよ。

78 Pitkin 1993：325‐6; Greisch 1999：50も参照せよ。フッサール（Husserl）の「感情移入（empathy）」にかんする見解（1982：134-5; 1989：84）に注目せよ。

79 ここではこれ以上追求しないが、疑いもなくこの局面でウィトゲンシュタインとヒューム（Hume）についていわれるべき物語がある（Clark 1999：11-24）。

80 同様にワーハン（Werhane）は、ウィトゲンシュタインの後期の著作にかんする「レヴィナス的」懸念——特に彼が（申し立てによれば）「自我ないしは自我同士の相互関係という概念」（1995：62）を展開できないこと——を誤解した。

81 Cockburn 1990：6, 76; Tilghman 1991：98を参照せよ。

82 この引用文は、他のひとびと（others）が時々（「まったく見知らぬ伝統をもつ異国」に行ったとき「われわれは自分自身を彼らのなかに見出せない」（Wittgenstein 1958：p.223; Glendinning 1998：71も参照せよ）という）「完全な謎」であるというウィトゲンシュタインの見解と比較されるべきである。そのような他のひとびとが完全な謎であるという主張は、ひとを誤りに導きやすい。実際これらの見解には、「獅子が話すことができるとしても、われわれは獅子を理解することができないであろう」（ibid.）という同じようにひとを誤らせやすいウィトゲンシュタインの見解がすぐに続いているのである。第7章でこの後者の見解には戻りたい。

83 Wittgenstein 1990：§567を参照せよ。

84 「コロニー」という用語を用いることさえ、社会的——必ずしも人間的ではないにしても——組織の識別可能な形態を前提としている（Derrida 2000a：405）。

85 Winch 1987：144; Cockburn 1990：119を参照せよ。

86 Wittgenstein 1958：§415; Tilghman 1991：100-1; Gaita 2000：269も参照せよ。関連する論点は、メルロ＝ポンティ（Merleau-Ponty 1996：353）においてもなされている。

87 Cockburn 1990：77を参照せよ。

88 ウィトゲンシュタインもまた、「人間のようにふるまうものについてのみ、ひとはそれが痛みを感じている、ということができる」（1958：§283）、「ひとは、生きている人間、および生きている人間に類似したふるまいをするものについてのみ、それに感覚があるとか、それは見ているとか、めくらであるとか、聞いているとか、つんぼだとか、意識しているとか、意識がないということができるのだ」（ibid.：§281, また§360も参照せよ；Cockburn 1990：66, 70; Gaita 2003：44, 59）と述べている。

89 奴隷についてのウィトゲンシュタインの見解は、他者を単なる機械として扱うことの不誠実さについて重要なことを例証している（1990：§§108, 528-30；Cavell 1979：376も参照せよ；Gaita 2000：48-9, 54-55, 68も参照せよ）。「憎しみ」においてさえわれわれは他者に対して

第3章　多元主義、正義、傷つきやすさ　ウィトゲンシュタインの政治化

ある「欲求の形態」（Derrida1995c: 47）を表明している、つまり私が他者に対して「ノー」というときに、「イエス」の消し難い痕跡がある（Derrida 1996Bb: 82）。第7、8章においてこれらの示唆に戻るだろう。

90 ガイタ（Gaita）は、その意義については説明していないが、多くの箇所で「顔」について言及している（2000: 15, 61-2, 266-8）。このことについては、後のいくつかの章でレヴィナスとの関連で追求したい。

91 Wittgenstein 1990：§220; Merleau-Ponty 1996：351 を参照せよ。

92 Wittgenstein 1958：§286; Cockburn 1990: 66-7, 70-1, 77; Rose 1997: 61,67 を参照せよ。

93 Wittgenstein 1990：§506 を参照せよ。

94 ウィトゲンシュタインが顔についてそれとなく言及していることは、自叙伝的観点から見ると、彼がアスペルガー症候群に属していたと考えられている（*Guardian Education* supplement, 20/2/01：45）限りにおいて、驚くべきことである。

95 Tilghman 1991：97-8; Gaita 2000：270 を参照せよ。

96 Wittgenstein 1958：p. 179; Winch 1987：147, 151 - 2; Kerr 1997：80; Gaita 2000：264 - 6 を参照せよ。

97 アイコンタクトはここでは特に重要である（Cockburn 1990：5）。

98 Wittgenstein 1958：§537 を参照せよ。

99 フッサールも同様に、われわれは「類比（類推）からの推理」を行っているのではないと主張している（Husserl 1982：111）が、それにもかかわらず彼はこの一般的な「私からの」構造を主張しているということは、「生きた有機体として……理解される向こうに見える身体は、私の生きた有機体からの類比的移行によって、この意味を導き出したに違いない」（ibid.: 110; Schutz 1964：22-4, 37 も参照せよ；1974：62, 104 も参照せよ）と主張していることからわかる。この点についてのフッサールへの共感的な読み方としては、Derrida 1997c：123ff を参照せよ。

100 Wittgenstein 1958：§285; Dilman 1987：31 も参照せよ。

101 Wittgenstein 1969：162 も参照せよ。

102 このことを Schopenhauer 1995：143, 147, 148 と比較してみよ。

103 人間の顔の自然的優先性にかんしては、Wittgenstein 1958：§§281,283 , 583 を参照せよ。

104 Descartes 1976：73 - 4 を参照せよ。

105 Hume 1988：159; Tilghman 1991：98ff.; Gaita 2000：xxviii を参照せよ。

106 Wittgenstein 1996a：69; 1994a：37 を参照せよ。

107 Wittgenstein 1994a：4 を参照せよ。このことはおそらく、自分自身の身体への驚きの感じに似ているであろう（ibid.：11）。

108 Bergson 1911：30 を参照せよ。

109 「非機械的」ということで私は、それ自身「不気味な感情」を生み出しがちなランダム性を意味しているのではない。

110 あるいは、ある度合いの反復可能性（一様性なしの繰り返し）（Derrida 2001d：76; 2002d：24）の方がよい。それは、自然的な振舞いの繰り返しと、緊張性統合失調症を区別する可能性を許容する。

111 Wittgenstein 1990：§§603 - 4 を参照せよ。

112 Bergson 1911：32, 34 を参照せよ。映画の歴史は、狂気、憑依、エイリアンが、抑圧的な反復動作、生気のない話し方、限定的で不器用な顔の表情によって最も効果的に演じられる（ibid.: 24, 56）という事実を、証明している。この映的表現のレパートリーのなかでは、

181

「硬直した目つき」（Wittgenstein 1958：§420）が目につきやすい。映画における顔の役割については、Balázs 1985：255-64 を参照せよ。

113 Cockburn 1990：119 も参照せよ。

114 ベルグソン（Bergson）の喜劇の分析は、特にこの論点についての拡張された思索である（1911：8-10, 16, 18, 20, 24-5, 29-34, 36-37, 43, 48, 57-9, 69, 72-3, 77, 79, 87, 101-2, 109）。

115 各回の傾聴の間で変化しているのはわれわれ自身である。つまりわれわれの周囲の環境、記憶、予期等々である（Derrida 2000d：65-6）。また社会的関係における「純粋な」繰り返しの不可能性および経験一般に関するシュッツ（Schutz）の見解に注目せよ 1970b：118）。

116 Gaita 2000：271 に引用されたブーバー（Buber）の見解を参照せよ。

117 私がここで念頭においている予測可能性は、熟慮したうえでのものではない。むしろわれわれは、他人の振舞いの規則性にまったく自然に反応する。そしてその後にこの種の反応に基づいて、熟慮が行使されるのである。すぐにこの論点に戻るだろう。

118 Mulhall 1993：76 を参照せよ。

119 （1）単なる物理学の実験の結果を予測することと、（2）友人がある特別の逸話を面白いということに気づくだろうということを予測することを比較せよ。どちらの場合にも、われわれは「予測」について（あるいは「計算」についてさえ）有意味に語りうるが、各々の場合に含まれている精確さのタイプは異なっている（Wittgenstein 1958：§§69-70, 88；1990：§438）。

120 Wittgenstein 1958：p.178; p.178; 1999：§221; Winch 1987：149 も参照せよ。もちろんこのことは、幻覚や欺きが起こらないということを保証するということではない。しかし『確実性の問題』を想起するとき、ここで懐疑論者に問いただすべき問題は、もしわれわれがこのことを信頼しないとすれば、なぜ私は——私の疑う力を含めて——何かを信頼すべきなのであろうかということである。

121 Wittgenstein 1958：p.178；1994a：49；Winch 1987：140-1；Kerr 1997：90‐4 を参照せよ。

122 Wittgenstein 1958：§420 を参照せよ。

123 レヴィナスも同様に、魂は「表情として具体化されない（non-reified）顔の中に」、「あるひとの微笑のような表情のなかに示される」（Levinas 2000：12）と述べている。第7章で見るように彼は、このことから動物を除外するのであるが。

124 Cockburn 1990：6,9; Mulhall 1993：80 を参照せよ。

125 Wittgenstein 1994b：57; 1996a：64 も参照せよ。

126 Tilghman 1991：115 も参照せよ。

127 Winch 1987：147 を参照せよ。

128 Cavell 1979：372-3; Graham 2001：8 を参照せよ。

129 ガイタ（Gaita）の異なったタイプの「ナンセンス」にかんする見解（2003: 128-9）を参照せよ。興味深いことに、ベンソー（Benso）は、ハイデッガー・レヴィナス的「事物（*things*）の倫理学」2000：59-196）を明確に表現しようと試みた。

130 同じ種類の問いは、他者（the other）の「絶対的他性（absolute alterity）」（1999：63）にかんするサピロ（Shapiro）の解説と、他者は「私の……把握の超えている」（1999：218）というモオロイ（Molloy）の主張の両方に対して問われることができるだろう。

131 Cockburn 1990: 72 を参照せよ。そのようなものに対するどのような「気遣い的な」身振りも、他者に対するわれわれの反応から派生したものであろう。石をあたかも苦しんでいるかのように扱うことは、それをあたかも人間のように扱うことであろう（Wittgenstein 1958：§§283-4）。コノリー（Connolly）は、「近い将来倫理的に重要になるようなある苦しみや排斥の形態に、

第3章　多元主義、正義、傷つきやすさ　　ウィトゲンシュタインの政治化

今日のわれわれが慣れていないということは、おおいにありうる。ここで、近い将来にそうなりうるというのは、政治的な運動が、文化的な思いやりや定義の基準点を変更させてしまうというような場合であるが」と述べているが、この見解には少なくとも二つの間違った点がある。第一に、われわれは、慣れていない現在の時点でこのことが将来的には可能である考えるべきいかなる理由もない——そして確かに、われわれがそのことが「おおいにありそうなことである」と考えるべき理由はない（われわれの世界像の「鞍にしがみつく」ことについての『確実性の問題』』におけるウィトゲンシュタインの見解と、第2章における「回想」にかんする私の分析を想起せよ）。そして第二に、仮にわれわれがコノリーの一般的な論点を承認したとしても、彼が言及している「苦しみの形態」は、もしそれらが現在の苦しみの形態とは極端に異なっていないとした場合にのみ、そのようなものとして判断されるであろう。

132 Winch 1987：149; Wittgenstein 1996a：64-71; 1999：§§475, 538, 559 を参照せよ。

133 Husserl 1982：§§50-4 も参照せよ。ウィトゲンシュタインは、例外的な状況下ではわれわれはこのような仕方で推理するかもしれないとという可能性を否定していない（1990：§539）。「共感（empathy）」のあからさまな合理的説明としては、Molly 1999：214-16 を参照せよ。

134 これらの見解を念頭に置くと、ガイタが「原始的反応」を「前言語的」として記述することに口が重いこと（2000：272-3）は、非常に不可解である。

135 「真実を語ること」についてのウィンチの見解（1960：242-6, 250）と、嘘をつくことについてのウィトゲンシュタインの見解（1958：§249）を参照せよ。

136 Wittgenstein 1958：p.223 も参照せよ。もちろん、このうちの誰も、われわれが暴力の自然的素質をもっているということを否定していない（実際のところウィトゲンシュタインは、ときどきこのことについては明らかに宿命論的であるように見える（Drury 1981: 131））。ポイントは、——「自然的」ということを本来的に利己的と判断しているレヴィナスのような哲学者とは反対に——、他者に対して気遣うということもまた自然である、ということである。第6、7章で明らかになるように、レヴィナスの反自然主義にとっての問題は、それが利他的行為を「奇跡」のようにしてしまうということである（Greisch 1999：51; Caputo 2001：139）。

137 Wittgenstein 1999：§§391-2, 458 も参照せよ。

138 Cavell 1979：110-11; Wittgenstein 1999：§391; Cockburn 1990：76 も参照せよ。

139 Wittgenstein 1958：§§244, 343; Kerr 1997：85 を参照せよ。

140 子供は一般的には石やカーペットや鉄製のファイルに対して同じ種類の好奇心を示す（「これ苦しいの?」と語る）ことはないということは、偶然的なことではない。

141 ティルグマン（Tilghman）が「われわれに対して『断固たる態度をとる（stand fast）』」信念を強調するとき、彼の後のコメント（1991：113）にもかかわらず、彼はウィトゲンシュタインの自然主義にしかるべき重要性を与えていない。

142 Nietzsche 1992b：Essay 2, §7 も参照せよ。カプートは、痛み（苦痛）の「系譜学」の可能性を重要視しすぎている。実際そのような系譜学は、「残酷さや無用な苦しみを引き起こすこと」（Caputo 2003：177）へのカプートの歯に衣着せぬ非難を大いに疑わしくするだろう。同じようなやり方で、フーコー（Foucault）は、「われわれは本能的な生命の単調な恒常性を信頼し、それが過去においてと同じように現在においても無差別にその力を行使し続けていると想像している。しかし歴史的知識は、容易にこの統一性を崩壊させる。……われわれは、身体がどのような出来事においても専ら生理学の諸法則に従い、歴史の影響を免れていると信じているが、しかしこのことも間違いである。身体は非常に多くの組織によって形成されている。……人間における何ものも——その身体ですら——自己認識や他者の理解の基礎として十分に安定していない」（2000：379-80; Derrida 2001c：262; 2002f：

183

204, 210 も参照せよ）と述べている。いうまでもなく、これらの主張は基本的に間違っている
と私には思われる。

143 Caputo 1993：196, 216 を参照せよ。私のここでの示唆は、ウィンチの「すべての既知の
社会の生活に必ず含まれている」「誕生、死」そして「性的関係」という「限界的観念」
（Winch 1964：322）（Wittgenstein 1996a：66-7）に繰り返されている）と関連がある。
彼は、それらの観念は「見知らぬ社会の制度組織の意味がわれわれに不可解と思われた
場合に、どこに注目すべきかの手がかりを与えてくれる」と指摘している。そのときウィンチにとっ
て、「人間生活という観念は、まさにこれらの概念によって限界づけられており」（1964：322,
また 324 も参照せよ）、この決定的な意味において彼の立場は相対主義的ではない（ibid.：
308, 320-1；1960：232-3, 238, 244, 250；1970：249）。ウィンチの「限界的観念」を念頭に
おきながら、死への超文化的な関心についてのデリダの見解にも注目せよ（1993b：24, 42-
4, 60-1）。

144 Tilghman 1991：113; Caputo 2000：111 を参照せよ。

145 他の人間と（あるいは）文化を理解するために必要な前提についてのウィンチの見解を参
照せよ（1960：232-3; 1970：250）。「生活形式における……一致（agreement）」（1958：
§241）についてのウィトゲンシュタインの見解も同様に、この最小限の自然主義的な光のもと
で読まれるべきである。

146 Schopenhauer 1995：139 も参照せよ。

147 Mates 1996：pp. 30-1 を参照せよ。

148 真の非道徳主義と（あるいは）「道徳的盲目」が可能であるということを、私は否定してい
ない（Gaita 2003：167ff.）。私の趣旨は、これらのカテゴリーをあまりにも性急に用いること
に警鐘を鳴らすことである。

149 ウィトゲンシュタインの「自由意志」にかんする考察、特に決定論（determinism）は「運
命論（宿命論）（fatalism）」（Wittgenstein 1993：431）の一形態であり、「あなたは［他
者を］責任あるものとしたり、あなたの判断に厳しくしたりすることを望んでいない」（ibid.：
433）ということを意味しているという示唆は、ここでは興味深い。（「それは、われわれが判
断することを望んでいない場合を見るやり方である」（ibid.；437, 440-1 も参照せよ））。彼は
続けてニーチェ的な流儀で、「あなたがこのようにする傾向があるということは、……心理学
の事実である」（ibid.：433）と述べている。

150 ガイタが述べているように、「道徳性はわれわれのさまざまな目的に役立たないが、それらの
裁判官である」（2003：181）。

151 Gaita 2000：17-27 を参照せよ。

152 同じ論点がレヴィナス（1996b：247）によってなされている。

153 Caputo 1993：28-9 も参照せよ。従って（リオタール（Lyotard（1985：60）とともに）、倫
理を他の「言語ゲーム」（Caputo 1993：125）より上位におくことに対してレヴィナスを批判
するとき、カプートは間違っている。実際カプートが、「義務（責務）（obligation）には主
観的なものは何もない」、なぜなら他者の苦しみは「われわれを他者の要求のもとにおくこと
になる」（ibid.：31-2）からと主張するとき、倫理的なものを上位に置くことを信頼している。
この混乱は、さらに、カプートが（私の見解からすれば正当に）次のように主張するときに見
て取られることができる。彼は、方法論的にいえば、何が「善き生（Good Life）」と見なさ
れるかを確定しようと企てるべきではなく、むしろ「われわれに日々襲ってくる多様な災害（不運）
や、衰弱した肉体や、損害を受けた生命とともに、下から出発すべきである」（ibid.：32-3,
また第 9 章も参照せよ）、というのもそれらは「不穏な一様性をもっており」（ibid.：41）、か

くして「われわれを結びつける」（ibid.：54）能力を所有しているからである、と主張しているのである。それゆえ、そのような主張を念頭においたとき、カプートが「肉（flesh）を非歴史的な（ahistorical）原理にしようと試みている」（ibid.：208）ということを彼が否定することは不必要である。この「原理なき倫理学」のもっと簡潔な説明（およびすべてのそのパラドックス）については、Caputo 2003 を参照せよ。

154 Gaita 2000：209,267,276 も参照せよ。

155 Caputo 1993:31-3,36-7 を参照せよ。ド・サド（De Sade）のもっとも非人間的な著作でさえ、このことを証言している。というのも、彼の情念を搔きたたせるのは、他のひとびとの苦しみだけであるからである。

156 Cavell 1979：115; Winch 1987：153 も参照せよ。

157 Wittgenstein 1958：§217; 1999：§563 も参照せよ。

158 もちろんそのような「説得」がとる特殊な形態はそれ自身道徳的に考慮すべき問題であろう。ニューエン（Nuyen）は、彼のレヴィナスの読み方において、「道徳的動機の問題」2000：411）（つまり、レヴィナスの説明においてまさに「何が……良心を覚醒させるのか」（ibid.：417）と問うこと）と、非道徳主義者が道徳性それ自体に突きつけることになると想定されている脅し（ibid.：412,416,421）を区別することに失敗している。

159 Drury 1981：171 を参照せよ。

160 ウィトゲンシュタインは 1931 年に「フレーザーの『金枝篇』へのウィトゲンシュタインの批評」を書き始めたが、後年の 1948 年に注を追加した。第 5 章でこの文献に戻るだろう。

161 Wittgenstein 1996a：69,80 を参照せよ。

162 Wittgenstein 1996a：72 も参照せよ。

163 Wittgenstein 1999:§559 を参照せよ。ウィトゲンシュタイン自身は方法論的には自然誌（史）に属する諸問題からが距離をおいているにしても、存在論的には自然主義にとどまり続けている。

164 Wittgenstein 1958：§§109,126,217,654,656,p.224;1999：§§204,559; Nyiri 1982：59 を参照せよ。

165 Malcolm 1993：81 も参照せよ。

166 このことは、「宗教的信念についての講義」（1994b: 57-9）におけるオハラ（OHhara）へのウィトゲンシュタインの批判と関係がある。ウィトゲンシュタインがそこで斥けているのは、オハラの目的論的科学主義であるとしても。

167 Wittgenstein 1996a：68, 72-3; 1999：§477, 538 を参照せよ。

168 このことは、子供は「反応し」（1999: §538）、ずっと後になって初めて「知ること」と「疑うこと」（ibid.：§475）に至るということについての『確実性の問題』における 見解と並行している。

169 Wittgenstein 1958：§244 を参照せよ。

170 Wittgenstein 1958：§656; 1996a：62; Rhees 1996：56-57 を参照せよ。

171 Wittgenstein 1958：§§334, 244, 546, p.224; 1990：§§391, 540-1, 545; 1994a：31, 46; 1999：§505 を参照せよ。

172 Wittgenstein 1958：§§23,25,656 を参照せよ。

173 Wittgenstein 1996a：63-4, 73-4 を参照せよ。

174 Wittgenstein 1996a：70, 74, 76 も参照せよ。

175 Wittgenstein 1958：§206 を参照せよ。

176 Wittgenstein 1996a：77 を参照せよ。

177 Wittgenstein 1996a：81 を参照せよ。ウィトゲンシュタインが述べているように、「あること

が自然のなかで『機能をもち』、『目的をはたす』ところではどこでも、それがいかなる目的も
もたず、『機能障害を起こしている』状況においても同じことが見出されるということが、自
然誌（史）の基本法則と見なされるかもしれない、と私は思う」（1994a：72）

178 シューベルト（Schubert）の死（Wittgenstein 1996a: 66）と笑い（ibid.: 73）にかんするウィ
トゲンシュタインの見解も参照せよ。ユーモアの道徳的意義に関しては、「ナチス・ドイツで
はユーモアが絶滅されてしまった」という主張についてのウィトゲンシュタインの考察（1994a：
78）と、コスタ＝ガヴラス（Gosta-Gavras）の『告白（The Confession）』にかんするガイタの
見解（Gaita 2000：48-9）を比較せよ。

179 Wittgenstein 1994a：49 を参照せよ。

180 Wittgenstein 1996a：65 を参照せよ。

181 Wittgenstein 1993：181；1996a：71, 1999：§§609-12 を参照せよ。ウィトゲンシュタインは
さらに、フレーザーの「未開人」は、彼らの儀式の自然的限界がどこにあるかだけは余りに
もよく理解している、と主張している。というのも、「おのれの敵を殺すためにその画像を突き
刺すその同じ未開人が、画像においてではなく、実際に材木で彼らの小屋を建て、巧みに
材木を削って矢を作る」（1996a: 64、また 71-4 も参照せよ）からである。同じ調子でフッサー
ルは、「真理と虚偽、批判と明証的な所与との批判的な比較は、日常的な主題であり、前
科学的な生活においてさえそれらの恒常的な役割を演じている」（Husserl 1982：12）と述
べている。

182 私はこの相関関係を追跡することをするつもりはないが、リオタールへの私の批判は、デイ
ビッドソン（Davidson）の「概念的枠組みという思想について（On the Very Idea of a
Conceptual Scheme）」（1984）とある程度の並行性をもっている。

183 Derrida 1993b：41 を参照せよ。

184 Wittgenstein 1958：§§283, 360 も参照せよ。

185 Winch 1960：236；1964：311, 317；Caputo 1993；74, 80-1；2000：113 も参照せよ。ここで
はレディングズが、「出会いは起こり、生じるが、いかなる言語もそれを言い表すのに役立た
ない」（Readings 1992：183）とわれわれに断言していることを、想起することは価値があ
る。（またレヴィナスの「他者」という概念に対するデリダの見解（Derrida f1997c: 125- 9）
にも注目せよ。）絶対的な他者（the radically other）との出会いというのはパラドクシカル
な概念であるという私の主張は、贈り物のアポリアと、特に贈与者と受贈者は共に、贈り物を
そのようなものとしてさえ認識しない（実際のところ、そのことを忘れる）ことの不可避性につ
いてのデリダの考察（1992b：13-14, 15, 16-17, 23, 27, 35-6, 47, 56, 91, 101, 147, 148, 171；
1995a：209；1995b：29, 31, 97, 112 並行している。

186 Surin 1990：120 を参照せよ。

187 Readings 1992：175 - 6 を参照せよ。

188 Derrida 1985：292；2002d：18-19；2002f：102,207；Putnam 2002：35；Gaita 2003：167
を参照せよ。

189 Derrida 2002f：194 を参照せよ。このことを（私が 8 章で戻ることにする）デリダ的用語で
表現し直せば、ここでレディングズを悩ませていることは、「人間性」という用語の反復可能
性である。

190 Wittgenstein 1999：§§192, 563, 612 を参照せよ。

191 Wittgenstein 1994a：1 を参照せよ。ショーペンハウアーは、「自然な憐み」の喪失につい
て同じ論点を提示している（1995：149）。

192 この例は、「秘密のマッキンタイヤー（MacIntyre Undercover）」という BBC1, 10/11/99 の放

送から取られたものである。

193 Gaita 2000：178-9 を参照せよ。

194 Gaita 2000：39 を参照せよ。

195 ガイタの父親の「混乱」と「当惑」についての彼の見解（1998：124-5）を参照せよ。

196 このようにして「アウシュビッツ」は、われわれの道徳的語彙において重要な表現になった（Levinas 1988b：162; Peukert 1998：156; Gaita 2000：111, 141）。

197 ウィンチはこの論点については明瞭ではない。というのも、彼も「絶対的な不一致」（Winch 1987：186）に言及してはいないが、後に続くオーエル（Orwell）とガンジー（Ghandi）にかんする発言においては、そのような度合いの衝突は不可能であるだろうということを暗示しているように見えるからである（ibid.：187-8）。

198 Davidson 1984：184-5, 192, 197; Bambrough 1992：247-50; Wittgenstein 1999：§156 を参照せよ。

199 Caputo 1993：29, 54 を参照せよ。

200 Wittgenstein 1994a：45-6 を参照せよ。ティルグマンも同様に、「人間の身体と特に人間の顔は、道徳的な空間、つまり……道徳的な生活の基礎であるすべてのそれら（人間の身体、特に顔）の表現の可能性である」（1991：115；また Caputo 1993 も参照せよ：Ch. 9; Gaita 2000：283 も参照せよ）と結論している。

201 ある批評家は、ハーバーマスの宣言について「もし普遍的な道徳的共同体が存在するとすれば、それは比較的狭い範囲の規範によって構成されている」とコメントし、「善（the good）の諸形態は多元的で、すべての人間は共通の傷つきやすさの支配下にあるのであるから、対話的倫理学（a discourse ethics）によって見積もられている連帯は、大部分『善き生』の断定的な見解によりも、むしろ『損害を受けた生』のヴィジョンに基づかされなければならない」、「すべての人間が同じ仕方で傷つきやすいということを考慮すれば、普遍的な同意を命ずる規範を与えうるような『一般化可能な利害関心（generalizable interests）』が存在するということを想定することはもっともらしい」（Moon 1995：152；また Caputo 1993：41 も参照せよ）と続けている。しかしながら、ハーバーマスは、自分は主に「生物学的な」（1983：120）脆さ（fragility）ではなく、むしろ社会的適応（socialization）における傷つきやすさに関心を抱いている、と明瞭に述べている（1983：120-2;；1996：196-7）。

202 また Cavell 1979：115; Winch 1987：153 を参照せよ。

第4章　幕　間

争いよりも平和を好む

　　ある国の国民は、まさに国民として、「どこからかやって来て、周りに住みつ
いているひとびとを受け入れるべきである——万一彼らが外国人であるとして
も」ということは、人民的で、公共的な関与の証しであり、ある種の「寛容」
に還元されることができない政治的な公共的事柄（res publica）である。そ
のことは、もし寛容が測り知れない「愛」の肯定を要求しないとすればの話で
あるが。

J. デリダ「迎え入れの言葉」

　　神も善性（the Good）も存在しないが、善さ（goodness）は存在する——
これがまた私のテーゼである。それが人類に残されたすべてである。……
愚かで、無分別な善さの行為は存在する。

E. レヴィナス「存在することは正当であるか」

　　対話は放棄を、つまりあるひとを不法な手段で説得する力の放棄を必要と
する。

R. ガイタ『共通の人間性』

これまでの章で私は、ウィトゲンシュタインの自然主義が彼の後期の著作の

——しばしば控えめに述べられてきたにもかかわらず——本質的な構成要素であるばかりではなく、またかなりの倫理的・政治的意義をもっていると論じてきた。先に進む前にこれまでの議論の主要な主題を要約しておくことが役立つだろう。

　第1章で、私はセクストスとウィトゲンシュタインがともにどのようにある治療的目的論を共有しているかを示した。そこでは、抽象的な理論的不安からの解放の可能性が良き哲学的実践の目的を構成しているとされた。私はまた、この解放がどのように「自然性」を受け入れることによってのみ可能となるかを示した。ピュロン主義者にとってこのことは、次の二つの要素を含んでいた。（1）信念を根絶し、そのことによって直接的な現象的経験の生を甘んじて受けること。そして、（2）同時に自らを周囲の社会的・文化的実践に一致させること。このような仕方でのみわれわれはアタラクシアを獲得し保持できる、とピュロン主義者は主張する。ウィトゲンシュタインにとって哲学のない生活を獲得することは、哲学的諸問題の「文法的」本性と密接に結びついている。言語それ自体がここでわれわれを道に迷わせる。それは哲学者たちによって悪化させられる疎外である。ウィトゲンシュタインが唱える新しい記述的方法は、このようにして、「日常的」で、哲学のない生活の内部に言語を再配置することを目指す。言語が実際にどのように機能しているかについてのこれらの文法的記憶を提示することによって、哲学的当惑は解消される。一口でいうと、ウィトゲンシュタインは言語にかんするひとを誤りに導きやすい諸仮定からわれわれを解放しようとするのであるが、彼はそのことを実践的な人間の諸活動の内部に言語を位置づけることによって行うのである。この点についてもっとも重要なのは、言語は自然的、本能的振舞いの補助的な役割において機能するという主張である。さて一部の注釈家たちは、このウィトゲンシュタインの言語的・概念的再配置化という非常に反哲学的構想から、彼の後期の著作における倫理的・政治的意味について擬似ピュロン主義的結論を導き出した。この解釈では、ウィトゲンシュタインは基本的に、われわれが深い関心を向けるべきもっとも重要なことは、訓練すること、規則に従うこと、われわれの共同体の慣習に順応することであると見なす「保守主義的」思想家として特徴づけられる。第2章で私はこれらの主張を、ウィトゲンシュタインの最後の、申し立てによれば最も「保守主義的な」著作であるある『確実性の問題』の中心的モチーフを考察することによって検討した。正当化の限界や、われわれの受け継がれた世界像に固執することの適切性や、合理的な議

論における説得の役割にかんする彼の多くの考察が与えられると、このテクストは、ある認識論的・文化的ドグマティズム（「宗教的信念についての講義」の反護教論主義にも現れているもの）を擁護しているように見える。それにもかかわらず私は、もっと厄介なサブ・テクストが『確実性の問題』に取り憑いていると論証した。このことは、ウィトゲンシュタインが、（1）認識論的相対主義（一部の注釈者たちはそれを彼の後期の「多元主義」として解釈した）と、（2）もっと根深い統一的な自然主義との間でしばしば揺れ動いていることからすると、先に言及した「保守主義的」読み方を問題あるものとする。この両義性に対して、私は第3章で、『確実性の問題』をウィトゲンシュタインの別の著作と並べて位置づけなければならないと示唆した。なぜならこのことが、特に彼の自然主義が後期の記述的・治療的哲学の潜在的に極端な認識論的相対主義をいかに和らげるかを明らかにするからである。このようにして、「フレーザー『金枝篇』について」（私が第5章で戻るテクスト）において明らかになってくることは、人類の基底的な共通性（the underlying commonality）への非常に深い関与である。ウィトゲンシュタインは決して文化的・概念的「差異」を矮小化しないとしても、それにもかかわらず彼は前述の「原始的な」人間の振舞い（特に苦しむことと結びついた振舞い）において、次の三つのものを隔てる一見して根本的な亀裂を橋渡ししうるものが現れると主張している。それは、（1）現に存在する人間の諸共同体と、（2）近代の（あるいはさらにいうなら「ポスト・モダンの」）文化的諸生活形式および古代の文化的諸生活形式と、（3）人間および非人間的動物のことである。

　第1章におけるウィトゲンシュタインとセクストスの比較的分析を思い起こしてみると、これらの主要な論点は次のように要約可能である。二人の哲学者は概念的当惑を緩和することを目指した治療的な諸技術を実践し、そのような解放化をより「自然的な」生活の仕方と同一視しているが、この自然主義の倫理的な意味にかんしては基本的に異なっている。ピュロン主義者は自然性へのこの帰還を（厄介な社会的・文化的寄生主義を擁護することによって）また倫理的関心からの解放としても見なすのにたいし、ウィトゲンシュタインにとっては自然性の領域は、倫理的生活の基礎をなす本能的・行動的ブロック健材を含んでいる。つまりピュロン主義者は信念を放棄することによって道徳的重荷を解放することを望んでいるが、自然性の領域はすでに倫理性に「汚染されている

（contaminated）」ということを認めることができない。かくしてウィトゲンシュタインの哲学的「理想」は「ある種のクールさ」（1994a：2）ないしは「平穏（平和）であるということ」（ibid.：43）であるかもしれないが、しかしこのことは、ピュロン主義者にとってそうであるという意味では倫理的理想ではない。さて以上が概略的にではあるが、これまでの章の中心的主題であった。しかし今後の議論の舞台を設定するために、私は二つの文章（最初はウィトゲンシュタインの『断片』から、二つ目はレヴィナスの「意味と意義（Meaning and Sense）」という論文から）を手短に論評しておきたい。ウィトゲンシュタインが『確実性の問題』において、信念の「鞍に留まっていること」（1999：§616）と、われわれが「一つの命題ではなく、命題の巣」（ibid.：§225）を学ぶことについて述べている多くのことと一致して、『断片』において彼は次のように述べている。

　　もしあるひとが妖精を信じないなら、その子供たちに「妖精は存在しない」と教えるには及ばない。彼等に「妖精」という言葉を教えないでおけばよい。どのような場合に、彼らは「……は存在する」「……は存在しない」という必要があるのか。それは、彼らが、自分とは反対の信念を抱くひとびとに出会った場合に限られる。

（1990：§413）

ここでの論点は非常にわかりやすい。子供に教える場合、伝承された世界像によって排除されているすべての事柄を説明する必要はない——それは子供に自然言語の非文法的な文の構成の仕方を教える必要がないのと同じである[1]。（たとえば）無神論者の子供は例外なくある時点で神や天国や不死性（等々）について親に質問するだろうが、そのような質問は、親がその子を教育する際にあることを見落としたという理由で生じることはない。むしろそのような子供は、他人と出会ったときにそのひとの世界像のなかにそのような概念が含まれていることに気づいたような場合、その子供自身の概念的語彙のなかに［それらの概念の］欠落を経験するようになるだろう[2]。だから上記の引用文がわれわれに注目させることは、自分とは「反対の」信念をもっている他のひとに出会ったときの破壊的な潜在力である。このことが注目に値するのは、第2章で見られたように、『確実性の問題』の一般的な主眼点は、このような仕方で「異なった」

192

第4章　幕　間　　争いよりも平和を好む

世界像と対立する際には、敵意は不必要であることを強調しているように見える
からである。われわれの世界像の「鞍に留まっていること」は認識的に正当化
可能であるとしても、そのような立場は（必ずしも専制君主的にではないにして
も）明瞭に倫理的な根拠に基づいて問題化されうるようになる。もっと特殊的に
は、そこでの自己確信は、それと争い、自分がただ単に存在するということにおい
てさえ「争う」能力をもっている別のひとびとに出会ったときに動揺させられるとい
うことを上記の引用文は示している[3]。私はすぐにこの主題に戻るだろう。最初
にレヴィナスに向かいたい。

　他人の言語を学習する可能性については、レヴィナスは「意味と意義」におい
て、次のように書いている。

　　この場合に考慮に入れられなかったことは、適応（orientation）とは、中国
　語は野蛮である（つまり言語の真の美点が奪われている）、と断言する代わり
　に、フランス人に中国語を学ばせ始め、争いよりも平和を好むことが必要とされ
　るということである。われわれは、あたかも、諸文化の同等性と、それらの豊富
　さの発見と、それらの豊かさの認識は、それ自身適応の効果でも、人間性が
　依って立っている疑う余地のない意味の効果でもないかのように判断する。
　……われわれは、あたかも平和的な共存が、［人間］存在には、それにユニー
　クな意味を与える適応が明示（delineate）されているということを前提にして
　いないかのように判断する。

（1996a：46）

『断片』第413節を念頭におくと、レヴィナスが自然言語の習得についてここで
述べていることは、ウィトゲンシュタインの「世界像」にも同様に当てはまるかもし
れない。つまりレヴィナスが挑発している問いは、次のようなものである。われわ
れはいかにして、他人の世界像へのわれわれの平和的な「適応」を理解できる
のか。われわれはいかにして、自分自身の世界像とは異なった世界像に出会う
ことが、非常にしばしば、われわれが「それは野蛮であると宣言する」という事態
に至らないで、むしろ「争いよりも会話（speech）を好む[4]」という事態に至るとい
う事実を理解できるのか。レヴィナスは他のところで次のように指摘している。

知識を完成させることのみが必要であるような対話（dialogue）から出発して、暴力の終焉を期待しているひとびとの進路におかれている大きな問題は、相互に暴力を行う傾向のある対立する存在者たちをこの対話に至らせること……の困難である。これらの存在者たちを対話に至らせるための対話を見出すことが必要であるだろう。

(1998a：142)[5]

　私がここで指摘したい論点は再び、純粋に認識的根拠（そのようなものがありうると仮定して）に基づいてのみ、ひとは他人の世界像を無視するか、否認するか、非難するだろうということである。端的にいえば、なぜひとが「争いよりも会話を好む」——あるいはその限りではピュロン主義者による無関心の肩すくめを好む——のかについて説得力のある理由は存在しない[6]。ひとは通常このような仕方で他者を激しく非難したりしない（ウィトゲンシュタイン自身の宗教的なものとの関わりは一つの顕著な例である）ということは、相互主観性は認識論的なカテゴリーで充足され——かくして認識論的なカテゴリーで規定され——ないということ、しかしともかく倫理的感受性は、除去不可能でかつ認識的に破壊的な役割（an ineliminable and epistemically disruptive role）を果たすということを示している。自己犠牲といっていいほどまでに寛大であること、歓待すること、贈与すること[7]が可能である——ときどきあなたは「あなたの私的領域や家庭や国を放棄する」（Derrida 1999a：70）——ことは、忘れられるべきではないし、矮小化されるべきでもない[8]。倫理は一般的に認識的関心を必然的に含むと認められている（この論点について私はここで論じるつもりはない）が、倫理はまた必然的に認識論的なものに浸透するということ、つまりここには「相互的な汚染（mutual contamination）[9]」が存在するということはそれほど認められていない。

　先に私は「ともかく」倫理（'somehow' ethics）はわれわれの他のひとびととのわれわれの関係において、除去不可能な役割を果たしていると述べた。私がここでためらいがちに語るのは、この倫理的な関係の本性についてはもっと適切にその輪郭が説明さなければならないからである。とりわけ、「他者への気遣い」はいかにして「ある集団とその利害の自己中心主義に一致するという観念における安心感」（Levinas 1998a：9）を超え出るかがまだ明らかになって

第4章　幕　間　　争いよりも平和を好む

いない。ウィトゲンシュタインの自然主義が他のひとびとへのこの「適応」を探す
ことをどこから始めるべきかについての重要な手掛かりを提供してくれることは、
確かである。しかしながら私が主張したいと思っているのは、「争いよりも平和」
への好みがいかにして生じるのかについてのもっと深い意味をわれわれが得る
のは、レヴィナスの著作と――デリダによるその慎重な展開――を介してである
ということである。

原　注

1　このことは、不在の（排除されている）用語が意味の創出において構成的な役割を演じると
　　いう、意味の示差的な説明ということすら可能にするするだろう。
2　もちろんわれわれは言葉がその内部で生命が与えられるような実践も取り扱っている
　　（Wittgenstein 1990：144；1994a：85；1994b：55）。私がこの発言から引き出す論点は、
　　破壊されたために、さもなければ「役立たなく」されたためにかえって「目立つ」ようになった「調
　　度品」についてのハイデッガーの発言（Heidegger 1999：104-5）と、有用に関連づけられ
　　ることができるかもしれない。
3　興味深いことにウィンチ（Winch）は、「人間は本来的にお互いの潜在的な批判者であり」、
　　他人が存在すること（another's presence）でさえ、われわれの「人生観」や「生活に
　　おける役割」に対する「暗黙の批判」を構成しているほどである、と述べている（1987：
　　180, また 146-7, 150 も参照せよ）。そのような主張のレヴィナス的意義は、第6章で明らかに
　　なるだろう。
4　Handelman 1991：195 を参照せよ。
5　このことはもちろん、あらゆるナイーブな反現実主義の根底において問題を構成している。
　　Levinas 2000：164 も参照せよ。
6　ウィンチの善きサマリア人（1987）と寛容（ibid.：190）についての発言を見よ。
7　Winch 1987：174; Caputo 1993：126-7; Schopenhauer 1995：126, 130, 138, 144;
　　Levinas 1998a：163; 1998b：227 を参照せよ。
8　第8章で論じるように、純粋な自己犠牲という観念は、デリダの説明（1992b：7, 10, 12, 27,
　　29-30, 76, 104, 123; 103b:38-9,79; 1955b: 42-5）では複雑である。それにもかかわらず彼は、
　　「不可能なもの」へのある程度の欲求が道徳的生活には必須のものであり続けるということ
　　を認めるだろう。
9　Derrida 1992a：68; Bennington 1993：310 を参照せよ。

第5章　報いなき悲惨さ

宗教、倫理、罪悪感（責め）についてのウィトゲンシュタインの見解

　キリスト教の神への信仰が絶え間なく衰退してゆくにちがいないということから推して、もう今日ではとっくに人間の責め（guilt）の意識のいちじるしい衰退もおこっていたであろうと、かなりの確率をもって結論できることだろう。それどころかまた、無神論の完全な決定的勝利によって、人類は、彼らの始原すなわち第一原因にたいして責めを負っている（guilty）というこの根深い感情から、すっかり解放されるかもしれぬという見込みも、なきにしもあらずなのだ。無神論と一種の第二の無垢とは相依相属のものである。

F. ニーチェ（F. Nietzsche）『道徳の系譜』

　不可能性の経験だけが、真に反省へと駆り立てる。思考は、われわれができることについてなされるのではなく、われわれができないことによってはじまる。

J. デリダ『交渉』

　平静を切望することが宗教的だとは私は思わない。思うに、宗教的なひとは、平静や平穏を追い求めるべきものとしてではなく、恩寵として捉える。

L. ウィトゲンシュタイン（リース（R. Rhees）『L. ウィトゲンシュタイン』における引用）

まえがき

第1章では、相互主観性に枠組みを与える自然的限界と、スリン、リオタール、レディングズといった「極端な」多元主義でさえ、そのような限界をいかに前提せざるをえないかを探究した。後期のウィトゲンシュタインが書いたものは、「言語ゲームの還元不可能な多元性」（Greisch1999：50）を強調しているように見えるが、この見かけはあてにならない。というのも、文化的実践の多様性を過小評価すべきではないが、そのような実践を（「文化的実践」としてでさえ）認識し、理解するための基礎は常に、「人間生活における善悪の可能性が働く場である『倫理空間』を決定する」「根本的諸観念」（Winch1964：322）にあるからだ。従って、「他なるもの」や「根本的な差異」を同時代的に理論化しようとしたとき、われわれが覚えておかねばならないのは、「他の文化」という正当化可能などんな名称においても、最小限には理解可能な何らかの仕方で「他者（the other）」をすでに認定しているということである[1]。スリンやリオタール、レディングズのような極端な多元主義者にとって、そのような認定は（彼らがいうには）自分自身を反映させることが不可欠である以上、他者の他性（the other's alterity）を侵害している。この説明では、多かれ少なかれ同質的な「われわれ」を前提するために、他者の「絶対的単独性」は差し引かれることになる。しかし、デリダが指摘したように、これを「暴力」だと責めるときには、慎重になるべきだ。というのも、それは「他者との関係を開くものである以上、同時に非暴力でもある」（1997c：128-9）からだ[2]。つまり、この「倫理以前の暴力」（ibid.：128）[3]は、倫理と政治と正義のまさにはじまりの印である[4]。次の二つの章の目的は、以下を明らかにすることである。（1）そのような取り除くことのできない「暴力」によって、倫理的なもの、政治的なものがどのように構成されるのか。そして（2）この「暴力」とは何か。本章では、ウィトゲンシュタインが宗教的、倫理的な諸々の主題を扱う際の、罪悪感（責め）（guilty）の役割を考察することからはじめたい。それらの取り組みにおいて、彼の自然主義がどこまで及ぶのかはきわめて重要であるし、とりわけウィトゲンシュタインが宗教的信念をそこへと戻す実践的な背景が「倫理空間」としてどう描かれるかが重要である。しかしながら、ウィトゲンシュタインはこれらの主題を断片的にしか扱わないため、第6章でハイデッガーとレヴィナスを参照しながら、これらのテーマを展開することにしよう。このことが示すのは、

第5章　報いなき悲惨さ　　宗教、倫理、罪悪感（責め）についてのウィトゲンシュタインの見解

ウィトゲンシュタインの思考は単なる前置きの代わりだということではない。それどころか、第6章の終わりに向けて明らかになるのは、ハイデッガーとレヴィナス両者の罪悪感（責め）（guilt）という根本的な概念が（「日常的な」経験や言語への彼らの疑いにもかかわらず）、実際には道徳的な罪悪感（責め）の「文法」と呼ばれるだろうものによって実証されるということである。以上が、罪悪感（責め）にかんする以下の二つの分析が位置づけられるおおまかな文脈である。しかし、私の分析を適切に組み立てるためにまず必要なのは、ウィトゲンシュタインの共感的な——しかし、しばしばやっかいな——倫理的・宗教的諸概念の扱い方に注目することである。

信念の帰結：ウィトゲンシュタインの躊躇の解釈

「宗教的信念についての講義」で、ウィトゲンシュタインは、霊魂の不滅を信じることに関する自身の困惑を隠さない。しかしながら、この困惑を無神論者の異議と混同してはならない。というのも、「あなたは何を信じるのか、ウィトゲンシュタイン。あなたは懐疑論者なのか。自分が死んでも生き続けていくのかどうか、あなたにはわかっているのか」と申し立てられたのに応じて、彼が確信をもっていえたことは、「自分にはわからない」（1994b：70）、あるいは同様に「私にはいえない」（ibid.：55）ということだけだからだ。しかし、これを単なるあいまいな言葉と結論すべきではない。それどころか、沈黙という亡霊（『論理哲学論考』を結ぶ厳粛な沈黙、あるいは「宗教的信念についての講義」を度々中断する躊躇）には、ウィトゲンシュタインが書いたものを貫く哲学的な重要性がある。それにもかかわらず、後期にそれが現れるときには、沈黙の機能がより不明瞭になっており、文献的解明が必要である。ウィトゲンシュタインは、霊魂の不滅という信念を承認も否認もしたがらないが、それは自分の肉体が消滅した後も「私は存在することをやめない」という言明に現れている「映像（picture）」（ibid.：54）を生来彼が用いることができないことに起因する、ある特殊な種類の理解できなさと躊躇を彼が経験するからである。この言明において何がいわれているのか、あるいはそれからどんな「結論」が引き出されるのかということに、ウィトゲンシュタインはまだどんな「はっきりとした観念」（ibid.：70）ももってないのである[5]。信仰者に対する彼の深い尊敬の（しばしば、そうありたいと

切望する[6]）姿勢が顕著であること、また、それが単なる「決定不可能性」よりも深く根づいていること——あるいはさらにいえば、第1章で論じたピュロン主義者の極端な躊躇——は、いずれも部分的にはこの理由による[7]。たしかに、ウィトゲンシュタインを「不可知論者」として描くことは魅力的ではあるけれども、それは誤解だろう[8]。特に彼は、不可知論者が理性に従って長引かせる躊躇を、神学上中立的というよりはむしろ、本来的に非宗教的だと判断するであろうから。（この点には後で戻る。）かくしてウィトゲンシュタインは、信仰（不可知論も含む）と非信仰という伝統的に対立する立場を回避しようと、彼自身の困惑を別の仕方で表現する。この映像の妥当性を否定することは、自分が実際に何を否定しているのかを、また従って、この映像が何を含意するのかを理解することを前提するであろうから、どんな直接的な異議もここでは問題含みになる[9]。しかし彼はこう続ける。

　宗教的なひとびとが……信仰をおいているのと同じ意味で、私がそれを信じるかどうか、と諸君が尋ねるなら、私は「否。そのようなことがあるとは信じない。」とはいわないであろう。そのようにいうことは私にはまったく馬鹿げているように思えるであろう。そして、そのとき「私は……を信じない」という説明をするが、そのときには宗教的なひとは私の記述することを全然信じない。

(1994b：55)

言い換えれば、何を自分が否定しているのかを信仰者に説明するとき、何を相手が信じているのかを十全に表現できたと感じることはめったにないということである。そのようなパラフレーズで十分に表現されていると信仰者が判断することは確かにあるかもしれないが、そのような保証は、実存的賭け金が高くなればなるほど——すなわち、特定の理論的、学説的な事柄の議論から、それらの事柄が信仰者の生において演じているより深い規範的役割へと進んで行けば行くほど、ますます起りそうもなくなる。この点は、トルストイ（Tolstoy）の『懺悔』によく描かれている。この著作が適切なのは、ウィトゲンシュタインの宗教に対する態度がトルストイの見解に多くを負っているという理由からだけではなく、宗教的信念についてウィトゲンシュタインが書いたものに対するよくある「信仰主義的」誤解を、以下の一節が明るみに出すからである。「神の存在を認めている」にも

かかわらず、神（Him）と「関係」していないという苦悩をトルストイは次のように描く。「私はふたたび絶望に陥り、自殺より他にとるべき手段がないような気持ちになってくる。しかも何よりいけなかったことには、私は自分がその手段をさえとりえないことを、同時に感じているのであった」（1987：64）。しかしながら、トルストイはこの悲惨さを打ち破る「喜悦に踊る生命の波」を語りはじめる。そこでは、彼の周囲にあるすべてが「いきいきと蘇り、意義をもってくる」。しかしそのような歓喜は長続きしなかった。というのは、トルストイは抽象的な理論的問題にくり返し戻るからである。彼が追い求めたのは「神の観念」ではなく、むしろ「それなしでは生きられない」ものであった。自殺という考えによって（再び）惑わされた瞬間、「神を信仰した場合だけ、生き甲斐のある気持ちで生きていられた」ということをトルストイは思い出す。というのも、「そのときは、今のように、こう自分にいい聞かせていた。ただ生きるために神を信じていた。ただ死ぬために神を信じず、神を忘れた」からだ。この「かつてよりもずっと力強く」（ibid.：65）経験された重大な自己の新発見は、あらゆることを新たな光のなかへ投じ、以降その光は決して消えることはなかった。ここでトルストイが描いたことがあらゆる信仰者の典型だとはいわないが、これらの文が描き出すのは、信仰がそこで経験されうる深みだけでなく、加えて、そのような状態へ関与することに託されている計り知れない実存的な賭け金である[10]。トルストイの全人生は神との関係を通じてのみ意義を見出すことができる[11]と述べることができるのは、確かに、類似した経験を共有したひとだけである。（このやや問題のある主張にはすぐに戻る。）非信仰者としてわれわれは、キリスト研究の内容に関する他人の信念をパラフレーズすることはできるかもしれない。しかしキリストの犠牲が彼らの日々の生活にとってもっている実存的意義を十分に表現できると、われわれは請け負うことはできない。このことが、徹底的に神学あるいは形而上学に基礎を置いたからといって、それは真の宗教的信仰を獲得すること（あるいはもち続けること）を何も保証しない理由なのである。同様に、あるひとが信仰をもっていない理由を説明しようとするどんな試みも、信仰者と非信仰者両者にとって、どうしても的を射ないように思える[12]。というのは、そのような「理由」の表現は、受け入れがたい仮説をパラフレーズすることに似ているからであろう[13]。私が何を信じていないのかを詳細に述べれば、信仰者もまた自分が信じているのはそれではないということに同意するだろう。そのような仮説的な解説によって根本的に誤って描写されている

と信仰者が感じるとすれば、その信念が不適切にゆがめられたということをしばしば十分に示している。たしかに、そのような説明は——信仰者の抗議にまったく無反応でありつづけるなら——哲学的な「ドグマ」（1994a：26）、「先入見」（1958：§340）、あるいは「不正」[14]とウィトゲンシュタインが呼ぶことの一つだというひともいるかもしれない。そして、これがある程度は、彼が次のように「いいたがらない」理由なのである。

> 「このひとたちは最後の審判があるという意見（ないし見解）を厳格に固持している。」「意見」というのは奇異に聞える。
> 〈ドグマ〉〈信仰〉という異なった言葉が使われるのは、この理由による。
> われわれは仮説についても、高い確率についても語ってはいない。また知識についても。
> 宗教的な対話にあっては、われわれは「私はかくかくのことが起ると信じる」といった表現を用い、それを科学のなかで用いるのとは違った仕方で用いる。
> (1994b：57)[15]

このように、信仰者と非信仰者それぞれの主張の間には、果てしない概念的・言語的な亀裂があることにウィトゲンシュタインは注意を促す。実際には、ここに「矛盾」（ibid.：53）はないのである。なぜなら、そのようなひとびとは「まったく違った考えかたをしている」のであり、彼らは「別の映像」（ibid.：55）、あるいは、「まったく異なった種類の分別」（ibid.：58）をもっているからである[16]。彼は続ける。

> もし誰かが「ウィトゲンシュタイン、あなたはこれを信じるか」といったとしたら、私は「否」というだろうし、「あなたがその人と矛盾しているのか」といったとしても、「否」というだろう。
> もし諸君が以下のようにいうとしたら、矛盾はすでにそのことの裡にある。
> 諸君は「私はその反対のことを信じる」とか、「そのようなことを想定する理由がない」とかいうであろうか。私なら、そのいずれもいわない。
> 誰かが信仰者であって、「私は最後の審判を信じる」といい、私が「でも、私にははっきりしない。たぶんそうだろう。」といったとせよ。諸君なら、われ

第5章　報いなき悲惨さ　　宗教、倫理、罪悪感（責め）についてのウィトゲンシュタインの見解

われの間には大変な乖離がある、というであろう。もしその人が「上空にドイツの飛行機がいる」といい、私が「たぶんそうだろう、私にははっきりしない」といったのであれば、諸君はわれわれがかなり接近しているというであろう。

　それは、私がどこか彼の近くにいるということについての問題なのではなく、まったく異なった局面にいることについての問題なのであって、これを諸君は「あなたは何かまったく違ったことを意味しているのだよ、ウィトゲンシュタイン」ということによって表現することができよう。

（1994b：53）[17]

これを念頭に置けば、前に示した「宗教的なひとは私の記述することを全然信じない」（ibid.：55）という点もさらに明らかにできる。そのような食い違いが起るのは、宗教的信念がそのなかで生命をもつ実践的な背景を少しばかり無視しているためである。私の説明が信仰者には不自然であるように思えるということ（私の解説は不十分で誤っているか、あるいはひょっとしたら冒涜的だとして、信仰者はこれを斥けざるをえないということ）は、別のスタイルの哲学的分析に導くはずだ[18]。宗教的な主張を擬似・経験的な仮説と見なすのではなく、哲学者はそのような言語使用を「ただ記述」（1958：§124）しなければならない[19]。この記述的な分析は、宗教的な発話の単なる目録作成以上のことをしなくてはならない。実際、「言葉だけ」（1990：§144）に関心を向けると、すでに言及したたぐいの表現の問題に行きつくことになり、このことが、言語が多様な実践的背景に根づいていることに注意を払うようウィトゲンシュタインがわれわれを促す理由である[20]（このことは、彼の「表層文法」と「深層文法」の区別（1958：§664）にも現れている）。記述的な分析が必要とするのは、何が語られているのかということだけでなく、語られていることを生に対する実践的な態度に結びつける方途である。とはいえ、一方には「語」が、もう一方にはそれと対応する「行為」があるような一覧表の作成にウィトゲンシュタインがかかわることはない。というのも、これは、後期の彼の著作がまさに拒否したこと——すなわち、言語的な振舞いと非言語的な振舞いが別々の現象であることを、いまだ前提しているからだ。記述されるべきなのは、むしろ、言語的振舞いと非言語的振舞いがそのなかでのみ意味をもつ関係性の複雑な網の目（それゆえ、ウィトゲンシュタインの用語でいえば「言語ゲーム」）である。そうすればこの道筋で、「宗教的信念について

の講義」はより幅の広い哲学的戦略の上に位置づけられることになる[21]。前章では、特に「フレイザー『金枝篇』について」に言及して、ウィトゲンシュタインの自然主義を論じた。残る問題は、その自然主義と宗教的信念にかんする彼の考察との間の関係である。これが重要なのは、宗教にかんする彼の見解と、彼の広範な治療的哲学におけるその見解の位置づけを適切に理解するための鍵を握っているという理由からだけでなく、彼の自然主義がもつ役割を正しく理解しなければ、われわれは彼が書いたものの倫理的な含意を誤解することになると思われるからである。

　前述したように、信仰者と非信仰者それぞれの言説は「まったく異なった局面」（1994b：53）で働いているので、彼らの間に「矛盾」はない。このような一文は、まさに私がこれまで反対してきたある種の相対主義的な信仰主義を示すように見える。というのも、ここで、互いの立場を根本的に共約不可能にする信仰者と非信仰者の間のリオタール的「抗争」が表現されていると、ウィトゲンシュタインを解釈したくなるからだ。同様に、トルストイの懺悔を理解できるのは「何かしら似たこと」を経験したひとだけだと示唆したとき、これを宗教の「内部にいるひと」だけが彼の不安を理解するようになるという意味にとられるかもしれない。ここで何らかの解釈的作業が必要とされることは疑いないが、ウィトゲンシュタインが提示したより広範な哲学的・自然主義的観点に注目すれば、このような信仰主義の可能性は避けることができる——ただしドゥルーリーがほのめかすような[22]、ウィトゲンシュタインの「多元主義」に訴えることによってではないにしても。私がここで強調したい点は、「原始的」と「近代的」について第3章で強調したことと類比的である。すなわち、（今の例でいえば）有神論者と無神論者の間にある概念的・言語的・実践的な隔たりはしばしば大きいだろうが、それは架橋不可能というわけでもないということだ。というのも、そのような違いはあっても、信仰者と非信仰者はある原始的で自然な人間的活動によって、依然として結ばれているからである[23]。それゆえ、ウィトゲンシュタインのいう「まったく異なった局面」は「根本的」ではありえない[24]。　従って、信仰者と非信仰者に話を戻せば、ある「連結項」（1996a：69）が以下の事柄と事柄の間で設けられる可能性がある。（1）宗教的行為としての「敬神」と非宗教的行為としての「敬愛」（ibid.：66）の間[25]。（2）罪（sin）の告白と愛あるいは罪悪感（責め）の告白[26]。（3）宗教画の崇拝と愛するものの写真や名前に対して示される愛情[27]。（4）亡霊と

なった死者の「訪れ」について語ること（また、そのような霊に「生者の魂を盗む力」（Frazer1993：185）があると信じること）と、良心や他人の思い出に「取り憑かれる」こと[28]。（5）信仰に要求される絶対的な信頼と母子関係を支配する絶対的な信頼[29]。（6）祈りと、負傷を知らせたり、必要なものを要求したりする人間の基本的な表出（同様に、助けや快適さ、愛情を求めるこどもの訴え[30]）。（7）運命や宿命といった考えと、世界の変動に直面したときに起る無力さという自然な感情[31]。（8）「何かを『原因』と呼ぶことは、指をさして『こいつのせいだ！』ということに似ている」（1993：373）というウィトゲンシュタイン自身の示唆に従えば、ある種の終末論的な信念は同様に正義への自然な要望や希望に対応しているかもしれない[32]。それゆえ、より一般的にいえば、ウィトゲンシュタインのいう「連結項」は――前述の一覧表が示唆するように、これらに尽きるわけではないが――、人間が死を免れないことや、親子関係や、苦しむことと結びついた人間の基本的な活動に見出される[33]。クラック（Clack）が指摘するように、宗教にかんするウィトゲンシュタインの考察でもっとも興味深いのは、「宗教の源泉と本質は人間本性に帰されねばならず、その起源は世界に対する人間の自然な反応にある」（Clack1999：120）と彼が示唆していることである[34]。しかしそのような類推が正当化できるとしても、宗教的信念に対する彼の概括的な取り組みに対してどう対処すべきであろうかとわれわれは尋ねるだろう。ウィトゲンシュタインの自然主義は、宗教的信念を人間の自然な振舞いに結びつけることで、その宗教性をどの程度まで弱めているのか。ウィトゲンシュタインは還元主義的であろうと意図したわけではないが[35]、このような説明を受け入れるようになったひとがなおも以前と同じように、従来の自分の宗教的世界像という「鞍」に断固として乗り続けたままでいることは、たしかに奇妙であろう。同様に、誰であれ「ウィトゲンシュタインの用語でキリスト教を理解して、改宗させられ」（ibid.：125）うるということは、もっとも起りそうにないことである。このような仕方で論を組み立てると、ウィトゲンシュタインが書いたものについて、無神論的な結論に至ることは避けがたい[36]。この見方によれば、「ある言語が滅びるなら、それはいつでも悲劇的である。しかし、だからといってそれを止めるために何かできるわけではない。夫婦の間にある愛が消えつつあるなら、それは悲劇的だが、できることは何もない。滅びようとしている言語も同じだ」（Drury1981：152）[37]というウィトゲンシュタインの見解が、宗教的信念の彼の考えにも同様に適用されうるだろう。

つまり、ウィトゲンシュタインがある生き方の滅亡を認めている（さらには、嘆いてさえいる）限りにおいて、彼の立場は「無神論的」ということなる。クラックがまとめるように、これは「絶望的で終末論的な無神論であり、……宗教的な生き方の情熱的な美しさがもはやわれわれには開かれていないという失望すべきむごい認識だ」（1999：129）。クラックの解釈にはいくばくか伝記的な妥当性はあるものの、哲学的にいえば、有益でも興味深くもない。ウィトゲンシュタインによる宗教的信念の自然化がよりよく理解されるのは、自然主義的・人類学的弁解や嘆きの一種としてではなく、むしろ、非常にカタルシス的なものとして、つまり前述した彼の「困惑」を「解消すること」を「目的とする」（Wittgenstein1996a：64）宗教的実践の再・記述としてである。それゆえ、「フレイザー『金枝篇』について」で、「たとえば恋に煩悶している男にとって仮説的説明はほとんど役に立たない」、なぜなら「それは彼に心の安らぎを与えないだろう」から（ibid.：63）とわれわれは警告される。愛に（恋愛の終わりに、あるいは愛への切望に）悩まされることが、理論的な定式で楽になることはないだろう。たしかに、しばしば誰もがそのような状況で「これが人間の生というものだ」（ibid.：63）という。類比的に、宗教的信念（信仰の危機、または信仰への希求[38]）に悩まされることが理論化することで、たとえ「進化論的な」種類の理論であったとしても、和らぐことはないだろう。ウィトゲンシュタインの自然主義が与えてくれるのは、一見すると共訳不可能な人間の活動の間の「連結項」を「見抜く[われわれの]目を鋭くする」（ibid.：69）方法である。ウィトゲンシュタインは、そのような「展望のきいた叙述」によって、彼自身は何らかの特定の宗教的な世界像に完全に入り込むことはできなくとも、彼自身の宗教的実践への共感的な態度（彼の「宗教的なものの見方」（Drury1981：94）や、「異質なものを導入しない」ようにして「ある種の宗教（*religio* 再び結びつける）性をもった」（Derrida 1998b：23）宗教について語ろうとする傾向性）を、説明できるようになる[39]。要するに、ウィトゲンシュタインの宗教にかんする見解は、これらの相反するように見える諸傾向を、「人間というものの生」（1994a：70）に現れて繰り返される振舞いの型を跡づけることで調停する、一つの方法として解釈されるべきだということだ。また、覚えておくべきは、ウィトゲンシュタインがフレイザーの人類学——およびそれが立証する「狭い精神生活」（1996a：65）——に異議を見出すのは、フレイザーには自分の還元主義的な科学主義を保留する能力が、明らかに欠けていることである[40]。フレイ

ザーが「説明」しようとしている実践のなかで特に彼が注目しているのは、認識上の無知や自然環境を扱う劣った方法ばかりである。フレイザーが見逃しているのは、ウィトゲンシュタインがいうように、ひとは「戦い、希望を抱き、信じることもできる。科学の裏付けなしに」（1994a：60）ということである[41]。フレイザーの説明では、「原始的」社会と「近代的」社会の間には認識上の越え難い障壁があり、それによってわれわれ「文明化された」西洋人は「原始的」社会を本来的に貧しいものだと正当にも判断する、とされる。ウィトゲンシュタインの指摘は、われわれのそれぞれの認識論は「根本的に」（1996a：74）異なっているわけではないということだけではなく[42]、より決定的なのは、われわれの「文明化した」生活から「原始的」な宗教的・儀式的生が取り除かれたわけでは今のところないということだ。彼らの実践は近代的な西洋社会の実践とは調和しないように見えるだろう。しかし後者の表面をこすりとってみよ。そうすれば（西洋人の目には）前者においてより顕著であると思われたのと同じように有用性をもたない儀式的な活動が、すぐに見出されるだろう[43]。

　従って、上で言及した「調停」というウィトゲンシュタインの企図には、彼自身の自己理解にかんする伝記的な意味（確かにそこに始まりがあるのだが[44]）があるだけにとどまらない。言語的・概念的隔たりはときにひとびとを引き裂くが、それにもかかわらず、自然な基盤はそこにあり続けており、そこで相互理解が築かれる可能性があるということ——もちろん、「平和的な」交流が保証されうるわけでは決してないのだが——を覚えておくことは、（スリンやリオタール、レディングズのような極端な多元主義者はいうまでもなく）信仰者、非信仰者の両者にとって有益であろう[45]。これは、フレイザーにとってそうであったように、単に「異国の」実践をわれわれと同じように思考する人に受け入れやすいようにするということではない[46]。むしろ、宗教的信念の生と非宗教的信念の生との（あるいは、異なる信仰、文化などの）間の「連結項」は、われわれが人間として共有する「共通の精神（common spirit）」（ibid.：80）を明らかにする。しかしこのことが示唆するのは、宗教的な実践が単に人間の原始的な活動に還元されうるということではない[47]。そのような見方は、ウィトゲンシュタインの見解を根本的に無神論的にしてしまうだけでなく、これまで発展してきて今後も変わり続けるそういった実践に本来備わっている複雑さを過小評価することになるだろう[48]。儀式とは、いかにも「宗教的な」領域に独特の活動だというのではなく——むしろ、人

の生の多くの領域に見出されるものだ[49]と主張することは、宗教的儀式をその特殊性において矮小化することではなく、それらの根本的な単独性を否定することにすぎない。というのも、そのような活動が人間の「原始的な」傾向性に根ざしていなければ、それは言い換えができないほどに異質な現象になるだろうし、「宗教的儀式」として——あるいは、何らかの「儀式」としてさえ、認定されることはできないだろう。

　以上が、ウィトゲンシュタインの自然主義がどのようにして彼の宗教的信念の見解に流れ込むのかということである。それはまた、後期ウィトゲンシュタインの書いたものが社会正義に関する問いに沈黙する必要はないということも示唆している。しかしすでに示したように、この自然主義はいくつかの特殊な宗教的概念のきわめて倫理的な解釈へと彼を導くことになる。いまやこれらの概念に向かうことにしよう。

霊魂の不滅と倫理的責任

　霊魂の不滅という概念について、ウィトゲンシュタインは、自分が同意と不同意の間で躊躇する理由をさらにこう説明する。

　　「もしあなたが存在しなくなるのでないとするなら、あなたは死後苦しむことになるだろう。」そこで私は色々な観念を、おそらくは責任という倫理的な観念を、これにつけ加えはじめる。いいたいことは、これらがよく知られた言葉であり、一つの文章から別の文章、ないしは別の映像へと進んで行くことはできるけれども［私には諸君がこの言明からどのような結論を引き出すのか、わからないということなのである］。

（1994b：70, 強調は著者）[50]

再びここで表現されているのは、その「表層」文法には馴染みがあるにもかかわらず生じてくる宗教的な概念についての困惑である。しかしウィトゲンシュタインは、彼の考察を独特な仕方で展開させ、その信念からどのような「結論」が得られるのかを——もちろん論理的な「結論」だけではなく、実践的な「結論」でもあるが——問う[51]ことによって、そのような信念を理解する鍵を提供してくれている。ここで特に興味深いのは、どのようにしてそれらの「結論」が「責任という倫

第5章　報いなき悲惨さ　宗教、倫理、罪悪感(責め)についてのウィトゲンシュタインの見解

理的な概念」に含まれるようになるのかである。ウィトゲンシュタインはこう続ける。

　　ある偉大な作家は、自分が少年だった頃、父親がある仕事を自分に課したのだが、自分は突然何ものも、死でさえも、その[仕事をするという]責任を取り上げることができない、それは自分のなすべき義務であり、死でさえもそれを自分の義務とすることを止めさせられないと感じた、といっている。彼は、これこそある意味で霊魂の不滅の証明である——なぜなら、霊魂が生き続けるなら[その責任は死なないからである]——といった。

　　　　　　　　　　　　　　　　　　　　　　　　　　　　　(1994b：70) [52]

この文章はこれだけで独立した考察ではない。というのもマルコム(Malcolm)も、ウィトゲンシュタインが次のように示唆したことを記憶している。「霊魂の不滅という考えは、ひとが自分は死ぬことによっても免れることのできない義務があると信じることによって、意味のある言葉になる」(1958：71)。

　　ウィトゲンシュタインは、神という考えは、ひとが自分自身の罪を自覚する場合にかぎっては、自分もわかるような気がすると、いったことがある。そのとき、世界の創造者としての神という考えは理解できない、ともつけ加えていった。神の審判・赦し・贖罪という考えは、彼の心のなかにあった自己嫌悪の気持ちや純粋さに対する強いあこがれ、人間世界をよりよいものにしようとしながら、それを果たしえない無力感といったものにつながるものがある点では、彼にも相当に理解できるものだったのではないかと思う。だが世界を創造する存在という考えは、彼にはまったく理解できなかったのである。

　　　　　　　　　　　　　　　　　　　　　　　　　　　　　(1958：70-1)

　これらの文章は、倫理的領域と宗教的領域を結びつけようとするウィトゲンシュタインの全般的な傾向を立証している。これまで論じてきたように、宗教的発言を「形而上学的な使用から日常的な使用へ」(1958：§116)回帰させることは、必ずしもそれを弱めることではない[53]。そうではなく、宗教的信念は(たとえそれがまったく存在論的に見えるものであっても)、それを信仰するひとの実践

209

的・倫理的生に根づいていないならば、どんな真の意味も見出されえないということである[54]。従ってトルストイの『懺悔』を思い出せば、ひとは「神が存在するということを信じる」が、このことからは他には何も後に続いて起こらないということがあるかもしれない[55]。結局神の存在を信じることは、われわれが生きる上でなんら影響を受けることがないままの擬似・宇宙論的な判断の形をとることもありうるだろう。しかしながらこのことと神を信仰することはまったく違う。神を信じることは、ある意味で神の存在に潜在的に関与することが求められるにせよ、重要なことは、ただ倫理的概念を通じてのみ存在論的な概念に有意味に近づくことができる、ということである[56]。神を信仰するとは（第2章で見たように）、人の生の「かたち」[57]がそれによって変化させられ、かつ陶冶され続ける絶対的な「信頼」（1994a：72）もしくは「情熱的に受け入れること」（ibid.：64）とウィトゲンシュタインが呼んだものにより近い[58]。要約すれば、「『神』という言葉」の使用は、「君が誰を意味しているのかではなく、――何を意味しているのかを示す」（ibid.：50）。真の信仰者にとって、神の存在にかんする問いは、彼らの人生全体の信条に関する問い、その信条を「示す」ことによってのみ適切に答えることが可能な問いになる。それゆえ、非常にトルストイ的な言い方で、ウィトゲンシュタインはこう結論づける。

　　誰かが、最後の審判を信じるということをこの人生の導きにしたとせよ。彼が何をするときでも、このことが彼の心のなかにある。ある意味では、彼はそのことが起ると信じているというべきか否かを、どのようにしてわれわれは知るのか。
　　彼に尋ねても充分ではない。彼はおそらく、証拠があるのだ、というであろう。だが、彼には諸君がゆるぎない信念と呼ぶであろうようなものがある。それは、推論とか、信念の日常的な根拠に訴えることとかによってではなく、むしろ生活の一切を整序することによって示される。
　　……二人の人がいたとして、その一人は、どの道をとるかを決しなくてはならなかったときに、その報いについて考え、もう一人はそんなことを考えなかった、とせよ。一人のひとは、たとえば自分の身に起ったことをすべて褒賞あるいは罰と受けとりたがるかも知れないが、もう一人のひとはそのようなことを全然考えない。

（1994b：53-4）[59]

第5章 報いなき悲惨さ 宗教、倫理、罪悪感（責め）についてのウィトゲンシュタインの見解

マルコムがほのめかすように、そこでのみ「言葉が意味を［獲得する］」（Wittgenstein1994a：85）実践的な背景をこのように強調すると、倫理的概念と宗教的概念は接近することになる。神という本質的に存在論的な概念に対するウィトゲンシュタインの当惑は、独断的な無神論にではなく、罪、罪悪感（責め）、そして倫理的責任といった言葉で宗教的概念を共感的に理解することへと彼を向かわせる。そして上で述べたように、これは単に伝記的に重要なだけではない。というのは、ウィトゲンシュタインがここで立証しているのは、われわれが人間として共有する振舞いという点から宗教的概念に意味を与えるより広い可能性だからである[60]。

このことと呼応して、ウィトゲンシュタインはこういう。

　神を信じる者が、まわりを見まわして、「ここに見えるものは、どこからきたのだろう」とか「これらはみんな、どこから」とたずねても、（因果論的な）説明などいっさい聞きたくないのである。質問のポイントは、そう質問することによって自分の気持ちを表現することなのだ。つまり、すべての説明にたいして、一つの立場を表明しているのである。――ではその立場は、彼の人生においてどんなふうに示されるのだろうか。

(1994a：85)[61]

これと、1929年の「倫理学講話」[62]は明らかに共鳴している。そこでウィトゲンシュタインは、適切な表現を見つけることに苦戦しつつ、こう述べている。

　この経験を述べる最善の方法と私が信じるのは、私がこの経験をするとき私は世界の存在に驚きの念をもつ、ということであります。そして、その場合私は、「何かが存在するとはどんなに異常なことであるか」とか、「この世界が存在するとはどんなに異常なことであるか」といった言葉を使いたくなります。

(1993：41)

当然ながら、ウィトゲンシュタインの強調点は、「すべての倫理的・宗教的表現には一貫してわれわれの言語についての誤用がある」（ibid.：42）ということにある[63]。しかしそれにもかかわらず、「宗教的信念に関する講義」のおよそ9年

211

前、彼に特徴的な共感的仕方で、こう結論づけている。このような「われわれの獄舎の壁にさからって走るということは、まったく、そして絶対に望みのないことであります。……しかし、それは人間の精神に潜む傾向をしるした文書であり、私は個人的にはこの傾向に深く敬意を払わざるをえませんし、また、生涯にわたって、私はそれをあざけるようなことはしないでしょう」(ibid.:44)[64]。倫理学や宗教について語りたくなるこの素朴な「衝動」(1978:80) が無益でかつ同時に深い尊敬に値するということは、論理実証主義者たちによって前期ウィトゲンシュタインの著作が流用されたことを考えるとき、覚えておく必要がある[65]。というのも、両者とも「神」という言葉を抹消したとされるが、ウィトゲンシュタインにとってはそのような「境界線」(1958:§499) は否定の印ではなく、「神の名を救済する方法、存在神学的ないかなる偶像崇拝からも保護する方法」(Derrida 1995c:62) なのである[66]。それでも存在に驚きを覚えるといった感情は、言語使用を文脈のもとで見るという後期ウィトゲンシュタインの思想の背景幕のもとで、そして特に存在論的な問いは、それが「ある特定の渇望の表現であることによって、その重要性を獲得する」(ひとはここで「[自分の] 人生において示される」「すべての説明に対する一つの立場を表明している」)という彼の示唆の光のもとで、より理解しやすいものとなる[67]。真に宗教的な発言は、超越的な事実を記述するのではない。むしろそれが表現するのは、われわれの現世の生に対する根本的な信条である[68]。そのような発言が何かを「記述する」のだとすれば、われわれが注意を向けるべきなのは、超自然的な領域にではなく、人間に対してである[69]。従って、「キリスト教は教義ではない」——つまり、「人間の魂に起きたこと、起こるだろうことについての理論……ではない」——そうではなく、「人間の生涯で実際に起こることの記述なのだ」。別の言葉でいえば、「『罪の意識』は実際にあったことだし、絶望も信仰による救いも実際にあったことなのだ」。また「そういうことについて語るひとは、自分の身に起きたことをただ書いているだけなのである。誰がどんな解説をしようとも」(1994a:28)。こうした文章のなかに、われわれはウィトゲンシュタインの規範性の意味を再び捉える。というのも、あるひとびとにとっては、霊魂の不滅という概念が肉体の消滅のあとに自己が存続することを意味しているということは明らかであるから。しかしこの信念が本来的に「宗教的」だと考えるのは誤りだろう。なぜなら、そのような確信は「宗教的にも非宗教的にも」(Malcolm1972:215)、つまり実践・倫

第5章 報いなき悲惨さ　宗教、倫理、罪悪感（責め）についてのウィトゲンシュタインの見解

理的態度を伴っても伴わなくてもいうことができるからだ。自分は「死後も存続する」だろうということを、あたかも偶然的で擬似・科学的な事実であるかのように、ひとが信じるのを妨げるものは何もない。そのような確信から何かが帰結する必要は必ずしもない[70]。もちろんこのことは、そうした区分に関する「まちがった曲がり角」（Wittgenstein 1994a：18）を容易に回避できるということを示唆するわけではない[71]。それどころかわれわれをしばしば誤らせるのは、多様な実践的背景から切り離されたときに「すべてを同じに見させてしまう言語の暴力」（ibid.：22）である[72]。霊魂の不滅の概念は——第2章で議論したムーアの基本命題のように——、それが表現されるまさにその言語によって、擬似・経験的な仮説のように見えるようになる[73]。ウィトゲンシュタインが注意するように、「言語のさまざまな領域で用いられる表現形式の間のある種の類比」（1958：§90）によって、特に「われわれの言語が同じであり続け、われわれの言語が同じ問題へと誘惑する」（1994a：15）[74]ので、われわれは自然と混乱に陥ってしまう。従って、

　　　「死後には、時間のない状態がはじまる」とか、「死とともに、時間のない状態がはじまる」という哲学者がいる。だが彼は、「後」や「とともに」や「はじまる」を時間的な意味でいったのだ、ということに気づいていない。また、時間というものが彼の文法に依存している、ということにも気づいていない。

（1994a：22）[75]

霊魂の不滅について話すことは、それによって誤解を助長することになる[76]。時間というものが言語に根ざしているということと、言語は一つの仕方で働く[77]のだと仮定したいという「衝動」（1958：§109）の両方のために、われわれは霊魂の不滅という概念を量的に「同じ意味のさらなる（more-of-the-same）」として、すなわち現世後のさらなる（*more*）生、死後のさらなる（*more*）時間として、誤って解釈しがちである。しかしここで信仰者と非信仰者を分けるのは、死後にそれぞれが期待することの違いではない。その違いはむしろ、この生に対するそれぞれの実存的な態度において表される[78]。言葉を「日常的な使用に」（ibid.：§116）戻し、「記述のみ」（ibid.：§109）を優先して説明を斥けることによって、ウィトゲンシュタインは、霊魂の不滅について話すことは本質的に実践的・倫理的な意義があるということを示そうとしている。

213

もちろん、これらの諸条件は他の宗教的概念や実践について話すときにも当
てはまる。しかし、「信念の無根拠性（The Groundlessness of Belief）」と
いう論文でマルコムは、ここでの分析にとって特に意義がある別の事柄にも光を
当てている。そこでマルコムがいうには、彼は一方で（トルストイと同様に）「神
の存在を信じるという考えに大きな困難」を見出すとしても、「神を信じる」とい
う考えはまったく「理解可能である」。というのも、

　　ある人が、これまで救済や許しを請うて祈ったことも、そうしたいという気に
　なったこともなく、さらには自分の生の恵みにたいして神に感謝することを「よ
　いこと、喜ばしいこと」と思ったことも、自分は神命に従っていないのではないか
　と気にかけたこともないならば——そのとき……彼は神を信じているとはいわ
　れないだろう……どんな程度であれ神を信じることには、私の理解するところ
　では、何らかの宗教的な行為、何らかの帰依、あるいはたとえそれらがないと
　しても、少なくとも悪しき良心はやはり要求されるのだ。

　　　　　　　　　　　　　　　　　　　　　　　　　（1972：211）[79]

これらはすべて、ウィトゲンシュタイン自身の見解と一致している。しかし印象的
なのは、真に宗教的な生であるためには最低限「悪しき良心」が現れることが要
求されるというマルコムの結びの言葉である。「ひとびとは、自分を不完全だと思
うよりは病気だと思うその程度に応じて宗教的である。中途半端に慎み深い人
間は、自分をこのうえなく不完全だと思っている。だが信仰のある人間は自分を
悲惨（wretched）だと思っている」（1994a：45）[80]と記したときに、ウィトゲンシュタ
インが強調したのも同じことだ。「宗教的なひと」についてのこの印象的な特徴づ
けに、向かうことにしよう。

罪、悲惨さ、悪しき良心

　これまで見てきたように、ウィトゲンシュタインの宗教性とは何かということは、わ
かりやすいとはとてもいえない。実際のところ、彼が宗教的信念を哲学的に扱
うその中心部に近づくと、この曖昧さはさらに増していくことになる。それゆえ、
それらの題材に対する、すでに述べたような、ウィトゲンシュタインの「躊躇」にも

第5章　報いなき悲惨さ　　宗教、倫理、罪悪感(責め)についてのウィトゲンシュタインの見解

どかしさを感じないでいることは難しい。ここでひとが不満を感じる原因の一つは、真に「宗教的なひと」は自分が「不完全」なだけでなくはっきりと「悲惨」だと思っているという特徴づけにおける、慎み深さと宗教的であることの区別にある。というのも、この点に関してウィトゲンシュタインそのひとを即座に思い起こさせる人物描写がわれわれに与えられているからだ[81]。しかしこれは再び伝記的に興味深いだけではない。ウィトゲンシュタインが一度次のように述べたのを、ドゥルーリーは回想している。「君や私が宗教的な生を生きるなら、宗教について多くは語らないはずだ。そうではなくて、われわれの生き方が違うものになるにちがいない。君が他のひとびとの助けになろうと努めるときにだけ、最後に君は神へと至る道を見出すだろうというのが、私の信じるところだ」[82]。ドゥルーリーはさらにこう続けている。「私の去り際に、[ウィトゲンシュタインは]不意にいった。『君と私がともにキリスト教徒である意味はそこにあるんだ』と」(1981：129-30)。どんな偶然的な状況がウィトゲンシュタインの発言にきっかけを与えたにせよ、宗教的信念に対する彼のアプローチについて、より一般的な問いがもち上がる。すなわち、実際に「キリスト教徒である」ことなしに「キリスト教徒の生を生きる」ことは可能なのか（もし可能なら、それはどんなことを意味するのか）。というのも、キリスト教徒であることがそもそも「キリスト教徒の生を生きる」ことであるならば、後者は当然、キリスト教徒の倫理(そのようなものがあるとして[83])を実践すること、あるいは「他のひとびとの助けになろう」とただ努めること以上のことでなければならないからだ。ウィトゲンシュタインの書いたものが何かはっきりした答えを与えているかどうかは定かではないので、これには問う価値がある[84]。その理由の一つは、彼が目指すキリスト教のイメージが非常にトルストイ的であることだ[85]。というのも、両者のいずれにおいても、トルストイが描く「読み書きのできない農夫」(1987：71)や「単純労働者」(ibid.：63)の「真の」信仰に対するある種の理想化が見られるからだ[86]。このような描像に沿うならば、(「向上させるべきこと」(ibid.：74)を破壊する)「教養のある信仰者」(ibid.：72)[87]による神学、そして制度化された儀礼的な実践への深い疑念が出てくる[88]。この点にかんする両者の意見の一致は注目に値する。なぜならウィトゲンシュタインの書いたものが哲学的な面で機能しなくなる恐れがあるのは、まさにそのトルストイ的側面だからである[89]。というのも、信仰者を非信仰者から分けるときに教義的、神学的伝統を重視しないなら——つまり、ウィトゲンシュタインが「もったいぶっている」(1994a：

215

30) とおそらく考えていた宗教におけるその種の組織化された「虚飾」に訴えることを拒否するなら[90]——、まさにその区別自体を無用なものにしてしまう危険があるからだ[91]。どのような実質的な「意味」において、彼自身とドゥルーリーがともにキリスト教徒だというウィトゲンシュタインの主張は理解できるのだろうか。この問いへの妥当な答えと思われるものを提示することはできるが、ただしそれは宗教性をウィトゲンシュタインがどう扱うのかというその方向性を定める彼のより根深い自然主義に戻ることによってのみ可能になる。宗教的実践の「虚飾」をウィトゲンシュタインは評価しないだろう——そしてまた「位階とか官職といったヒエラルキー」（ibid.）、あるいは「祈りの言葉をたくさんいうこと」（Drury1981：109）の重要さといったようなことは、ウィトゲンシュタインの説明においてはまったく取るに足らないことである——。しかしそれにもかかわらずこのようなことが取るに足らないのは、それらが本来的に「もったいぶっている」[92]からではなく、信仰のそれぞれの「段階」（Wittgenstein 1994a：32）にいるひとにとって、それらがそれぞれに応じた仕方でしか現れないからである[93]。ウィトゲンシュタインが明らかにもっと倫理的な特質をもつような信念に焦点を当てるのは、それらの深く人間的な現象を通じてはじめて、彼にはキリスト教の特徴が理解できるようになるからである[94]。従って、「儀礼的なもの（いわば司祭長的なもの）は、すべてきびしく避けるべきである。その種のものはたちまち腐るからだ」とわれわれは警告されるが、それでもウィトゲンシュタインはこう続ける。「キスももちろん儀礼だが、腐らない。儀礼が許されるのは、キスのように偽物でない場合にかぎられる」（ibid.：8）[95]。つまりウィトゲンシュタインの態度は、制度化された実践それ自体には非難的ではない。むしろ彼は、そこに本来的に備わっている誘惑に警戒するよう促している。過度な誇張なしに「ある意味で」キリスト教徒だとウィトゲンシュタインが自認できるのは、宗教的信仰の根本的に倫理的な方向性とそこにおける真なる儀式の重要性に対するこの感受性に基づいてのみである。

　原罪というキリスト教的概念を背景にしてウィトゲンシュタインを読むことにかんして、シールズ（Shields）が示唆しているのは、ウィトゲンシュタインの書いたものは哲学的な「衝動」（Shields 1997：61）を取り除くある種のお祓いだということである[96]。シールズは、ウィトゲンシュタインが「専制的な力への絶対的な依存という考え」[97]にとらわれ続けていたことを強調することで、「明らかに……これは温かみのある人間的な神ではなく、その主要な属性が彼の他なるもの

（otherness）である恐るべき力だとウィトゲンシュタインは示唆している」（ibid.：33）と主張しているのはもっともである[98]。「世界」の完全な「所与性」、「論理形式」、「生活形式」、「文法」（ibid.：34）——それらは「われわれ自身が創造したのではなく」むしろ「われわれに押し付けられている」（ibid.：36）ものである——に言及することによって、ウィトゲンシュタインはこのことを強調している、とシールズは付言している[99]。実際のところ、「意味は恩寵のように与えられている、あるいは神の約束は不相応なものに向けてなされている」（ibid.：46）[100]。シールズの説明は説得力があるが、ここで「原罪」という考えを用いるには、限定が必要だ。前にトルストイに触れたとき示唆したように（またシールズ自身も書いているように）、ウィトゲンシュタインの書いたものには、しばしば「農夫」の正直で、慎ましい信仰へのある種の「ノスタルジー」（ibid.：88）が表されている。それでも、真に宗教的な生の核心にあるとウィトゲンシュタインが思っているその種の「悲惨さ」は、原罪というキリスト教的概念の補償的目的論を問題視する。（この意味で、ウィトゲンシュタインの宗教性についての考えはキリスト教的というよりユダヤ的なのかと問うてもよかろう。）従って、宗教的信念の定言的な本性にウィトゲンシュタインが焦点を当てることを考慮すると[101]、私は別の解釈の可能性を追求したくなる。この点についてもっとも印象的なのは、『反哲学的断章』における彼の次の警告である。

　　「神がそれを命じたのだから、人にできるにちがいない」。この発言は無意味である。ここには「だから」はありえない。……「神が命じた」というのは、この脈絡ではほぼ「神はそうしない者を罰するだろう」という意味である。とすれば、「できる」あるいは「できない」ということまでいっているわけではない。
　　　　　　　　　　　　　　　　　　　　　　　　　　　　　（1994a：77）

この文章は神を「恐るべき力」（Schields1997：33）として特徴づけるウィトゲンシュタインの傾向を立証しているが、加えて注目されるべきは、神が何かを「命じる」その仕方は、人間の責任の範囲を日常的に定めている概念的・実践的な境界を変えるということだ。というのも、神が私に命じるとき、そのことは私がその命を果たすことができる可能性を必ずしも含意していないからである[102]。神の命令は、倫理的な言説を統制している慣習上の規則の外にある道徳的な「高み」

から到来する[103]。原罪という目的論の外にウィトゲンシュタインが描く「悲惨さ」という感覚をわれわれが配置し直すことができるようになるのは、このように責任（倫理的べき（*ought*））の領域を可能性（存在論的できる（*can*））の領域から切り離すことによってである。前述したように、ウィトゲンシュタインは「霊魂の不滅性」と「死でさえも止めることのできない」責任とを結びつけている（1994b：70）[104]。この結びつけにおいては、道徳的な責任にかんする通常の基準も同じように崩壊する。というのもここでは、死でさえ道徳的な重責を取り除くことはないからである[105]。従って、これらの文章のなかで責任は無条件的なものとして現れる。すなわち神の要求することは、それが満たされうるという可能性を論理的に含むことは決してない。そして同様に、霊魂の不滅という概念がその意味を獲得できるのは、私の（あるいは他者（the other）の）死でさえ他のひと（another）への私の務めを終わらせることはできないという「感覚」からだということである[106]。今やこれらの彼の見解によって、言語が「仕事を休んでいる」（1958：§38）、「空回りしている」（ibid.：§132）、「実践的な帰結」（1999：§§450，668）が欠如している、印象的な例が与えられるように思われるかもしれない。つまり、倫理的な「べき（ought）」を存在論的な「できる（can）」から分離することが、あたかも言語的な振舞いと非言語的な振舞いとの間の一般的な結びつきを実質的に分断できるかのように思われるかもしれない。私にはどうしてもできないことをするように「命ぜられる」としたら、あるいは死でさえも他のひとへの私の責任を取り消すことができないとすれば、責務（obligation）、義務（duties）、罪悪感（責め）（guilt）（等々）についてその後何を話しても、概念的な混乱に陥るだけだろう。こういった概念が実践的・倫理的に重要な帰結をもちうるということは、第6章、第7章でレヴィナスを検討する際の中心になる。しかしそれらの分析への道筋を準備するために、前期のウィトゲンシュタインが書いたもの（そこで倫理は「超自然的なもの」（1993：40）として描かれている）においてさえ、罪悪感（責め）と責任のこのような相関関係がいかに重要な役割を演じているか、まず示したい。

罪悪感（責め）、審判、ドストエフスキーの命法：報いなき宗教

「倫理学講話」は『論理哲学論考』から8年ほど経ているが、このテキストは

第5章　報いなき悲惨さ　宗教、倫理、罪悪感（責め）についてのウィトゲンシュタインの見解

『論理哲学論考』の雰囲気を明瞭に湛えている[107]。多くの彼の以前の思想を繰り返しながら、ウィトゲンシュタインはこう書いている。

　　皆様方のどなたかが全知の人間であり、従って、この世界の全生物のあらゆる動きを御存知であり、また、およそこの世にある全人間のあらゆる精神状態を御存知であると仮定し、また、このひとが自分の知っていることのすべてを大きな一冊の本に書いたと仮定すると、この本は世界の完全な記述を含むことになるでしょう——そして、私がいいたいのは、この書はわれわれが倫理的判断と呼ぶと思われるもの、あるいは何かこのような判断を論理的に含むと思われるものは一切含まないであろう、ということであります。

（1993：39）

カントの仮言命法と定言命法の区別を発展させて[108]、ウィトゲンシュタインは、前者（「相対的」価値判断）は存在論的な言語に翻訳が可能だが、後者（「絶対的」価値判断）は翻訳不可能だと主張する[109]。（この区別には後に戻る。）この架空の「世界のことを書いた本」の項目は、従って、どれも「同じ次元にある」（ibid.）事実だけから構成され、そこから絶対的な価値についての判断を導き出すことはできない[110]。実際、ウィトゲンシュタインは「もしあるひとが本当に倫理学に関する本といってよいような本を倫理学について書くことができたとしたら、この本は爆発して世界中の他の本を全部破壊してしまうであろう……倫理学は、もし何らかのものであるとすれば、超自然的であり、そして、われわれの言葉は事実を表現するだけでありましょう」（ibid.：40）と続けている。このような前期ウィトゲンシュタインの説明によれば、有意味な言語は世界の構造を写像することと不可分である。しかしながら以前見たように、倫理的なことについて話そうとする試みに「希望はない」が、それでも人間のそのような「傾向」（ibid.：44）に自分は敬意をもち続けているのだ、とウィトゲンシュタインは繰り返し強調している[111]。それゆえ、フィッカー（von Ficker）への手紙で、彼が『論理哲学論考』自体について次のように書かねばならなかったことは意義深い。

　　この本の核心は倫理的なことです。私は一度、序文で二三述べようかと思いましたが、今は入れていません。それでも、あなたには伝えておこうと思い

ます。あなたにとってそれは鍵になるでしょうから。いっておきたいのは、私の仕事は二つの部分からなるということです。一つはここに書かれてあること。もう一つは、私が書いていないことすべてです。そしてまさにこの後者の部分が重要なのです。

(1996b：94) [112]

この点で、『論理哲学論考』は、間接的に「あることを示す（*point to something*）」（1978：81）というある種の否定神学を遂行している[113]。それでも、倫理的なものについて（ほぼ）沈黙を守ることによって、ウィトゲンシュタインは彼の著作のなかで（ほぼ）語られなかった部分こそが「重要だ」という立場を守っている。存在論的な言語の内部で何が有意味に語りうるか——そしてまた何が語りえないか——を確定することで、『論理哲学論考』は倫理的なものの領域を「世界の外」（1995：6.41）に位置づけ、それによって倫理的なものを有意味な事実言明から引き離す[114]。従って「本当に倫理学に関する本といってよいような倫理学に関する本を書く」ことは、ウィトゲンシュタイン自身は書かなかった——おそらくは書くことができると彼が考えなかった本、つまり『論理哲学論考』と同時に存在する、沈黙されているもう一つの面を書くことであろう[115]。もちろん『論理哲学論考』を支える形而上学的な構想（そして、とりわけそこで詳述される言語についての説明）は、後期のウィトゲンシュタインの考えと対立しており、主として私に関心があるのは後者の考えである。しかしながら「倫理学講話」に戻ることによって、倫理学が「崇高であり」また「超自然的である」（1993：40）と記述されているこの講話においてさえ、人間の罪悪感（責め）がいかに中心的な役割を演じているかが明らかになるだろう。

　相対的価値判断と絶対的価値判断を区別するとき、ウィトゲンシュタインは以下の例を使っている。

　風邪をひかないことは私にとって重要である、というとき、私がいおうとするのは、風邪をひくことが私の生活にある種の記述可能な障害を生ずる、ということであり、また、これは正しい道である、といえば、私がいおうとするのは、それがある目的地との相関関係で正しい道である、ということであります。このような仕方で使われれば、以上のような表現はなんら困難なあるいは深遠な問

題を提起しません。しかし、それは倫理学がこれらの表現を使う場合の仕方
ではありません。

(1993：38)

さらにこう続ける。

　私にはテニスができ、そして皆様方のどなたかが私がテニスをしているのを
見て、「へえ、君のテニスは随分下手だね」といったと仮定し、また私が「そう
さ、僕はテニスが下手だよ。だけどもっとうまくなろうとは思わないよ」と答えた
と仮定してみましょう。他の皆さんが口になさるのは「ああ、それならそれでい
いさ」ということだけでしょう。しかし、私が皆様方のどなたかに途方もない嘘
をつき、そのひとが私のところへきて「君の行いは犬畜生も同然だ」といい、私
が「そうさ、僕の行いは悪いよ。だけどもっとよくしようとは思わないさ」といった
としましょう——それでもそのひとは「ああ、それならそれでいいさ」といえるで
しょうか。絶対にそんなことはないでしょう——「いや、君はもっとよくしようと
思う ・べ ・きだ」とそのひとはいうでしょう。これは絶対的な価値判断ですが、前
者の場合は相対的な判断の一例であります。

(1993：38-9)

私がテニスを「いくらかでもうまく」なりたいと思わなくても、すぐに倫理的問題が
起こることはない。「うまく」なりたいと思う ・べ ・きだとどう提案されようと、それは別
の相対的に価値のある状態（「より健康になる」のような）と同等であり、私が依
然として正当に異を唱えることのできる提案と同等の重要性しかない[116]。しか
し、「いくらかでもよく振舞い」たいと私が思わないとすれば、それは別の関係
事項が追加されても、そういったものには依存しない。これこそが、上の話でそ
ういった表明がふざけているとみなされ、人を当惑させると思われる理由である。
というのは、道 ・徳 ・的 ・な善を追求するのに「ふさわしいとき」（特定のあるいは確
定可能な機会）というのはないからだ[117]。テニスがいくらかでもうまくなりたいと
思わないというのは奇妙に見えるかもしれないが、その熱意のなさをきわめて道
徳的な性格上の欠点だとは思わないだろう[118]。これら二つを分ける相違点は、
以下のように示されよう。（1）私に自分が誤っていると自覚させるために、どこま

で君は説得に力を尽くすのか、かつ／あるいは（2）そのために最終的に君は何を賭けるのか。つまり、論拠と言葉を使い果たしたとき、君に残される選択肢は、われわれの関係の基盤、根底、そして見通しを再評価する以外にはないだろう。ウィトゲンシュタインはこう結論づける。

　　正しい道は任意にあらかじめ決められた目的地に通ずる道であり、そして、このようにあらかじめ決められた目標を離れて正しい道について語るのが無意味であることはわれわれ全員にとってまったく明らかであります。さて、「唯一の絶対に正しい道」という表現でわれわれは一体何を意味することができるかを考えてみましょう。それは、誰もがそれを見ると論理的必然性をもって行かねばならないか、あるいは行かないことを恥じる道であろう、と私は考えます。そして、同様に、絶対的善とは、もしそれが記述可能な状態であれば、自分の趣味とか性癖からは独立に、誰もが必然的に産み出す、あるいは産み出さないことに対して罪悪感（責め）をおぼえると考えられるような状態でありましょう。そして、このような状態は幻想である、と私はいいたいのであります。いかなる状態にも、それ自身では、絶対的審判の強制力と私が呼びたいものはありません。

（1993：40）

ここで目を引くのは、この「幻想」を論じるのにウィトゲンシュタインが採用している語彙である。というのも、彼はただ単に「絶対的に正しい道」を進まないことや「絶対的な善」を追求しないことは間違っているとか悪いとかいっているのではないからである。むしろウィトゲンシュタインは、はっきりと罪悪感（責め）、恥、そして「絶対的審判」の神罰という観点からそれらを斥けているのである。

ウィトゲンシュタインによる（特に「宗教的信念についての講義」と『反哲学的断章』からの引用における）罪悪感（責め）の強調が、「できる」と「べき」を分けることで、正統的な倫理的教えを崩壊させるという点は、それがいかに伝記的には明らかだとしても、ただ単に逆説的に見えるだけかもしれない[119]。罪悪感（責め）についてのウィトゲンシュタインの考察は断片的だが、しかしそれは別のいっそう厳密に哲学的な見取り図を示唆している。まず第一に、その根本的に定言的な構造を強調する「真なる」宗教性についていくぶん異なった考え方を

第5章　報いなき悲惨さ　　宗教、倫理、罪悪感（責め）についてのウィトゲンシュタインの見解

紡ぎ出すことができる。「なぜ私は善くあらねばならないのか」とか「倫理学においては何が私のためになるのか」といったような問いは、定言的なことを誤って仮言的な言葉で考えることだろう。同様に、宗教についても「なぜ私はそれを信じねばならないのか」や「宗教においては何が私のためになるのか」と問うことは誤りであろう[120]。確かに非信仰者は信仰者にそのような問いをよく投げかける。そのような問いへの信仰者の弁解じみた応答が、しばしば似たような打算的な言葉（「もし救済を望むならば、そのときは……」「もし神罰を受けたくなければ、そのときは……」）で、斥けられることがあるというのもまた確かではある。しかしそういった種類の応答は、それ自体非常に非宗教的である。つまるところ、相手が自分を愛しているからという理由で他者を愛するものは、真に他者を愛しているとはいえない。というのも、「愛されるか否かを気にしないところに愛は存在する」（Levinas2001：143）のだから[121]。同様に、返礼による補償があることがわかっている知人にだけ贈与を与えるというのは、空虚な実践である。類比的に、「道徳的であり」たいと決心する理由が、（ピュロン主義者として）そうするのが賢明（*prudent*）だと説得されたからだとすれば、そのひとは真に道徳的だといわれることはない[122]。そして、キリスト教を信仰すれば救済が約束されるからという理由でそれを選ぶひとは、単に表面的に敬虔であるというだけではなく、まったく敬虔ではないのだ[123]。つまり、「定言的に」自分の信念を述べるひとは「それについて弁解じみていた者よりも利口（intelligent）だ」（1994b：63）という（第2章で言及したような）ウィトゲンシュタインの主張から、より深い意味を引き出すことができる。そのような見解は、独断的な信仰主義を——その種の読解に役立ちはするのだが——立証することはない。むしろ、それらは真なる宗教性の文法について、何かしら重要なことを言っている。このことを念頭に置けば、端的に「これをなせ！」（Wittgenstein 1994a：29）とだけいい、何も約束はせず——あるいはより極端にはひょっとすると失うことだけを約束する、純粋に定言的な宗教の可能性に関する問いがここでもち上がるのも自然に思える[124]。レヴィナスがこう問うように。

　　われわれは、善が約束なしに愛されねばならないような歴史の時期に踏み込もうとしているのでしょうか。これはおそらく一切の説教の終焉でありましょう。それとも、われわれは新たな信仰の形式、勝利なき信仰の誕生前夜にい

るのでしょうか。報いへの唯一の権利が報いを待望しないことであるような時にあって、あたかも、ただ一つ異論の余地なき価値が聖潔性であるかのように。

(1999：109)

そうすると終末論的・福音伝道主義的な希望という採算を越えて、「ハッピーエンドの……約束」（Levinas1988a：175）を越えて、「信じる」ということは理解可能だろうか。「採算が取れる」（Nietzsche1968：§188）だろうという保証、信用あるいは望みのない絶対的な出費において、信仰が成り立つ可能性はあるのだろうか[125]。これらの問いには後の章で戻るが、霊魂の不滅についてのウィトゲンシュタインの見解がおおまかな方向性をすでに示している。というのも、他人に対する「務め」の意義は「死さえも止めることができない」という感覚が、「霊魂の不滅の証明」（1994b：70）を与えるとされていた――「霊魂が生き続けるなら」その「責任」も「死ぬ」ことがないだろうから――ことをわれわれは思い出すだろうからである。ここで、不滅な霊魂の実在性がもたらすのは、死に値する倫理的な責任に報いること（あるいはその責任の取り消し）が可能であるということではない。むしろ、霊魂が不滅であることの「証明」は、他人への義務が死を越えてさえ存続するという意味においてである。要するに、不滅な霊魂はピュロン主義的なアタラクシアをもたらすのではなく、永久にその「悲惨さ」の状態を保ち続けるということである。ここで明記すべき二点目は、いかに多くのウィトゲンシュタインの考察が倫理的責任それ自体の再考を促すのか、そしてまた特に、いかに多くの伝統的な倫理学の理論が元々は際限のない責任――それ自体はある種の罪悪感（責め）の経験によって誘発される[126]――に対し、理論的に境界を設けてきたかということである。レヴィナスが感づいていたように、そしてまた私が第6章で論じるように、「人間」一般（特に「良心の咎め（scruples）」）の領域は、ひょっとすると「常にすでに自責の念（remorse）」（1999：179）なのである。

ウィトゲンシュタインがドストエフスキーに、少なくともトルストイと同じくらいには、魅力を感じていたことは広く知られている[127]。実際マルコムの回想によれば、ウィトゲンシュタインがモンテ・カジノに拘束されていたとき、「彼は捕虜の仲間とドストエフスキーを一緒に読んだ……ウィトゲンシュタインが評価していたのは、こ

第5章　報いなき悲惨さ　　宗教、倫理、罪悪感（責め）についてのウィトゲンシュタインの見解

の著者の『深く宗教的な態度』であった」（1993：8）。レッドパス（Redpath）も同様に、ウィトゲンシュタインは『罪と罰』を少なくとも十回は読んでいたし、小説も読んでいて、ドストエフスキーの「全宗教」が表現されていると彼が考えた『カラマーゾフの兄弟』も読んだ[128]と記憶している（1990：53）。また、モンク（Monk）によれば、ウィトゲンシュタインは『カラマーゾフの兄弟』を「何度も繰り返し読んでいたので、全文を暗唱していた」（1991：136）。――実際それは、1916年の東部戦線に彼がもっていった「数少ない私物」（1991：136）の一つだったという。ドストエフスキーのどの部分に、彼が暗記するほど価値があると思ったのか、それは推測するしかないが、『カラマーゾフの兄弟』には、ドストエフスキーの書いたもののおそらくもっとも重要な点が要約された（そしてレヴィナスが夢中になった）文章がある。それは、罪悪感（責め）が「積極的な役目をする」（Johnston 1991：123）箇所で、こう書かれている。

　　「僕たちは誰でもすべてのひとに対して、すべてのことについて罪があるのです。そのうちでも僕が一番罪が深いのです。」母はそのとき薄笑いすら洩らした、泣きながら笑ったのである。「お前どういうわけで自分が誰よりも一番罪が深いなんて、そんなことをおいいなんだえ？　世間には人殺しだの強盗だのたくさんあるのに、一体お前はどんな悪いことをして、そんなに誰よりも一番に自分を責めるんだえ？」「お母さん、あなたは僕の大事な懐かしい血潮です……ねえ、お母さん、まったくどんなひとでもすべてのひとに対して、すべてのことについて罪があるのです。僕はなんと説明したらいいかわかりませんが、それがほんとうにその通りだってことは、苦しいくらい心に感じているのです。」

　　　　　　　　　　　　　　　　　　　　　　　（Dostoyevsky 1967：399）[129]

この引用文は、本章で論じたウィトゲンシュタインが書いた多くのテーマに光を投げかける[130]――明らかにこれらの見解は、責任とある種の「罪悪感（責め）をもつという経験」（1993：42）の関係、そして彼が「宗教的なひと」を「悲惨」（1994a：45）と特徴づけたことにつながっている[131]。真に宗教的であるための必要条件とされるのは、「『君が他のひとびとの助けになろうと努めるときにだけ、神へと至る道を君は最後に見出すだろうという信念』」（Drury 1981：129）だけでなく、善き良心の体験[132]、神あるいは隣人の前で責任は慰められ、努めはな

225

されると信じること[133]に、最大の不道徳さと冒涜が見出されるという確信である。

　ウィトゲンシュタインがこれらのテーマを体系的に扱っていないことを考慮すれば、罪悪感（責め）と責任の間の関係を明らかにするためには別のものを参照する必要がある。思うに、それにはレヴィナスの著作を通じて近づくのが一番である。特殊な哲学者の間だけではなく、また（いわゆる[134]）哲学的伝統の間で移動するというのは、「分析系／大陸系の分離」と呼ばれる両方の哲学の側にとって有益である。というのも、レヴィナスは（第3章で論じられた）、顔にかんする主題、および罪悪感（責め）と倫理学の関係という主題についてのウィトゲンシュタインの考察にきわめて重要な補足を与えてくれるが、レヴィナス自身の考えに内在する複雑さは、すでに多くのテーマを検討したものの、まだ解消できたとはいえないからである。確かに、レヴィナスに馴染みのない読者が最初に直面する障害は、彼の著作が通常の単線的な仕方で進むことはめったにないということである。もちろん、ほとんど同じことはウィトゲンシュタインにもいえるだろうが、レヴィナスの著作では事態はもっと複雑に見える。というのも、一見したところでは同義的な多くの概念——そして絶え間ない比喩の積み重ね——が、核心を暗示するような仕方で巡っていくのを、そこにわれわれは見出すからである[135]。レヴィナス（あるいは彼の解釈者たち）は、彼の思考がそのまわりを巡って展開される回転軸があるということを明らかにしなかったために、そこには避けられない不確かさが見られる。また他方で、示唆されていること（たとえば、哲学が「他者の他性（the 'alterity of the other'）」を体系的に無効にしたといったレヴィナスの確信）は不正確なわけではないが、それらは彼の著作に内在する難しさを増大しがちである。代わりに、この挑戦的な彼の著作の主要部がもっともよく理解されるのは、——ウィトゲンシュタインに沿って——われわれがある種の「罪悪感（責め）を経験すること」と呼ぶものを広範に考察することによってだと私は論じるつもりだ[136]。

原　注

1　この「認定」は、まずは熟慮の上のものではなく、第3章で議論された意味で「当面の」

第5章 報いなき悲惨さ　宗教、倫理、罪悪感(責め)についてのウィトゲンシュタインの見解

ものである。

2　Caputo 1993：120 も参照せよ。

3　Derrida 1990：927, 1015; 1997c：117, 125 も参照せよ。

4　それは倫理的な責任の可能性と不可能性の両方の条件を構成している。それが可能性の条件を構成しているというのは、他者とのどんな関係も彼らを「他者」としてアプリオリに認定することを必要とするかぎりにおいてである。またそれが不可能性の条件を構成しているというのは、この認定が、そのような最初の「暴力」によって、その後のどんな関係も影響を受けざるをえないだろうということを意味しているからである（Derrida 1971：328; 1992b：12; 1997c：132, 137-8, 140-1, 143, 152; 2002c：135; 2002f：298, 300; Caputo 1993：74-5, 80-3; Levinas 2001：51）。この点については第8章で戻る。

5　Wittgenstein 1994b：63, 71-2 を参照せよ。ここで「はっきりとした観念」をあるひとがもっていないということは、その発言が不合理だということを意味するのでは必ずしもなく、むしろそのような評価をいかにすべきかがわからないだろうということである（Winch 1964：311-12, 319; 1970：256-7）。

6　Drury 1981：162; Wittgenstein 1994a：48 を参照せよ。

7　Mates 1996：pp.30-2 を参照せよ。

8　Engelmann 1967：77 を参照せよ。

9　Wittgenstein 1994a：33 を参照せよ。そういった異議が信仰者の発言が真であることへの否定を含む場合にのみ、そのような前理解が前提されるであろう。ピュロン主義に言及した第1章で書いたように、信仰者の発言が意味を有するということを否定する場合には、そのような前理解は前提されないだろう。それゆえ、ウィトゲンシュタインが信仰者の発言を単に無意味として退けているわけではないということは、特筆に値する。宗教的概念を共感的に理解することに彼が多くの時間を費やした理由の一つは、ひとびとがそのような信念を公言し、それらの信念がひとびとの生において重要な役割を演じているという事実のうちに位置づけられねばならない。ある特殊な信念が「間違っている」かもしれないときに、生全体のあり方がどう間違う可能性があるかは、まったく不明確である（Wittgenstein 1996a：61）。

10　これと似た際立った例として、Kierkegaard 1965：69-78 を参照せよ。

11　Tolstoy 1987：66, 68 を参照せよ。ウィトゲンシュタインが「あらゆることが様変わりし、いま君にできないことができるようになったとしても、『なんの不思議も』ない」（1994a：33）と述べているように。

12　このことは、他者が信仰をもたないことを理解し説明するのに、信仰者が必然的に優位な立場にいるということではない。

13　Phillips 1970：69; Cavell 1979：371-2 を参照せよ。

14　Wittgenstein 1993：181; 1994b：72 を参照せよ。

15　Wittgenstein 1994b：56, 61-2, 71; 1999：§361 も参照せよ。

16　Wittgenstein 1996a：61 も参照せよ。また矛盾についてのウィンチの見解にも注目せよ（1960：234; 1964：312, 314-15; 1970：254, 257-8）。ウィトゲンシュタインはかつてこう主張したことがある。「神についての多くの論争が『私はあなたが……といえるような意味でこの語を使っているのではない』と述べることによって決着がつくのであり、異なった宗教は『他の宗教がナンセンスとして扱うものごとを意味あるものとして扱い、他の宗教の肯定するある種の命題を単純に否定しない』」（Moore 1993：103）、と。

17　ウィトゲンシュタインの世俗的な歴史と聖なる歴史の区別も参照せよ（1994a：31-2; 1994b：53-4, 56-7）。これを、デリダ独特の「未来（future）」と「来たるべき（to come）」の区

227

別と比較することは有益であろう（1990：969-71; 1992a：37-8; 1997a：2, 9; 1997b：19-20, 30; 1998b：7, 47; 1999a：79; 2001d：67）。

18 Wittgenstein 1994b：61 を参照せよ。また、冒涜に関する私の第2章の議論にも注意せよ。

19 Wittgenstein 1958：§§109, 126 を参照せよ。当然、他人が公言した信念が、そのような分析の後では、単なる仮説的なものに——従って、ウィトゲンシュタインにとっては、「真に」宗教的とはいえないものになることはあるかもしれない。

20 Winch 1987：198, 200; Wittgenstein 1994a：85; 1994b：55 を参照せよ。行為の優越性（primacy of action）についての似た強調は、Tolstoy1987：58, 61 を参照せよ。

21 「宗教的信念についての講義」は、ウィトゲンシュタインが公にされないことを望んだ学生のノートを通じてのみわれわれに入手可能ではあるが（Drury 1981：155）。

22 Drury 1981：108 を参照せよ。

23 Bambrough 1992：249 を参照せよ。

24 「まったく異なった局面」というウィトゲンシュタインの比喩は、より一般的な空間的レトリックでも保持されている（1958：p. ix, §§18, 68, 71, 76, 85, 99, 119, 203, 257, 426, 499, 525, 534）。

25 Frazer 1993：253 も参照せよ。

26 Wittgenstein 1996a：64 を参照せよ。

27 Wittgenstein 1996a：64-5 を参照せよ。これを念頭に置けば、トルストイが簡潔に述べた信仰に含まれる実存的な賭け金（1987：66, 68）と、以下の点に関するバルト（Barthes）の考察の類似性に注意を払うことは有益である。（1）愛の無償の「強さ」（1990：22, 85-6, 177, 180-2, 186）、（2）愛する者について語り、また呼びかけるときのことばの不十分さ（ibid.：35, 59, 73-4, 77-9, 147-54, 157-8, 204）、（3）愛する者が「同時にそして矛盾して幸せでも悲惨でもある」（ibid.：22、また 62, 165, 171 も参照せよ）こと。（4）愛は、あらゆるものを意味で満たすことができるが、一旦失われれば、世界を無意味にもできること（ibid.：23, 38-9, 75, 155, 160-1, 173-4, 189）。

28 Frazer 1993：207, 216, 551 を参照せよ。この点について注目すべきは、デリダ自身の告白（1993a：161-2, 260-3）と以下のバルトの議論である。すなわち、写真的なイメージと「キリストの復活」との関係（2000：82）、あるいは「よみがえり」（ibid.：9）（従ってまたある「心の傷」および「喪に服すこと」（ibid.：21；79 も参照せよ）と生き残ったものの罪悪感（責め）（ibid.：84））。「生き残ったものの罪悪感（責め）」については後の章で戻る。

29 Herzberg 1988; Wittgenstein 1994a：72; 1999：§§34, 160, 283, 509 を参照せよ。

30 Wittgenstein 1996a：61, 71-2 を参照せよ。

31 不滅についてのデリダの見解（Derrida 1993b：55）を参照せよ。

32 Derrida 1990:965; Wittgenstein 1994a:25 を参照せよ。もちろん、私が主張しているのは、「これはあれから生じた」ということではなく、むしろ「それがそのような仕方で生じたということもありえよう」ということだ（Wittgenstein 1996a：80）。

33 Winch 1964：322-4; Wittgenstein 1996a：66-7; Gaita 2000：60 を参照せよ。ウィトゲンシュタインも、想像力の限界はそのような現象によって決定されると示唆している（1996a：65, 72-3, 78）。また、デリダの「死の文化」（Derrida 1993b：24, 43）についての見解にも注意せよ。

34 Clack 1999：123 も参照せよ。

35 Clack 1999：124 を参照せよ。

36 シュペングラーの文化的ペシミズムがウィトゲンシュタインに与えた影響を論じたとき、クラックの

第5章　報いなき悲惨さ　宗教、倫理、罪悪感(責め)についてのウィトゲンシュタインの見解

分析はまさにこのように展開した(1999：127-9)。ウィトゲンシュタインのペシミズムについては、Drury 1981：128, 131; Wittgenstein 1994a：6, 27, 71 も参照せよ。

37 Derrida 1998c：30 も参照せよ。

38 そして、信仰への真摯な希求自体が根本的に「宗教的」でないとすれば、それは何なのか。実際のところ、ひとは「十分な」信仰をもつことが決してできない以上、そのような希求が宗教性を構成するのだということができるかもしれない。

39 Wittgenstein 1994a：48 を参照せよ。宗教について非常に厳粛に論じようとするこの願望によって、おそらくは、ウィトゲンシュタインが信仰主義とされることにまず疑問がもたれねばならないだろう。

40 自分の世界像の「鞍に座り続けること」(1999：§§616, 619)についてウィトゲンシュタインがいうことを考慮すれば、フレイザーが彼の世界像にしがみつくことでなぜ責められねばならないのかと、われわれは聞きたくなるかもしれない(Wittgenstein 1996a：61, 63, 65, 67-8, 71, 73-4)。

41 このことは、太陽崇拝の儀式にフレイザーが言及するときに見られる。というのも、彼らの振る舞いには本来的に迷信的なことは何もないからだ。現代科学がそのような自然現象の厳かさを減じているというわけではない(Wittgenstein 1994a：5；1996a：67)。実際、そういった現象にわれわれ自身が魅了されるということが、因習的になされていることをわれわれは思い出すかもしれない。そのような魅力が減退することは、世俗的な世界像に入り込むために不可避でも、必須条件でもないのだ(Winch 1987：202-4)。レヴィナスの「享受(enjoyment)」の現象学にも注意せよ(1996c：110ff.)。

42 一方が他方より優れていると評価するためには、フレイザーはこれを認めざるをえないだろう(Drury 1981：134)。

43 この論点は他の一面も切り開く。すなわち、西洋は精神的な面では不毛であるという非難——それは、西洋人の見当違いな自己批判によってしばしば生み出される——も、同様に表面的なものだということである。「世俗的」に関するデリダの見解を参照せよ(2001b：67)。

44 Wittgenstein 1994a：16 を参照せよ。

45 Bambrough1 992：249-50 を参照せよ。

46 Wittgenstein 1996a：61 を参照せよ。

47 (たとえば)キェルケゴールのレギーネ・オルセンとの悩み多い関係の実存的な複雑さ(Kierkegaard1965：69-78)は、親密な交際や性的な相手を求めるといったわれわれが自然に共有する性向によってのみ理解されることができるようになるとしても、この個別的な出来事を(たとえば)霊長類の行動の研究によって明らかにしようとすれば、見当違いになるだろうことは明白だ。「フレイザーの方が彼の問題にしている大多数の野蛮人よりもはるかに野蛮である、なぜならば、彼らは二十世紀の一人のイギリス人ほどひどく精神的問題に無理解ではないからである」(1996a：68)というウィトゲンシュタインの非難は、この意味で還元主義的ではない。というのは、フレイザーの「野蛮さ」は避けられないわけではないというだけでなく(彼はそのような「精神的問題」に通じることもできたであろう)、真に「人類学的な」態度とは相容れないからである。

48 Wittgenstein 1994a：78; 1996a：80 を参照せよ。

49 Derrida 1995c：3 を参照せよ。

50 [ ]で囲まれた文は英訳にある。私がこの強調文を入れたのは、本文中の当の言明からどのような「結論」(「責任という倫理的観念」)が導かれるのか、ウィトゲンシュタインにはわかり始めているのだが、そういった主張をするひとが必ずそれらの結論を念頭においている

229

かについては、彼は確信をもっていないということを示唆するためである。

51 同様の分析は、「いつも君を愛している」、「これから先もいつも君を愛すだろう」という恋人の発言についても述べることができただろう。ここでの「いつも」は経験的・歴史的なのではない。「これから先もいつも君を愛すだろう」は、もしわれわれの関係が終わったら、それによって私が日和見主義者であったとかまたは不誠実だったということが証明される、ということを意味してはいない。また、われわれの関係が死後も何かスピリチュアルな世界で続くだろうと信じているということでもない。ここでの「いつも」はむしろ行為遂行的な関与の言質なのである。

52 この〔 〕で囲まれた文は英訳にある。

53 ここで、宗教的なものと非宗教的なものについてのガイタの立場は興味深い。一方で彼は、宗教的言語（たとえば、他のひとびとの「不可侵さ」にかんする）は、それと「同義的な世俗的表現」よりも優れた表現だと彼は主張する（2000:23; Nielsen 1967:196 も参照せよ）。他方で彼は、「精神（soul）」については、「非宗教的な」儀式を重視するだけでなく（2000:219-21）、「宗教的あるいは形而上学的概念は……より自然的な語り方で表現された概念に依存している」（ibid.: 239. 強調は著者による）と示唆している。つまり、彼のポイントは次の二つの点にあるように思われる。（1）「世俗的な」語り方を「自然的な」語り方といっしょくたにするべきではないということ。（2）宗教的なものは、科学的あるいは哲学的なものよりも「自然的な」ものにより近いということ。

54 James 2：17-18 を参照せよ。ウィトゲンシュタインは、カトリック教徒との会話を手紙で知らせてきた弟子への返信で簡潔にこう書いている。「誰かが綱渡りの道具一式を買ったといってきても、それで何をするのかを見るまでは、私は印象づけられることはないでしょう」（Drury 1981：103）。

55 トルストイの『懺悔』について、グリーンウッド（Greenwood）は、「彼がわれわれに残したものは、結局、神の存在を切望するその圧倒的な感覚と、その存在のリアリティを多くのひとびとが羨ましいほどに信仰しているということ——それは彼自身には欠如しているものであるが——を彼自身が感じていることだ」（1975：121）と述べている。ほとんど同じことはウィトゲンシュタインにもいうことができるだろう（Drury 1981：162, 182）——実際、「羨望」（これは、トルストイ自身が使う言葉である（1987：73））へのグリーンウッドの言及は、なぜウィトゲンシュタインは不可知論者としてでは十分に記述されることができないかを幾分か説明するのに役に立つ。

56 第6章、第7章で明らかになるように、この定式はレヴィナスの著作へも同様に適応される。

57 Wittgenstein 1994a：86 を参照せよ。

58 Breton 1984：98 を参照せよ。

59 「抽象的な精神」ではなく、「魂が……救われる」（1994a：33）必要があるということ、また、宗教的な生にとって「健全な教義」（ibid.：5）は重要でないということについてのウィトゲンシュタインの見解も参照せよ。

60 Malcolm 1958：20; Engelmann 1967：77-8 を参照せよ。

61 これについて重要なのは、ニーチェと同様に、「どんなに洗練された、どんなに哲学的な疑いも、直観を基礎としている」（1994a：73）と、ウィトゲンシュタインが示唆していることである。

62 ハイデッガーの著作への敬意がおそらくより明らかに窺える。興味深いことに、ハイデッガーにかんする自身の見解において、ウィトゲンシュタインは「何かが存在するという驚き」（1978：80）に言及している。

63 Wittgenstein 1993：44 も参照せよ。

第5章　報いなき悲惨さ　宗教、倫理、罪悪感（責め）についてのウィトゲンシュタインの見解

64 否定神学（1995c：69）と、より一般的には「不可能なもの」（1990：981; 1995c：81）へ自身の没頭についてのデリダのコメントを参照せよ。後者については第8章で戻る。

65 Wittgenstein 1993：40 を参照せよ。

66 Picard 1948：227 を参照せよ。

67 第3章で論じたように、『論理哲学論考』と「倫理学講話」で保持されている伝統的な「である」と「すべき」の区別は、後期ウィトゲンシュタインの身体の現象学において問題視されている。ウィトゲンシュタインが存在論的な（ontological）問いは態度にかんする問いであると強調していることについては、宿命を信じること（1994a：30）、運命（ibid.：61）、および自由意志（ibid.：63）にかんする彼の見解も参照せよ。

68 Wittgenstein 1994a：32, 53, 61, 63; 1994b：53-4 を参照せよ。

69 Phillips 1970：44-5 を参照せよ。

70 Malcolm 1972：214 を参照せよ。改宗者の道徳的性格を変えることを目指してはいないいわゆる宗教的運動は、あくまで弱められた意味でのみ「宗教的」といわれる理由はここにある（ibid.：211）。

71 Wittgenstein 1958：§109 を参照せよ。

72 Wittgenstein 1958：§§38, 132 を参照せよ。ソクラテス（Socrates）についての（Drury 1981：131）、およびヘーゲル（Hegel）についての（ibid.：171）ウィトゲンシュタインの見解にも注意せよ。

73 Wittgenstein 1994a：41 を参照せよ。

74 このような文章——ウィトゲンシュタインがわれわれの話し方の変更を勧めているように見える箇所——は、第1章で論じたように、明らかに彼の著作を「保守的に」解釈するように強いる（Jones 1986：282）。

75 Moore 1993：109-10 も参照せよ。

76 Wittgenstein 1969：18 を参照せよ。

77 Wittgenstein 1994a：22 を参照せよ。

78 Philips 1970：49 を参照せよ。「死を心の恒久的な状態への道」だと考えるとドゥルーリーが打ち明けたのに対して、ウィトゲンシュタインは「この会話を続けたくなさそうだった」——ドゥルーリーは「［自分の］いったことが表面的だと［ウィトゲンシュタインは］思ったような感じ」がしたという（Drury 1981：147. 183 も参照せよ）。類比的に、同じことは告白（懺悔）にもいえる。というのは、告白とは個人的な報告の実行としてでは十分に理解されることはできないからである（Derrida 1993a：16-18, 48, 56; 1995c：38-9; 1999c：98-9）。告白を「単なる」自伝的なものから区別するのは、告白が「君の新たな生の一部でなければならない」（Wittgenstein 1994a：18）という点にある。告白については第8章で戻る。

79 Malcolm 1960：60-1 も参照せよ。

80 Pascal 1961：§255; Kierkegaard 1973：429-30 も参照せよ。

81 Engelmann 1967：74. 77, 79-80; Monk 1991：186-8, 367-72; Pascal1996 を参照せよ。

82 レヴィナスの「神を求めること」についての見解（1998a：95）と比較せよ。

83 Graham 2001：15ff を参照せよ。

84 この問いには、レヴィナスの「宗教的」ヒューマニズムとの関連で第6章、第7章で戻る。

85 Engelmann 1967：79-80 を参照せよ。それはつまり、「『独断と神秘主義を取り除いた……キリストの宗教』を目指す」トルストイの試みである。それと関連して興味深いのは、グリーンウッドが、『懺悔』と『私は何を信じるか（What I Believe）』におけるトルストイの目的を、「単に正しい見方を確立しようとするだけでなく……教養のある階層のひとびとに、生と死の

リアリティの意味、そして彼らの多くが表面上公言しているキリスト教の要求の生き生きとした意味を気づかせようと努力することである。まさに回心、『正しい見方』を伴った『心の転換』にトルストイは関心があるのだ」（Greenwood 1975：126, また 128-31 も参照せよ）と書いていることだ。

86 このような「ノスタルジー」は、トルストイにおいてまったく制限がないわけではない（1987：77; Greenwood 1975：120-1）。

87 ドゥルーリーが神学に警鐘を鳴らしたとき、ウィトゲンシュタインは次のように述べた。「キリスト教の象徴はいい表せないほどすばらしいが、そこから哲学的な体系をつくり出そうとするなら、それにはうんざりする」（Drury 1981：101）。またさらに激しく、「神の存在が自然的理性によって証明されうるというのは、カトリック教会のドグマだ……自分の外にいる、自分のような、ただし無限の力がある他の存在者として私が神を考えているなら、私は彼を拒むことを自分の義務と見なすだろう」（ibid.：123）。

88 Tolstoy 1981：70-1 を参照せよ。ドゥルーリーが「聖週とイースターの式典」に「空虚さ」を感じると話したとき、彼を慰めてウィトゲンシュタインがいった言葉に注目せよ（1981：144）。関連して、ドゥルーリーが「宗教的な生を生きて」（ibid.：179）こなかったのは、おそらく自分が与えた有害な影響によるのだとウィトゲンシュタインが嘆いていることも参照せよ。

89 トルストイが賞賛した「農夫」に対してウィトゲンシュタインが態度を変えたこと（そして、特にウィトゲンシュタインがときに反ヒューマニズムであり反ロマン主義であったこと）（Drury 1981：128; Wittgenstein 1999：114-15）にクラックが注目しているのは、当を得ている。それにもかかわらず、この曖昧さはウィトゲンシュタインのトルストイ的態度のなかにあるように思われる。というのも、ウィトゲンシュタインは自分のきわめてトルストイ的な理想から解かれたことは一度もなかったからだ。その曖昧さはむしろ、自分をそのような「普通のひとびと」に同化させることができないことにあった。

90 全文は以下のように読める。「福音書のほうが……すべてが質素で、謙虚で、単純である。福音書が小屋なら、──パウロの手紙は教会である。福音書では、人間はみな平等で、神みずからが人だが、パウロの手紙ではすでに、位階とか官職といったヒエラルキーのようなものがある」（Wittgenstein 1994a：30; Nietzsche 1968：§167 も参照せよ）。同様に、ウィトゲンシュタインはドゥルーリーにこう警告している。「キリストの宗教は、祈りの言葉をたくさんいうことにおいて成り立っているのではなく、それとはまったく反対のことをわれわれは命ぜられるという事実において成り立っているということを覚えておきなさい。君や私が宗教的な生を生きようとするなら、それは宗教について多くを語ることではなく、われわれの生が何らかの仕方で違うものになるということだ」（Drury 1981：109）、と。こういった心情は、トルストイの短編のなかでウィトゲンシュタインの「お気に入り」（ibid.：101）が「三人の隠者」だということに、もっともよく現れている（Tolstoy 1982：280-6; King 1981：87 も参照せよ）。

91 同様に、以前にも示唆したように、宗教的なものに接近することに意味が生まれるのは、その実践的・倫理的帰結を通じてのみだが、倫理的な側面（神を信じること）に優位性を置くことで、宗教的信念の存在論的な側面（神が存在するということを信じること）が簡単に放棄されるわけではない。存在論的な側面は、すでに倫理的だとわれわれはいうだろう（この点には、レヴィナスに触れる後の章で戻る）。

92 それらは「完全な自動現象」（Bergson 1911：46. 44-5 も参照せよ；Derrida 1995c：132-3）になりがちではあるのだが。ここで再び、ある種の反復可能性について語ることができるかもしれない（この点には第 8 章で戻る）。

93 Wittgenstein 1994a:30 を参照せよ。宗教性のこのような低い段階は、ドゥルーリーに対して、

第5章　報いなき悲惨さ　　宗教、倫理、罪悪感（責め）についてのウィトゲンシュタインの見解

「宗教において実験を試みてみなさい。その試みによって、何がひとを助け、何が助けないのかがわかる」（Drury 1981：179）という著しくピュロン主義的な助言をウィトゲンシュタインがしたことに現れているとみなせる。

94　ウィトゲンシュタインはノルウェーで「祈りに時間を費やし」、「告白を書き記さなければならないと感じていた」（Drury 1981：135）が、結局告白は、特にムーアとファニア・パスカルに対してなされた（ibid.：190-218; Pascal 1996：45-50）。

95　同様に、「未来の宗教には、司祭も牧師もいない」かもしれないとドゥルーリーにいったとき、ウィトゲンシュタインは続けて、「君や私が学ばねばならないことは、教会に所属するという慰めなしにわれわれは生きねばならないということだ」（Drury 1981：129. 強調は著者）と示唆している。

96　第1章でのリースにかんする私の議論を思い起こすと、この用語を強調することは、ウィトゲンシュタインの哲学観をあからさまに定言的なものに見せてしまうことになる。

97　ウィトゲンシュタインの「倫理学講話」でも、これは非常に明らかである。さらに、絶対的な依存という考えは、第2章で論じた『確実性の問題』における無条件に信じることが果たす役割に関連している。（実際、Hertzberg（1988：309-10）と Shields（1997：48）もこの点でアブラハムとイサクに言及している。）Derrida 1995b：Chs 3-4 も参照せよ。

98　Wittgenstein 1979a：74 も参照せよ。

99　Shields 1997：65; Gaita 2000：219-20 も参照せよ。

100　Shields 1997：70 も参照せよ。

101　Wittgenstein 1994a：29, 32, 45, 53; 1994b：56, 58 を参照せよ。

102　「いかにして神はひとを裁くのか」（1994a：86）についてのウィトゲンシュタインの見解を参照せよ。また、神は必ずしも「神の理由を与えたり、何かをわれわれと共有したり」（1995b：57）する必要はないというデリダのコメントも参照せよ。

103　ヘルツベルグ（Hertzberg）が「頼りにすること（reliance）」と「信頼（trust）」についてこう述べている。「あるひとを頼りにする（relay on）とき、私はあたかも上から彼を見下ろしているかのようである。私は世界を支配する力を行使する。私は彼の行為の裁判官であり続ける。あるひとを信頼する（trust）とき、私は下から彼を見上げる。」（1988：315. 強調は著者）もちろんアブラハムの例でさえ、神は実際的に不可能なことを命じているわけではない（Kierkegaard 1985：44-6）。それゆえ、ウィトゲンシュタインの見解はアブラハムの例すら越えていくように思える。つまり（神がそれを命じたという事実を除けば）私には正当化できないのみならず、それを実行しようとする意志があったとしても私ができないことを、神は私に命じることができたということである。第8章で見るように、責任と不可能性／可能性（im/possibility）についての見解はこれと関係している。

104　Phillips 1970：68-9 も参照せよ。

105　興味深いことに、トルストイは「信仰の本義は、死によって滅せられることのない恒久の意義を、人生に与えるという点にある」（1987：68）と述べている。

106　つまり、悪しき良心のこのような原始的な体験において、ひとはある種、他者からの「取り憑き」を受ける（Levinas 1984:63; Derrida 1993a:260-3; 1993b:20）。この点には第6章で戻る。

107　「倫理学講話」と『論理哲学論考』の関係についての詳細な分析は、Edwards 1985：75-101 を参照せよ。

108　Kant 1976：78ff を参照せよ。

109　Wittgenstein 1993：38-9; Derrida 1995a：273, 276 を参照せよ。

110　Wittgenstein 1994a：3; 1995：6.42; Levinas 1998a：154 を参照せよ。

111 Wittgenstein 1978：80-1 を参照せよ。

112 Engelmann 1967：74-5 も参照せよ。

113 Derrida 1995c：17-21 を参照せよ。ウィトゲンシュタインも同様に、「倫理学についての空回りしているすべての言説——知識は存在するのか、価値は存在するのか、神は定義されるのか、など——を終わりに」（1978：80-1）したいと書いている。

114 Wittgenstein 1995：6.4-6.421 を参照せよ。

115 ある機会にレヴィナスは非常に辛辣に、「一生をかけて方法論を研究し、たくさんの本を書いたひとびとがいますが、そのような本を書くひまにもっと興味深い本が書けたのではないでしょうか。もし哲学が影のない陽光の下を歩くようなものであったとしたら、私はそれを残念に思います」（1998a：89）と述べている。倫理学についてのウィトゲンシュタインの見解がここでどの程度までレヴィナス自身の著述の実践に符号しているかは、第 6 章で論じる。

116 このことは、判断における共有された基準の必要性にかんして第 1 章、第 2 章で述べたことに関連している。モラル・サイエンスクラブでウィトゲンシュタインに初めて会ったときのことを書いたドゥルーリーの所見も参照せよ（Drury 1981：114）。

117 Phillips 1970：47 を参照せよ。

118 Winch 1987：176 を参照せよ。「相対的」と「絶対的」の区別は簡単ではない。「君はテニスをもっとうまくなりたいと思うべきだ。なぜなら、そうすれば君のパートナーは、そのゲームからもっと喜びを得られるだろうし、その喜びは、下手くそにテニスをするという君の満足よりも大きな倫理的重要さがあるのだから」と主張する人もいるかもしれない。ここでテニスをすることは、他者の幸福を増大させるための倫理的な義務を実現する手段になっている。

119 第 6 章で私は「生き延びた者の責め」というテーマでレヴィナスの著作を論じるが、そこでホロコーストが彼の著作に与えた影響に触れる。伝記的な記録によれば、ウィトゲンシュタインも三人の兄の自殺に関して、何かこういった罪悪感（責め）を経験していたかもしれない（Monk 1991：11ff.）。興味深いことに、ウィトゲンシュタイン自身自殺を何度も考えたのだが、それでもこれは「基本的な罪」になると判断した（1979a：91; Gaita 2000：221-2 も参照せよ）。

120 同様に、「友愛の目的は何なのか」と問うことは間違いである（本当に落胆した叫びではないと仮定して）。友愛に本質的な「目的」などない。たしかに、友人がいることのある種の利点を回顧して確認することがあるにせよ。本注の冒頭の問いは、友愛が「基づいている」十全な理由があると誤って想定している。「許し」についてのデリダの見解も参照せよ（2001e：27）。

121 Caputo 2000：121; 2001：4, 12-13 も参照せよ。

122 Derrida 1999e：132-3 を参照せよ。

123 いかにして宗教がエゴイズムと戦うのではなく、それを「別の世界」へと移すかということにかんするショーペンハウアーの見解（1995：137）を参照せよ。

124 人類学的な「失うことの原則」については、Bataille 1996：116-23 を参照せよ。

125 Nietzsche 1968：§§172, 246; 1992b：First Essay §§14-15 も参照せよ。キェルケゴールは次のように書いている。「公の説教は、宗教、つまりキリスト教を、慰めや幸福といったものに他ならないと誤って表現してきた。その結果、疑念が優勢に語られるようになった。私はそのような幻想によって幸せになりたいとは思わない。キリスト教は苦しむこととして真に示されるのであれば、それだけますます偉大になるだろう。疑念は取り除かれるだろう」（1965：209）。こういった心情は、ウィトゲンシュタインがドゥルーリーと交わした会話にもうかがえる（1981：110）。キング（King）も同様にウィトゲンシュタインがこう主張したことを回想している。

第5章　報いなき悲惨さ　　宗教、倫理、罪悪感（責め）についてのウィトゲンシュタインの見解

「私に確かなのは、——楽しい時間を過ごすためにわれわれはここにいるのではないということだ」（1981：90）。

126 Derrida 1990：953; 1996b：86 を参照せよ。

127 Malcolm 1958：52; Redpath 1990：50; Sontag 1995：57, 64; Pascal 1996：32 を参照せよ。

128 Drury 1981：101, 117-18 も参照せよ。

129 この引用文とウィトゲンシュタインの以下の見解には関連がある。「『神が他のひとに語るのをあなたは聞くことができない。ただあなたが神から語りかけられる場合にのみ、聞くことができるのだ。』——これは一つの文法的評言である。」（1990：§717）「文法的」ということの要点はここで、（少なくとも、ユダヤ・キリスト教の伝統では）神が自分以外に話しかけるのを冷静に目撃することはありえないということに関係している。というのも、神の声を聴くことはつねに自分自身を関わらせることであるからである。「神は各人に個別的に語りかける」というアレヴィ（Halevy）の示唆をレヴィナスが認めていること（Levinas 1994a：184）、また「神との対話」についてのデリダの見解も参照せよ（1995b：57）。

130 この引用文の心情は、『カラマーゾフの兄弟』、特に「ゾシマ長老の説話と教訓の中より」（Dstoyevsky 1967：376-9）で何度も繰り返される。

131 Wittgenstein 1994a：86 も参照せよ。

132 Derrida 1993b：19-20; 1997b：20-1; 1999：67 を参照せよ。

133 Engelmann 1967：80 を参照せよ。再び、ウィトゲンシュタインのユダヤ的遺産がここで関連しているのかもしれない（Drury 1981：175）。

134 Glendinning 1999, 2000 を参照せよ。

135 Davis 1996：129-41 を参照せよ。

136 レヴィナスによれば、これは彼の「主要テーマ」であった。（1999：179. 2000：12, 17 も参照せよ。）

第6章　侵犯すること

ハイデッガーとレヴィナスにおける責めと犠牲、および日常的生

　　他人を犠牲にしなくてはどんな利益もありえない……。彼の心を尋ねるが
よい。そうすればわれわれのどんな内面の願いも、そのほとんどは他人を犠
牲にして生じ、育てられたものばかりだと気づくであろう。

　　　　　　　　　　　M.モンテーニュ（M.Montaigne）『随筆集』

　　『汝盗むなかれ』『汝殺すなかれ』——このたぐいの言葉はかつては聖
なるものと呼ばれた。それらの言葉を前にすると、ひとびとは膝を屈し、頭を
垂れ、靴を脱いだものだった。しかし君らに尋ねる。そのような聖なる言葉以
上に、かつてこの世のなかにもっとましな盗人や殺人鬼がいたためしがあった
ろうか。全生涯を通じて、盗みや殺人がないなんてことがあるものか。

　　　　　　F・ニーチェ（F.Nietzsche）『ツァラトウストラかく語りき』

　　「主たる強調点はどこにあるのか……現存在にか、存在にか、そこにか？
——ここといった方がよいような——そこに何よりも私が自分の存在を探すべ
きなのだろうか？」

　　　　　G・バシュラール（G.Bachelard）「信用と不信」『空間の詩学』

237

まえがき

もしウィトゲンシュタインの『論理哲学論考』と「倫理学講話」の両者から生じてくる問いが、最終的にはあまりにも存在論的負荷を帯びた概念的用語で倫理学を書く可能性にかかわるものだ（実際のところ、このように「言語の限界に逆らって突進すること」が倫理学である（Wittgenstein 1978 : 80））とすれば、レヴィナスの書物は、まさにそれを遂行しようとしている[1]。すなわち、レヴィナスは倫理的なもののいかなる純粋な表現も禁じるように見える言語の「境界に逆らって突進すること」（Wittgenstein 1993:44）を企てているのであるが、そのことが「一つの詩的な構成」（Wittgenstein 1994a : 24）としての哲学を書き記すことへと彼を導いている[2]。ウィトゲンシュタインが言及しているような爆発的な「倫理学の書」を書き記すことにレヴィナスが成功していると示唆することはあまりにいいすぎだろう——実際「成功」という観念がなぜここでは問題を含んでいるかという理由は、後に明らかになるであろう[3]。それにもかかわらず、レヴィナスの著作の一般的な野心は元来このような仕方で構想されたのである。かくて、もしレヴィナスと後期ウィトゲンシュタインの両者が、『論理哲学論考』において輪郭が与えられた申し立てに呼応するものとして読まれることができるとすれば、彼らの各々の応答はどの程度まで縒り合されるのか。ある最近の注釈者は、レヴィナスの著書が「超越論的言語ゲーム」の「非基礎主義者」[4]的説明として読まれるべきと勧告することによって、この問題に接近している（Greisch 1991 : 70）[5]。この示唆はなるほど挑発的であるけれども、その「非基礎主義者」的な見方には私としては抵抗したい。そうした見方はまさに、両哲学者の書物の深い精神とは一致しないという理由からである[6]。哲学的に興味があるのは、むしろどの程度までウィトゲンシュタインとレヴィナスが、罪悪感（責め）（guilt）のある種の経験を証言しているかである。

第5章の末尾あたりで私は、ウィトゲンシュタインに多くの関心を有益なかたちで引き起こした『カラマーゾフの兄弟』の一節を引用しておいた。しかしその引用句が選ばれたのは、同じく重要な別の理由からである。レヴィナスもまた多くのことを、（彼の初期の思想に影響を与えた他のロシアの文学者らと並んで[7]）ドストエフスキー（Dostoyevsky）から受容した。「われわれはいかなる者でも、あらゆる仕方で、他のすべてのひとに対して責任がある（responsible）。とりわけ

私がそうだ」（967：339）[8]という思想については明らかにそうである。この引用句についてレヴィナスに魅力を与えたことがらは、私が後で論議しようと思うのだが、以下の二つの方向性である。すなわち、（1）私の責任（responsibility）は、彼が「伝統的な」倫理的思考（ブーバーの「我と汝」を含む[9]）と見なしていることがらの相互的経済学を超えるものとして提示されているということと、（2）主体性それ自身は、「本来的な……責任ないしは責め（guilt）」（Robbins 1999：147）[10]によって特徴づけられているということである。しかしながら、レヴィナスの著作のなかで責めがどのような役割を果たしているかを解明するためには、――（その著者が、「国家社会主義への彼の参画から……免責されることは決してなかった」（Levinas 1992：37）という事実にもかかわらず）レヴィナスが「哲学史における最良の書の一つ」と見なしたテクスト（1992：37）――『存在と時間』における良心（Conscience）と責め（Guilt）[11]についてのハイデッガーの詳説との関係でそれを位置づけることがまず必要である[12]。レヴィナスがハイデッガーの存在論的分析を明確に倫理的なものに変容させるその度合いは過小評価されてはならない。しかしレヴィナスの思索の根はまったくハイデッガー的ではない。彼の著作のレトリックと実体との両方にホロコーストがもたらしている深刻な影響に対して、綿密な注意が払われねばならない[13]。これら二つの源泉を結合的に評価することを通してのみ、彼の哲学のなかで責め（Guilt）が演じる中心的な位置をわれわれは識別できることになる。

ハイデッガーの『存在と時間』における良心と責め

「基礎的存在論」を企図する傍らでハイデッガーは、良心と責めの彼の分析が「幾重もの道」（Heidegger1999：313）から分かれており、そうした現象が従来から人間学、心理学、神学などにおいて取り扱われてきたものだと主張している[14]。このことは、そうした伝統的探求やわれわれの「日常的な」（ibid.：314）理解がまったく価値のないものだということではない。ハイデッガーの企ては、むしろより根本的、哲学的な水準に影響を及ぼし、あらゆるそうした解釈の存在論的地盤を示すことを切望しているのだ[15]。しかしハイデッガーのアプローチについて最も特徴的なことが何であるかは、これらの主題についての彼のより「積極的な」（ibid：341）反省を再検討することで、この上なく明確になるであろう。

われわれが今思い起こそうとしている現存在（Dasein）は、自らの存在（Being）として「存在の可能性（potentiality-for-Being）」（ibid.：315）をもつような存在者（being）として定義されている[16]。言い換えれば現存在が他のもろもろの存在者とは異なっているのは、まさに「自らがまさに存在することにおいて、その存在がそれにとって問題であるようなものである」（ibid.：32）からである。かくして現存在は、「何か主題といった事柄に属するたぐいの何か」への言及によって決定されるべきものではなく、「それの実存によって——それ自身であるのかないのかというそれ自身の可能性によって——常に了解される」（ibid.：32-3）ようなそうした存在者として決定さるべきものなのである。かくして現存在は、自らがまさに存在することにおいて、それ自身の可能性に関与しているのである[17]。もっといえば、現存在が「もっている」存在（Being）の仕方は根本的に社会的なのである。現存在が「一人で（alone）」いる時ですら、この孤独は、その存在の第一義的様態が他者たちと共にある存在（Being-with-others）であるからこそ、可能なのである[18]。事実、このような本質的な共にある存在（共存在）（Being-with）構造は、非生命的な世界への現存在の自己配慮的な関与のうちにすでに現前する[19]。かくて現存在は、世界の諸対象との実践的な交渉において、他の現存在たち[20]——おそらくこれら対象を作成したひとびと、あるいはそれらとこれから出会い、自身で使用するであろうひとびと[21]——への暗黙の照合関係とともに現前している。縫製を実例に挙げながら、ハイデッガーはこう記している。「製品［作製されたもの］のうちには同時に『材料』への指示がひそんでいる。すなわち、製品はなめし皮、縫い糸、釘などに依拠している。なめし革は……獣皮から作られている。獣皮は動物からはぎ取られたものであり、動物は他のものによって飼育されたものである」。さらに彼は続ける。

　作製された製品は、おのれの利用可能性がそのために用いられるその用途性と、おのれがそれから成り立っている原料とを指示するばかりではなく、単純な手工業的な諸状態においては、作製された製品のうちに同時に着用者や利用者への指示がひそんでいる。製品は着用者や使用者の身体に合わせて裁断され、着用者や利用者は、その製品が出来あがりつつあるときは、共にそこに居あわせて「存在している」。……従って、製品とともに出会われるのは、道具的に存在している存在者（entities ready-to-hand）であるばか

りではなく、現存在という存在様式をもった存在者（entities with Dasein's kind of Being）でもあるのであって、作製されたものはこの現存在の配慮的な気遣い（concern）のうちでこの存在者にとって道具的に存在するにいたるのである。このことといっしょに世界が出会われるのだが、この世界のうちで着用者や消費者が生活しており、この世界は同時にわれわれの世界でもある。そのつど配慮的に気遣われる製品は、仕事場という家庭的世界においてしか道具的に存在しているのではけっしてなく、公共的世界においても道具的に存在している。

（1999：100）[22]

　私は以後の章でこの考えへ戻るつもりである。というのも、共存在（*Being-with*）のそのような性格づけはハイデッガー的語り方のほんの一部分にすぎないからである。セクストスやウィトゲンシュタインと同じく、ハイデッガーもまたここではある種の規範性を免れてはいない[23]。彼が、現存在は「非本来性」（ibid.：312）[24]へと自己喪失する傾向や、現存在が世人（*das Man*）（「誰でもないもの」（ibid.：312））あるいは「彼ら」[25]）という匿名的な集合体へと「分散される（*dispered*）」（ibid.：167）ことに対してくりかえし警告している限りにおいて、そうであるといえる。ひとが、大多数の人間が行っているからということだけで何かをプログラム通りに行う（あるいはわざとそうしない）とき[26]、あるいは社会的因習に訴えて、「これこそが私に期待されていることである」ということを自己正当化するとき、それによってひとは自分自身が何であるべきかを選ぶ責任を放棄してしまう[27]。これは極端な非ピュロニズム的ビジョンである。というのも、ケルナー（Kellner）が述べているように、「本来的である」ためには、ひとは断固として社会的因習や存在の非本来的な方法による支配から自分自身を解放することを選び、自らの企図や自己決定のために自分自身を解放しなければならないからである（1992：202）。こうして『存在と時間』においては、非本来的人間だけが「盲目的に社会的因習に従属し、気晴らしのなかに自己を喪失するか自分のなすべきことを十分に推し量ることをしないことによって、決定的な選択を回避している」ような「社会に対する個人的闘いのモデル」がわれわれに提示されている。非本来的な人間は、ものごとの公共的な解釈の仕方に屈服し、社会的に規定されかつ推奨されているような存在の在り方へと頽落する（ibid.）[28]。

ハイデッガーが現存在は「実存へと投げ出されている」(1999：321)[29]として記述しているので、現存在は世界へと「事実的に従属させられている」(ibid.：344)ことになる。すなわち現存在の存在可能性(potentiality-for-Being)は、「それ自身との一致ではなく……『そこへ』ともたらされている」(ibid.：329)ことによって不可避的に制約されている[30]。しかしそうした「被投性」がしばしば選択を困難にさせるということを考慮しても、現存在は常に何らかの選択をなすこともできるのである[31]。「世人」という日常の匿名性に埋没して、現存在は「［自分たちの］諸可能性を手に入れること」(ibid.：312)を妨げられ、その結果、本来的な存在(authentic Being)からも「遠ざけられて」いる[32]。現存在は「彼ら」において自己を喪失することによって責任を回避することは簡単にはできない。というのも、この「自己を喪失すること」(あるいは選択しないことを選択すること[33])は、現存在がそれに対して責任を負うべき選択をいまだ構成しているからなのである[34]。言い換えれば、現存在は選択することを回避できないけれども、現存在が何を選択するかは常に(相対的に)未決定なのである[35]。

　ハイデッガーが「良心」の概念を導入してくるのは、まさにこの段階においてである。伝統的に描写されてきたように、「良心の呼び声」は、道徳的導きをなす内的な声を伝える。もっと具体的にいえば、良心という「日常的な」経験は、「当の行為が実行されたないしはなされなかった後で」(ibid.：335-6)生じると考えられており、かくてそれは「違反の後に続いて起こり、現存在がそのために責め(guilt)を背負うにいたったところの起こってしまった事件に帰ることを指示する」(ibid.：336-7)。しかしながら、死へとかかわる存在(Being-toward-death)であるということにおいて、「現存在は、おのれに先んじて『存在している』」。というのも良心の声は、「たしかに呼び返しはするが、しかしそれは起こった行為を通り越して、……責めある存在(Being-guilty)へと呼び返すのであって、この……責めある存在は、あらゆる罪過(indebtedness)よりも『より以前に』あるものである」(ibid.：337)からである。(後でまたこの問題に戻るであろう)。それゆえハイデッガーの良心の概念は、それが現存在の存在(Being)から構成されたものであり、その意味で「明らかに現前してい(present-at-hand)ない」(ibid.：343)限りで、伝統的な描写とは異なっている。良心は、「世人(das Man)から」現存在を「もぎ取り」ながら、命令的口調で呼びかけてくる(Macann 1992：230)。さらにまた、「存在的な(ontical)

常識」（Heidegger 1999：314）の解釈とは対照的に、良心は明晰な内容を欠いている[36]ので、ある種の特殊な「聴くこと」を要求してくる（ibid.：314）。良心の呼び声は「何も主張せず、世界の出来事についての情報を何ら知らせず、告げるべき何ももたない」と、ハイデッガーは主張する。それにもかかわらずこのような「沈黙を維持すること」（ibid.：318）――それは情報としては無意味であるけれども――は、「自己がその自己であるための可能性（the Self to its potentiality-for-Being-its-Self）」（ibid.：319）を呼び覚ますという点で、――不意の覚醒（ibid.：316）――という一突きの契機を備えている。つまり「良心の呼び声は、現存在が自己であることの最も固有な可能性（its ownmost potentiality-for-Being-its-Self）へと現存在に呼びかけることによって、現存在への呼びかけという特色を有しており」、「このことは、現存在を、そのもっとも固有な責めありへと召喚することによってなされるのである」（ibid.：314）[37]。

　良心が現存在に「呼びかけ」、現存在の存在を構成するといわれる場合、呼びかける者と呼びかけられる者の間の関係については説明が求められることになる。ハイデッガーによれば、この「不気味な」（ibid.：321）呼び声は、現存在自身の存在とは別のどこか他の場所からやってくるのではない[38]。現存在は、「世人」における自らの「喪失性」（ibid.：319）あるいは「場の隠蔽」のために、「呼び声によっておのれ自身へともたらされる」（ibid.：317）。しかしそれは単に独り言という契機ではない。というのも、呼び声は、それの開示においては[39]、現存在を驚かす力、つまり「［それの］期待に反して、また「［それの］意志に反してさえ」（ibid.：320）到来する力を所有しているからである。かくて、良心に呼び求められることで、現存在は「自らのもっとも固有な責めあり（Being-guilty）」（ibid.：319）へと力強く召喚される。「どこから……われわれは、『責め（Guilty）』という根源的な実存論的な意味に対するわれわれの基準を手にすることになるのだろうか？」ハイデッガーはレトリカルに探求している。

　　この「責めあり（Guilty）！」ということが「私は存在する」ということの客語として現れてくるということ、このことのうちからである。それでは、非本来的な解釈において「責め（guilt）」として了解されているものは、ひょっとすると、現存在の存在そのもののうちにひそんでいるのであろうか。しかも、現存在がそのつど現事実的に実存している限り、現存在はすでに責めある（guilty）もの

でもあるというふうに、そのうちにひそんでいるのであろうか。

(1999：326)

ここで決定的な点は、現存在が──「私が存在する」[40]というまさにその状態において──「責めあり（is guilty）」（ibid.：331）ということであり、良心の呼び声[41]を呼び覚ますのは他ならぬこの「根源的な」（ibid.：332）責め（Guilty）なのだということである。さらにいえば、「責めがある！（Guilty!）」という告発は、特別な「私」[42]として現存在を照らし出すのである。そのときこの見解からすると、「公共的な良心」という概念は、「『世人』の声以上のものではない」。ハイデッガーが慎重に述べているように、「『世界良心（world-conscience）』ともいうべきものは疑わしい作りものであり、現存在がそうなりうるのは、まさに良心がその土台とその本質においてそのつど私のものであるからなのである」（ibid.：323）。それでは現存在の責め（Guilty）がこのようにして何らかの公共的、社会的な道徳性から切り離される限りでは、現存在は何について責めありと見なされるのか、とひとは問うかもしれない。しかしハイデッガーにとっては、このようなやり方で問題を提示することは、責めがあること（sein-guilty）の「常識的」[43]、「普通の」（ibid.：327）[44]、「日常的な」（ibid.：326）理解に内在するある種の過誤を永続化させる限りにおいて問題となると同時に、哲学的に啓発的なものになるであろう。「現存在は何について責めをもっているのか（What Dasein is Guilty of）？」と問うことは責め（Guilt）の特殊な対象を暗示しており、それによって「支払うべき勘定をもつこと」、あるいは一般的に「世人」から申し立てられる「借りがあること」（ibid.：327）として、責めがあることを経済的に解釈するということに役立つことになる[45]。というのは、この後者の責めは「規制されうるビジネス上の手続き」（ibid.：340）に類似しているが、しかしその［概念の］存在論的な理解は、この経済的モデルを基礎づけると同時に、格下げもするからである。すなわち「責めがあること（being-guilty）は、なんらかの罪過を犯すこと（indebtedness）からはじめて結果するのではなく、むしろ逆に、罪過を犯すというこのことが、ある根源的に責めあること（primordial Being-guilty）という『根拠にもとづいて』はじめて可能になる」（ibid.：329）。その際ハイデッガーによれば、「世人」は、責めがあることを未払いであることとして、また「そこにおいて」ひとが時たま自分を発見するような[46]状況として理解している[47]。このような解釈は、「何

かを決済すること」あるいは「それらを清算すること」によって借りの重荷を帳消しにするという可能性を示唆している[48]。（少なくともそのことは、有責性が無罪として「帳消しにされる」かもしれないということを示唆している。）しかしハイデッガーにとって、現存在の責めは、そうした代償的な処置を禁じており、このことこそまさに、「ひとは良心が告げているものについて語ったり、自分の場合を弁護する……ような反対話法はない。呼び声を理解しながら聴くとき、ひとはどんな反対話法をも自ら否定するのである」（ibid.：342）とされる理由なのである[49]。手短にいえば、ハイデッガー的責め（Guilt）の根源性は、すべての弁明を——存在論的にいえば——無力にし、また非本来的なものにするのである。

　ところで、ハイデッガーは現存在の責めとは帰するところ何であるかについてのあらゆる語りを問題視しているが、この問題に接近する一つの方法を次のように示唆している。

　　現存在が根拠であるのは、実存しつつあるときである、言い換えれば、現存在が諸可能性からおのれを了解しつつ被投的存在者であるときである。しかし、このことのうちには次のことがひそんでいる。すなわち、存在しうるものでありつづける現存在は、これかあれかの可能性のなかにそのつど立っており、不断に現存在はその他の諸可能性であるのでは非ずして、その他諸可能性は実存的企投のさいに断念してしまったということ、これである。……この規定は……企投することの存在構造の一つの実存論的な構成要素を意味するのである。こういう意味での非力さは、現存在がおのれの実存的な諸可能性に向かって自由であることに属している。しかし自由は、特定の一つの可能性を選択することのなかにのみ、存在しており、言い換えればその他の諸可能性を選択しなかったということに、またその他の諸可能性をも選択しえないということに耐えることのなかにのみ、存在しているのである。

（1999：331）

以上は、もしレヴィナス——さらに議論の余地はあるだろうがデリダ——を理解しようとすれば、ハイデッガーの良心と責めの概念を理解するための鍵となる一節である。ハイデッガーの一般的な視点がここでは十分明瞭になっている。現存在の存在は「存在のための可能性」（ibid.：315）[50]である。というのも自らが

「実存へと企投されること」（ibid.：315）によって、現存在は「諸可能性によって自己を了解する」（ibid.：331）からである。しかしながら現存在は、あらゆるそうした可能性を追求しながら、同時にすべての他の諸可能性を排さねばならない。自らの本質的な有限性において、現存在は「ある可能性または別の可能性」（ibid.）のみを追跡しなければならず、そのようなものとしてその存在は本来的に犠牲的なのである[51]。当然のことながら、そうした諸選択の否定的な側面（犠牲的な「非（not）」）の諸次元は膨大である[52]。それゆえ、現存在が責めを負っていることは、あれとかこれとかの可能性のいかなる追求によっても追跡できないようなあらゆるそうした可能性の形跡によって描くことが可能である。従って、「『非』は……現存在の存在（[the] *Being* of Dasein）にとって構成的である」（ibid.：330）[53]。だから、良心の呼び声が「聴かれ」[54]るのは、現存在が自らの必然的に多様な不作為につきまとわれるためである[55]。そしてここでの強調は、（再び）これらの犠牲的な不作為の必然性、つまりそれらの構成的かつ存在論的な本性に定位されねばならないのである。というのもそうした否定性は、あたかも他の諸可能性を排除することなく次々と充当されうるような単なる「欠如」を表現するようなものではないからなのである。またこのことは、善き良心と悪しき良心（good and bad conscience）の一般的な経済的解釈に対するハイデッガーのさらなる疑念を説明することになる[56]。現存在が良心の呼び声によって呼び起こされることは、「決然として」[57]その根源的で、不可避的な責めあり（primordial, inescapable Being-guilty）に立ち向かい、かくて「世人」がもっている善き良心と、「清算すること」によって「責めと無罪」を帳消しにしようとする彼らの傾向に抵抗することだからである（ibid.：338）。

　さて以上が、『存在と時間』における責めと良心の説明である。ハイデッガーの分析を念頭において、今やレヴィナスに向かいたい。そこにはハイデッガーの多くの基本的な洞察が——やや異なった方向で乗り越えられているのであるが——働いていることが見出されるからである。以下の考察は、レヴィナスの見解においてハイデッガーによる存在論の優先化を厳しく問題視する倫理学と特に現存在の本質的な自己配慮（essential self-concern）に、強調点が置かれる[58]。

第6章　侵犯すること　　ハイデッガーとレヴィナスにおける責めと犠牲、および日常的生

レヴィナスの亡霊：侵犯することと存在することの暴力

　これまで、現存在について、それがあらゆる言葉（ないしは沈黙）や行為（ないし不行為）において必然的に排除するような存在の諸可能性によって「取り憑かれている」ことについて言及した。この特殊な比喩は、本章ではこれまで論じられ「なかった」ハイデッガー主義者たちを倫理化する（*ethicalize*）主体性の説明を彼が与えてくれる限りで、レヴィナスを読む際にますます重要になる。しかし、レヴィナスの著作がある種の「取り憑き」を受けている別の意味がある[59]。レヴィナスの「亡霊」が1940年代のナチの死の収容所から出ていることは明らかであろう[60]。しかしこの憑きまといを哲学的に重要なものにしているのは、「ホロコースト」とか「ショアー」として歴史的に位置づけられているような領域を超え出た特殊なものである[61]。実際このことは、レヴィナスの著作が「心安らぐような思想」（Wittgenstein 1994a：43）を取得しようとするどんな企図に対しても背いている理由なのである

　しかしながらホロコーストを経由してレヴィナスに接近しても、解釈上の自由を手にすることはない。というのもレヴィナス自身は、彼の思想における「明らかにユダヤ的な契機」が、実際のところ「神がナチスに彼らの欲したことをさせたアウシュヴィッツとかかわっている」ということを承認しているからである。彼はさらに続けている。

　　その結果、何が残っているのか？　このことは、道徳性には何ら根拠はないことを意味し、それゆえ誰もがナチと同じように振る舞うべきであると結論されうるか、さもなければ道徳法則はそれ自体の権威性を維持するかのいずれかである。ここに自由があり、この選択は自由の契機である。……20世紀以前においては、すべての宗教は約束とともに始まる。それは「ハッピー・エンド」とともに始まる。それは天国の約束である。さてその場合、アウシュヴィッツのような現象は、反対にハッピー・エンドとは関係ない道徳法則を考えるようにあなたを誘いはしないだろうか？　それこそ問題なのだ。……本質的問題はこうである。アウシュヴィッツ以後、われわれは絶対的な命令（戒律）について語ることができるのだろうか？　道徳性が衰退した後、われわれは道徳性を語ることなどできるのか？

　　　　　　　　　　　　　　　　　　　　　　　　（Levinas 1988a：175）[62]

247

もし私の目標が彼の思想の伝記的再構成であるとすれば、レヴィナスの個人史がここでは有意義であるだろう[63]。しかし私が強調したいと思っているのは、ナチスの死の収容所の恐怖についてわれわれが知り、そして想像し始めることができることと並行して読まれることを要求するレヴィナスの哲学の内部にしばしば現れるこのテーマである。ここで特に興味深いのは、レヴィナスが世界内存在の「侵犯（trespassing）」[64]的本性、すなわち私がまさに存在することにおいて、私は他のひと（another）の身代わり（あるいは犠牲）になっていると繰り返し強調している点である。次のような告白的な発言の中にその主題を跡づける手がかりが得られる。

　　誰もがホロコーストのことを忘れはしなかった。われわれのあらゆるひとのもっとも直接的で最も個人的な記憶に属し、われわれにとって最も身近なひとびとにかかわるような、時には生き残っていることが責めだとさえ感じさせるような事柄を忘却することなどおよそできない。

（Levinas 1996b：291）

ここでもっとも衝撃的なのは、「生き延びたことへの責め」の感情に対するレヴィナスの言及である[65]。これは他の箇所でも繰り返し言及され、近年デリダも注目している感情である[66]。「生き延びた者の責め」の経験は（心理学的にいえば）共通の遺産に帰属するものであるが、この発言はレヴィナスの哲学を解読しようとするときには啓発的である[67]。というのも、それは他なる人間の「排斥」とか「追放」（1996b：82）として世界内存在を記述するときに彼が採用する明瞭なレトリックだからである[68]。このようにしてレヴィナスは、「これは実際に、ひとが究極的に提起しなければならない問題なのだ。私は存在に身を献じなければならないのだろうか？　存在することによって、存在することへと固執することで、私は人殺しになるのではないのか？」（1992：120）他の箇所でもさらに以下のように彼は述べている。

　　言語は責任において生まれる。ひとは語りかけ、私に話し、第一人称の人間として、まさに私でなければならない……しかしその地点から、この私が存

第6章　侵犯すること　　ハイデッガーとレヴィナスにおける責めと犠牲、および日常的生

在すると断言するとき、ひとは自分が存在する権利に応えなければならない
……。私が世界内に存在すること、あるいは私が「太陽の下に場所を占める
こと」、私が家に住んでいること、これらはまた、私がすでに迫害したり、飢えさ
せたり、第三世界に追放したりした他の人間に本来的に帰属する空間の侵犯
ではなかったか？　それではまるで撃退、排除、追放、鞭打ち、殺人の行為で
はないのか？　……すべての暴力への恐怖や私の生存の抹殺が生じること
になってしまうかもしれない……。それは誰か他のひとの場所を占有するとい
う恐怖である……。

(1996b：82)　[69]

レヴィナスがここで『存在と時間』を心に留めていることは、彼がこの一般的な論
点を以下のように言い換えるときに明らかになる。

　　自己（self）とは、人間的なものにおける存在者の存在の真の危機である。
……というのも、私自身は、私の存在が正当化されるかどうか、私の現存在の
そこに（Da）が誰かの場所の侵犯ではないかどうか、とすでに自問するからで
ある。単独の個人として私がその上に立ち、私の足場において素朴に――
自然に――存続し続けているその固い地盤から、他者の道徳性において私
を根こぎするまさにその他者の顔から私に迫ってくる悪しき良心。私に問い
かける悪しき良心。

(1998b：148)　[70]

「私がまさに現に存在していること」（1999：21）に対して私が「告発されてい
る」ことから帰結するこの「悪しき良心」は、それゆえ、ハイデッガー的な術語で
は全面的には理解されることはできない。というのも、私が世界内に存在するこ
とはすでに私が「問いの内に存在すること」だからである[71]。それゆえ、パスカ
ル（Pascal）が、「全地球の侵犯のための原始的なモデル」が、「これが太陽
の下における私の居場所だ」（1961：§231）[72]という自然的な叫び声にあると
示唆するとき、「パスカルの『私は憎むべきものである』という文言が考え抜かれ
なければならない」（Levinas 1999：22）[73]は、まさにこの極限的な地点におい
てである、とレヴィナスは付言している。実際、「主体的なもの」が取り消しがたく

249

「倫理学においてもつれている」（1992：95）のは、そうした事情によるのである。というのも、カプート（Caputo）が正しく書き記しているように、レヴィナスは「悪しき良心を倫理的な生のある種の構造的特徴として位置づけている」（2000：116）からである[74]。

　以上は、レヴィナスの著作におけるそうした［読者に］きわめて耐え難い印象を与える考察のほんの予備的な事例にすぎないが、それはもっと告白的なホロコースト作家たちをいかに読むかということの十分な背景を提供する。かくて『溺死者と救助者（*The Drowned and the Saved*）』のなかで、レヴィ（Levi）——は同じように後悔している。

　　大半のひとが援助の手を差し出すことを怠っていたことに責め（guilty）を感じている。か弱く……幼い仲間が、助けを求めたり、単にそこに居ることを要求して、君の傍らに居ること——それ自体が一つの哀願であるが——、それが収容所の生活の常態なのである。人間らしい言葉や、助言や、単に耳を傾けてくれることだけの……要求は、常に変わらぬもので、万人が望むようなものであったが、めったに満足させられることはなかったのである。

　　　　　　　　　　　　　　　　　　　　　　　　　　（Levi 1998：59）[75]

さらに彼は自問し続ける。

　　君は他のひとの代わりに、とりわけ君よりももっと寛大で、鋭敏で、賢く、有能な、生きる価値のあるひとの代わりに生きているという理由から、羞恥を感じるのだろうか？　君はこの問いを退けることはできない。君は自分を吟味し、自分の記憶を回顧してみる。それらの記憶のどれもが隠蔽されてもいないし、擬装されてもいないということが……判明することを願いながら。そうだ、君はどんな明白な違反も見出さないし、誰かを打ち負かしたり、彼らからパンも強奪したりすることもなかった。それにもかかわらず君は上記のような問いを退けることができない。誰もが兄のカインであり、われわれの誰もが……隣人の場所を強奪してきたし、彼の代わりに生きてきたということは、単なるうたぐり以上の何ものでもなく、実際のところうたぐりの影なのである。それは事実うたぐりなのであるが、しかし他者の代わりに、他者を犠牲にして生きているのかもし

第6章　侵犯すること　　ハイデッガーとレヴィナスにおける責めと犠牲、および日常的生

れない、つまり私は強奪した、つまり殺人を犯したのかもしれないということが
……われわれを悩ませるのだ。

(1998：62)[76]

レヴィのレトリック[77]とレヴィナス自身のレトリックとの一致は、レヴィナスが、他者に
よって「人質」（1996a：91）に取られることや「迫害される」（ibid.：89）[78]こと、
私が「誰かほかのひとの場所を占有すること」、「他のひとが所有する空間を
強奪すること」、私が他のひとを「撃退すること、……奪い取ること、殺害するこ
と」（1996b：82）や「略奪すること」（1999：23）について語るとき、とりわけ隣
人を「さらし者にされている」（1993：94）、「無防備」（ibid.：158）、「極貧」
（1996c：75）、「貧困」（1992：86）、「ひ弱な」（1988a：170）、「傷つきや
すい」（1996a：102）や「裸の」（1993：102）と数多く言及する場合に、もっと
衝撃的なものとなるであろう[79]。しかしながら、このような故意に衝撃的な用語
は単なるレトリックではない[80]。むしろそれらは、もっとも平和な生活ですらそれ
がそのようなものとして可能であるのは、それがまた犠牲的でかつ殺人的であ
るという限りにおいてのみである、ということをわれわれに想起させるために用い
られている。この恐るべき思想において――レヴィの表現を用いれば、この「う
たぐりの影」において――アウシュヴィッツやトレブリンカの日常的現実、そしてレ
ヴィやその他のひとびとが描いている収容所の生活の残響を聞き取ろうとしな
いのは、怠惰というべきであろう[81]。

　レヴィの著作から離れるにあたって、『もしこれが人間であるならば（If This is
a Man）』の特別な一節に注目しておきたい。そこでは、「収容所の過酷な現実
に自ら適応することができる前に、根本的な無能力や不運や平凡な事故によっ
て……打ち負かされてしまった」新しい囚人たちについて、次のように語られて
いる。「彼らの人生は短いが、彼らの数は無数である。彼ら……溺死者たちは、
捕虜収容所の屋台骨を、沈黙の中で行進し労働する非人間の……匿名の大
衆を形成している」。そしてレヴィは、「彼らは私の記憶を彼らの顔のない現前
（faceless presences）で一杯にするのであり、もし私がわれわれの時代のす
べての悪を一つのイメージに込めることができるのなら、私はこのイメージを選び
たいと思う」（1996：96）[82]と告白している。そうした「イメージ」は、第3章にお
ける、ウィトゲンシュタインについての私の議論と、特に身体と顔が「道徳的な空

251

間」あるいは「道徳的な生の基礎をなす……場所」としていかに記述されることができるかについての議論において重要な役割を演じた（Tilghman 1991：115）。顔はわれわれに倫理的な問いを課すのであるが[83]、ウィトゲンシュタインの著作はこの原初的な顔［の意義］を証明する方向性をある程度示している。しかしながら、われわれが顔と責め（Guilt）と責任（responsibility）の間のより明確なつながりを発見するのは、顔がレヴィナスの思想に取り憑く独自な仕方においてである。レヴィナスによる顔の考察は、彼の分析がどのようにウィトゲンシュタインの分析を補足するかを見るには複雑である——またそれゆえ次の章でも部分的に取り上げたいと思う——が、いまや私はこの「イメージ」に立ち向かいたいと思う。

責めと顔の文法

　レヴィナスの顔[84]の考察を現象学的なものとして評することは、（特に彼が常に自分がその伝統に負っていると見なしていたから[85]）まったく不正確というわけではないかもしれないが、彼の現象学との関係は緊張をはらんでいた。というのも、彼の主たる目標の一つは、フッサールおよびハイデッガーの著作において頂点に達する西洋思想が相互主観性の解釈の仕方において不十分であることを明るみに出すことだったからである[86]。レヴィナスは、「現象学は現象するものを記述する」（Levinas 1992：85）のであり、顔は「精確な現象学的な記述」を超越している限りにおいて「特殊である」という理由から、顔の現象学について語ることをあまり快く思っていなかった。せいぜいのところ、そうした分析は「消極的」（1998a：168）なものにすぎないだろうと思っていたのである。換言すれば、レヴィナスは、顔が「ひとつの現象」として理解されえないということに気づいていたのであるが、その理由は、現象が顔の第一次的な「存在の様態」（ibid.：171）[87]ではないからである。顔の空間的・幾何学的な説明がウィトゲンシュタインにとっては不適切なものであったのとまったく同じ意味で、真正の現象学（straightforward phenomenology）はここでははなはだ問題含みなのである[88]。第3章で議論したように、顔の倫理的な意義は、顔が最初から意味を負荷されていることによる[89]。この点にはレヴィナスも同意するであろうと思われる。——実際、ひとはここでは「推論するのではない」（Wittgenstein 1990：

§225）というウィトゲンシュタインの強調は、次のようなレヴィナス自身の主張とパラレルである。顔が表出するものはまさに「他者に生気を与える思念ではない。それはまた当の思念に現前する他者（the Other present in that thought）)でもある」。というのは、「表出はあるひとについて語ることはないし、共在すること(coexistence)にかんする情報でもなく、知識に付加された態度(an attitude in addiction to knowledge）も含んでいないからである。……表出は……直接的関係の原型である」（1987：21）からである[90]。このようにして両哲学者にとっては、顔は第一次的には、意識が冷やかに向けられているような理解の対象ではない[91]。むしろレヴィナスが示唆しているように、「顔に近づくことは端的に倫理的なことである」（1992：85）[92]。顔は識別可能なさまざまな特徴の寄せ集めとして判読されることを待ち受けてはいない。顔は「鼻、額、目その他の単なる集合体」ではなく、「むろんそのすべてであるが、しかしそれは存在者の知覚において開ける新たな次元によって意味を帯びる」（1997a：8[93]）。そしてこのことが、「顔という語が狭い意味で理解されてはならない」（1998b：231）理由なのである。レヴィナスは以下のように要約している。「他者（the Other）と出会う最良の道は、目の色にさえ気づかないということである！　目の色を観察するときには、そのひとはその他者との社会的関係のうちにいない」（1992：85）[94]。かくてレヴィナスの顔についての対応は、単にウィトゲンシュタイン自身のそれと並行しているだけではなく、ウィトゲンシュタインの対応もまた、責任よりも知識を（あるいは倫理学よりも存在論を）伝統的に、哲学的に優先させてきたことを疑問視するレヴィナスのより一般的な企てを深化させている[95]。こうした幅広い批判的な企ての内部に顔についてのレヴィナスの説明を位置づけるためにも、私はさらにウィトゲンシュタインが『断片』のなかに記しているいくつかの現象学的な考察を引いておきたい。そこでの幾節かは顔（特に目）に言及しているが、ここでの私の主な関心は方法論的なもの——すなわち、視覚的な比喩についてのレヴィナスの大きな疑念とそれに伴う聴覚的な用語で顔を描写する彼の傾向性にかんするもの——である。

　ウィトゲンシュタインは『断片』のなかでこう書き記している。

　　われわれは人間の目を受信機とは見ない、それは何かを受け入れるのではなく、何かを放射するように思える。耳は受取り、目は輝く。（それは、視線を投げ、閃きを発し、光を放射し、輝く。）目をおびやかすことはできるが、耳や鼻

ではできない。目を見るとき、あなたはそこから何かが出てくるのを見る。あなたは目の光を見る。

(Wittgenstein 1990：§222)

　（あるひとが一方の目を閉じて、「ただ一方の目だけで見る」とき、閉じられた目で同時に暗闇を見てはいない、という事実についての解説を未だ読んだことがない。

(1990：§615)

ひとが他者の顔に出会うとき、他者の目はまったく受身的ではない。ひとは「［他者の］目のなかに眼差し」を経験する[96]。（これから次第に明らかになるように、レヴィナス自身の著作の中核部分は、この「眼差し」の倫理的意味を解明することである。）しかしこれらのウィトゲンシュタインの二つの発言が際立たせてくれるのは、レヴィナスの著作における視覚的なもののもっと広い機能である[97]。というのは、一方でレヴィナスは、——彼自身の異議申し立てにもかかわらず[98]——端的に顔（「見られるもの……でかつまた見るもの」（Derrida 1997c：98）である顔）を強調することによって視覚的な比喩に依存しているが、他方ではこの同じ比喩が、哲学が他者を誤って解釈していることに対する批判の動機づけにもなっているは明らかであるからである。ウィトゲンシュタインに従うなら、目は、耳（あるいは鼻）とは違って、世界に対しては貪欲であるといえるかもしれない[99]。そしてこれこそが、一方の目が閉じられているときに「ひとは同時に暗闇を見てはいない」という理由でもある。このような広範囲に及ぶ現象学的な論点は、「アリストテレスからハイデッガーへ」（Levinas 1996c：187）の哲学を、了解（理解）に世界を体系的に「同化」（1992：60）させることを求める知識に託された同じように飽くことなき企てとして、レヴィナスが一般的に特色づけていることにも対応している[100]。デリダが要約しているように、レヴィナスにとって哲学が「非人間的な普遍性」（1997c：97）を求めることは、「他者（the other）を同一なもの（the same）のうちへと連れ戻す」ことを企てることであり、かくてそのことは「その意味において、また根底において」（ibid.：91）「帝国主義」（ibid.：84）[101]あるいは「全体主義」（ibid.：91）となる。実際のところ、もろもろの伝統的哲学は、レヴィナスの手で、「それらの暴力的な目的を告白することによって、それらを

254

［レヴィナスの］言語に言い換える」よう「勧告される」（ibid.97）こととなる。これに応じて、自らの思索が、話す、責める、命じるといったより聴覚的な顔の特徴へと移っていくにつれて、レヴィナスは、共感覚（synesthesia）という意図的な（delibarate）作用に関心を示すようになる[102]。レヴィナスがこのことを強調するのは、視覚的な比喩が、「他なるもの（other）」を存在論的・認識論的カテゴリーへと同化するという危険——彼の考えからすれば、われわれはそれから身を守るべきなのであるが——を隠ぺいしてしまうからである[103]。端的にいえば、視覚はおそらく五感のなかでもっとも貪欲な感覚である[104]のに対して、聴くことは際立って受動的で[105]、傷つきやすい——このことはレヴィナスの思想の中心的テーマである[106]。

　以上で述べてきた諸点は、一般的な方法論的関心にすぎないように思えるかもしれない。しかしながら、もしわれわれがこの共感覚的な機能に留意するならば、「『汝殺すなかれ……』」（1992：89）という命令を体現している言語「に先立つ意味」（1998a：13）としての他者の顔（と特に「目の言語」（1996c：66））のレヴィナスの特徴づけの意義がより明らかになる。レヴィナスにおいては、「他者を見捨てないようにと私に発せられた命令」（1993：44）とか、「定言命法」（ibid.：158）とか、同様に「穏やかな知覚に差し出された」ものではなく、むしろ「私が今までの経験においてまったく負ったこともないような責任」を私に「強く求め」また「思い起こさせる」ものといった、顔に関連する多くの発言が見受けられる[107]。そしてまさしく顔のこのような「能動的な」次元こそ、レヴィナスがそれにかんする純粋に経験的な解釈を拒絶することの核心にあるものなのである（その意味でこのことは、先に述べた「眼差し」にかんするウィトゲンシュタインの観察の倫理的な意義を深化することに通じる（Wittgenstein 1990：§222））。ここでの核心的な論点は、顔が私に「現前している」ときに、そのことによって私はまた顔と対面させられている限りにおいて[108]、顔の意味するものは、そうでなければ純粋な可塑性でしかないようなものを超越しているということである[109]。ハーベイ（Harvey）が注意しているように、「顔（*le visage*）は、その意味を暴力的に……はぎ取ることを抜きにしては、単純に『顔（face）』として英語に翻訳できない」。むしろ「顔（[*l*]*e visage*）とは、より正確には『対面すること』である。それは顔の開示であり、従ってそのようなものとしての顔であるのと同様に表出（expression）でもある」（1986：171）。無生物的な対象は私に「対

面する」といわれるであろうが、他者の顔が私と「対面する」仕方には独特なものがある。しかしレヴィナスはこのことをむしろ特別の仕方で発展させる。「顔は、あたかも暴力行為にわれわれを誘っているかのように露呈され、脅威にさらされている。同時に顔はまたわれわれに殺すことを禁じるものである」（1992：86）。

　　顔の最初の言葉は、「汝殺すなかれ」である。それは命令である。顔の現れには、まるで主人が私に語りかけるような掟がある。しかしながら他者（the Other）の顔は、同時に貧しいものでもある。私が一切のことを行うことができるのも、また私が一切のことを負っているのもその貧しいものに対してなのである。

　　　　　　　　　　　　　　　　　　　　　　　　（Levinas1992：89）[110]

このことは、顔が威圧的にかつ貧しく、暴力を禁止すると同時に暴力を誘いながら現前する限り、問題を複雑にしているように見える[111]。実際のところレヴィナスは、「顔におけるこれら二つの奇妙な事態、すなわちその極度の脆さ——媒介なしに存在していることと、他方において権威性があるということ」（1988a：169）[112]を承認している。このような性格づけは、強さ[113]と同時に弱さ[114]を、命令的な「高み」の地位の権威性[115]がまた同時に懇願でもあるということを、示唆している[116]。というのも、「私の前にある顔は、それの表出性において、その道徳性において、私を召喚し、私に要求し、私に懇願し……そして、そうすることにおいて私の責任を思い起こさせ、私に異議申し立てをする」（1996b：83）のである[117]。しかしこの二重の強調は、一見そう思えるほど逆説的なことではない。（たとえば）幼い子供の泣き叫びは、訴えであると同時にまた要求だといえるかもしれない[118]。（同様に、「私を殺すな！」という叫び声は、嘆願であると同時に慈悲へ命令——反撃ではないとして——ということになろう[119]。）その際、レヴィナスによれば、他者の顔は、その生来の「無防備さ、傷つきやすさ」（1998b：145）[120]、「怠慢」、「臆病」（1996a：69）、「欠乏」、「貧しさ」（1992：86）[121]、「むきだし」（1993：102）[122]、「淋しさ」（ibid.：158）、「ゆるさ」[123]、「弱さ」[124]、「原初的な素直さ」（1996d：95）、「ゾクゾクするような裸性」（1996a：54）[125]を通して「私に問い求めてくる」。すなわち、顔の権威性と「［私を］呼び覚まし、かつ

第6章　侵犯すること　　ハイデッガーとレヴィナスにおける責めと犠牲、および日常的生

落ち着かせる」（1998b：114）[126]という顔の能力とは、まさにその脆さにある[127]。

　これらの諸々の考察からレヴィナスは、他者の顔が、ハイデッガーの現存在を含めて西洋の思想によってさまざまに解釈されてきた個人的な「私」[128]に異議を唱える、と主張する[129]。レヴィナスの見解では、そのような［西洋思想による］特徴づけはすべて、自我中心主義（egocentrism）――「よそ者の飼いならしと呼ばれうるもの――という根本的な精神と関係している。かくして、哲学が他の人間を扱うやり方[130]は、「すべての経験の……全体性――そのことにおいて意識は世界を受け入れ、自己自身以外には他のいかなるものも残さないのであるが――への還元に向かうより広範な「同化的」[131]軌道を歩むというもっとも重大にして嘆かわしい事例を同時に示している[132]。レヴィナスによれば、この「私」は自己現前（self-presence）あるいは自己一致（self-coincidence）（「Aは A であるという傲慢な優先性」（1998a：174）と彼が呼んでいるもの）によって第一次的に解釈されてきた。そこでは、他者とのいかなる関係も、この優先する「私のエゴイズム」（this prior 'egoism of the *I*'）に対して、第二次的で派生的な層を形成していると見なされる[133]。このような見方からすると、他者たち（others）とは、本質的に知られるべき別の種類の対象（これはこれで特に興味深い種類の対象であるが）であり、彼らが自己自身、自らの利害関心、存在可能性等々を示している（reflect）限りにおいてのみ接近可能である[134]。言い換えれば哲学は、社会的関係を構造的に対称的かつ相互的なものとしてか[135]、さもなければ自我（the ego）側に非対称的に比重が置かれたものとして取り扱ってきたのである。

　筆者が顔の「権威性」に関して先に述べた多くのことが、ここで重要になる。というのも、レヴィナスが強調しているのは、主体についての哲学的・自我論的説明の崩壊ということ[136]だからである[137]。もしこの説明モデルが、自己充足や自己一致（ある種の「自分自身とくつろいでいること（being at home with oneself）」（1998a：178）[138]）に拠り所を求めることによって特徴づけられるとすれば、レヴィナスの主体性の概念は、それとは対照的に、本質的追放、不安、「悪しき良心」（1998a：174）のそれとして特色づけられることとなる[139]。他者の顔が妨害するのは、意識が自己意識において自己自身へと、つまり第一次的に「［自己］自身にとって」存在する「我思う（an *I think*）へ」と安全に帰っていくことである[140]。

257

顔は、その求めに耳を貸さないことや、それを忘却することが私に可能で
あるということを抜きに、すなわち、その苦しみに対する私の責任を保留す
ることが可能であるということを抜きに、私に迫ってくるのだ。……意識はそ
の最初の場を喪失する。……意識は顔によって問いかけられる。……訪れ
（visitation）は、私のエゴイズムを圧倒することのうちに存する。……顔は、
私のエゴイズムを目指すような志向性を困惑させる。……私（the I）は、自ら
の主権的な自己一致を、つまり意識がそれ自身において安らうべく意気揚々と
自己自身に戻っていくような自らの同一性を喪失する。他者（the Other）の
急迫の前で……私（the I）はこの安らぎから追いやられるのである……。

(Levinas 1996a：54) [141]

他の箇所でもレヴィナスは続けて述べている。

　責任があるのは「私」だと認識するやいなや、私は私の自由が他者への義
務によって先行されているということを容認する。倫理学は、自律的な自由と
は対照的なこのような他律的な責任として、主体性を再定義する。私自身の
自由を第一次的なものとして肯定することによって、私が他者への私の根源
的な責任（primordial responsibility）をたとえ否定するとしても、私が他
者の要求に応じない私の自由を肯定する前に、他者が私からの応答を要求し
たという事実を、私は決して退けることはできない。

(1984：63) [142]

ここでは私の他者排除は暴力的な術語で表現されている（実際のところそれ
はすべての暴力の原初的条件として理解されるだろう）にもかかわらず、倫理
的関係が何か野蛮な[143]、ないしは悲劇的な[144]ものだと主張しているのだ、と上
記の引用文を読むことは間違いだろう。ここでたとえばボードレールを持ち出し
て、「人間の顔の専制」（Baudelaire 1996：53）を嘆いたりするのは、間違い
だろう。その手を使うサルトル的な[145]こじつけは、このような分裂がそこにおいて
「生起する」前実存的「私」（pre-existent 'I'）などは存在しないという、レヴィ
ナスの真意を取り逃すことになろう。仮にそうだとしても、暴力（あるいは悲劇）

いう語彙が適切であろう。なぜならその場合にのみ、実存的ノスタルジアが可能
となるだろうからである[146]。

> 他者（the other）に対する責任は……自我（the ego）の縮小化であり、
> それは自責の念において、同一性のより高い側面——自己自身を浸食する同
> 一性——へと至る。他のひと（another）に対する責任は、主体に生起する
> 事件ではなく、主体における本質に先行するものであり、他のひとへの関与が
> そこにおいてなされるであろうと思われる自由を待ち受けるということはない。
> 私は何ごとも行わなかったが、常に告発されてきた。
>
> （Levinas 1994a：114）[147]

このようにして顔が「私に問いただす」ということは、「問いただされているというこ
と」がまさに生起する先行的「私」［の存在］をア・プリオリに含意するように見え
るので、レヴィナスにとっては、彼自身を表現するもっとも明確な方法ではない[148]。
レヴィナスが、「ひとは世界ではなく、問いかけにかかわる」（1996b：81）[149]と述べ、
そしてまた同時に「責任とは、あたかも主体性が……倫理的関係よりも前にそれ
自体ですでに存在していたかのように、主体性の単純な属性ではない。主体性
はそれ自身のために存在するのではない、それは……初めから他者のために存
在する」（1992：96）[150]と述べるとき、より優れた定式化を与えている。このように
「私」とは他の人間存在への自らの露出ということにおいて「定義される」のであ
るが、それというのも「倫理的な私とは、自分が存在する権利があるかどうか！を
問い、自分が存在することに対して他者に弁解するような存在者である」（1984：
62-3）からである[151]。

先に私は、彼らが「共にクリスチャン」である「ということには意味」があるとい
うウィトゲンシュタインのドゥルーリーへの発言（1981：130）を論じた。第7章で
戻ることになるけれども、デリダも同じように、かつてレヴィナスは自分が（ある意
味では）「カトリック」であると述べたと回想していることに、ここで注目することは
価値がある。それはデリダにとって「長くて深刻な反省を要求する」（Derrida
1996c：9）発言であった。この反省が、デリダをレヴィナスの著作における責め
（Guilt）（とおそらく告白の）の役割を考察することに巻き込むことになるだろう
と推測することは、理にかなっている[152]。しかし私がレヴィナスの「カトリシズム」

にそれとなく言及するのは、責めについての彼の取り扱いが、あまりそのようには
いわれないかもしれないが、注意深い吟味を必要とするからである[153]。レヴィナ
スは贖罪とか、彼の「亡霊」からの解放とかを求めないし、彼の責めへの没頭
は、上記のような示唆とは逆に、断固としてカトリック正統派のそれでも、あるいは
より一般的にいってキリスト教神学のそれでもない[154]。カトリック的かつレヴィナ
ス的な責めは、自己を倫理的に重荷を負わされたものとして作り直すが、レヴィナ
スにとってはこの重荷は単に古代的な起源によるものであるだけでなく、そもそも
有史以前からのものなのだ。すなわち、レヴィナスの思想圏における責めとは、
それがある特殊な作為あるいは不作為によってはじめて出現するのではないの
だという限りにおいては、ハイデッガー的な圏内にとどまる。それは、「原罪」と
か、何らかの他の古い伝統の説明には包摂されることはできない[155]。というの
も、多様なキリスト教的定式における原罪の特徴は、この概念が起源——また
それに付随するノスタルジアへの可能性——をもっている限りでは、人間的自然
に深く根ざしているかもしれないが、同時にそれは、償い、救済、そして究極的な
善き良心の可能性ということに拘束されたままであるからである[156]。しかし他者
の顔が問いただすということは、まさにこのような「『ハッピー・エンド』の……約束」
(1988a：175)、あるいは「神からのお許し」(1998b：18) の約束である。かく
て「責めについての討論(the Argunentation of guilt)」という論文のなかで、レ
ヴィナスは「自己にとって安らぎというものはない」(1996a：144)と評することになる。

　　良心は他者(the Other)を迎えいれる。私の諸権能により大きい力として
　逆らうのではなく、私の諸権能、つまり生ける存在者としての私の輝かしい自
　発性の素朴な権利を問いただすようになるのは、それらの権能に対する私の
　抵抗が露わになるときである。道徳が始まるのは、自由がそれ自身によって正
　当化されるかわりに、自らを恣意的でかつ暴力的であると感じるときである。

　　　　　　　　　　　　　　　　　　　　　　　　(1996c：84)[157]

それゆえ、「一人称において」(1996b：82) あることは、もうすでに侵犯者で
あるということに他ならないのである。そのことは、私は最初——あるいは潜
在的に（神の恵みによってであれ）——責めや責任がその上に刻まれること
になる無垢の主体であるということなのではない。むしろわれわれは、主体性

とは、その概念の意味からして他者に責任を負っている存在と考えなければならない[158]。私が侵犯者であるのは、単に世界内に存在することによって、私は他者の場所を占有しているという責めを負っている（Guilty）からなのである。そして、われわれが「どんな借金よりも古い私のなかの債務（a debt in the I）」（1998b：228）に対するカトリック的な責めの経済学を越え出て考えるようにしなければならないのは、まさにこのためなのである[159]。（「もし略奪者でないとしたら、個人とは一体何であろうか？」　さらにレヴィナスは問いかける、「もし私のそばの死体の発見でも、暗殺による生存することへの私の恐怖でもないとしたら、良心の出現や精神の最初の閃光とは、何を意味しうるであろうか？」（1997a：100）[160]、と。）簡潔にいえば、私はデリダが「善き良心の……醜聞」（1999：67）と呼んでいるものに身を任せることによって、「正当に私のもの」と見なされることのできる敷地のみを占有する[161]。かくてハイデッガー的な説明とは反対に、私の原初的な責めは、私自身の潜在的な諸可能性の必然的な排除によってではなく、私による他者の排除によって理解されるべきものなのである。それゆえレヴィナスにとって、私の責任は、私がここにいることによってそのような場所を否定されたそれらの他者たちのある種の不在の活動に帰せられる。それゆえ私の生存は、当の他者——私が継続的にその「場所」（1996b：82）を占有しているのであるが——の「痕跡」を自身で担っている限りで、「差別的に構成されたもの」[162]として描写されうるかもしれない[163]。「私」が「ある種の喪に服すという作業によって構成されて」（1997a：14）いるとよく言われることができるのは、この「隣人に対する免れがたい責め」（1994a：109）を念頭においてのことなのである[164]。

　これらの事柄を念頭においても、レヴィナスの立場を誤解してしまうことは容易である。というのは、彼が配分的正義（disttibutive justice）程度のことしか主張していないように思われる場合がしばしばあるためである。たとえば彼が「汝殺すなかれ」という顔の命令について述べるときがまさにそうである。

　　それは、いついかなる時でも銃を発砲しながら歩き回っていけないということを意味するのではない。むしろそれは、あなたの人生において、さまざまな仕方であなたが誰かを殺すという事実に当てはまるのである。たとえば、われわれが朝食のテーブルに就いてコーヒーを飲む際に、コーヒーを嗜まないエチオピア人をわれわれは殺すことになる。当の命令は、まさにこの意味において理

解されねばならない。

(1998a：173) [165]

ここには、ルソーの『人間不平等起源論』との共鳴が聞き取れるかもしれない[166]。しかしながら、こうしたレヴィナスの読み方はわれわれを誤解へと導くだろう。というのも、レヴィナスの政治学（そうしたものが仮に考えうるとして[167]）の展開はこうした方向をたどるのが自然であると思われるが、しかしレヴィナスの立場は「欠乏論（scarcity argument）」にも、また「行為と不作為」の区別のストレートな反証にも還元できないからである。なぜなら、あなたに対する私の責任が、われわれの相対的な有形財とか「所有権」（Rousseau 1930：220）に起因するのでも、単にそれらに見合ったものにすぎないということでもないということを、われわれは再び想起すべきだからである。むしろ私の不均等な責任は、そうした物質的な不平等から生じる責任に先行している[168]。私に責任があるのは、私が所有しているものや私が行いうることによってではなく、まさに私が存在しているという事実によってなのである[169]。この章の結論的部分で私は、（1）ハイデッガー的企図とレヴィナス的企図とが双方で絡み合ったり、部分的に交差したりしている箇所を区分けし、（2）ウィトゲンシュタインがなぜここで決定的な重要さをもっているのか説明することによって、これらの論点を結び付けたいと思う。

告白：責めの単独性と日常的経験

神によってひとが「語りかけられる」ことについてのウィトゲンシュタインの描写（1990：§717）と同様に、ハイデッガー的良心とレヴィナス的な他なるもの（other）の「呼びかけ」は、「私」をその特殊性において召喚し、告発する彼らの能力に帰すことができる権威性を有している[170]。いずれの呼びかけも、単なる情報的な内容への主題化に抵抗し、主体をその家庭的かつ文化的な撤退から引き離すことによって、善き良心のさまざまな状態における主体の停止として現れる[171]。この点では、ハイデッガー的企図とレヴィナス的な企図はおおむね一致している。しかしながらそれらは、この「呼びかけ」の特殊な本性と源泉という点では異なる。ハイデッガーにとっては、呼びかけは現存在をそれ自身へと召喚する訴えを構成しているのに対して、レヴィナスにとっては、私に呼びかけるのは他者（the *other*）で

あって、他者は、レヴィが記しているように、「彼が単にそこに存在する」（1998：59）ということだけでそうするのである。同様に、ハイデッガーの説明では、善き良心による呼びかけの停止は、第一次的に「世人」という匿名的非本来性における現存在の喪失性の停止に他ならない。しかしレヴィナスによれば、現存在の確固たる自己充足の強い願望は他者の告発を逃れえない。第一次的にレヴィナスの関心の対象となっているものは、「世人」の善き良心ではなく、むしろ主体が、存在と彼自身の本来的関係[172]（レヴィナスがわれわれに思い起こさせるところでは、「誰かに何らかの借りがあること」（ibid.）や、「飢えているひとに物を贈与したり、食べ物を与えたりすること、また裸のひとに着物を着せてあげること」（ibid：116）に第一次的にはかかわらない関係）がもたらす「『気高さ』［および］力強さ」（1998b：226）へと企図的に引き籠ることである。ハイデッガーは現存在を、その被投性[173]において根本的に「くつろげないこと（not-at-home）」（1999：321）[174]として特徴づけているけれども、レヴィナス的な主体をこの現存在と区別しているのは、現存在にあっては、原初的な「不安」[175]が「存在へのそのもっとも固有な可能性」（ibid.）に関与しているという点である。現存在はその有限性においては十全な本来性[176]を達成できないが、それにもかかわらず、それがもつ根源的な気遣いは本来性の企図とともにある（あるいはそうあるべきである）。それゆえ、ハイデッガーの分析が本質的に自我論的である[177]ため、レヴィナスは「［ハイデッガー的な］苦しみのうちに示唆されている実存することの有限性ではないところの悪しき良心」（1999：28）[178]を明らかにしようとするのである。

　責め（Guilt）の問題については、ハイデッガーとレヴィナスとの間には、一致と分離の類似した論点が浮上する。両者はより司法的・経済的な理解に対しては抵抗し、それに代えて、何か特殊な作為や不作為に先行すると同時に、私にだけ責任ありとみなす、責めの根源性と単独性を強調するのである。根源的な責めとは、特殊な犯罪や不品行によって前実存的な「私」に起きる何かではない。むしろそれはひとがまさに世界内存在であるということから成立している。つまり、「私」であるということがすでに責めを負う（Guilty）べきだということなのである。しかし、再びハイデッガーとレヴィナスの差異を示すのがこの「世界内存在」の本性である。前者にとって世界内存在とは、本質的に現存在自身の可能性以前の存在（Being-before-Dasein's-own-potentialities）である。私は（現存在として）根源的に私自身に、とりわけ私の「もっとも固有な存在可能

性」（1999：321）との対面において責めを負っているのである。しかしながら、レヴィナスにとって「私」とは、自らの真の存在の殺人的性格を思い起こさせる他者との対面において責めを負う[179]。最終的には現存在の存在を構成する「無」ないしは「でない」（ibid.：331）に関するハイデッガーの強調は、レヴィナス（およびデリダ）に取り上げられ、明確に倫理的なひねりを与えられる。私は第8章でもっと明示的にデリダに向かうつもりであるが、ここで、ハイデッガーの「でない」の特に衝撃的な一つの再定式化を引用する価値はあるだろう。『死を与える』のなかで、デリダはこう記す。

> 義務と責任の絶対性は……普遍的な一般性の秩序の内部において現れる一切の事柄を裏切ることを要求するのだ。……要するに、倫理学は義務の名において犠牲にされねばならない。……善き良心の騎士たちが気づいていないことは、「イサクの犠牲」が……責任のもっとも共通の日常的な経験を例示しているということだ。その物語は疑いもなく奇怪で、著しく良識に反し、ほとんど想像しがたいものである。……だがこのようなことはまたもっとも普通のことではないだろうか？
>
> （Derrida 1995b：66-7）

別の言い方をするなら、「かくて私の単独性において私を他者の全体的単独性に結びつけているものは、直接的には私を絶対的な犠牲の空間ないしは犠牲へとかりたてる」が、その理由は、「私が同じ責任によって拘束されるべき」「無数の」他なる他者たち（*other* others）が存在するからである（ibid.：68）。デリダがここで強調していることは、（ここで私に対面している）この他者（other）の「呼びかけ」に対する何らかの応答において、私は必然的に無数の他なる他者たちを犠牲にしているということである。すなわち、「私は、常に誰かが正当であることを裏切っている。私は常に他者に対してひとを裏切っている。私は自分が呼吸するように私自身を偽証している」（2001b：49）[180]。

> 私の仕事を優先し、単にそれに私の時間や注意を振り向けることによって、市民としての、あるいはここで公用言語で書いたり話したりしている一人の……哲学者としての活動を優先することによって、……私はおそらく私の責

務を果たしている。しかし私はあらゆる瞬間にすべての私のそれ以外の責務、つまり私の知っている、あるいは知らない他なる他者たち（other others）への義務、飢えや病気によって死んでいく莫大な数の……私の同類に対する責務、……私の言語を話さないひとびとへの責務、……私が個人的に愛するひとびと、私自身、私の家族、私の息子—彼らの各々が私が他者に対して犠牲として捧げているいわば唯一の息子であるが—への責務を犠牲にし、裏切っているのである。それというのも、あらゆるひとが毎日あらゆる瞬間にわれわれの居住区であるモリアの地においてあらゆるひとに犠牲として捧げられているからだ。

（1995b：69）¹⁸¹

　ここではハイデッガーの痕跡が比較的明らかである（確かに、レヴィナスの著作のなかできわめてはっきりとしたかたちでハイデッガーと共鳴するような側面を突き止めるのは非常に困難ではあるが）。それにもかかわらず本質的な点は、レヴィナスとデリダの両者にとって、第一次的に重要であるのは、私自身の諸可能性の必然的な排除ではなく、むしろ私が世界内に存在することを、（諸行為のうちでもっとも寛大で、親切で、「責任のある」行為においてさえ）根源的に責めを負っていることとして特徴づける他なる他者（the *other* other）の必然的な排除だということである[182]。私が別のひとの場所を占有しているということこそ、私が存在への諸可能性を有していることの可能性の真の条件である、とひとはいうかもしれない。ハイデッガーは、責めを負っていることは「『道徳的に』善いことと『道徳的に』悪いことの可能性——すなわち道徳性一般——の実存論的条件」であると主張するが、彼はすぐに、このような「根源的に『責めを負っていること』は、道徳性がすでにそれ自体でこのことを前提しているので、道徳性によって定義されることはできない」（1999：332）と付け加える[183]。ハイデッガーによると、現存在は最初からそれ自身に先だって責めを負っている限りで、道徳性は副次的問題なのである[184]。しかしながらレヴィナスにとっては、私がまず何よりも他者に先立って責めを負っているとすれば、倫理が哲学的優位性をもっている。つまり、「現存在（*Dasein*）のそこに（*da*）がすでに一つの倫理的問題である」がゆえに、「他者に対する責任において、私が存在することが正当化を求めている」（1993：48）[185]。もしハイデッガーの現存在がそれ自身の排斥された

265

存在への諸可能性の痕跡に取り憑かれているといわれることができるとするならば、レヴィナス（とデリダ）にとっては、主体の世界内存在に取り憑くのは、排斥された他者の痕跡である[186]。

レヴィナスの哲学が「歴史の終末のための楽観主義的哲学」（ibid.：114）を提示することを自ら拒んでいるという意味では、実際のところ、「厳粛な教義」（1997a：20）である——ある意味で「マゾヒスティック」（2001：46）ではないとして。倫理のこのような観念においては、ピュロン主義的なアタラクシアも、また他者から自分自身を守る安全な避難場（第8章で見るように、家庭的な家すら）も存在しない。それでもなおレヴィナスの著作は、過度に暗く、滅入るようなものとして映るわけではない。そのとき「ハッピー・エンド」[187]の宗教的・終末論的保証の公然たる否定は、単なる拒否あるいは異議申し立てではない。ナチによる恐怖の生活および絶えず他者の顔に取り憑かれた哲学[188]を出自として、レヴィナスは、私は第一次的に他者のために（に対して）（*for* the other）存在すると語るべき確定的なことを見出す。実際、もしこうしたことが別様であったとするならば、世界にはいかなる善きことも、「あなたの後に」[189]日常（the everyday）すらないであろう。こうしたことはすべて疑いなく、「『愉快』でも『楽しく』もないが、しかし『善きこと』である」（2001：135）。

先に私は、「当為（べき）は可能（できる）を含意する」という伝統的な道徳原理を超えた責任の観念に対して身振りで応答するウィトゲンシュタインの著書における文章を強調した[190]。ウィトゲンシュタインはこれらの着想について体系的に著作することは決してない——ある伝記的な事実[191]がここでは重要であるとしても。ウィトゲンシュタインの著作におけるこの不十分さのゆえに、私は責めのハイデッガー的分析とレヴィナス的分析の両方に向きを変えたのである。その際各々の企図は交差していると同時に分離しているということを指摘した。最後に私が示唆しておきたいことは、ハイデッガーの「基礎的存在論」において与えられた責めの分析と、レヴィナスの倫理学を動機づけている「悪しき良心」の意義の両方を統合するために、よりウィトゲンシュタイン的アプローチがどのようにして展開されうるかいうことである。これは重要なことである。なぜならレヴィナスは時々肯定的な仕方で「日常的」現象にそれとなく言及している[192]（すでに言及した『あなたの跡に』に存在することがおそらくもっとも顕著な例である）一方で、彼のより一般的な態度はハイデッガー自身の「日常」言語や「日常性」の概

念への疑念と呼応しているからである。

『ロビンソン・クルーソー』（レヴィナスが多くの機会に言及しているテクスト[193]）のなかで、デフォーは、難破船の唯一の生き残りであることに気がつき、自殺を考える主人公についてわれわれに語っている。（自分自身にとっての）安堵感と（彼の仲間への）自責の念との両方の感情で悩まされることによって、クルーソーは自らの「思いに沈む」状態を次のように嘆く。

> そうだ、まことにおまえは惨めな状況にある。それは事実だ。だが思い出してみるがよい。おまえ以外の者たちはどこにいるのだ？　おまえを含む11人でボートに乗り込んだのではなかったか？　あとの10人はどこにいるのだ？　どうして彼らは救済されず、おまえが消えなかったのか？　なぜおまえだけが選ばれたのだ？　ここにいる方がよいのか、あるいはあそこにいる方がよいか？
> そのとき私は海の方を指さしていた。すべての邪悪なるものは、それらのうちにある善なるものによって判断されるべきだ。
>
> （Defoe 1985：80）

このようにクルーソーは彼の「憂鬱な気持ち」（ibid.：81）を厳しく制御する。クルーソーの苦境を念頭におけば、レヴィナスの『創世記』4：9の読解の仕方が適切なものになる。

> あるひとが［カインに］「君の弟はどこにいますか？」というとき、彼は「私は私の弟の番人でしょうか？」と答える。……われわれはカインの答えを、まるで彼がからかっているかのように、あるいは彼がいたいけな子供として答えているかのように受け取ってはならない。すなわち「それは私ではありません。それは他のひとです」、と。カインの答えは本心からのものである。倫理が彼の答えにおいて唯一欠落しているものである。そこにあるのは、私は私であり、彼は彼であるという、存在論だけである。
>
> （1998b：110）[194]

他者たちの死がクルーソー自身の延命の先につきまとう限りでは、彼のプラグ

マティズムは（存在論的にいえば）完全に合理的である[195]——結局のところ、誰か第三者が現れて、彼の動機に異を唱えるということがあるだろうか？　それと類比的にいえば、神へのカインの対応は例外的なものではないし、アベルは付きっきりの監督者を必要とするような幼児でもない。しかしだからといって、クルーソーとカインの反応が当然だというわけでは決してないし、このような場合に「存在論だけが存在する」ということが、いわば運命のようにあらかじめ決定されているわけではない。そうしたプラグマティズムは、たとえばルソーの『告白』においては欠けているものだ。そこでわれわれが聞かされるのは、コンスタンチノープルからの彼の父の帰還にあたって、ルソー自身が「父の帰還の不幸な果実」になったという話題である。「不幸な果実」とは、単に「ほとんど死産で生まれた」ような「貧しく病気がちな子供」であったということだけによってではなく、またとりわけこの出産が「[ルソーの] 母の命を犠牲にした」ことによるものだということを意味している。

　　私は自分の父が自らの喪失感にどのように立ち向かったかは知らなかったが、彼が決してそれから立ち直ることはなかったことを知っている。彼は、私のなかに彼女を見ていたが、私が彼から彼女を奪い取ったことを決して忘れることはできなかった。彼は決して私にキスをしなかったが、彼の溜息と発作的な抱擁には、彼の愛情と混ざり合った深い悲しみがあることに気づかなかった。……彼が私に向かって「ジャン・ジャック、私にお前のお母さんのことを話してくれないか」といったとき、私はよく「いいよお父さん、でも僕たちきまって泣いてしまうじゃないか」と答えた。「お」と彼はうめき声をあげながらよくいったものだ。「私に彼女を返しておくれ、彼女のために私を慰めてくれ、彼女が私のなかに残した空虚を充たしておくれ！　もしお前が私にとって息子以上のものではないとするなら、それでも私はおまえを愛すべきなのだろうか？

（Rousseau 1953：19）[196]

ルソーは、続けて自分の誕生を「私の不運の最初のもの」と記述しているが、後になって「私が生きていけるようにさせてくれた」（ibid.）として、彼の主な家庭看護人たちを許すことになる。疑いもなく、ひとはこのこととルソーのすぐに見出されるマゾヒズム[197]との関係（もしまたこのマゾヒズムと、彼の「魂を透明なもの」

268

（ibid.169）[198]にし、『告白』においては彼自身をほとんど「人間的悪意に開かれた」（ibid.：65）ものにしたいという彼の願望との関係でないとすれば）について臆測をめぐらすことができよう。しかしこれらの引用文がまた明らかにしてくれることは、再び、道徳的非難（moral culpability）の慣習的な教えを崩壊させるような責めの経験である。そうだとすれば、ルソーの幽霊を形成させているものは一体何であるか？　それらは伝記上の（あるいは病理学上の）意義をもつということにすぎないのだろうか？

　これらの事例を念頭におくと、ケルナー（Kellner）がハイデッガーの注解のなかで、道徳哲学を「単に指令主義的、情緒主義的、告白主義的（あるいは多くの「日常言語学派」の倫理学の場合におけるように、瑣末的、弁護的、順応主義的」（1992：207）と非難すべきだとしていることは注目に値する。おそらくケルナーがここで攻撃しているのは、倫理学的理論に特有の補償的な（reparative）面と、特に責めは本質的に経済的に理解されなければならないとするその先入見である[199]。しかしこうした評価は、道徳哲学に対してよりはむしろ、ハイデッガー[200]（とレヴィナス[201]）が非常に軽蔑的に扱っている「日常言語」に対してもっと妥当するのではなかろうか？　あるいはルソーの経験を説明し、またハイデッガーやレヴィナスによって強調されたような責めの特徴を証明するような、責めの「文法」といったものがありうるだろうか？　ここで争点となっているのは、責めの「日常的な」理解が本来的に不十分であり、その観念がまったく「新しい術語」（ibid.：209）を要求するだろうという想定である。そのような懐疑論は誤っており、レヴィナスに共感する哲学者たちをして、彼ら自身の目標を実際に具体化する「日常的」語法のさまざまな特徴に対しては、盲目にしがちであるように私には思われる。それはどういうことかを私はここで説明しておきたい。

　ガイタ（Gaita）は、あるオランダの女性がナチの死の収容所についてインタビューされたドキュメンタリー・シリーズ『戦争の世界（*The World at War*）』におけるある特殊なエピソードを回想している。

　　彼女はナチから逃れる三人のユダヤ人たちに隠れ家を提供したことがあった。しかし自分がヒットラーへの暗殺計画に連座し、ユダヤ人たちを隠したままで逮捕されると危険だと判断したために、彼らに立ち去るよう求めた。三人は彼女の家から立ち去って数日以内に逮捕され、強制収容所で殺された。

彼女は、ヒットラーが彼女を殺人者にしたのだと語った。

（1991：43）

　その女性は明らかに「殺人者ではないし、どんな法廷も彼女が殺人者だという判決は下さないだろう。……誰も本気で彼女に向かって、あるいは彼女について、あのひとは道徳的にいえば殺人者だということはできないだろう」としても、それにもかかわらず彼女が自分の行為に対しては自責の念を覚えているということには意味がある[202]。こうしてガイタは正当にも、「道徳的責任の多くの現代的議論において道徳主義的歪曲をもたらしているもの」は、「道徳的責任を道徳的非難へと余りにも厳しく結びつける傾向」（ibid.：44）[203]であると結論づけている。このようなことの類似した事例は、スピルバーグ（Spielberg）の『シンドラーのリスト』の終りのあたりに現れている。そこではシンドラーという道徳的に曖昧な人物は、「彼の」ユダヤ人保護に対して貢献したにもかかわらず、も・っ・と・多・く・の・こ・と・をなしえたはずだということに気づいている。「シンドラーのユダヤ人たち」は、彼らには過酷な自責の念に思えたものを押し殺そうと企てる（最初のうち、シンドラーは、自分の行為が「絶対的な善」であったと確信している）。しかしシンドラーにとってこのことは、戦争中の彼の生活様式が贅沢なものでなかったとすれば、いかにもっと多くの人命が救済されることができたかについて、彼が自問し続けている——当初「彼の」ユダヤ人たちを保護することを彼に可能にさせたのは、まさにこの贅沢さであったという事実にもかかわらず——限りでは、何の慰みにもならなかった。こうしてオランダ人の女性もシンドラーも、第三者は誰も絶対に本気では認めることができないような自責の念を伴った責めについて明確に語っている。手短にいえば、その「根本的な単独性」[204]ということで特徴づけられる責めというものがあるのだ。ガイタが述べているように、どのような再保証が他者たちによって示されようとも、「もしわれわれのなしたことが最善のひとびとによってもなされたとしても、それは何の慰みにもならない」（ibid.：49）であろう。というのも「われわれと同じように他者たちも責めを負っているという認識には、堕落した慰みしかない」（ibid.：47）からである。ウィトゲンシュタイン自身の生涯からの決定的な事例がその点をよく例示している。1930年代、ウィトゲンシュタインは「罪の告白」[205]を多数の友人に行った。そのような告白を聞かされた一人であるファニア・パスカル（Pascal,F）はそれ以来、［何度か］答

えて、自分は「冷淡な性格で、［人前で］何を話してよいか言葉につまってしまう」
（1996：45）ことへの彼女自身の「罪悪感（feelings of guilty）」（ibid.：49）
を告白してきた。ウィトゲンシュタインの告白の想定可能な理由をよく考えた上
で、彼女はさらに述べている。「どれも意味のない思いすごしばかりです。けれ
どもその問いは当を得たものであるように思われます。多くのひとびとが絶えず
罪悪感をもちながら生きているということを、彼は認識すべきではなかったでしょ
うか」（ibid.：49-50）。パスカルの問いについて興味深いのは、ウィトゲンシュタ
インの告白が「多くのひとびとが絶えず罪悪感をもちながら生きている」がゆえ
に必然的なものではないことを示唆しながらも、彼女自身の告白と罪悪感とを彼
女は同様な仕方で弁解しているわけではないということである。それはなぜな
のか？　それは、他者（the *other*）に対して「安心しなさい。あなたは告白する
必要はない。結局のところ、われわれは誰もが同じように罪悪感をもっているの
ですから」ということは完全に自然で正当であるといえると同時に、そのような見
解を述べて各自を慰めることは、卑俗で疑問の余地のある傲慢さを暴露しうるだ
けであろう[206]。『カラマーゾフの兄弟』におけるドストエフスキーの所見を思い
返しながら、私は「われわれは誰もが、あらゆる点において誰か他のひとに対し
て責任がある」ということを認めるかもしれないが、そのことは、そうした責任が
われわれに等しく分配されているが、それでもまだ私が「とりわけ多く」（1967：
339）罪悪感をもっているのだ、といっているのではない。ハイデッガーの用語
を用いれば、オランダ人の女性、シンドラーおよびパスカルによって抵抗されてい
るのは、「われわれ」という言い方が、また「彼ら」が私にそうだと保証してくれ
るから「『私は正当である』」（1999：338）と語ることそのことが、善なる良心へ
と頽落する可能性なのである[207]。とすればここでも罪悪感（責め）は、ハイデッ
ガーやレヴィナスによれば、「日常的」、補償的モデルを支配している諸規則の
外部で機能しているのである。しかしながら、彼らの特徴づけは、罪悪感（責
め）のある種の法律的・司法的モデルに適合するかもしれないとしても、そのモ
デルが、道徳的罪悪感（責め）（*moral* guilt）がどのように「日常的に」（ibid.：
314）機能しているかを適切に表している、ということはありそうもない。別の言
い方をすれば、このような「根本的な単独性」あるいは「私性（mineness）」[208]
が道徳的罪悪感（責めの文法）のなかにすでに刻印されていないということ
は、明らかではない。もしこのことが正しいとすれば、責め（Guilt）は「新たな

語彙」（Kellner 1992：209）を必要としないのである。むしろ要求されているのは、われわれの「日常」言語——しばしば、まったく「異常」であるような言語（Derrida 2000a：415）[209]——についてのさらなる注意深さである。

　先の諸事例は私の主要な論点を際立たせるものであるが、それらの教訓は決して例外的ではない。実際、そうした諸現象は非常にありふれているので、しばしばわれわれはそれらに気づくことができない[210]。亡くなってすでに久しいひとに対して、何かをしたということ（あるいはそうすることを怠ったということ）のために罪悪感を覚えるということは、珍しいことではない[211]。このような罪悪感ならば、何らかの可能な償いを超えて持続し続け、われわれの生涯の残りの期間われわれに付きまとうこともありうるかもしれない[212]——仮に、他者たちがわれわれのことを覚えているように、傷心を受けた者の方が何らかの恨みを抱いて死んだのではないとしても。実際のところ、問題の罪作りの行為なるものも、他者が亡くなるずっと以前に明瞭に許されていて、すでに幽霊のようなものなのかもしれない。たとえばひとは、死の朝、パートナーに「愛しているよ」ということを忘れたことに、動かしがたい罪悪を感じるということがあるかもしれない——この種の愛情行為への特殊な判断力を喪失してしまった朝においてなのにである。これらのさまざまな事実について、他者たちはわれわれを判断して、そして慰める。だが他ならぬこのことは彼らの死の朝の出来事であったのであり、状況の瑣事にいかに訴えたとしても、そのことはわれわれの悪しき良心を和らげる必要はないのである。むろんこうした罪悪感は、自己憐憫に浸ったり、殉教者の役を演じたりするために責めという衣装をまとうような場合には、「自己中心的な堕落」（Gaita 1991：52）に陥りがちである[213]。この点において、悪しき良心の単なる認識が、それ自身より深い善き良心へと変装させられるということがありうる[214]。敬虔さや、「接吻のように純粋」（Wittgenstein 1994a：8）ではないどんな儀式的活動も、ナルシシズム的な自己破壊への転落と同様に、ここでも警戒されるべきものである[215]。かくてクルーソーを思い出せば、時にはこういえるかもしれない。

　　自分の性格の欠点をあまりにも厳しく判断しているひとに、あなた方も人間にすぎないのだ、つまりそうした欠点をもつということにおいては決してひとりではないのだということを思い起こすことで、自分たちの欠点に対する一つの見

第6章　侵犯すること　　ハイデッガーとレヴィナスにおける責めと犠牲、および日常的生

方を獲得すべきだということを気づかせることは、道徳的な高慢さやヒュブリス（*hubris*）（傲慢さ）に対する適切な牽制となる。

(Gaita 1991：49)

しかしにもかかわらず、それはしばしばまったく「責め（罪悪感）とは異なる」。

　もしわれわれの行ったことがもっとも優れたひとびとによってもなされたとしても、そのことはまったく慰めとはならないだろう。それが誇りとならないのは、自責の念は、われわれがどんなたぐいの人間かという点にではなく、われわれが何になったかという点にこそ焦点化されるからだ。……それゆえ責めは、彼らが何になったかを認識すれば、どこか他のところに置かれている（placed elsewhere）ということには意味がある、と述べることは、不正確でも空想的なことでもない。ここでお・か・れ・て・い・る・というのは、ここでの判断が彼らの根本的な単独性に集中化されているためであり、ど・こ・か・他・の・と・こ・ろ・にというのは、彼らの苦しみが彼らの人間性を謙虚に認めても何ら救済を見出せないためである。

(Gaita 1991：49-50)

このことを（第2章で論じた）『確実性の問題』の用語で再現すると、次のように要約できる。他のひと（another）がそのような「根本的な単独性」で苦しんでいるのに直面した場合に、われわれの共通の人間性や有限性を強調することによって、あるいは無力感に苛まれるといった程度にまで彼らに過・度・な・心理的な重荷を負わせることなく、われわれの共通性や有限性のプラグマティックな必要性に訴えることによって、彼らのそのような重荷に決着をつけたり、それらを軽減させたりすることが自然だとされるだろう、と。そうしたすべてのレトリカルな戦略──さらに無数の他の戦略──がここでは用いられることができるだろう。しかしながら、（私が考察しているたぐいの事例においては）他者が彼らの推論において「へ・ま・」（Wittgenstein 1994b：59）を犯したのだ、と単純に断言されることはできないだろう。というのも、問われているもの（われわれ固有の責め）がまさに普遍性への訴えが崩壊しているところで作用している場合に、ひとはいかにして共通の土台や共有された基準から推論するのであろうか？　ここにおいて、ウィトゲンシュタインが「根本的」（1999：§512）、「無根拠的」（ibid.：§166）、

273

「揺るぎない」（ibid.：§86）[216]確信として言及している事柄の範例的ケースが見出せる、と思えてくるだろう。こうした重要な局面において、ひとは責めに対してさまざまな理由を提示しようとするであろうが、しかし「どこまで遡るかが問題である。理由の連鎖の終るところに説得がくる」（ibid.：§612）[217]のだ。

　「根本的に単独的な」責め（a 'radically singular' guilt）の可能性が「われわれ」あるいは「共通の人間性」の観念を瓦解させるというのは、まさにこの意味においてである。しかしこのことを容認したとしても、それはわれわれがそうした諸カテゴリーを完全に捨象することを要求していない。というのも、ここでの「根本性」とは無際限の共約不可能性という擬似リオタール的な空間ではないからである。先に論じたように、上に引用した『確実性の問題』からの用語は額面通りに受け取られてはならず、むしろウィトゲンシュタインの自然主義に即して読み取られるべきである。このような仕方でそのような発言の一見して服従的な（あるいは「保守的な」）精神を和らげることによってのみ、われわれは彼の後期の著作を理解することができるのである。より的確にいえば、このような統一的な自然主義が、ハイデッガーとレヴィナスによって詳細に説明された責めの「単独性」を理解する上で必要なのである。というのも、ここでは基礎的な「共通の人間性」に訴えるという（可能な）善き良心に大きな混乱が起こるということが疑いもなく真である一方で、それにもかかわらず、このことは、混乱を存続させたままであって、このカテゴリーを全面的な解消させることではないからである。われわれが他のひとびとと自然的共通性を有するということを承認することは、私の責めが不均衡な程度に過度ではあり得ないということを意味してはいない。さらに、責めからのいかなる「解放」も、「［われわれの］人間性を謙虚に承認することにおいて」[218]は見出さないかもしれないが、このことは、私の責めがまったく特異なものであるとか、共約不可能なものであるということを意味しない。そのような責めは自らがその責めの「根本的な単独性（radical singularity）」[219]によって「どこか他のところにおかれている」ということに気づくことができるという主張は、それゆえ第3章において批判された極端なリオタール的意味において受け取られてはならない。実際、ルソーの『告白』は他ならぬこの点にかんして教訓的である。というのもこの著書の作者は、（彼の読者への訴えにおいてしばしば[220]）、彼の人生の細部を「あらゆる側面から披歴し、それらをすべて明るみのなかで照らし出しながら、それらの展開のどれも彼の注目を逃れることがないようにする

ことによって」、「［彼の］魂を読者の目に見える」（1953：169）ようにするという
企てにおいて、彼の暴露的な課題[221]の単独性を強調しようと努めているのであ
るが、それにもかかわらずそのことによって、ルソーはこの単独性の自然的限界
を証明していることになるからである。ルソーが彼の告白において書き記すこと
を望んでいる署名は——署名という資格において——、まったく単独的ではな
い[222]。というのも、『告白』のもつ注目すべき素直さにもかかわらず、そのことは
この書を理解不可能なものにはしないからである[223]。読者が「［彼の］心のもつ
あらゆる放縦な面に、そしてまた［彼の］人生のあらゆる細部にいたるまで」、ル
ソーに「ついてゆく（follow）」こと（そして特に、ルソーが「［彼の］物語をこのよ
うに語ることによって彼自身を十分に人間的な恨みを買うような状態にしてしまう
こと」（ibid.：65））がまさに可能であるということは、当然のことながら、著者と
読者との間にはある程度の共通性があるということによるのである。『告白』に
は、なぜルソーはある種の出来事を暴露するのか不思議に思われるようなこと
が疑いなく何度もあるが、しかしここでも、それらの特異な暴露がリオタール主義
的意味で根本的に単独的であると示唆するのは、粗野な誇張だといえよう。

　しかしながらこのような警告的論点は、レヴィナスの著作に接近する際には二
次的な意義しかない。というのは、彼が「私が述べていることは、むろんひとえ
に私を拘束するだけなのだ！」（1992：114）と主張するときに彼が行っているこ
とは、著しく哲学的処置なのだからである[224]。こうした擬似告白的な契機は、
——レヴィナスの著作とホロコーストの間にわれわれが跡づけた関係が与えら
れればもちろん非常に興味深いものであるにしても——、哲学的な論証のあら
ゆる標準的な基準を放棄するように見えるだろう。この重大事に際してわれわ
れは当然次のように問うかもしれない。これらすべてがレヴィナスを拘束するだ
けであるとすれば、なぜわれわれはわざわざ彼を読むべきなのか——あるいは
なぜ少なくとも彼を哲学的に読むべきなのか、と。これは重要な問いである。し
かし再度言えば、われわれはそのような反発的な態度を取ることを強要されてい
るように思えない。確かにレヴィナスは、「団結の下に、仲間同士の親密な交わ
りの下に、共存在（*Mitsein*）の前に」（Derrida 1997c：90）存在する「顔との出
会い」——政治的な偶然性のザラザラした領域に属する問いを取るに足らな
いものにしてしまいがちな強調——に著しく没頭しているように見える[225]（実際
のところ、彼がいかなる特定の道徳的規範にかんしても詳しく説明することを妨

げているのは、この［「顔との出会い」へ］の没頭なのである[226]。それにもかかわらず、レヴィナスが責任の不均等的本性について述べていることは、——彼のいう単独性が根本的に「根本的」（radically 'radical'）だとした場合にはおそらくそうなるであろうと思われるように——孤立的な静寂主義的神秘主義に彼を関与させるものではない[227]。侵犯や責め[228]というレヴィナスの用語のもつ修辞学的な力は、むしろそれらが非常に基礎的な（めったに主題化さることはないが）人間的諸性向に触れるそれの能力のうちにある。彼はわれわれに、他者の顔の前で自分自身の根源的な責め（the primordial Guilt）を承認にするように強制すること——それは結局「強制された告白」に等しいであろう——はできないだろうが、レヴィナスは少なくとも彼の読者層に見方の転換を期待しているに違いない。しかしながらこの論点は、もっと差し迫った理由から重要である。私は先に、レヴィナスの著作が歴史的・文化的世界の政治的偶発性を見落とす傾向があると述べた。対面的な顔と顔の関係と、他者に対する私の責任の不均等的な単独性との両者に関するレヴィナスの強調が与えられると、レヴィナスの著作の方向性はその意味で基本的に非政治的なものとなるであろう——実際のところ、反政治的ではないとしても。そうした読み方からすると、彼が呼び起こそうとしているのは、せいぜいのところクルーソーのように、ひとりの他人に対面している擬似ルソー的状態であるということになる。しかしながら、（よく申し立てられているように）レヴィナスが過小評価しているのは、私が世界内に存在するということにおいて、私はまた常に多くの他のひとびとによって、つまり私の責任についての多くの相異なったしかも相容れない権利要求によって直面させられているという原事実（brute fact）である。レヴィナスが暗示している根源的な責めとは根本的に単独的ではない（それは単にレヴィナス自身のものではない）が、まさにそのような責めが倫理的・政治的領域においてどのように機能しているかは、いまだ明らかではない。私が今向かおうとしているのは、この重要な問題に対してである。

原　注

1　この章の部分は Plant 2003 において発表された。

第6章　侵犯すること　　ハイデッガーとレヴィナスにおける責めと犠牲、および日常的生

2　Derrida 1997 c:91-1 も参照のこと。レヴィナスは、倫理が「存在のうちにある非知的なもの（unintelligible within being）」（2000：172）だと主張する。

3　Levinas 1994a：94 を参照のこと。

4　Greisch 1991：71 を参照せよ。

5　グレーシュ（Greisch）によれば、レヴィナスが（特に言説に先立つ「我ここにあり」についての発言において）提起しているのは、「言語の本質への問いにたいする答え」である（1991：69）、あるいは「すべての……言語ゲームの可能性の条件」（ibid.:70）である。グレーシュの「誠実さ（sincerity）」の記述（ibid.:69;Levinas 2000：190-4）は、第2章で論じられたウィトゲンシュタインの信頼（trust）に関する考察と併せて読解した方が有益かも知れない。

6　倫理学に関するウィトゲンシュタインの初期の「超越論的」（1991：72）見解に関心を集中化することによって、グレーシュは、ウィトゲンシュタインの自然主義がいかに「非基礎主義者」的読み方を問題含みのものとするかについては看過してしまっている。レヴィナスは「倫理的経験」（1994a：148; さらに 2000：20 も参照）の超越論的基礎を探求することを否定しているが、私を「非難する」他者の顔は、一つの仮説として明白に提示されてはいない。逆に、「肉と血」（Nuyen 2000:415）からなる顔が私に直接的に要求してくる限り、他者の顔はレヴィナスの著作の必要不可欠な「所与」である。

7　Handelman 1991：258; Levinas 1992：22；2001：24,28,81,89；Stone 1998：5 を参照のこと。

8　Levinas 1992：98,101；1993：44;1994a：146；1996a：102；1998b：105；2001：72,133 を参照のこと。ロビンス（Robbins）によれば（1999：147）、この引用文はレヴィナスの著書のなかで少なくとも 12 箇所現れている。

9　Levinas 1999：101 を参照せよ。

10　Levinas 2000：101 を参照せよ。

11　これらの用語のハイデッガー的かつレヴィナス的な適用にて対しては、可能な限り「良心（Conscience）」と「責め（Guilt）」の頭文字を大文字で表現したい。

12　Levinas 1984：51-2；1989：487-8；1992：38,42;1997a：281；2001：141 も参照せよ。責めについてのハイデッガーの発言にかんするレヴィナスの明確な言及は、ほとんど否定的な口調のものである（Levinas 2001：141）。後に明らかになるように、レヴィナスは、この話題に関する彼自身の著作とハイデッガーのそれとの類似点については気づいていないと思われる。

13　ケイギル（Caygill 2002）は最近、レヴィナスの著作にとっての政治的側面、特に彼の思索におけるホロコーストの影響についての詳細な分析を提示した。

14　Heidegger 1999：336；Derrida 1993b：80-1；1998b：Levinas 15;2000：30-1 を参照せよ。

15　Harries 1978：141-2; Derrida 1993b：45,51,54,59; Heidegger 1999：313,317,327-8 を参照せよ。

16　Heidegger 1999：322,329,334-5 も参照せよ。

17　最終的には、むろん現存在はそれ自身の死へとかかわる存在に関与している（Harries 1978：147-8；Derrida 1993b：28-29, 44-6, 52, 57-8, 62, 68-9；Mulhall 1996：116-17;2000：48-9）。

18　Glendinning 1998：59；Heidegger 1999：120,157; Levinas 2001：57 を参照せよ。

19　Mulhal 1993：109-12 を参照せよ。

20　Mulhal 1993：112；1996：48-52 を参照せよ。

21　Husserl 1982：p.92;1989：pp.197,201.206；Merleau-Ponty 1996：347-8,353-4; Levinas 1998b：17 を参照せよ。

22　Mulhall 1993：115 も参照せよ。

23 Derrida 1993a：64 を参照せよ。

24 Macann 1992：220 も参照せよ。

25 Heidegger 1999：313,315,317,319,321-2,334,342-5 を参照せよ。ハイデッガーは、「『世人』とは若干の諸主体が彼らの上に浮かびただよっている『普遍的主体』といったようなものではなく」、「現存在が属している類でもない」（ibid.：166）と述べている。さらにいえば本来的存在者は、「主体の例外的な条件、つまり『世人』とは離れた条件に依存せず、むしろ『世人』の一つの実存的変様なのである……」（ibid.：168）。言い換えるなら、現存在は「世人自己」（ibid.：167）を完全には逃れることができない。それというのも「世人」は部分的には現存在の真の世界内存在（very being-in-the-world）から構成されているからである（ibid.：167,210）。それにもかかわらず、現存在は多かれ少なかれ「世人」の頑強な支配に抵抗する。

26 Kellner 1992：199 を参照せよ。

27 Heidegger 1999：326 を参照せよ。デリダは、「決断」の非プログラム的本性に関する発言のなかでこの論点について多く主張している（Derrida 1990：947,961,963-5,967；1992 b：137-8,142,146,162；1993b：16-17,56-7；1995a 359；1995b：24,77,95；1995c：7,59,132-3；1996b 84：1998a：113；1998c：62；1999a：66-8,73）。第 8 章で再度戻る。

28 Heidegger 1982：170-1; Derrida 1993b：58,67-9,77 も参照せよ。この極度の反因習主義は、現存在が「それが選んだ『英雄』のあとに忠実について行く」というハイデッガーの発言によってより複雑化されている（Heidegger 1999：437、また 422 も参照せよ；Kellner 1992：204；Derrida 2002f：110-11）。

29 Macann 1992：220,224 も参照せよ。

30 Heidegger 1999：192,344 を参照せよ。

31 Heidegger 1999：345-6 を参照せよ。

32 Macann 1992：217-18,221,223 を参照せよ。

33 Sartre 1977：48；Derrida 1992a：2002f：195；296,309-10 を参照せよ。

34 Pascal 1961：p.157 を参照せよ。第1章で論じたように、ここでの選択（従って責任）の不可避性は、まさにピュロン主義者が認識できないでいることである。というのも、ピュロン主義者の人生から信念や関与を解放するという企てにおいては、それを企てるということにおいてさえ、少なくともアタラクシアを得ようとすること——および倫理的・政治的領域において必然的に生じるような事柄すべて——に（暗黙裏に）自らを関与させるということに当人が気づいていないからである。レヴィナスが強い調子で述べているように、「たとえ君が無関心という態度を採ったとしても、君はそのような態度を採ることを余儀なくされるだけである!」（Levinas 2001：50）。

35 ここでの「相対的」の語は、現存在に開かれている選択の範囲が無限であるがゆえに、強調されなければならない。現存在の事実性にとって本質的であるのは、「人間存在の自然誌（史）」（Wittgenstein 1958:§415）に見合ったある種の「自然の極めて一般的な事実」（ibid.：p.230）に他ならない。

36 Heidegger 1999：319,322,340 を参照せよ。

37 Harries 1978：144 も参照せよ。

38 Heidegger 1999：317,319-20,325,334 を参照せよ。

39 Heidegger 1999：315 を参照せよ。

40 Heidegger 1999：326 を参照せよ。

41 Heidegger 1999：341 を参照せよ。

第6章　侵犯すること　　ハイデッガーとレヴィナスにおける責めと犠牲、および日常的生

42 Heidegger 1999：326 を参照せよ。

43 Heidegger 1999：334,340 を参照せよ。

44 Heidegger 1999：336 を参照せよ。

45 Heidegger 1999：334 を参照せよ。

46 Heidegger 1999：328,332 も参照せよ。ニーチェは、責め（guilt）は負債に起源がある、と主張している（Nietzsche 1992b：Essay2,§§4,8）。

47 Heidegger 1999：330 を参照せよ。

48 Heidegger 1999：334 を参照せよ。

49 このことを弁明に関するレヴィナスの見解（2000：174）と比較せよ。

50 Heidegger 1999：322,329,333-5 を参照せよ。

51 Derrida 1998a：72. シュッツ（Schutz）は「知識」の犠牲的な本性について関連した主張を行っている（1974：164-6,171-3,177）。

52 この論点は、或る特殊な選択が有しているなんらかの「軽率な（inadvertent）」（Levinas 1998b：3）帰結とは別に理解されなければならない。Derrida 1999b：208 を参照せよ。

53 このことは、いわゆる「作為と不作為」の区別の根本的拒否と解釈されるかもしれないが、そうした見解に解消することはできない。その理由は、このような区別の伝統的な拒否が存在論的レベルというよりむしろ存在的レベルにおいて働いていることにある。かくてシンガー（Singer 1995：224）によれば、私は、私が金銭を渡すよりもステレオを買い与える方を選択するがゆえに、飢えに苦しむひとを死に至らせることに責任がある（responsible）（およびそのことに責めを負う（guilt））といわれるかも知れない。しかしこのような言い方が説明できないことは、たとえ私が飢えに苦しんでいるひとに自分のお金を敢えて与えるとしても（たとえ私がすべてものを与えるとしても）、私は必要としている他のひとにお金を与えるという可能性を必然的に排除するということである。いかに多くの施しを私が困窮しているひとのために行おうと、この犠牲的構造はそれとして存続し続ける。（作為と不作為との区別をもっとも強調する批評家は、ひとの責任と責めは、不可避的にひとがそうした環境において「合理的に」行為することが期待されうるようなものによって制限されていると主張している（ibid.：207,222-3,225,228）。）この点について私はレヴィナスとデリダとを関連させて再度論じる。

54 Heidegger 1999：325 を参照せよ。

55 Derrida 1995：965 を参照せよ。

56 Heidegger 1999：337-8 を参照せよ。

57 Heidegger 1999：31,343-6 を参照せよ。

58 Levinas 1998b：117 を参照せよ。

59 Levinas 1984：63；Derrida 1991：18 を参照せよ。

60 Derrida 1995a：381-1 を参照せよ。

61 Blanchot 1986：50 を見よ。従ってレヴィナスの『存在の彼方へ（*Otherwise than Being*）』は、「国家社会主義者たちによって虐殺された六百万のひとびとのうちで、そしてまた他の人間に対する同じ憎しみや、同じ反ユダヤ主義の犠牲となったすべての宗派や民族の数限りないひとびとのうちでもっとも身近に居たひとびとの思い出」（Levinas 1994a：表紙の内側の献辞；Derrida 1995a：380-1；Putnam　2002：33 も参照せよ）に捧げられている。興味深いことに、レヴィナスはまた「誰もがほんの少しユダヤ人だ」（Levinas 2001：164）と述べている。

62 Levinas 2001：77-8,92,126; Bernstein 2002：167-83 も参照せよ。「ひとは誰でもナチスのように振舞うべきだ」という主張は誤解を招きやすい。もし道徳性が死滅すれば、それについていかなる「べき」も存在することができない。「ひとは誰でもナチスのように振る舞うことが

できた」こそが、レヴィナスがいうべきことだった。

63 Peprerzk 1997：2-3 を参照せよ。

64 デリダも簡潔にではあるが「侵犯」に触れている（Derrida 1993b：33）。

65 Levinas 1994a：91;2001：126 も参照せよ。

66 Derrida 1996c：5-6;2002a：382-5,390-1 を参照せよ。

67 Levinas 1993：44. を参照せよ。他の箇所で、レヴィナスは特に「ホロコースト」と「自分自身がすでに責任ある（responsible）生き延びた者である」（1999：162）という感覚についてさりげなく言及し、さらには「生き延びたことが非難に値すること」（2000：12）、「生き延びた者の責任（responsibility）」（ibid.：17）という用語を用いて彼の倫理学の構想さえ述べている。

68 Handelmann 1991：212 を参照せよ。レヴィナスはまた、「私」への他者の「究極の現れ（exposure）」の効果を、「至近距離で発砲された銃弾のような」（1998a:162）としてか、「押し込みどろぼうによる私への侵入」（1994a：145）と表現している。

69 Campbell 1999：33;Levinas 2001：53,92,98,128,225 を参照せよ。

70 Levinas 1993：48;1998a：169,171,175.「現存在（Dasein）」の「そこに（Da）」の場所的強調（Heidegger 1982：334-5）についてのホフシュタッター（Hofstadter）の発言と、ハイデッガー自身の現存在の「ここ」と「そこ」についての解説（1999：171;Husserl 1982:116-19,123;1989:88,177 も参照せよ）に注目せよ。シュッツ（Schutz）も同じように、「ここ」と「そこ」1971：12,178,312,315-16;1974：59）、「視点の置き換え（1971：12,317;1974：60）、「パースペクティブの相互交換性」（1964:38-9）について論じている。不在の他者（absent other）の「ここと今」にかんするシュッツの発言（1964：38-9）も参照せよ。

71 Levinas 1999：22 を参照せよ。人質としての主人についてのデリダの発言（1999b：56-7）に注目せよ。第8章でこの問題へ立ち戻る。

72 Levinas 1992：121;1998b：130,144,216 も参照せよ。

73 Levinas 1998b：129 も参照せよ。

74 類似した言い回しで、パットナム（Putnam）はレヴィナスを「道徳的完全主義者」（2002：36）と表現している。ニューエン（Nuyen）は最近、レヴィナスの著作が「憐みの倫理学」として考えられるのがもっともよいと主張している——彼によれば、このことは、レヴィナスをして「道徳的動機の問題」（2000:411）に取り組ませることになるだろうとのことである。ニューエンの自然主義的読み方に対してはいうべきことがたくさんある。しかしながら彼は、レヴィナスの著作における実存的責め（existential guilt）——何が「［ひとの］良心を覚醒させる」（ibid.：417）のか（というニューエン自身の問いに答えることになるもの）としての責めのもっと決定的な役割を見逃している。ニューエンがそれを見逃していることは注目に値する。なぜなら、彼は憐み（pity）にかんする彼の議論において、「憐れむひとは、彼ないしは彼女がまさに彼ないしは彼女のものとなるはずであった不幸をなんとか免れたと感じる」（ibid.：418）のであり、そして「憐みの感情は私の主体性を表しているのではなく、その感情はまた私に、なにゆえ［苦しんでいるのが］他者（Other）であって、私ではないのか？　なにゆえ私よりもむしろ彼らなのか？　と私に問いかける」（ibid.：420）と述べているからである。レヴィナスの説明における「共感（sympathy）」と「理解」についてのパットナムの発言にも注目せよ（2002：38）。

75 「当人が端的に存在していること」を通して「他者が侵入してくること」へのレヴィ（Levi）の指摘は、アウシュヴィッツ以後の許しの可能性に関するジャンケレヴィッチ（Jankelvitch）の著作についてのデリダの最近の発言を考慮するとき、特に興味深い。ジャンケレヴィッチは、

第6章　侵犯すること　　ハイデッガーとレヴィナスにおける責めと犠牲、および日常的生

ユダヤ人たちが、何か特別な理由のためにとか、（実際に観察された）攻撃のためにではなく、むしろ彼らがまさに存在することのために迫害された、と主張している。「ユダヤ人は存在する権利をもたないし、存在することが彼らの罪なのだ」（Derrida 2001b：43における引用文）。ハイデッガーとレヴィナスをそれとなく暗示しながら、デリダはさらに、この「存在することの罪（sin）」は、「存在すること……の責め（guilt）」が、ナチス支配下のユダヤ人に対してだけ「構成的（constitutive）」（ibid.）であるというわけではないというような「可能的一般性の地平」を形成しているのだ、と示唆している。

76 Wiesel 1981：121-3 も参照せよ。レヴィナス自身によるカインへの言及については後に再び取り上げる。

77 レヴィのレトリックについては、Gaita 2000：89,15 を参照せよ。

78 レヴィナスによれば、「主体の主体性は、迫害であり苦難なのだ。」（Levinas 1994a：146）

79 死の収容所におけるナチの裸体の強制に関するレヴィの発言（1998：90）を参照せよ。

80 レヴィナスのレトリックに関するもっと批判的な評価としては、Caputo1993:79.82-3 を参照せよ。

81 Handelman 1991：212.272-3；Mole 1997：148ff を参照せよ。

82 この一節を念頭において、メルヴィル（Melville）の短編小説『顔の起源』（1999：169-77）を参照せよ。

83 Caputo 1993：32 を参照せよ。

84 レヴィナスはこの術語によって意味させようとしている事柄について多くの限定を行っているにもかかわらず、自らの中心的な関心は他の人間（the other *human being*）であることを、明かしている（Levinas 1998a：88；1998b：10）。第7章でこのことに戻るだろう。

85 Levinas 1984：50 を参照せよ。

86 Levinas 1992：61 を参照せよ。

87 Levinas 1988a：176 も参照せよ。ここではひとは「出エジプト記 33：20-3」を思い起こすかもしれない。

88 Wittgenstein 1994a：82 を参照せよ。

89 Wittgenstein 1958：p.179 を参照せよ。

90 Levinas 1996c：6；Robbins 1999：23-5 も参照せよ。

91 Levinas 1988a：171;1992：57,61；1993：158；1996a：22,92 を参照せよ。後で次第に明らかになるように、顔は倫理的なものに至るレヴィナスの唯一のルートではない（Levinas1992.87,117；1993：94,103）。

92 Levinas 1992：87；2001：48-9,135, 204. 208, 215 も参照せよ。

93 Levinas 1992：96；1993：35,44；1996a：22；1998b：232 も参照せよ。

94 Levinas 2000：196 も参照せよ。

95 Handelman 1991：209; Levinas 1992：60；1993：39；1998a：154 を参照せよ。

96 Derrida 1993c：122；1995b：99 を参照せよ。

97 Jay 1993：555-60 を参照せよ。

98 Levinas 1996c：50-1 を参照せよ。

99 Caputo 1993：199-200 を参照せよ。

100 Levinas 1992：75-6；Derrida 1997c：118 を参照せよ。

101 Handelman1991：211; Levinas 1998a：138 も参照せよ。

102 Peperzak 1993：162-3; Levinas 1996c：295-6；Derrida 1997c：99-100 を参照せよ。

103 Handelman 1991：210 を参照せよ。

104 Levinas 1996c：191；2000：163,165-6 を参照せよ。

105 Wittgenstein 1990：§222 を参照せよ。むろん耳はまったく受動的であるというわけではない。聴くことと聞くことには違いがあるからだ。（レヴィナスはときどきその違いに触れている（Levinas 2000：201））。

106 Handelman 1991：220 を参照せよ。ひとは何を見ることを選ぶかにかんしては選択的でありうるが、聴く（あるいは嗅ぐ）ものにかんしては同じように選択的であることはできない――ひとは聴くことを無視することを選ぶことはできるが（Levinas 1996a：54）。このことは、レヴィナスにとって、他者の顔は見られるよりも聴かれると言う方がよりよいとされる理由でもある（2000：173）。

107 Levinas 1998a：170；1998b：145 も参照せよ。

108 Handelman 1991:211；Levinas 1996a:76；1998b:96,186;Derrida 1997c:100 を参照せよ。

109 Levinas 1988a：174；Robbins 1999：23.57 を参照せよ。写真のイメージ――と特に見る者に存在論的な負い目の感覚を呼び覚ますその力（Barthes 2000：84）――に関するバルス（Barthes）の分析は、「可塑的な側面」から見られた顔に対するレヴィナスのかなり軽蔑的な態度を有効に改善してくれるかもしれない。

110 Levinas 1998b：168-9,186 も参照せよ。

111 Levinas 1998b：104；Robbins 1999：64 を参照せよ。

112 Derrida 1990：929 も参照せよ。

113 ここでは限定がなされる必要がある。というのも、「顔は力ではない。それは権威である。権威は力無きものである」からである。さらに神の懲罰の解釈に際して、レヴィナスはこう続けている。「これはごく最近の考えである。反対に、私の見解の最初の形式、忘れがたい形式は、最終的分析においては彼［神］はまったく何もなしえないということである。彼は力ではなく、権威なのだ」（Levinas 1998a：169）。

114 Levinas 1992：89,86；1998b：108；Derrida 1997c：104 を参照せよ。

115 Levinas 1996a：17, 54；1998b：105 も参照せよ。レヴィナスも、「他者の顔は垂直的であり直立的であり、厳正さ（rectitude）との関係を意味する。顔は私の前にはない……が、私の上にある」（Levinas 1984：59）、と述べている。

116 Levinas 1996c：118-19 を参照せよ。

117 Levinas 1998a：163 も参照せよ。

118 Rousseau 1973：25 も参照せよ。

119 Derrida 2000b：105 を参照せよ。

120 Levinas 1993：158 も参照せよ。（原文注 121）

121 Levinas 1996c：75-6,213 も参照せよ。（原文注 122）

122 Levinas 1993：158；1996a：10, 53, 69；1996c：74-5, 213；1998b：145 も参照せよ。（原文注 123）

123 Levinas 1996a：69 を参照せよ。（原文注 124）

124 Levinas 1998a：170 を参照せよ。（原文注 125）

125 Levinas 1992：86；1993：94 も参照せよ。（原文注 120）

126 Levinas 1998a：167 を参照せよ。この論点はもっと」一般的に拡張され、他者（the other）に適用されることができる（これは、「他者は存在者のなかでもっとも富み、かつもっとも貧しいものである」（Levinas 1984：63）と述べる際に、レヴィナスが暗示していることである）。というのも、人間存在に関して最も特徴的でかつ予測不可能なものは、極度の傷つきやすさと回復への彼らの能力だからである（Camus 1975:12-13）。実際、他者の「神秘」を構成しているのはこのような予測不可能性である（Levinas 1992:67-8）、と私は言いたい。

第6章　侵犯すること　　ハイデッガーとレヴィナスにおける責めと犠牲、および日常的生

127 Caputo 1993：32,214；Rose 1997：54-5；Barthes 2000：69；Levinas 2001：48 を参照せ
　　よ。もっと生理学的な視点から見ても、（身体のそれ以外の多くのパーツとは違って）顔は暴
　　力に耐えるようにしっかりと作られてはいない。実際このことがまさに、顔が柔和さとこの柔和
　　さが要求する信頼のための自然の場所であることの部分的理由なのである。

128 レヴィナスは彼の分析が、一般化された普遍化可能な「主体」に当てはまる（あるいは依
　　存している）ことを否認している。実際、後になって明らかになることだが、彼は自分の分析
　　が自分にのみ妥当すると主張している（1984：67；1992：98-9；1996a：120）。

129 Levinas 1998c：108-9 を参照せよ。レヴィナスは、ハイデッガーの倫理的に中立的な他者
　　に対する存在（being-*for*-the-other）よりも、他者と共にある存在（being-*with*-the-other）
　　という積極的な意味を込められた修辞を選ぶ。フッサールの主観性の説明の要約としては、
　　Levinas 1998c：82-3. を参照せよ。

130 レヴィナスは、彼が関心をもっている他者（the other）とは単に（地理学的に言われる）
　　「隣人（neighbor）」ではなく、「きわめて隔たった」他者、あるいは「最初から私とは共
　　通性がないひと」であることを注意している。その意味で彼は、「隣人や仲間の人間という
　　語」に対して、それらが「多くの共通性……や多くの類似性を規定している」ということ、
　　手短にいえば、「われわれが同じ本質に属する」（1996a：27；2000：138）ということを規定
　　しているという理由で、警告している。いうまでもなく、レヴィナスの警告は（リオタールの
　　それと同様に）、まったく見当違いであるように思う。第7章で言及するように、明らかにレヴィ
　　ナスは動物性よりも人間性を優先させており、そのことによって、純粋に「他なるもの」（the
　　genuinely 'other'）を特に人間の他者（the *human* other）とあらかじめ同一化することを当て
　　込んでいる。

131 Levinas 1992：60 を参照せよ。

132 Robbins 1999：4,21 も参照せよ。

133 Glendinning 1998：7-23 も参照せよ。

134 Levinas 1998a：9; Glendinning 1998：1-6 を参照せよ。

135 レヴィナスがブーバー（Buber）を批判しているのは、この点においてである（1993：24,
　　35, 44-5）。

136 Levinas 1998a：164；1998b：186 を参照せよ。

137 Levinas 1992：76；Robbns1999：23-24 を参照せよ。

138 Derrida 1998c：28 も参照せよ。

139 Levinas 1998a,91,164-5,169；2000：195-6,202-3,209; Derrida 1999b：55-7 も参照せよ。

140 Levinas 2000：178,202-3 も参照せよ。

141 同様にレヴィナスは、「他者との関係は…私を問いの渦中におき」（1996a：52）、「顔は内
　　在性を攪乱させる訪れであり、到来であり」（ibid.：59、69 も見よ）、そして「他者の意味
　　だけは拒絶できないし、自己の殻のなかへの隠遁と再復帰を禁じる（1994a：183）、と述べ
　　ている。

142 Levinas 2000：187；2001：50,55 も見よ。

143 Robbins 1999：16-19; Levinas 2000：193 を参照せよ。レヴィナスは機会があるたびにこの
　　点において「暴力」に言及しているが、しかしそうした言及は注意して扱われなければなら
　　ない。

144 Derrida 1998a：21；1999a：69；Levinas 2000：152 を参照せよ。デリダは、レヴィナスの
　　倫理がまずスタートするためには、他者（the other）はまずひとりの「他者」（an 'other'）
　　として現れなければならない（従って最小限度においてであっても意識へと同化されなけれ

283

ばならない）限りにおいて、他者への関係を必然的に「前倫理的な暴力」（1997c：125）を含むものとして特徴づけている（Merleau-Ponty1996：359,361 も参照せよ）。競合するいくつかの責任の間での判断の必要性については、レヴィナス自身、「正義に関して必然的にある程度の暴力というものがある」（1998b:105；また 2001:167,221 も参照せよ；Derrida1996a：63；1997b：25, 32；1999a：72-3）ということを承認している。

145 Sartre 1993：252ff；Levinas 1984：52-3 を参照せよ。サルトルとレヴィナスの関係については、Howells 1988 を参照せよ。

146 これは重要な点である。というのは、さもなければ「人質」とか「迫害される」（Levinas1996a：80-95）といったレヴィナスのしばしば衝撃的な術語が誤って解釈されることになるだろうからである。それにもかかわらず、レヴィナスが前起源的な倫理的関係に帰されうるような正義を保持し、他者に対する合法的な暴力の可能性を強く主張しているという点で、彼自身がそのような「神話的な過去」に頼っているということには一つの意味がある。第7章でこのことに戻ることになる。

147 Levinas 2000：195-6；2001：52,55-6,192,204,225 も参照せよ。

148 ここでは、「文法の中に埋め込まれている」「時間性」に関するウィトゲンシュタインの警告的な発言が想起されるかもしれない（Wittgenstein 1994a：22）。

149 Levinas 1996a：17,94 も参照せよ。

150 Levinas 1996a：144-5 も参照せよ。

151 Levinas 2000：196 も参照せよ。

152 このことは、デリダの初期の発言から支持を得ている（1996c:5-6;2002a:383-91 も参照せよ）。デリダ自身の告白への没頭については、1992a：34-35；1998c：60 を参照せよ。

153 Levinas 1996a:144 を参照せよ。「責め」（Levinas 1996a:144）という用語のハイデッガー的意味は別にして、ここでは翻訳上の問題がある。というのも、フランス語の *culpabilité* が過失や咎めという概念に関連するからである。レヴィナスは、それらの概念が多かれ少なかれある特殊な違反が意図的に行われたということを示唆しているので、そうした含蓄は避けたいと考えている（1996b：83-4；1998a：170；1999：106）。

154 Levinas 2000：203-4 を参照せよ。

155 Derrida 1993b：77；Levinas 1997a：225 を参照せよ。

156 Levinas 1998a：169-70；1999：179；Derrida 2001b：26,56 を参照せよ。またリオタール（Lyotard）の終末論にかんする発言にも注目せよ（1997b：96,98）。

157 Levinas 1999：106；2000：195-6,208-9 を参照せよ。

158 Levinas 1998a：152,175 を参照せよ。デリダが述べているように、私は「ア・プリオリに責めがある」というであろう。

159 Levinas 2000：12,20,138,161,193,195 も参照せよ。

160 Levinas 1996c：84 も参照せよ。

161 Derrida 1993a：19-20；1995a：184,194,286-7,361-2；1996b：86;1997b：20-1;2001d：87 も参照せよ。この意味で、「私は問責的場面に、告発されるひとの場所に置かれている――私はすべての場所を失っている」（2000：161）というレヴィナスの見解は、誤解を招く可能性がある。というのも、私が他者の前ではいかなる場所も有していないということではなく、むしろ私がどんな正当な場所ももたないということだからである。

162 Culler 1976：26 を参照せよ。

163 Derrida 1993a：255 を参照せよ。レヴィナスはかつて、私が「空間のある場所にいて、他者は空間の別の場所にいる」という事実は、「私とあなたを区別する他性（alterity）では

第6章　侵犯すること　　ハイデッガーとレヴィナスにおける責めと犠牲、および日常的生

ない。それは、あなたの髪が私のとは似ていないからでも、あるいはあなたは私以外の別の場所を占有しているからでもない——そんなことは、単に所有権とか空間における配置の違い、あるいは属性の違いに過ぎないだろう」（2001:49）と論評していた。他者の「他性」（the other's 'otherness'）はそうした「空間的な差異」に帰せられることができるということを私は示唆しているのではないが、それにもかかわらず私は、それらが単なる「属性の」差異として片づけられることはできないと信じている（そしてレヴィナスの著作の数多くの文章がこのことを裏づけている）。

164 Derrida 1993b：39,61,76 も参照せよ。

165「第三世界」についての同様の発言としては、Levinas 1999：23,30,179; Derrida 2003：121-2 を参照せよ。デリダは、彼自身の倫理学の構想が「配分的正義」（2002f：105）というべきものに還元されうるという提言を拒否している。

166 ルソーはそこで「一つの土地を囲い込んで、これは俺のものだということを思いついた最初の男」（1930:207）に言及している——その男がそのように思いついたという出来事とともに、「所有」の観念や、「圧倒的な数の反目と対立」（ibid.:210）や、「奴隷状態と非惨さ」（ibid.:215）が生じてきたのである。そのような読み方によって、ルソー自身の侵犯（不当な侵犯）についての用語（富める者の「強奪」や、不当な「独占権」や、「お前がもち過ぎている多くのものがないために、多くのお前の仲間たちが飢えに苦しんでいるのだということを知らないのか」（ibid.：219-20）という彼の表現）が、新たな意義を帯びてくる。興味深いことだが、ド・サドが「強奪」（De Sade 1969：173）について類似した主張をしている。

167 政治学に対するレヴィナスの著作の可能な意義については、Derrida　1999b20,70-1,78-83,16；Critchlely 1996b：274ff を参照せよ。第8章でこの論点に戻るだろう。

168 デリダの「喪に服すること」への言及を思い起こしながら、パスカルについてのレヴィナスの見解（1999：179）を参照せよ。

169 Blanchot 1995：245；Levinas 1999：23 を参照せよ。いくつかの驚嘆すべき文章において、レヴィナスはこの不均等な関係について、「私は、相互依存性（reciprocity）をもつことなしに、他者（the Other）に対して責任がある。……相互依存性は彼の事柄である」（Levinas 1992：98）、「むろんここで私が述べていることは、私を関与させることである!」（ibid.：114）と述べている。後ほど第7章でこの問題へ戻る。

170 レヴィナスは、他者の顔が「私を必要とし、私に要請し、私を召還する」限り、それは「神の言葉」と同列に置かれもてよい、と述べている。彼は続けて、「神は、まさに召喚する（呼び求める）ということにおいて、精神へと訪れるのではないか……他者の顔において、掛け値なく責任を負うものとして、しかも比類なき者、選ばれた者として、私を指名しながら」（Levinas 1999：27）と述べている。私は第7章でこの宗教的なサブテクストへと戻る。

171 Levinas 1998a：169-71 を参照せよ。

172 Levinas 1997b：70；1999：19-20 を参照せよ。

173 レヴィナスが「常に可能的なものにおいてあるような存在にとっては、全体であるということは不可能である」（2000：32）と要約している通りである。（原注文 174）

174 バシュラール（Bachelard）において論議された論点である 1994：5,7,46,213。（原文注173）

175 Heidegger 1999：342-3 を参照せよ。

176 Heidegger 1982：171 を参照せよ。

177 Heidegger 1982：297-8 を参照せよ。

178 Levinas 1999：22 も参照せよ。

179 Levinas 1996a：88；1999：20-3;2001：62,92,97-8,128,132 を参照せよ。このような侵犯（不
当な侵犯）は、私に対面するこのような特殊な他者と、もっと一般的には、何らかの現前す
るあるいは不在の他者に対する暴力なのである。

180 Derrida 2001b：67；2001d：86 も参照せよ。

181 Derrida 1996b：86；2002f：383 も参照せよ。

182 それゆえバーンスタイン（Bernstein）は、次のように要約するとき、レヴィナスの立場を単
純化しすぎる危険がある。「レヴィナスにとって、究極的な倫理的命法を認識することは、わ
れわれがそれに常に従うことを意味するのではなく、われわれはこの命法に従うことができる
ということを意味するのだ。倫理は、一つの遂行としてのではなく、一つの価値や理想として
の聖潔（saintliness）を前提とする。私は、他者の生に倫理的な優位性を与えるような仕
方で常に行為することはできるのである」2002：179,181 も参照せよ）。

183 Heidegger 1982：298；Husserl 1989：427 も参照せよ。「他者（the Other）が彼の実
存において危険にさらされている、迷っている、あるいは破滅しそうになっていることに対して
私に責任があること」（Heidegger 1999：327）にかんするハイデッガーの見解は、このこと
を念頭において読まれるべきである。

184 Macann 1992：214；Kellner 1992：206 を参照せよ。

185 Levinas 1998b：148；1999：23,28,30 も参照せよ。存在論的問題に関するウィトゲンシュタイ
ンの見解をここで想起すれば、存在の問題を問う場合でさえ、現存在はそのことによって他
者の諸問題を犠牲にするといえるかもしれない（Lyotard 1988：xii；Bennington1993：105；
Derrida 200b：29）。すなわち基礎的存在論の問題を探求するに当っては、現存在は、「飢
えたひとに食を施すことや、裸のひとに着物を着せること」（Levinas 1998b：116;Caputo
1993：132 も参照せよ）を差しおいても、こんなことすら行う権利を手にすることに潜んでいる
暴力——レヴィナス自身によるものも含む一切の理論化作業を問題視するもの——は見逃さ
さざるをえない。

186 Lyotard 1997b：110 を参照せよ。

187 Levinas 1988a：175；2001：134-5, 197；Derrida 1997c：95 を参照せよ。

188 Levinas 1984：63；Derrida 1995a：381；Mole 1997：148-9 を参照せよ。

189 Levinas 1992：89；1994a：117；1996a：91,103；1999：107；2000：138；2001：49 を参照せよ。

190 Wittgenstein 1994a：77；1994b：70 を参照せよ。

191 特にウィトゲンシュタインの道徳的な完璧主義（Pascal 1996：48）。

192 Levinas 1984:68;1996a:103 を参照せよ。少なくとも一度レヴィナスは（ルソーと同様に）「人
間的なものを組織化するあらゆる［政治的な］企て」（1999：107）の失態や腐敗よりも「日
常生活の良さ」を強調している。

193 Levinas 1993：148；1997b：43；1998b：18 を参照せよ。

194 「A は A であるということの傲慢な優先性」（Levinas 1998a:174）へのレヴィナスの言及は、
論理学への攻撃ではないと思われる。むしろ彼は、同一性の論理学的原理（同一律）を
倫理学的・政治学的領域へ移し変えることの危険を強調しているのである。というのも、こ
の原理は、「私は私であり、彼は彼である」が全体的な物語だということを意味することにな
るからである

195 愛の非合理性に関しては、Gaita 2000：27 を参照せよ。

196 同様の嘆きはデリダ自身の「告白」（Derrida 1993a：118-19.248）にも見られる。デリダの
殺人についての見解（ibd.:297-8；1999b:108）および落ち度なき責めについての見解（1993a:
300-2,305）も参照せよ。

286

第6章　侵犯すること　　ハイデッガーとレヴィナスにおける責めと犠牲、および日常的生

197 Rousseau 1953：25-8,37,166 を参照せよ。

198 Rousseau 1953：176 も参照せよ。

199 Heidegger 1999：328 を参照せよ。

200 Heidegger 1999：327 を参照せよ。ハイデッガーの「無駄話」に対する警告（ibid.：213-214；Macann 1992：218-19）にも注目せよ。

201 Levinas 1993：135-43；Robbins 1999：16-19 を参照せよ。

202 Winch 1987：168. を参照せよ。ガイタは、「自責の念」（Gaita 2000：32）を、責め（あるいは責めの「苦痛を伴った承認」（ibid.：34））に「取り憑かれること」と定義している。

203 ごく最近ガイタは、「規則や原理や違反（犯罪）に関する考察よりも……自責の念にかんする考察の方が、道徳や善と悪の本性に対しては、われわれには身近に感じられる」（2000：32）と主張している。

204 Gaita 1991：48；2000：36, 98；2003：163ff を参照せよ。

205 Wittgenstein 1974：169；Rhees 1981：190-219；Monk 1991：367-70；Malcolm 1993：12; Pascal 1996：45-50 を参照せよ。

206 Derrida 2002c：88,101,103 を参照せよ。

207 Heidegger 1999：312-15; Gaita 2000：33-4,128-9 を参照せよ。以上を別の言い方で置き換えると、無罪と責めの文法の間には重大な相違がある。というのも、前者が最終的に公的な領域（「われわれ」）に該当するのに対し、後者は根本的に単独的でありうるからである。というのもハイデッガーの説明を用いていえば、その問題は、「世人」は私から責めを免責することはできないが、「世人」はまた私をそのことで訴えることもできないということである。

208 Heidegger 1999：323 を参照せよ。

209 Derrida 2002f：50 も参照せよ。レヴィナスも同様に、「他なるひとびとへの私の責任の日常的に異常な次元」（2000：185）に言及している。私には、「私はなぜ生まれたの?」、「私はなぜここにいるの?」、「私がなぜ私であって、誰かほかのひとではないの?」といった子供の問いが、（レヴィナス的な意味での）道徳意識の自然的誕生を証明しているように思われる。

210 Derrida 1995b：67-9,78-9,85-6 を参照せよ。

211 Drury 1981：102；Derrida 1996c：9-10 を参照せよ。

212 Schopenhauer 1918：125；Gaita 2000：31 を参照せよ。

213 Gaita 2000：4 を参照せよ。

214 Nietzsche 1972a：23; Levinas 1993：87 を参照せよ。

215 Caputo 1993：65; Derrida 2001e：43；2002c：134 を参照せよ。

216 Wittgenstein 1999：§§86,103,173 も参照せよ。

217 Martin 1984：603 も参照せよ。

218 バウマン（Bauman）が、「「『私は他者のために死ぬ用意がある』は一つの道徳的言明であるが、『彼は私のために死ぬ用意があるべきだ』は、明らかにそうではない」（1995：51）と述べるとき、レヴィナスも同様に、倫理は自己犠牲を要求するが、「他者（the other）は他者たち（the others）に対して自らを犠牲にしなければならないと語ることは、人間的な犠牲を説くことになるはずだ!」（1994a：126）と主張している。同じ覚書において、ここでは神義論について述べているのであるが、レヴィナスはまた「私の隣人の苦しみの正当化」──「すべての不道徳性の源泉」を構成する正当化──という「醜聞（1988b：163）」に言及している。

219 先のハイデッガーとレヴィナスについての私の議論を仮定すれば、ガイタが責めのこのような二重の性格──すなわち私はそれ自身として確認（identify）され、他者たちにかんしては

287

私の単独性のなかに位置づけられている（「置かれている」）ということ、そしてまた私がこのように位置づけられていることにおいて、私自身が一般的な「われわれ」のなかでは救いを見出しえない（「他のどこかでは」では見出しうるとしても）ことに気づいているということを強調しているのは、興味深い。

220 Rousseau：1953：31,65,134,136,176.

221 Rousseau：1953：17; Derrida 2002c：132.

222 Derrida 1992a：42-3,68-9；1992c：142-3；1993b：15；1996a：62-3；1997b：28-9；1998a：31；1998c：19-20;2002c：164.

223 Gaita 2000：31; Derrida 2000d：32-3,34,36,40-2,92-4 を参照せよ。この点はニュートン（Newton）の1662年の告白に関係しており、そこでは「速さのため」もあるがそれと同様に「秘密」のために、「シェルトンの速記法による私的な罪の記録」（特に彼の「安息日の違反」、「かなり一般的な不信心」、「ノーマルな性的抑圧」、「不機嫌な気性」、「気まぐれな暴力行為」、「下品な悪ふざけ」、「気難しさ」、「盗み」、「暴飲暴食」、「『父母……と、それどころか家までも燃やしてしまいかねないほどに、彼らを』」脅かしたことなどの告白（Hall 1996：5-6））を作成した。ニュートンの暗号的な言語の使用は、このような「秘密性」が、同様に根本的ではありえないだけに、適切なものである。というのも、そうしたたぐいのどの暗号も原理的には他者たちにも解読可能だからである（Bennigton 1993：58,155；Derrida 1997d：48ff.：2000b：65）。

224 ハンデルマン（Handelman）は、レヴィナスの議論にある「顔」とはレヴィナス自身の「顔」への訴えに、つまり哲学者レヴィナスにおいてと同様に第一人称のレヴィナスにその源泉をもっている」（1991：272-3）と述べている。コンノリー（Connolly）も注目している（1999：128-9）ように、カプート（Caputo）も『倫理学に抗して（Against Ehics）』（1993）のなかで類似した言い方をしている。

225 Levinas 1987：116,119,121-2；1992：87-8；1993：135-7,140-2,147-8,158；1996a：4,8-9,36-8,56,114-15,167 を参照せよ。

226 Derrida 1997c：111 を参照せよ。

227 Derrida 1997c：146. 先に私が示唆したように、初期ウィトゲンシュタインによって提起された諸問題への応答としてレヴィナスの著作を読解することによって、「言語の境界に向かって突進する」（Wittgenstein 1993：44）ことがレヴィナスにとっていかに必然的であるかがまさに見届けられる。レヴィナスの沈黙への恐怖（Derrida 1996c：7；Levinas 1998a：99：2000：192 も参照せよ）についてのデリダの逸話的な評言に注目せよ。

228 Derrida 1996c：5-6；1997c：94 を参照せよ。

第7章　倫理学の非合理性

レヴィナスと責任の限界

はじめてのことであったが、真の同情は電流のようにスイッチをオンにしたりオフにしたりするようにはいかないこと、自らを他人の運命と同一視するようなひとは何ほどかそのひと自身が自由を奪われているということに私は気づき始めた。

　　　　　　S.ツヴァイク（S.Zweig）『哀れみにご注意』

もし君が犠牲を申し出て、そのことで自己満足しているとすれば、君および君の犠牲は呪われることになろう。

　　　　　　L.ウィトゲンシュタイン『反哲学的断章——文化と価値』

倫理学はその基礎を示しえない限り、……議論をし続けることになり、講義室においてショーを繰り広げることにもなるのだろうが、しかし現実生活はこれを笑いものにするだろう。だから私は倫理学の諸先生に対しては、まずは人間たちの実人生を少しは観察して見られるようにという逆説的なアドバイスを差し上げざるをえないわけである。

　　　　　　A.ショーペンハウアー『道徳の基礎づけについて』

まえがき

第3章において私は、人間的身体を「道徳的空間」として特徴づけることが、ウィトゲンシュタインの後期の著作の倫理学的構図をより深く理解するための一助になる、と主張してきた[1]。彼が疑問視しているのは、倫理(学)とは、より根本的な哲学的諸問題に本質的に寄生している経験の副次的層を構成しているという仮定なのである[2]。そのことは、合理性（reason）にその場所を与えることを否定することではなく、むしろ、——倫理的・政治的考察を含めた——合理性がそれに基づいて初めて基礎づけられるような「人類共通の行動」（1958：§206）の意義を強調することである。レヴィナスもまた、哲学における倫理的責任に対する知識と合理性の優位性を問題視し、同様に倫理的責任が「第二の層として……上乗せされる」（1998a：11）ということを否定している[3]。ウィトゲンシュタインとレヴィナスは、この点においては大まかには一致している。しかしこの一致は、「自然性（自然的なもの）」のレベルでは成り立たなくなる。彼らはそれぞれ顔と傷つきやすさに専心して取り組んでいるのであるが、それにもかかわらず、ウィトゲンシュタインの統一的な自然主義が明らかにされた途端に、決定的な相違が生じてしまう。この章における私の目標は、（1）レヴィナスとウィトゲンシュタインの企ての間のこうした緊張を解明すること、そして（2）レヴィナスの反自然主義にウィトゲンシュタイン的中和剤を提供することである。しかしこのようなことを行うためには、多くの補足的なレヴィナス的主題が探求されなければならない。それゆえ、顔についての先の分析を発展させながら、最初に私はレヴィナスの「宗教的な」概念用語の意義を評定し、その上で「非人間的な動物」に対する彼の「冷遇（inhospitality）」を批判する。

第三者のために神に感謝すること：政治的なものに取り憑かれること／レヴィナスの祈り

レヴィナスは、彼の哲学的著作とより宗教的かつ告白的な傾向の著作とを区別している[4]けれども、この区分はおよそ明確だとはいえない。デリダがまさに述べているように、レヴィナスの著作には、ある種の「神学と形而上学との連携」（Levinas 1997c：109）が見られるのである[5]。その点では、たとえばレヴィナスは、顔を「神」という語の「意味の不可欠な要因」として、また同じく「世界の

外部の最高の高みから」（1993：103）訪れる「最初の祈り」と「最初の礼拝式」（1993：94）として記述している[6]。そのとき、それらの語句でわれわれはどんなことを理解すべきであろうか、そしてそれらは（もしそうだとして）どんな実質的で哲学的な作業を行っているのであろうか？　ここで注目すべき第一の事柄は、顔と「超越的なもの」が密接に関連するというレヴィナスの主張にもかかわらず、彼の見解がわれわれを超越的なものの明瞭に「宗教的な」解釈へと無理強いするということは明白ではない、ということである。そのような語句は、もっと率直に現象学的方法において読み取られる方がよいかもしれない。その場合には、他者（the other）の「超越性」とは、それらの語句を十分に「把握する」という意識の愚かさを表現している（そしてそのことよって、それらの語句の「他性（otherness）」を保持し、われわれにいくばくか「信仰」を要求している）だけだということになる（Ward 1998：188）。言い方を変えるなら、レヴィナスの宗教的な語彙は、諸対象[7]（それらは常に検証に開かれており、それらの部分的な表れのなかに「示されている」[8]のであるが）にかんするわれわれの経験と、他のひとびとにかんするわれわれの経験との違いを、暗示しているだけなのかもしれない[9]。このように解釈するならば、レヴィナスの用語法はややレトリック過剰なものだということになる[10]し、彼の著作もフッサールの『デカルト的省察』第5章の不必要なまでに精神化された展開だということになる[11]。これは一つの可能な読み方であるが、しかしレヴィナスが是認するようなものではない。彼にとって「超越的なもの」、「神」、「無限的なもの」[12]、そして「もっとも高いもの」[13]は、擬似認識論的な用語にさえも翻訳不可能なのである[14]。レヴィナスが強調する他者の他性（the otherness of the other）とは、単純に「知らない」とか「知識の欠如」いうことではない。それはただ単に他者は測り知れないとか「予期できない」ということではないのは、「愛が愛であるということは、失敗した知識（miscarried knowledge）ではない」（1992：66-7）[15]のと同じである。それゆえ、レヴィナスの（哲学的な）宗教性は真面目に受け取られなければならない。というのも、彼が「神への関係は……他人（another person）との関係である」と主張するとき、彼はそれが「メタファー」であることを否定し、却って「それは文字通り真である。私は他者（the other）が神であるといっているのではなく、彼や彼女の顔のなかに私は神の御言葉を聴く」（1998b：110）ということをいっている[16]。その場合レヴィナスによれば、顔は宗教的なものと密接不可分に接合しているので

あって、宗教的なものとは認識論の限界のための略記ではない。多くのことは
この点にかかっている。というのも、デリダが記しているように、レヴィナスは実際
に「この共に存在すること(this being-together)」を「分離として……宗教[と
して]」(1997C：95)、あるいは「宗教的関係」を「宗教的なものの宗教性(the
religiosity of the religious)」(ibid.：96)として記述しようとするからであ
る[17]。私は最終的にはこのような説明には反論し、(ウィトゲンシュタイン的意味
での)もっと自然主義的なものを支持するだろう。それにもかかわらず、まずはレ
ヴィナスの宗教的なイメージ(形象)からもっと多くを取り上げてそれらを俎上に
乗せることによって、より広範囲にわたる彼の企図の内部にいくつかの重要な曖
昧性を確認することが必要である。

　レヴィナスの宗教性はおよそ正統的とはいえない。なぜならここでの神はおよ
そ存在論的なものとしては考えられてはおらず——ましてや「卓越した……存
在」としてさえも考えられてはいないからである[18]。ウィトゲンシュタインの(そして
マルコム(Malcolm)の)「創造者」としての神の観念にかんする当惑に歩調を
合わせながら、レヴィナスは、神の実在性は「証明されることはできない」と警告し
ている。むしろ神の実在性とは「聖なる(sacred)歴史それ自体であり、神が通
り過ぎる(pass through)ひととひととの関係の聖性(sacredness)さのことであ
る」(1984：54)[19]。こうして「ひとの顔は神の存在の証明である」というピカート
(Picard)の示唆に関して、レヴィナスは次のように評している。

　　明らかにここでの関心は、演繹的な証明にかんするものではなく、……人
　間の顔を形づくっているあの線の奇妙な輪郭の中に開示されている……神
　的なものの次元にかんするものである。神の痕跡が示され、啓示の光が宇宙
　を満たしているのは、人間の顔のなかにおいてである。

(1996d：95)

ひとは他者の顔のなかに神の顔を「見る」のではない[20]。ひとはまた他者の顔か
ら神が存在するということを推論するのでもない[21]。むしろ他者の顔は、認識的
カテゴリーに同化されることができないような仕方で、神的なもの(the devine)を
証明する[22]。明らかに顔は、(他者(the other)がより一般的にそうされるこ
とができるように[23])多くの対象のなかの単なる一つの対象として取り扱われる

ことができる[24]。そしてこのような可能性こそが、レヴィナスがなぜ「他者（the Other）と出会う最良の道は、そのひとの目の色にさえ注目しないことである！」（1992：85）と注意しているのかということの理由なのである。このようなやり方で他者を美的に見ることは、社会的な関係を飛び越えさせ、本質的にポルノ的な出会いを生じさせることになる。しかしレヴィナスは、純粋に表層的な言葉で顔について語ることを避けている一方で、顔が神的なものへの物質的障害であるとするどんな示唆をも避けることを望んでいる[25]。他者の顔の現象的な現れ（顔を「仮面」として用いる他者の能力を含めて）が社会的関係とかかわりがないということ——どうしてそのようなことがありうるだろうか？　——ではない。レヴィナスが抵抗しているのは、顔のもつ意味をこれらの物質的な顔つきへと還元してしまうことである[26]。しかし周知の問題がここに登場する。というのは、還元主義の諸傾向に反対することは、われわれを知識のカテゴリーから必然的に解放にしてくれる——そのような解放をわれわれが求めていると仮定して——からである。たとえわれわれが、顔は単にその表層的な性質だけによっては「理解される」べきではないと承知している[27]としても、レヴィナスの論点が根本的に認識論的でないかどうかは、不明瞭なままである。再度問うが、知識に多少なりとも頼ることなしに、超越的なものを考えるということは、いかにして可能であろうか？　——ここでは知識と存在論的な言語は無力であるとしてもである[28]。かくてレヴィナスの顔にかんする否定神学は——おそらくすべての否定神学がそうであるように——十分に否定的ではない、といわれるかもしれない[29]。

　それでもなお、顔は「神の存在証明」を提供するが、しかし顔はむしろ「その言葉の意味の不可欠な要因」（1993：94）[30]を表現する（represent）ということのレヴィナスの否定は、彼が哲学と宗教の連携を探求するための別の可能な方途を切り開く。顔と言語との親密な関係は、先に引用された「祈り」と「礼拝式」にかんするレヴィナスの発言のなかに明らかに示唆されている。しかし彼はなぜこれらの特殊な言説について述べる必要があったのだろうか？　すでに示唆したように、この問題にアプローチする可能的に実り豊かな方途は、ウィトゲンシュタインの宗教的信念にかんする見解を通してであろう。そのとき、顔が無限なもの（the Infinite）（それが神の［「汝殺すなかれ」］の座である」（1999：104））ということを立証するということは、その「命法」（1993：158）、つまり命令的な権威性によって理解されることができるであろう[31]。すなわち、レヴィナスの

著作のなかで他者の顔が果たしている機能は、ひとは「語りかけられる」(1990：§717) ときには、専ら「神が語るのを聴く」ことしかできないというウィトゲンシュタインの考察のなかで神の命令が果たしている機能とほとんど同じである——これはまさにレヴィナス自身が提示している論点である[32]。実際、レヴィナスが顔にかんして要求する権威性は、純粋に宗教的な言説の定言的な本性についてのウィゲンシュタインのより一般的な見解と重なっている[33]。ここでレヴィナスとウィトゲンシュタインとの間にさらなる相関性が生じてくるのは、私がまさに世界内存在であるということを通じて[34]、「直接的に」(Levinas 1992：85)[35]殺すなかれと命令され、それと同時に殺人を犯した(そして実際のところ殺人者と「共犯者」(1998b：186) であり続けている)と告発される、という二重の意味で[36]、他者の顔が殺人に関連している限りにおいてである。「汝殺すなかれ」(ibid.：168) という顔の命令は、『反哲学的断章——文化と価値』[37]におけるウィトゲンシュタインの事例と同様に、不可能な命令であり、私が必然的にすでに犯してしまったばかりではなく、さらにまた呼吸し、語り、行為するごとに私が犯し続けている命令である。顔は警告し、かつ私がすでに罪を犯してしまったことを告発するのである。そしてこのことが、「隣人に近づくとき」私は「いつも約束の時間に遅れてしまう」(Levinas 1996a：106) 理由である[38]。簡潔にいえば、宗教の「深層文法」と顔との間には、重要かつ有効な一致があるということである。これらの諸点を念頭におくことによって、われわれはいまやレヴィナスの発言を理解するのにより良い位置にいることになる。

　　無限なものは、一つの主題として証言 (testimony) というかたちで自らを告知しない。私の——直接的には対格で存在する——「ここに私はいます (here I am)」……という、他者に与えられた合図のなかに、私は無限なものを証明する。神が初めて出現し、言葉と混ざり合う文は、「私は神を信じる」と表現されることはできない。神を証明することは、このような異常な語句を述べることには存しない。……「ここに私はいます」は、神の名において、人間の奉仕において私に意味をもつ……。

(1996a：105-6)

さらに同様に

私は一つの証言である。……無限なものは私の「前に」存在しない。私は
それを表現するのであるが、しかしそれはまさに私がかかわっていない「他者
のために」（the 'for-the-other'）私はここにいます（*me voici*）！　という、合
図を与えることによってである。この場合、ここに私は、あなたの目の前におい
て、あなたに奉仕することにおいて、あなたの忠実なしもべとしていますという
対格は注目に値する。……すなわち、すべての宗教的な言説に先行する宗
教的な言説は対話ではない。それは、「私はここにいます」である……。

(1996a：146)[39]

　それゆえまた「ここに私はいます」は二重の意味を有している。(1)「ここで私は」
「あなたへ奉仕することにおいて」あなたに私自身を捧げている[40]と、(2)「こ
こで私は」告発され、責めを負っている、という意味において。他者の顔の前に
おかれるとき、「私」は直ちに、彼女の要求に対して服従的になると同時に、自
分自身の世界−内−存在の暴力に関して告白（懺悔）的になる。この第二番目
の意味では、「ここに私はいます」は、ひとの根源的な責めに対する証言をなす。
それはまさに大量殺人の告白そのものに他ならない[41]。実際、レヴィナスが彼の
主張の普遍性をときどき否定したり、根源的な責めと言語の護教論とを同時に
強調したりするような場合に、彼の著書の難解さが増大するが、それは彼の著
書が哲学的ジャンルと告白的ジャンルが融合したものであるからだと私は示唆し
ておきたい。レヴィナスはまさしく正統的な現象学者として出発している一方で、
その経歴は、結局は多くの半現象学的で告白的な業績で完結をみている——
そのもっとも顕著なものが『存在の彼方へ』である。哲学的「全体化」の誘惑を
回避しながら倫理的なことを語ろうと企図しつつ、レヴィナスは、「ここに私はい
ます、告発され、そして責めある身で」[42]と語ることによって、責任の意味を解明
する告白的な言説に従事している。
　「私の前にある顔が私に呼びかけ、私に訴え、私に懇願する」（1006b：83）
というレヴィナスの主張を思い起こすと、この証言的・告白的側面は、顔と言語
との間の関係をより良く理解することを容易にしてくれる。ここでのレヴィナスの
用語法は決してたまたまのものではない[43]が、しかし彼が「顔が語る」（1992：
87）[44]と述べる場合には、その論点は、（だれも「顔なしには語ることはできない」
（1998a：174）という意味で）単に生理学的なものではない。むしろその論点

は、言説すること（discourse）の可能性の倫理的条件を提供するものが顔であるというものである[45]。というのも、私が自分自身を正当化するようにという沈黙の[46]要求が最初に訪れるのは、他者の顔の（傷つきやすい）権威性の方からであり、また私の応答が究極的に差し向けられるのは、顔の（権威的な）傷つきやすさに対してであるからである[47]。すなわち

　　言語の始原は顔にある……。言語は、ひとによって与えられた記号や語で始まるのではない。言語とはとりわけ声をかけられるという事実である……。ひとは誰かに話しかける。……誰かに話しかけるということは、ただ単に可塑的な形体の前で、他者は……だと語ることではない。……私は応答するように呼びかけられている。……一番最初の言語はそのような応答である。

（Levinas1988a：169-74）[48]

　顔が言語を創始するということは、レヴィナスの著作の一般的なテーマである[49]。デリダが述べているように、「顔は、表出として、そしてまた同時に話すこととして与えられる。ただ単に一瞥することとしてだけではなく、一瞥することと話すこととの、そして目と話すだけではなくまた飢えをも表わしている口とのオリジナルな統一体として与えられる」。つまり、顔は「自己、魂、主体性とは別の何かを体現したり、包み隠したり、伝えたりすることはない。従って他者は『ひと（person）のうちに』、そしてまた寓意なしに、顔のうちにおいてだけ与えられている」（Derrida 1997c：100-1）。とりわけ注目に値するとはいえ、デリダのまとめ方は、顔が「自己以外の何ものかを表示していない」ということを示唆している点で、教育上誤解を生むことになろう。というのもレヴィナスによれば、他者の顔とは、最終的には、他の他者たち（*other* others）がそのなかに「現前化」し、かくしてわれわれが政治の領域に身をおいているといったように、親密な意味が浸透しているようなものではないからである。いまやこの論点に私は向かいたい。

　前述したように、顔が言語を創始するというレヴィナスの主張は、単に生理学的な論点ではない。しかしレヴィナスが「顔」の意味を、「われわれが握手する手のなかにすら存在する全可感的な存在者（sensible being）」（Levinas 1993：102）を含むように拡張するときに、このことはもっと明らかになる。実際のところ、「人間的身体全体が……多かれ少なかれ顔である」（1992：97）[50]と

296

いうのは、まさにこの意味においてである。第3章において論じたように、ウィトゲンシュタインも同様の主張をしている[51]が、「人間の顔は世界そのものの顔であり、人類という個体の顔である」（1996a：73）という後に続くレヴィナスの見解は、もっと重要なことがここで問題になっているということを示唆する。この論点に最終的に依拠していることは、次の文章において明らかにされている。

> ここで「われわれの間で」生起するあらゆることが、すべてのひとに関連している。……顔の現前としての言語は、お気に入りの存在者との共謀的関係、世界を忘却した自己満足的な「私－君」をもたらすことはない。それはその率直さにおいて、愛の密室性を拒否する。……第三者が他者（the Other）の目のなかに私を見ている――だから、言語は正義であり……顔が顔として出現することが人間性を開示する。顔は、それが裸形であることにおいて顔として、貧しいひとや見知らぬひとの困窮を……私を見つめる目のなかに人間性の全体を現前させる。
>
> （Levinas 1996c：212-23）[52]

それでは、どのようにすればわれわれは、顔の意味の「人間性の全体」へのこの拡張を理解することができるのだろうか？　再び、より厳密に現象学的な方法を用いて、他の他者たち（the *other* others）は、以下のような条件下で、この特殊な他者（this *particular* other）の顔のなかに「共現前させられる（co-presented）」と示唆されるかもしれない。

> 世界と、特に客観的自然としての自然の存在意味［*Seinssinn*］は、……あらゆるひとにとってそこにあるものである。われわれが客観的現実性（Objective actuality）について語る場合にはいつも、このことが思い合わされている……。これら客体は、その起源と意味に関しては、諸々の主体、通常は他の主体、そしてさらにはそれらの主体の能動的に構成する志向性へと、われわれを関連づけている。このようにしてそのことは、すべての文化的な客体の場合にも当てはまることである。
>
> （Husserl 1982：92）[53]

別の言い方をすれば、仮にひとがその「可塑性」[54]における顔を単に別の「文化的な対象」として理解すべきであるとしても、そのようなものとしてのその意味は、一つの「共通の環境世界」（Husserl 1989：201）の一部であるということにおいてわれわれを他の他者たち（*other* others）へと関連づけている[55]。しかしながら、そのような仕方で他の他者たち（the *other* others）を構成することは、レヴィナスにとっては、観察者たちのコミュニティ（共同体）のなかに「私」（the 'I'）を安全に住まわせるという点で、あまりにも存在論的[56]であろう[57]。それゆえレヴィナスのこうした幅広い現象学的な論点は、次のように倫理化されるのである。

> 他人（another）との関係において、私は常に第三者（the third party）との関係のなかにある。しかし彼はまた私の隣人である。この瞬間から近さ（proximity）が問題になる。つまりひとは比較し、評価し、思考しなければならない。そして理論の源泉である正義を行わなければならない。諸制度の全復興は……第三者から出発しながら……行われる。……われわれは、比較し、平等化、すなわち比較されえないものの間の平等化を図らざるをえない。従って「正義」という言葉は、他者（the other）との関係よりはむしろ第三者との関係の方にもっと当てはまる。しかし実は、他人（another）との関係は決して唯一的に他者（the other）との関係ではない。この瞬間から第三者（the third）が他者のうちに示される。つまり他者がまさに出現することにおいて、第三者はすでに私をじっと見守っている。
>
> （1998a：82）

いまや生じてくる問題は、いかにして「私に出会う顔の無限に倫理的な要求と、……個体としての、そしてまた対象としての他者の出現とを調停する」（1998b：205）のかということである[58]。上の引用文によれば、単独の他者（the singular other）と第三者への関係は、世俗的な正義への要求によって理解されねばならない[39]。第5章で論じたように、レヴィナスは単独の他者との関係に焦点を当てる傾向があるが、彼はここで、そうした関係が（やや特殊な意味においてであるとしても）虚構であることを強調している。すなわち「実は、他人との関係は唯一的に他者との関係では決してない」[60]。それゆえ「他の人間の唯一性（the 'uniqueness of the *other* man'）」へのレヴィナスの専心は、「政治の拒絶」

（ibid.：195）ということではない[61]。というのは、もし

> 私に対面する他者だけが存在するとして、私が声を大にしていいたいの
> は、私は彼にすべてを負っている、……彼のために私は存在する、……永
> 遠に私は彼に従属している、ということである。彼が私に及ぼす危害が、私の
> 隣人でもある第三者に対してなされたときに、私の抵抗が始まる。正義の源
> であり、それゆえ正当化された抑圧の源でもあるのはその第三者である。他
> 者の暴力を暴力によって制止することを正当化するのは、第三者が被った暴
> 力である。

> （1998a：83）

簡潔にいえば、「他者（Other）の飢えは——たとえそれが肉に対するものであ
れ、パンに対するものであれ——聖なるもの（sacred）であり、第三者の飢え
だけが、その諸権利を制限する」（1997a：xiv）。レヴィナスの「愛の社会」（す
なわち、愛をすぐれて社会的関係であると受け止めている社会）にかんする制
限はこのことと関係がある。というのも、愛する者同士の関係に関して問題とし
て残るのは、まさに彼らの私−君関係の排他的な傾向であり、その結果彼らが第
三者のことを忘れてしまうということだからである。ひとは愛する者の顔のなか
に、愛する者だけを見ようとする傾向がある——愛する者の顔はそのひと自身
の親密な意味で満たされており、それによって「……そのような意味とは別のこ
とを伝えることはない」（Derrida 1997c：100）[62]。しかしひとは常に「別のひと
に害を与えることによって」（Levinas 1998b：21）最愛のひとを愛するのであ
る限りにおいて、愛の関係の核心には、容易に無視されている犠牲的不公正と
いうものがある[63]。もし二人（君と私）しか存在しないとすれば、われわれの関係
は実際、「愛」の親密性によって理解されることになるだろう。しかしわれわれ
だけがいるわけではない。同様に愛を求め、それゆえわれわれの「情交的な対
話」によって「傷つけられる」（ibid.）第三者もいる。かくてレヴィナスは、「愛
する者と愛される者」があたかも彼らが「世界のなかに自分たちだけがいる」か
のように存在する限りでは、「……愛は社会の始まりではなく、社会の否定であ
る」（ibid.：20）と結論している。要約すれば、もしわれわれ二人だけしかいな
いと仮定するなら、私は限りなく君に負債を負わされ、——君の支配によって苦

しむことを余儀なくされるとさえいえるだろう、ということである。われわれ二人
だけの間では、正義の問い（あるいはそれへの訴え）はまったく可能ではないだ
ろうし、その限りでは「いかなる問題も存在しないだろう」（ibid.：106）[64]。し
かしながら、このようにしてわれわれ二人だけがいるのではないとすると、（他者
（other）としての）君が第三者（別の他者（another other））に対して与えるど
のような暴力も、正義を要請する[65]——実際のところこのことが、正義と、政治的・
経済的な諸制度と、そしてまたそれらを構成している諸世界像の真の誕生という
ことなのである。ここで私は当事者の間で「判断」（ibid.：202）を行い、その上
で「二者のどちらを優先するか」（Levinas 1998b：104）[66]を確定するために、
「計算できないもので計算し」（Derrida 1990：947）[67]なければならない。この
ようにして、「尺度は、『他者のため（the "for the other"）』という『法外な』寛
大さ、その無限性の上におかれる」（ibid.：195）。もし必要ならば、私は政治的
制度や公的権力に訴えるであろう[68]。そしてそれらへの訴えが失敗したり、法的
仲裁の機構があまりにも厄介なものであるとか、うまく機能しなかったりするとい
う場合には、私は自分で感情を押し殺し、沈黙し、暴力によってあなたに立ち向
かわざるをえなくなるかもしれない[69]。しかしながら私自身の幸福のためにではな
なく、他者のために、たとえばあなたの「隣人」（1994a：157）や、あなたが不当
に扱っている「兄弟」（ibid.：158）のためにである。このような単独の他者へ
の無限の責任から、政治のもっと均衡のとれた領域へと進展することは、レヴィ
ナスの著作の理解のためには不可欠である。事実、彼の哲学の擬似系譜的側
面が前面に出てくるのは、まさにここにおいてである。一方では、単独の他者と
の対面的な関係は、まさに二人の間にはそうした倫理的に「純粋な」出会いとい
うものは決してなかったがゆえに、本質的に神話的である[70]。しかし他方では、
他人（another）とのあらゆる出会いのなかに、まさにそうした「純粋な」関係の
痕跡が残っている。レヴィナスが述べているように、「私にとって非常に重要で
あるように思えることは、世界のなかに単にわれわれ二人だけが存在していると
いうわけではないということである。しかし私には、あらゆることがあたかもわれ
われ二人しかいないかのように始まっているように、思えるのである」（1988a：
170, 強調は筆者による）。かくて他人とのあらゆる現実的な関係（それはまた第
三者との関係でもあるが）においては、あたかも私が無限の倫理的支出の一対
一関係を「想起させられている」かのようである[71]。そしてこの擬似想起は、そ

300

れが優先性の問題を呼び起こす限りにおいて、倫理的・政治的に重要である。というのは、第三者とともに始まった世俗的正義の実践的な諸要求は、対面的な関係の「最初の慈愛」（1998b：104）によって常に「点検され」なければならないからである[72]。手短にいえば、政治的領域は倫理的なものによって取り憑かれているのである。

　先にレヴィナスの著作の「擬似系譜学的」側面に言及した。いまや私はここでこの特徴づけを、レヴィナスの立場と（第6章で触れた）『人間不平等起源論』におけるルソーの嘆きとを簡単に比較することによって、具体化しておきたい[73]。これによって私は、レヴィナスの企図に関する多くの重要な（再び容易に誤解されるかもしれないが）論点を浮かび上がらせることができるだろう。

　『人間不平等起源論』のなかでルソーは、「最初の関心が自己保存で［あり］」、またその生活が、動物と同様に、「単なる感覚に……限定されている」（1930：207）「自然人」［という概念］の擬似ピュロン主義的特徴を提示している[74]。ルソーにとってこのような原始的な自己関心は、軽蔑されるべきものではない。反対に、「乳幼児」の屈託のない動物性を最終的に堕落へともたらすのは、社会性であり、他者を意識すること[75]である[76]。それゆえ、「人間は自然的には残酷であり、人間をもっと穏やかにするために文明的な諸制度を必要とする」と仮定するのは誤っている。というのも、人間が「自由に、健康に、誠実に、幸福に生きている」（ibid.：214）ところで、「自然的な憐みによって制約されたままの……原始的状態における人間以上に穏やかで優しい」（ibid.：213）[77]ものは存在しないからである。そのときルソーによれば、「人間が他人の助けを必要とし始めたその瞬間から、……平等は消え失せ、所有物が導入され……［そして］すぐに隷属化と悲惨さとが発生するのが見られる」（ibid.214-15）」[78]。社会と共に、「各人は、他のひとびとの主人になる場合ですら、ある程度奴隷になるのだ」。

　　一方では対抗意識や競争、他方では対立的な利害が生じるであろう。……これらすべての悪は所有物の最初の帰結であった。……富者による強奪、貧者による強盗、そしてそれら両方の抑制不可能な情熱が、自然的な憐みの叫び声を押さえつけた。

（Rousseau 1930：218-19）

この系譜論からすれば、「自然的な憐み」は、われわれの隣人との競争欲によって結局は 押さえつけられてしまった。この競争的衝動は、所有物という観念の出現のなかにその刺激を見出すにいたった。この観念は、「一定の広さの土地を囲い込みながらこれは俺のものだと言葉を吐くことを思いついた最初の人間」（ibid.：207）によって、創始されたものである。ここでルソーの思索について注目に値する二つの事柄がある。（1）社会的・政治的現実の中心に存在する「強奪」[79]の強調。（2）「自然人」の善性と、人間存在の前社会的段階の相対的単純性への彼のノスタルジア。所有物のもつ固有の暴力についてのルソーの省察[80]が、いくつかのレヴィナスの主題と共鳴しているということは明らかである[81]。しかしルソーの（前社会的生活は本質的に単純な事柄であった）という第二の論点もまた、レヴィナスの著作のなかに並行性を見出せるように思える。というのも、以前に論じたように、他者への私の責任が次第に危うくなり、「問題をはらむ」（Levinas 1998a：82）ようになるのは、単に（「この瞬間からの」（ibid.）） 第三者の出現とともにであるからである[82]。第三者の出現とともに、倫理的責任の犠牲的要因は、もはやただ単に私自身の自己犠牲（私が留保条件なしに他者のために存在すること）の事柄ではなくなり、私がこの他者のために他の他者の要求や欲望を犠牲にしてしまうということになる。かくて正義への要求が、悪しき良心を一層増大させることになる。すなわち、われわれ二人だけの間では、私は自分が十分にやることをやった（それゆえ悪しき良心を十分に行使した）ということは決して保証されえないままであるにもかかわらず、私はただ単にすべてのことに負債を負っているだけである。しかし第三者［の出現］とともに、このレベルの責めが維持されるだけではなく、それはまた、私が彼ないしは彼女ないしは彼らよりも他ならぬあなたを選んだ（そしてまた私は、デリダとともに、動物の「それ」を選んだとさえ示唆するだろう[83]）ということで、私はより一層責めを負うことになるという事実によって、限りなく補足される。事実、私があなたのために尽くすことが多ければ多いほど、私が他の他者（the *other* other）のためになすことが目減りしていく[84]。簡潔にいえば、かりに第三者がいなければ、他者との私の関係はそのままで不均等だということになろう[85]。もちろんルソーとレヴィナスそれぞれの強調点は、一つの非常に重要な意味で異なっている。つまりルソーの関心は、他者たちからの栄光の孤立のうちに（あるいは少なくとも、社会性の原始的、前言語的、前合理的形態のうちに[86]）ある「幼児」（Rousseau

第7章 倫理学の非合理性 レヴィナスと責任の限界

1930：207）によって経験されている生にあるのに対し、レヴィナスは、ルソーによるこの自然的「自己保存」（ibid.）の状態の安定策を疑問視するであろう。（この後者の論点については後に再度取り上げる。）これらの違いをたとえ脇におくとしても、それにもかかわらず、いずれの哲学者も（他の）他者たちと共にあること（being-with-(*other*)-others）の固有な問題提起的な本性を強調していることは、注目に値するだろう。そのとき、レヴィナスは（もしあるとして）どの程度ルソーのノスタルジアを共有しているのだろうか？　近年デリダが問うているように[87]、われわれ二人しか存在しないとした場合には「いかなる問題も存在しないだろう」（1998b：106）というレヴィナスの主張は、第三者がいかに対面的関係にとって「混乱のもと」になるかということについて、慨嘆しているということなのだろうか？　これら重要な問いは、『存在の彼方へ』における次の文章を参照することで答えられることができる、と私には思える。

　　他者の近さにおいて、当の他者以外のすべての他者が私を脅迫し、そしてこのときすでにこの脅迫が正義を声高に求めて叫び、尺度と知ることを要求する。……他者は最初からすべての他のひとびとの兄弟である。私を脅迫する隣人は、すでに比較可能であると同時に比較不可能な顔、唯一無比の顔であり、かつまた正義への気遣いにおいて可視化されうる諸々の顔との関係のうちにある。……第三者との関係は、顔が見られる近さの非均等性の絶えることのない矯正である。そこには比較考量することが、考えることが、客観化が、そしてついには彼性（illeity）との私の無法状態的な関係がそれによって裏切られてしまうような法令が存在する……。

（Levinas 1994a：158）

この点ではレヴィナスは、単独の他者への責任がいかにして第三者によって「裏切られる」かについて、嘆くこと、「不平をいうこと」、あるいは「泣き叫ぶこと」（Derrida 1999a：68）といった以前に言及されたたぐいのルソー的嘆きに身を任せているものとして、読まれることができよう[88]。しかしレヴィナスはこのようなたぐりを一掃して、次のように論を進めている。

　　彼性との私の無法状態的な関係には裏切りがあるが、それはまた彼性との

303

新たな関係である。他者とは比較不可能な主体としての私が、他者たちによって一人の他者として、つまり「対自的に（for myself）」接近されるのは、神のおかげである。「神のおかげで」私は他者たちにとって他人なのである……。私が神のこのような加護、あるいは神の恩寵に言及することによってのみ語ることのできる神の過ぎ越しとは、まさに比較不能な主体が社会の成員へと転ずることにほかならない……。このようにして、隣人は可視的なものになり、眼差しを向けられて、彼自身として現前するのであり、私のための正義もまた存在することになる。

（1994a：158-9）

この「神のおかげで」（あるいは同様に「神の助けによって」）（ibid.：160））はさまざまに解釈されうるだろう。だからたとえばクリチュリー（Critchley）は、このような語句はどこか「古典的［に］キリスト教」的なものに言及しており、「同胞愛の普遍性は神的なものの仲介によって保障されている」（1999b：273）と提言している。しかしレヴィナスは、このような「神のおかげで」が第三者の問題との関係でいかに理解されるべきかの明瞭な指標をなんら提示していない。それゆえ私は以下のような解釈を提示しておきたい。レヴィナスがかりに神の存在についての仮説を提示してはいないと主張しているのだとすると、「神のおかげで」は「理論というよりは嘆息、あるいは叫び」（Wittgenstein 1994a：30）と理解されてよいかもしれない。デリダが第三者についてのレヴィナスの発言のなかに「異議申し立て」の「叫び」を看取するところで、ひとはそれに代えて歓喜の声を聴きとるべきである。私が「他者たち（the others）のように一人の他者（one other）になり」（Levinas 1994a：161）、それによって自分で自分の面倒を見るようになったのもこの「新しい関係」によってであるにもかかわらず、このことがレヴィナスの「神のおかげで」という第一次的な源泉として理解される必要はない。他の他者（the *other* other）が正義を要求しているという事実は、私が正当に自分自身のために配慮する（また正義を要求する）ということを意味するが、しかしこのことを動機づけているのは、第一次的には私自身の（私自身のための）必用事ではなく、むしろ他者の必用事なのである[89]。すなわち、他者に助力するために必要な保護や食料を提供する限りにおいて「［私］の分け前も［また］重要である」（ibid.）。そして、世俗的な正義が正当にも私に一定程

度の自己保存を許すのは、まさにこの意味においてなのである。このような読み方においては、レヴィナスの「神のおかげで」は自己満足の表現を構成してはいない（「神のおかげで、今や私は無限の責任を負わされることはないのだ！」）。ここには実際のところある救いが見出されるかもしれないが、それもまた他者のための救済であり、その苦悩はいまや、これに関する私自身の限りない努力の上に、さらに（私が近づきえない）他の源泉によって和らげられることができるようなものなのである。私がここでいっておきたい論点は、ルソーの系譜学やデリダの疑念とは逆に、第三者の共現前（the co-presence）が、悲嘆することというよりむしろ媚びへつらうことの原因である、ということである。かくて、もし単独の他者の面前における「ここに私はいます！」が「最初の礼拝式」（1993：94）（「言語の起源」（2000：192）さえも）を構成しているとすれば、第三者やそのひととの世俗的正義への要求は、レヴィナス固有の哲学的告白の終わりにおける「アーメン」を構成していることを示唆しておきたい。

　このようにしてレヴィナスとウィトゲンシュタインにとっての宗教の意味は（デリダにとってもそうであるように[90]）、存在論的・神学的であるよりも、むしろ基本的に倫理的である。以前に論じたように、ウィトゲンシュタインはただ単に宗教的信仰を中立化するだけではなく、そうした信仰が有している——あるいは、その信仰が「純粋に」宗教的なものとしての「資格を与えられる」べきであるとした場合に有するべき——倫理的な側面を強調している。ここで私は宗教についてのレヴィナス自身の概念をさらに考察したい。このことで私は、主として彼のユダヤ主義には言及しているのではない。というのも、ユダヤ主義という概念は「人間的な事実、人間的秩序、まったき普遍的なもの」（1988a：177）[91] を解明するという彼の意図に反するからである。むしろ私が関心があるのは、デリダが、特にレヴィナスの反自然主義との関係で、「宗教的なものの宗教性」（Derrida 1997c：96）あるいは「道徳的なものの道徳性」（1995c：16）として言及しているものである。

倫理の非合理性：レヴィナスの反自然主義

　レヴィナスは、「私の論文に頻繁に出てくる神という語について、私は別に恐懼していない」と強調している。先に論じたように、このような大胆さの理由

は、「無限なものは顔の表示性において訪れる。顔は無限なものを意味する」
（1992：105）からにほかならない。レヴィナスがその語には「恐れ」を感じる
必要がないのは、ここで恐れるべき唯一のことが、無意味な存在神学的思弁に
陥ってしまうことであるからである。そして、彼はそうした策略を非難する最初
のひとといえるだろう[92]。このことこそが、レヴィナスによるその状況の理解の仕方
なのであるが、しかしその場合、用語のなかにこのもっとも挑発的なものの意味に
ついては、何が残っているだろうか？　また、宗教の神学的な声がそのように劇
的に切り詰められると、宗教はどうなるのだろうか？　レヴィナスの著作で繰り返
される強調点は、宗教がわれわれと他者たちとの関係と密接不可分に結びつい
ているということである。

> 「神へと向かうこと」とは、ここでは、時間的実在の始原や終末としての神
> への帰還や、神との再結合という古典的な存在論的な意味で理解されるべ
> きではない。「神へと向かうこと」は、私が第一次的に他のひと（the other
> person）へと向かうという見地から見られない限り、無意味である。私は、他
> のひとによって、そしてまたそのひとのために倫理的にかかわることによっての
> み神へと向かうことができる。

（1984：59）

すなわち「信仰は、神の実在ないしは非実在という問題ではない。それは、報償
なき愛が価値があるということを信じるということである」（1998a：176）[93]。「神
へと向かうこと」と「信仰」の両者が、神学的用語でよりも倫理的用語で解明され
るべきであるということが、レヴィナスの方向性を明らかにしている。そしてこのよ
うな宗教性の倫理性への書き換えを明瞭に示している発言は、他にも多く存在
する[94]。「無限なものが言語のなかに入ってくる」、「『ここに私はいます！』と語
る主体が無限なものを証している」（1992：106）、そして「責任は……無限なも
のの栄光を証言する一つの方法である」（ibid.：113）ということは、これまでの
馴染みの主題である。しかしそれらはレヴィナスの企てにかんするもっとも困難
な疑問の一つを提示する。それは、レヴィナスの神の概念は、——彼の抵抗に
もかかわらず[95]——何らかの実質的なやり方で、他の人間（the other *human*）
と区別可能かどうかという疑問である[96]。もし神的なもの（the divine）への唯

一の「接近法」が相互人間的な (inter-human) 出会いを通してのものであり、しかも伝統的な意味での存在神学的な声が否定されるのであれば、なぜ明らかに宗教的な用語法が保持され続けるのだろうか？ レヴィナスの思考が「単なる」ヒューマニズム——そこでは「神」および「無限なもの」は完全に人間的なもので飽和させられる——へと崩壊してしまうという危険にさらされている（それが危険なことだと仮定しての話だが）ということは、暗黙の了解事とされている[97]。それゆえ私はレヴィナス自身の忠告に従い、「報酬なき愛」の可能性への彼の信念を通してこの問題にかかわりたい[98]。そのために私は、以前に略述した顔と言語との間の関係を解釈用の型板として用いることにしたい。

　第5章で論じたように、顔は同時に顔を向けることである。顔はその物質的な具象化に頼ることなしには考えられることはできないが、その意味はこのような「可塑性」へと還元されることはできない。そこでレヴィナスは、言語について並行的な主張を行っているが、しかし再びそこでの二つの側面は分離不可能であるにもかかわらず、また還元不可能であるということを強調している。かくて西洋の哲学にかんして、彼は以下のように疑っている。

　　このような全体的な伝統において、語られたこと (Said) としての言語が特権化され、語ること (Saing) としての言語の側面は排除ないし軽視されてこなかったかどうか、と。確かに、語られたことを語るのではないような語ることは存在しない。しかし語ることは、語られたこと以外に何も意味していないのだろうか。われわれは、語ることから出発しながら、語られたことの主題化や説明へとおよそ還元できない意味の複雑さを明らかにすべきではないだろうか……?

(1993：141)

レヴィナスによれば、哲学は専ら言語（それによって語られたこと）の内容と、「情報」（1996a：80）交換を手助けするその能力にのみかかわってきた[99]。比較的気づかれないで見過ごされてきたことは、語られたことを語ることの意義である——すなわち、すべてのそのような情報的な（あるいは実際のところ、遂行的な[100]）交換が可能であるために不可欠な、単純な「他者に向けての運動」（1994b：48）、「『こんにちは』という挨拶」（1999：98）、あるいは「贈与」（Derrida 1997c：148）である[101]。簡潔にいえば、レヴィナスの関心は、他の人間との「触

れ合い（contact）」（1996a：80）としての言語である[102]。印象的な文章において彼はこのことを、デュフォーの『ロビンソン・クルーソー』（第6章で論じたテクスト）、特にクルーソーのマン・フライデーとの最初の出会いに触れて、例証している。デュフォーはこの最初の出会いを次のように描写している。

　　私は彼に微笑みかけ、うれしそうな表情をして、もっと自分に近づくように手招きした。彼はとうとう私のそばまでやってきた。……私は彼を抱き上げて抱擁し、できる限り励ました。……彼は私に何か言葉をかけてきた。私はその言葉を理解できなかったにもかかわらず、それを聞いて心地よく感じた。というのもそれは、自分の声は別としても、およそ25年の間で、私が聞いた最初の人間の声だったからである……。

（Defoe 1985：207）

しかしレヴィナスはこのような出会いにもっと多くのことを読み込む。彼は「自然の音や騒音」を「われわれを失望させる言葉」と叙述し、（そして再び、会話する人間同士の「直接的な社会的関係」を無視する哲学に警告を与えた[103]）あとこう述べている。

　　しかしこれ[= そのような哲学（訳者補足）]は、熱帯の自然のすばらしい景観のなかで、ロビンソン・クルーソーが諸道具の使用と、彼の道徳と、彼のカレンダーを通して文明との結びつきを保持していたが、マン・フライデーとの出会いにおいて、彼の島の生活のもっとも重大な出来事——それによって一人の話相手が筆舌に尽くしがたいこだまの悲しみに取って代わるのであるが——を経験する場合に、その特権的な本性が彼に明らかにされる状況を否定できない軽蔑である。

（1993：148）

ここではレヴィナスは、フライデーにまさに起ころうとしているクルーソーの支配下における「従属、隷属、屈服」（（Defoe 1985：209）に対しては、比較的に無関心であるように見える。実際、デュフォーの小説の核心にある植民地主義へのこうしたあからさまな無頓着さは、フライデーのその後の「教育」についてレヴィ

第7章　倫理学の非合理性　　レヴィナスと責任の限界

ナスが沈黙していること、──そしてまた少なくとも、クルーソーが彼に教えた第
二番目の言葉が「主人」（ibid.）であったということにおいて明白である[104]。む
しろレヴィナスの心を捉えているのは、クルーソーの「沈黙の生活」（ibid.：81）
におけるもっとも重要な「出来事」として、フライデーの発話が、その理解不可能
性にもかかわらず、果たす役割である[105]。このことをもっと理論的な用語で表
現すると、レヴィナスの関心事はこうである。

　　　語られたことと当の命題において述べられた内容との主題化を超えて、
　……命題は他の人間に提示されている。……それは一致する真理（the
　truth-that-utites）という現象に還元しえないコミュニケーションであり、倫理的な
　意義をもちうる他の人間に対して無関心ではないこと（non-indifference）で
　ある。

　　　　　　　　　　　　　　　　　　　　（Levinas 1993：142）[106]

簡潔にいえば、語られたことは同時に語られたことを語ることであり、（倫理的な）
語ることへのいかなる「接近」も、（存在論的な）語られたことへの不可避な結
晶化を除外しては存在しないが、語ることの意味は、そのことのうちに尽されるこ
とはない[107]。今や、世俗的な現象がその「日常的」機能を超えた意義で満たさ
れる──しかも同時に、このような意味の過剰性がそこを通して流れ出る必須
の媒体としての「日常性」を維持している──というこの特徴的なレヴィナス的
措置は、レヴィナスの「宗教的ヒューマニズム」と称されうるもののなかに反響し
ている。というのも、宗教性は世俗的なヒューマニズムに還元されることはできな
いが、それはまたまったく非ヒューマニスティックな用語で接近することもできない。
（よくいわれている言い方では）レヴィナスのヒューマニズムをより伝統的なヒュー
マニズムと区別しているものは、前者の全き「無償性」[108]──実際のところ、この
点にかんしてはその真の「非合理性（unreasonableness）」──である[109]。
レヴィナスがここで強調したいと思っているのは、（ある機会に彼はそれを、彼の
「全哲学」を体現している「原理的命題」と記述しているが）「人間的なもの
が純粋な存在と断絶する」（1988a：172）そのあり方である。（私はこの主張
に後に戻るつもりである。）すなわち、「存在者は、存在に、つまりそれ自身の存在
（its very own being）に所属させられている何かあるものである。……しか

309

しながら、人間性（人間的なもの）の出現とともに……私の生以上に重要なもの
が存在する。それは、他者の生である」[110]。他者を第一におくというこの可能
性は、それが「非合理（unreasonable）」であるがゆえに、衝撃的である。「ひ
と」は、「彼」が倫理的である限りにおいて、「非合理な動物」であるように見
えるであろう[111]。

　　多くの場合、私の生は私にとってより大切でいとおしいものであり、多くの場
　　合、ひとは自分自身の世話をするものである。しかしわれわれは聖潔性（聖潔
　　なもの）（saintliness）に、……すなわち、その存在において、当人自身の存
　　在よりも他者の存在により多く結びつけられている人間性に感嘆せざるをえな
　　い。私は、人間性が始まるのは聖潔性において、つまり、聖潔性（人間的なも
　　の）の実現においてではなく、その価値においてだと信じる。……それが最
　　初の価値であり、否定しがたい価値である。私は、聖潔性という理想がすべ
　　てのわれわれの価値的判断のうちに前提されていると主張する。
　　　　　　　　　　　　　　　　　　　　　　　　　　（Levinas 1988a：172-7）[112]

レヴィナスが、「唯一絶対的な価値は、他者に対して自分自身を越えた優先性を
与えるという人間的可能性である。たとえそれは聖性（holiness）の理想である
と宣告されたとしても、その理想に対して異議を申し立てる人間的なグループが
いると私には思われない」（1998b：109）と主張する場合には、こうした「理想」
の普遍性が繰り返し述べられている[113]。そして同様に、

　　明らかになってくるのは、人間の出現を通じての、存在と思想の最も深遠な
　　大変動としての聖性（holiness）の安定化ということである。……人間性（他
　　者への愛、われわれの同胞への責任、究極的には他者の代わりに死ぬこと
　　（dying-for-the-other）、そして私自身の死よりも他者の代わりに死ぬという
　　ことが前もって私の関心事になるということもありうるというような、狂気じみた
　　考えにさえ達する犠牲）――この人間的なものは、存在を超えた新たな合理
　　性、つまりすべての本質よりも高次の善（the Good）の合理性（rationality）
　　の始まりを表している。
　　　　　　　　　　　　　　　　　　　　　　　　　　　　　　　　（1998b：228）

こういう訳で伝統的な世俗的ヒューマニズムは、他者たちと共にあるいは一緒に存在すること（a being-*with* or-*alongside* others）に基づいて確立され、仮定上の平等と個人的な「私」の類似者——ある種の自我論的経済学——から始める[114]。世俗的なヒューマニズムは、それが単独の他者との関係の本性を理解せずに、第三者から始めることになるので厚かましくなる[115]。しかしレヴィナスにとっては、「正義の基礎となるのは倫理である」のであり、その逆ではない。実際、政治学の内部においてすら、「正義は最後の言葉ではない」。というのも、「われわれはよりよき正義を求める」限りにおいて、そこにはある過剰さがまだまだ働いているからである[116]。従って、このことが自由主義的な民主主義の本来的優越性を証明しているのである。「真に民主的な国家」は「それが決して十分に民主的ではないことに気づいている」（1988a：175）、とレヴィナスは主張している。彼のヒューマニズムをより伝統的な諸形態から区別するのは、他者とのわれわれの関係を決定している過剰なもの（そしてまたその含みとして、除去しえない悪しき良心[117]）についてレヴィナスが強調している点なのである。国家機構、政治、法律、そして正義がどのような相互関係を要求しようとも、これらのための可能性の倫理的条件[118]は、私の非相互関係的、非均等的な責任のうちにある[119]。レヴィナスのヒューマニズムが同時に反ヒューマニズムとして述べられることができるのは、まさにこの意味においてなのである。そうできるのは、それがヒューマニズムのより熟慮された正統な諸形態から逸脱しているからではなく、われわれが人間の動物性を超越していわばより人間的になることをそれが要求しているからなのである。簡潔にいえば、ヒューマニズムは「それが十分に人間的でないからこそ……非難されなければならないのである」（1994a：128）[120]。

　レヴィナスの懸念の多くがハイデッガーの存在論の優位化にかんするものであることは明白である。しかしこの点では、レヴィナスの理解がまた、同時に（ウィトゲンシュタインの理解と同様に）彼が科学主義の危険と気づいているものに焦点があてられているかどうかが、問われるかもしれない。かくしてレヴィナスは（幾分信じがたいことだが）、物理学と、「すでに、生きるための闘争や戦争のエゴイズムにおける悲惨な面がもつ残酷さの一つの比喩」である「倫理以前の、あるいは倫理なき純粋存在の本性」（1998b：201-2）との間の黙認しあう関係について警告している[121]。しかしもっと注目に値するのは、レヴィナスが、ハイデッガー的存在論とダーウィニズムとの間にはある共犯関係がある——（申し

立てによれば）両者はともに、「存在していること、つまりそれ自身が存在していることに付きまとっているものである、……生きるための闘争」にかかわっている存在者にそれとなく言及している限りにおいて——、と申し立てている箇所である。彼はこう続ける。「現存在とは、彼が存在することにおいて、それ自身の存在に関心を抱いている存在者である。それは、生きることは生存競争である、存在することの目的は存在することそれ自体であるという、ダーウィン的観念である」（1988a：172）、と[122]。 真の人間性（人間的なもの）を、このような特徴づけから区別するのは、私自身「以上に重要な何か」、すなわち「他者の生命」（ibid.）が存在すると語ることがここで初めて可能になるということである[123]。倫理は、「それが私自身の実存を何よりもまず優先するという私の自然的意志の残忍さを禁止するがゆえに、自然に逆らっている」（1984：60）[124]。かくして「人間性」への覚醒とともに、「存在の法則とは相容れない聖性という理想」（1998b：114）が生じてくることになる。事実このことこそがまさに、人間性が——「存在することとそれによるもろもろの戦争の純粋な傲慢さを中断させる」（ibid.：231）限りにおいて——、「存在することにおけるスキャンダル」（ibid.115）に他ならないという理由なのである[125]。このような諸発言の導く方向性は十分明らかである。しかしレヴィナスは、「純粋に存在すること」（1988a：172）とのこの断絶が創始すること（すなわち聖潔な自己犠牲の可能性）にかんしては率直であるが、この断絶がいかにして生じるとされているのかということは、まったく不明なままである[126]。レヴィナスは「どんな人間も聖者であるとか、聖潔性へと近づきつつあると述べているのではなく」、むしろ「聖潔性への召命は、すべての人間存在によって価値あるものとして承認されているのであり、このことを承認することが人間性を定義する」（1999：171）と述べているのであるが、彼の論点が本質的に説明的であるのかそれとも規範的であるか（あるいはその両者であるのか）の度合いにかんしては、曖昧さがある。すべて人間存在は実際に「聖潔性への召命を……価値あるものとして」承認しているのか、それともこれは「純粋な」人間性の基準であるのか？　レヴィナスは人間存在としての人間についての事実に示唆的に言及しているのだろうか？　もしそうであるなら、彼は人間における「聖潔性」への何らかの潜在的能力について述べているのだろうか？　この後者の読み方からすると、レヴィナスの視点は、説明的である（人間はおのれの動物的本性を超越するような能力を所有している）と同時に規範的である

312

（人間はそうした「聖潔性」を追跡すべきである）ということになるかもしれないが、しかしそれでもまだこの「能力」の本性は曖昧なままである。おそらくそれは合理的な能力ではありえないだろう。というのもその場合には、それは、他者のために存在すること（being-for-the-other）を本質的に熟慮（deliberation）の事柄にしてしまい、主体自身の認識的な力に相対的なものだということになるだろうからである[127]。もしそれが自然的な能力であるとすると、それが人間に固有なものであると確信をもっていいうるだろうか？　もしそれが合理的でも自然的でもないとすれば、いかにしてそれは生じるのだろうか？──おそらくそれは、人間性に霊性の閃光を賦与する神から生じるのではないだろう。もしレヴィナスが「どんな人間も聖者であるとか、聖潔性へと近づきつつあると述べているのではない」（1999：171）とすれば、彼は、人間が本質的に「聖潔性」によって──あたかも聖潔性がいかにも避けがたいものであるかのように──構成されていると提言することを望んでいないように見えるであろう。しかしその場合においてさえ、事態は明瞭だとはいえない。というのも、レヴィナスは、「聖潔な」ものは他者とのあらゆる出会いに──また明らかに暴力的なたぐいの出会いにさえ──先行している（あるいは少なくともそれと同時である）、と示唆するからである。（このことを別の仕方でいえば、語ることは、それが語られたことのうちに生じるものとは無関係に、「聖潔な」ままであるということである。）レヴィナスはこれらの問いに対して明確な答えを提示していないが、彼の一般的動機づけは明らかに排他的である。すなわちわれわれ（すなわち、非人間的な動物ではないもの）だけが、そうした聖潔性を切望する能力をもっているのである[128]。ハイデッガーの本来性についての記述的・規範的な説明とまったく同様に、われわれが除去不可能な責め（Guilt）によって構成されている限り、「純粋な」聖潔性は必然的に不可能である。それにもかかわらず、他者とのわれわれの実践的なかかわりのなかで、われわれは聖潔性に多かれ少なかれ十分に近づきうるのである。このようにして、レヴィナスの著作のなかの「人間的」という言葉は、生物学的という以上に倫理的カテゴリーであるように見える。言い換えれば、自然界との「断絶」とは、何らかの決定的な意味で「起った」ことではなく、むしろわれわれが絶えず企図すべきことなのである。レヴィナスにとっては、（生物学的に）人間的であるということは、それゆえ（倫理的な）聖潔性の必要条件である。しかしながらそれは十分条件ではない。

313

そのときレヴィナスによれば、「人間的冒険の意味」を構成するのは、自己犠牲への潜在的可能性である(ibid:227)。

　善性(goodness)とは子供じみた美徳である。しかしそれは、すでに慈愛と慈悲であり、他者への責任であり、そして現実的なものの一般的な経済性を粉砕し、もろもろの事物が自ら存在することにおいて固執している粘り強さと鋭く対立しながら、人間の人間性が現れ出る犠牲の可能性である。

(1998b:157) [129]

純粋な動物性の領域においては、ひとの利害関心は自己から世界へと循環的に運動をし、再び戻ってくる。最終的にはそれ自身の充足を求める愛や贈与や告白と同様に、存在は、それの持続的な回復、補充、ノスタルジックな帰郷性によって特徴づけられる[130]。かくてそうしたモデルは、レヴィナスが「必要性」(1996a:51)の利害関心性と記述しているものによって特徴づけられる[131]。しかし他者は、豊かな欲望(ibid.) [132]の横溢を別の自我論的な物語のなかに投げ込むことによって、この充足の経済学を粉砕するのである[133]。これ以後、相互人間的な(inter-human)関係は、「別の視点から考慮される」ことができる。

　他者としての他者への関心(配慮)[として]、世界の有限な存在(Being)を超えてわれわれを運んでいく愛と欲望の主題として、他性(alterity)と超越(transcendence)の神である神は、あの相互人間的な側面によってのみ理解されることができる。その側面は、確かに知的に理解可能な世界の現象学的・存在論的な視点のなかに出現するが、しかし現前するものの全体性を切り進み、貫通する、絶対的に他なるものへの方向を指し示すものである。

(1984:56-7)

レヴィナスは他の箇所でこう続けている。

　必要性(need)が私のための世界を切り開く。それはそれ自身へと戻っていく。救済への必要性のようなどんな崇高な必要性でさえも、いまだノスタルジアであり、戻っていきたいという切望である。必要性は自己への帰還であり、

私の自分自身に対する不安であり、エゴイズムである。……欲望（desire）において私は他者（the Other）（*Autrui*）へと向かわされるが、それはそれへの必要性がノスタルジアでしかないような私の主権的な自己確認を損なうような仕方においてである。……他者（*Autrui*）へと向かう運動は、私を完成するか私を満足させる代わりに、私を暗に示している。……欲望されているものは私の欲望を満足させるのではなく、それを空洞化し、私に新たな飢えを育む。……われわれがもっとも日常的な社会的経験において生きている他者（*Autrui*）への欲望は、根本的な運動であり、純粋な移送であり、絶対的な方向性、感覚である。

〔1996a：51-2〕

デリダの贈与の分析と同様に、「欲望」についてのこの強調は、レヴィナスに、決して逆戻りを求めることのない他者（the other）への方向性、つまり存在（Being）の経済学を崩壊させることになる絶対的な、ないしは「純粋な」無償性について語らせることになる[134]。欲望は、その名に値するためには、それがそれ自身の貪欲さを維持している限りにおいて、必要性とは区別されなければならない[135]──それは、デリダの言葉を用いれば、「期待の地平がない」（Derrida 2002d：106）状態である[136]。こうしてレヴィナスは欲望を特殊なタイプの感覚、つまり愛撫の接触に結びつけている。「そこでは、他人（another）と接触している主体はこの接触を超え出てゆく。……愛撫されているものは接触されてはいない。正確にいえば、

　愛撫が求めるのは、接触において与えられるような柔らかさや暖かさではない。愛撫の求めは、愛撫が自ら求めているものを知らないという事実によってその本質をなしている。このような「知らないということ」、この根本的な混乱が、そこでは本質的なことなのである。それは、消えてしまうものとのゲーム、まったく企画や計画を欠いたゲーム、われわれの所有物やわれわれになりうるものを伴っている戯れではなく、何か他のもの、常に他なるもの、常に近づきがたいもの、また常に到来すべきものを伴った戯れである……。

（1997b：89）[137]

315

簡潔にいえば、他者のための欲望は、主体に対してその「必要性を伴った」志向性やノスタルジアを否定することによって、存在論的な世界内存在を破滅させる[138]。そしてレヴィナスを政治的な立場におかせたり[139]、彼の著作が基本的に非政治的であるという非難に応答させたりしているのは、まさにこの欲望の無償性の強調なのである[140]。

自然性にかんする諸見解：レヴィナス、ニーチェ、ウィトゲンシュタイン

　それゆえレヴィナスの著作は非政治的でないかもしれないが、しかしそれは深く反自然主義的であり、このことがその倫理的範囲を制約している。彼の自然的領域の特徴づけが、反ルソー的で[141]、実に気がめいりそうになるものだということはすでに明白になった[142]。事実、「自然人」についてのレヴィナスの容赦のない見解は、啓蒙主義思想の暗い哲学的人物像の一部を反響している[143]。エルヴェシウス（Hervétius）によれば、たとえば人間的本性は基本的に「血に飢えている」（1969：46）ものであり、道徳教育によって「文明化され」ない場合には、「憐みの叫びにも耳を傾けない」（ibid.：45）。ド・サド（De Sade）はそれに同意し、さらに進んで「残虐さ」というこの「原始的感覚」（1991a：Dialogue 3）を勧奨している[144]。しかしニーチェの著作には、自然と人間性と道徳性の関係についてのもっと巧妙で挑戦的な見解が現れている。ニーチェの自然主義がここで特に興味深いのは、それがレヴィナスの中心的な主題のほとんどを逆転させているからである[145]。このような理由から、ニーチェの説明を簡潔に再構成してみるのは有益であると思われる。

　ニーチェの道徳についての批判的な自然主義的関心に焦点を当てることにすると、彼は「芋虫は踏みつけられると、丸くなる。それは用心深い。そのことによってそれは、再び踏みつけられる機会を減らす。道徳の言語で表現すれば、それは謙遜である」（1972：p.26）[146]。同様に「思慮分別、節度、勇敢といった正義——手短にいえば、ソクラテス的な徳としてわれわれが表わすすべての始原は、動物的である。すなわちそれらは、食物を求め、敵を避けることをわれわれに教えるかの衝動の帰結なのである」。それゆえひとは「道徳の全現象を動物的だと述べる」（1977：§67）だろうが、その理由は、いわゆる徳のすべてが、実は「生理学的状態……洗練された感情、高揚させせられた状態である」からである。だから、たと

えば「人類の憐みと愛」は実は「性的衝動の発展形態」である。徳は「抵抗にお
ける喜び、力への意志」であり、敬意は単なる「類似した、同等の力の認識」である
のに対し、正義は「復讐したいという衝動」である(1968：§255)。われわれが自然
と倫理についてのニーチェのより実質的な趣向を堪能するのは、「あらゆる道徳
性における本質的で貴重な要素は、それが長引かされた強制」である限りにおい
て、彼が、伝統的な道徳を「『自然』に対する圧政のようなもの」(1987：§188)で
しかないと激しく非難するときである。「長引かされた強制」ということが一体どの
ようなことを意味しているかについては、数頁後に解明されている。

　　　ひとは肉食獣や略奪する人間をまったく誤解している。……すべての道徳
　　家たちがこれまで事実上行ってきたように……すべての熱帯の怪獣や植物の
　　うちでもっとも健康な者たちの根底に、「病的な」ものを探し求める限りにお
　　いて、ひとは「自然」を誤解している。道徳家たちのなかには、ジャングルや熱
　　帯地方への憎しみがあった……ように思える……。

　　　　　　　　　　　　　　　　　　　　　　　　　　(Nietzsche 1987：§197)

　だから、利己性と自己犠牲という概念は「心理学的に無意味」である。というの
も、「愛が何か『非エゴイスティックな』ものだと見なされるという驚くべきばかげた
事態に至るほどまで」、道徳は、体系的に「その真の基礎づけのためにすべての心
理学を改ざんし」(1992a：p.45)——それらを道徳化した——からである[147]。
ニーチェにとっては、伝統的な道徳はある種の弱さから生まれるのであり、「精神
的に能力の乏しい者たちの、比較的そうではないひとたちへの復讐の優先的な形
態」、——あるいは(前者のひとたちに対して)「自然によって無視されたこと」に
対して自らを補償するための方法を構成している(1987：§219)。従って、「健康的」
(自然的)な道徳と「不健康的」(反自然的)な道徳が、区別されなければならな
い。健康的な道徳は「生命の本能」によって駆り立てられるが、不健康で、反自然
的な道徳(道徳の最も支配的な形態)は、「生命の本能に反して」おり、「これら
本能の非難」(1972a：p.45)を行っているだけだ[148]。道徳が「審判される者の
審判」(ibid.：p.46)を表わしている限りにおいて、「人間は、利他主義的になった
ときに、人間であることを止める」(ibid.：p.87)。このように道徳が強者に対する
弱者の復讐を構成しているとするなら[149]、ニーチェの公言された意図は、「見かけ

上は解放され、脱自然化された道徳的諸価値をそれら自然へと、すなわち自然的な「不道徳性」へと再翻訳することである」（1968：§299）[150]。

　驚くまでもないが、キリスト教は、この「利他主義の崇拝」（ibid.：§298）[151]において、人間性に悪しき良心という重荷を負わせようとするその体系的な（そしておそらく飽くことなき）企てを通して（前述のような）「病」を助長するものとして、際立つものになる[152]。要するにキリスト教は、われわれの自然的性向を「［われわれの］『悪しき良心』から切り離せないもの」にしたのである（1992b：Essay 2,24）。これらの責め（guilt）の商人は、「［ひとの］苦行を、極度に身の毛のよだつような厳しさと過酷さへと駆り立てる」ために、宗教を利用する。ここでは神は、人間性のもつ「不可抗力的な動物的本能」の「極限的反定立」となり、それにより「人間は」

　　　彼自身から、彼自身の、彼の本性の、自然的なものおよび現実的なもののすべての否定を、神、神の聖性、審判者としての神……終わりなき苦痛、地獄、測り知れない罰と罪のような肯定の形式において、……追い出すのである。

　　　　　　　　　　　　　　　　　　　　　　　　（Nietzsche 1992b：§22）

かくてわれわれはここで、ある種の「意志の狂気」が、われわれ自身を「決して贖われることができない程に罪深く、非難されるべきだ」と判断すること、つまり「罪に見合うようないかなる罰の可能性もなく罰せられる」（ibid.）ということを見出すのである[153]。隣人愛のようなユダヤ・キリスト教的徳は、「われわれの隣人を恐れること（fear of one's neighbor）と比較されるとき、常に第二次的なものだ」（1987：§201）[154]、とニーチェは強調する。すなわち「解放されたひとは、当人のもっとも奥深い本能が復讐であるような恵まれないひとである」（1992a：p.46）[155]。より「貴族的な文化」は、隣人愛、憐み、さらには利己性を「卑しむべきもの」（1972a：p.91）だと判断するのに対して、われわれは残酷さを手にして、それを「残酷さの名が否定されてしまうほどにまで、悲劇的憐み」へ変形してしまったのである（1968：§312）。ニーチェがダーウィニズムの目的論に疑問を投げかけるのは、そうした理由によるのである。

　周知の「生への闘争」に関しては、目下のところでは、証明されたというより

はむしろ断定されてきたように私には思える。そのような闘争は生起するが、しかし例外としてである。生の一般的な様相は飢えや貧苦ではなく、むしろ富裕、贅沢、まったくばかげた消費である——闘争があるところ、そこには力への闘争がある……。しかしながらこのような闘争が存在する——そして実際に生起する——と仮定しても、その結末は、ダーウィン学派によって望まれたもの、おそらくわれわれがその学派に対して望むべきものとは逆のもの、すなわちより強き者、より権威ある者、幸運な例外者の敗北である。種はより完全に成長するのではない。弱き者が強き者をくりかえし支配するのである……。

(1972a：pp.75-6)

「われわれは事実として道徳的により成長してきた」（ibid.：p.89）という素朴な信念（あるいはそう信じたいという必要性と思われるもの[156]）を攻撃しながら、ニーチェはわれわれの「近代の」時期を「弱い時代」だと激しく非難し続ける。実際、これらの徳は「われわれの弱さによって要求されたもの」（ibid.：p.91）である。かくしてわれわれの「時代遅れの気質、弱くて、より繊細で、より傷つきやすい者たち——彼らから、配慮に満ちた道徳が生み出されたのであるが——は、どんな道徳的な進歩の先駆けにもならない。逆に、彼らは「われわれの生命力の一般的衰退を示している」。というのも、ここでは「みんなが他のみんなを助け……みんなが病人で、みんなが看護師だ」からである。「別様の人生、もっと充実した、もっと豊かな、もっと溢れんばかりの人生を知った」ひとびとの間では、ここで申し立てられている徳とは、「『臆病さ』、おそらく『哀れさ』、『老女の道徳』のようなものと呼ばれるだろう」。簡潔にいえば、「われわれが習慣を和らげることは……衰退という結果を生み出す」（ibid.：p.90）。

　これらの文章を心に留めておくなら、ニーチェ的なレヴィナス批判がどのようなものであるかが想像できるだろう。その理由は、どの説明も他者の病理的な影を表わしていることにある。実際のところ、責め（Guilt）や非均等な責任についてのレヴィナスの強調が与えられると（ニーチェ的術語でいえば、レヴィナスの深遠な「本能についての非難」（1972a：p.45）、あるいは「自然に対する圧制」（1987：§188）が与えられると）、ニーチェのキリスト教批判はもっと痛烈なものとなったであろう。この点でいえば、ニーチェが「決して贖えない程度まで……自分自身に罪がある」（1992b：Dialogue 2,§22）と判断した「ひと」の「狂気」に

言及していることは、注目に値する。（実際レヴィナスは、ひとが他者に「狂気の種……、精神病」（2000：188）[157]だと非難されることに言及しているだけではなく、彼はまた自分の倫理の概念がある意味で「マゾヒスティック」（2001：46）であることを示唆してもいる。）ニーチェとレヴィナスの両者は、道徳が基本的に自己主張への人間的衝動のもっとも原初的なものと敵対しており、それゆえ「反自然的」である、ということに同意するであろう。同様に、道徳は「審判される者の審判である」（ibid.：p.46）というニーチェの主張が、レヴィナスにとっても真理であるように聞こえるかもしれないような、一つの意味が存在する[158]。実際もしその主張によって、エゴイスティックな「生の本能」（ibid.：p.87）に没頭している自然的な「人間」が意味されるとすれば、レヴィナスは「人間は利他主義的になったとき、人間であることを止める」（ibid.：p.87）ということさえ受け入れることができるだろう。それゆえ両哲学者は、われわれがさらに人間的になることを要求するが、しかしレヴィナスにとっては、このことは自己保存の自然的本能からの根源的断絶を必要とするのに対して、ニーチェによるなら、われわれはむしろ自らの自然性を再発見し、それによりわれわれの「非自然性」、つまりわれわれの退行的で、超自然的な「精神性」（ibid.：p.23）から自由になるべきである。かくしてニーチェの先走った見解が証言しているものは、まさに、レヴィナスが自然的領域についてもっとも恐れているもの——すなわち「苦しみや不運」（Nietzsche 1968：§217）を超克する自己主張への主体の原初的な衝動——である[159]。私がニーチェから引き出したい問題は、以下のようなものである。レヴィナスの人間的自然にかんする懸念は正当化されるであろうか？　自然的なものの領域は倫理的なものの領域と共約可能であろうか？　これらの問いに答えるために、しばらく私はウィトゲンシュタインに戻りたい。というのも、レヴィナスの（またその含意からいって、ニーチェの）「自然的なもの」に関する粗野な特徴づけが根本的に誤解であることがわかるのは、特に彼の後期の著作を通してだからである。

　「人間性（人間的なもの）」はウィトゲンシュタインの著作のなかではある程度の優先権をもつとはいえ[160]、そのことは過大視されてはならない。レヴィナスにとって「人間性は新しい現象であり」、他の存在者に対するどんな責任も、人間的領域からの拡張にすぎない。ひとは他の生きている存在者に対してある種の責任を負うかもしれないが、「このことの原型は人間的倫理である」（Levinas 1998a：172）。その理由は「人間の顔は完全に異質であって、後になって初め

てわれわれは動物の顔を発見するような次第」（ibid.：171-2）だからである[161]。このような人間中心主義（彼はこれをハイデッガーから引き継いだのであるが[162]）は、それがいわゆる「極端さ」を与えられると、レヴィナスの著作において厄介な倫理的な盲点を形づくることになる。しかしながらウィトゲンシュタインの「人間性」の優位性は、このたぐいの事柄とは異なっている。実際、それはレヴィナスの人間中心主義と反自然主義に重大な矯正をもたらすことになる。ウィトゲンシュタインにとって、人間の顔と身体は他の存在者よりもはるかに大きな度合の表出性を可能にするかもしれない[163]が、しかしそのことは実は程度の問題であって、種類の問題ではない[164]。その人間的動物性の原型は、一部は、苦しむ（suffering）と有意味に考えられることができるものの範囲を定めるにもかかわらず[165]、この境界は著しく広い。このようにして、ウィトゲンシュタインは以下のように記している。

　　石を見て、それが感覚をもっていると想像してほしい。——ひとは自らに問いかける。どのようにすれば、そのように事物に感覚を帰属させるという観念を獲得できるのだろうか、と。ひとは、ある数字にさえ感覚を帰属させたりするかもしれないではないか！——身もだえしているハエを見たまえ。そうすれば直ちに困難は消えて、痛みが足場を獲得することができるように思える。

（Wittgenstein 1958：§284）

この一節はさまざまな理由で興味深い。第一に、それはウィトゲンシュタインのよく引用される次の発言を問題化する。「もしライオンが話をすることができたとしても、われわれはライオンを理解できないだろう」（ibid.：p.223）。思うに、この引用文は表現が十分ではなく、そのためよく人間と動物の領域との根本的共約不可能性（つまり、レヴィナスが思い描いている「断絶」のたぐい）を意味しているものとして誤解されている。この評言は適切ではない。その理由は、（1）他の箇所でウィトゲンシュタインは言語を「原始的振舞いの拡張」（1990：§545）[166]として記述しているし、また（2）（今引用された）『哲学探究』の第284節によれば、痛みの概念が「ここで足場を得るために」、「身もだえするハエ」と人間的苦痛の表明との間には十分共通性があるからである。これらの二つの論点が与えられるならば、万一ライオンが「話す」とするならば、その言語はわれわれの

言語と重要な接点をもつだろう、と想定することは正当であるように思える。誕生、生殖、死[167]、そして苦痛にかかわる事柄については、ライオンの「生の形式」は人間のそれと根本的に差異があるわけではない。実際、われわれは（ライオンが「話す」ことはなくても）すでにそうしたつながりを了解している。とすれば、なぜライオンが言語を獲得することがこれらのつながりを拡張することにならないだろうと、われわれは思うのだろうか。（おそらくウィトゲンシュタインがいうべきだったのは、「もし石が話すことができるなら、われわれはその話を理解することはできないだろう」ということだ。）このことを念頭におけば、他の人間たちは「完全な謎である」（1958,p.223）とか、——同時に「これらのひとびとは……彼らについては人間的な何ものももち合わせてはいない」（1990：390）という——時々見られるウィトゲンシュタインの発言は、注意深く取り扱われるべきである。『哲学探究』の第284節からは、レヴィナスの他者の「他性」（the 'otherness' of the other）の強調に関して、さらなる論点が導き出されることができる。というのも、レヴィナスは、「その原型は人間的な倫理であり」（1988a：172）、さらに「人間の顔は完全に異なっており、後になって初めてわれわれは動物の顔を発見するのだ」（ibd.：171-2）と主張するためには、人間としての人間（あるいは、もっと自然主義的にいえば、それへの反応）を仮定せざるをないからである[168]。言い換えればレヴィナスは、「人間」性とは、自動力のない自然と「単なる」動物性のいずれの領域とも意味的に区別可能である、ということをあらかじめ前提せざるをえない[169]。そのようなものとして、（繰り返し述べられてきたところによれば、伝統的な哲学的カテゴリーを超えるとされる）他者の根本的な他性（the *radical* otherness of the other）についての彼の強調は、結局はそれほど「根本的」ではないのだということが明らかになる。というのも、私が第3章と本章の最初の方で示唆したように（またデリダ自身も暗示しているように[170]）、他人（another）が絶対的に「他なるもの」（*absolutely* 'other'）であるということは、そこでいう他なるもの（other）が、ひとが倫理的に義務づけられるひとりの他なるもの（an other）としてさえまったく認識されえないままである、ということを意味するであろうと思われるからである[171]。実際、このような同一化がなければ、そうした出会いが起こりつつあるものであるのか、それともかつて起ったことであるのかについて、いつまでも「当惑する」ことになるだろう[172]。手短にいえば、このことはレヴィナスを、倫理的懐疑主義のもっとも極端な形態か、あるいは

ピュロン的静寂主義のもっとも極端な形態へと陥らせることになるだろう[173]。かくて「人間的なコミュニティ（共同体）は……種の統一性を構成しない」（1996c：213-14）[174]とか、他者（the other）は「人類という個体に……還元できない」（1998a：10）という繰り返される彼の主張は、人間的な「われわれ」を定位することへのスリン、リオタール、さらにはレディングズら（むろんレヴィナス自身も含めて[175]）の疑念と同程度の慎重さをもって、取り扱われねばならない。もちろん（ここで私と対面している）単独の他者（the singular other）が、ただ単に「生物学的な種としての人類」（Levinas 1996c：213）[176]の特殊な顕現として、あるいは「人間の［特殊の］例」として経験されないと主張することは、正しい。というのも相互主観性（intersubjectivity）のそうした見方は、不合理な思考の産物でしかないと思われるからである。さらにまた、各人が「それ自身の自然と歴史」（ibid.：174）[177]をもっている「特殊な人間……との［われわれの］かかわり」（ibid.：172）の倫理的な意義を強調することは正しい。しかし他者（the other）が、「人間性」の単に交換可能な（またその限りにおいて多かれ少なかれ匿名的な）サンプルとして解釈されるべきではないのに対して、他者の特殊性は「人間」と根本的に分離不可能である。このことが、私がウィトゲンシュタインから引き出している最小限の自然主義がなぜ重要なのかという理由に他ならない。なぜならそれがないと、単独な他者への感性（sensitivity）が根本的に神秘的な現象[178]にされてしまうからである。

　あらためて思い起こせば、レヴィナスは、倫理性（倫理的なもの）が経験される媒体としての言語に関心を寄せている[179]。顔は結局、その「無言にしてかつ告発的な雄弁さ」（Derrida 1992b：117）で私に語りかける[180]。ここではレヴィナスは、言語を、（1）情報伝達的内容（語られたこと）と、（2）擬似行為遂行的な表明あるいは贈与（語ること）[181]という二つの機能に分けている。そしてこの後者（（2））が、単なる「一致する真理」（1993：142）の彼方に言語の倫理的意義を拡張するのである[182]。従って、言語的領域は、単に「われわれを失望させる言葉」（ibid.：148）を表現する「自然の音と騒音」からは区別される。この区別を探求するために、（一時的にではあるが）戦時中の獄中生活の際に、レヴィナスの人間性を再確認させた野良犬「ボビー（Bobby）」についての彼のちょっとした議論に戻りたい。

犬の吠え声：動物（としての）他者

レヴィナスはボビーを「ナチ・ドイツにおける最後のカント主義者」と述べている
けれども、ボビーの「喜びのあまり、飛び跳ねたり吠えたりすること」――彼の「親
しみの唸り声、彼の動物的信頼」（1997a：153）――が、十全な「人間性」の
実質を伴わない偽物としてのみここでは讃えられているということは、明らかであ
る[183]。ボビーは、「言語を喋れない粗野さ」（1995：110）であふれるばかりの
情愛を表したが、「通りすがりに時々目を向ける子供たちや女たちを、［人間とし
ての外皮をはずさせて］」（1997a：152-3）ほんの一瞬ほっとさせるという役割を
果たしただけなのである[184]。こうしてボビーは、人間的な悲惨さの真っただなか
で、レヴィナスや彼の囚人仲間たちに貴重な慰みを授けてくれたのだった。しか
しある注釈者が注意しているように、レヴィナスが、「ボビーは単に吠えているだ
けなのか、それともそうするときにボンジュールと語っているのかということは、彼
の説明によって決定的だと見なそうとしている」（Llewelyn 1991：56）と信じる
ことには、しかるべき理由がある。レヴィナスは、「動物が顔をもっている」（ibid.：
57）かという質問を受けたとき、――「もっと特殊な分析が必要とされる」と注
意深く述べながら――躊躇しているけれども、彼の一般的な立場は、動物の倫
理的な意義は人間性から派生するというものである[185]。それゆえレヴィナスは、
次のように述べている。「子供たちはその動物性のゆえに愛される。子供は疑
り深いということはない。しばし歩き、走り、噛む。それが愉しいのだ」（Levinas
1988a：172）、と。ボビーが遊びに熱中する姿も同じく「愉しい」が、しかしレヴィ
ナスにとってこの愉しさがいくばくかの直接的な倫理的意味を隠しもっていると
いうことは、まったく疑わしいことである[186]。先にロビンソン・クルーソーについて
論じたが、レヴィナスのそれにかんする批評において印象的なのは、彼が自然界
の「悲しげな音」や「失われた言葉」（1993：148）について人間の言語を特権
化していることである[187]。しかしそうした立場は、いわゆる「ひとの尊厳」にかん
する伝統的な哲学的偏見を繰り返すだけである。実際、人間性の領域が自然
との根本的な「断絶」（1998a：172）を構成しないということは――しばしば見
過ごされているが――、ウィトゲンシュタインの後期の著作の一つの重要な側面
である。かくして先にも述べたが、ウィトゲンシュタインは言語を、「原始的な振
舞い」（1990：§545）[188]の「補助的なもの」、「拡張」（1990：§545）、「洗練

化」（1994a：31）、あるいは「置き換え」[189]として特徴づけている。それは、人間の言語的なコミュニケーションの複雑さや精妙さに疑念を投げかけることではない。というのも、疑いなく「感覚の言語は、純粋に非言語的な行動によって可能となる以上に、優れた感覚の記述を与えてくれる」（Malcolm 1986：304）からである。それはまた、他の生物種が人間の言語と類似したコミュニケーション体系を所有しているということを示唆することでもない[190]。重要なのはむしろ、そうした複雑さが増大することがなぜ倫理的に有意義であるのかと問うことである。もっと正確にいえば、もし言語の習得が原始的振舞い（たとえば、非言語的な痛みの振舞い——他者の痛みへの反応も含めて——）の拡張ないしは置き替えであるとするならば、言語使用の基礎をなしているそれらの原始的な振舞いに対して以上に、言語使用（あるいは言語使用者）に対して、倫理的な重要性を与える理由はないことになる[191]。レヴィナスの誤りは、彼がボビーの吠え声が実際に「ボンジュール」であるのかどうかを知ることが必要だと思っていることにある。なぜならこの問いは、「単なる」振舞いと「真の意味での」言語との間には明確な境界線があるということを前提しているからである[192]。ボビーの行動が言語的なものに翻訳されうるかどうかと問うことは的外れである。というのも、もしボビーが虐待されたときに吠えるのだとすれば、彼が苦しんでいることをわれわれが疑うことができるということは意味をなすだろうか？[193]ボビーの「苦しみの内実が、［彼が］苦しみから［彼自身を］分離することができないことと混ざり合っている」（Levinas 1997b：69）場合（彼が「痛みの盲目性……激しい苦痛の内面性……悲惨さの孤独さ……苦しみの世界喪失性」（Caputo 1997b：205）[194]を経験している場合）には、彼が単に話さないという理由だけから、彼の苦しみの内実が、われわれの人間の隣人よりも確実さと哀れさにおいて劣っている、といえるだろうか？[195]レヴィナスを考える際に、ピカートの次のような主張は注目に値する。それは、「動物の完全さ」は、「人間においては存在（である）と現象（のように見える）、内面性と外面性との間にあるような不一致というものが、彼らにはない」という事実にある——実際、「動物の愚直さを構成している」のはこのような「完全な一致」（1948：109）である。ピカートの主張は部分的には正しい。人間の幼児や大部分の非人間的な動物は、不正直でも、不誠実でもありえない、ということは確かである。しかし彼は、痛みの本性を不正確にしか伝えていない。というのは、（他人の苦しみを含む）人間の苦しみにおいてさえ、この

内的／外的な二元論は問題の余地があるからである。ウィトゲンシュタインはこのことを次のように示唆している。

　　言葉は原始的で自然的な感覚の表現と結びつけられ、それらの代わりとして用いられる。子供が怪我をして泣き叫ぶ。その際、大人たちがその子に話しかけ、彼に感嘆詞を教え、後に文章を教える。彼らはその子供に新たな苦しみの振舞いを教えるのである。……苦しみの言語的表現は泣くことに取って代わるのであって、それを記述しているのではない。

（1958：§244）

　レヴィナスにとって倫理が根本的に反自然主義的であるのに対して、ウィトゲンシュタインは、倫理とは、他者たちに対するある「自然的で、本能的な、種々の振舞い」（1990：§545）であると示唆している。われわれの言語ゲームは「それ［振る舞い］に基づいている。……それは考え方の原型であって、思考の帰結ではない」（ibid.：540-1）[196]。この点は（たとえば）トリッグ（Trigg）の次のような近年の主張とは逆方向を向いている。それは、ウィトゲンシュタインにとって、「世界は単に言語のなかに開示される世界にすぎない。……ウィトゲンシュタインによれば、真の意味において、言語が学習されるのは社会においてであるがゆえに、社会こそが人間的であるとはどのようなことかを決定するのだ」（1999：176-7）という主張である。続けてトリッグは、私が反論したウィトゲンシュタインの「相対主義的な」（ibid.：178）解釈を強調し、さらに彼の後期の著作の道跡をたどって、「異社会を理解する可能性」が「きわめて問題的なもの」（ibid.：179）になっていると結論するに至っていることは、驚くにあたらない。しかしトリッグの失敗は、ウィトゲンシュタインを「人間の社会的世界の特徴的な本性と、それが動物的世界から分離していることを強調している」（ibid,：180）ものとして読解していることである。ウィトゲンシュタインは、「われわれの教育とまったく異なった教育は、まったく異なった概念の基礎になりうるかもしれない」（1990：§387）ということを示唆しているけれども、このことを、われわれの概念がまったく無制限であることを意味するものとして解釈するか、あるいはある原始的な「諸概念」（たとえば痛み）が常に人間的な事象においてある役割を演じるであろうということを否定するものとして解釈することは間違いであろ

う。この局面で、「他者たちのための存在（being-for-others）」が自己保存のための自然的衝動と政治的生活に必要なプラグマティックな経済的な計算との両者を破壊する限り、倫理は「非合理的（unreasonable）」で「人間は非合理的な（unreasonable）動物である」（1988a：172）というレヴィナスの主張を、想起する価値はある。倫理はその根底のところでは「合理的（reasonable）」ではないということに、ウィトゲンシュタインは同意するだろう。しかしながらこのことを正しいと認めることは、倫理が非合理的（*un*reasonable）であるということではない。「合理性（reason）」について（まして「非合理性（unreason）」について）述べることは、ここで他者のための存在者がまさにいわば蝶番で取りつけられている自然的基礎を見逃すことになる。われわれの原始的な倫理的諸反応が「合理的」であるかどうかと問うことは、（「歩くこと、食べること、飲むこと、遊ぶこと」（1985：§25）のような）「われわれの自然誌（史）」の他の部分も「合理的」であるのかと問うていることとして誤解されるだろう。実際、根拠ということでもし合理的（rational）・熟慮的な根拠が意味されているのであれば、倫理は「根拠に基づいていない」のである。（この限定された意味において、ウィトゲンシュタインの著作は、実は反基礎主義的である。）しかしながら倫理は、「合理的（reasonable）でも（あるいは非合理的（unreasonable））でもなく」、単に「われわれの生活のように、単にそこにあるだけ」（1999：§559）の原始的、自然的な諸反応の拡張を表現している限りで、「根拠づけられて」いるのである。レヴィナスが単に繰り返し述べている問題——彼の精神化されたヒューマニズム（spiritualized humanism）とはさらに混ざり合うことはないとしても——は、ウィトゲンシュタインによって次の文章に簡明に表現されている。

　　合理性（reason）は……、われわれのすべての行い、われわれのすべての言語ゲームが、その背景のもとで測定され、判断される卓越した計器としてわれわれに提示される。——われわれは、専らものさしを熟視することに心奪われているので、自分の目がある種の現象やパターンに向けられることを許容できない、といってよいかもしれない。われわれは、いわば、これらを非合理なもの（irrational）、知性（intelligence）の低次な状態に相応するもの、等々として「退けてしまう」ことに慣れている。ものさしはわれわれの注意を固定化して、われわれをこれらの現象から逸らしてしまい、いわばわれわれにはるかか

なたを見させるようにするかのようである……。

（Wittgenstein 1993：389）

　ウィトゲンシュタインとレヴィナスの両者は、倫理が最終的には合理的根拠を
もたないことに同意しているが、レヴィナスの誤りは、合理的なものを自然的なも
のと融合させていることである[197]。レヴィナスにとっては、倫理は自然性に基礎
づけられることはできない。なぜなら彼は自然性の領域が自我論的な「生の本
能」（Nietzsche 1972a：p.45）と一致していると仮定しているからである。そ
れゆえ、倫理について語ることが可能になるのは、われわれ自身のための存在
（being-for-oneself）に定位されたこの自然的衝動が他人への配慮によって
粉砕させられる場合だけである[198]。そしてこのことこそ、思い出してほしいが、神
へのカインの応答（「私が弟の番人でしょうか？」）には欠けているとレヴィナスが主
張したことなのである。というのも、ここでは「倫理が彼の答えに欠落している唯
一のものであり、そこには私は私であり、彼は彼であるという存在論しか存在しな
い」（1998b：110）からである。別の言い方をすれば、レヴィナスにとって、カイン
の応答はまったく彼の動物的本性に根ざしている[199]。「自分自身が痛みを感じて
いるときだけではなく、誰か他のひとが痛みを感じているときに、痛めているその
箇所に気を配り、治療するのは、原始的な反応」（Wittgenstein 1990：§540.
強調は筆者による）でもあるということは、レヴィナスにとっては重要でないように
見える[200]。

　先に私は、レヴィナスの説明においては、他者の顔がどのように「汝殺すなか
れ」（Levinas 1992：87-8）という命令を具現化し、そのことによって「定言命法」
（1993：158）ないしは「他者を見捨てることがないようにと私に発せられた命令」
（ibid.：44）を構成しているかを論じた。これらすべてが私に対面している顔
のなかにある。しかし私がまた注意しておいたように、レヴィナスは、顔が同時
に、あたかもわれわれを暴力行為へと促すかのように、外見をさらし、脅威を与え
るということを示唆することによって、これらのもっと活動的な傾向を対比してい
る。それと同時に顔は、「われわれに殺すことを禁じるものなのである」（1992：
86）。顔はかくして、権威性と傷つきやすさが出会うまさにその接合点なのであ
る——実際のところ、その権威性はその脆さである。レヴィナスにとってはこれ
らのすべての特徴づけが、明瞭に人間的な顔に付随している[201]。しかしここ

で私は、彼が他者の顔に属すると見なしている脆さが、彼らの人間性のうちにではなく、彼らの動物性、——すなわち食糧と住まいと世話への彼らの基本的欲求のうちにある、と提言したい[202]。かくして、レヴィナスが他者の目のなかに「神性（the devine）」の痕跡を認めるところで、その代わりにわれわれは他者の目のなかに動物性を再発見すべきなのである[203]。このことを念頭におくと、デリダが、乞食の「無言の雄弁さ」の目つきは「打たれた犬の涙が溢れた目」をはっきり連想させるというボードレール（Baudelaire）の一文に注目しているのは、興味深い。ボードレールはなぜこうした比較をしているのだろうか？ おそらくデリダが示唆しているように、「貧しい者は社会の犬であり、［そして］その犬は、社会的貧しさの、除外された者の、辺境者の、『ホームレス』」（1992b：143）の友愛的アレゴリーであるからである。しかしデリダはボードレールよりさらに進んで、「『犬が殴打されること』以上に愚かで、野蛮なことは何もない。その『涙が溢れた目』は限りない要求を語っている」（ibid.：167）と明言している[204]。これらのデリダの発言は隠喩的に受け取られなければならないのであり、（レヴィナスが主張しているように）そうした感情が可能になるのは、まさに「原型は……人間的倫理であり」、非人間的な動物への配慮も「苦しむという概念の［動物］への転移から生じる」（1988a：172）からなのだ、と結論されなければならないのだろうか？ 手短にいえば、不必要な形而上学を撤退させることよりもむしろ、「他者との関係において、私は神の言葉を聞く。それは比喩ではない。……それは文字通り真理なのだ」（1998b：110）というレヴィナスの主張を是認することによって、何が得られるであろうか？[205]

　第2章で私は、ウィトゲンシュタインの『確実性の問題』における「信頼」にかんする見解と、特に信頼しないことがどのように「人間的諸関係のかなり発展した段階」（Hertzberg 1988：318）に属しているかを検討した。かくして子供は主要な養育者に「原始的な」信頼を示すが、後に続く（そして次第に熟慮的なものになっていく）信頼関係は、まさにそのような原始的な信頼に基づいて形成されることができるのだ。——「頼ること」とは異なり——この種の無条件的な信頼について、ヘルツベルク（Herzberg）はこう主張している。

　　私が誰かを信頼する限りにおいて、どこまで彼を信頼するか、あるいは何を信頼するかについて、あらかじめ与えられているような限界というものはないだ

ろう。……誰かを頼りにするときには、私はいわば上の方から彼を見下ろす。私は世界に対して私の支配力を行使する。私は彼の行為の審判者であり続けている。誰かを信頼するときには、私は下から見上げる。世界がどのようなものであるかを私は他者から学ぶ。私の行為の判断を彼に委ねる。

(Hertzberg 1988：314-5)

今やレヴィナスは、とりわけ子供は「いまだひとを欺いたり、不誠実であることを……学習していない」のであるから、「表出の純粋な露出」あるいは「純粋な傷つきやすさ」（Levinas 1984：64）であるということを、認めている[206]。子供の無条件の信頼は明白であり、この原始的（前言語学的、前合理的）な信頼が他者たちの責任を要求するということは、子供の生来の傷つきやすさによる、といえるかもしれない[207]。しかしこのことが人間の幼児について正しいとすると、そのことは非人間的な動物にも当てはまることになる。さらにヘルツベルクの見解は、他者の自然的な傷つきやすさについてだけではなく、傷つきやすい他者に応答する主体についても、われわれが何事かを語ることを可能にする。手短にいえば、私が擁護しようとしてきた最小限の自然主義は、倫理的関係においてその両方の道を切り開くことになる。かくて原始的レベルにおいては、（たとえば）犬は、暴力に直面した場合においてすら、レヴィナス的責任の、つまり無条件的な「報酬なき愛」（あるいは「友情……における無償の贈与」（Gaita 2003：10））の真の典型である。純粋な動物性とは、絶対的権威である他人の要求への純粋な信頼であり、信仰であり、服従である。犬は相互関係性に対する関心がなくとも応答するが、それは、レヴィナスがボビーについて述べているように、「原則を普遍化するために必要な脳」（Levinas 1997a：153）を欠いているからなのである。もちろんこの合理的無能さは、第三者のために、相互関係性、平等性、計算能力が必要となる正義の領域において積極的な[208]役割を演じることから、非人間的動物を排除してしまう。しかしこのことは、正義に要求される複雑でしばしば苦渋を要する決断が、原始的、自然的振舞い——それらの多くをわれわれは非人間的な動物と共有しているのであるが——の背景のもとでのみそのようなものとして生じることができるという事実に対して、われわれを盲目であってはならない[209]。かくてレヴィナスが、「ここに私はいます！」は「すべての宗教的言説に先行する宗教的言説」（1996a：146）[210]を構成していると主張

第 7 章　倫理学の非合理性　　レヴィナスと責任の限界

するとき、それは事柄を間違った光のなかへもたらすことになる。「ここに私はいます」は、「宗教的な」言説をも含めたすべての言説に先行する自然的な「言説」である、といった方がよいように思われる。この点にかんしては、レヴィナスが（再びルソーと同じく[211]）「原始的言語、単語や命題のない言語……語句のないコミュニケーション」（1987：119-20）にそれとなく触れているのは、注目しておいてよい。というのも、先に述べたように、彼は「自然の音や騒音」は単に「われわれを失望させる言葉」（1993：148）を表すにすぎないという断固たる信念をもっているからである。先の私の問いを繰り返すと、なぜボビーの吠え声は、倫理的意義を獲得するように「ボンジュール」と翻訳される必要があるのだろうか？外面的な「自然の騒音」についてのレヴィナスの見解に歩調を合わせて、ピカートは書き記している。

　　確かにカラスは鳴くし、犬は吠えるし、ライオンは唸る。しかし動物の声は沈黙のなかの音声にすぎない。動物はあたかも自らの肉体の力によって沈黙を破り開こうとしているかのようである。
　　「一匹の犬は、創造の始まりのときに吠えたのとまったく同じように今日も吠える」とヤコブ・グリムはいった。そのことが、まさに犬の吠え声がなぜあれほどにも絶望的であるのかという理由なのである。それというのも、創造の始まりから現代にいたるまで、沈黙を切り開くことは無駄な努力であり、また創造の沈黙を破ろうとするこの企ては、人間にとっては常に哀れさを感じさせることだからである。
　　　　　　　　　　　　　　　　　　　　　　　　　　　（Picard 1948：111）[212]

このようにピカートによれば、犬の吠え声がそのように絶望的であるのは、そこでの同一性による。エデンの園における犬の吠え声の最初の発声から始まって現代にいたるまで、犬の吠え声は同じままであったし、われわれの「心を動かす」のは、まさにこのようないつまでも続く無益なのである。しかしピカートはここで決定的なことを見逃している。というのは、彼は単に「親しみやすい」（Levinas 1997a：153）犬と虐待を受けた犬との吠え方の違いを区別していないだけではなく[213]、人間の痛みの叫び声も同様に時代を超えてその同一性によって特徴づけられる、ということに注目していないからである。疑いもなく苦しみの新しい形態が歴史的な時代ごとに生まれてきたとはいえ、傷つけられた人間の肉体の苦痛に満ちた

331

叫びは、虐待された犬の吠える声と同じ仕方で何千年もの間続いてきた。実際すでに示唆したように、人間と非人間的動物との自然的な共通性が明白であるということは、まさに有限性と傷つきやすさに結びついたこれらの現象のなかに見出される。レヴィナスが語られたこと（Said）と語ること（Saying）にかんして述べていることを真面目に受けとめるなら、後者は人間の子供や非人間的な動物の非命題的な「音と騒音」によって最良の仕方で考えられる、ということを示唆しておきたい。要するに、もしレヴィナスが不可能なことを企て、「語られたことなき語ること（Saing without［the］Said)」（1996a：103）[214]を考えたいのであれば、「ナチス・ドイツにおける最後のカント主義者」（1997a：153）であるボビーの吠え声を思い起こし、それについてもっと深く考察するしかないであろう。

動物性

　動物性（動物的なもの）に対して著しく「冷遇的態度」を保持することによって、レヴィナスは、自身が超え出ようとしている伝統的なヒューマニズムの根幹的な仮定のいくつかを繰り返している。というのもレヴィナスは、言語と倫理を再考しようという彼の企てに反して、（とりわけ）言語的振舞いと非言語的振舞いの関係についてのある種の哲学的な諸前提から抜け出ることに失敗しているからである。すでに明らかになったように、レヴィナスの図式においては、人間性（人間的なもの）は神の痕跡が通過する独自の存在であり、そのことによって、さもなければ動物性が生命界に君臨するであろう残忍なまでの支配を破滅させるのである。従ってレヴィナス的な視座からすると、「君が目を見るとき、君はそこから出てくる何かを見る」（1990：§§222）というウィトゲンシュタインの発言は、ひとが「見る」ものは他の人間の目のなかの神的なものの閃光であると示唆することによって、補足されるかもしれない。では非人間的動物の目については何がいわれることができるだろうか？　レヴィナスにとっては、それは専ら自己保存への無言で野蛮な関心、つまり道徳的な欠落のみを意味する。（「もしライオンが話すことができるなら、それは存在論の言語のみを話すだろう」とレヴィナスはいうだろう。）実際のところ、——別のやり方で表現するように思われる——ボビーのような動物の目においてさえ、かなりの擬人主義的な歪曲なしには彼の「善良さ」は措出されることはできないであろう。しかしこのような見方に反対して、聖

潔な聖性（saintly holiness）を有する模範的人物から「どうぞお先に」としか話さない人物にいたるまで、われわれは他者の顔のなかに動物性の「閃光」を識別する、と私は論じてきた。つまり、倫理的生活が基礎づけられているのは、レヴィナスが見ているような利己的な獣性ではなく、そのような諸性向や諸反応（もっとも顕著には、自然的な傷つきやすさと他者への配慮）である[215]。この章の最終部分で私は、レヴィナスにかんするデリダの近年の発言に戻って、この後者の論点を強調したいと思っている。私はこれまでデリダに対しては通りすがり的にのみ言及してきたが、彼のレヴィナス的思想への著しい貢献は注目に値するので、第8章で私は、いくつかのレヴィナスの諸主題についての彼の慎重な再定式化について詳細に論じるつもりである。デリダが、レヴィナスは「いかなる自然の概念も」（Derrida 1999b：90）持ち合わせていないと主張するとき、決定的な点で彼はレヴィナスを誤って表現しているという事態は、非常に重要である。私の先の分析からするなら、デリダのこのような主張は問題である。それにもかかわらず、レヴィナスについてのデリダの補足的な発言は、私が擁護してきた広義での自然主義的な立場と相関しているのである。

　レヴィナスやハイデッガーの人間中心主義的傾向に対するデリダの批判[216]（デリダは、反復可能性についての彼の説明が「人間的」（1997d：134）と呼ばれる標識や社会を超えて正当であるとさえ主張している[217]）にもかかわらず、倫理性（倫理的なもの）についてのデリダ自身の理解[218]が、人間性は自然性（自然的なもの）から「突然現れる」のであり、そのことは「存在におけるスキャンダル」（ibid.：115）を意味するというレヴィナスの前提に依拠しているのかどうかは、不明のままである[219]。このような曖昧性は、デリダが「打たれた犬」を、「社会的貧困者や、排除されたものたち、つまり辺境にある者たちや『ホームレス』の友愛的な寓意」として表現している（上記で引用した）文章と、そのような動物によって語られる「限りない要求」（ibid.：143）にかんする後続の彼の発言とに現れている。というのも、レヴィナスの無言の獣としてではなく[220]、傷つきやすい他者の真の典型例として描かれているのは、まさに非人間的な動物だからである。しかしながら、デリダがレヴィナスとカント主義的伝統との「極度に複合的な関係の論理」（1999b：48-9）を追跡し始めるときに、特に興味深い面倒な事態が浮上してくる。ここでもっとも重要なのは、カントが「歓待は……自然の闘争的な状態を中断させるために［政治的に］制度化されざるをえない」（［カ

ント的にいえば］この「自然の闘争的な状態」は「自然的歓待」といわれるべきものである。というのも「自然は……現実的あるいは仮想上の戦争しか知らない」からである）と考えているのに対し、デリダによれば、レヴィナスにとっては「平和の背景幕」および「政治的なものの秩序には属さない歓待」（1999b：49）が存在するとされる、という点である[221]。このような主張は全体的に軽率だとはいえない（レヴィナスは実際、「他の人間に対する先行的無関心」（1998a：141）や、「すべての……言説に先行する宗教的言説」（1996a：146）等々について語っている[222]）としても、デリダの読解はレヴィナスの反自然主義を過小評価しすぎている。実際、後にデリダは彼の注釈において、「レヴィナスにおいては自然の概念ないしは自然の状態への言及はない……。そしてこれはもっとも重要な点である」と示唆することによって、その見過ごしにさらに輪をかけている。その際、彼はレヴィナスの企図における（申し立てられている）この省略の意義を繰り返し言い続けることになる。

　　［レヴィナスにとっては］一切が、歓待において他者の顔を迎え入れることによって、そしてさらにいわれるべきことであるが、第三者の彼性（illeity）におけるその歓待の直接的で擬似内在的な中断によって、「始まる」ように見える……。［レヴィナスが］示唆しているのは、戦争、敵意、そして殺人さえもが、顔に開けているこの原初的な歓迎をすでに前提し、そして常に明瞭に示しているということである……。

　　　　　　　　　　　　　　　　　　　　　　　　　　　（Derrida 1999b：90）[223]

すでに述べたように、このような読解の仕方は、レヴィナスが倫理を存在論の前に（あるいは「の上位に」）位置づけているということを考慮すれば、一定の正当性なしとはいえない。それにもかかわらず、レヴィナスが――真正の言語と失望させるような「自然の音と騒音」（1993：148）[224]との間の不調和についていっているのではなく――、人間性が自然的動物性との間に生じさせる根本的な「断絶」について語っていることを考慮すれば、レヴィナスには「自然の概念」が欠如しているというデリダの主張は、間違っていることになる。レヴィナスの著作のなかには「自然性」の分析がないということをわれわれが受け入れるとしても、このことは、自然性の彼の扱い方が多くの誤った仮定に依拠している限りにお

いて、まさに問題となることなのである。かくてデリダの見過ごしは、おそらくはレヴィナスの著作の内部における多くの曖昧性によることが多い。しかし私にとっての第一次的な関心事は、この見過ごしによって、善性（寛大さ、歓待など）が自然的領域のうちにそのルーツをもっているといいうるかどうかという問いが、いかにして再び提起されることになるかということである。デリダは、先の彼の注釈において、このことにかんしてきわめて適切な発言を行っている。相互主観性についてのレヴィナスの説明に言及して、彼はこう推測する。「歓迎することは、あたかも顔と同じように、まさしく顔と共外延的であり、かくてまったくそれと同義的である語彙と同じように、第一次的言語、つまり擬似原始的な……言葉の集合から構成されたものであるかのようである」（Derrida 1999b：25）と[225]。すでに私は、レヴィナスの著作における「第一次的言語」についての発言と、特にそれがいかにしてより自然主義的な用語で考えられうるかについて言及しておいた。それにもかかわらず、「擬似原始的なもの」へのデリダの言及は、私の議論にとってもっと広い意義をもたらしてしてくれる。むろん、ここでわれわれは若干曖昧な言い方に直面させられる。あたかも歓迎や寛大さや歓待は、文化、社会、政治の成立以前において、あるいはそれらの基底において、「原始的な」ものから成り立っているかのようである。このような「あたかも」（そして「もし存在するとすれば」）はデリダの著作[226]では決定的かつ明白な機能をもっているが、ここでの論点にかんしてはそうした限定は私には不必要であるように思える。もっと率直にいえば、なぜ「擬似」という限定を取り去って、ウィトゲンシュタインとともに、「単に自分自身が痛みを感じているときだけではなく、誰か他のひとが痛みを感じているときに、痛い箇所を気遣い、治療することは、原始的な反応である」（1990：§540）とか、同様に「この種の振舞いは前言語的である。言語——ゲームはそれを基礎としているのであり、それは思考の結果ではなく思考の仕方の原型である」（ibid.：§541）といわないのだろうか[227]。自然性それ自体が倫理的な営為を十分に立証しているとする[228]なら、なぜ歓待[229]という神秘的で前自然的な次元を仮定するのだろうか？　興味深いことに、（「許し」という問題にかんする）別の最近のテクストのなかで、デリダは「動物の問題」を次のように述べている。「責めを感じること（guilty）や、それゆえまた——懇願されたりかなえられたりする——償いや哀れみの表出の手順が識別可能な仕方で意味されるような社会性の諸形態を、すべての動物性が使用できるようになることを否

定するのは、あまりにも軽率である」、と。そのときデリダは、まさに動物的な「闘争行為」があるように、「疑いもなく」、動物の「感謝」や「恥、不快感、後悔、心配」や「良心の呵責」が存在するということを示唆している——実際、動物界において「和解や敵対関係の中断や平和や哀れみの儀式」（Derrida 2001b：47）の存在も目撃されることができる[230]。簡潔にいえば、これらの複雑な現象のための「言語（verbal language）」の意義を否定したいと思わなくても、「超言語的な（extra-verbal）許しの可能性や必然性さえ」（ibid.：48）容認されなければならない。もし「純粋な」贈与や歓待や寛大さといったものがあるとすれば、またもし打算やお返しの期待なしの与えることといったようなものがある（そして、ひとはそうしたことが起こるという信仰をもつことができるとするのがデリダの立場だと私は理解している[231]）とすれば、そのようなことは「思想なき善性」（Levinas 1999：108）として、日々盲目的に起こると私はいいたい[232]。別の言葉でいえば、これらの出来事は——存在することそのものの暴力と同様に——あまりにも日常的であり、あまりにも平凡なので、ひとはそれらをそのようなものとしてすら呼ばないのである。レヴィナスが多くの信仰を傾けている「不可能なもの」は、「まったく自然的な現象として」——すなわち「動物的なもの」（Wittgenstein 1999：§359）として——「すでに生起してきている」（Derrida 997c：80）のである。

原　注

1　本章の各部分は Plant 2003d に既出のものである。

2　Cockburn 1996：93-5 を参照せよ。

3　Levinas 2000：137 も参照せよ。

4　Levinas 1984：54,Davis 1996：93-5 を参照せよ。

5　Derrida 1984：107-8 も参照せよ。ここではデリダは『全体性と無限』に言及しているが、私はその論点をさらにもっと拡張したい。レヴィナスの聖書からの喚起については 2001：62-3,133,149,170,243 を参照せよ。レヴィナスの著作における問題含みの自民族中心主義の登場についは、ibid.：63-5,137,149,170,224,243. を参照せよ。

6　レヴィナスも同様に顔を「訪れ（*visitation*）」（1996a：53）として話している。ここでわれわれはまた、「倫理（学）は、もしそれが何かであるとすれば、超自然的であり、われわれの言葉は事実だけを表現するだろう」（1993：40）というウィトゲンシュタインの主張を思い出すだろう。

7　Levinas 1996a：7 を参照せよ。

8　Husserl 1982：§§23-9；1989：p.171；Levinas 1993：93,166,n.3；Derrida 1997c：123-4 を

参照せよ。

9 Levinas 1996a：7 を参照せよ。

10 Caputo 1993：79-80 を参照せよ。さらに Hume 1988：176 にも注目せよ。

11 それゆえレヴィナスの「超越」という語彙も、他者の「予測不可能性」（1994a：73）に注目する方法としてのみ働いているかもしれない。レヴィナスについてのクリチュリー（Critchley）の説明は、デリダの説明がときどきそうである（Derrida 1997c：124）ように、この意味で認識論的であるように見える（1999a：285）。後でまたこの点に戻る。

12 ペパーザク（Peperzak）は、レヴィナスの著作の「誤解を与えるほどに」（1993：109）宗教的な響きについて述べており、ケアニー（Kearney）は、いかにしてレヴィナスにとって、「絶対的に他なるもの（the absolutely Other）」としての神が、われわれの人間的な仲間との倫理的な関係において、そしてまたその関係を通してのみ出会われることができる」（1984：48）のかということについて論評している。

13 Levinas 1992：92,105；1993：47,94,103；1996a：8,25,29,76 を参照せよ。レヴィナスはまた、愛は「経験の所与でも、世界から由来するのでもない他人（the other man）の顔によって命令されている」（1998b：187）と主張している。

14 Levinas 1984：51 を参照せよ。

15 Levinas 1992：60,92；2000：173,186 も参照せよ。

16 Levinas 1998a：151 も参照せよ。

17 Levinas 2000：175 も参照せよ。

18 Levinas 1994b：14-15,32；1996a：30；2000：180, 193-4；Peperzak1993：224-6 を参照せよ。

19 Levinas 1999：95；2000：185 も参照せよ。

20 Derrida 1997c：107-9 を参照せよ。

21 ここでわれわれは、マルコムによる神が存在するという信念（belief *that* God exists）と神の信仰（belief in God）の区別を思い起こすかもしれない――後者は分かちがたく「行為……あるいはもしそうでなければ、少なくとも悪しき良心」（1972：211）と結びついている。

22 Levinas 1992：105 を参照せよ。

23 （原書注 24）Husserl 1989：p.200 を参照せよ。

24 （原書注 23）Levinas 1998a：80,161 を参照せよ。

25 Levinas 1992：86；1993：44；1996a：60 を参照せよ。

26 だから「この意味で、顔は『見られ』ないといわれることができる」（Levinas 1992：86；1993：44；1996a：52, 53）というレヴィナスの見解は、別に当惑させるものではない。

27 レヴィナスは、顔の意味をその文化的、社会・歴史的表現に限定しようとする企てに対しても、同様に拒否的な態度をとっている（Levinas1992：86；1993：44；1996a：52,53）。

28 Levinas 1992：66-7 を参照せよ。

29 Caputo 1993：75；Derrida 1997c：90,112,116-17,125,137-8,140-1 を参照せよ。

30 Wittgenstein 1994a：50 も参照せよ。

31 Shields 1997：101 を参照せよ。

32 Levinas 1994a：184 を参照せよ。

33 Wittgenstein 1994a：29；1994b：54,56-8,62-3 を参照せよ。

34 （原書注 35）Derrida 1999b：112；2002a：384 を見よ。

35 （原書注 34）Levinas 1992：87-8；1998b：10 も参照せよ。

36 Wittgenstein 1994a：77 を参照せよ。

37 Levinas 2000：187 も参照せよ。

38 Malcolm 1960:61；Wittgenstein 1969:179 を参照せよ。興味深いことにレヴィナスは、「神
という言葉が世界や宇宙の無条件的な基礎を表現することによって生に方向づけを与えるこ
とをやめ、他者の顔のなかに彼の意味論の秘密を露わにするという考え方の偉大なる斬新さ」
（1999：96）について述べている。

39 レヴィナスの「ここに私はいます（here I am）」は、仏語 me voici（文字通りには「ここで
−私を−見る see-me-here」）から容易に翻訳はできない。たとえば me voici は、通常、ひ
との登場が他者に予期されてはいない状況において用いられる。この意味で me voici は、
新たな事態の生起（「訪れ」）に見合っている。ハンデルマン（Handelman）が述べている
ように、ここでレヴィナスが効果的に行っていることは、「合理的なデカルト的コギト（cogito）
の『われ考える』を……主体性と倫理の聖書的な『ここに私はいます』へと翻訳すること」
（1991：266；Peperzak 1993：25 も参照）である。

40 イザヤ書 6：9. を参照せよ。

41 これについては第 8 章で再度触れる。

42 Handelman 1991：272-3 を参照せよ。

43 Levinas 1993：164,n.3 を参照せよ。

44 Levinas 1992：117；1993：94,103；1996a：53 も参照せよ。

45 Levinas 1993：44；1996a：9 を参照せよ。

46 Levinas 1998a：169-74 を参照せよ。

47 Levinas 1996a：29 を参照せよ。

48 Levinas 1998a：175 も参照せよ。

49 Levinas 1992：86-7 を参照せよ。レヴィナスはまた、「あらゆる文献のいたるところで、顔が
語っている——あるいはどもりながら語っている、あるいは表情を示している、あるいはその
戯画と争っている」と述べている。そして同様に、「聖書は、その超自然的あるいは聖なる
起源の独断的な物語を通してではなく、それが照らし出す他者の顔の表出を通して伝えてい
る」（ibid.：117）と述べている。

50 Peperzak 1993：164,n.28 を参照せよ。

51 Wittgenstein 1958：p.178；1994a：23,49 を参照せよ。

52 Derrida 1999b：32,110 を参照せよ。

53 Schutz 1964：43；1971：10,314；1974：17,75；Husserl 1989：pp.171,206 も参照せよ。

54 Levinas 1988a：174 を参照せよ。

55 Husserl 1982：19,135-6, 138, 140；1989：385-7；Heidegger 1999：153-4 も参照せよ。

56 Levinas 1996c：213-14；1998b：185 を参照せよ。この論点には後に戻るだろう。

57 レヴィナスにとっては、他者の顔が——私だけにとっての「私的な対象」ではないが——単
独的なあり方で私をじっと見つめるという一つの意味。一般的には、他者の顔は、認
識論的にはあらゆるひとにとってそこにあるものであるが、しかし倫理的にはそれは私にのみ
直接的に命令する。

58 Levinas 2001：50-1,67-8,100,115-16,133,143,165-8,183,193-4,205-6,214,230,246 も参照せよ。

59 Peperzak 1993：167 を参照せよ。

60 Derrida 1999b：60 を参照せよ。

61 Levinas 1994a：159；Derrida 1999b：74,79 も参照せよ。

62 バルト（Barthes）の愛の分析においては、物の世界ですらある種のフェティシズム化の傾
向がある（1990：75,173；Kundera 1998：55,81 も参照せよ）。

63 Kierkegaard 1973：286,288 も参照せよ。

第7章　倫理学の非合理性　レヴィナスと責任の限界

64 Levinas 1994a：157；1998b：227 も参照せよ。

65 Levinas 1998b：104,195 を参照せよ。

66（原文注 67）Levinas 1994a：157-8；1998b：205 も参照せよ。

67（原文注 66）Derrida 1995a：272-3；2002f：304-5 も参照せよ。

68 Levinas 1998b：103,203-4 を参照せよ。

69 Caputo 1993：118 を参照せよ。「暴力は可能な限り回避されねばならないが、……合法的な暴力など存在しないということは不可能である」（Levinas 1998b：106；1999：172）も参照せよ）。

70 これは、「太古の」（Levinas 1996a：60；2000：162）、「原初以前の」（1996a：116）、「決して今（*now*）ではない」（ibid.:77）、あるいは「決して現在（present）ではない！」（1998b：233）過去へのレヴィナスの言及を理解する一つの方法である。

71 「あたかも私は選ばれたかのように、私は私である」（Levinas 1993：35）のとまったく同様の仕方で、あたかも他者は神であるかのようである、あるいはあたかも神は「他者の顔のなかに神の言葉」（1998b：175）でわれわれに命じるかのようである。神は、デリダの「純粋な歓待という統制的な観念」（1999c：133）（あるいは「贈与という超越論的な幻想」（1992b：30；Caputo 1997a：135））のように、過剰的な用語でのみ表現可能である。それゆえ、「神」、「無限性」（等々）は、レヴィナスとデリダの著作において中核部分をなす不可能なものへの願望を明確に表現するまったく適切な方法であるかもしれない（Derrida 2002f：52）。第8章でこの点に戻る。

72 Levinas 1992：90；1994a：159；Derrida 1996b：83-4；1997a：12；1997b：25,27,32；1999a：68-9 を参照せよ。

73 レヴィナスは戦争捕虜として投獄中にルソーを読んだ。

74 Rousseau 1973：44,54 を参照せよ。

75 Rousseau 1930：209 を参照せよ。

76 Rousseau 1973：45 を参照せよ。興味深いことにルソーは、ロビンソン・クルーソーの人生をエミールの教育のための彼の文字通りの試金石として選んでいる。

77 ルソーの憐みと同情に関する見解は、「正義と善性は……われわれの原初的な感情から発展した理性（合理性）によって教化された魂の現実的感情である」（Rousseau 1973：105）と主張しているということも事実であるにもかかわらず、明らかに自然主義的ではないように思える（ibid.101-5）。

78 Rousseau 1930：210,217 も参照せよ。

79 Rousseau 1930：219-21 を参照せよ。

80 De Sade 1969：173-5 を参照せよ。

81 もちろんレヴィナスの「強奪」の強調は、まさに世界内存在であるということにおいて「私」が侵犯者であると非難される限りでは、より深刻である。また所有物の不和を招きやすいという特質にかんするルソーの疑念と、レヴィナスの「他者（the Other）は……顔のなかに彼が出現することによって、彼が争う占有権を無効にする」（Levinas 1996c：171）という主張とを比較されたい。これについては後でまた検討する。

82 Campbell 1999：37；Molloy 1999：232 も参照せよ。

83 Derrida 1995b：69,71；2002e：394-5,416 を参照せよ。

84 このことはおそらく、レヴィナスが「民主主義の卓越さ——その基礎をなす自由主義が、正義の止めどなく深い良心の呵責、……正義という悪しき良心に対応しているのであるが——」（1998b：229-3；2001：52,134,136,194,206 も参照せよ；Derrida 1996b：76,112,115；2003：

129）ということで意味していることであろう。

85 Levinas 1998b：106；Nuyen 2000：415 を参照せよ。

86 Rousseau 1930：208-10 を参照せよ。

87 Derrida 1999a：68-9；1999b：30,33,97 を参照せよ。

88 デリダの「偽証」についての見解（2001b：49；2002a：388）を参照せよ。この点にかんしてはレヴィナスは全体的に一貫していない。かくして、たとえば彼は「不運にもわれわれは三人であり、——少なくとも——いつも第三者が出現する」（2001：143）と嘆いている。

89 Levinas 1994b：50 を参照せよ。

90 Derrida 1995b：2-3,6；1997b：21；1998b：26 を参照せよ。

91 Levinas 1994b：66 も参照せよ。

92 Robbins 1999：68-9 を参照せよ。

93 Derrida 1999b：72 を参照せよ。レヴィナスの見解とウィトゲンシュタイン（Wittgenstein 1994a：77）とを比較されたい。レヴィナスがここで念頭においている「愛」は、「エロスなき愛、……倫理的な側面が情熱的な側面を支配しているような愛、情欲なき愛である」（1998b：103；194 も参照せよ；2000：174）。「われわれの法律上の伝統のもっとも崇高な側面」（2000：11）と見なされる「公平さを超えた正義」（ibid.80-1：84-5 も参照せよ）というガイタの概念は、レヴィナスの趣旨を伝えている。同じく、責め（guilt）（あるいは憐み）は結果主義的な用語（つまり、引き起こされた現実の危害という用語）では十分説明し尽くせないというガイタの主張は、レヴィナス的な責め（Guilt）と一致している。

94 レヴィナスの主張によれば、「神の畏れは、具体的には私の隣人への私の畏れであり」（1993：47）、そして「すべての人間」にとって、「他者（the Other）への責任を引き受けることは、無限なものや霊感を与えられることの栄光を証する方法である」（1992：113）限りにおいて、「『ここに私がいます』は、無限なものが言語のなかに入ってくる場である」（Levinas 1992：106）。

95 Levinas 1998b：110 を参照せよ。

96 Derrida 1995b：84 を参照せよ。

97 これと同じ問題は、第 5 章で、ウィトゲンシュタインによる宗教的信仰の倫理化と、特にドリューリーに対する彼の示唆、つまり彼らは無信仰であるにもかかわらず、「いずれもクリスチャン」（Drury 1981：130）である「ということには一つの意味がある」という示唆にかんして生じた。これについてはデリダとの関連で第 8 章で再考する。

98 Levinas 1998a.：176；1998b：103 を参照せよ。この見解は、バルト（Barthes）の、愛の経済学、贈与の政治（1990：76-9,85）、そして愛する者のナルシシズム（ibid.：161,179,182,199）への言及（ibid.84-5,171,208-9）と一緒に読まれたい。バルトも、愛する者の語る言説の反目的論（ibid.：73.85-6）と、「私は-あなたを-愛します（I-love-you）」（ibid.：147-54）［と語ること］の危険における愛のある種の無償性を強調している。

99 Levinas 1987：115；2000：151 も参照せよ。このことを、フッサールの言語とコミュニケーションについての見解と比較されたい（1989：202-4）。

100 この言語の見方はオースティン（Austin）の発話行為（speech-acts）の説明によって複雑化しているけれども、それにもかかわらず彼は遂行的な成功（performative *success*）の概念を維持し続けている（1976：14ff.）。——この概念は、レヴィナスの場合は、「知識」という項目のもとでそうした説明を維持することになる。レヴィナスの論点は、「言語の本質」を探し当てたいという誘惑（1958：§92、また §65；1990：§444 も参照せよ）と、「情報を提供すること」がそうした「本質」（1958：§356,p.178；1990：§160）を構成している当のもので

第7章　倫理学の非合理性　レヴィナスと責任の限界

あるということに対するウィトゲンシュタインの警告から、いくらか支援を得ている。

101 Levinas 2000：192 を参照せよ。

102 そのことは「そこにおいて一致（coincidence）と身元確認（identification）が起こる」（Levinas 1999:93）触れ合いではなく、むしろひとが他人に——そしてとりわけ、彼女の「肌でおおわれた顔」（1994a：89）に——曝されている（exposed）ことである。

103 いかに言葉は「かつて使用された」かについてのピカート（Picard）のノスタルジア（P1948：175,177）に注目せよ。

104 Defoe 1985：211-13. も参照せよ。

105 ピカートも同じように「言葉の創造」を「もっとも偉大な出来事」として言及している（1948：100）。

106 Levinas 2000:164,192 を参照せよ。デリダの「約束」についての見解にも注目せよ（Derrida 1995a：384；1996b：82；1997a：3,11,16；1997b：27, 30, 35）。

107 Handelman 1991：223-4 を参照せよ。

108 Levinas 1988a：176；1993：44 を参照せよ。

109 Levinas 1984：60；1988a：172；Davis 1996：84-5 を参照せよ。

110 Picard 1948：102；Caputo 2001：139 を参照せよ。

111 私はこの点についてこれ以上議論を拡大しようと思わないが、レヴィナスが倫理の核心におこうと考えている「非合理性」は、懐疑主義への絶えざる帰還についての彼の見解と並行している（Levinas 1994a：166-71）。簡潔にいえば、懐疑主義者の主張の命題的、事実確認的な語られたことは、明らかにそれらを論駁可能なものにする（「真理は存在しない」は明らかに自己矛盾である）が、擬似遂行的な語ることのレベルでは、懐疑主義者は哲学を悩ますために常に戻ってくることができる——またそうする——（1994a：167-8）。以上のことの要約については、Critchley 1999a：156-69 を参照のこと。

112 もちろんニーチェは、自分が「著しく聖なるものである（holy）」とか「聖者（saint）」とか「呼ばれる」ことを欲している、ということを激しく否定している（Nietzche 1992a：96）。興味深いのは、それに続く彼自身の価値の転換の潜在的な意義についての彼の擬似預言者的な見解である。「古い社会のすべての権力構造は霧散霧消してしまった。——それらはことごとく嘘に基づいていた。つまり、いまだかつて地上になかったような戦争が起こるだろう。私の後にだけ、地上の完全な政治は存在するだろう。」（ibid.：97；101；1967：§273）このようにしてニーチェは、別の聖潔性の名において、聖潔性に抗して語っているのである（Derrida 2002f：223-5,227）。

113 Derrida 1999b：61；Levinas 2001：90,111,170,183-4,207,218,220 を参照せよ。

114 Rousseau 1930：213-14 を参照せよ。実際レヴィナスによれば、「ハイデッガーの共存在（being-with-one-anorher）」は「一緒に行進することのように」（Levinas 2001:137）響く。

115 Levinas 1998b：229-30 を参照せよ。

116「よりよきもの」（Gaita 2000：25-7）を愛することにかんするガイタの見解を参照せよ。

117 レヴィナスは、「欲望の対象（[t]he Desirable）は私の欲望（Desire）を満足させることはなく、それを空洞化し、どういうわけか新たな飢えを私に育む」（Levinas 1996a：52）。この文がここで関連があるのは、第三者とともに創始された悪しき良心が、私がこの他者のために多くなせばなすほど、ますますあの他者のために多くなしえなくなる限りにおいて、同様に飽くことを知らないからである。私は後にレヴィナス的な「欲望」に立ち戻る。

118 さらにまた不可能性の条件もそうである。というのは、私が私の責任を「果たした」と主張することを妨げるのは、まさにこの過剰さ（そしてあの悪しき良心）だからである。

341

119 Levinas 1998b：165 を参照せよ。レヴィナスの「道徳的（moral）」（あるいは「公正（just）」）と「倫理的（ethical）」の区別のとしては、1998a：171；1992：80-1, 90；1996b：237-8 を参照せよ。

120 Derrida 1999b：112,115 も参照せよ。

121 Levinas 1998c：130-4 を参照せよ。

122 Levinas 1984：62；2001：136,145,191 を参照せよ。「生存競争」（1998a：172）によって現存在（Dasein）を特徴づけるというレヴィナスのやり方は、議論の余地がある。というのも、現存在は常に死へとかかわる存在である（実際、ハイデッガーの反生物主義（Derrida 1988c：165）が与えられると、いわゆる基礎的存在論とダーウィン主義的進化論とのこの共謀は、さらに問題をはらんでくる）だけではなく、彼のダーウィンの読解の仕方もまた疑問を喚起するからである（Darwin 1875：97-145）。

123 かくしてここで含意されているのは、ハイデッガーの現存在が厳格には人間的ではないということであるように思える。親子間の真に「自然的な」関係が、「報酬なき愛」と「何よりまず他者を第一におくこと」の両方のパラダイムの事例を表わすのだとすれば、レヴィナスの主張は奇妙である。

124 Picard 1948：102-4；Levinas 1998a：164,171；2001：47 も参照せよ。

125 Levinas 2001：53,113,119,132 も参照せよ。ピカート（Picard）も同様に、「人間的本性」は動物的なものとは「絶対的に異なっている」ので、それが「動物［的本性］からは決して直接に発生することはありえなかった」（1948：104）、と述べている。実際のところ、「動物は人間的夢から落後したように見える」（ibid.：103）。この見解を Levinas 1984：61 と比較されたい。

126 同じ曖昧性は、レヴィナスが、「善性（Goodness）」（「幼児的な徳」であるにもかかわらず）は、「すでに……そこにおいて人類の人間性が突然現れ出る犠牲の可能性」（Levinas 1998b：1579）であると主張するときにも、生じる。

127 それは意志の事柄でもありえない。なぜならこのことは、責任を自律性のもとに従属させることになるだろうからである。そしてレヴィナスは、倫理は私の自由に異議を唱える、と主張している（Levinas 1994b：37,85）。

128 人間性のみが聖潔でありうるという主張が受け入れられるとした場合でも、このことは、人間性が自然的なものに「突然現れる」というレヴィナスの結論を保証するものではない。人間性の出現は新奇な進化的段階を表わすかもしれないが、そのことは、そうした自然的な過程から人間性を分離させない（むろんダーウィニズムにかんするレヴィナスのコメント（1984：62；1988a：172）と、「人類」という概念にかんするもっと一般的な疑念（1998a：10）が与えられると、彼が何か「進化論的な」事柄を念頭においていたとするのは疑わしい）。私はこれらの論点のいくつかに戻るだろう。

129 興味深いことに、レヴィナスはわれわれの「他者にかんする……自然的善性」に言及している（Levinas 2001：55）。

130 Robbins 1999：3-4 を参照せよ。

131 Levinas 1996a：1996c：117 も参照せよ。

132 Levinas 1996a：52,55,76；1996c：117；Blanchot 1997：53 も参照せよ。

133 この論点には後に戻ることにしたい。しかしこの分類は物事をまさに過去に定位するが、必要性とは実は飽くなきもののままであり続けるものであると、反論されるかもしれない。Derrida 1992b：158；1995a：282 を参照せよ。

134 Derrida 1992b：7,12-13,35,38,45-7,64,76,91,126,137,139,147-8,156 を参照せよ。当然のこ

とだが、純粋な贈与（あるいは絶対的な消費）という観念はそれ自身、ある種の利益の経済学のなかに取り込まれる。というのも、私がすべてのものを与えるということは、同様に、「善き良心」にとって目的論的期待を密かに隠しもつことができるだろうからである。その際いささか逆説的であるが、他人のために自分の生命を犠牲にすることは（レヴィナスが時々示唆するように）、「究極的な」贈与ではないかもしれない。このような一般的な論点については、Bernasconi 1997：258 を参照せよ。

135 Levinas 1992：92；1996a：44-5,76-7；1996c：63；Weil 1987：86 を参照せよ。

136 Derrida 2002f：242 も参照せよ。

137 さらに Jay 1993：558-60；Levinas 1998a：176 も参照せよ。ここには、愛撫における誰が／何が誰に／何に触れるのかということにかんして曖昧性がある。すなわち、私は他者に触れているのか、それともむしろ、他者とともにあるいは他者を通して、私自身に触れているのか？（Derrida 1993c：126-7,133-4,140）。触れることの倫理については、Benso 2000：160,162ff を参照せよ。

138 Levinas 1992：32,61,67-9 を参照せよ。

139 レヴィナスの「正義」、「自由な国家」、彼自身の「ユートピアニズム」にかんする見解を参照せよ（1998a：177-8）。

140 ローティ（Rorty）によれば、レヴィナスの倫理学は「先端のない注射針」（1996:42）である。ローティの反論はメタ哲学的である、と思われる。つまり彼は「倫理学の倫理学」を企てることにおいてさえいかなるプラグマティックな価値も見ていないのである。しかしレヴィナスが特殊な倫理的・政治的アジェンダ（行動計画）を提示することに関心をもたなかったとはいえ、そのことは、(たとえば道徳的な責め（Guilt）の問題にかんして) 彼の著作が「実践的結果」を欠落させているということではない。私はこれらのいくつかの論点について、Plant 2003d において論じた。

141 Rousseau 1973：13ff を参照せよ。同じくドルバック（D'Holbach）は、「人間における憐れみは、「人間の構造」（その「正確な記憶」と「活動的な想像力」（1969：67））によって可能にされる「他者たちが苦しんでいる災いを多かれ少なかれ敏感に感知する習慣的な傾向」（ibid：66）——簡単にいえば、他者の痛みを彼自身に「取り込む」能力——である、と主張している。しかしながら、以前に論じたが、「取り込む」（1988a：172）という熟慮的な概念は、疑問視されるべきである。

142 Picard 48：105；Levinas 2001：47,59,97,106,183,204,235 を参照せよ。

143 レヴィナスはこの点についてしばしばホッブズに言及している（1966a：51；1996b：273）。

144 De Sade 1991a Dialogue 5；Nitezsche1992b：Essay 2,§§5-6 も参照せよ。兄弟愛の観念のキリスト教的「革新」にかんするド・サドによる批判（彼の「司祭と危篤の病者との対話（Dialogue entre un Pietre et un Moribond）」のなかで繰り返されている主張）は、ニーチェによって展開された。

145 レヴィナスがニーチェとナチズムとを同一視していることについては Bataille 1996：192-3 を参照せよ。

146 このような発言にかんしては擬似ピュロン主義的なところがある——ニーチェにはアタラクシアに対応するものは存在しないにしても。ニーチェとピュロン主義の間のもっと顕著な類似性については、Nietzsche 1994：pp.71,99 を参照せよ。

147 憐みの堕落についての説得力のある文学的な叙述としては、Zweig 2000 を参照せよ。

148 Nietzsch 1968：§§268,297 も参照せよ。

149 Nietzsche 1968：§§266, 276, 280, 285, 296；Derrida 2001a：33-4 を参照せよ。

150 Nietzsche 1968：§327 も参照せよ。

151 Nietzsche 1968：§§173-4, 200 も参照せよ。

152 Nietzsche 1992b：Essay,§§16,19 も参照せよ。

153 Nietzsche 1968：§§245-6 も参照せよ。このことを、罪と神についてのユダヤ・キリスト教的な概念についてのマルコムの見解と比較されたい。

154 Nietzsche 1968：§176 も参照せよ。レヴィナスによれば、（「自己に対する恐怖（fear for the self）」である）他者の恐怖（fear *of* the other）は他者に対する恐怖（fear *for* the other）に従属している。そして彼はその後者を「子供に対して恐れる（を気遣う）（fear for）母、あるいは友人に対して恐れるわれわれ各人にさえ」たとえている（Levinas 1998b：117；また 1993：47 も参照せよ；2001：124, 177）。第 8 章で明らかになるように、デリダであれば、他者に対する恐怖（fear-for-the-other）がまたどの程度まで自己自身に対する恐怖（a *fear-for-oneself*）（つまりそのひと自身のポテンシャルの低さあるいは嘆きへの恐怖）であるかが問われなければならない限りにおいて、ここではかなり慎重なのであろう。

155 この意味で、伝統的な道徳は「情念の記号言語」と見なされる（Nietzsche 1987：p.92）。

156 Nietzsche 1992b：Essay 1,§13 を参照せよ。

157 Levinas 2001：54,250 も参照せよ。

158 「審判される者」とはここでは、貧しい、傷つきやすい他者を意味しているのに対し、「審判」とは私が責めがある（Guilty）ことの告発を意味している。

159 デリダでさえ、「ニーチェがナチズムによって再利用されることができたのは、偶然ではない」（Derrida 2002f：221）ということを認めている。

160 Wittgenstein 1958：§§281,283,583；1990：§506 を参照せよ。

161 Levinas 1996a：8,73 も参照せよ。

162 Derrida 1993b:35, 75-6, 78；1995a:286, 277-9, 285-5 を参照せよ。レヴィナスはハイデッガーの「現存在」の概念には（それが他者に対して自己を優位化させる限りで）批判的であるが、いずれの哲学者にとっても強調点は正真正銘、人間中心主義的である。ハイデッガーの著作のこのような特徴については Glendining 1998：62-70 による。この点には後でまた戻る。

163 Wittgenstein 1958：§§250,357,650,pp.1704,229；1990：§§389,518 を参照せよ。

164 Glendining 1998：71 を参照せよ。

165 Wittgenstein 1958：§§283,360 を参照せよ。

166 Wittgenstein 1958：§244,p.218；1993：389；1994a：67；1999：§§359,475, 538 も参照せよ。

167 Wittgenstein 1996a：66-7 を参照せよ。

168 そして同時に、「他者（Autrui）の顕現は、世界から受け取られたこの意味とは独立に、それ独自の意味を含んでいる……顔の裸性はいかなる文化的装飾もないむきだしというべきものである……顔は、絶対的に異他的な領域からわれわれの世界に入ってくる」（Levinas 1996a：53）。人間と動物という概念の関係については、レヴィナスの見解を Gaita 2003：60-1 と比較せよ。

169 Caputo 1993：81；Derrida 1997c：89,107 を参照せよ。これはただ単に肉体的形態の問題ではない。なぜなら「ひとが出会う振る舞いは最初から人間的振舞いである。……ひとはそれを見るのであり、そのようなものとしてそれに反応するのである」（Dilman 1987：29）。

170 Derrida 997c：114-16,121-3,125,127,132,137-8,140-1,143 を参照せよ。もちろんデリダの議論は、広い意味では自然主義的というよりはむしろ現象学的である。

171 Caputo 1993：74-5, 80 を参照せよ。

第 7 章　倫理学の非合理性　　レヴィナスと責任の限界

172 Derrida 997c：112,116-17,125 を参照せよ。このことは、贈与が必然的に認識でき
　　ない こと（necessary non-recognition）に ついての言及（1992b：13-17,23,27,35-
　　6,47,56,91,101,147,1995b：106-7）と並行している。

173 Derrida 997c：112,116-17,125 を参照せよ。繰り返しになるが、これこそが、他者への倫
　　理的な関係がそこにおいてのみ可能となるような「前倫理的な暴力」（ibid.：125,128）につ
　　いてデリダが言及する理由である。つまり、このように他者（the other）を（一つの物、「一
　　つの石」（ibid.：125）ではなく）一人の他者（an other）として最小単位的に認識すること
　　は「暴力」を構成することであるけれども、そうした同一化が私が他者に対して責任を負
　　う必要条件である限りにおいて、それは「前倫理的」なのである。

174 Levinas 1996a：7,28,73；1998b：185 も参照せよ。

175 Levinas 1997b：93 を参照せよ。

176 Levinas 1994a：87,159；Putnum2002：55 も参照せよ。

177 Gaita 2000：32 も参照せよ。

178 あるいはレヴィナスが「奇跡」として言及していること（Levinas 2001:59, また 106 も参照せよ、
　　111, 113, 216-18, 250）。レヴィナスの反自然主義が提示する困難は、（単独の）顔がそのよ
　　うなものとして認識されることを可能とする何らかの共通性（commonaltity）が本来的に非
　　倫理的であると非難されるべきであると仮定した場合に、このような単独性がどのように理解
　　されるべきであるかということである。

179 レヴィナスがどの程度まで言語的コミュニケーションを強調しているのかについては、論争が
　　ある。かくしてクリッチュリーは、［レヴィナスが］人間中心主義だという告発に抗して（そして
　　またここでのデリダによるレヴィナスの読解の仕方に抗して（1999a：180））、レヴィナスは「非
　　言語的コミュニケーションに特権的な位置を与えている」と論じている。その際クリッチュリーは、
　　「非言語的な皮膚言語」という類似した考えにそれとなく言及している（ibid.:178-9）。しかし、
　　仮に彼が「義務（obligation）の経験がそこから派生してくる倫理の根源的なロゴスは、非
　　言語的なものに根ざしているということが示されることができる」（ibid.：181）と結論すること
　　が正しいとしても、このことは単にレヴィナスによる動物性の軽視を一層困惑させるだけである。

180 Derrida 992b：139,142,145；Handelman 1991：210 も参照せよ。

181 Levinas 1988a：172 を参照せよ。

182 Levinas 2001：41,90 も参照せよ。

183 Levinas 1988a：172 を参照せよ。

184 Levinas 2001：41,90 も参照せよ。

185 ウィンチ（Winch）は、「ある弱められた意味で、言葉を話せない動物が選択するというこ
　　とを許容することや、その選択を『尊重すること』についてわれわれが語りうるということを
　　否定することを、望んでいない」が、それにもかかわらず彼は、その「意味」は「弱めら
　　れる」（1987:175-7）だろう、と主張している。われわれは熟慮的な「選択」についてのウィ
　　ンチの論点は承認するかもしれないが、道徳的価値に対するこの一般的な基準を受け入れ
　　る理由はほとんど存在しない。ウィンチがここで看過しているのは（彼は別の問題にかんして
　　はそのことを強調しているけれども）、ウィトゲンシュタインの自然主義である。

186 興味深いことに、レヴィナスは、われわれがアダムのように「再びベジタリアン」になることや、
　　「毎日われわれの『清められた』口！を要求する屠殺場」（Levinas 1997a：151）に言及
　　することによって、この論文を始めている。

187 Derrida 2002e：388 も参照せよ。

188 （原文注 189）Malcolm 1986：303；Dilman 1987：49-50 も参照せよ。

345

189（原文注 188）Wittgenstein 1958：§§244,343 を参照せよ。

190 Wittgenstein 1958：§25 を参照せよ。

191 ウィトゲンシュタインの動物についての発言がいかに誤解されてきたかの一例としては、Pinker 1994：5 を参照せよ。また Gaita 2000：240 にも注目せよ。

192 Glending 1998：72-5 を参照せよ。

193 Gaita 2003：61 を参照せよ。確かにわれわれは非人間的な動物の泣き声に耳を閉ざすことはできる——たぶん食肉処理場で働いているひとびとはそのようにしているのであろう。私の論点は、そのような事例が動物に対するより原始的な反応のいってみれば浸食を意味しているということである。

194 Levinas 1988b：156-7 も参照せよ。これらの状況の下では、人間性でさえ、（一時的にであるにしても）「世界喪失的」あるいは「世界像」なき状態である。

195 興味深いことには、「動物は苦しむことができるか?」に答えて、デリダは「いかなる疑いもない。実際のところ、疑うためにいかなる余地も残っていない。……それは不可疑ですらない。それは不可疑なものに先行している。それは不可疑なものよりも古い」（Derrida 2002c：397）と主張している。

196 Wittgenstein 1993：381,383 も参照せよ。

197 「われわれの生活の偉大な『諸経験』は、正確にいえば、決して生きられてこなかった」（1987a：68）のような発言が謎めいて見えるのは、まさにそのことによる。

198 Levinas 1995：103,112 を参照せよ。

199 Levinas 1997a：47 を参照せよ。

200 Wittgenstein 1990：§545 も参照せよ。レヴィナスは、「憐みは……自然的な感情である」ということを認めているにもかかわらず、彼は「かつて飢えていた者の側における、他者に向けられた、他者の飢えに対する［感情］」と付言することで、この概念に限定を加えている。しかしレヴィナスが、（真の）倫理的な責任は、このような「自動反応的な連帯」からの「断絶」（Levinas 2000：173）であると見なされると結論できるのは、そのような自然的な憐みの部分的な説明によってのみなのである。

201 Derrida 1997c：89 を参照せよ。

202 このことは、以下のようなレヴィナスの発言にまったく相応しないわけでもない。「他者（the Other）は、単に状況からだけではなく、また媒介なしにわれわれへとやってくる。……顔の裸性は、いかなる文化的な装飾もないありのままのものである」（1996a：53）。従って、レヴィナスの必要性（need）と欲望（desire）の二分法は、私が欲するのは他者の必要性が満たされるということである、と書き直されるかもしれない。この欲望は、「私はもう十分に行った」と私が正当に自分自身で確信できないかぎり飽くことを知らないが、それにもかかわらず、他者の呼びかけが私にやってくるのは彼らの基本的必要性からであり、私の責任が最初に向けられるのは彼らの基本的必要性に対してである（実は他のところでもレヴィナスはまさにこのことを示唆しているように思える（1994b：99））。

203 Dufourmantelle 2000：142 を参照せよ。

204 Derrida 2002e：372-3,378,380,382-3 も参照せよ。

205 Blanchot 1887：50 を参照せよ。

206 Levinas 1988a：172；1997a：293 も参照せよ。

207 Rousseau 1973：25 を参照せよ。

208 もちろん非人間的な動物はそれでもまだ原則を普遍化できるひとびとから正義を要求するかもしれない——ちょうど多くの人間（子供たち、重度の精神的な病者、その他）が彼らの

第 7 章　倫理学の非合理性　　レヴィナスと責任の限界

無言の要求を行うように。

209 Glendinning 1998：142 を参照せよ。

210 Levinas 2001：47 も参照せよ。

211 Rousseau 1930：210 を参照せよ。

212 Levinas 1984：64-5 も参照せよ。

213 Sextus 1996：1：75 を参照せよ。レヴィナスもまた「犬は…自らの吠え声を抑制できない」（Levinas 1984：65）という疑問の余地がある主張をしている。

214 Levinas 1996a：114 も参照せよ。レヴィナスがしばしば主張しているように、（経験的な顔や身体のない倫理的な対面などありえないのと同じ意味で）語ることを語られたことから区別するどのような方法もないのかもしれないが、明らかに一部の「語られたこと」は他の「語られたこと」よりもそれらが語ることの精神により近いといえる。

215 「聖者の愛」（2000：24）についてのガイタの発言を見よ。

216 Caputo 1993：145；Derrida1988c：173ff.；1990c：953；1992b：144,167；1995a：268,277-9；1995b：71；1997c：142-3；1999c：135；2000a：406-7；2000c：4；2003；133 を参照せよ。

217 Derrida 997d：136；2000a：404-5；2000b：137-8；2002d：87 も参照せよ。われわれがこの他者（*this* other）に対して責任を負っていることにより必然的に排除される他の他者たち（those *other* others）に対するわれわれの責任について、デリダは、「動物」を「私の仲間たち（fellows）よりもさらに一層他の他者たち（other others）である」（1995b：69）存在者と呼んでいる。

218 そして特にデリダ自身の「不可能なものへの願望」（Derrida 1999c：72）。第 8 章で私はこのことに戻る。

219 　デリダは「『動物』一般について語ることは拒否している」。――実際のところ、彼は「動物（the animal）」のようなものが存在すると［さえ］考え（Derrida 2000a：407；2002c：231；2002e：292,402,415；2002f：241,308-9 も参照せよ）ない。

220 Levinas 1995：110 を参照せよ。

221 Derrida 999b：86-8；2002b：7,8；Dufourmantelle 2000：4 も参照せよ。

222 レヴィナスはまた「こんにちは、さようならといった挨拶言葉のなかにすでに支配的である他者のためにという無償性、責任の応答」（Levinas 1997b：106）に言及している。

223 Derrida 999b.：95 も参照せよ。

224 Derrida 994b：37 も参照せよ。

225 Caputo 1993：205,218；1997a：143 も参照せよ。

226 Derrida 2000b：123；2002f：377 を参照せよ。これについては第 8 章で説明する。

227 Wittgenstein 1990：§542 も参照せよ。

228 （原書注 229）またなぜ「自然」を、レヴィナスが「家」についての彼の現象学で問題にしている「根づき（rootedness）」（Derrida 199b：92）と同一視するのだろうか？（私は第 8 章で後者の主題に戻る。）レヴィナスは「感性をもった情感的主体（the sentiment subjectivity of sensibility）」を強調する「主観的生命の物質的現象学（*material phenomenology of subjective life*）」を提示している、とクリッチュリーは主張している。すなわち「倫理的関係は意識のレベルにおいてではなく感性のレベルにおいて、それゆえベンサムとルソーの倫理的義務の規準を思い出させるような仕方で生じるのである……。倫理や責任の基礎が見出されることができるのは、他者の苦しみに対する私の前反省的な情感的傾向性においてである」（Critchley 1996：33；Derrida 002e：359-7）。私はクリッチュリーによるレヴィナスの評価には共感を覚えるが、レヴィナスの意図がなんらの仕方で自然主義的であると示

347

曖することはひとを誤りに導きやすい。レヴィナスが主張しているように、彼が描出している倫理的な関係は、「自然よりも早い」かまたは「前自然的」（1994a：75）である。

229 〔原書注 228〕Levinas 1994a：75 も参照せよ。

230 Derrida 2001d：111-13 も参照せよ。

231 Derrida 1999e：118；2001d：101；2002f：372 を参照せよ。第 8 章でこれらのテーマに戻る。

232 興味深いことに、デュフォールマンテール（Dufourmantelle）は、歓待にかんするデリダの発言についての彼女のコメンタリーのなかで、「［他者との］出会いのなかで理解される身体のもっとも古い本能的反応」（2000：26-8；1997a：143）について言及している。それこそ私が「自然性（自然的なもの）」という語で取りまとめておきたい事柄である。

第8章　汚　染

レヴィナス、ウィトゲンシュタイン、デリダ

人間は限りなく大きな苦悩をこうむることがありうる……。それゆえにまた人間は限りなく大きな助けを必要とすることがありうるのだ。

L.ウィトゲンシュタイン『反哲学的断章——文化と価値』

労働者階級に心を開くのは至極簡単なことであるが、財布を開くのはそれよりも難しい。あらゆるもののなかで開くのがもっとも困難であるものは、私たち自身の住まいの扉である。

E.レヴィナス『タルムード新五講話』

歓待という問題は、倫理的問題と同一の広がりがある。それは常に、居住場所を、人のアイデンティティ、人の空間、人の境界を、滞在、住まい、家屋、炉端、家族、家としてのエートスを保証することにかんする問題である。

J. デリダ、デリダとデュフールマンテル（Dufourmantelle）『歓待について』所収

まえがき

先行する章において、われわれはさまざまなたぐいの「取り憑き」、すなわち懐疑による知への、レトリックによる論証への、倫理による政治への、暴力による正

義への、責めによる善き良心への、そして「動物性」による人間性への取り憑きに関心を向けてきた[1]。これらの分析を通して、私は頻繁にデリダの著作に言及してきた。この最終章で私が行いたいと思っているのは、デリダを、彼の研究に（いまだ）存在する何か幽霊めいたものから解放することによって、これらのテーマを合わせて提起することである。特に私が検討したいと思っているのは次のことである。すなわち、（1）デリダの研究は次第にレヴィナス的なテーマに影響されるようになったが、それはどの程度までのことなのか。（2）次いで、どのようにしてウィトゲンシュタインが、同様にデリダに「出没する」ように請われるのであるか[2]。最近の多くの作品では、デリダの思索へのレヴィナスの影響は顕著である。そのことは、デリダが「歓待」[3]のアポリア的な要求に焦点を当てている箇所においてもっとも明白である。これから見ていくように、これらの「擬似預言的な」（Caputo 1993：91）介在は、レヴィナスの思想が現代における倫理的・政治的理論の確立にどのような意味をもちうるのかという問いと同調するのに、デリダ以上にふさわしい者は誰もいないということを証明している[4]。いうまでもなく、レヴィナスとデリダの親近性ということが正確にはどの程度においてなのかについては、議論の余地がある[5]。それにもかかわらず、デリダの著作のなかでレヴィナスのモチーフが継続的に再定式化を受けているということは否定できないと私には思われる[6]。以下の議論で私は、デリダがどのようにレヴィナスの著作を発展させ、政治化したかについて手短にまとめたいと思っている。さらに詳しくいえば、ここで私の関心の対象となっているのは次のことである。すなわち、（1）デリダの歓待をめぐる明示的な考察が、レヴィナスの（『全体性と無限』で概観された）「住まい（home）」の現象学[7]にどのような影響を受けているか。（2）歓待の問題が、デリダの「反復可能性」にかんする研究の背景幕としてどのように現れているか。そして、（3）証言（testimony）、信頼（trust）、そして信仰（faith）にかんするデリダの見解が、いったいどのようにして広範なウィトゲンシュタインの関心領域に沿った形で読解されうるのか。これから見ていくように、これら三つのトピックは密接につながっているのである。

幽霊屋敷：レヴィナスの住まいの現象学

「住まい」の現象学の冒頭で、レヴィナスが「自然が表象され、加工されうるた

めに、また自然がまず世界として形をとるために不可欠な集約は、住まいとして成就される」（Levinas 1996c：152）と主張するとき、この「特権的な」テーマには実存的な賭けが含まれていることを認めている。つまり、

> 人間は、私的な領域から、すなわち自身で住まいに安らっている状態から到来した者として、世界のうちに身をおく。しかも人間はいつでもその領域に身を引くことができる。……具体的にいうと、住居は客観的な世界の内部に位置づけられるものではなく、客観的世界が住居との関係によって位置づけられるものなのである。
>
> （1996c：152-3）[8]

真に「世界をもつ」ことは、まず初めに「住まいをもつこと」——それがどんなに一時的で、壊れやすいことであったとしても——を前提としている。ここでいう「住まい」とは、主体のさまざまな進出がそこから世界へと方向づけられ、そこへと戻っていく、そのような場所のことを意味している。従って、そこにおいては、自己と世界の間の「循環的な……経済法則」（Derrida 1992b：7-8）が維持されている[9]。そして住まい（「可動式の住まい」[10]も含む）が「集積したり、保持できる動産と同じ意味における所有物ではない」（Levinas 1996c：157）のは、まさにこの意味においてである。もちろん住まいが「避難場所」（ibid.：154）[11]、または「始原的なもの（the elements）からの撤退」（ibid.：153）の場所を提供している限りにおいて、住まいは「自然的存在」（ibid.：156）との断絶とみなされる[12]。レヴィナスの論点は、この避難するということが、実存的にいえば、単に自然の猛威から避難するということ以上の意味があるということである[13]。主体が「住居」において自らを「集約する」ときに、「労働と所有物」の双方が「可能に[なる]」。（実際、視覚のメタファーに対するレヴィナスの疑念について私が第6章で述べたことを思い返せば、レヴィナスがここで「窓」を、「支配的な注視を可能にする」ものとして描写しているということ、つまり、住まいから眺められた際に「始原的なものは、摂取するにせよ、捨ておくにせよ、自我の裁量のもとにあり続ける」（ibid.：156）ということは着目すべきことである。かくして、自然世界の「無垢な素材」（ibid.：159）は、「住まいの四つの壁の内部に固定され」、その限りにおいて「所有物として収容される」（ibid.：158）ことになる。それゆえ、住まい

は、まず「その所有者に対して歓待的（hospital）」である限りにおいて、「実は
エゴイスト」であるように見えるだろう（ibid.：157）[14]。ここまでは、主体はあたか
もクルーソーがフライデーと出会う前の「孤立した生活」（1993：148）のように、
栄光ある孤立のうちに生存しているかのように記述されてきた。つまり、本質的に
「獲得の企て」（1996c：162）として理解される住まいは、これまでのところでは
「暴力」としては記述されえないように見える。なぜなら、レヴィナスが示唆して
いるように、ここでの獲得と所有は「顔なきもの」（ibid.：160）にかかわっている
からである[15]。しかし、（第7章で論じられた）愛するひとと愛されているひととの
関係のように、この「親密さ」（ibid.：153）の経済性――そしてそれが生み出す
家族的な善き良心――は、利己主義的な幻想以上の何ものでもない。というの
も、「所有それ自体は、より深遠な形而上学的関係」、つまり「人が所有すること
のできないひとびと――所有をめぐって争い、そのことゆえに所有ということそれ自
体は是認できるひとびと――としての他の所有者たち」に「かかわっている」から
である。つまり、「他の存在者の顔」（ibid.：162）と対面したときに、主体の住
まい（と、そこに現れるあらゆる「所有」）は、「疑問に」（ibid.：163）付されるこ
とになる[16]。このことこそが、「住居というところ」が「根源的（primordial）出
来事」を構成するとされる理由なのである（ibid.：168）。

　歓待の問題が生じるのは、あるいはもっと正確にいえば、すでに生じてしまっ
ていることが示されるのは、この点においてである。というのも今問題となって
いるのは、「当の所有者に対して歓待的である」（ibid.：157）ものとしての住
まいにかんしてではなく、むしろ「住まいというものが確立する歓迎（welcome）」
（ibid.：170-1）にかんして、あるいは「私が所有しているものを与え」、それに
よって「私の住まいを他者に対して開くことで、私の住まいに現れる他者を歓迎
する」（ibid.：171）にはどうすればいいのかを私が知ることにかんしてだからで
ある。かくして、レヴィナスは次のように結論づける。

　　手に何ももたず、かつ住まいを閉ざした状態では、いかなる顔にも接近され
　えない。他者（the Other）へと開かれた住まいへの集約、すなわち歓待は、
　人間的集約と分離の最初の具体的な事態である。そして、それは絶対的に
　超越した他者（the Other absolutely transcendent）への欲望と同時的
　に発生する。選ばれた住まいとは、根（root）とはまったく正反対のものであ

る。……住まいが他者に対して開かれる可能性は、閉ざされた扉や窓と同様に、住まいの本質にとって不可欠なものである。もし自身を住まいに閉ざすという可能性が、それ自身一つの出来事として、無神論として、内的矛盾を含むことなしには生み出されえないのだとしたら、分離は根底的なものではないだろう。

(1996c：172-3) [17]

　これらの論点は次のように要約されるであろう。ある物体（たとえば、ある発見された自然物）が私にとって所有物となるためには、それを所有することが別の人（another）にも可能でなければならない [18]。同じように、住まいが「その所有者に対して歓待的である」（ibid.：157）ということ（つまり、私がこの場所を住まいとして占有できるということ）は、そのことが他の所有者にも可能であることを意味している [19]。実際、私が別のひとの場所を奪い、そのことによって存在することの暴力に加担していることを他者の顔が非難しているときに、それが表情によって示しているのは、このことの必然的な可能性である。従って、私がここに住まっていることは、必然的に他者の亡霊によって「取り憑かれている」（Derrida 1999b：112）[20] のであるが、「そうした他者の現前は控え目にいえば不在でもある」（Levinas 1996c：155）[21]。かくして、レヴィナスは次のように主張することになる。「私の」住まいは、決して全面的に「親密的である」[22] ないしは「平穏である」[23] と記述されえないし、また決して全面的に「秘密の場所」（ibid.：156）ないしは「避難場所」（ibid.：154）でもありえない——実際のところ、それは全面的に「私のもの」であるとさえ記述されえないのである、と [24]。
　これらの一般的な論点を念頭におくと、デリダの「もてなすひと（host）と人質（hostage）」（1999b：57）の間の語源的なつながり（と、特に「もてなすひとは、問いに付される主体である限りにおいて、人質である」（ibid.：56）ことの理由 [25]）への言及がきわめて適切なものとなる。このことがまさに私が今取り組もうとしている課題である。

歓待の危険性

　デリダは自己と他者の「分離」が「社会的な紐帯の条件である」（1999a：

71)[26]（さらにまた「愛」と「友愛」の条件でさえある（1997e：14）[27]）と主張する一方で、レヴィナス[28]以上に、このことを擬似認識論的な用語で表現するのに抵抗がないようだ。よって、たとえばデリダは、この「非知（nonknowledge）が、異邦人の超越、つまり他者の無限な隔たりへ向けられた友愛あるいは歓待の要素である」（1996c：6）と述べている[29]。この「歓待（hospitality）」への言及が重要であるのは、単に先に私がレヴィナスの動物に対する明らかな「冷遇（inhospitality）」を見出したからという理由のためだけでなく、デリダが展開している多くの倫理的、政治的、そして擬似宗教的な概念がまさにこのレヴィナスの主題をめぐってのものだからである[30]。

　デリダの概念的な語彙を用いて、相互主観性を次のような実りある表現に換えることができる。他なるものとしての（すなわち、もし他者が単に私自身の鏡像（reflection）ではないとすれば[31]）他者（the other qua other）は、私を常に驚かしうる[32]。つまり、「他者が現れ、私の方にやってくること」（1997a：5）は、「予見不可能なもの」（2002a：361）の、あるいは「たぶん……だろう（perhaps）」（1997a：5）の領域に自分自身を見出すことである[33]。（レヴィナスも同じように「たぶん……だろう」は「存在と確実性の様態に還元しえない不可解なものの様態である」（1996a：75）[34]と述べている。）第3章で論じたように、ウィトゲンシュタインが、「機械的な」振舞いを、自然的な「生き生きとしたさま」（1958：§420）[35]、「測りしれなさ」（1994a：73）、「人間の振舞いの予測不可能性」（1990：§603）と対比しているときに、多くの関連する論点を提示している[36]。しかし他者の予見不可能性に対するデリダの強調は、彼がさらに進んで「招き（invitation）」と「訪れ（visitation）」（あるいは歓待）を区別するときに、より明瞭に政治的な含みを帯びている[37]。招きという言葉を用いてデリダが主に言及しているのは閉じられた招き（「4時に来なさい」）であり、開かれた招き（「あなたが好きなときに来なさい」）[38]ではない。招きにおいては、他者は調整的なコントロールのもとで到来するのである。その場合にはあなたは招かれているのであり、それゆえに私はあなたが来ることを「予期し、あなたに会う準備ができている」のである（1999a：70）[39]。もちろん、ここでも他者が私を驚かせると思われるような避けがたい可能性が残っている（さもなければ、これはただの強制にすぎないことになろう[40]）。たとえば、他者が求められた時間よりも早く来るか遅く来るか、あるいはそもそも来なかったりさえするような場合[41]である。しかしそれにもかかわらず、招きの機能は、私が住まいで安らっている

ことを妨げるそのような可能性を制することなのである[42]。かくして、招きの文法が示しているのは、それが漠然としたものでもない限り、あるいは後に修正されたり、撤回されたりすることを妨げないものでもない限り、制約に満ちたものであるということなのである[43]。もっと正確にいえば、この制約は、究極的には所有権という観念、すなわち私が「住まいに安らっていること」に根拠を置いている（Derrida 2000b：51）[44]。招きが実際に言い表しているのは、次のことである。あなたがやって来ることは許されており、そのことによって私はあなたに「自分の」空間と時間のいくばくかを与えるだろう。というのも、私がここの正当な所属者であって、私は侵犯者ではない（そしてここではそうではありえない）からである[45]。しかし、これらの仮定はレヴィナスの立場からすると、明らかに問題含みのものである。というのも、先に論じたように、「他者（the Other）は……私に問いただす」、「自らの……顔によって異議を申し立てることで、所有を無力化する」（Levinas 1996c：171）からである[46]。このように相互主観性の構造が根本的に「対格的（accusative）」（Levinas 1998b：111）なものであることを考慮すると、誰も決して無邪気に、あるいは疑問をさしはさむことなく「住まいで安らぐ」ことはないことになる。むしろデリダがいうように、ひとは常に「住まいにおいて異邦人（stranger at home）」なのである。というのは、「私の住まい」は絶え間なく他者による取り憑きを被っているからである。すなわち、「歓待は、住まいで安らぐことの脱構築である（2002a：364）[47]。招きの経済性（とはいえ、われわれがこれから見ていくように、この境界設定がぼやけたものになるのは避けられないわけだが）とは対照的に、（訪れに従属している）歓待はいかなる分別も知らない[48]。「純粋な」贈与に関するデリダの説明と同様に[49]、歓待は「計略」（1995c：74）なしに存在するものであって、「相互関係性、交換、経済、そして循環運動との断絶を前提としている」（1999a：69）[50]。それどころか、真正な歓待とは、ひとが「絶対的な驚き」の可能性に対して開かれていることに依存しているのである[51]。というのも、他者は「メシアのように、彼（彼女）が望むときにいつも到来しなければならない」（ibid.：70）からであり、私がもっとも都合がよいと判断したときに到来するのではないからである[52]。この「メシア性」（1998b：17）、つまりいつ、いかにしてメシアが到来するか、あるいはそもそもメシアが到来するかどうかが未知であることが[53]、「彼（女）が誰であるのか、その国籍が何であるのかを、国境で調べることさえせずに」、「誰であっても歓迎するようわれわれに命令や指令を与える……無条件的な歓待の法」なのである。それゆえ、

歓待の法は「来る者が誰であっても開かれているというあり方である。誰が来ても
ここでは安らぎを感じるであろう」（1997a：8）[54]。デリダは、もし「私が無条件的に
歓待的である」ならば、単に「招かれた客」をでなく、「訪れを歓迎すべきであろう」
（1999a：70）と結んでいる[55]。

　その場合、デリダによれば、私は自分が警戒心をもたないよう警戒し、「身構え
ないように身構え」（2002a：361）、「準備を整えないように準備し」（1999a：
70）なければならない[56]。驚くにはあたらないが、他者に対して限りなく開かれて
いるようにするというこの奇妙な実践（この「歓待の本質と結びついている……
狂気」（1998c：89,n.9）[57]）は、その結果としてかなりのリスクをもたらす[58]。前
述のように、「招き」はこのような危険を取り囲んで隔離する一つの方法を示
している。しかしまたすでに明らかになったように、そのような実践を倫理的
に疑わしいものとするのは、まさにそれを動機づけている傷つけられないこと
（invulnerability）（あるいは擬似ピュロン主義的なアタラクシア）への願望で
ある。しかしながら、「訪れ」にかんしていえば、上のリスクは、構成的な役割を
果たしている。来訪者が困窮に苦しみながらやって来て、「防御するものがな
く……［自分自身を］守ることさえできない」（1993b：12）私に襲い掛かるかも
しれないということ（つまり、来訪者が私が住まいでくつろいでいることを妨害し
て、「住まいを滅ぼす」（2000a：353）という状況にまで追い込み、死さえもた
らすかもしれないということ）は、歓待が歓待たりうるための不可欠な条件であ
る[59]。またわれわれが注意すべきは、私がこのように傷つけられやすい存在で
あるということもまた、住まいが住まいであって、自己規制的な隔離ではないため
の不可欠の条件でもあるということである[60]。（私は後ほど隔離という観念に立
ち戻るつもりである）。それゆえ、もしこのような「純粋な」歓待などというものが
あるとするならば、ひとは「やってくる者が……邪悪な」、あるいは場合によっては
「極悪な」（1998b：17）「人物である可能性を排除する」（1997a：9）ことは
できないということになる[61]。そしてこの妨害の力は単に経験的であるのみなら
ず、構造的である、つまり歓待の文法の一部なのである。言い換えれば、邪悪さ
は常にリスクであるが、このリスクそれ自体は邪悪ではない。むしろ、このような
リスクは歓待の格好の機会を構成するというべきである。もちろん「日常的な状
況」においては、来訪者は、たいていは自らが受け取る歓待に対して丁重な態
度を示すのであり、侵犯、強盗、追立ては多かれ少なかれ例外的な出来事であ

る。しかし、「日常的なものの内部に非日常的なものを産出すること」（2000a：
415）に専らかかわっているデリダは、この慣習的な友好は、要求されることもあ
らかじめ組み込まれることもできない、と主張する[62]。来訪者に盗まれる可能性
があるため貴重品をしまいこむ、あるいは暴力をふるわれる可能性を恐れて来
訪者が住まいに入ることを物理的に制止するといったたぐいの実践は（特定の
状況下ではどれほど合理的であるとしても）、純粋な歓待と共通の尺度で測るこ
とができないであろう。それはちょうど、贈り物が贈り物である（そしてそれが単
なる交換物ではない）ために欠かせない条件とは、それが望まれなかったり、適
切ではなかったり、不快感を呼び起こしたりしうることであるということと同じであ
る[63]。心からの祈りが単に「機械的に」（1992a：269）繰り返されるものであっ
てはならないのとまったく同じ仕方で、「『友愛』あるいは『思いやり』の身振りが、
純粋にただ儀礼上の規則に従っているだけのことであるとするならば、それは友
愛的でも、思いやりのあるものでもないということになろう」（1995c：7）[64]。要す
るに、「ある出来事が現れるためには、最悪の事態や極悪の事態が起こる可能
性が残されていなければならない……さもなければ、よき出来事もよきメシアも現
れえないことになるであろう」（1997a：9）[65]。つまり「危険にさらすものがまた、
何かを可能にするものである」（2002c：135）。

　バシュラール（Bachelard）は、すばらしく示唆的ないくつかの文章で、「扉
は半開きの全宇宙である」（1994：222）、というのも「単なる扉が……躊躇、誘
惑、欲望、安全、歓待そして敬意のイメージを与えることができる」からである、と
書き記している。その際、彼は「何に対して、何に向かって、扉は開くのか？　扉
はひとびとの世界に向けて開くのか、それとも孤独の世界に向けて開くのか？」
（ibid.：224）と問うている。こうした問いがわれわれの分析にとって適切な
ものであるということはまったくもって明らかである。実際、もっと早い時期にバ
シュラールは次のような（際立ってレヴィナス的な）問いを発している。「そこに
存在している（*being-there*）の……強調点はどこにあるのだろう？　存在している
（*being*）にあるのか？　それとも、そこに（*there*）にあるのか？　そこに——むしろ
ここに（*here*）と呼ぶ方がよいだろうが——、私はまず自分の存在（being）を探し
求めるのだろうか？」（ibid.：213）。そのときバシュラールは、私が論じてきたこ
とだが、レヴィナスとデリダの両者の強い関心をひきつけてきたものが何であるの
かということについてのいささか便利な概要を与えている。

357

外部と内部はともに親密な関係にある。それらは常に逆転し、それぞれの敵意を交換する用意ができている。このような内部と外部の間に境界面が存在するなら、この面はどちら側にも苦痛を与えるものである……「そこに存在すること（being-there）」の中心は揺れ動き、震えている。

(Bachelard 1994：218)[66]

「住まいに安らっていること」は「閉じられており、自己中心的で、貧しくて、致命的ともいえる孤立というイメージを発し」うるが、まさにこの同じ「住まいに安らっていること」が「また開かれていること、歓待、扉の条件でもある」（Derrida 2002d：81）。つまり、「住まいに安らっていることは常に他者によって、客によって、収用の脅威によって苦しめられてきたのである。それは、この脅威においてのみ構成されているのである」（ibid.：79）。「壁と閉ざされた扉は常に侵犯への招きとして経験されてきた」（Harries 1998：168）のではあるが、これは経験的に証明可能な住まいの欠点でも、嘆くべき傷つきやすさでもない。むしろこれらの「脅威」は、住まいのポジティブな可能性の条件を表している。というのも、「居住可能な家屋や住まいを構成するためには、その開口部、つまり外の世界への通路である……扉と窓もまた必要とされるからである。扉や窓がなければ、家屋も室内もないのである」（Derrida 2000b：61）[67]。

　このような贈与のアポリアは、デリダにとってはいまやほとんど新しい関心事ではない[68]。というのは、歓待に刻みこまれているリスク（それは彼の著作では時折護教論の危険な瞬間として現れるものである[69]）は、彼の「エクリチュール（writing）」と「反復可能性」にかんする考察に直接関係しているからである[70]。したがって、死という不可避な脅威が言語一般に取り憑いているということが見て取られることができるが、それは、（1）人間（言語）主体は傷つきやすく死を免れず、また（2）言語はその構造上、この死を免れないという経験的な条件を超越しているという限りにおいてである[71]。この言語と有限性の関係こそが、私が次に取り組みたいと思っていることなのである。

反復可能性の法から告白的なものへ

われわれがどのような特定の言語理論を支持するとしても、議論の余地な

第8章　汚　染　　レヴィナス、ウィトゲンシュタイン、デリダ

く残されている一つのことがある。すなわち、いつか私が自分の最期の言葉
を口にするであろう（あるいは、もっと正確にいえば、私が「残されたひとびと」
（Heidegger 1999：282）[72] に自分の最期の言葉を口にすることになるであろ
う）ということである。さらにいえば、不可能にも思われる厳密な隔離——そこで
は、私の環境のみならず、あらゆる物理学的・生物学的プロセスがもっとも厳格
な監視と予知（すなわち、神のみが見通すことができると思われること[73]）の支配
下にあることになる——がなければ、まさにこの瞬間におけるこれらの言葉が、
結果的にそれと知らずに発せられた私の告別の言葉だということにならないこと
を、決して私は確信できない[74]。私の死は、どのように予想されるとしても、常に
予想よりも早くやってきて、「夜に盗人のようにやってくる」（「テサロニケの信徒
への手紙一」5：2）[75] 来訪者やメシアのように、私を不意打ちできる[76]。私が自ら
（自分の場所、態度、あるいは好ましい「最期の言葉」を）整える間もなく、死は
常に驚きとして——実際、究極の驚きとして、到来しうる[77]。というのも、私はそれ
について語るべきものは何ももたないだろうし、その到来をほとんど経験さえしない
だろうからである[78]。これらが私の最期の言葉になるかもしれないという限りにお
いて[79]、「最期の言葉」は、構造的にいって、特にそれとわかる特徴をもたない[80]。
しかし、この構造上の「平凡さ」には更なる含みがある。それは、単にどんな言
葉も、事実として、私の最期の言葉であるということになりうるだろうということだ
けでなく、むしろ、あらゆる言葉があたかも私の最期の言葉であるかのように機
能するということである[81]。つまり、記号は（書かれたものであれそれ以外のもの
であれ）、その「源泉」から分離可能なものであるということ、そしてこの源泉は
死の時点に対して不在でありうるということが、まさに言語が言語として機能す
ることに不可欠なことなのである。「私」の発する言葉が、発話者というあり方で
「私」に依存関係にあるということは明らかであるように思われる。しかし、この
見方は、私が発話するどのような言葉も、定義上、私の死後も生き延びることが
できなければならないという点からすれば、誤解を招きやすい。この「生き延び
ること」という語がかかっているのが、私の意図、私の空間的・時間的場所、ある
いは私の現実の死のいずれの突破であろうと、そうである[82]。このようにして、特
定の主体間で行われるもっとも直接的でありふれたコミュニケーション行為です
らすでに、それらの行為の不確定な散種（dissemination）を示している[83]。
　これらの論点と、ウィトゲンシュタインの「私的言語」[84]、そして「たった一度だけ」

（1958：§199）規則に従うことにかんする見解の間に類縁性があるということは、疑う余地がない[85]。しかもデリダの反復可能性にかんする説明は、「きわめて一般的な自然の事実」（ibid.：p.230）がわれわれの馴れ親しんでいる自然の事実とは異なっているというような「架空の自然誌（史）を創作すること」がしばしば啓発的であるというウィトゲンシュタインの提案を介してもまた接近可能となる。人はたとえば、主体と、主体によって書かれた言葉が切り離せないほど密接に結びつけられ、両者は主体の死の定めによって消滅させられさえするような世界を想像するかもしれない[86]。ここでは主体の死によって、主体によって書かれた言葉は当然世界から消失するという結果になる。（人はさらに、主体の死が、主体が存命中に記述したかもしれないあらゆることに関する他者の記憶を消滅させるということを想像するかもしれない[87]）。この思考実験の眼目は、言語が人間の有限性によって限定されているような世界がいかに奇妙なものであるかということだけではなく、さらに極端にいえば、「言語」、「エクリチュール」、そして「コミュニケーション」（そして、少なからず、「著者」と「テキスト」の区別そのもの）の概念がそれでも足場をえることができるかどうかを例証することにある[88]。（言語的）主体の死の定めが、主体によって「使用される」言語の不滅性と対比されることを必要とすることは、ウィトゲンシュタインの言葉を借りれば、「［その］一般性ゆえにわれわれに衝撃を与えない」（ibid.：p.230）「人間の自然誌（史）」（ibid.：§415）にかんすることである[89]。おそらく、特定の哲学サークルにおけるデリダの悪意的な受容（そして、特に彼が「取るに足りない」（1995a：420）ことを行っていると非難されたこと）の一因となったものは、まさにこの「一般性」だと思われる。もちろん、デリダの論点が「言語は……『不滅』である」（2000a：402）という明々白々な定式にとどまったままであるのなら、それは実際のところほとんど哲学的関心を引かないように思えるだろう[90]。重要であるのは、このような一般的な「かつて誰も疑うことのなかった観察」（Wittgenstein 1958：§415）が、ひとたびその意味が追求されるのならば、他のもっと特殊な哲学的、政治的、倫理的関心の分野に影響を与えずにはおかないということである。レヴィナスの責め（Guilt）に対する強い関心についての私の前述の発言や、私がいつの日か自分の「最期の言葉」を口にするであろうという（上記の）一見「取るに足りない」ように思われる主張を念頭におきながら、いまやわれわれはこれらの二つの主題を次のようにまとめることができる。あらゆる言葉とともに、私は

第8章　汚　染　　レヴィナス、ウィトゲンシュタイン、デリダ

自らの死の定めを証言している[91]、そしてその暗黙の含みとして、私がこれまで
死を免れてきたということを証言している。デリダが述べているように、私は、私の
「生き延び」（Derrida 1995a：346）という名において書き、語り、行為してい
る（等々）のであり[92]、そのようなものとして私の活動は（言語的であれ、他のもの
であれ）「生きながらの死の儀式（living death liturgy）」（1993a：137）を
構成している[93]。しかし、私が第6章で論じたように、私の「生き延びること」は、
存在することが「すでに倫理的な問題」（Levinas 1993：48）である限り、問
題をはらむものである[94]。確かに、私は現在生き延びている。そしてこのことは、
一人の「私」であることの可能性の条件である。しかし、レヴィナスが問いかけ
るように、この生き残りは「誰の犠牲」（1999：179）のうえに成立しているのだろ
うか？[95]私の諸活動（あるいは、デリダがその用語に与えているより広い意味での
「エクリチュール」）が私の生き残りを証言しているという点で、それらは同時に
生き残っていることに対する私の責めを証言しており[96]、そうすることで、それら
の活動に固有の告白的（confessional）、謝罪的（apologetic）本性を暴き出し
ている[97]。かくしてレヴィナスは次のように推測する。

　　謝罪的ではない言説が世界にいまだかつて存在していたのかどうか、
　……われわれの実存についてのわれわれの最初の自覚は権利の自覚である
　のかどうか、それはまずもって責任の自覚ではないのかどうか、われわれは自
　らに恥じることなく自分の住まいに入っていくように世間に気楽に参入するとい
　うよりは、むしろはじめから告発されているのではないのかどうか、私は知りた
　く思う。

（1994b：82）

存在することはすでに告白的な様式で存在することである。あるいはデリダ
の言葉を用いれば、「人は常に告白するために……許しを求めるために書く」
（2001b：49）のである。すなわち、人は「告白していない時や、告白することを
拒絶している時でさえ、告白している」（2002a：383）のである[98]。事実、デリダ
ははっきりとこの許しの求めを、「人は常に歓待を怠り、歓待の心を欠如させる
……人は決して十分に与えることはない」（ibid.：380）[99]という事実に結びつけ
ている。そして、さらに重要であるのは、彼が許しの求めを「生きていることに対

する、生き延びていることに対する……そこに存在しているという純然たる事実に対する……責めの意識（guilt）」（ibid.：383）に結びつけていることである。

懐疑論、信頼、暴力

　デリダの業績は、悪意に満ちた敵意と無批判的な模倣の両方を引き起こし続けている。後者にかんしては、特に私の関心を呼び起こすものはない。しかしながら前者は、そこでの広く行き渡った疑いが、デリダの思想は極端な懐疑論を露呈しているというものである限りにおいて、私の分析と関連がある。今やわれわれは、デリダがしばしば（特に彼の倫理的・政治的な著作で）用いる「そのようなものがあるとするならば（if there is such a thing）」（1993b：79）という限定詞[100]について若干考察し、軽率な読解がどのようにしてこのような懸念を生み出しうるのかについて見ていかねばならない。そのようなデリダの諸見解の表層文法は、実際のところそれらを懐疑論的な解釈に向かわせるのだが、しかし宗教的信仰と宗教の拒絶の間でのウィトゲンシュタインのためらいと同様に、デリダのここでの慎重さはまったく懐疑的なものではない[101]。ウィトゲンシュタインと比較してみることは、この場合適切である。というのも、これから見ていくように、ウィトゲンシュタインが特定の宗教性から離れて宗教について語っている[102]のとまさに同じように、デリダも最小の（そして排除不可能な）信頼（trust）あるいは信仰（faith）の名のもとに宗教について語っているからである[103]。かくしてデリダは、一見慎重な「もし存在するとするならば」こそが、実は責任、決断、歓待などを構成するものである、と主張する。これらは単にそれ自体経験的に不可能なだけではなく、むしろ「不可能なものの象徴」（1992b：7）なのである[104]。「純粋な」歓待（贈与、決断など）の具体例は決して実際に起こらないということではなく、このようなことが「起こった」とは決していわれることはできないであろうということなのである[105]。そしてこのことが、それらが何であるかということの本質的な特徴なのである。かくして、それらの不可能性は、実際デリダの説明を伝統的な意味において懐疑論的なものにするような不十分さや不足として嘆かれるべきではない。それどころか、それらはまさにその生命をこのような不可能性に負っているのである。同じように、デリダの反復可能性[106]にかんする説明も、そこではいかなる有意味な記号も（言語的かそれ以外かを問わず[107]）「失敗」（1971：325）と

いう必然的な可能性が刻印されているとされている限りにおいて、懐疑論的なものに見えるのかもしれない[108]。行為遂行文（performatives）にかんするオースティン（Austin）の分析に反対して[109]、デリダが主張しているのは、オースティンが強調している行為遂行的失敗の「リスク」が、「一種の溝のように、つまり［言語］が決して危険を冒してまで踏み込まないであろうと思われる外的な破滅の場のように言語を包囲している」（ibid.：325）わけではない、ということである。むしろ、この「リスク」は、「本質的な属性あるいは法」（ibid.：323）[110]なのであって、実は言語の「力」（1992a：42）[111]と、「可能性の内的かつポジティブな条件」（1971：325）[112]を構成しているものなのである。ある記号が「正常に」[113]機能する（すなわち、その意図された目的地に到達する、理解される等々）ためには、オースティンがそうしようと企てているように、記号が「道を外れる」可能性を排除できない[114]。実は、記号がまさに「うまく」機能しているそのときでさえ、そのような失敗は不可避な可能性として刻印されたままである[115]。さらに、反復可能性が哲学的な嘆きを呼び起こさないのは、これが法であって、「おとり(lure)」（ibid.：327）ではないからである。『確実性の問題』における「知」と「疑い」の間の密接な文法的関係についてのウィトゲンシュタインの示唆[116]を踏まえて、デリダは誠実さ、真正さ、成功、真実（そして、特に歓待、友愛、善性）は、不誠実さ、真正でないこと、失敗、虚偽（敵意、悪意、邪悪さ）に必然的に依存しているということを、われわれに気づかせようとしている。要するに、これらの概念の文法の間には必然的な「相互汚染（reciprocal contamination）」（1984：122）が存在しているということである[117]。（ウィトゲンシュタインが『哲学探究』で示唆しているように、まさにこのことが、明らかな歪曲を行うことなしには、誰も「乳呑み児」（1958：§249）を──あるいは多くの人間以外の動物たちを[118]──、「誠実である」、「正直である」あるいは「真実を語る」[119]と評することができない理由なのである）。もちろん、物理的暴力という形であれ、単なる不誠実という形であれ、危険が迫っているということを、状況が示すこともあるかもしれない。だがそのような場合でさえ「超越的な確実性（transcendent certainty）」（Wittgenstein 1999：§47）[120]が発見可能でも、必要とされているわけでもなく、従ってそれは哲学的ノスタルジアの対象となることはできない。「全文脈（total context）」[121]を確定する方法など存在しないのは、とりわけ何が「正常な状況」を構成しているのかを誰も「正確に記述することができない」（ibid.：§27）からなのである[122]。結局のところ、どのような文脈の考慮

が可能であれば、アイロニーあるいは引用文で用いられるあらゆる発話と区別した隔離を提供できるであろうか？[123]実際のところ、この限りにおいて、「日常」言語と「異常な」言語の間に単純な境界を設定することについてのデリダの疑念（というのも、彼が「見出そうとしている……のは、日常的なものの内部に異常なものを産出することと、日常的なものが……われわれが異常なものとして理解するものによって『傷つきやすく』、またそのようなものに対して『免疫をもつ』ものではない」（Derrida 2000a：415）[124]というそのあり方だからからである）は、ウィトゲンシュタインの後期の著作の多くと一致している。かくして、『確実性の問題』におけるウィトゲンシュタインの「信頼」と「基本命題」にかんする見解を念頭において、われわれはデリダの反復可能性についての多くの論点を次のようなものとして再定式化できる。私は他者が私に語ることを信頼しなければならない、あるいは少なくとも、他者は信用されるべきではないという自分自身の判断を信頼しなければならない、と[125]。同じように、私は自分の語ることが、意図されたとおりに信じられ、理解されるであろうということを信頼している[126]。おそらくもっと極端な言い方をするなら、私がこの文の成就まで生き延びるであろうということ[127]や、また、たとえ「あなた」がここに居続けることがどれほど不確定であっても[128]、あなたもまた生き延びるであろうということさえも、私は信頼していなければならない。（言い換えれば、私は世の終わりがその間には到来することはないだろうということを信頼しているのである[129]。）それゆえ、そのような「原始的な」（Wittgenstein 1999：§475）[130]、「基本的な信仰」（Derrida 1998b：45）は、「軽率さといったものではなく、許容されうるものである（Wittgenstein 1999：§150）。というのも、こうした信仰がなければ、人は、単純にいって「学習することができない」であろうし、その後「言語ゲーム」（ibid.：§283）に参加することもできないであろうからである[131]。そうだとすれば、この決定的な意味において、信頼は複数の他者の間で行われる一つの言語ゲームではない[132]。むしろ、それは、あらゆる言語ゲーム[133]が依存しているものを構成している[134]。デリダが評しているように、「他者に対する信頼なしには……こうした最小限の信仰という行為［なしには］……いかなる社会も」（Derrida 1997e：23）ありえないであろう。あるいはウィンチ（Winch）の言葉を用いれば、「言語はあるが、真実を語ることが規範と見なされないような社会という観念は自己矛盾である」ことになり、それゆえ「真実を語るという規範を『社会的慣習』と呼ぶこと——そのことによって、一般的に真実を語ることに人々が固執しないような人間社

第8章　汚　染　　レヴィナス、ウィトゲンシュタイン、デリダ

会がありうるかもしれないということが意味されているのであるとすれば——はナン
センスだということになるであろう」（1960：242-3）[135]。つまり、「真実を語るという
美徳へのある程度の関心は、誰もが真実の言明を行うということが可能であるよう
などんな社会においても、その背景として不可欠な条件である」（ibid.：244）[136]。
そのような信頼は、社会の根底にあるものとして、合理的なものでも非合理的なもの
でもない[137]が、とりわけそうであるのは、「それが言葉で表される」ことも、「考えら
れる」ことさえも決してなかったから（Wittgenstein 1999：§159）[138]である。この
論点にかんして私が提言したいのは、私がこれまで擁護してきたウィトゲンシュタイ
ン的自然主義が、「証言」と「信頼」にかんするデリダの発言のなかに最低限読み
とられることが十分可能である、ということである[139]。たとえば、デリダはさまざまな
仕方で、「信仰あるいは約束を暗に意味している証言は、社会的空間全体を支配
しており、……理論的な知はこの証言的空間の内部に限定されている」（1999a：
82）と述べている。すなわち、

　　ひとは信じられないもの、少なくとも信じられることしかできないもの、信念や
　それゆえ所与の言葉にしか訴えることができないものに対してのみ、証言する
　ことができるのである。というのも、その信じられないものは、証明、証拠、確証
　された承認事項……そして知の限界を超えたところにあるからである……わ
　れわれが他者に自分たちの言葉を受け入れるように求めるとき、われわれは
　すでに単に信じることが可能なだけのものの秩序のもとにいるのである。そ
　れは、常に信仰へと差し出されているものの問題、信仰に訴えるという問題で
　ある……このようなものが、私がまさに訴えている真理であり、私が嘘をついた
　り、自分の誓いを破っていているときでさえも、信じられていなければならない
　真理なのである。

（1998c：20-1）

　たとえば、誰かを信頼すること、誰かを信じることを取りあげてみよ。これは
言語のもっとも日常的な経験の一部である。私が誰かに話しかけ、「私を信
じなさい」というとき、それは日常言語の一部である。だが、この「私を信じな
さい」には、もっとも非日常的なものへの呼びかけがある。誰かを信頼するこ
と、信じることは、信仰のなせるわざであり、それは証明とはまったく異質なも

365

の、つまり知覚とはまったく異質なものなのである。

(2000a：418)[140]

　私が第2章で論じたように、もしわれわれの生存（コミュニケーション的・社会的なものであれ、物理的・生物学的なものであれ[141]）が可能であるためには、われわれはこのことについて疑いを抱いたまま始めることはできない[142]。というのも、この「基本的な信頼は……あらゆる他者の宛名（address）のうちに……含まれているものだからである。最初の瞬間から、それはこの他者と同一の広がりをもっており、そのため、あらゆる『社会的紐帯』、あらゆる問いかけ、あらゆる知、行為遂行性を条件づけている」（Derrida 1998b：63）[143]。そして、このことが「歓待の文化ではないような文化は存在しない」（2002a：361）理由なのである[144]。他者を信頼することは、後にわれわれが心に抱くかもしれないどんな疑念にも論理的に先行している。なぜなら、疑念はそれ自体必然的に疑念に開かれていないものの上に基礎づけられているからである[145]。しかし（「生存者たち」の一人（Derrida 1988e：593）として）誰かが生き残るやいなや、疑いは、必然的な——付言すれば、局所的なものではあるが[146]——な可能性として刻印されたものになる。不誠実、不信、疑い、嘘をつくことは、論理的にいって、誠実、信頼、確実性、真実に「寄生している」かもしれないが、このことは社会的・道徳的舞台を孤立化させることと何らかかわりをもちえない。そしてこれは嘆くべき欠陥というよりは、むしろ構造的な特質なのである[147]。同様に、特定の前行為遂行的な誠実さ（暗黙の「私を信じよ」（Derrida 1998b：63）[148]、と「『無条件の』肯定」あるいは「あらゆる限定的な脈絡から独立した」「イエス」（Derrida 1997d：152）[149]）が、あらゆる発言と同一の広がりを保っていることは、偽りの可能性を妨げない。むしろ、それは偽りを可能にするものであり、特に子供や多くの人間以外の動物にかんして偽りを容易にするものでもある。ムーアは「自ら述べていることを知っている」と主張することによって「基本的命題」を誤って表現している、というウィトゲンシュタインの示唆（1999：§151）と類似した言い方で、デリダは、オースティンの行為遂行文の説明が、偽りを「偶発的（accidental）」（Derrida 1971：323）、「不運な（unhappy）」（Austin 1976：15）、あるいは「不適切な（infelicitous）」なものとして特徴づけることによって、誤って表現していると論じている[150]。オースティンの真面目（serious）か不真面目（non-serious）かの区別にお

ける暗黙の規範性はデリダに対して、言語行為理論における「寄生（parasite）」という用語の政治的意義についての疑念を引き起こさせたのではあるが[151]、私はそれとは異なった種類の倫理的・政治的問題に立ち戻ることにしたい。

　以前に私が論じたのは、いかにして歓待の可能性が悪に取り憑かれているかについてである。それはまさに、客が根本的に非歓待的なありかたで現れるということが常にありうることが構造的に不可避なものである限り、いえることなのである。この可能性に対する絶対的な予防手段はない。もしあるとしたら、歓待自体が空虚な概念となってしまうだろう。私が歓待的である可能性は、かくして、歓待一般の関係（歓待が生じるさまざまな脈絡）と歓待への特定の「参加者たち」の双方からなる、ある御しがたい傷つきやすさに依存している[152]。むろん、歓待が信頼の破綻の影響を受けにくくするような策が講じられうる。だが、デリダがときどき示唆するように、策が講じられた歓待は歓待ではありえないとするならば[153]、どのようにしてこのような用心深い策が正当化されうるだろうか？[154]この問いに答えるには、ここでレヴィナスの著作における「第三者（the third party）」の構造的重要性を想起しなければならない。そこでの論点を再現してみよう。もしわれわれ二人しかいないとするならば、歓待しないこと（inhospitality）は実際不当なものだということになるだろう。しかし、第三者もまた単独の他者（the singular other）の面前で私に話しかけるとすれば、この他の他者（other other）に対する私の責任は十分に考慮されねばならない。このような仕方においてのみ、歓待しないことは歓待自体の要求に刻印されているものとなる[155]。「人は自分が与えるものと自分が受け取るものに責任をもたなければならない」とデリダが注記するのは、「贈与の惜しみなさが過度であること——純粋で良い贈与の本質はそこにあるのであるが——」は、「悪いこと……最悪なことにさえ」転じることがありうるからである（1992b：63-4）[156]。第三者（それは、常にすでに単独の他者の面前に「到来している」者である、ということを思い起こそう）とともに、われわれは理論、正義、諸制度の誕生を見出すだけでなく、「今」まさに正当な暴力の要求が聞き入れられることができるということを見出す。このようにして、もし私がxをyの暴力から守ろうとしているとすれば、私がyを歓待しないことは私のxへの歓待の本質的な構成要素となり、私がyを歓待しないことが私がxに歓待的である可能性の条件を構成する[157]。ショーペンハウアーが端的に述べているように、「友愛はすべての人類に与えられるべ

367

きものを一個人に限定するものである」限りにおいて「ただの限定や偏愛にすぎない」一方で、「あらゆるひとの友人である人は誰の友人でもない」（1918：123）[158]。ここで生じているパラドクスは、以下の引用文のように平然といわれる点では、「純粋な」歓待がピュロン主義者の根本的な無関心と識別不可能になるだろうということである。

> あらゆる確定に先立って……あらゆる身元確認に先立って、誰があるいは何が現れようとも、それが外国人、移民、招かれた客、あるいは予期せざる来訪者と関係があろうとなかろうと、新たなる到来者が他国の市民、人間、動物、あるいは聖なるものであろうとなかろうと、あるいは生者であろうと死者であろうと、男女どちらであろうと、イエスなのである。

> （Derrida 2000b：77）

純粋な歓待と歓待しないことの間の、「無条件的な歓待の法」と「条件的な……歓待の法」（2000b：79）[159] の間の、愛と暴力の間の、友愛と敵意の間の必然的な相互「汚染」（1992a：68）[160] が（再び）残り続けるのは、このようにしてなのである[161]。ここでは、「排除と包含」のカテゴリーは「分離不可能である」（ibid.：81）。そして「歓待」それ自体が「自己矛盾した概念である」（2000c：5）ことになる[162]。そのときデリダにとって、暴力（従って、取り除くことが不可能な悪しき良心）はレヴィナス倫理学の無償性に刻印されているものであるが、それに次のような点においてである。（1）他者（the other）はまずそのようなものとして、つまり一人の他者（an other）として認定される必要がある。（2）私はこの他者（this other）のために十分な行いをした、あるいは「正当な選択」（2001e：56）をしたと確信して安らぐことは決してできない。（3）私がこの他者（あるいはこれらの他者たち）と共有しているどんな倫理的関係も、常に別の他者（another other）（あるいはあれらの他者たち）の犠牲の上に成り立っている。（4）私のこの他者（あるいはこれらの他者たち）への責任は、そのことによって別の他者（あるいはあれらの他者たち）に対する私の暴力を要求するものである[163]。要するに、「忠誠の中核には不忠」（2002a：388）が必然的に存在する。そしてデリダが「悪しき良心は……私の倫理学と政治学の主要な動機である」（2001b：69）[164] と主張するのは、まさにこの理由からなのである。

第8章　汚　染　　レヴィナス、ウィトゲンシュタイン、デリダ

結局のところ、（レヴィナス的な）デリダの歓待の観念から「政治学を引き出す」ことは可能ではないかもしれないが、しかしデリダは、（再びレヴィナスと同じように）「この無条件的歓待の原則へのかかわりを忘れた政治学は、正義へのかかわりを失っている政治学である」（2002d：17）[165]と主張している。

　これまで私は、歓待と暴力、誠実と不誠実等々の間に確かに存在する汚染に関心を向けてきた。かくしてデリダがわれわれに注意を促しているのは、レヴィナス的な「純粋な」寛容さ（'pure'generosity）の倫理学がいかにして必然的に不可能かということについてである[166]。まさにこの可能なものと不可能なものの混合こそが、次に私が焦点を当てたいと思っているものである。

不可能なものについて（決断すること）

　「倫理学講話」でウィトゲンシュタインは、「われわれの言語の特徴的な誤用があらゆる倫理的、宗教的表現に広く行き渡っている」（1993：42）と述べている。だが、「言語の限界に逆らって進む」この「人間精神の傾向」の無益な努力は、彼が「［その傾向］に深く敬意を払う」ことを妨げるものではない（ibid.：44）。同様に、神が可能性の領域を超えて何かを命じるということは[167]、言葉が「空回りしている」（1958：§132）あるいは「休んでいる」（ibid.：§38）事例として、ウィトゲンシュタインに、そのような文法的な奇妙さを捨て去ることを促すものではない[168]。むしろ、彼はこれらのアポリアを真に宗教的な生活に本質的なものとして保持しようとしている[169]。デリダの著作にも、正義、責任、歓待、贈与（など）が、「不可能なものの経験」（1995a：359）[170]や「不可能なものへの欲求という経験」（1999c：72）[171]にわれわれが「耐える」[172]ことを要求している限りにおいて、類似した傾向が現れている。一つの特に際立った例を取り上げて、デリダは、「いわゆる責任ある決断」が単に「ある概念の技術的な適用」、あるいは（あたかも人が「『医者の処方』に従っているかのように」（Wittgenstein 1994a：53）[173]）「何らかのあらかじめ設定された秩序の帰結」（1993b：16-17）[174]であってはならない、と述べている。むしろ「決断は、決断不可能なものという背景のもとで生じなければならない……責任の条件としてのみならず決断の条件として、決断不可能なものが、決断の機会に脅威を、もてなす者の自我（ipseity）に恐怖を刻み込んでいる」（Derrida 1998c：62）[175]。第1章で

369

論じられたピュロン的物語に倫理的な捻りを加えながら、デリダはこの決断不可能性という背景幕が、相互に両立不可能な選択に直面した際の「麻痺状態」（1999a：66）[176]や「あきらめ」（2001e：56）を構成するものでも許容するものでもない、と主張している。というのも、「何らかの決断不可能性の経験がなければ、倫理においても、政治においても……いかなる決断もないことになってしまうであろうし、従ってまたいかなる責任もなくなってしまうであろう」（1999a：66）からである[177]。しかしながら、このことは、決断不可能性が単なる不確定性にすぎないといっているわけではない。むしろ、「私がある問題に直面し、二つに確定された解決策のどちらも等しく正当化可能であるということを知っている。その時点で、私は責任をとらなければならないのである」（ibid.）[178]。（つまり、所与の状況下で、私は、自分の選択肢がxとyの二つであるということを知っている。私が知りうるすべては、xとyをどのように実行するか、そしてそれぞれの起こりうる結果のみである。問題は、これら二つの限定された選択肢の間で、私がyよりもxに決定する（あるいはその逆にする）ことを正当化するすべを知らないということである。というのも、xあるいはyのどちらに決定する理由も正当化も等しく明瞭で、説得力があり、合理的であるからである。デリダが言及しているのは、このような決断不可能性の場面であって、それ自体であいまいで不確定的であるxとy、またはxあるいはyから帰結する困惑のたぐいではないのである[179]。デリダは判断基準のアポリア的な本性を認めているにもかかわらず[180]——そのアポリアが時折、彼に擬似キェルケゴール的な「跳躍」（ibid.：73）の必要性について語らせることもあるのだが[181]——、それでもなお彼は、ピュロン的なアタラクシアの目的論には抵抗する。決断を構成する責任あるいは「狂気」（1995c：59）からのいかなる解放も存在しない[182]。というのもそこでは、「善き良心」（1999a：67）[183]、つまり規則を絶対的に適切な仕方で適用したか、ただ単に「命令に従った」という堕落した確信がありえるだけであろうからである[184]。結局のところ、どのようにしてこの基準を適用し、別のそれを適用しないことが正当化されるのだろうか、あるいはこのプログラムを採用、実行することで他のプログラムを排除せざるをえないことが説明されるのだろうか？[185]またどのようにして、あのようにではなく、このように規則を適用することが正当化されるのだろうか？　私が第2章と第3章で論じたように、継承されてきた世界像に訴えることが認識的な慧眼（epistemic acumen）であるかもしれないが、しかしそれは、

善き良心を正当化するために、決して倫理的に十分ではないだろう。というのも、どのような世界像もそれ自体として、他なる他者たちによって住まわれることが可能でなければならないものだからである。つまり、私的言語が存在しえないのと同じく、私的な世界像も存在しえないのである。私の世界像は取り憑かれているものであるという点で、先に論じられたような「内的な」特徴（私の決断[186]、私の住まい[187]、私の友愛、愛[188]）と変わるものではない。もし私の世界−内−存在することそれ自体に他者が「取り憑いている」（Levinas 1984:63）[189]とすれば、私の世界−像の特殊性は、悪魔払いや、引きこもるための隔離のしかるべき方法を提供しないであろう。

　有限性のないところではいかなる歓待もないがゆえに、主権とは、フィルターにかけ、選択し、それによって排除し、暴力を用いることによってのみ行使される。非正義、ある種の権利侵害、そしてある種の偽証さえもが、歓待への権利のまさに入口からすぐさま始まっている。

（Derrida 2000b:55）

私が彼女よりあなたを、異邦人たちより友人たちを、「見知らぬ者たち」よりも自分の家族や共同体（あるいは人種でさえ）を選ぶということ、すべてこれらのことを私は日常的に正当化している。だがまさにこの正当化のプロセスにおいて、別のものではなく、この一連の判断基準を用いていることを、私は正当化できないのである[190]。端的にいえば、「私は、自分がよい決断をしたということを決して知ることはないであろう」（Derrida 2001b:62）。われわれは、いうまでもなく、可能な選択の間で「計算し」[191]なければならない。デリダはランダムな[192]、あるいは恣意的な行動を奨励しているわけではない。そうした行動はいずれも「決断」を構成することはないであろう[193]。同様に、われわれには、判断を下すためにできるだけ多くの知識を蓄える責任がある[194]。われわれは、故意に反合理的であってはならないのである（結局のところ、このことは、別の合理性に訴えることなく、どのようにして正当化されることができるというのだろうか？[195]）。だが、計算しようという決断は、それ自体「計算可能なものの秩序」（Derrida 1990:963）に属するわけではない[196]。もっと具体的にいえば、「公正（just）と不公正（unjust）の間でなされる決断は、決して一つの規則によって保証さ

れているものではない（ibid.：947）。というのも、当の規則の公正さは──実際にありうるのは常によりましな公正さやよりましな規則であろうが[197]──、決断によって引き受けられなければならないであろうからである。第1章で論じられたピュロンの寂静主義のパラドクスを念頭に置いて考えると、われわれは常にすでに決断の内部にいる、つまり決断は生じている」（2002f：312）のである。私が決断を保留しているときでさえ（ひっきりなしに迫る決断の要求に対して私が「ノー」というときでさえ）、私はすでに決断の保留に対して「イエス」といってしまっているのである[198]。こうした決断−内−存在はそれ自体、熟慮に基づくものでも、擬似契約的なものでもなく、人間の有限性の構造そのものに根差したものである[199]。このようにして、デリダは主意主義的な決断主義を提唱しているのではなく、むしろあらゆる個別の熟慮がそのもとで生じてくる肯定的な背景幕を明確に示そうとしているのである[200]（とはいえそのことは、あらゆる言説あるいはメタ言説が、それ自身に対して前行為遂行的な「イエス」を前提としている限りにおいて、不可能ではないにしても、困難である[201]）。

人が決断−内−存在であることにおけるこの「常にすでに」という性格──そして「アウシュヴィッツと他の多くの話題」に対するハイデッガーの「許しがたい沈黙」にかんする公然たる「思い切った」非難（1988a：147）[202]──にもかかわらず、デリダは、（ハイデッガーがそうすると思われるように[203]）弁明的・告白的な実践それ自体に対して疑いを投げかけることはしない。むしろデリダが強調しているのは、かかる実践によって要求される、不可能ではあるが必要な警戒である[204]。この警戒は、悪しき良心を維持すると同時に、しかもまたそのような悪しき良心が決してただ単により深みにある善き良心を覆い隠したのではなかったということを保証するものである[205]。（とはいえ、このリスクをともなった定式化においてさえデリダは、「保障される」ことができるかもしれない悪しき良心の倫理性に疑問を投げかけるであろうが）。こうしたこと全般には何か「恐ろしい」（1997b：20）[206]ところがあるのではないかと思われるかもしれない。だがこれらのアポリアは「陥穽（trap）」を詳細に描き出してはいない、ということを思い起そう。むしろ、これらのアポリアはまさに「決断の条件」（1999a：69）であり、それゆえ責任それ自体の条件である。不可能なものの経験を特徴づけているのは、私の世俗的な活動が、──必然的に犠牲を求めるものである限りにおいて[207]──、決して全面的に正当（正当化可能）（just（ifiable））なものでは

ないということを認めるときの「絶え間ない不安」（1984：120）である[208]。かくして、「自責の念（remorse）」は「われわれがどんな決断に対しても有している関係の本質的な属性」（1998a：37）となる。というのも、「われわれと他者たちとの関係において……われわれは決して正しいことをしたと確信すべきではない」（1997b：23）からである[209]。

> 死すべき者とは……責任を負う者である。そして、その責任とはまさに、客観的な善だけではなく、また無限の愛の贈与、忘れられがちな善性に心を向けることを要請するものなのである。このように、一方で有限で責任を負う死すべき者と、他方で無限の贈与の善性との間には、構造的な不均衡あるいは非対称がある。この不均衡については、それに啓示された原因に割り当てなくとも、あるいはそれを原罪という出来事に辿らなくとも、思いつくことができる。だが、それは必然的に責任の経験を責め（guilt）の経験へ変容させる……私に私の単独性を与えるのは……責任への最初の訴えでもある贈与の無限の善性と私を、釣り合わないものにするものである。責めは責任に本来備わったものである。というのは、責任は常にそれ自身に対して釣合ったものではないからである。つまり誰も決して十分に責任を負うことができないのである。
>
> （1995b：51）[210]

言い換えれば、私の責め（Guilt）はどんな特定の行為や不作為にも、原罪の継承にさえ根拠をもたない。（その代わりにデリダは、「いかなる原罪にも先立つ原罪」（2002a：388）として、そしてまた私は「先天的に責めがある（a priori guilty）」（ibid.：384）として、このことに言及している）。むしろ責めとは、私が世界に「有限で……死すべきものとして」存在していることの、私がここに存在していること（それは別のひとの存在の侵害である）の、私があの他者よりもこの他者に関心を向けることの、そして私があらゆる他者に対して「十分に責任を果たして」きたと常に私自身が確信していることの不当性の、本質的な部分である。

　デリダの回想によれば、かつてレヴィナスは、自らの本当の関心は「倫理だけではなく、聖なるもの（the holy）、聖なるものの聖性である」（Derrida 1996c：4）と披瀝したという[211]。かくして、レヴィナスは政治的分野で「宗教的な息吹、あるいは預言者的精神」（1998b：203）について言及しているのである

が、それは、「正義の内部において、われわれがよりよい正義を捜し求める」
（1988a：175）[212] 限りにおいてである。というのも、「絶え間ない心からの自責
の念」（1998b：229）あるいは正義（公正）という「悪しき良心」（ibid.：230）が
善き良心を寄せつけないからである[213]。同様に、デリダが述べるところによれば、
「正義が法ではない」とされるのは、「正義こそが法を改善しようとする衝動、
原動力、あるいは運動をわれわれに与えてくれるものだからである」（1997e：
16）。正義は「常にそれ自身と等しいものではない……正義の要請は……決し
て十分に応えられない」。そしてこのことこそが、「『私は公正である』と語る」
（ibid.：17）ことが堕落なしにはありえない理由なのである[214]。この限りにお
いて、「ユートピア的な理想主義なしにはいかなる道徳的生活もない」（1988a：
178）とレヴィナスは主張する——もちろん、このユートピア的理想主義はまったく
非－目的論的なものなのであるが[215]。実のところ、「無償の」（1998a：147）[216]
自己犠牲、あるいは「聖性」[217]の可能性こそが、レヴィナスが「人間的良心の本
質」（1998b：107）あるいは「宗教」（ibid.：7）として記述しているものなのであ
る。このことを念頭において、私はデリダによる「宗教」と「信仰」の区別にか
んするいくつかの見解に取り組むことにしたい。

永続的な信仰

　先に述べたようにウィトゲンシュタインは、倫理や宗教について語るときに、「言
語の限界に逆らって突進し」ようと企てる人々の「傾向性」は「まったくもって絶
対的に絶望的である」（1993：44）と主張している。そのような努力は、尊敬に
値するものであるが、それでもなお不可能なものを企てようとしている。だが第5
章で論じたように、ウィトゲンシュタインはわれわれを『論理哲学論考』における沈
黙の景観のなかに置きざりにはしない。ウィトゲンシュタインは、「倫理学はそれ
がどんなものであるにせよ、超自然的である」（ibid.：40）と主張しているとはい
え、すぐに続けて「恥」と「罪悪感をもつ」（ibid.：40）に言及することで、倫理
的生活の現世的側面にかんして若干の手がかりを与えている。レヴィナスとデ
リダの両者にとって、「不可能なものに対する欲求」は善き良心と責め（Guilt）
に対する問いとより直接的に結びついているとはいえ、どの程度デリダがレヴィナ
スの宗教性を共有しているかについては確定するのが困難である。たとえば、

レヴィナスと後期ウィトゲンシュタインの両者を念頭におきながら、デリダは次のように警告する。「われわれは、遥か上方の離れた場所にいる超越的な誰かとしての神について考えるのをやめるべきであり」、その代わりに「そのような偶像崇拝的なステレオタイプ化や表現なしに、神や神の名について思考するべきである」（Derrida 1995b：108）、と。しかしそれでは神について何が語られうるのか、この言葉はそのときどんな実行可能な機能をもちうるのか、とわれわれは問うかもしれない。興味深いことに、『割礼告白（Circumfession）』のなかでデリダは、彼の「宗教」については「誰も何も理解していない」（1993a：154）と語っている。「少し前に、あえてそのことについては私には問いかけないで、他の人たちに、私がまだ神の存在を信じているかどうか尋ねた」彼の母でさえもそうである、と。デリダは続けて次のように述べている。「だが、私の人生においては神の概念は別の名前で呼ばれており、そのために私がまったく正当なことに無神論者で通っているということを彼女は知っていたにちがいなかった」（ibid.：155）、と。カプートが注目しているように、「無神論者で通っている」という発言は、いくぶん謎めいた表現であるように思われる[218]。——われわれは、——文化的に同化されてしまったピュロン主義者のように——問題の核心に至るような決意なしに、多くのことで「通っている」かもしれない。ここでわれわれは、自らが「キリスト教徒」と呼ばれうる「ことには意味がある」（Drury 1981：130）ということにかんするウィトゲンシュタインの発言を思い出すかもしれない。逆にいえば、デリダが「まったく正当にも」無神論者で通っている「ことには意味がある」ということでもある。というのも、「神」は彼の人生と著作においては、比較的に名指されぬまま（あるいは少なくとも「別の名によって」）受け入れられているからである。状況を複雑にしている理由としては、特にデリダが「キリスト教の伝統の外部でさえ……責任、決断、自責の念などについて考えることが可能」（1997b：21）であるかどうか考えていることが挙げられる[219]。ただし、デリダの著作において神聖なもの（the divine）に関係していると思われる「別の名前」が、何であるかを見つけ出すのは困難なことではない。告白、否定神学、メシア的なもの、そして祈りへの彼の強い関心が[220]、ここではそれに該当する。また、犠牲、喪に服すこと、そして良心にかんする彼の数多くの考察も同様である。もちろん、われわれは人間の「割礼告白」に依拠しすぎるべきではないが、デリダが非宗教的あるいは擬似宗教的な用語で宗教的なものを理解しようとする試みをめぐって、ウィ

トゲンシュタインの強い関心を共有しているかどうかは、それでもなお問われても
よい。これまでの議論でほのめかされているように、これらのデリダ的なテーマ
がそのまま「宗教的なもの」として解釈されうると私は提案しているわけではない
（結局のところ、レヴィナスの著作でさえ明瞭に「宗教的な」解釈を要求している
ということが明らかなわけではない）。実際のところデリダは、このようなモチーフ
が「私が単に宗教的な人物であること、あるいは私が単に信仰者であることを意
味している」ということを否定している。

> 私にとっては「宗教」というようなものはない……ひとが宗教と呼ぶものの内
> 部には……さらに緊張、異質性、破壊的火種、時にはテキスト、とりわけ預言者
> のテキストがあり、それらは一つの制度、一つの集大成、一つの体系へと還元
> されえないものである。

（1997e：21）

デリダは「宗教」という用語には慎重である。なぜなら、それは「宗教的なもの」
の領域内の同質性を暗に示しているからである。第3章で論じたように、こうし
た用心深さは賢明ではある。だが、「ひとが宗教と呼ぶもの」の「異質性」に対
する彼の強調は、極端な（リオタール的、あるいは擬似ウィトゲンシュタイン主義的
な信仰主義的）共約不可能性のテーゼにまで誇張していわれるべきではない。
というのも、デリダはキェルケゴールの「逆説的」（ibid.）信仰に対して一定の
賞賛を表しながら、さらに進んで「宗教と信仰」の間に次のような区別を行ってい
るからである。

> 私がこの場合に信仰と呼んでいるものは、私が正義と贈与について〔語って
> いる〕もの、もっとも極端な脱構築的身振りによって前提とされているものに類
> 似している。あなたは、信仰のなせるわざがなくては、証言がなくては、他者に
> 語りかけることも、他者と話をすることもできない……この「私を信頼してくださ
> い、私はあなたに話をしているのです」は信仰の秩序に属している。そして、
> その信仰は理論的な言説に還元されえないものである……だから、この信仰
> は厳密にいえば宗教的ではない。少なくともそれは、既存の宗教によっては
> まったく規定されえないものである。だからこそ信仰は絶対的に普遍的なも

第8章　汚　染　　レヴィナス、ウィトゲンシュタイン、デリダ

のなのである。

（1997e：22）

　宗教あるいは各々の特定宗教に対するいかなる批評も、それがどれほど
必要なもので、根本的なものであろうと、信仰一般に疑いをさしはさむべきでは
ないし、またそうすることもできないと私には思われる……（あらゆる知識やい
かなる「事実確認的な（constative）」可能性をも超越した）誓われた言葉に
おける信念、信用、信仰の経験は、社会的つながりや他者一般への関係の、ま
た、あらゆる知やあらゆる政治的活動、とりわけあらゆる革命が含意する禁止命
令、約束、そして行為遂行性の構造の一部である。宗教それ自体の批評は、
科学的なあるいは政治的な企てとして、この「信仰」に訴えかけている。それ
ゆえ、宗教への言及を一切排除することは私には不可能であると思われる。

（1999d：255-6）[221]

　ウィトゲンシュタインと同様に、デリダはいかなる特定の宗教的世界像にも自らを
委ねない。そしてこの限りにおいて、彼の立場は無神論的であるといわれるかも
しれない。しかしながら、すべての世界像——実際には、脱構築という活動も含
めた人間の（そして、おそらく動物の）あらゆる活動——は、「最小の」（ibid.：
23）信仰によって支配されているものである限りにおいて、宗教性に対するこの
ためらいはそのまま無神論的なものというわけではない[222]。実際のところ、宗教
的信仰がそれ自体さらなる「基本的な信仰」（1998b：45）に依拠しているという
ことは、宗教によって要請される絶対的な「信頼」（Wittgenstein 1994a：72）
が、（たとえば）親子関係において明白な「原始的な」信頼のなかに自然的な対
応物（counterpart）を見出すという私自身の提案と、一致するところである[223]。
要するに、デリダが「社会的空間全体を支配している」と主張する「証言空間
（testimonial space）」（1999a：82）は、ウィトゲンシュタインがいうように、「所
与の」（1958：p. 226）あるいは「われわれの生活のようにそこにある」（1999：
§559）自然的地平のことなのである[224]。

377

原　注

1　本章の内容は Plant 2003c に掲載された。

2　つまり、脱構築とウィトゲンシュタインの後期哲学の方法論的な相関関係を越えて（Staten 1986）。

3　Derrida 1999c: 57 を参照せよ。1971 年のリクール（Ricoeur）との議論において、デリダは、自分の関心は「倫理学の必要性とまだ一致していないたぐいの問いを提示すること」（1992c: 159）にあると主張している。しかしながら、デリダの著作におけるいわゆる「倫理的転回」の始まりは、早くも「暴力と形而上学（Violence and Metaphysics）」に認めることができる。そこでは歓待についてのあるレトリックが現れている（1997c：152-3；Bernstein 1991：172-229 も参照せよ）。

4　クリッチリー（Critchley）によれば、デリダの最近の著作が描き出しているのは、「特殊な現象の擬似現象学的な……記述と分析」である。つまりデリダは、「特殊なものそれ自体に……日常生活の些細な部分や謎めいた細部に関心を抱いている」（1996：32）。いうまでもなく、贈与、歓待（等々）をめぐるデリダの分析をまた「規制している」ものは、「多くの伝統における」これらの概念の「遺産」に「刻み込まれているもの」（Derrida 2001b：53）である。

5　Critchley 1999a を参照せよ。

6　ドゥーリー（Dooley 1999, 2001）は最近デリダとレヴィナスとの根本的な相違を示そうと企てた。私はこの企てを Plant 2003c で批判した。

7　デリダ自身は「歓迎の言葉（A Word of Welcome）」（1999b:16,21）において『全体性と無限』のこの節について触れている。もっとも、彼がそこで焦点を当てているのは、「女性的なもの」にかんするレヴィナスの議論に対してなのではあるが。「住まい」（とそれに関連した概念）についての他の分析としては、Bollnow 1967；Dovey 1978；Seamon 1979；Seamon and Mugerauer 1985；Bird 他.1993；Bachelard 1994；Benjamin 1995；Ingold 2000 を参照せよ。

8　Bachelard 1994：47,51；Levinas 1994b：107 も参照せよ。

9　Bachelard 1994：5-7,66；Levinas 1996c：162 を参照せよ。

10　「可動式の住まい」にかんしてのハリーズ（Harries）のやや非難めいた見解を参照せよ（1998：144-8）。

11　Levinas 1996c：156 も参照せよ。

12　Heidegger 1994：351 も参照せよ。

13　Levinas 1996c：157 を参照せよ。

14　Peperzak 1993：157-8 も参照せよ。

15　レヴィナスにとって、このことはおそらく動物の家畜化を含んでいるのであろう。「もの（things）」は「顔なきもの」であるというレヴィナスの主張にかんする批判としては、Benso 2000 を参照せよ。

16　Levinas 1996c：171；1998b：17 も参照せよ。

17　Heidegger 1999：156-7 も参照せよ。

18　Levinas 1996c：162；Heidegger 1999：99-100 を参照せよ。

19　Husserl 1989：pp.31,88,177 を参照せよ。

20　Derrida 1993b：20；Levinas 1984：63 も参照せよ。

21　Derrida 1999b：111；2001a：84-5 も参照せよ。

第8章　汚　染　　レヴィナス、ウィトゲンシュタイン、デリダ

22 Levinas 1996c：153 を参照せよ。

23 Levinas 1996c：158 を参照せよ。

24 Derrida 1992b：10-11；1995a：282；1999b：99 を参照せよ。

25 Derrida 1999b：55；2000b：109；2000c：3 も参照せよ。

26 Derrida 1999b：46, 92 も参照せよ。

27 Derrida 1996b：84-5；1997a：13-14；1999a：81 も参照せよ。

28 Levinas 1992：66-7 を参照せよ。

29 Derrida 1997e：17；1998c：68；2001a：21 も参照せよ。シュッツ（Schutz）もまた「異邦人」（Schutz 1964：91-105；1970b：87-8）と「住まい」（1964：106-19；1970b：82）の概念に言及している。

30 かくしておそらくデリダ自身の著作のなかで啓発的なのは、「神学と形而上学の共謀関係（complicity of theology and metaphysics）」（Derrida 1997c：108-9）である。Derrida 1995b：108-9；1999c：57 も参照せよ。

31 Derrida 1999c：75-6 を参照せよ。

32 Derrida 1988e：593；1992b：122-3, 147；1997a：3,4,7；1998b：17；2003：90,91-2 を参照せよ。また、ガイタ（Gaita）の「会話と他性（conversation and Otherness）」（1998：73）にかんする見解にも留意せよ。

33 Derrida 1990：971；1992b：95；2002c：159；2003：118 も参照せよ。

34 明らかに、他者はそうしばしば私を驚かすわけではない。そしてこの意味においてさえ、「た・ぶ・ん・……だ・ろ・う・」は「存在と確実性の様態へ」還元されえることはできない。要するに、「た・ぶ・ん・……だ・ろ・う・」は、他者がまったく私を驚かせないかもしれないということを必然的に含意しているのである。「驚き」にかんするウィトゲンシュタインの見解を参照せよ（1994a：45）。

35 Wittgenstein 1990：§525 もまた参照せよ。

36 Husserl 1982：p. 114；Tilghman 1991：100 も参照せよ。

37 Derrida 1999c：77；2000c：14,17n.17；2001d：98；2002a：360-2 を参照せよ。レヴィナスは、「訪れ」という語によって、他者（と、特に顔）に言及している（1996a：53-4, 59；またDerrida 1999b：62-3 も参照せよ）。

38 Derrida 1995c：14 を参照せよ。しかしながら後者（開かれた招き）の開放性も、限定された種類のものである。というのも、「いつでも来なさい」という招きが意味しているのは、ほとんどしばしば、ど・ん・な・と・き・で・も・来なさいということではないからである。私が念頭においている真に開かれた招きのたぐいは、それゆえ、デリダの「純粋な」歓待の観念にかかわっている。

39 第2章で行ったヘルツツベルク（Hertzberg）にかんする私の議論を念頭におけば、かくして招きは信・用・関・係・と並行しているということもできよう。他方、訪れは（まもなく明らかになるように）信・頼・と並行している。

40 Derrida 1995c：14 を参照せよ。

41 Derrida 1993b：10-11 を参照せよ。

42 Derrida 1992b：7；1995a：355；1999b：99 を参照せよ。また、他者の「妨げ」はレヴィナスが使用している用語である（1996a：69）。

43 Derrida 2000b：25 を参照せよ。デリダはまた、――招きと対照的に――真正の贈与はいかなるそのような署名も容認しない、と主張している（1992b：148,171）。

44 Derrida 1992b：126；2000b：55；Caputo 1997a：110-11 も参照せよ。

45 Derrida 1998c：28；2000c：4-5 を参照せよ。他者に「時間を与えること」についてはDerrida 1992b：28 を参照せよ。

379

46 Derrida 1999b：45 も参照せよ。

47 Levinas 1984：63；Derrida 1997e：14；2003：95 もまた参照せよ。このためにデリダは「寛容」の観念に疑念を抱いている（2003：127-9）。

48 Kant 1976：79；Derrida 1998c：67 を参照せよ。

49 Derrida 1999c：72 を参照せよ。

50 Derrida 1992b：7,12-13,35,76,91,147,156；1997e：18-19；2001a：34,56；2001e：44,48-51,55 も参照せよ。贈与のアポリアにかんしては、「あなたが何か慈善行為を行うとき、あなたの右手がしていることをあなたの左手に知らせないようにしなさい」（「マタイによる福音書」6：3-4）というキリストの警告を、「贈与と同じく、告白は無意識的なものからのものでなければならない」（1993a：233）というデリダの主張と比較せよ。私はこのことについて（Plant 2004a）で論じている。

51 とはいえ、この「絶対的な驚き」の可能性に開かれているということは絶対的な驚きではありえないのではあるが。というのも、そうでなければ「そのようなことがありうるということは、当の驚きを驚きとして認識することを不可能にしてしまうであろう」からである。実際のところ、われわれは「なんらかのことが起こっていることすらまったく」知らないということになるだろう（Caputo 1993：74；2000：113 も参照せよ）。

52 Derrida 1993b：33-4；1997e：17；2000c：8,10；2001a：83；2002a：361,372,381 を参照せよ。再び、この「驚き」は贈与に関するデリダの考察に関係している（1992b：122-3,147）

53 「マタイによる福音書」24：36,39,42-51；Derrida 1997e：22-4；2001a：31；2002d：14；2002f：94-6；Smith 1998 を参照せよ。

54 Derrida 1993b：33；2001e：22-3；2002d：12,17；Caputo 2000：113 も参照せよ。

55 「ルカによる福音書」14：12-13 も参照せよ。「ヨハネの手紙二」9-11 と対比せよ。「あらゆる国民国家がその国境の管理によって構成されている」限り、こうしたことはすべて「政治的に受け入れがたい」（2002f：100, see also 115）ということをデリダは認めているが、「この無条件的歓待の原則へのかかわりを忘れた政治学は、正義へのかかわりを失っている政治学である」（ibid.：101）と主張している。

56 Derrida 1992b：15-16,82；1993b：11；2000a：353 も参照せよ。

57 Derrida 1992b：9,35,45-6,55；2002a：362；Gaita 2000：105-6 も参照せよ。贈与の「狂気」をめぐるデリダの見解に注目せよ（1992b：9,35,45-6,55）。

58 Derrida 1995a：198；1995b：68；1997a：10；1997b：23,28-9；1998b：31；1998c：62；1999a：70-1；1999c：72；2001d：68-9；2002d：11,22,79-81 を参照せよ。

59 Derrida 1997d：112；1998c：14；1999b：35 を参照せよ。この点にかんしては、デリダのアルジェリア戦争の記憶にも注目せよ（1995a：120）。

60 Baier 1986：235；Derrida 2000b：61,125 を参照せよ。実のところ、傷つきやすさは一般的に愛と友愛にとって不可欠なものである。そして、このことゆえにレヴィナスは、むき出しの、可死的な「身体は、贈与の際のあらゆるコストと共に、贈与の条件そのものである……［与えることには］身体も暗に含まれているのである。なぜなら、極限まで与えることはわれわれ自身の口から取り出されたパンを与えることだからである」（Levinas 2000：188；1994a：77 も参照せよ）と主張したのである。

61 Derrida 1992b：12,53-4,64；1995a：387,392；1995c：143；1997a：12-13,16-17；1997b：28-9；2000a：352；2002a：402；2003：101；Bennington 2000a：341,348 も参照せよ。フロイト（Freud）とニーチェ（Nietzsche）にはこの点において着目に値するところがあるが、それはどちらも「自身が狂気に対して歓待的であることを示している」（Derrida 1998a：104）という限りにおい

第8章　汚　染　　レヴィナス、ウィトゲンシュタイン、デリダ

て、つまり、どちらも「狂気それ自体との対話」（ibid.：83；また2002f：217も参照せよ）を
企てている限りにおいてである。

62　Derrida 1999a：70を参照せよ。

63　Derrida 1992b：12,53-4,62-4；Gaita 2000：26-7を参照せよ。

64　Wittgenstein 1994a:8; Levinas 1999:101;Derrida 2000b:25,81-2; 2002c:134も参照せよ。

65　Derrida 1995a：198,387；1999c：132-3；2002f：106,108,179,238も参照せよ。この「なけ
ればならない」という強制力は記述的である。根源悪は、必然的にどんな出来事にも、もっ
とも「倫理的なもの」にすら取り憑いている可能性なのである。

66　これらの発言にもかかわらず、バシュラールにとって、住まいは本質的に「白日夢」（1994:6）
のための避難場所にとどまる。そこにおいては、われわれの「存在（being）」はまず「安
寧（well-being）」である（ibid.：12）。

67　「入口」とは、ラング（Lang）が述べるところでは、「私が他者たちを自分のパーソナルな領
域に歓待して受け入れるところである……私の歴史は、玄関口において存在し、この通路を
通り抜けたひとびとが心地よく居続けたり、たびたび訪れたりすることのなかに保存されている」
（1985：207）。われわれの議論に照らし合わせれば、ラングの見解には二つの保留が必要
である。まず、もし入口（そしてより一般的にいえば、「住まい」）が「たびたび訪れられている」
のであるならば、「通り抜けたひとびと」によってだけでなく、歓待を与えられなかった他の他
者たち（other others）によってもたびたび訪れられているのである。ラングが正しく認識して
いる「たびたび訪れること」は、実際に訪れたひとびとに限定されうるものではない。という
のも、可能的な客としての「他者」も同じく住まいに厄介事をもち込むからである。同様に、
ラングによる「心地よく居続けること」と「たびたび訪れること」の連言は、歓待可能な客
だけが実際のところ入口に「たびたび訪れる」ということを暗示しがちである。だが、たび
たび訪れるということは常に「心地よい」ものとは限らない。というのも、客たちのなかでももっ
とも友好的な者でさえ（客である限り）、恩知らず、暴力、あるいは悪行の可能性を隠しもっ
ているに違いないからである。さらに、たとえ客たちがまったく平和的であるということがわかっ
たとしても、彼らの滞在の間、他の他者たちの滞在が「日の目を見ること」が否定され、こ
の点である種の暴力を被っているのである。

68　Derrida 1990：929；Kearney 1993；Baker 1995：97-116を参照せよ。

69　同じように危険な瞬間はハイデッガーの「沈黙」をめぐるデリダの発言のなかにも現れている
（Derrida 1988a：145-8）。しかしながら、これは限定つきであるべきである。というのも、デ
リダは、悪（と、それゆえにまた善）が不可能であった世界が、この世界よりも「劣っている」
だろうと、必ずしも示唆しているのではないからである。

70　デリダの告白への強い関心についてはいうまでもない（1992a：34-5；1993a：160）。

71　Derrida 2000a：402を参照せよ。

72　（擬似経験的な仕方で）霊魂の不滅性を信じるひとびとについてでさえ、依然としてこの論
点は彼らの現在の「現世的な」生存に当てはまるであろう。反復可能性の構造原理は、不
滅性によって損なわれることはない（ここでは単に、現実の死という像（the figure of actual
death）は「不在（absence）」という反復可能性のもっとも根本的な形式を表現しないとい
うことになるだけだろう）。言語の不滅性についてのデリダの発言を参照せよ（2000a：402-
3）。このことについては再び立ち戻って論じるつもりである。

73　Derrida 1995b：91を参照せよ。

74　Levinas 2000：21を参照せよ。

75　Peter 3：10；Revelation 16：15も参照せよ。

381

76 Derrida 1993b：4,26,49,65 を参照せよ。「死は己が触れるものを連れ去っていく」のであり、この意味で「厳密にいえば、死は『訪れ』ない」のではあるが（Dufourmantelle 2000：148-50）。

77 Derrida 1993b：165,206-7；2001a：23 を参照せよ。

78 Derrida 1993b：51 を参照せよ。

79 Kierkegaard 1973：103 を参照せよ。

80 そのようなものとして、最期の言葉はまた常に潜在的に臨終の場面の悲劇にはそぐわないものでもある（Rousseau 1953：86；または Derrida 2002c：95 を参照せよ）。あるいは、ウィトゲンシュタインの場合のように、生涯についてただ困惑しながら、そのような言葉が終末を締めくくる（Monk 1991：579）。この点で、あらゆる署名は臨終の最期の言葉の最終性を求めるものである（Bennington 1993:157）。また「余命の宣告」である「この最期の場面」についてのモンテーニュの見解にも注意せよ（Montaigne 1958：35）。

81 Derrida 2002c：100 を参照せよ。

82 この独立の関係は、暗に全面的に権威を有する典拠あるいは著者という観念について慎重であることを余儀なくさせる。

83 明らかにこのことは、われわれの言葉がしばしば失われたり、忘却されたりするということを否定するものではない。言語が「不滅である」という主張は、構造をめぐる論点なのである。

84 Wittgenstein 1958：§§269-75 を参照せよ。

85 Glendinning 1998：107-27 も参照せよ。

86 私はこのフィクションによって、故意に「言語はその構造上『不滅』である」（2000a：402）というデリダの提案に限定を加えようとしているのである。

87 このシナリオは、言論と非言語的な「マーク」を包含するように展開されうるだろう。

88 Derrida 1992c：142-3 を参照せよ。

89 実際のところ、デリダは懐疑的な対談者に対して、「反復されることが不可能なマークを私に示してみてください」と応じている（1992c：155）。

90 Wittgenstein 1999：§337 を参照せよ。

91 Bennington 1993：49,52,148 を参照せよ。

92 Derrida 1988e：593；1993a：191；1996e：186；2000d：45；2001a：88；2002a：382-4 も参照せよ。デリダが言及している前行為遂行的な「はい（Yes）」は、少なくとも「はい、ここで私は生き延びています（Yes, here I am *surviving*）」ということである。

93 デリダは、ある注釈者が反復可能性を「われわれの可死性にかんする主張」と翻訳したことを批判しているが、実は反復可能性とは、「『私は死んでいる（I am dead）』といった文が文であるためには……私は不在であるかもしれないが、その文は機能し続けることができるということが、暗に意味されているのでなければならない」（2000a：400）という構造をめぐる論点である。結局のところ、デリダが「死」について語るとき、死とは「この不在に言及する、文が遂行される可能性の構造的な条件に言及する単なる象徴（figure）にすぎない……それゆえ、それは死についての主張ではない」（ibid.:401）。この論点は十分理解可能である（というのも、反復可能性の法は、もしわれわれが「不死」であるとしても、依然として有効であるだろうからである（2000a:401））。とはいえその一方で、死が（言葉の通常の意味では）このような「不在」のもっとも極端な形態であることを考慮すると、デリダの批判はいささか不公平である。

94 「固有名詞」さえこの差異的な責めを（differential guilt）を負っている（Bennington 1993：105）。

95 Levinas 1999：22-3,32 を参照せよ。

96 Levinas 1994a：91；Derrida 1996c：5-6 を参照せよ。

97 告白という実践は、「文芸の制度」の明白な特性、特に「あらゆることを語る」（Derrida 1992a：37；2000d：28）その権利を具現化している。ここでわれわれは、たとえば、告白をすること（Rousseau 1953：25, 31, 65,84,114-15,134,136）とそれを受け取ること（Monk 1991：368; Pascal 1996 :45-6, 49-50）の双方に固有のリスクと、（告白する者による一定の「歓待」を要求する）「来訪者」としての告白聴聞僧の地位に注目してみてもよい。また、許しの危険性にかんするレヴィナスの見解にも注目するかもしれない（1994b：13-29）。

98 Derrida 2001b：56；2001e：29；2002e：389-90 も参照せよ。

99 Derrida 2001b：22 も参照せよ。

100 Derrida 1997a：10；1997b：20；2000b：83；2000c：8 も参照せよ。

101 Derrida 1997b：20 を参照せよ。

102 Derrida 1998b：23 を参照せよ。

103 Derrida 1997e：22；1998b：18,44-5,47,63-4；1999a：80,82；2001c：254 を参照せよ。

104 Derrida 1992b：122-3；2000a：353；2001d：64-5,99 もまた参照せよ。これらは、可能性と不可能の条件を構成している限りにおいて、「擬似超越論的なもの」である（Bennington 2000b：41）。

105 少なくとも、どんな「日常的な」意味においてもいわれることはできないであろう。これは「いつでも」こうしたことは起こる（happen）という（第7章での）私の主張と矛盾しない。というのも、ここでわれわれは（1）前もって知られ、意図された行為の帰結としてそれらが「起こること」と、（2）それらが意図も、認識もなしに「起こること」（そこでは、それが「起こっている」というある種の信仰をもつことができるのみであろう）を区別しなければならないからである。

106 Bennington 1993：42-64 を参照せよ。

107 Derrida 1971：309 を参照せよ。

108 Derrida 1971：324；1998a：31 も参照せよ。

109 Austin 1976：9,22,104-5 を参照せよ。デリダによれば、オースティンはこのような「失敗」の構造的な可能性を認識している一方で、それらの失敗を「日常言語」と「状況を軽視すること」に訴えることによって些末なものと見なしている（Derrida 1971：323-5）。

110 Derrida 1997d：129 も参照せよ。

111 Derrida 1992a：68-9；Bennington 1993：58 も参照せよ。

112 Derrida 1997d：117；2001a：72-3 も参照せよ。デリダによるオースティンの読解の概要としては、Derrida 1992c:154ff.:Glendinning 2000:320ff を参照せよ。関連した論点については、レヴィナスの現象学にかんする見解も参照せよ（1998c：93）。

113 Derrida 1971：321 を参照せよ。

114 Derrida 1993a：12；1995a:175,200,372-3；1995c：143；1996a：62-3；1997b：28-9 を参照せよ。

115 たとえあらゆる記号が事実として全面的な成功を成し遂げたとしても、このことはデリダが提示している構造的な論点を損なうものではないだろう。

116 Wittgenstein 1999：§178 を参照せよ。

117 Bennington 1993：310；Derrida 1997d：119 も参照せよ。

118 犬は（たとえば）「苦しみを装う（stimulate）」ことができないかもしれない（Wittgenstein 1958：§250）が、もっと一般的にふり（pretense）ができないのかについては私は確信をもてないままである。多くの霊長類が非常に複雑なタイプの欺き（deception）ができるという

383

ことは、確かである。

119 Wittgenstein 1990：§389 を参照せよ。

120 Bennington 1993：85-6；Wittgenstein 1995b：80 も参照せよ。

121 Derrida 1971：322-5 を参照せよ。

122 Derrida 1997d：89-90,131 も参照せよ。

123 Derrida 1971：310, 324-5,327；1995c：143；Glendinning 2000：328 を参照せよ。

124 Dufourmantelle 2000：136；Glendinning 2000：330 も参照せよ。

125 Hertzberg 1988：309；Lagenspetz 1992：6,8；Derrida 1997e：22；1998b：18,64；
　　1999a：80；Ricoeur1999：17 を参照せよ。

126 Derrida 1971：328；1990a：945；1992b：98；1996b：82；1997e：22；1998b：44, 63-4；
　　1998c：9,20-1 を参照せよ。「私を信じなさい」と「約束」にかんするデリダの見解（1996b：
　　82）と Winch 1960：250 を比較せよ。

127 Derrida 1993a：43,51,127；1998c：22 を参照せよ。

128 Derrida 1993a：127 を参照せよ。

129 興味深いことに、デリダは自らを「最後の終末論者」と評している（1993a：75；1999e：
　　156-7,165-7 も参照せよ）。

130 Wittgenstein 1990：§573 も参照せよ。

131 Wittgenstein 1999：§§310, 329；Winch 1960：242-4,246 も参照せよ。

132 Derrida 1995a：383-4；1997e：23 を参照せよ。

133 Wittgenstein 1958：§§8,19-21,60,86,143,630 を参照せよ。

134 Baier 1986：233-4；Bok 1989：31；Wittgenstein 1999：§509 を参照せよ。

135 ウィンチの論点と、Derrida 1992c：147 におけるパナッシオ（Panaccio）の見解を対比せよ。

136 Winch 1960：245-6；Derrida 2001a：10 も参照せよ。

137 Wittgenstein 1999：§559 を参照せよ。

138 Baier 1986：233 も参照せよ。

139 デリダは、疑いもなくこのことを、「根源的現前（originary presence）」（Culler 1987：
　　102f）と同じ様に、疑わしく思えるとして異議を申し立てるであろう。関連した論点について、
　　「『原始的で』……前言語的な」（1990：§541）振舞いと言語的振舞いの関係についての
　　ウィトゲンシュタインの見解（後者の振る舞いは、前者の振る舞い「にとって単なる補助手段
　　であり、さらなる延長にすぎない」（ibid.：§545））もまた、脱構築的な分析を必要としてい
　　るように思われるだろう。ここでは、『グラマトロジーについて（Of Grammatology）』における
　　デリダのルソーにかんする研究と、特に次のような二つの論点が思い起こされるかもしれない。
　　（1）書くこと（エクリチュール）を話し言葉（パロール）への「補足」として理解するルソー
　　の音声中心主義的な特徴づけ（Derrida 1998d：141ff.；Norris 1987：97-141；1991：32-
　　41；Howells 1999：43-60）。（2）前社会的あるいは「原始的な」（Norris 1987：104）人
　　間の表出への彼のノスタルジア。ここで生じてくる問題は、ウィトゲンシュタインの脱構築的な
　　読解は、同様な音声中心主義が彼にも作動しているということを明らかにするかどうか、とい
　　うことである。だがウィトゲンシュタインの立場は、ルソーの立場がおそらくそうであるような意
　　味では音声中心主義ではありえない。というのも、ウィトゲンシュタインが強調しているのは、
　　前言語的な振舞いと言語的な振舞いの間にある連続性だからである（Wittgenstein 1990：
　　§545）。そういうわけで、ルソーが仮定している原始的（自然的）なものと言語的（文化的）
　　なものの間の階層的な対立——それが前者に対するルソーのノスタルジアを養っているもの
　　なのであるが——は、事実上、ウィトゲンシュタインにとっては除外されている。

第 8 章　汚　染　　レヴィナス、ウィトゲンシュタイン、デリダ

140 いうまでもなく、デリダが注記しているように、この「真理」という観念は、「偽証すること」
　　（2000a：383）が必然的な可能性としてここに刻印されている限りにおいて、「理論上の意
　　味の真理」ではない（Derrida 2000d：27-8,29-31,49,72,75；2002c：173）。ガイタによる「告
　　白的」作家たちへの数多くの言及にも着目すべきである（2000：187-258）。

141 Hertzberg 1988：309,313 を参照せよ。

142 Baier 1986：241-6；Hertzberg 1988：318；Wittgenstein 1993：377,379,381,383,
　　385,397, 399；1999：§§115,160,341,354 を参照せよ。こうしてボックは、「真実を語るには理
　　由は必要ではないが、嘘をつくことには理由が必要である」ということがどれほど普通のこと
　　であるかについて注記している（Bok 1989：22）。

143 このような文章から、ひとはデリダとガダマー（Gadamer）の間に共通地盤を打ち立てるか
　　もしれない。ここで私が念頭に置いているのは、1981 年の彼らのミーティング（といってもよ
　　いもの）であり、具体的には、会話における「善意」の必要性へのガダマーの言及に対す
　　るデリダの疑念である（Wood 1990：118-31）。同じように、「発話行為とみなされうるすべ
　　ての言語ゲーム」における誠実性の必要性についてのリクールの見解（と、「関与すること
　　のあらゆる様式はそれに先立つ倫理構造によって跡づけられており、われわれは倫理的に中
　　立の世界を知らない」（1992：147）ということ）は、デリダの最近の著作と一致しているよう
　　に思われる。

144 Derrida 2001d：97；2001e：16-17；2002a：362,364 も参照せよ。

145 デリダの「誓約」についての見解を参照せよ（1989b：129-30,n.5）。

146 この留保は重要である。というのは、第 2 章で論じられたように、ひとが x を疑うこと
　　ができるのは、他の多くのことを疑わないこということに基づいてのみであるからである
　　（Wittgenstein 1999：§§115,160,341,450,519）。

147 Glendinning 2000：319,327-31 を参照せよ。ウィンチも同様に、ひとは「［自分の］いって
　　いる（say）ことを意図し（mean）ていないこと」が可能である場合にのみ、「［自分の］いっ
　　ていること」を「意図している」ことも可能である、と主張している（1960：248）。

148 Derrida 1997e：22-3；2000b：67 も参照せよ。

149 （「社会的制度の背景のもとで行為することは、常に将来に対して何らかの仕方で自らをゆ
　　だねることである」（Winch 1960：250）という）「真実を語ること」の優越性に関するウィ
　　ンチの考察は、前行為遂行的な「イエス」、「約束」、そして「私を信じなさい」について
　　のデリダの強調と対応している（1992a：38,70,74,257,265,272,276,279,288-9,294,296-305；
　　1995a：171-2,261,268,382-4；1996a：68；1996b：82；1996c：3；1997a：16；1997b：28,35；
　　1998b：18,26-8,30,44-5,47,63-4；1998c：21-2,66-8,93n.11；1999a：82；2002f：33-4, 247）。

150 Austin 1976：25-52 を参照せよ。

151 Derrida 1997d：122,135；1999b：89を参照せよ。また「ポリス」にかんするデリダの見解（1997d：
　　132-4,138）を、「境界線」を引くことにかんするウィトゲンシュタインの見解（1958：§499）と
　　比較せよ。

152 Derrida 1995b：67-71；1996d：215；2000b：55；2001b：49 を参照せよ。

153 Derrida 1992b：64,137-8,142,146,162；1995b：107,111-12；1995c：74,133；1996b：86；
　　1997e：48；1999b：48 を参照せよ。

154 Derrida 1995b：71 を参照せよ。

155 かくしてデリダは「暴力」を「悪」と同一視することに抗う（2001a:90; 2002f:80 も参照せよ）。

156 Derrida 1992b：12；2001b：22 も参照せよ。

157 Hill 1997：179-80；Derrida 2000b：53-4,59-61 も参照せよ。また、「第三者を不当に扱う」

385

ことについてのレヴィナスの見解にも注目せよ（1998b：19）。

158 デリダの友愛にかんする説明については Bennington 2000b：110-27 を参照せよ。

159 （原文注 160）Derrida 2000b：147-8；2001a：17；2001e：44-5 も参照せよ。

160 （原文注 159）Weil 1987：88；Derrida 1997d：112 を参照せよ。

161 Gaita 2000：7 を参照せよ。

162 ブランショ（Blanchot）が示唆するところによれば、「他者とは誰か？」という問いは、「本性……あるいは本質的な特性」を含意している限りにおいて、すでに暴力を行使していることになるという。それにもかかわらず、後に彼は、この論点は「思い起こされなければならないことである」が、その一方でこのような「用心はいくぶん馬鹿げたことである」（1997：70;また Derrida 2001e：23 も参照せよ）ということを認めている。私は、ブランショの論点が、倫理がうまく始動するためには、このような問いが立てられ、識別が行われなければならない（等々）というデリダの論点に沿うものであると解する。

163 さらにいえば、他者に対して歓待的であり、「私の住まいを開放する」（Levinas 1996c：171）ためには、私は一定の仕方で記述される「住まい」をもたなければならない（Derrida 1992b：126；2000c：14）。実際のところ、レヴィナスの住まいの現象学についての私の先述の見解を念頭に置けば、人間の貧困の悲劇の一部は、「始原的なもの（the elements）から撤退する」（1996c：153）ための「私的な領域」（ibid.：152）を有していない他者が存在することのみならず、歓待を与える天分が与えられていない他者が存在すること（Derrida 1999b：41-2）にある、といわれるかもしれない。

164 Derrida 2001d：87,101,107；2002f：92；2003：115 も参照せよ。

165 Levinas 1988a：177-8；Derrida 2001d：98 も参照せよ。

166 「不可能なことを行うことが必要である。歓待が存在するのであれば、不可能なことが行われなければならない」（Derrida 2000c：14）。

167 Wittgenstein 1994a：77 を参照せよ。

168 Wittgenstein 1994a：31 を参照せよ。

169 Derrida 1997e：21-2 を参照せよ

170 Derrida 1990：981；1995c：43,81；1998c：9；1999c：60；2001e：31-3,37-9 も参照せよ。（原文注 171）

171 Derrida 1992b：8 31；1997b：30；1999c：77 も参照せよ。（原文注 172）

172 Derrida 1998a：37 を参照せよ。（原文注 170）

173 本物の儀礼にかんするウィトゲンシュタインの見解も参照せよ（Wittgenstein 1994a：8）。私はこのことを追求するつもりはないが、デリダの「決断」にかんする説明とウィトゲンシュタインの「規則に従うこと」にかんする見解については、疑いもなく語られるべき多くのことがある。たとえば、「盲目的に規則に」に従うことにかんするウィトゲンシュタインの観念（1958：§219）は、「プログラムに従った」決断にかんするデリダの説明を困難なものにするかどうかと、思いめぐらすひとがいるかもしれない。（しかしながら、この文脈における「盲目の」という用語に対するデリダの疑念には注目すべきである（Derrida 2002f：231-2））。（原文注 174）

174 Derrida 1997d：116；2002f：31；2003：134 も参照せよ。（原文注 173）

175 Winch 1987：179；Derrida 1999b：116；2002f：229,231-2；2003：118 も参照せよ。

176 Derrida 1997b：23；2001b：62；2001d：63 も参照せよ。

177 ウィンチは自らのアーベル（Apel）批判のなかで、「判断」と「リスク」にかんして密接に関連した論点をいくつか提示している（Winch 1979：60-2）。

第8章　汚　染　　レヴィナス、ウィトゲンシュタイン、デリダ

178 Derrida 1995b：24,77；1997a：10；1997b：20,34；1997d：148；1998a：113；1999c：133-4
も参照せよ。

179 私が擁護してきた最小限の自然主義は、デリダの決断にかんする説明を根底から切り崩す
ということはない。むしろ「決断」についてのあらゆる有意味な語りは、自然的境界の内部
においてのみ起こりうる。y よりむしろ x の苦しみに応対しようとする私の決断は、x と y がこ
のような仕方で「応対」されうるたぐいのものとしての最初存在していたということによって、
制約されている。このようにして「ただ単に自分自身が苦痛を被っているときだけではなく、他
の誰かが苦痛を被っているときにも、傷ついた箇所を世話し、治療することは、原始的な反
応である」（1990：§540 強調は筆者による）とウィトゲンシュタインが主張するとき、これは熟
考の可能性（あるいは必要性）に対する論駁ではない。

180 Derrida 1990a：963；1997c：133；1999c：133-4 を参照せよ。

181 Derrida 1990：967；1997e：117；1999a：67；1999b：117；2000a：383,416；2002f：
181,200, 372；Caputo 1997a：138 も参照せよ。

182 Derrida 1990a：965；2001d：103 も参照せよ。

183 Derrida 1995b：25；2001a：22；2002f：13-14 も参照せよ。

184 ここで、われわれは第 6 章で論じられたハイデッガーの「世人」についての見解を思い起
こすかもしれない（また、デリダの著作には「道徳性」に対するニーチェ的な疑いも少なか
らずある）。Bernstein 1991：215 を参照せよ。

185 Derrida 1990a：965；1997d：135 を参照せよ。

186 Derrida 1990a：965 を参照せよ。

187 Levinas 1996c：157,170-4 を参照せよ。

188 Levinas 1998b：20-1 を参照せよ。

189 Derrida 2001a：89 も参照せよ。

190 Derrida 1995b：67-8,70-1 も参照せよ。

191 Derrida 1995a：272-3 も参照せよ。

192 ここで「ランダム性」という観念そのものにかんして内的な特異性が存在するのは、どれほ
ど純正なランダム性にも秩序の可能性が必然的に刻印されているとされざるをえない点にお
いてである。すなわち、ランダム性を規則に逆らうこととして誤解する傾向があるが、純正な
ランダムとは完全なる秩序として現れることができるだろう。

193 Derrida 1990a：961；1996b：83-4 を参照せよ。いずれにせよここでは、（特定の問題につ
いて決断しないと決断するということが存在するのとまさに同じように）混沌とした仕方で行為
しようと決断するが、その決断それ自体は「混沌」という秩序に属していないということはあ
るだろう。

194 Derrida 1988b：594；1995a：272-3,359；1996d：223；1999a：66；2001a：61 を参照せよ。

195 反合理的であることは、合理性に対して際だった（破壊的な）態度をとることであり、それ
ゆえ合理性の規則それ自体の存在を——暗に——認めていることになる。

196 Derrida 1995b：95 も参照せよ。

197 Derrida 1999b：112-13,115 を参照せよ。また「翻訳の規則」についてのデリダの見解に
も注意せよ（1997f：233）。

198 パスカル（Pascal）は神の実存に対する「賭け」について論じている。「あなたは賭けな
ければならない。選択の余地などない。あなたは［すでに］問題に着手してしまっているの
だから」（1961：p.157）。「賭け」と「計算不可能なもの」については、Derrida 2001a：
13 を参照せよ。

387

199 Derrida 1992a：298 を参照せよ。

200 （原文注 201）Derrida 1992a：257,265,270,288,296-9,302；2002f：314 を参照せよ。

201 （原文注 200）Derrida 1992a:297,299:Levinas 2001:47,59,211-12 を参照せよ。デリダは「メシア性」について類似した主張を行っている（1999d：253-5）。

202 Derrida 1988a：148；Plant 2001 を参照せよ。

203 Kellner 1992：207；Heidegger 1999：p.342 を参照せよ。

204 Derrida 1995a：286-7 を参照せよ。特に「何もいわないために」話すということが常にありえる、という理由からそういえる（Derrida 1995b：76）。

205 Derrida 1989a：837；1992b：16,142,148；1995c：16-17 を参照せよ。

206 Derrida 1999a：67-9；2002f：195 も参照せよ。

207 Derrida 1997b：23 を参照せよ。

208 Derrida 1997e：17 を参照せよ。

209 ここでは興味深い並行関係が、ムーアの道徳的直観主義、特に自然主義的誤謬についての彼の見解に現れている。ムーアの主張によれば、「善（Good）」は、それが「複合的」概念ではない限り、定義不可能である。つまり、「善が快楽と異なる何かでない限り、快楽が善であるということには意味はない」（Moore 1948：14）。さらに、「どのような［善の］定義が提示されても、そのように定義されている複合的なものにかんして、それ自体が善であるかどうかと、常に有意味に問われうるかもしれない」（ibid.：15）。このことを念頭において、正義（公正）は脱構築不可能なものであるというデリダの主張（Derrida 1997b：27；2001d：87；2002f：104-5）と、誰であれ「公正に」行為したと主張することに対する彼の疑い（1990：935,947,949,961-3,967；2001d：87）に着目する人もいるかもしれない。

210 かくして、デリダは「責めという殺人的な重み……をもたない義務」（1997a：149）は潜在的にひとを誤らせるものだとわれわれが考えるように促している、というカプート（Caputo）の見解を、私は取りあげたい。倫理と「悪しき良心」についてのカプートのより最近の見解を参照せよ（2000：116）。

211 Levinas 1998b：114 も参照せよ。

212 Levinas 1988a：177 も参照せよ。

213 Levinas 1999：170 を参照せよ。

214 Levinas 1999：105；Derrida 2001a：21-2 を参照せよ。デリダの文芸についての説明は複雑ではあるが、若干の一般的な見解がここには関係しているように思われる。デリダの主張によれば、「私たちが文芸と呼ぶものは……、次のことを暗に意味している。すなわち作家は、宗教的なものであれ、政治的なものであれ、あらゆる検閲から保護され、安全なままでおり、彼が望んでいること、あるいは彼が望みうることのすべてを語る資格が与えられている、ということをである」（1992a：37；1993a：210；1995a：346；1995c：28；1996b：80 も参照せよ）。この「すべてを語る」ことが「約束されていること」（1992a: 39）とそうする「権力」（ibid.：37）は、「民主主義……人権」と「表現の自由」に関連する上のような倫理的・政治的問いから分離不可能なものである（1996b：80；1995a：10,86,213-14；1995c：15；1997b：31-2；1999a：67,70 も参照せよ）。そして、この基本的な饒舌さ（cardinal verbosity）は、文芸的な体制制度に対して（そして、おそらく哲学に対しても（Derrida 1995a：219,327-8,376-7））、それ自身の制度性に異議を申し立て、そうすることによってそれ自身を「反制度的な制度」として境界づけることを可能にするものである（1992a：58、また 36,72,346 も参照せよ）。言い換えれば、文芸の倫理的・政治的権力を構成しているのは、まさにそれ自身の制度性の「諸規則」（ibid.：37）に異議を申し立てたいという、その絶えることなき欲求なの

第8章　汚　染　　レヴィナス、ウィトゲンシュタイン、デリダ

である。もちろんまず最初に、とりあえず確定的で規定されたある制度がないことには、そのような逸脱もありえないであろう。デリダは（レヴィナスと同じく）制度それ自体に「反逆」しているわけではないのである（Derrida 1997d：132-3,141；1997e：12,16-17,21,27）。それにもかかわらず、文芸的制度の特異な本性は、自分自身に異議を申し立てるこの反省的能力によって構成されており、そのためある種の悪しき良心を証するものであるといわれるかもしれない。

215 Levinas 1998a：97；2001：98；Derrida 2001a：20 を参照せよ。

216 Levinas 1993：44；1998a：93；1999：30 も参照せよ。

217 Levinas 1988a：172-3；1998b：227 を参照せよ。

218 Caputo 1997b：288ff. を参照せよ。また、カプート自身の（そのように見える）無神論にかんする最近の見解にも注意せよ（2001：32）。

219 Derrida 1995b：6；1999c：73 も参照せよ。

220 Derrida 1998c：41 を参照せよ。

221 Derrida 2001a：20；2002c：111-12,140,166,189；2002f：27 も参照せよ。

222 Scanlon 1999：224 を参照せよ。デリダがここで「絶対的に普遍的なもの」についてそれとなくほのめかしている（レヴィナスもまたそれについて言及しているのであるが（1988a：177；1994b：15））ことは、デリダの思想が本質的に懐疑論的なものないしは相対主義的なものであると判断するひとびとに対する直接的な異議申し立てを構成する（Derrida 2001a：63-4）。

223 「無償の愛」の可能性がそうであるのと同様である（Levinas 1988a：176；Derrida 1999b：72 も参照せよ）。

224 『確実性の問題』§559 に関連して、カラー（Culler）は、「誰が［言語ゲームを］演じているのか、あるいは『真面目に』演じているのか、まったく確かではない」（Culler 1987：130-1）ということにデリダ主義者はここで反対するかもしれない、と述べている。これは擬似共同体主義的なウィトゲンシュタインの読み方にあまりにも深く依存しすぎているように私には思える。このような読解は、私が論じてきたように、彼の根底的自然主義（underlying naturalism）を無視している。

全体の要約

　これまでの章において、古代のピュロン主義的懐疑論からデリダの最近の倫理的思想に至るまで、われわれは非常に広範囲にわたる諸問題を扱ってきた。第8章ではこれらの分析の諸概念が結び合わせられたが、ここで本書の五つの中心的主題の簡略な要約を与えることにしたいと思う。

1　ウィトゲンシュタインの後期の哲学は、古代のピュロン主義的懐疑論の治療的実践と著しい類似性を有していることは確かだが、ピュロン主義者とは異なり、彼の「平穏の思想」の追求は、倫理的・政治的な理想を表現してはいない。この決定的な意味において、ウィトゲンシュタインは「保守的な」思想家であるという一部の注釈家たちの主張は、根本的に間違っている。同様に、ウィトゲンシュタインは専ら諸言語ゲーム、諸生活形式、諸世界像の「極端な複数性」にかかわってきたと解されるという主張は、彼の根底的な自然主義を看過している。というのも、これは人間の生の紛れもなく統一的な見方を提示するからである。もっと明瞭にいえば、（たとえば）『確実性の問題』における「信頼」についての見解を根底から支える最小限の自然主義は、倫理的・政治的理論や実践のために必要な前提条件を確認している。

2　ウィトゲンシュタインの宗教的信念にかんする見解の反護教論は、多くの哲学者の懸念とは反対に、悩みの種となる相対主義的な信仰主義を必ずしももたらすわけではない。ウィトゲンシュタインが警戒しているのは、むしろ仮言的な思弁と実践的に「合理的な」ものの両方にあまりにも深く束縛されすぎた宗教性の観念である。真の宗教的信念は、彼によれば、信仰者に要求されるものが可能でも利益をもたらすものでもないかもしれない限りにおいて、定言的な関与（帰依）と「信頼すること」である。一言でいえば、ウィトゲンシュタインは、終末論的・福音伝道的な希望に固有な経済的思惑を超えた宗教的思考法の可能性を提起している。このことがもっとも明瞭に見出されることができるのは、罪悪感（責め）（guilt）、信念の「悲惨さ」、死をも超える倫理的責任の意義についての見解においてである。

391

3 2の最後で言及したテーマを忘れなければ、レヴィナスの著作は、実存的な責め（罪悪感）（existential guilt）や、「生き延びた者の責め」についての広範な思索としてもっとよく理解されることができる。このような観念は、幅広く考えればハイデッガー的起源をもつものであるが、その主たる源泉はレヴィナスの思想へのホロコースト（ユダヤ人迫害）の衝撃にあるに違いない。私の存在において「私は他人にとって代わる」という理由から、レヴィナスの根本な問いは、「なぜ無ではなくて何かが存在するのか？」ではなく、むしろ「私は存在する権利をもつのか？」ということになる。他者の顔を前にしての私の倫理的な立場は、それゆえ、本質的に弁明的で、告白的なものになる。しかしながら、そのような責めの「根源性」のために、どのような弁明的な言説も完全なものとはなりえない。要するに、「悪しき良心」は人間的条件の除去不可能な特徴である。

4 ウィトゲンシュタインの自然主義は注釈者たちによって過小評価される傾向がある一方、レヴィナスの反自然主義は無視されてきた。この後者の無視を説明した場合にのみ、われわれは彼の明らかに「宗教的な」概念的語彙の背後にある哲学的動機と彼の一貫した人間中心主義の両者を適切に理解するだろう。レヴィナスの「宗教」の概念は、結局「報いなき愛」は可能であり、かつ至上の価値をもつという彼の確信に基づいている。だが言語は前言語的な（たとえば「痛みの振舞い」のような）「素朴な振舞い」の自然な拡張であるというウィトゲンシュタインの主張が与えられれば、彼の最小限の自然主義は、人間的ではない動物に対するレヴィナスの「冷遇」への重要な矯正を与えてくれるだけではなく、また前述の「報いなき愛」の可能性を説明するためのより自然主義的な視点を与えてくれる。

5 「歓待」についてのデリダの近年の著作は、レヴィナスの『全体性と無限』における「住まい」の現象学の簡潔な素描を手掛かりにしたものである。それにもかかわらず、敵意と歓待の区別は、各々が他方を「汚染する」限りにおいて、必然的に曖昧になってしまうと論じるレヴィナス的説明の内的なアポリアを、デリダはうまく探り出している。しかしながら、歓待に要求される「信頼」とそれに固有な危険は、哲学的な嘆きを正当化する偶然的・経験的事実ではな

い。むしろそのような相互的な汚染は、歓待それ自体の顕著な特徴を形作っている。歓待の可能性の条件は同時に不可能性の条件でもあるというのは、まさにこの重要な意味においてである。このようにしてデリダの最優先の（そして公言された）倫理的・政治的関心は、「善き良心のスキャンダル」と、われわれが「アプリオリに責めを負うている（*a priori* guilty）」ということと共にある。

監訳者解説・あとがき

　本　書　は、Bob Plant, *Wittgenstein and Levinas —— Ethical and religious thought —— ,* Routledge 2005 の全訳である。「ウィトゲンシュタインと……」と銘打った書物や論文はたくさんあるが、ウィトゲンシュタイン（1889-1951）とレヴィナス（1906-1995）との組み合わせは、初耳である。いずれもユダヤ系（前者は4分の3ユダヤ人であるが）で、第二次世界大戦をはさんで40年強の間ヨーロッパで同時代を生きたという共通点はある。しかしウィーン生まれで1939年イギリスに帰化した前者と、リトアニア生まれで1931年にフランスに帰化した後者では、何らかの直接的な思想的交流があったとは思われない。アメリカの哲学者ヒラリー・パットナムの『導きとしてのユダヤ哲学』（佐藤貴史訳、法政大学出版局、2013）では、ローゼンツヴァイク、ブーバーとならんで、二人も取り上げられている。けれども、4人が「学問上の学科ではなく、生き方としての哲学（あるいはフィロソフィア）の理念」（同訳書23頁）を共有していたということは指摘されているが、「ローゼンツヴァイクとウィトゲンシュタイン」という章はあっても、「レヴィナス——われわれに要求されていることについて」という章には、ウィトゲンシュタインの名前は見られないのである。またイギリスの教育哲学者ポール・スタンディッシュの『自己を超えて』（齋藤直子訳、法政大学出版局、2012年）の副題は「ウィトゲンシュタイン、ハイデガー、レヴィナスと言語の限界」となっているが、日本語版への序文で「［両者の］関連は限定的なものであって、十分に探求されてはいない」（同訳書19頁）と触れられているだけなのである。その意味でこの組み合わせは違和感を与えることは確かだが、また興味をそそるものがある。

　著者が主に両者に共通性を見出そうとするのは、その倫理的側面にかんしてである。著者はレヴィナスの一連の著作を、「前期（そして論争のあるところだが後期）ウィトゲンシュタインに従えば、『示される』ことしかできないものを『語ろうとする』一貫した企て」として読む可能性について示唆している。それらは、「『言語の限界に逆らって』（ibid.: 44）の突進であり、ウィトゲンシュタインが『絶対的に希望がない』と同時にもっとも『重要な』仕事と考えた『真に倫理学の本である倫理学の本』（ibid.: 40）を書こうとする企て」（序論）であった、と。

　ウィトゲンシュタインの前期の主著『論理哲学論考』（1922）は、その序言でも

記されているように、G. フレーゲ、B. ラッセルから影響を受けて、言語の成立条件を論理学的・存在論的に考察した哲学書であるが、同時に倫理の書でもあることは、『デァ・ブレンナー』という雑誌の編集者フィッカー宛書簡における「私の本はいわば内側から倫理的なものの領域に境界を設定しているのです」という文言からわかる。『論考』は、「語りうるもの」の範囲を論理的に確定することによって、「語りえないが、示されうるもの」としての倫理的・宗教的なものの領域を示唆していると読むことが本人によって要請されているのである。

『論考』では、「語りうるもの」の範囲は、有意味な全命題であるが、倫理的・宗教的なものと対比される場合には、それは時間と空間、および「科学の命題［自然法則］の可能な形式構成」にかんする「アプリオリな洞察」としての「自然科学の形式」、特に因果律で規定可能なものである。そして、これらの理論的考察の根幹部分に、「世界がいかに変化するにせよ、名指されうるものの諸『対象』のストックは変化しない」という意味での普遍者としての「対象」の存在、および「全論理空間」の存在を要請するある意味でのプラトニズム的な言語論と、「独我論」およびその貫徹形態としての「純粋な実在論」（無我論的現象主義）がある。（この論点については、拙稿「ウィトゲンシュタインの『論理哲学論考』の存在論と「永遠性」の概念」『帝京大学文学部紀要（教育学）』第29号、2004年、および拙稿「ショーペンハウアーとウィトゲンシュタイン」『ショーペンハウアー読本』斎藤智志、高橋陽一郎、板橋勇仁共編、法政大学出版局、2007年を参照のこと。）これらの『論考』の理論的考察と、倫理的・宗教的なものの考察が彼の内面で結びついたのは、第一次世界大戦への従軍生活、特に1916年の「ブルーシロフ攻勢」以後における生死の体験を介してであった。そしてこの時期の彼の倫理的・宗教的なものの内実の概略は、戦場で書かれた日記をもとにした『1914-1916草稿』（および「ウィトゲンシュタイン『秘密の日記』」丸山空大訳、星川啓慈・石神郁馬解説、春秋社、2016）や、生き延びて書かれた『論理哲学論考』（1922）や、中期の「倫理学講話」（1929）、「シュリックの倫理学について」（1930）の記述から窺える。

彼の倫理学は、概略的にいって、次のような二分法的枠組みに依拠している。（i）「相対的価値・当為」と「絶対的価値・当為」。（ii）「心理学の関心をひくにすぎない現象としての意志」と「倫理的なものの担い手としての意志」。後者こそ絶対的価値・当為を担うものであり、「事実、つまり言葉によって表現さ

れうること」を変えず、「世界の限界のみを変える」といわれる。(iii)「物質的幸福」と「形而上学的、超越的な幸福」。前者＝世俗生活における「通常の意味での賞罰」として与えられるもの。後者＝「ある種の倫理的賞罰」として与えられるもの。これらのうち後者が、『論理哲学論考』では「語りえず示されうるもの」であろう。これらの対比のもとで「生の課題」、つまり倫理的課題とは、(a)「悪しき生」(「不幸な生」)から(b)「善き生」(「幸福な生」)への転換を目指すことであったが、その解決の方法は私見では(A)主知主義的・受動主義的側面と(B)神秘的・宗教的側面が表裏一体になっている。

　まず(A)の側面とは、(a)から(b)へと至るためには「世界の正しい認識」が必須とされるという側面である。この脈絡では、論理＝「世界の条件」＝「超越論的」＝「世界について有意味に語るための条件」＝「語りえず、示されうるもの」、倫理＝「世界の条件」＝「超越論的」＝「世界全体に対する正しい態度決定の条件」＝「語りえず、示されうるもの」＝「形而上学的、超越的」とされている。ここには倫理学は論理学を必須とするという構図が看取できるだろう。そのことは、善き生の具体例として彼が提示している例からも明確に窺える。(i)「出来事への影響」への「断念」によって、「自分を世界から独立させ」、「世界をある意味で支配」すること。この見解の背後には、「願望とその成就との間には何の［論理的］連関もない」(『草稿』)、「意志の自由」＝自己の将来の行為の「無知」(『論考』)といった論理的見解がある。(ii)彼は『1914-1916草稿』で「美」と「善き生」に関連して、「日常の考察の仕方」と対比して「永遠の相のもとでの考察」について述べているが、前者は「諸対象を内側から見る」見方＝「時間・空間のなかにある対象」を見る見方であり、後者は諸対象を「外側から」、「世界全体を背景において」「全論理空間と共に」見る見方のことである。この図式の背後には、「対象」と「全論理空間」のプラトニズムがあるのであるが、「永遠の相のもとに見られた対象」＝「全論理空間と共に見られたもの［対象］」＝「芸術作品」＝「美」、「永遠の相のもとに見られた世界」＝「全論理空間」を「限界づけられた世界として直観すること」＝「善き生と感じること」＝「善」と主張される。「日常的な考察」の主体が、「認識の生」の極みにおいて形而上学的な「倫理的意志」へと変容することによって、「外側から」、「不滅な対象」と「全論理空間」に絶対的な「美」と「善性」を直観し、苦悩を束の間忘却するという擬似ショーペンハウアー的構図が窺える。(前期

ウィトゲンシュタインへのショーペンハウアーの影響と、両者の相違点について
は、拙稿「ウィトゲンシュタインの独裁論」『帝京大学文学部紀要（教育学）』
第27号、2002年、拙稿「ショーペンハウアーとウィトゲンシュタイン」前掲書、そ
してD.A.ワイナー『天才と才人——ウィトゲンシュタインへのショーペンハウアー
の影響』寺中平治・米澤克夫共訳、三和書籍、2003年を参照のこと。）（iii）
「もし永遠ということで無限な時の継続ではなく無時間性が理解されている
のなら、現在のなかで生きるひとは永遠に生きるのである。」（『論理哲学論考』）
ここでの「永遠性」の概念は、「現在の経験のみが実在性をもつ」（『哲学的
考察』(1930)」）という「純粋な実在論」（無我論的現象主義）が、実存的な意
義を担うようになったものではないか。

　生の課題の解決法の（B）の側面については、『草稿』における「神」という
概念が重要である（そこには彼が従軍中に肌身離さず携帯していたトルストイの
『要約福音書』の影響があるのかもしれない）。「私の意志は、完結したものと
しての世界に、まったく外側から近づくのである。／……幸福に生きるためには、
私は世界と一致しなければならない。……。その時私はいわば自分がそれに
依存していると思われるあの見知らぬ意志と一致している。これが『私は神の
意志を行う』と言われることなのである。」（『1914-1916 草稿』）ここには、「倫
理的な意志」が「神の意志」と「完結したものとしての世界」との合一を果たす
というある種の神秘体験が語られているのではないか。

　中期では前期の「対象」および「全論理空間」というプラトニズム的概念は放
棄され、「純粋な実在論」（無我論的現象主義）は温存されたまま「検証原理」
にもとづく過渡的な言語観が採られた。この時期の「倫理学講話」（1929）に
は次のような発言がある。①「人生の究極の意味、絶対的善、絶対的に価値あ
るものの探究」としての倫理学の企ては、「人間の精神に潜む傾向」を反映し
たもの、しかし「個人的にはこの傾向に深い敬意を払わざるをえない」ものとさ
れている。②しかしその企ては「有意味な言明を超えてゆくこと」である以上、
「まったく絶対的に望みがないこと」であると明言されている。④自らの神秘的
体験を回顧しながらと思われるが、それについて次のように述べている。（i）神
秘的・倫理的経験は、当事者には「内在的で絶対的価値をもつ」と思われるが、
「科学的見方」から考察する限り、「その時、その場で起こり、ある一定の時間
続いた事実」としてしか把握しえない。（ii）「神は世界を創造した」、「我々は

神の御手にあるとき安全だと感じる」、「神は我々の行為を認め賜わず」等の宗教的・倫理的表現は、「何らかの事実」の直喩や諷喩であるはずであるのに、「最初直喩と見えたもの」は科学的考察法からすれば「単なる無意味」であることが判明する。

　こうして『1914-1916 草稿』、『論理哲学論考』、「倫理学講話」と見てくると、「言語の限界の突破の企て」という「倫理学」の理解は不変なままであるし、それへの「敬意」も一貫しているが、その成立可能性については微妙に変化してきている。『1914-1916 草稿』では、生死の境における生の課題から絶対的価値・当為の意義を認め、それらについて積極的に語っている。しかし結局生き延びて完成された『論理哲学論考』では、主知主義的・受動的側面が基調となり、「表明しえぬものが存在する。それは自らを示す。それは神秘的なものである」が、「語りえないことについては沈黙しなければならない」と結ばれている。ところが「倫理学講話」では、絶対的価値・当為の経験とは、単に特定の個人にそう感じられたものと規定されているのである。（前期ウィトゲンシュタインの論理観・科学観・存在論と倫理観・宗教観の関連についての簡潔な説明としては、拙稿「ウィトゲンシュタインの哲学と倫理学——絶対的倫理から個人的倫理へ——」『イギリス理想主義研究年報』（日本イギリス理想主義学会）第12号、2016を参照のこと。）

　彼は後期には中期の「検証原理」に基づく言語観も否定し、後期の主著『哲学探究』（1951）において現実の日常言語に定位した状況論的な「言語ゲーム」説を確立してゆく。また晩期においては『確実性の問題』(1999)で「世界像」についても考察している。だがいわゆる後期の哲学も、何事か倫理的な事項を「示そう」としたということは正しいだろうか。

　ウィトゲンシュタインは、中期から後期にかけて哲学的著作と並行して、『ウィトゲンシュタインの哲学宗教日記 1930-1932 ／ 1936-1937』を書きつけていた。『哲学探究』（1936-49）には倫理への直接的な言及はないが、実はこの日記には「倫理的」という語が頻出している。「私の哲学における思考の動きは、私の精神の歴史、その倫理的概念の歴史、そして私の状況の理解の中にも再び見出されるはずでああろう」（1931 年 11 月 7 日）（インゼ・ゾマヴィラ編『ウィトゲンシュタインの哲学宗教日記 1930-1932 ／ 1936-1937』鬼界彰夫訳、講談社、2005、

8頁）。この脈絡での「倫理」とは、彼にとっての個人的倫理という意味ではない
か。この時期の彼の倫理的課題とは、自らの虚栄心と偽善的行為に強い自責
感、罪悪感をもち、「自分が惨めな人間であること」を認識して、それから抜け
出そうとすることであったという側面がある。この課題の解決を、彼は護教論や
歴史的事実の証明とはまったく無関係に、キリスト教を彼流に倫理的に解釈する
ことによって得られたイエスの犠牲的な行為に仮託した「信仰」というあり方に
求めたように思える。「信仰という心の状態が人間を幸せにできるということを
理解している、と私は信じている。……今から自分はこの［イエスの］犠牲にふ
さわしいようにのみ生き続けるべきである、と信じるのなら、それはその人間全体
を高貴にせざるを得ない……。」（インゼ・ゾマヴィラ編『前掲訳書、148頁）

　これらの所見の深い意味については今後の課題として残されているが、後期
の彼の言語観と倫理観の相関関係について、鬼界彰夫は次のような解釈を提示
している。「『論考』期の彼の宗教・倫理的生と一九三七年三月末に新約の信
仰として出現した新たな宗教・倫理的生の根本的な相違とは、理想に対する態
度の相違であった。理想を求めるあまり、自らの本来の姿を忘れて理想を演じ、
結果として虚偽と偽善に陥ったのが、『論考』期の彼の宗教・倫理的生であっ
た。それに対して新しい生は、理想と自己をのどちらもあるがままに見、それに
よって自己の低さを認識するとともに、そうしたあるがままの自己を受け入れて生
きてゆくことであった。それは理想により現実を欺く態度から、理想を尊重しなが
らも現実をありのままに受け入れる態度への変化であった。日記第二部が示し
ているのは、この宗教的変化に先立って、言語と論理に関するウィトゲンシュタイ
ンの哲学的思考において、それと相似の変化が理想概念について起こっていた
ということである」（鬼界彰夫「隠れた意味へ（ウィトゲンシュタイン『哲学宗教日
記』（MS183）訳者解説）、前掲訳書309-10頁。傍線監訳者）。ここで鬼界は、
ウィトゲンシュタインが『論理哲学論考』期における論理学に定位したプラトニズム
的言語観における理想概念を自己批判して、日常言語に定位して新たに発見した
のは、『論考』で仮定された「理想言語」とは、実は現実に見出されるものではな
く、「言語を理解するために我々が利用する物差しや図」（前掲訳書313頁）に
すぎないということだったと述べているが、示唆に富んだ解釈である。後期の倫理
観の解明をしようとするときに、このような彼の個人的な内面の倫理的問題意識
と後期の言語観の並行性という観点から見ていこうとするアプローチが必要で

あるということは確かであろう。

　ところが著者は、後期ウィトゲンシュタイン研究において広く行われている「認識論的テーゼにかんするウィトゲンシュタインの著作への定型的アプローチ」において、容易に看過されている彼の著作における「倫理的主体性の一つの意味」があるとし、その点において、レヴィナスの思想が密接に関連してくると論を展開している。

　その際まず後期ウィトゲンシュタイン哲学の解釈にかんして、著者の批判の矛先は、次の二つの解釈に向けられる。

　第一は、後期の主著『哲学探究』の「諸言語ゲーム」や「諸生活形式」、そして晩期の『確実性の問題』（1999）の「諸世界像」の多元性、多様性の主張と、「言語の現実の使用」（1958:§124）の単なる記述に基づく治療的な哲学観を、「擬似ピュロン主義的『保守主義』かつ／または相対主義」と見なす解釈（第1章）である。特に、言語ゲームや生活形式や世界像の多様性の内部に根本的な「差異」が存在しているという主張を、社会的な領域は限りない対立や不一致の領域であると見なす主張と解し、『確実性の問題』における「二つの相容れない原理がぶつかり合う場合は、どちらも相手を蒙昧と断じ、異端と謗る」（§611）や、「理由の連鎖の終わるところに説得がくる（宣教師が原住民を入信させるときのことを考えてみよ）」（§612）等の発言を、「党派集団の間に非強制的なコミュニュケーションが成立する見通し」の困難性の主張と解することによって、それを彼の「もっとも保守的で相対主義的な著作」と見なす解釈が提出されてきたが、著者はそのような解釈は、その著作の倫理的・政治的意義を過小評価していると批判している。

　著者は、ここで後期ウィトゲンシュタインの思想を支えている「最小限の自然主義」に注目している。「普遍的な事態」（1999:§440）や「動物としての……、原始的な存在としての人間」（ibid.:§475）と、すべての言語ゲームにおける「信頼」（ibid.:§509）の排除しがたい役割への彼の考察は、「社会的な領域は基本的にばらばらに分離されてはいない」ということを示唆している、と。むしろ、『哲学探究』で示唆しているように、「人間共通の行動様式」（1958:§206）こそ、人間の生活がそのもとで意味をもつ自然の背景を与えてくれるのである、と。この論点は、「言語ゲームの起源、その原始的な形態とは、反応である。その後

に初めて、より複雑な形態の言語ゲームが生じることが可能となる。言語とは、洗練化であると私はいいたい。『初めに行為ありき。』」(『原因と結果：哲学』(1993))という発言や、人間の身体や顔や魂への彼の多くの考察からも支持される解釈と主張する。著者は、ウィトゲンシュタインの最小限の自然主義ということで、理論的、思想的、倫理的、文化的、宗教的な「差異」や「対立」が成立することがそもそも可能になる共通の基盤としてのこのような「人間の共通の行動様式」の次元を仮定する立場として理解しているようである。これは監訳者にもシンパシーを感じる解釈である。

　特に倫理的な問題にかんして若者は、「文化的実践の多様性を過小評価すべきではないが、そのような実践を(「文化的実践」としてでさえ)認識し、理解するための基礎は常に、『人間生活における善悪の可能性が働く場である『倫理空間』を決定する』、『根本的諸観念』(Winch 1964:322)にある……。従って、『他なるもの』や『根本的な差異』を同時代的に理論化しようとしたとき、われわれが覚えておかねばならないのは、『他の文化』という正当化可能などんな名称においても、最小限には理解可能な何らかの仕方で『他者』をすでに認定しているということである。」(第5章)といったような思想を最小限の自然主義に読み込みたいようである。そして著者は、『確実性の問題』は、自分自身のものとは異なった「世界像」と公平にかかわるにはどうしたらよいかという倫理的・政治的問題にも示唆を与えてくれるとして、「ウィトゲンシュタイン自身の思想における『原始的な』振る舞い(『共感』の振る舞いも含めて)(1993:381)——倫理的・政治的生はそれらに依拠しているのであるが——の役割」(序論)についての考察が重要であるとしている。ここで著者は最小限の自然主義を、「もっとも極端な反自然主義的、反基礎主義者的思想家によってさえ必然的に前提されているもの」(序論)と付言しているのは押さえておくべきであろう。

　このような解釈に基づいて、著者が第二に批判するのは、ウィトゲンシュタインの言語論の多元性の主張を倫理や宗教にかんする相対主義的見解として再解釈して、反護教論的な「信仰主義」の拠り所としたひとたちである。それは、この分野の研究者星川啓慈の要を得たまとめを借りれば、「(a)ほかのものとは異質な言語ゲームおよび生活形式は、それ独自の論理構造や体系を有している。それはあるがままで秩序だっており、おのおのが真理・事実・有意味・証拠・証明・現実・合理性などをめぐって、独自の基準や規範を内蔵している。(b)

それゆえ、ある体系を形成している言語ゲームおよび生活形式は、外部からの批判を免れている。(c) キリスト教は独自の体系をなす言語ゲームであり、非キリスト教的言語ゲームからの批判や攻撃に妥当しない」(A. キートリー著『ウィトゲンシュタイン・文法・神』星川啓慈訳、法蔵館、1989、訳者まえがきv) という立場である。第3章でも触れられているが、これは、科学論におけるクーン、ファイヤアーベントの立場とも通底する宗教論における極端な「共約不可能性のテーゼ」である。著者は第5章で、信仰主義的解釈は、ウィトゲンシュタインの自然主義的論点の軽視によってのみ生じるという主張を展開している。

ところが他方では著者は、「真の宗教性とは何か」という問にかんして「〔彼の宗教的確信を〕定言的に……述べるひとは、それについて護教論的であるひとよりもずっと知的であった」というウィトゲンシュタインの発言の真意を問題にして、宗教的主題についての彼の倫理化の態度に焦点を当てている (第5章)。その関連で著者は、彼の反護教論を、「信仰者が自らの宗教的帰依に対する『お返しとして』何も約束されないという宗教性の倫理化された概念を示唆しているものとして……読む可能性」(序論) について論じている。そして著者は、ウィトゲンシュタインは宗教と倫理にかんする彼の見解を体系的に構築しなかったが、「倫理に関係なくしては宗教にはいかなる真の意義も与えられない」ということをかたく信じていたとして、その主題を後述のようにレヴィナスと繋げようとするのである (第6章と第7章)。

著者は、後期ウィトゲンシュタインが多くの「レヴィナス的」主題について語るための価値ある事柄を有している理由として次のような点を挙げている。

(1) 二人とも、「傷つきやすさ」と「苦しむこと」を他者たちとの関係において基本的なものとして見ている点。レヴィナスの場合は、「他の人の無駄な苦しみに対して感じる苦しみは、苦しみについての対人関係に関する倫理的な展望を開く」(『われわれのあいだで』合田正人・谷口博史訳、法政大学出版会、1933年、32頁) という文からも窺えるように、他者の苦しみという事実は倫理的な課題を突き付けるものであったことは確かであろう。ウィトゲンシュタインの場合、中期から後期にかけて、他人の心の認識の問題についての議論を展開するときに、「痛み (苦痛)」を主たる実例として使っていたことは事実である。しかし「他人が歯痛を持つということは、『歯痛』という語の文法、つまりこの意味で『歯痛』という語の意味についての説明を与えることである」(『青色本』

1933）というような考察が、彼にとって何らかの倫理的な意義を有するものであるかについては、検討の余地があろう。

　（2）著者は、「その沈黙の（『汝殺すなかれ』（1998b:186））において『命令と要求』を構成している『顔』の倫理的意義についてのレヴィナスの考察」（序論）は、ウィトゲンシュタイン自身の身体と顔への見解の有効な拡張になっていると述べている（第6章と第7章）。「君が目を見るとき、君はそこから出てくる何かを見る。』（1990:§222）、「『われわれは（他人の）情緒を見る』……われわれは顔をしかめているのを見て、そこから（医者が診断を下すように）喜びや、悲しみや、退屈を推理するのではない。彼の顔を、悲しみに沈んだものとして、喜び、無関心、関心、感動、無感動を見る」（1990：§220）等。確かにウィトゲンシュタインの一連の顔論も、他人との「対面的場面」では、顔は単に幾何学的に分析可能な単なる可塑性を「超越している」意味を帯びているという示唆を含んでいるという点で、前期の独我論的立場を一歩越え出ている発言と見なせる。（（1）（2）の主題については、拙稿「ウィトゲンシュタイン哲学の発展にゲシュタルト心理学はどのような意味を持ったのか——物体認識と表情認識・他人の心の認識の問題を巡って——（再考）」（1）（2）（『聖心女子大学論叢』第110集、2008年、第112集、2009年）を参照のこと。）しかしフッサールの「観想的現象学」を批判して「非－観想的現象学」を展開し（内田　樹『レヴィナスと愛の現象学』せりか書房、2001年、第二章を参照のこと）、「現前的な対面」を「倫理的な関係」と捉え、さらには「顔において〈他者〉が、絶対的に他なるものが現前する」（『全体性と無限』（下）熊野純彦訳、岩波文庫、51頁）と主張するレヴィナスの特別な思い入れはウィトゲンシュタインには見られないようであるが、どうだろうか。

　（3）さらに二人とも、真の宗教性にかんして「宗教と倫理を分かちがたいものと見なしている」点。著者は、レヴィナスの引用文を提示して、「『すなわち『信仰』は、神の実在ないしは非実在という問題ではない。それは、報償なき愛が価値があるということを信じるということである』（1998a:176）。『神へと向かうこと』と『信仰』の両者が、神学的用語でよりも倫理的用語で解明されるべきであるということが、レヴィナスの方向性を明らかにしている」（第7章）と述べているが、その点では両者に共通性があるという指摘にはかなり説得性がある。しかし著者が、レヴィナスはさらに進んで、「『他者との関係』を『宗教』として記述

している（Levinas 1996a:7）、そしてこのことは、『他者との関係から出発して』（2000:180）のみ可能である」（序論）と付言しているのは、注意点であろう。

この点に関連して、著者は先に触れたウィトゲンシュタインの「終末論的保障なしの信仰の可能性」にかんする思想を鮮明にさせてくれるレヴィナスの一側面として、彼の倫理学が「『生き延びた者の』（2000:12）責めという非常に特殊な責めの概念」（序論）に取り憑かれているという点を挙げている。そして「私がただ世界内に存在するという理由だけで私は他人を犠牲にして生きている」（序論）というレヴィナスの見解が衝撃的である理由は、それがそのような責めが和らげられうるという示唆を否認している点である、と。この論点について著者は、レヴィナスの責めの概念が、「二重の源流」をもっているということを認識してのみ理解される、と論じている。

第一の源流として彼が挙げているのは、1940年代のナチの死の強制収容所体験である。彼の著作は、「われわれはアウシュビッツ以後において…道徳性について語りうるだろうか」（1988a:175）という問いに答えようとする一貫した企てであるというのは確かにそのとおりであろう。また、他者の「裸性」、「曝露」、「傷つきやすさ」への彼の関心は死の強制収容所の日常的現実を反映したものであるという指摘も肯けることである。その点からいえば、彼の著作全体が、「哲学的ジャンルと告白（懺悔）的ジャンルが融合したもの」であるという著者の指摘（第7章）は、レヴィナスを読むときに忘れてはならないことであると思われる。

もう一つの源流として彼が挙げているのは、ハイデッガーの『存在と時間』である。レヴィナスの倫理学の存在論への優位性の主張は、ハイデッガーの存在論への専心への挑戦ともいえる面がある。しかし「良心の呼び声」と存在論的「責め」にかんする『存在と時間』の第54章から60章は、「彼自身の倫理化された主体性——つまり、それ自身の『存在の可能性』によってだけではなく、その残忍な世界内存在に異議を申し立てる他者によって取り憑かれている主体——の説明」（序論）のための生の哲学的素材を与えてくれるとして、詳細に論じている（第6章）。この主題にかんするデリダの議論との絡みへの著者の考察も興味深いものがある（第8章）。

ところで著者によれば、レヴィナスの倫理学は反自然主義的で、かつ非合理主義的であるという。まずそれが反自然主義であるというのは、彼が「自己保存の

ための自然的衝動」に基づく「生存競争」が自然の領域の支配原理であると見なし、彼の倫理学は、この原理に反して「聖潔性」への志向、あるいは「報いなき愛は価値がある」という信念がわれわれ自身の利益や福祉を犠牲にすることを要求するものだという意味においてである。他方においてそれが非合理主義的であるというのは、上記の意味で、それが打算、つまり「プラグマティックな経済的計算」に逆らうことを要求するという点においてである。

レヴィナスの反自然主義に対しては、著者は、利己性のみを自然性と捉える考え方に反対する。著者は、後期ウィトゲンシュタインの最小限の自然主義に依拠して、「共感」も自然性に含める方向で考えているようである。レヴィナスは、「自分の場合のみならず、他人の痛みの箇所を手当てし、治療すること……これらは原始的な反応である」（1990:§540）という可能性を無視している限りにおいて、自然的領域を正確に表現してはいない」、そして「（『聖潔性』も含めた）倫理的な生の基礎をなすそのような原始的な諸反応、われわれが多くの非人間的な動物と共有する自然的な諸反応」（序論）を排除しているのである、と。著者はここにレヴィナスの「伝統的な人間中心的仮定」を見ている。

著者はまた、ウィトゲンシュタインも倫理性は「合理性」に基づいていないという論点について同意するだろうことを認めているが、倫理を「非合理的なもの」であると見なすレヴィナスの結論には批判的である。レヴィナスは、一般的には知性（合理的能力）の低い状態に相当するものとして扱われがちな上記の他者への「自然的、原始的な反応」の倫理的意味を十分捉えていないとして、「ここでは、ウィトゲンシュタインの用語を借用して、倫理的な生は『合理的ではない（また非合理的でもない）』」（1993:§559）ということの方がベターであろうと私は言いたい」（序論）と主張している。

最後に触れておきたいのは、レヴィナスの著作のキーワードとしての「他者」およびそれに関連する「絶対的単独性」や「『他者』の絶対的に他なるもの」という概念についてである。これらの概念については、著者は「この用語の価値は、明らかに、それが適用される特殊な脈絡の内部でのみ評価されるべきである」（序論）と述べているが、非常に共感を覚える発言である。しかしながら相対的な意味での「他なるもの（l'autre）」と対比される、「『同』に対する『他』」あるいは「自我とは絶対的に異なる他性」という意味での「絶対的に他なるもの（l'absolument autre）」という概念には、著者は批判的である。「もし他者が

実際に絶対的に他なるものであるとするならば、他者との出合いがあったことはいかにして知られることができるのだろうか。というのも、他者はそのようなものとして『現れることすらないだろう』」（Derrida 1992a:68）からである」、「仮に他者は『絶対的に他なるもの』であるということが容認されたとしても……、そこから何らかの倫理的な帰結が必然的に導かれてくるわけではない」（序論）等々。

　しかし著者は、レヴィナスは「自己と単独の『他者』との関係を強調することによって、対面的な関係の親密さの外側にある……他なる『他者』［『第三者』］にかんする倫理的関係と政治的関係との間の通路を説明しなければならない」（序論）とも述べている。これは、レヴィナスにおいて倫理的責任と政治的責任の要求との隔たりはいかに橋渡しされるのかという問題である。この問題にかんして著者は、「レヴィナスは倫理学から正義（公正）へのこの動きを説明しようと企てているのであるが、『他者』の絶対的単独性への彼の繰り返し行われる強調は、必ず政治的なものの領域［第三者］を、倫理的な関係の『裏切り』（1994a:158）であるかのように見えさせる」（序論）と述べ、ここでも「私は、他性（他なるもの）の観念をまったく排除することなしに、申し立てられているその絶対性をウィトゲンシュタインの最小限の自然主義に関連づけることによって和らげたいと望んでいる」（序論）と主張している。レヴィナス倫理学のアポリアがいうところの最小限の自然主義で解くことができるかどうかについては、ここでは評価を差し控えておきたい。読者に判断していただきたいし、監訳者も今後十分にその意味を考えていきたいと思う。

　本書はウィトゲンシュタインを少しかじった監訳者からすると大いに資する著作であったが、レヴィナスの読者や研究者にとってはどうだろうか。レヴィナスの諸著作を「写経」に近い気分で翻訳し、「レヴィナス先生」、「師」と呼びかけられる方がリードしている日本のレヴィナス研究界の方々からは、著者は（訳者も？）「レヴィナスの真髄がまったくわかっていない」と喝破される恐れもあるが、「私の論点は、……レヴィナスとウィトゲンシュタインをいわば相互批判的に交渉させることによって、彼らの各々の哲学的構想を近づける……ことができるだけではなく、またわれわれが倫理的、政治的、宗教的に重要な事柄に取り組むことを可能にするということである」（序論）という著者の言葉に真摯さを感じて本書を

翻訳した次第である。

　本書の翻訳にかんしては、各章担当の方々には十分に役割を果たしていただいた。しかし本書は多方面に渡った大部な著作であるため、監訳者としては、全体的な内容の理解についてはもちろん、特に訳語の統一には大変苦労した。不十分なところもあるだろうが、本訳書が今後の両思想家の研究に資することになると同時に、異質なものの排除という方向性が見られる世界的潮流のなかで、異質な他者を理解し、共存を図っていくにはどうしたらよいかということを考える一つのきっかけになってもらえれば望外の喜びである。

　今回も三和書籍代表取締役高橋考氏からご高配をいただいたことに記してお礼を申し上げたい。またその綿密な編集について同社編集部山本妃美氏にも感謝を申し上げたい。

2017 年 1 月

米澤克夫

参考文献

〔邦訳のあるものはそれを併記した。邦訳が複数ある場合は、ウィトゲンシュタインとレヴィナスを除いて代表的なもの一点のみを挙げた。（訳者）〕

Annas, J. and Barnes, J. (eds) (1985) *The Modes of Skepticism: Ancient Texts and Modern Interpretations,* Cambridge, UK: Cambridge University Press.

Austin, J.L. (1976) *How To Do Things With Words,* Oxford: Oxford University Press. 〔J.L. オースティン『言語と行為』、坂本百大訳、大修館書店、1978 年。〕

Bachelard, G. (1994) *The Poetics of Space,* trans. M. Jolas, Boston, Mass.: Beacon Press. 〔G. バシュラール『空間の詩学』(ちくま学芸文庫)、岩村行雄訳、筑摩書房、2002 年。〕

Baier, A. (1986) 'Trust and Antitrust,' *Ethics* 96 (January): 231-60.

Baker, P. (1995) *Deconstruction and the Ethical Turn,* Gainesville, Fla.: University Press of Florida.

Balázs, B. (1985) 'The Close-Up' and 'The Face of Man,' in G. Mast and M. Cohen (eds) *Film Theory and Criticism: Introductory Readings,* Oxford: Oxford University Press, 255-64.

Bambrough, R (1992) 'Fools and Heretics,' in P. Griffiths (ed.) *Wittgenstein: Centenary Essays,* Cambridge, UK: Cambridge University Press, 239-50.

Barker, E. (1990) 'New Lines in the Supra-market: How Much Can We Buy?,' in I. Hamnett (ed.) *Religious Pluralism and Unbelief Studies Critical and Comparative,* London and New York: Routledge, 31-42.

Barrett, D.V. (1998) *Sects, 'Cults' & Alternative Religions: A World Survey and Sourcebook,* London: Blandford.

Barron, A. (1992) 'Lyotard and the Problem of Justice,' in A. Benjamin (ed.) *Judging Lyotard,* London and New York: Routledge, 26-42.

Barthes, R (1990) *A Lover's Discourse: Fragments,* trans. R. Howard, Harmondsworth: Penguin. 〔R. バルト『恋愛のディスクール・断章』、三好郁朗訳、みすず書房、1980 年。〕

— **(2000)** *Camera Lucida,* trans. R Howard, London: Vintage.

Bataille, G. (1996) *Visions of Excess: Selected Writings, 1927-1939,* trans. and ed. A. Stoekl *et al., Theory and History of Literature,* 14, Minneapolis: University of Minnesota Press.

udelaire, C. (1996) *The Poems in Prose* (Vol. II) and La Fanfarlo, trans. and ed. F. Scarfe, London: Anvil Press Poetry. 〔C. ボードレール『散文詩』(『ボードレール全集 第 4 巻』所収)、阿部良雄訳、筑摩書房、1987 年。〕

Bauman, Z. (1995) *Postmodern Ethics,* Oxford: Basil Blackwell.

Benjamin, D.N. (ed.) (1995) *The Home: Words, Interpretations, Meanings, and Environments,* USA/Hong Kong/Singapore/Sidney: Avebury.

Bennington, G. (1988) *Lyotard: Writing the Event,* Manchester: Manchester University Press.

— **(1993)** 'Derridabase,' in G. Bennington and J. Derrida, *Jacques Derrida,* Chicago and London: University of Chicago Press.

— **(2000a)** 'For the Sake of Argument (Up to a Point),' in *Arguing with Demda, Ratio* (new series), XIII, 4 (December): 332-54.

— **(2000b)** *Interrupting Derrida,* London and New York: Routledge.

Benso, S. (2000) *The Face of Things: A Different Side of Ethics,* Albany: State University of New York

Press.

Bergson, H. (1911) *Laughter: An Essay on the Meaning of the Comic,* trans. C. Brereton and F. Rothwell, London: Macmillan.〔H. ベルクソン『笑い』(岩波文庫)、林達夫訳、岩波書店、1976 年。〕

Bernasconi, R (1997) 'What Goes Around Comes Around: Derrida and Levinas in the Economy of the Gift and the Gift of Genealogy,' in A.D. Schrift (ed.) *The Logic of the Gift: Toward an Ethic of Generosity,* London and New York: Routledge, 256-73.

Bernstein, R.J. (1991) *The New Constellation: The Ethical-Political Horizons of Modernity/Postmodernity,* Oxford: Polity Press.〔R.J. バーンスタイン『手すりなき思考 : 現代思想の倫理 - 政治的地平』、谷徹・谷優訳、産業図書、1997 年。〕

—— **(2002)** *Radical Evil: A Philosophical Investigation,* Oxford: Polity Press.〔『根源悪の系譜 : カントからアーレントまで』、阿部ふく子・後藤正英・齋藤直樹・菅原潤・田口茂訳、法政大学出版局、2013 年。〕

Bird, J. *et al.* (eds) (1993) *Mapping the Futures: Local Cultures, Global Change,* London and New York: Routledge.

Blanchot, M. (1986) 'Our Clandestine Companion,' in R.A. Cohen (ed.) *Face to Face with Levinas,* New York: State University of New York Press, 41-50.〔M. ブランショ『明かしえぬ共同体』、西谷修訳 、朝日出版社、1984 年。〕

—— **(1995)** *The Blanchot Reader,* M. Holland (ed.) Oxford: Basil Blackwell.

—— **(1997)** *The Infinite Conversation,* trans. S. Hanson, *Theory and History of Literature,* 82, Minneapolis and London: University of Minnesota Press.〔『書物の不在』、中山元訳、月曜社、2007 年。〕

Bloor, D. (1983) *Wittgenstein: A Social Theory of Knowledge,* London: Macmillan.〔D. ブルア『ウィトゲンシュタイン : 知識の社会理論』、戸田山和久訳、勁草書房、1988 年。〕

Bok, S. (1989) *Lying: Moral Choice in Public and Private Life,* New York: Vintage.〔S. ボク『嘘の人間学』、古田暁訳、ティビーエス・ブリタニカ、1982 年。〕

Bollnow, O.F. (1967) 'Lived-Space,' in N. Lawrence and D. O'Connor (eds) *Readings in Existential Phenomenology,* Englewood Cliffs, N.J.: Prentice-Hall, 178-86.

Breton, S. (1984) 'Being, God and the Poetics of Relation,' in R. Kearney, *Dialogues with Contemporary Continental Thinkers: The Phenomenological Heritage,* Manchester: Manchester University Press, 90-104.〔S. ブルトン「存在、神および関係の詩学」(R. カーニー編、『現象学のデフォルマシオン』所収)、毬藻充・松葉祥一・庭田茂吉訳、現代企画室、1988 年。〕

Burnyeat, M.F. (1983) 'Can the Skeptic Live His Skepticism?,' in M. Burnyeat (ed.) *The Skeptical Tradition,* Berkeley: University of California Press, 117-48.

Cage, J. (1968) *A Year from Monday: Lectures and Writings,* London: Calder and Boyars.

Campbell, D. (1999) 'The Deterritorialization of Responsibility: Levinas, Derrida, and Ethics after the End of Philosophy,' in D. Campbell and M.J. Shapiro (eds) *Moral Spaces: Rethinking Ethics and World Politics,* Minneapolis: University of Minnesota Press, 29-56.

Campbell, D. and Shapiro, M.J. (eds) (1999) *Moral Spaces: Rethinking Ethics and World Politics,* Minneapolis: University of Minnesota Press.

Camus, A. (1975) *The Myth of Sisyphus,* trans. J. O'Brien, Harmondsworth: Penguin.〔A. カミュ『シーシュポスの神話』(『カミュ全集 第 2 巻』所収)、佐藤朔・高畠正明編、新潮社、1976 年。〕

Caputo, J.D. (1993) *Against Ethics: Contributions to a Poetics of Obligation with Constant Reference to Deconstruction,* Bloomington and Indianapolis: Indiana University Press.

—— **(1997a)** 'Commentary,' in J.D. Caputo (ed.) *Deconstruction in a Nutshell: A Conversation with Jacques*

Derrida, New York: Fordham University Press, 31-202. 〔J.D. カプート「注釈」(J. デリダ・D. カプート編 『デリダとの対話：脱構築入門』 所収)、高橋透・黒田晴之・衣笠正晃・胡屋武志訳、法政大学出版局、2004 年。〕

— **(1997b)** *The Prayers and Tears of Jacques Derrida: Religion without Religion,* Bloomington and Indianapolis: Indiana University Press.

— **(2000)** 'The End of Ethics,' in H. Lafollette (ed.) *The Blackwell Guide to Ethical Theory,* Oxford: Basil Blackwell, 111-28.

— **(2001)** *On Religion,* London and New York: Routledge.

— **(2003)** 'Against Principles: A Sketch of an Ethics without Ethics,' in E. Wyschogrod and G.P. McKenny (eds) *The Ethical,* Oxford: Basil Blackwell, 169-80.

Carrol, D. (1987) *Paraesthetics: Foucault, Lyotard, Derrida,* London: Methuen.

Cavell, S. (1979) *The Claim of Reason: Wittgenstein, Skepticism, Morality, and Tragedy,* Oxford: Clarendon Press.

Caygill, H. (2002) *Levinas & the Political,* London and New York: Routledge.

Cioffi, F. (1998) *Wittgenstein on Freud and Frazer,* Cambridge UK: Cambridge University Press.

Clack, B.R. (1999) *An Introduction to Wittgenstein's Philosophy of Religion,* Edinburgh: Edinburgh University Press.

Cockburn, D. (1990) *Other Human Beings,* Basingstoke: Macmillan.

Connolly, W.E. (1999) 'Suffering, Justice, and the Politics of Becoming,' in D. Campbell and M.J. Shapiro (eds) *Moral Spaces: Rethinking Ethics and World Politics,* Minneapolis: University of Minnesota Press, 125-53.

Critchley, S. (1996) 'Deconstruction and Pragmatism - Is Derrida a Private Ironist or a Public Liberal?,' in C. Mouffe (ed.) *Deconstruction and Pragmatism,* London and New York: Routledge, 19-40.〔S. クリッチリー 「脱構築とプラグマティズム——デリダは私的アイロニストか公的リベラルか」(C. ムフ編・J. デリダ・R. ローティ・S. クリッチリー・E. ラクラウ著 『脱構築とプラグマティズム：来たるべき民主主義』 所収)、青木隆嘉訳、法政大学出版局、2002 年。〕

— **(1999a)** *The Ethics of Deconstruction: Derrida and Levinas,* Edinburgh: Edinburgh University Press.

— **(1999b)** *Ethics-Politics-Subjectivity: Essays on Derrida, Levinas and Contemporary French Thought,* London and New York: Verso.

Culler, J. (1976) *Saussure,* Glasgow: Fontana/Collins.〔J. カラー 『ソシュール』、川本茂雄訳、岩波書店、1978 年。〕

— **(1987)** *On Deconstruction: Theory and Criticism after Structuralism,* London and New York: Routledge.

Darwin, C. (1875) *The Descent of Man, and Selection in Relation to Sex,* London: John Murray.〔C. ダーウィン 『人間の進化と性淘汰』 (『ダーウィン著作集 第 1・2 巻』 所収)、長谷川眞理子訳、文一総合出版、1999 年 (1)、2000 年 (2)。〕

Davidson, D. (1984) 'On the Very Idea of a Conceptual Scheme,' in *Inquiries into Truth and Interpretation,* Oxford: Clarendon Press, 183-98.〔D. デイヴィドソン 「概念枠という考えそのものについて」 (『真理と解釈』 所収)、野本和幸・金子洋之・植木哲也・高橋要訳、勁草書房、1991 年。〕

Davis, C. (1996) *Levinas: An Introduction,* Oxford: Polity Press.〔C. デイヴィス 『レヴィナス序説』、内田樹訳、国文社、2000 年。〕

Defoe, D. (1985) *The Life and Adventures of Robinson Crusoe,* Harmondsworth: Penguin.〔D. デフォー

『ロビンソン・クルーソー (上・下)』(岩波文庫)、平井正穂訳、岩波書店、1967 年 (上)、
1971 年 (下)。〕

Derrida, J. (1971) 'Signature Event Context,' in (1982) *Margins of Philosophy,* trans. A. Bass, Brighton:
Harvester Press, 309-30.〔J. デリダ「署名 出来事 コンテキスト」(『現代思想』1988 年 5 月
号臨時増刊「特集デリダ 言語行為とコミュニケーション」所収)、青土社。〕

— **(1982)** *Positions,* trans. A. Bass, London: Athlone Press.〔『ポジシオン』、高橋允昭訳、青土社、
1981 年。〕

— **(1984)** 'Deconstruction and the Other,' in R. Kearney, *Dialogues with Contemporary Continental
Thinkers: The Phenomenological Heritage,* Manchester: Manchester University Press, 107-26.〔「脱構
築と他者」(R. カーニー編、『現象学のデフォルマシオン』所収)、毬藻充・松葉祥一・庭
田茂吉訳、現代企画室、1988 年。〕

— **(1985)** 'Racism's Last Word,' trans. P. Kamuf, *Critical Inquiry* 12 (Autumn): 290-9.

— **(1988a)** 'Heidegger's Silence,' trans. J. Neugroschel, in G. Neske and E. Kettering (eds) (1990)
Martin Heidegger and National Socialism, New York: Paragon House, 145-8.

— **(1988b)** 'Like the Sound of the Sea Deep within a Shell: Paul De Man's War,' trans. P. Kamuf,
Critical Inquiry 14 (Spring): 590-652.〔「貝殻の奥に潜む潮騒のように ポール・ド・マンの戦争」
(『現代思想』1989 年 4 月号臨時増刊「ファシズム──〈精神〉の宿命」所収)、島弘之訳、
青土社。〕

— **(1988c)** 'Geschlecht II: Heidegger's Hand,' in J. Sallis (ed.) Deconstruction and
Philosophy: The Texts of Jacques Derrida, Chicago and London: University of
Chicago Press, 161-96.〔「ハイデガーの手──ゲシュレヒト II」(『現代思想』1999 年 5
月号臨時増刊「ハイデガー特集号」所収)、藤本一勇訳、青土社。〕

— **(1989a)** 'Biodegradables: Seven Diary Fragments,' trans. P. Kamuf, Critical
Inquiry 15 (Summer): 812-73.

— **(1989b)** Of Spirit: Heidegger and the Question, trans. G. Bennington and R
Bowlby, Chicago: University of Chicago Press.〔『精神について──ハイデガーと問
い』、港道隆訳、人文書院、1990 年。〕

— **(1990)** 'Force of Law: The "Mystical Foundation of Authority",' trans. M. Quaintance, *Cardozo
Law Review* 11, Nos 5-6, 921-1045.〔『法の力──権威の神秘的基礎』、堅田研一訳、法政
大学出版局、1999 年。〕

— **(1991)** 'At This Very Moment In This Work Here I Am,' trans. R Berezdivin, in R Bernasconi
and S. Critchley (eds) *Re-Reading Levinas,* Bloomington and Indianapolis: Indiana University Press,
11-48.

— **(1992a)** *Acts of Literature*, D. Attridge (ed.) London and New York: Routledge.

— **(1992b)** *Given Time: I. Counterfeit Money,* trans. P. Kamuf, Chicago and London: University of
Chicago Press.

— **(1992c)** 'Philosophy and Communication: Round-table Discussion Between Ricoeur and
Derrida,' trans. L. Lawlor, in L. Lawlor, *Imagination and Chance: The Difference Between the Thought of
Ricoeur and Derrida,* Albany: State University of New York Press, 131-63.〔「哲学とコミュニケー
ション」(『現代思想』1988 年 5 月号所収)、廣瀬浩司訳、青土社。〕

— **(1993a)** 'Circumfession,' trans. G. Bennington, in G. Bennington and J. Derrida, *Jacques Derrida,*
Chicago and London: University of Chicago Press.

— **(1993b)** *Aporias*, trans. T. Dutoit, Stanford, Calif.: Stanford University Press.〔『アポリア』、港

道隆訳、人文書院、2000年。〕

— **(1993c)** *'Le toucher.* Touch/To Touch Him,' Paragraph, Vol. 16, No.2 (July): 122-57.

— **(1995a)** *Points ... Interviews, 1974-1994,* trans. P. Kamuf et al., E. Weber (ed.), Stanford, Calif.: Stanford University Press.

— **(1995b)** *The Gift of Death,* trans. D. Wills, Chicago and London: University of Chicago Press. 〔『死を与える』(ちくま学芸文庫)、広瀬浩司・林好雄訳、筑摩書房、2004年。〕

— **(1995c)** *On the Name,* trans. D. Wood et al., T. Dutoit (ed.), Stanford, Calif.: Stanford University Press.〔『名を救う――否定神学をめぐる複数の声』、小林康夫・西山雄二訳、未来社、2005年。(一部翻訳収録)〕

— **(1996a)** *Archive Fever: A Freudian Impression,* trans. E. Prenowitz, Chicago and London: University of Chicago Press.〔『アーカイヴの病――フロイトの印象』、福本修訳、法政大学出版局、2010年。〕

— **(1996b)** 'Remarks on Deconstruction and Pragmatism,' trans. S. Critchley, in C. Mouffe (ed.) *Deconstruction and Pragmatism,* London and New York: Routledge, 77-88.〔「脱構築とプラグマティズムについての考察」(C. ムフ編・J. デリダ・R. ローティ・S. クリッチリー・E. ラクラウ著 『脱構築とプラグマティズム：来たるべき民主主義』所収)、青木隆嘉訳、法政大学出版局、2002年。〕

— **(1996c)** 'Adieu,' trans. P.A. Brault and M. Naas, *Critical Inquiry* 23 (Autumn): 1-10.〔「アデュー」(『アデュー：エマニュエル・レヴィナスへ』所収)、藤本一勇訳、岩波書店、2004年。〕

— **(1996d)** 'As If I Were Dead: An Interview with Jacques Derrida,' in J. Brannigan, R Robbins and J. Wolfreys (eds) *Applying: To Derrida,* Basingstoke: Macmillan, 212-26.

— **(1996e)** 'By Force of Mourning,' trans. P.A. Brault and M. Naas, *Critical Inquiry* 22 (Winter): 171-92.

— **(1997a)** 'Perhaps or Maybe' (interview with A.G. Duttmann), in J. Dronsfield and N. Midgley (eds) *Responsibilities of Deconstruction, Warwick Journal of Philosophy* 6 (Summer): 1-18.

— **(1997b)** 'On Responsibility' (interview with J. Dronsfield and others), in J. Dronsfield and N. Midgley (eds) *Responsibilities of Deconstruction, Warwick Journal of Philosophy* 6 (Summer): 19-35.

— **(1997c)** 'Violence and Metaphysics: An Essay on the Thought of Emmanuel Levinas,' trans. A. Bass, in *Writing and Difference,* London and New York: Routledge, 79-153.〔「暴力と形而上学：レヴィナスの思考にかんする試論」(『エクリチュールと差異 (上)』所収)、若桑毅・野村英夫・阪上脩・川久保輝興訳、法政大学出版局、1977年。〕

— **(1997d)** *Limited Inc.* (trans. various), Evanston, III.: Northwestern University Press.〔『有限責任会社』、高橋哲哉・増田一夫・宮崎裕助訳、法政大学出版局、2003年。〕

— **(1997e)** 'The Villanova Roundtable: A Conversation with Jacques Derrida,' in J.D. Caputo (ed.) *Deconstruction in a Nutshell: A Conversation with Jacques Derrida,* New York: Fordham University Press, 3-28.〔「ヴィラノヴァ大学の円卓会議――ジャック・デリダとの対話」(D. カプート編 『デリダとの対話：脱構築入門』所収)、高橋透・黒田晴之・衣笠正晃訳 、法政大学出版局、2004年。〕

— **(1997f)** *Politics of Friendship*, trans. G. Collins, London: Verso.〔『友愛のポリティックス (I・II)』、鵜飼哲訳、みすず書房、2003年。〕

— **(1998a)** *Resistances of Psychoanalysis,* trans. P. Kamuf et al., Stanford, Calif.: Stanford University Press.〔『精神分析の抵抗：フロイト、ラカン、フーコー』、鵜飼哲・守中高明・石田英敬訳、青土社、2007年。〕

— **(1998b)** 'Faith and Knowledge: the Two Sources of "Religion" at the Limits of Reason Alone,' trans. S. Weber, in J. Derrida and G. Vattimo (eds) *Religion*, Oxford: Polity Press, 1-78.〔「信仰と知：たんなる理性の限界内における『宗教』の二源泉」（『批評空間』1996 年 10 月号・1997 年 1・4・7 月号所収）、松葉祥一・榊原 達哉訳、太田出版。〕

— **(1998c)** *Monolinguism of the Other; or, The Prosthesis of Origin,* trans. P. Mensah, Stanford, Calif.: Stanford University Press.

— **(1998d)** *Of Grammatology*, trans. G.C. Spivak, London: Johns Hopkins University Press.〔『グラマトロジーについて：根源の彼方に（上・下）』、足立和浩訳、現代思潮社、1972 年。〕

— **(1999a)** 'Hospitality, Justice and Responsibility: A Dialogue with Jacques Derrida,' in R Kearney and M. Dooley (eds) *Questioning Ethics: Contemporary Debates in Philosophy,* London and New York: Routledge, 65-83.〔「歓待、正義、責任　ジャック・デリダとの対話」（『批評空間』1999 年 10 月号所収）、安川慶治訳、太田出版。〕

— **(1999b)** 'A Word of Welcome,' trans. P.A. Brault and M. Naas, in *Adieu: To Emmanuel Levinas,* Stanford, Calif.: Stanford University Press, 15-152.〔「迎え入れの言葉」（『アデュー：エマニュエル・レヴィナスへ』所収）、藤本一勇訳、岩波書店、2004 年。〕

— **(1999c)** Various remarks in J.D. Caputo and MJ. Scanlon (eds) *God, the Gift and Postmodernism,* Bloomington and Indianapolis: Indiana University Press.

— **(1999d)** 'Marx & Sons,' in M. Sprinker (ed.) *Ghostly Demarcations: A Symposium on Jacques Derrida's Spectres of Marx,* London: Verso, 213-69.〔『マルクスと息子たち』、国分功一郎訳、岩波書店、2004 年。〕

— **(1999e)** 'On a Newly Arisen Apocalyptic Tone in Philosophy,' trans.J. Leavey Jr., in *Raising the Tone of Philosophy: Late Essays by Immanuel Kant, Transformative Critique by jacques Derrida,* Baltimore, Md.: Johns Hopkins University Press, 117-71.〔『哲学における最近の黙示録的語調について』、白井健三郎訳、朝日出版社、1984 年。〕

— **(2000a)** Various remarks in *Arguing with Derrida, Ratio* (new series), XIII (December).

— **(2000b)** 'Foreigner Question' and 'Step of Hospitality/No Hospitality,' in J. Derrida and A. Dufourmantelle, *Of Hospitality: Anne Dufounnantelle Invites Jacques Derrida to Respond,* trans. R Bowlby, Stanford, Calif.: Stanford University Press.〔「異邦人の問い：異邦人から来た問い」、「歓待の歩み＝歓待はない」（J. デリダ・A. デュフールマンテル 『歓待について:パリのゼミナールの記録』所収）、広瀬浩司訳、産業図書、1999 年。〕

— **(2000c)** 'Hostipitality,' trans. B. Stocker and F. Morlock, *Angelaki* Vol. 5, No. 3 (December): 3-18.

— **(2000d)** (with M. Blanchot) *The Instant of My Death/Demeure: Fiction and Testimony*, trans. E. Rottenberg, Stanford, Calif.: Stanford University Press.〔「滞留 モーリス・ブランショ」（『滞留［付／モーリス・ブランショ「私の死の瞬間」]』所収）、湯浅博雄監訳、郷原佳以・坂本浩也・西山達也・安原伸一朗訳、未来社、2000 年。〕

— **(2001a)** 'I Have a Taste for the Secret,' in J. Derrida and M. Ferraris, *A Taste for the Secret,* trans. G. Donis, G. Donis and D. Webb (eds). Oxford: Polity Press, 1-92.

— **(2001b)** Various remarks in J.D. Caputo, M. Dooley and M.J. &anlon (eds) *Questioning God,* Bloomington and Indianapolis: Indiana University Press.

— **(2001c)** 'A Roundtable Discussion with Jacques Derrida,' in L. Simmons and H. Worth (eds) *Derrida Downunder*, Palmerston North, New Zealand: Dunmore Press, 249-63.

— **(2001d)** Various remarks in P. Patton and T. Smith (eds) *Deconstruction Engaged: The Sydney*

Seminars, Sydney: Power Publications. 〔『デリダ、脱構築を語る:シドニー・セミナーの記録』、ポール・パットン & テリー・スミス編、谷徹・亀井大輔訳、岩波書店、2005 年。〕

— **(2001e)** *On Cosmopolitanism and Forgiveness,* trans. M. Dooley and R Kearney, London and New York: Routledge. 〔「世紀と赦し」(『現代思想』2000 年 11 月号所収)、鵜飼哲訳、青土社。〕

— **(2002a)** 'Hostipitality,' trans. and ed. G. Anidjar, in *Acts of Religion,* London and New York: Routledge, 358-420.

— **(2002b)** *Ethics, Institutions, and the Right to Philosophy,* trans. and ed. P.P. Trifonas, New York and Oxford: Rowman and Littlefield.

— **(2002c)** *Without Alibi,* trans. and ed. P. Kamuf, Stanford, Calif.: Stanford University Press.

— **(2002d)** (with B. Stiegler) *Echographies of Television: Filmed Interviews,* trans. J. Bajorek, Cambridge, UK: Polity Press. 〔**(B. スティグレール共著)** 『テレビのエコーグラフィー:デリダ〈哲学〉を語る』、原宏之訳、NTT 出版、2005 年。〕

— **(2002e)** 'The Animal That Therefore I Am (More to Follow),' trans. D. Wills, *Critical Inquiry* 28 (Winter): 369-418.

— **(2002f)** *Negotiations: Interventions and Interviews 1971-2001*, trans. and ed. E. Rottenberg, Stanford, Calif.: Stanford University Press.

— **(2003)** 'Autoimmunity: Real and Symbolic Suicides - A Dialogue with Jacques Derrida,' in G. Borradori, *Philosophy in a Time of Terror: Dialogues with Jürgen Habermas and Jacques Derrida,* Chicago and London: University of Chicago Press, 85-136. 〔「自己免疫:現実的自殺と象徴的自殺——ジャック・デリダとの対話」(『テロルの時代と哲学の使命』所収)、藤本一勇・澤里岳史訳、岩波書店、2004 年。〕

Descartes, R. (1976) *Philosophical Writings*, trans. E. Anscombe and P.T. Geach, Middlesex: Nelson's University Paperbacks, Open University.

De Vries, H. (1999) *Philosophy and the Turn to Religion*, Baltimore, Md and London: Johns Hopkins University Press.

Dilman, I. (1987) Love and Human Separateness, Oxford: Basil Blackwell.

Diogenes, L. (1925) *Lives of the Eminent Philosophers,* trans. R.D. Hicks, London: Heinemann. 〔L. ディオゲネス『ギリシア哲学者列伝 (上・中・下)』(岩波文庫)、加来彰俊訳、岩波書店、1984 年 (上)、1989 年 (中)、1994 年 (下)。〕

Dooley, M. (1999) 'The Politics of Exodus: Derrida, Kierkegaard, and Levinas on "Hospitality",' in R.L. Perkins (ed.) *International Kierkegaard Commentary: Works of Love,* Macon, Ga.: Mercer University Press, 167-92.

— **(2001)** 'The Civic Religion of Social Hope: A Response to Simon Critchley,' in *Philosophy and Social Criticism,* Vol. 27, No.5: 35-58.

Dostoyevsky, F. (1967) *The Brothers Karamazov* I, trans. D. Magarshack, Harmondsworth: Penguin. 〔F. ドストエーフスキイ『カラマーゾフの兄弟 第 1-4 巻』(岩波文庫)、米川正夫訳、岩波書店、1978 年。〕

Dovey, K. (1978) 'Home: An Ordering Principle in Space,' *Landscape*, Vol. 22, No. 2: 27-30.

Drury, M. (1981) 'Some Notes on Conversations with Wittgenstein' and 'Conversations with Wittgenstein,' in R. Rhees (ed.) *Ludwig Wittgenstein: Personal Recollections,* Oxford: Basil Blackwell, 91-189.

Dufourmantelle, A. (2000) 'Invitation,' in J. Derrida and A. Dufourmantelle, *Of Hospitality: Anne Dufourmantelle Invites Jacques Derrida to Respond,* trans. R. Bowlby, Stanford, Calif.: Stanford

University Press.〔A. デュフーマンテル「招待」(J. デリダ・A. デュフーマンテル『歓待について：パリのゼミナールの記録』所収)、広瀬浩司訳、産業図書、1999 年。〕

Edwards, J.C. (1985) *Ethics Without Philosophy: Wittgenstein and the Moral Life,* Oxford: Basil Blackwell.

Engelmann, P. (1967) *Letters from Ludwig Wittgenstein, with a Memoir,* B.F. McGuinness(ed.), Oxford: Basil Blackwell.〔P. エンゲルマン『ウィトゲンシュタインからの書簡集：「追想の記」と共に』、岡田征弘訳注、『数理哲学へのきっかけ論集 4』、2011 年。(出版社不明。国会図書館所蔵とのこと。)〕

Fann, K.T. (1969) *Wittgenstein's Conception of Philosophy,* Oxford: Basil Blackwell.

Feyerabend, P. (1987) *Science in a Free Society,* London: Verso.

— **(1988)** *Against Method,* London: Verso.〔P. ファイヤアーベント『方法への挑戦：科学的創造と知のアナーキズム』、村上陽一郎・渡辺博訳、新曜社、1981 年。〕

Finch, H.R. (1975) 'Wittgenstein's Last Word: Ordinary Certainty,' *International Philosophical Quarterly* 15: 383-95.

Flew, A. (1971) 'Theology and Falsification: A Symposium' (with R.M. Hare and B. Mitchell), in B. Mitchell (ed.) *The Philosophy of Religion,* Oxford: Oxford University Press, 13-22.

Fogelin, R.J. (1986) 'Wittgenstein and Classical Skepticism,' in S. Shanker (ed.) *Ludwig Wittgenstein: Critical Assessments* (Vol. II), London: Croom Helm, 163-75.

— **(1987)** *Wittgenstein,* London and New York: Routledge.

— **(1996)** 'Wittgenstein's Critique of Philosophy,' in H. Sluga and D.G. Stern(eds) *The Cambridge Companion to Wittgenstein,* Cambridge, UK: Cambridge University Press, 34-58.

Foucault, M. (2000) *Aesthetics: Essential Works of Foucault 1954-1984* (Vol. 2), London: Penguin.

Frazer, J. (1993) *The Golden Bough: A Study in Magic and Religion,* Ware, Herts: Wordsworth.〔J. フレーザー『金枝篇 (全 5 冊)』(岩波文庫)、永橋貞介訳、岩波書店、改版、1978 年。〕

Gaita, R. (1991) *Good and Evil: An Absolute Conception,* Basingstoke: Macmillan.

— **(1998)** *Romulus, My Father,* London: Headline Book Publishing.

— **(2000)** *A Common Humanity: Thinking about Love and Truth and Justice,* London and New York: Routledge.

— **(2003)** *The Philosopher's Dog,* London and New York: Routledge.

Garver, N. and Lee, S.C. (1994) *Derrida & Wittgenstein,* Philadelphia: Temple University Press.

Gellner, E. (1993) *Postmodernism, Reason and Religion,* London and New York: Routledge.

Genova, J. (1995) *Wittgenstein: A Way of Seeing,* London and New York: Routledge.

Gill, J. (1974) 'Saying and Showing: Radical Themes in Wittgenstein's *On Certainty*,' *Religious Studies,* Vol. 10, No.3 (September): 279-90.

Glendinning, S. (1998) *On Being With Others: Heidegger-Derrida-Wittgenstein,* London and New York: Routledge.

— **(1999)** 'The Ethics of Exclusion: Incorporating the Continent,' in R. Kearney and M. Dooley (eds) *Questioning Ethics: Contemporary Debates in Philosophy,* London and New York: Routledge, 120-31.

— **(2000)** 'Inheriting "Philosophy": The Case of Austin and Derrida Revisited,' in *Arguing with Derrida, Ratio* (new series) XIII 4 (December): 307-31.

Glock, H.J. (1996) *A Wittgenstein Dictionary,* Oxford: Basil Blackwell.

Graham, G. (2001) *Evil and Christian Ethics,* Cambridge, UK: Cambridge University Press.

Greenwood, E.B. (1975) *Tolstoy: The Comprehensive Vision,* London: J.M. Dent and Sons.

Greisch, J. (1991) 'The Face and Reading: Immediacy and Mediation,' in R. Bernasconi and S. Critchley (eds) *Re-Reading Levinas,* Bloomington and Indianapolis: Indiana University Press, 67-82.

—— (1999) 'Ethics and Lifeworlds,' in R. Kearney and M. Dooley (eds) *Questioning Ethics: Contemporary Debates in Philosophy,* London and New York: Routledge, 44-61.

Habermas, J. (1983) *Philosophical-Political Profiles,* trans. F.G. Lawrence, London: Heinemann.〔J. ハーバーマス『哲学的・政治的プロフィール：現代ヨーロッパの哲学者たち (上・下)』、小牧治・村上隆夫訳、未來社、1984 年 (上)、1986 年 (下)。〕

—— (1996) *The Habermas Reader*, W. Outhwaite (ed.), Cambridge, UK: Polity Press.

Hall, R.A. (1996) *Isaac Newton: Adventurer in Thought,* Cambridge, UK: Cambridge University Press.

Handelman, S.A. (1991) *Fragments of Redemption: Jewish Thought & Literary Theory in Benjamin,* Scholem, & Levinas, Bloomington and Indianapolis: Indiana University Press.

Hankinson, R.J. (1995) *The Skeptics,* London and New York: Routledge.

Hardwick, C.S. (1971) *Language Learning in Wittgenstein's Later Philosophy,* The Hague: Mouton.

Harries, K. (1978) 'Death and Utopia: Towards a Critique of the Ethics of Satisfaction,' in J. Sallis (ed.) *Radical Phenomenology: Essays in Honor of Martin Heidegger,* Atlantic Highlands, N.J.: Humanities Press, 138-52.

—— (1998) *The Ethical Function of Architecture*, Cambridge, Mass.: MIT Press.

Harvey, I.E. (1986) *Derrida and the Economy of Difference,* Bloomington: Indiana University Press.

Heidegger, M. (1961) *An Introduction to Metaphysics,* trans. R Manheim, New York: Anchor.〔M. ハイデッガー『形而上学入門』(『ハイデッガー全集 第 40 巻』所収)、岩田靖夫・H. ブフナー訳、創文社、2000 年。〕

—— (1982) *The Basic Problems of Phenomenology*, trans. A Hofstadter, Indianapolis: Indiana University Press.〔『現象学の根本諸問題』(『ハイデッガー全集 第 24 巻』所収)、溝口競一・松本長彦・杉野祥一・S. ミュラー訳、創文社、2001 年。〕

—— (1994) *Basic Writings,* trans. various, D.F. Krell (ed.), London and New York: Routledge.

—— (1999) *Being and Time*, trans. J. Macquarrie and E. Robinson, Oxford: Basil Blackwell.〔『存在と時間 (上・下)』(ちくま学芸文庫)、細谷貞雄訳、筑摩書房、1994 年。〕

Heller, J. (1961) *Catch-22*, London: Corgi.〔J. ヘラー、『キャッチ＝22』(上・下)、飛田茂雄訳、ハヤカワ文庫、1977 年。〕

Helvétius, C.A. (1969) 'On Man' (excerpt from *De L'Homme*), in L.G. Crocker(ed.) *The Age of Enlightenment,* New York: Harper and Row, 45-7.

Hertzberg, L. (1988) 'On the Attitude of Trust,' *Inquiry* 31: 307-22.

Hick, J. (ed.) (1966) *Faith and the Philosophers,* New York: St Martin's Press.

—— (1977) 'Jesus and the World Religions,' in J. Hick (ed.) *The Myth of God Incarnate,* London: SCM Press, 167-85.

—— (1988) *God and the Universe of Faiths: Essays in the Philosophy of Religion,* Basingstoke: Macmillan.

—— (1995) *The Rainbow of Faiths: Critical Dialogues on Religious Pluralism,* London: SCM Press.〔J. ヒック『宗教がつくる虹：宗教多元主義と現代』、間瀬啓允訳、岩波書店、1997 年。〕

Hill, L. (1997) *Blanchot: Extreme Contemporary,* London and New York: Routledge.

D'Holbach, P.H.D. (1969) 'Universal Morality, or the Duties of Man Founded on His Nature' (excerpt from *La Morale Universelle*), in L.G. Crocker (ed.) *The Age of Enlightenment,* New York:

416

参考文献

Harper and Row, 66-8.

Holland, R.F. (1990) 'Not Bending the Knee,' *Philosophical Investigations* Vol. 13, No.1 (January): 18-30.

Hookway, C. (1990) *Skepticism,* London and New York: Routledge.

Howells, C. (1988) 'Sartre and Levinas,' in R. Bernasconi and D. Wood (eds) *The Provocation of Levinas: Rethinking the Other,* London and New York: Routledge, 91-9.

— **(1999)** *Derrida: Deconstruction from Phenomenology to Ethics,* Oxford: Polity Press.

Hoyningen-Huene, P. (1993) *Reconstructing Scientific Revolutions: Thomas S. Kuhn's Philosophy of Science,* trans. A.T. Levine, Chicago: University of Chicago Press.

Hudson, W.D. (1986a) 'Wittgenstein on Fundamental Propositions,' in S. Shanker(ed.) *Ludwig Wittgenstein: Critical Assessments* (Vol. IV), London: Croom Helm, 116-28.

— **(1986b)** 'The Light Wittgenstein Sheds on Religion,' in S. Shanker (ed.) *Ludwig Wittgenstein: Critical Assessments* (Vol. IV), London: Croom Helm, 167-84.

Hume, D. (1988) *Enquiries Concerning Human Understanding and Concerning the Principles of Morals* (rev. P.H. Nidditch), Oxford: Clarendon Press.〔D. ヒューム『人間知性研究』、斎藤繁雄・一ノ瀬正樹訳、法政大学出版局、2004 年。『道徳原理の研究』、渡部峻明訳、晢書房、1993 年。〕

Husserl, E. (1970) *The Crisis of European Sciences and Transcendental Phenomenology: An Introduction to Phenomenological Philosophy,* trans. D. Carr, Evanston, Ill.: Northwestern University Press.〔E. フッサール『ヨーロッパ諸学の危機と超越論的現象学』、細谷恒夫・木田元訳、中央公論社、1974 年。〕

— **(1982)** *Cartesian Meditations: An Introduction to Phenomenology,* trans. D. Cairns, The Hague: Martinus Nijhoff.〔『デカルト的省察』(岩波文庫)、浜渦辰二訳、岩波書店、2001 年。〕

— **(1989)** *Ideas Pertaining to a Pure Phenomenology and to a Phenomenological Philosophy* (*Second Book: Studies in the Phenomenology of Constitution*), trans. R. Rojcewicz and A. Schuwer, Dordrecht: Kluwer Academic Publishers.〔『イデーン 純粋現象学と現象学的哲学のための諸構想』、渡辺二郎訳、みすず書房、1979 年。〕

Ingold, T. (2000) *The Perception of the Environment: Essays in Livelihood, Dwelling and Skill,* Oxford: Basil Blackwell.

Inwood, B. and Gerson, L.P. (trans.) (1988) *Hellenistic Philosophy: Introductory Readings.* Indianapolis, Ind./ Cambridge, Mass.: Hackett.

James, W. (1985) *The Varieties of Religious Experience: A Study in Human Nature,* Harmondsworth: Penguin.〔W. ジェイムズ『宗教的経験の諸相 人間性の研究 (上・下)』(岩波文庫)、桝田啓三郎訳、岩波書店、1969 年 (上)、1971 年 (下)。〕

Jay, M. (1993) *Downcast Eyes: The Denigration of Vision in Twentieth-Century French Thought,* Berkeley: University of California Press.

Johnston, P. (1991) *Wittgenstein and Moral Philosophy.* London and New York: Routledge

Jones, K. (1986) 'Is Wittgenstein a Conservative Philosopher?,' *Philosophical Investigations* Vol. 9, No. 4 (October): 274-87.

Josipovici, G. (1999) *On Trust: Art and The Temptations of Suspicion, New Haven,* Conn: Yale University Press.

Kant, I. (1976) 'Groundwork of the Metaphysic of Morals,' trans. H.J. Paton, in H.J. Paton, *The Moral Law: Kant's Groundwork of the Metaphysic of Morals,* London: Hutchinson and Co., 53-123.〔I. カント『人倫の形而上学の基礎づけ』(『カント全集 第 7 巻』所収)、平田俊博訳、岩波書店、

417

2000 年。〕

Kearney, R. (1984) *Dialogues with Contemporary Continental Thinkers: The Phenomenological Heritage,* Manchester: Manchester University Press.

— **(1993)** 'Derrida's Ethical Re-Turn,' in G.B. Madison (ed.) *Working Through Derrida,* Evanston, Ill.: Northwestern University Press, 28-50.

Kellner, D. (1992) 'Authenticity and Heidegger's Challenge to Ethical Theory.' In C. Macann (ed.) *Martin Heidegger: Critical Assessments* (Vol. IV), London and New York: Routledge, 198-213.

Kerr, F. (1997) *Theology after Wittgenstein,* London: SPCK.

Kierkegaard, S. (1965) 'The journals,' trans. and ed. A. Dru, in *The journals of Kierkegaard 1834-1854,* London and Glasgow: Fontana, 39-254.

— **(1973)** *A Kierkegaard Anthology,* R. Bretall (ed.) Princeton, N.J.: Princeton University Press.

— **(1985)** *Fear and Trembling,* trans. A. Hannay, Harmondsworth: Penguin.〔S. キルケゴール『畏れとおののき』(『キェルケゴール著作全集 第 3 巻』所収)、尾崎和彦訳、創言社、2010 年。〕

King, J. (1981) 'Recollections of Wittgenstein,' in R. Rhees (ed.) *Ludwig Wittgenstein: Personal Recollections,* Oxford: Basil Blackwell, 83-90.

Kober, M. (1996) 'Certainties of a World-picture: The Epistemological Investigations of *On Certainty,*' in H. Sluga and D.G. Stern (eds) *The Cambridge Companion to Wittgenstein, Cambridge,* UK: Cambridge University Press, 411-41.

Kolakowski, L. (1999) *Freedom, Fame, Lying and Betrayal: Essays on Everyday Life,* trans. A. Kolakowski, Harmondsworth: Penguin.

Kuhn, T. (1996) *The Structure of Scientific Revolutions,* Chicago and London: The University of Chicago Press.〔T. クーン『科学革命の構造』、中山茂訳、みすず書房、1971 年。〕

Kundera, M. (1998) *Identity,* trans. L. Asher, London and Boston: Faber and Faber.〔M.クンデラ『ほんとうの私』、西永良成訳、集英社、1997 年。〕

Lagenspetz, O. (1992) 'Legitimacy and Trust,' *Philosophical Investigations* Vol. 15, No. 1 (January): 1-21.

Lang, R. (1985) 'The Dwelling Door: Towards a Phenomenology of Transition,' in D. Seamon and R. Mugerauer (eds) *Dwelling, Place and Environment: Towards a Phenomenology of Person and World,* Dordrecht/Boston/Lancaster: Martinus Nijhoff, 201-13.

Levi, P. (1996) *If This is a Man/ The Truce,* trans. S. Woolf, London: Vintage.

— **(1998)** *The Drowned and the Saved,* trans. R. Rosenthal, London: Abacus.

Levinas, E. (1984) 'Ethics of the Infinite,' in R. Kearney, *Dialogues with Contemporary Continental Thinkers: The Phenomenological Heritage,* Manchester: Manchester University Press, 49-69.〔E. レヴィナス「無限の倫理」(リチャード・カーニー編『現象学のデフォルマシオン』所収)、毬藻充・松葉祥一・庭田茂吉訳、現代企画室、1988 年。〕

— **(1987)** *Collected Philosophical Papers,* trans. A. Lingis, Dordrecht: Martinus Nijhoff Publishers.〔『超越・外傷・神曲』内田樹訳、国文社、1986 年、および、『実存の発見』、佐藤真理人・小川昌宏・三谷嗣・河合孝昭訳、法政大学出版局、1996 年に一部所収。〕

— **(1988a)** 'The Paradox of Morality: An Interview with Emmanuel Levinas,' trans. A. Benjamin and T. Wright, in R. Bernasconi and D. Wood (eds) *The Provocation of Levinas: Rethinking the Other,* London and New York: Routledge, 168-80.

— **(1988b)** 'Useless Suffering,' trans. R. Cohen, in R. Bernasconi and D. Wood (eds) *The Provocation of Levinas: Rethinking the Other,* London and New York: Routledge, 156-80.〔「無用の苦しみ」(『わ

れわれのあいだで』所収)、合田正人・谷口博史訳、法政大学出版局、1993 年。〕

— **(1989)** 'As if Consenting to Horror', trans. P. Wissing, *Critical Inquiry* 15 (Winter): 485-8.

— **(1992)** *Ethics and Infinity: Conversations with Philippe Nemo,* trans. R.A. Cohen, Pittsburgh: Duquesne University Press.〔『倫理と無限 フィリップ・ネモとの対話』、原田佳彦訳、朝日出版社、1985 年／『倫理と無限 フィリップ・ネモとの対話』(ちくま学芸文庫)、西山雄二訳、筑摩書房、2010 年。〕

— **(1993)** *Outside the Subject,* trans. M.B. Smith, London: Athlone Press.〔『外の主体』、合田正人訳、みすず書房、1997 年。〕

— **(1994a)** *Otherwise Than Being Or Beyond Essence,* trans. A. Lingis, Dordrecht: Kluwer Academic Publishers.〔『存在するとは別の仕方であるいは存在することの彼方へ』、合田正人訳、朝日出版社、1990 年／『存在の彼方へ』(講談社学術文庫)、合田正人訳、講談社、1999 年。〕

— **(1994b)** *Nine Talmudic Readings,* trans. A. Aronowicz, Bloomington and Indianapolis: Indiana University Press.〔『タルムード四講話』、内田樹訳、国文社、1987 年、および『タルムード新五講話──神聖から聖潔へ』、内田樹訳、国文社、1990 年。〕

— **(1995)** 'Philosophy and the Idea of the In?nite,' in A. Peperzak, *To The Other: An Introduction to the Philosophy of Emmanuel Levinas,* Indiana: Purdue University Press, 88-119.

— **(1996a)** *Basic Philosophical Writings,* A. Peperzak et al. (eds), Bloomington and Indianapolis: Indiana University Press.

— **(1996b)** *The Levinas Reader,* S. Hand (ed.), Oxford: Basil Blackwell.〔『超越・外傷・神曲』、合田正人訳、国文社、1986 年に一部所収。〕

— **(1996c)** *Totality and Infinity: An Essay on Exteriority,* trans. A. Lingis, Pittsburgh: Duquesne University Press.〔『全体性と無限』合田正人訳、国文社、1989 年／『全体性と無限 (上・下)』(岩波文庫)、熊野純彦訳、岩波書店、2005 年 (上)、2006 年 (下)。〕

— **(1996d)** *Proper Names,* trans. M.B. Smith, London: Athlone Press〔『固有名』、合田正人訳、みすず書房、1994 年。〕

— **(1997a)** *Difficult Freedom: Essays on Judaism,* trans. S. Hand, Baltimore, Md.: Johns Hopkins University Press.〔『困難な自由──ユダヤ教についての試論』、内田樹訳、国文社、2008 年／『困難な自由』、合田正人監訳・三浦直希訳、法政大学出版局、2008 年。〕

— **(1997b)** Time and the Other, trans. R.A. Cohen, Pittsburgh: Duquesne University Press.〔『時間と他者』、原田佳彦訳、法政大学出版局、1986 年／「時間と他なるもの」(『レヴィナス・コレクション』所収)、合田正人訳、筑摩書房、1999 年。〕

— **(1998a)** *Of God Who Comes To Mind,* trans. B. Bergo, Stanford, Calif.: Stanford University Press.〔『観念に到来する神について』、内田樹訳、国文社、1997 年。〕

— **(1998b)** *Entre Nous: Thinking-of-the-Other,* trans. M.B. Smith and B. Harshav, New York: Columbia University Press.〔『われわれのあいだで──《他者に向けて思考すること》をめぐる試論』、合田正人・谷口博史訳、法政大学出版局、1993 年。〕

— **(1998c)** *Discovering Existence with Husserl,* trans. R.A. Cohen and M.B. Smith. Evanston, Ill.: Northwestern University Press.〔『実存の発見 フッサールとハイデッガーと共に』、佐藤真理人・小川昌宏・三谷嗣・河合孝昭訳、法政大学出版局、1996 年。〕

— **(1999)** *Alterity and Transcendence,* trans. M.B. Smith, London: Athlone Press.〔『他性と超越』、合田正人・松丸和弘訳、法政大学出版局、2001 年。〕

— **(2000)** *God, Death, and Time,* trans. B. Bergo, Stanford, Calif, Stanford University Press.〔『神・死・時間』、合田正人訳、法政大学出版局、1994 年。〕

— **(2001)** *Is It Righteous To Be? Interviews with Emmanuel Levinas,* J. Robbins (ed.), Stanford, Calif.: Stanford University Press.

Llewelyn, J. (1991) *The Middle Voice of Ecological Conscience: A Chiasmic Reading of Responsibility in the Neighborhood of Levinas, Heidegger and Others,* London: Macmillan.

— **(2002)** *Appositions Jacques Derrida and Emmanuel Levinas,* Bloomington and Indianapolis: Indiana University Press.

Love, N.S. (1995) 'What's Left of Marx?,' in S.K. White (ed.) *The Cambridge Companion to Habermas,* Cambridge, UK: Cambridge University Press:, 46-66.

Luckhardt, C.G. (1991) 'Philosophy in the Big Typescript,' in J. Hintikka (ed.) *Wittgenstein in Florida* (Proceedings of the Colloquium on the Philosophy of Ludwig Wittgenstein, Florida State University, 7-8 August 1989), Dordrecht/ Boston/ London: Kluwer Academic Publishers, 255-72.

Lyotard, J.F. (1985) *Just Gaming,* trans. W. Giodzich, Manchester: Manchester University Press.

— **(1988)** *The Differend:* Phrases in Dispute, trans. G. Abbeele, Manchester: Manchester University Press.〔J. F. リオタール『文の抗争』、陸井四郎他訳、法政大学出版局、1989 年。〕

— **(1993)** *Political Writings,* trans. B. Readings and K.P. Geiman, London: University College London Press.

— **(1997a)** *The Postmodern Condition: A Report on Knowledge,* trans. G. Bennington and B. Massumi, Manchester: Manchester University Press.〔『ポスト・モダンの条件　知・社会・言語ゲーム』、小林康夫訳、水声社、1986 年。〕

— **(1997b)** *Postmodern Fables,* trans. G. Abbeele, Minneapolis: University of Minnesota Press.〔『リオタール寓話集』、本間邦雄訳、藤原書店、1996 年。〕

Macann. C. (1992) 'Who is Dasein? Towards an Ethics of Authenticity,' in C. Macann (ed.) *Martin Heidegger: Critical Assessments* (Vol. IV), London and New York: Routledge, 214-46.

Malcolm, N. (1958) *Ludwig Wittgenstein: A Memoir,* London: Open University Press.〔N. マルコム『回想のヴィトゲンシュタイン』、藤本隆志訳、法政大学出版局、1974 年／『ウィトゲンシュタイン──天才哲学者の思い出』、板坂元訳、平凡社、1998 年。〕

— **(1960)** 'Anselm's Ontological Arguments,' *The Philosophical Review,* Vol. LXIX: 41-62.

— **(1972)** 'The Groundlessness of Belief,' in *Thought and Knowledge: Essays by Norman Malcolm,* Ithaca, N.Y.: Cornell University Press, 199-216.

— **(1986)** 'Wittgenstein: The Relation of Language to Instinctive Behavior,' in S. Shanker (ed.) *Ludwig Wittgenstein: Critical Assessments* (VOL II). London: Croom Helm, 303-18.

— **(1990)** 'On "Ceasing to Exist",' in R. Gaita (ed.) *Value and Understanding: Essay for Peter Winch,* London and New York: Routledge. 1-12.

— **(1993)** Wittgenstein: A Religious Point of View?, P. Winch (ed.), London and New York: Routledge.

Martin, D. (1984) '*On Certainty* and Religious Belief,' *Religious Studies,* Vol. 20, No. 4 (December): 593-613.

Mates, B. (trans., introduction and commentary) (1996) *The skeptic Way: Sextus Empiricus's* Outlines of Pyrrhonism, Oxford: Oxford University Press.

McGinn, M. (1997) *Wittgenstein and the* Philosophical Investigations, London and New York: Routledge.

Melville, P. (1999) *The Migration of Ghosts,* London: Bloomsbury.

Merleau-Ponty, M. (1996) *Phenomenology of Perception,* trans. C. Smith, London and New York: Routledge.〔M. メルロ＝ポンティ『知覚の現象学 1』、竹内芳郎・小木貞孝共訳、みすず書房、1967 年／『知覚の現象学 2』、竹内芳郎・木田元・宮本忠雄共訳、みすず書房、1974 年／『知覚の現象学』、中島盛夫訳、法政大学出版局、1982 年。〕

Mole, G.D. (1997) *Lévinas, Blanchot, Jabès: Figures of Estrangement,* Gainesville, Fla.: University Press of Florida.

Molloy, P. (1999) 'Face-to-Face with the Dead Man: Ethical Responsibility, State-Sanctioned Killing, and Empathetic Impossibility.' in D. Campbell and M.J. Shapiro (eds) *Moral Spaces: Rethinking Ethics and World Politics,* Minneapolis and London: University of Minnesota Press, 211-37.

Monk, R. (1991) *Ludwig Wittgenstein: The Duty of Genius,* London: Vintage.〔R. モンク『ウィトゲンシュタイン 天才の責務』、岡田雅勝訳、みすず書房、1994 年。〕

Montaigne, M. (1958) *Essays,* trans. J.M. Cohen, Harmondsworth: Penguin.〔M. モンテーニュ『エセー（全 6 冊）』（岩波文庫）、原二郎訳、岩波書店、1965 年 (1、2)、1966 年 (3、4)、1967 年 (5、6)。〕

Moon, D. (1995) 'Practical Discourse and Communicative Ethics,' in S.K. White (ed.) *The Cambridge Companion to Habermas,* Cambridge, UK: Cambridge University Press, 143-64.

Moore, G.E. (1948) *Principia Ethica,* Cambridge, UK: Cambridge University Press.〔G. E. ムーア『倫理学原理——付録：内在的価値の概念／自由意志』、泉谷周三郎、寺中平治、星野勉訳、三和書籍、2010 年。〕

— **(1993)** 'Wittgenstein's Lectures in 1930-33,' in L. Wittgenstein, *Philosophical Occasions 1912-1951,* J. Klagge and A. Nordmann (eds), Indianapolis, Ind./Cambridge, Mass.: Hackett, 46-114.〔「ウィトゲンシュタインの講義 1930-33 年」（『ウィトゲンシュタイン全集 10 巻:講義集』所収）、藤本隆志訳、大修館書店、1977 年。〕

— **(1994a)** 'A Defence of Common Sense' in R. Ammerman (ed.) *Classics of Analytic Philosophy,* Indianapolis, Ind./Cambridge, Mass.: Hackett, 47-67.〔「常識の擁護」（『観念論の論駁』所収）、国嶋一則訳、勁草書房、1960 年。〕

— **(1994b)** 'Proof of an External World,' in R. Ammerman (ed.) *Classics of Analytic Philosophy,* Indianapolis, Ind./Cambridge, Mass.: Hackett, 68-84.〔「観念論の論駁」（『観念論の論駁』所収）、国嶋一則訳、勁草書房、1960 年。〕

Morawetz, T. (1978) *Wittgenstein and Knowledge: The Importance of* On Certainty, Amherst: University of Massachusetts Press.〔T. モラウェッツ『ウィトゲンシュタインと知 『確実性の問題』の考察』、菅豊彦訳、産業図書、1983 年。〕

Morris, P. (1990) 'Judaism and Pluralism: The Price of Religious Freedom,' in I. Hamnett (ed.) *Religious Pluralism and Unbelief: Studies Critical and Comparative,* London and New York: Routledge, 179-201.

Mulhall, S. (1993) *On Being in the World: Wittgenstein and Heidegger on Seeing Aspects,* London and New York: Routledge.

— **(1996)** *Heidegger and* Being and Time, London and New York: Routledge.

Nelson, G.K. (1987) *Cults, New Religious and Religious Creativity,* London and NewYork: Routledge.

Nielsen, K. (1967) 'Wittgensteinian Fideism,' Philosophy: *The Journal of the Royal Institute of Philosophy,* Vol. XLII, No. 161 (July): 191-209.

Nietzsche, F. (1968) *The Will to Power,* trans. W. Kaufmann and R.J. Hollingdale, W. Kaufmann (ed.), New York: Vintage.〔F. ニーチェ『権力への意志（上・下）』（ちくま学芸文庫『ニーチェ

421

全集 第12、13 巻』所収)、原佑訳、筑摩書房、1993 年。〕

— **(1972a)** *Twilight of the Idols* and *The Anti-Christ,* trans. R.J. Hollingdale, Harmondsworth: Penguin.〔『偶像の黄昏』(ちくま学芸文庫『ニーチェ全集 第 14 巻』所収)、原佑訳、筑摩書房、1994 年。〕

— **(1972b)** *Thus Spoke Zarathustra: A Book for Everyone and No One*, trans. R.J. Hollingdale, Harmondsworth: Penguin.〔『ツァラトゥストラ (上・下)』(ちくま学芸文庫『ニーチェ全集 第 9、10 巻』所収)、吉沢伝三郎訳、筑摩書房、1996 年。〕

— **(1977)** *A Nietzsche Reader*, trans. R.J. Hollingdale, London: Penguin.(遺稿や『アンチ・クリスト』等既刊の抄訳を含むアンソロジー。この本自体の邦訳はない)

— **(1987)** *Beyond Good and Evil,* trans. R.J. Hollingdale, Harmondsworth: Penguin.〔『善悪の彼岸』(ちくま学芸文庫『ニーチェ全集 第 11 巻』所収)、信太正三訳、筑摩書房、1993 年。〕

— **(1989)** 'On the Origin of Language,' in *Friedrich Nietzsche on Rhetoric and Language*, trans. and eds S.L. Gilman, C. Blair and D.J. Parent, New York and Oxford: Oxford University Press, 209-12.

— **(1992a)** *Ecco Homo: How One Becomes What One Is*, trans. R.J. Hollingdale, London: Penguin.〔『この人を見よ』(ちくま学芸文庫『ニーチェ全集 第 15 巻』所収) 川原栄峰訳、筑摩書房、1994 年。〕

— **(1992b)** *On the Genealogy of Morality,* trans. C. Diethe, K. Ansell-Pearson (ed.), Cambridge, UK: Cambridge University Press.〔『道徳の系譜』(ちくま学芸文庫『ニーチェ全集 第 11 巻』所収)、信太正三訳、筑摩書房、1993 年。〕

— **(1994)** *Human, All Too Human*, trans. M. Faber and S. Lehmann, London: Penguin.〔『人間的、あまりに人間的 1、2』(ちくま学芸文庫『ニーチェ全集 第 5、6 巻』所収)、池尾健一 (1)、中島義生 (2) 訳、筑摩書房、1994 年。〕

Norris, C. (1987) *Derrida*, London: Fontana Press.〔C. ノリス『デリダ　もうひとつの西洋哲学史』、富山太佳夫、篠崎実訳、岩波書店、1995 年。〕

— **(1991)** *Deconstruction: Theory and Practice,* London and New York: Roulledge.〔『ディコンストラクション』、荒木正純、富山太佳夫訳、勁草書房、1985 年。〕

Nussbaum, M. (1991) 'Skeptic Purgatives: Therapeutic Arguments in Ancient Skepticism,' *Journal of the History of Philosophy,* Vol. 29, No. 4 (October): 521-57.

Nuyen, A.T. (2000) 'Lévinas and the Ethics of Pity,' *International Philosophical Quarterly*, Vol. XL, No. 4, Issue No. 160 (December): 411-21.

Nyíri, J.C. (1982) 'Wittgenstein's Later Work in Relation to Conservatism,' in B. McGuinness (ed.) *Wittgenstein and His Times,* Oxford: Basil Blackwell, 44-68.

Pascal, B. (1961) *The Pansées,* trans. J.M. Cohen, Harmondsworth: Penguin.〔B. パスカル『パンセ』、田辺保訳、教文館、2013 年。〕

Pascal, F. (1996) 'Wittgenstein: A Personal Memoir,' in C.G. Luckhardt (ed.) *Wittgenstein: Sources and Perspectives,* Bristol: Thoemmes Press, 23-60.

Passmore J. (1968) *Hume's Intentions,* London: Duckworth.

Patrick, M. (1997) *Derrida, Responsibility and Politics*, Aldershot, Ashgate: Athenaeum Press.

Peperzak, A. (1993) *To the Other: An Introduction to the Philosophy of Emmanuel Levinas,* Indiana: Purdue University Press.

— **(1997)** *Beyond: The Philosophy of Emmanuel Levinas,* Evanston, III.: Northwestern University Press.

Peukert, H. (1998) 'Unconditional Responsibility for the Other: The Holocaust and the Thinking of Emmanuel Levinas,' trans. F.S. Gardiner in A Milchman and A. Rosenberg (eds) *Postmodernism and the Holocaust*, Amsterdam/Atlanta, Ga.: Rodopi, 155-65.

Phillips, D.Z. (1970) *Death and Immortality*, London and Basingtoke: Macmillan, St Martin's Press.

— **(1986)** *Belief, Change and Forms of Life*, Atlantic Highland, N.J.: Humanities Press international.

— **(1988)** *Faith After Foundationalism*, Lomdon and New York, Routledge.

Picard, M. (1948) *The World of Silence*, trans. S. Goodman, London: Harvill Press. 〔M. ピカート 『沈黙の世界』、佐野利勝訳、みすず書房、2014 年。〕

Pinker, S. (1994) *The Language Instinct: The New Science of Language and Mind*, London: Lane. 〔S. ピンカー 『言語を生み出す本能 (上・下)』(NHK ブックス)、椋田直子訳、日本放送出版協会、1995 年。〕

Pitkin, H.F. (1993) *Wittgenstein and justice: On the Significance of Ludwig Wittgenstein for Social and Political Thought*, Berkeley, Los Angels, London: University of California Press.

Plant, B. (2001) 'On Heidegger's Silence,' *Philosophical Writings*, Nos. 15-16 (Spring): 3-21.

— **(2003a)** 'On Natural Constitution: Wolterstorff on Reid and Wittgenstein,' in *Journal of Scottish Philosophy*, Vol. 1, No. 2 (Autumn): 157-70.

— **(2003b)** 'Blasphemy, Dogmatism and Injustice: The Rough Edges of *On Certainty,'* in *International Journal for Philosophy of Religion*, Vol. 54, No. 2 (October): 101-35.

— **(2003c)** 'Doing Justice to the Derrida-Levinas Connection: A Response to Mark Dooley,' in *Philosophy and Social Criticism*, Vol. 29, No. 4 (July): 427-50.

— **(2003d)** 'Ethics without Exit: Levinas and Murdoch,' in *Philosophy and Literature*, Vol. 27, No. 2 (October): 456-70.

— **(2004a)** 'Christ's Autonomous Hand: Simulations on the Madness of Giving,' in *Modern Theology*, Vol. 20, No.4 (October): 547-66.

— **(2004b)** 'The End(s) of Philosophy: Rhetoric, Therapy and Wittgenstein's Pyrrhonism,' in *Philosophical Investigations,* Vol. 27, No. 3 (July): 222-57.

Plantinga, A. (1998) *The Analytic Theist: An Alvin Plantinga Reader*, Grand Rapids, Mich.: W.B. Eerdmans Publishing.

Popkin, R.H. (1979) *The History of Skepticism from Erasmus to Spinoza*, Berkeley, Los Angels, London: University of California Press.

Preston, J. (1997) *Feyerabend: Philosophy, Science and Society*, Oxford: Polity Press.

Putnam, H (1999) Introduction, in F. Rosenzweig, *Understanding the Sick and the Healthy: A View of World, Man, and God*, trans. N. Glatzer, Cambridge, Mass. and London: Harvard University Press, 1-20.

— **(2002)** 'Levinas and Judaism,' in S. Critchley and R. Bernasconi (eds) The Cambridge Companion to Levinas, Cambridge, UK: Cambridge University Press, 33-62.

Quine, W.V.O. (1994) *From a Logical Point of View: Nine Logico-Philosophical Essays*, Cambridge, Mass. and London: Harvard University Press. 〔W.V.O. クワイン 『論理的観点から : 論理と哲学をめぐる九章』、飯田隆訳、勁草書房、1992 年。〕

— **(with J.S. Ullian) (1970)** *The Web of Belief*, New York: Random House.

Readings, B. (1991) *Introducing Lyotard: Art and Politics,* London and New York: Routledge.

— **(1992)** 'Pagans, Perverts or Primitives? Experimental Justice in the Empire of Capital,' in A. Benjamin (ed.) *Judging Lyotard,* London and New York: Routledge, 168-91.

Redpath, T. (1990) *Ludwig Wittgenstein:* A Student's Memoir, London: Duckworth.

Reid, T. (1997) *An Inquiry into the Human Mind: On the Principle of Common Sense*, D.R. Brookes (ed.), Edinburgh: Edinburgh University Press.〔T. リード『心の哲学』、朝広謙次郎訳、知泉書館、2004 年。〕

Rhees, R. (1969) *Without Answers*, London and New York: Routledge.

— (1981) 'Postscript,' in R. Rhees (ed.) *Ludwig Wittgenstein: Personal Recollections*, Oxford: Basil Blackwell, 190-231.

— (1996) *Discussions of Wittgenstein*, Bristol: Thoemmes Press.

Ricoeur, P. (1992) 'Philosophy and Communication: Round-table Discussion Between Ricoeur and Derrida,' trans. L. Lawlor, *Imagination and Chance: The Difference Between the Thought of Ricoeur and Derrida*, Albany: State University of New York Press, 131-63.

— (1999) 'Imagination, Testimony and Trust,' in R. Kearney and M. Dooley (eds) *Questioning Ethics: Contemporary Debate in Philosophy*, London and New York: Routledge, 12-17.

Robbins, J. (1999) *Alterd Reading: Levinas and Literature,* Chicago and London: University of Chicago Press.

Rorty, R. (1996) 'Response to Simon Critchley,' in C. Mouffe (ed.) *Deconstruction and Pragmatism,* London and New York: Routledge, 41-6.〔R. ローティ「サイモン・クリッチリーへの応答」（C. ムフ編『脱構築とプラグマティズム：来たるべき民主主義』所収）、青木隆嘉訳、法政大学出版局、2002 年。〕

— (1999) *Philosophy and Social Hope*, London: Penguin.〔『リベラルユートピアという希望』、須藤訓任、渡辺啓真訳、岩波書店、2002 年。〕

Rose, G. (1997) *Love's Work*, London: Vintage.

Rosenzweig, F. (1999) *Understanding the Sick and the Healthy: A View of World, Man, and God,* trans. N. Glatzer, Cambridge, Mass. and London: Harvard University Press.〔F. ローゼンツヴァイク『健康な悟性と病的な悟性』、村岡晋一訳、作品社、2011 年。(英訳版のパトナムの序文は訳出がない)〕

Rousseau, J.-J. (1930) *The Social Contract & Discourses*, trans. G.D.H. Cole, London and Toronto: J.M. Denr and Sons. (『社会契約論』『学問芸術論』『人間不平等起源論』『政治経済論』が載録されている)〔J.-J. ルソー『社会契約論』、桑原武夫、前川貞次郎訳、岩波文庫、1954 年。『学問芸術論』、前川貞次郎訳、岩波文庫、1968 年。『人間不平等起源論』、本田喜代治、平岡昇訳、岩波文庫、1972 年。『政治経済論』、河野健二訳、岩波文庫、1951 年。〕

— (1953) *The Confessions,* trans. J.M. Cohen, London: Penguin.〔『告白 (上・中・下)』(岩波文庫)、桑原武夫訳、岩波書店、1965-66 年。〕

— (1973) (excerpts from) *Emile, trans.* W. Boyd, in W. Boyd (ed.) Emile For Today, London: Heinemann.〔『エミール (上・中・下)』(岩波文庫)、今野一雄訳、岩波書店、1962 年 (上)、1963 年 (中)、1964 年 (下)。〕

Sade, D.A.F (1969) (excerpts from) *Juliette, or the Prosperities of Vice*, trans. L.G. Crocker, in L.G. Crocker (ed.) *The Age of Enlightenment,* New York: Harper and Row, 172-6.〔D.A.F. サド (マルキ・ド・サド)『悪徳の栄え (上・下)』(河出文庫)、渋澤龍彦訳、河出書房新社、1990 年。〕

— (1991a) *Philosophy in Boudoir,* trans. M. Bodroghy, London: Creation Press.〔『閨房哲学』(角川文庫)、渋澤龍彦訳、角川書店、1986 年。〕

— (1991b) *The Passionate Philosopher: A Marquis de Sade Reader*, M. Crosland (ed.), London: Owen.

Sartre, J.-P. (1977) *Existentialism and Humanism*, trans. P. Mairet, London: Methuen.〔J.-P. サルトル

『実存主義とは何か』、伊吹武彦訳、人文書院、1996年。〕

— **(1993)** *Being and Nothingness: An Essay on Phenomenological Ontology*, trans. H.E. Barnes, London and New York: Routledge.〔『存在と無:現象学的存在論の試み (全3冊)』(ちくま学芸文庫)、松浪信三郎訳、筑摩書房、2007年 (1、2)、2008年 (3)。〕

Scanlon, M.J. (1999) 'A Deconstruction of Religion: On Derrida and Rahner,' in J.D. Caputo and M.J. Scanlon (eds) *God, the Gift, and Postmodernism,* Bloomington and Indianapolis: Indiana University Press, 223-8.

Scheman, N. (1996) 'Forms of Life: Mapping the Rough Ground,' in H. Sluga and D.G. Stern (eds) *The Cambridge Companion to Wittgenstein,* Cambridge, UK: Cambridge University Press, 383-410.

Schopenhauer, A. (1918) *On Human Nature: Essays (Partly Posthumous) in Ethic and Politics,* trans. T.B. Saunders, London: Allen and Unwin.〔A. ショーペンハウアー 「倫理学のために」(『ショーペンハウアー全集 第12巻:哲学小品集3』所収)、生松敬三、木田元、大内惇訳、白水社、1996年。「法学と政治によせて」(『ショーペンハウアー全集 第13巻:哲学小品集4』所収)、秋山英夫訳、白水社、1996年。〕

— **(1995)** *On the Basis of Morality,* trans. E.F.J. Payne, Oxford: Berghahn.〔「道徳の基礎について」(『ショーペンハウアー全集 第9巻 倫理学の二つの根本問題』所収)、前田敬作、芦津丈夫、今村孝訳、白水社、1973年。〕

Schulte, J. (1986) 'Wittgenstein and Conservatism,' in S. Shanker (ed.) *Ludwig Wittgenstein: Critical Assessments* (Vol. IV), London: Croom Helm, 60-9.

Schutz, A. (1964) *Collected Papers II: Studies in Social Theory*, A Brodersen (ed.), The Hague: Martinus Nijhoff.〔A. シュッツ 『アルフレッド・シュッツ著作集 第3巻：社会理論の研究』、渡部光、那須壽、西原和久訳、1998年。〕

— **(1966)** *Collected Papers III: Studies in Phenomenological Philosophy*, I. Schutz (ed.), The Hague: Martinus Nijhoff.〔『アルフレッド・シュッツ著作集 第4巻：現象学的哲学の研究』、渡部光、那須壽、西原和久訳、マルジュ社、1998年。〕

— **(1970a)** *Reflections on the Problem of Relevance,* R.M. Zaner (ed.), New Haven, Conn. and London: Yale University Press.〔『生活世界の構成:レリヴァンスの現象学』(R.M. ゼイナー編)、那須壽、浜日出夫、今井千恵、入江正勝訳、マルジュ社、1996年。〕

— **(1970b)** *On Phenomenology and Social Relations: Selected Writings*, H.R. Wagner (ed.), Chicago and London: University of Chicago Press.〔『現象学的社会学』、森川眞規、浜日出夫訳、紀伊國屋書店、1980年。〕

— **(1971)** *Collected Papers I: The Problem of Social Reality*, M. Natanson (ed.), The Hague: Martinus Nijhoff.〔『アルフレッド・シュッツ著作集 第1、2巻:社会的現実の問題1、2』、渡部光、那須壽、西原和久訳、マルジュ社、1983年 (1)、1985年 (2)。〕

— **(with T. Luckmann) (1974)** *The Structures of the Life-World*, trans. R.M. Zaner and H.T. Engelhardt, Jr., London: Heinemann.〔A. シュッツ、T. ルックマン 『生活世界の構造』(ちくま学芸文庫)、那須壽訳、筑摩書房、2015年。〕

Seamon, D. (1979) *The Geography of the Lifeworld: Movement*, Rest and Encounter, London: Croom Helm.

Seamon, D. and Mugerauer, R. (eds) **(1985)** *Dwelling, Place and Environment: Towards a Phenomenology of Person and World*, Dordrecht/Boston/Lancaster: Martinus Nijhoff.

Sextus Empiricus (1996) 'Outlines of Pyrrhonism,' trans. B. Mates, in B. Mates, *The Skeptic Way: Sextus Empiricus's* Outline of Pyrrhonism, Oxford: Oxford University Press, 88-217.〔セクストス・

ニンペイリコス『ピュロン主義哲学の概要』、金山弥平、金山万里子訳、京都大学学術出版会、1998 年。〕

Shapiro, M.J. (1999) 'The Ethics of Encounter: Unreading, Unmapping the Imperium,' in D. Campbell and M.J. Shapiro (eds) *Moral Spaces: Rethinking Ethics and World Politics,* Minneapolis: University of Minnesota Press, 57-91.

Shields, P.R. (1997) *Logic and Sin in the Writings of Ludwig Wittgenstein*, Chicago and London: University of Chicago Press.

Shusterman, R. (1997) *Practicing Philosophy: Pragmatism and the Philosophical Life*, New York: Routledge.〔R. シュスターマン『プラグマティズムと哲学の実践』、樋口聡、青木孝夫、丸山恭司訳、世織書房、2012 年。〕

Singer, P. (1995) Practical Ethics, Cambridge, UK: Cambridge University Press.〔P. シンガー『実践の倫理』、山内友三郎、塚崎智訳、昭和堂、1991 年。〕

Sluga, H. (1996) 'Ludwig Wittgenstein: Life and Work An Introduction' in H. Sluga and D.G. Stern (eds) *The Cambridge Companion to Wittgenstein*, Cambridge, UK: Cambridge University Press, 1-33.

Smart, N. (1971) 'Conversation with Ninian Smart: Philosophy and Religion,' in B. Magee, *Modern British Philosophy,* London: Secker and Warburg, 166-77.

Smith, J.K.A. (1998) 'Determined Violence: Derrida's Structural Religion,' *The Journal of Religion,* Vol. 78: 197-212.

Sontag, F. (1995) *Wittgenstein and the Mystical: Philosophy as an Ascetic Practice*, Atlanta, Ga.: Scholars Press.

Staten, H. (1986) *Wittgenstein and Derrida*, Lincoln and London: University of Nebraska Press.〔H. ステーテン『ウィトゲンシュタインとデリダ』、高橋哲哉訳、産業図書、1987 年。〕

Steuerman, E. (1992) 'Habermas vs Lyotard: Modernity vs Postmodernity?,' in A. Benjamin (ed.) *Judging Lyotard*, London and New York: Routledge, 99-118.

Stone, I.F. (1998) Reading Levinas/Reading Talmud: An Introduction, Philadelphia and Jerusalem: The Jewish Publication Society.

Sugden, C. (1990) 'Evangelicals and Religious Pluralism,' in I. Hamnett (ed.) *Religious Pluralism and Unbelief: Studies Critical and Comparative*, London and New York: Routledge, 148-65.

Surin, K. (1990) 'Towards a "Materialist" Critique of Religious Pluralism: An Examination of the Discourse of John Hick and Wilfred Cantwell Smith,' in I. Hamnett (ed.) *Religious Pluralism and Unbelief: Studies Critical and Comparative,* London and New York: Routledge, 114-29.

Svensson, G. (1981) *On Doubting the Reality of Reality: Moore and Wittgenstein on Skeptical Doubts*, Stockholm: Almqvist and Wiksell International.

Thompson, C. (1997) 'Wittgenstein, Tolstoy and the Meaning of Life,' *Philosophical Investigations*, Vol. 20, No. 2 (April): 97-116.

Tilghman, B.R. (1991) *Wittgenstein, Ethics and Aesthetics: The View from Eternity*, New York: State University of New York Press.

Tolstoy, L. (1982) *The Raid and Other Stories*, trans. L. and A. Maude, Oxford University Press.〔「ひとにはどれほどの土地がいるか」、「三人の隠者」（『トルストイ民話集 イワンのばか 他八編』所収）(岩波文庫)、中村白葉訳、岩波書店、2002 年。「人はなんで生きるか」(『トルストイ民話集 人はなんで生きるか 他四編』所収)(岩波文庫)、中村白葉訳、岩波書店、2003 年。「侵入」、「二人の驃騎兵」、「セワストーポリ」（『大トルストイ全集 第 2 巻』所収）、原久一郎訳、中央公論社、1939 年。「アリベルト」（『大トルストイ全集 第 3 巻』所収）、原久

一郎訳、中央公論社、1939 年。『イワン・イリッチの死』(岩波文庫)、米川正夫訳、岩波書店、1973 年。〕

— **(1987)** *A Confession and Other Religious Writings,* trans. J. Kentish, London: Penguin.〔『懺悔』(岩波文庫)、原久一郎訳、岩波書店、1961 年。『大トルストイ全集 第 14 巻』、原久一郎訳、中央公論社、1939 年。〕

Trigg, R. (1999) *Ideals of Human Nature: An Historical Introduction*, Oxford: Basil Blackwell.

Ward, G. (1998) *Barth, Derrida and the Language of Theology*, Cambridge, UK: Cambridge University Press.

Weil, S. (1987) *Gravity and Grace*, trans. E. Craufurd, London: ARC Paperbacks.〔S. ヴェイユ『重力と恩寵――シモーヌ・ヴェイユ『カイエ』抄』(ちくま学芸文庫)、田辺保訳、筑摩書房、1995 年。〕

Wells, H.G. (1988) *The Time Machine*, London: Everyman's Library, J.M. Dent and Sons.〔H.G. ウェルズ『タイム・マシン 他九編』(岩波文庫)、橋本槙矩訳、岩波書店、1991 年。〕

Werhane, P.H. (1995) 'Levinas's Ethics: A Normative Perspectives without Metaethical Constrains,' in A.T. Peperzak (ed.) *Ethics as First Philosophy: The Significance of Emmanuel Levinas for Philosophy, Literature and Religion*, London and New York: Routledge, 59-67.

Wheeler III, S.C. (2000) *Deconstruction as Analytic Philosophy,* Stanford, Calif.: Stanford University Press.

Wiesel, E. (1981) *Night*, trans. S. Rodway, Harmondsworth: Penguin.〔E. ヴィーゼル『夜』、村上光彦訳、みすず書房、2010 年。〕

Williams, B. (1973) *Morality: An Introduction to Ethics*, Harmondsworth: Penguin

Winch, P. (1960) 'Nature and Convention,' *Proceedings of the Aristotelian Society*, Vol. 20: 231-52〔P. ウィンチ「自然と規約」(『倫理と行為』所収)、奥雅博、松本洋之訳、勁草書房、2009 年。〕

— **(1964)** 'Understanding a Primitive Society,' *American Philosophical Quarterly*, Vol. 1, No.4 (October): 307-24.〔「未開社会の理解」(『倫理と行為』所収)、奥雅博、松本洋之訳、勁草書房、2009 年。〕

— **(1970)** 'Comment,' in R. Borger and F. Cioffi (eds) *Explanation in the Behavioral Sciences,* Cambridge, UK: Cambridge University Press, 249-69.

— **(1979)** 'Apel's "Transcendental Pragmatics",' in S.C. Brown (ed.) *Philosophical Disputes in the Social Sciences*, Chichester: Harvester Press, 51-73.

— **(1987)** *Trying to Make Sense*, Oxford: Basil Blackwell.

Wittgenstein, L. (1958) *Philosophical Investigations*, trans. G.E.M. Anscombe, Oxford: Basil Blackwell.〔L. ウィトゲンシュタイン『ウィトゲンシュタイン全集 第 8 巻：哲学探究』、藤本隆志訳、大修館書店、1976 年。『『哲学探求』読解』、黒崎宏訳・解説、産業図書、1997 年。(「ヴィトゲンシュタイン」表記)『哲学探究』、丘沢静也訳、岩波書店、2013 年。〕

— **(1969)** *The Blue and Brown Books*, Oxford: Basil Blackwell.〔『青色本・茶色本』(『ウィトゲンシュタイン全集 第 6 巻：青色本・茶色本 他』所収)、大森荘蔵、杖下隆英訳、大修館書店、1975 年。『『論考』青色本』読解』、黒崎宏訳・解説、産業図書、2001 年。『青色本』(ちくま学芸文庫)、大森荘蔵訳、筑摩書房、2010 年。〕

— **(1974)** *Letters to Russell, Keynes and Moore*, G.H. von Wright and B.F. McGuiness (eds), Oxford: Basil Blackwell.

— **(1978)** 'On Heidegger on Being and Dread,' tans. M. Murray, in M. Murray (ed.) *Heidegger and Modern Philosophy: Critical Essays,* New Haven, Conn. and London: Yale University Press, 80-1.

— **(1979a)** *Notebooks 1914-1916,* trans. G.E.M. Anscombe, G.H. von Wright and G.E.M. Anscombe (eds) Oxford: Basil Blackwell.〔「草稿 1914-1916」(『ウィトゲンシュタイン全集 第1巻：論理哲学論考 他』所収)、奥雅博訳、大修館書店、1975 年。〕

— **(1979b)** *Wittgenstein's Lectures, Cambridge 1932-35* (from the Notes of A. Ambrose and M. Macdonald), A. Ambrose (ed.), Oxford: Basil Blackwell.〔『ウィトゲンシュタインの講義：ケンブリッジ 1932-1935 年：アリス・アンブローズとマーガレット・マクドナルドのノートより』(講談社学術文庫)、野矢茂樹訳、講談社、2013 年。〕

— **(1990)** *Zettel*, trans. G.E.M. Anscombe, G.E.M. Anscombe and G.H. von Wright (eds), Oxford: Basil Blackwell.〔「断片」(『ウィトゲンシュタイン全集 第9巻：確実性の問題、断片』所収)、黒田亘、菅豊彦訳、大修館書店、1975 年。〕

— **(1993)** *Philosophical Occasions 1912-1951*, J. Klagge and Nordmann (eds), Indianapolis, Ind./ Cambridge, Mass.: Hackett. (載録されたもののうち、以下については訳書がある。)〔「論理形式について」(『ウィトゲンシュタイン全集 第1巻：論理哲学論考 他』所収)、奥雅博、大修館書店、1975 年。「倫理学講話」(『ウィトゲンシュタイン全集 5 巻：ウィトゲンシュタインとウィーン学団 他』所収)、黒崎宏、杖下隆訳訳、大修館書店、1976 年。「ウィトゲンシュタインの講義 1930-33 年」(G.E. ムーア)(『ウィトゲンシュタイン全集 第 10 巻：講義集』所収)、藤本隆志訳、大修館書店、1977 年。「フレーザー『金枝篇』について」(『ウィトゲンシュタイン全集 第 6 巻：青色本・茶色本 他』所収)、大森荘蔵、杖下隆英訳、大修館書店、1975 年。「『マインド』の編集者への書簡」(『ウィトゲンシュタイン全集 第 6 巻：青色本・茶色本 他』所収)、大森荘蔵、杖下隆英訳、大修館書店、1975 年。「『個人的経験』および『感覚与件』について」(『ウィトゲンシュタイン全集 第 6 巻：青色本・茶色本 他』所収)、大森荘蔵、杖下隆英訳、大修館書店、1975 年。『原因と結果:哲学』、羽地亮訳、晃洋書房、2010 年。〕

— **(1994a)** *Culture and Value*, trans. P. Winch, G.H. von Wright (ed.), Oxford: Basil Blackwell.〔(「ヴィトゲンシュタイン」表記)『反哲学的断章——文化と価値』、丘沢静也訳、青土社、1999 年。〕

— **(1994b)** *Lectures and Conversations on Aesthetics, Psychology and Religious Belief*, C. Barrett (ed.) Oxford: Basil Blackwell.〔「美学、心理学および宗教的信念についての講義と会話」(『ウィトゲンシュタイン全集 第 10 巻：講義集』所収)、藤本隆志訳、大修館書店、1977 年。

— **(1995)** *Tractatus Logico-Philosophics,* trans. D.F. Pears and B.F. McGuinness, London and New York: Routledge.〔(「ヴィトゲンシュタイン」表記)『論理哲学論考』、藤本隆志、坂井秀寿訳、法政大学出版局、1968 年。『論理哲学論考』(『ウィトゲンシュタイン全集 第 1 巻：論理哲学論考 他』所収)、奥雅博訳、大修館書店、1975 年。『論理哲学論考』(中公クラシックス)、山元一郎訳、中央公論新社、2001 年。『論理哲学論考』(岩波文庫)、野矢茂樹訳、岩波書店、2003 年。『論理哲学論考』(ちくま学芸文庫)、中平浩司訳、筑摩書房、2005 年。(「ヴィトゲンシュタイン」表記)『ルートヴィヒ・ウィトゲンシュタイン著『論理哲学論考』対訳・注釈書』、木村洋平訳、社会評論社、2010 年。(「ヴィトゲンシュタイン」表記)『論理哲学論考』(光文社古典新訳文庫)、丘沢静也訳、光文社、2014 年。〕

— **(1996a)** 'Remarks on Frazer's *Golden Bough,*' trans. J. Beversluis, in C.G. Luckhardt (ed.) *Wittgenstein: Sources and Perspectives*, Bristol: Thoemmes Press, 61-81.〔「フレーザー『金枝篇』について」『ウィトゲンシュタイン全集 第 6 巻：青色本・茶色本 他』、大森荘蔵、杖下隆英訳、大修館書店、1975 年。〕

— **(1996b)** 'Letters to Ludwig von Ficker,' trans. B. Gillette (A. Janik, ed.), in C.G. Luckhardt (ed.)

Wittgenstein: Sources and Perspectives, Bristol: Thoemmes Press, 82-98.

—— **(1999)** *On Certainty,* trans. G.E.M. Anscombe and D. Paul, G.E.M. Anscombe and G.H. von Wright (eds), Oxford: Basil Blackwell. 〔「確実性の問題」『ウィトゲンシュタイン全集 第 9 巻：確実性の問題、断片』、黒田亘、菅豐彦訳、大修館書店、1975 年。〕

Wood, D. (1990) *Philosophy at the Limit,* London: Unwin Hyman.

Zeig, S. (2000) B*eware of Pity,* trans. P. and T. Blewitt, London: Pushkin Press.〔S. ツヴァイク『ツヴァイク全集 第 6 巻：心の焦燥』、大久保和郎訳、みすず書房、1974 年。〕

All biblical quotations are from *The New English Bible,* Oxford and Cambridge University Press, 1970. **(** この英訳からの翻訳はないが、聖書の邦訳として新共同訳聖書 (日本聖書協会) を掲げておく。**)**

人名・事項索引

ア 行

愛、恋愛（love）
　アナロジー（類比）としての
　　（as analogy）——91
　行為遂行性（performative）
　　229-230原注51
　寛容（tolerance）　189
　傷つきやすさ（vulnerability）
　　380原注60
　社会的関係（social relations）
　　299, 318
　信仰（faith）　101
　親密さ（intimacy）　352
　レヴィナス（Levinas）　340原注93
　歴史（history）　124原注90
悪（evil）　214原注98, 356, 36
アタラクシア（*ataraxia*）
　ウィトゲンシュタイン（Wittgenstein）
　　57, 120原注10
　苦しみ（suffering）　34
　決断不可能性（undecidability）
　　369-10
　信念（belief）　33
　セクストス（Sextus）　32-33, 35-36, 82
　ピュロン主義的懐疑論
　　（Pyrrhonian Skepticism）　30-2,
　　34, 92, 110, 190, 266
　理性（reason）　36
アブラハム（Abraham）　89, 97, 100
アボリジニ（Aboriginal people）
　151-3, 174, 179原注76
憐み（compassion）　301-2, 343原注141
安息日再臨派
　（Seventh-day Adventists）　103-5
家の鍵のアナロジー
　（house keys analogy）　92
生き延びた者の責め（survivor's guilt）
　16-7, 248, 250-1, 267-9

イサク（Isaac）　89, 100, 124原注77
痛み（pain）　162-3, 168, 21原注121,
　188原注88
　「苦しみ（suffering）」も参照せよ
糸状虫症のアナロジー
　（river-blindness analogy）　117-8
ウィトゲンシュタイン, ルートヴィヒ
　（Wittgenstein, Ludwig）27-9, 56-7
　アタラクシア（*ataraxia*）　57,
　　120原注10
　顔（face）　156-7
　学習すること（learning）　93
　神（God）　73原注107, 209, 210-12,
　　217, 235原注129
　犠牲（sacrifice）　239
　規範性（normativity）　74原注113,
　　212
　キリスト教（Christianity）　212,
　　232原注90
　儀式（ritual）　215-6, 386原注173
　苦しみ（suffering）　155, 326
　言語（language）　44, 48-9, 56-9, 11,
　　168-9, 190, 324
　言語ゲーム（language-games）
　　12-14, 65-8, 69原注17, 82, 86, 90,
　　138-9, 198, 326-7
　『哲学探究』公刊問題
　　（publishing work）　76原注160
　告白（confession）　232-3原注94,
　　270-1
　差異（differences）　10-15
　罪悪感、責め（guilt）　222, 238
　自然主義（naturalism）　12-3, 21,
　　80, 126原注115, 166, 185原注163,
　　185原注177, 194, 204, 208, 326-7,
　　365, 389原注224
　自然の領域、自然界（natural realm）
　　50-1, 68, 191, 313
　自由意志（free will）　184原注149

人名・事項索引

宗教（religion）　13-4, 59, 205
宗教性（religiosity）　100-1, 206-7
宗教的信念、宗教的信仰
　（religious belief）　203-4, 205,
　206, 214-16, 217, 305
「宗教的信念についての講義」
　（'Lectures on Religious Belief'）
　96, 102, 106, 191, 199, 204, 222
信念、信仰（belief）　105, 120原注10,
　199-200, 227原注9
信仰者／非信仰者
　（believers/non-believers）　201-2,
　204
身体（body）　156, 159, 187原注200,
　251
真理（truth）　51
生活形式（forms of life）　10, 138-9
『断片』（Zettel）　46, 61, 253-4
治療技術（therapeutic techniques）
　11, 63, 138
哲学的実践（philosophical practice）
　41-6, 61, 72原注83
哲学のない生活
　（non-philosophical life）　46,
　76原注159, 190
「美学についての講義」
　（'Lectures on Aesthetics'）　59
ピュロン主義的懐疑論
　（Pyrrhonian Skepticism）　16,
　60-3, 68原注5
普遍性（universality）　90
「フレイザー『金枝篇』について」
　（'Remarks on Frazer's Golden Bough'）
　14, 106, 166-72, 191, 204-6
ユーモア（humour）　185原注178
「倫理学講話」
　（'A Lecture of Ethics'）　211,
　218, 238, 369
霊魂の不滅（immortality）　208-9,
212-13, 218, 224
（われわれが）依拠する枠組み

　（frame of reference）　90
『反哲学的断章―文化と価値』（Culture
　and Value）、『確実性の問題』（On
　Certainty）、『哲学探究』（Philosophical
　Investigations）、『論理哲学論考』
　（Tractatus Logico-Philosophicus）も参照
　せよ。
ウィンチ, P.（Winch, P.）
　共同体（community）　165
　真実を語る（こと）（truth-telling）
　　385原注149
　動物（animals）　345原注185
　人間（humans）　195原注3
　矛盾（contradiction）　227原注16
　倫理（ethics）　198
疑い（doubt）　36, 82-4, 94-5
エドワーズ, J.C.（Edwards, J.C.）　81
エホバの証人
　（Jehovah's Witnesses）　103
エリスのピュロン（Pyrrho of Elis）
　69原注9
エルヴェシウス, C.A.（Hervetius, C.A.）
　316
オースティン, J.L.（Austin, J.L. ）
　340原注100
汚染（contamination）　191
訪れ（visitation）　354-6, 336原注6,
　337原注100
オートマン（自動機械）（automata）
　157-8
主意主義（voluntarism）　140

カ 行

懐疑論（skepticism）　79
　デリダ（Derrida）　362
　ドグマティズム（dogmatism）
　　36-8
　反懐疑論（anti-skepticism）　81-2,
　　94-5
　倫理（ethics）　341原注11

外形の変化 (disfigurement) 156
ガイタ, R. (Gaita, R.) 189, 180原注90,
269, 272-3, 287原注203, 287原注219
改宗 (conversion) 134原注235, 295
カイン (Cain) 250, 267, 328
顔 (face) 131原注198
　ウィトゲンシュタイン 156
　訪れ (visitation) 336原注6
　外形の変化 (disfigurement) 156
　科学 (science) 108-9, 131原注188,
　132原注213
　神 (God) 292-4
　傷つきやすさ (vulnerability) 328
　言語 (language) 293, 307
　身体 (body) 251
　他者 (other) 296-8, 346原注202,
　253-4, 255-7
　デリダ (Derrida) 296
　動物性 (animality) 332
　「汝殺すなかれ」('Thou shalt not
　kill') 261, 277原注6
　人間性 (humanity) 253-4, 297
　表情 (expression) 158-9
　倫理的アプローチ (ethical approach)
　251-4
　レヴィナス (Levinas) 16, 19, 252-8,
　282原注113, 290-1, 293-7, 338原注49
科学主義 (scientism) 207, 311
学習、学ぶこと (learning) 88, 92-3
ガダマー, H.G. (Gadamer, H.G.)
385原注143
価値判断 (value-judgements) 219,
220-22, 234原注118
神 (God) 97, 217, 294
　ウィトゲンシュタイン (Wittgenstein)
　73原注107, 210-12, 217, 235原注129
　顔 (face) 292, 293
　デリダ (Derrida) 212, 296
　トルストイ (Tolstoy) 200-1, 210, 214
　ナチズム (Nazism) 247-8
　ヒック (Hick) 143

マルコム (Malcolm) 337原注21
レヴィナス (Levinas) 290-1,
292-3, 293-4, 305-7
『確実性の問題』(ウィトゲンシュタイン)
(On Certainty (Wittgenstein))
94-5, 120原注3
　相容れない原理
　(irreconcilable principles) 57
　懐疑論 (skepticism) 81-2
　科学／宗教 (science/religion)
　131原注188
　擬似コミュニタリアニズム
　(擬似共同体主義)
　(quasi-communitarianism) 80, 83
　言語ゲーム (language-games) 65,
　111
　宗教的信念 (religious belief) 96
　信念、信仰 (belief) 3, 115-7
　信頼 (trust) 326, 364
　正義 (justice) 110
　想像力 (imagination) 122原注40
　知識／懐疑 (knowledge/doubt)
　82-3, 363
　判断 (judgement) 107
　保守主義 (conservaitism) 138,
　180
　理由／説得 (reason/persuasion)
　12, 57
　倫理 (ethics) 154
カプート, J.D. (Caputo, J.D.)
　悪しき良心 (bad conscience) 250
　痛み、苦痛 (pain) 162,
　183原注142
　原理主義 (fundamentalism)
　129原注166
　災難 (disasters) 119, 135原注259
　宗教 (religion) 80
　デリダ (Derrida) 350
　無神論 (atheism) 375
　レヴィナス (Levinas) 184原注150,
　250, 350

人名・事項索引

ガリレオ（Galileo）　135原注254
河床の比喩（river-bed-metaphor）　99-100,
　128原注139, 177原注34
歓待（hospitality）
　悪（evil）367
　傷つきやすさ（vulnerability）　356
　言語（language）381原注67
　根本的な無関心
　　（radical indifference）　368
　信頼（trust）　365-6
　侵犯（trespassing）　356
　第三者（third party）　367
　デリダ（Derrida）333-4, 335,
　　349-50, 353-5, 367, 38原注167,
　　386原注163
　避難場所（refuge）　351, 353
　レヴィナス（Levinas）　334,
　　386原注163
カント, イマヌエル（Kant, Immanuel）
　219, 333
寛容さ（generosity）
　純粋な（pure）——　369
キェルケゴール, S.（Kierkegaard, S.）
　96
　オルセン（Olsen）　229原注47
　キリスト教（Christianity）
　　234原注125
　信仰（faith）376
　人生（life）128原注149
記号（sign）　368
　擬似コミュタリアニズム（擬似共同体主義）
　　（quasi-communitarianism）　80, 83
儀式、儀礼（ritual）
　ウィトゲンシュタイ（Wittgenstein）
　　215-6, 386原注173
　宗教的（religious）——　168-9,
　　208原注53
　非宗教的（non-religious）——
　　230原注53
　フレイザー（Frazer）　181
　本能（instinct）　171

犠牲（sacrifice）
　アブラハム（Abraham）　89, 97, 100
　ウィトゲンシュタイ（Wittgenstein）
　　289
　自己犠牲（self-sacrifice）　194, 313,
　　317
　信仰（faith）　201
　責任（responsibility）　302
　他者（other）264-5
　ハイデッガー（Heidegger）　246
傷つきやすさ（vulnerability）
　愛（love）　380原注60
　顔（face）　328
　歓待（hospitality）　356-7
　共通性（commonality）　331
　子供（children）　330
　信頼（trust）　119
　住まい、家（home）　358
　暴力（violence）　256
キリスト・アデルフィアン派
　（Christadelphians）　105, 129原注171
キリスト教（Christianity）
　ウィトゲンシュタイ（Wittgenstein）
　　212, 232原注90
　改宗（conversion）　205, 235
　キェルケゴール（Kierkegaard）
　　234原注125
　啓蒙（enlightenment）　142
　原理主義（fundamentalism）104-5,
　　143-4, 129原注166
　トルストイ（Tolstoy）　215
　ニーチェ（Nietzsche）　319
　ヒック（Hick）　142
　利他主義（altruism）　317
儀礼としてのキス（kiss as ritual）　216
キャベル, S .（Cavell, S.）　79
教育（education）　113, 192
共通性（commonality）　152-3, 170
空間（space）
　他者（other）の——　284原注163
クラック,B.R.（Clack,B.R.）　205, 206,

433

232原注89
クリッチリー, S.（Critchley, S.）
176原注13, 345原注179, 378原注4
苦しみ（suffering）
　アタラクシア（ataraxia）　34
　ウィトゲンシュタイン
　（Wittgenstein）　115, 326
　共通性（commonality）　331
　原始的な反応
　（primitive reactions）161-2
　――が避けられないこと
　（inevitability）　47
　子供（children）164, 183原注140,
　326
　信仰（belief）128原注147
　責め（guilt）273
　人間でない者（non-humanity）
　163, 182原注131
　矮小化された（trivialized）――
　119
グレアム, G.（Graham, G.）125原注98
グレーシュ J.（Greisch, J.）138, 154-5,
198, 276-7原注5, 277原注6
クワイン, W.V.O.（Quine, W.V.O.）107-8
クーン, T.（Kuhn, T.）107
　『科学革命の構造』
　（The Structure of Scientific Revolutions）
　108-9, 132原注202
　改宗（conversion）134原注235
啓蒙主義思想（Enlightenment）152,
316
ケージ, ジョン（Cage, John）iii
決断すること（decision-making）371-2,
386-7原注79
決断不可能性（undecidability）369-70
ケルナー, D.（Kellner, D.）241, 269
言語（language）
　アイルランド語（Irish）77原注176
　意味（meanings）58-9, 219
　ウィトゲンシュタイ（Wittgenstein）
　11, 44, 48-9, 56-9, 90-1, 167-8, 189, 324

顔（face）167-8, 324
　最期の言葉（last words）239, 307,
　358-9
　死の定め／不滅性
　（mortality／immortality）360
　社会的関係（social relations）308
　責任（responsibility）248
　存在論（ontology）175原注3
　『哲学探究』
　（Philosophical Investigations）167
　ニーチェ（Nietzsche）73原注105
　日常――（ordinary）49, 269, 363
　翻訳の可能性（translatability）
　307-8
　予測可能性（predictability）158
　倫理、倫理学（ethics）238, 254-5,
　323
　レヴィナス（Levinas）8, 238, 323-5
言語ゲーム（language-games）
　ウィトゲンシュタイン（Wittgenstein）
　65-6, 69原注17, 139, 198, 326-7
　『確実性の問題』（On Certainty）
　65, 110
　原始的な（primitive）――161-2
　社会的関係（social relations）111
　信頼（trust）364
　リオタール（Lyotard）150
言語行為理論（speech-act theory）
340原注99, 366
言語の習得（language acquisition）
192-3, 325
原罪（original sin）216-7, 260
現存在（Dasein）
　ハイデッガー（Heidegger）
　239-46, 257, 262-3, 278原注25,
　342原注123
　本来性（authenticity）263
　レヴィナス（Levinas）341原注122
原理（principles）
　基本（foundational）――364, 366
　――の一致（和解）（reconciliation of）

434

57, 105, 114, 118

世界像（world-pictures）　105-6

蝶番としての（hinged）——
124原注84

統一的（unifying）——　155

合理性、理性、理由（根拠）（reason）

アタラクシア（*ataraxia*）　36

一致（合意）（consensus）　177原注42

説得（persuasion）　2, 60, 112, 274

倫理（ethics）　19, 326-7

ルソー（Rousseau）　27

原理主義（fundamentalism）　103-4, 143-4,
129原注166

公正な社会（just society）　140

強情さ（stubbornness）　105, 109

告白、懺悔（confession）

ウィトゲンシュタイン（Wittgenstein）
75原注144, 232-3原注94

罪悪感、責め（guilt）　270-1

デリダ（Derrida）　361, 379-80,
382-3原注97

トルストイ（Tolstoy）　204

ニュートン（Newton）　288原注223

レヴィナス（Levinas）　295

子供（children）

学習（learning）　88, 92

傷つきやすさ（vulnerability）　330

教育（education）　192

苦しみ（suffering）　164, 183原注40,
324-5

道徳意識（moral consciousness）
297, 209原注209

動物性（animality）　324

コワコフスキ,L.（Kolakowski,L.）　79,
287原注209

サ 行

差異、相違（differences）　10-5, 145,
152, 156, 174

罪悪感、責め（guilt）

生き延びた者（survivor）　16-7,
248, 250-1, 267-8, 361-1

ウィトゲンシュタイン（Wittgenstein）
222, 239

ガイタ（Gaita）　287原注219

『確実性の問題』（*On Certainty*）
153-4

価値判断（value judgement）
220-2

苦しみ（suffering）　273

根本的な単独性（radical singularity）
270, 274, 276

告白（confession）　270-1

責任（responsibility）　218, 224-6,
270, 372-3

デリダ（Derrida）　259, 265

ハイデッガー（Heidegger）　199,
265, 266, 277原注12

恥（shame）　374

罰（punishment）　318

無罪（innocence）　287原注207

良心（conscience）　239, 242-6

倫理学（ethics）　226

レヴィナス（Levinas）　198-9, 224-6,
226, 238-9, 259-60, 265-6, 276, 313,
360-1, 392

採鉱会社（mining companies）　151

最後の審判（Last Judgement）　46-7,
104, 202, 210

災難（disasters）　119, 135原注259

ド・サド（De Sade,D.A.F.）　185原注155,
316-7

作為／不作為（acts/omissions）
279原注53

サルトル, J.-P.（Sartre, J.-P.）
127原注129, 127原注134

死（death）　231原注78, 359, 360

ジェームズ, ウィリアム（James, William）
115

自責の念（remorse）　224, 372

自然主義（naturalism）

倫理学（ethics）　18-9
ニーチェ（Nietzsche）　316-7
ピュロン主義的懐疑論
　　（Pyrrhonian Skepticism）　46, 67
ウィトゲンシュタイン（Wittgenstein）
　　12, 126原注115, 166, 185原注163,
　　191, 194, 204, 208, 291, 326-7, 365,
　　389原注224, 391
自然の領域、自然界（natural realm）　11,
　16, 50-1, 68, 313
死の定め（mortality）　360
ショーペンハウアー, A.（Schopenhauer, A.）
　137, 148, 173, 367
シールズ,P.R.（Shields, P.R.）　34, 59,
　216-7
政治、政治学／倫理、倫理学
　（politics／ethics）　179原注66
社会（society）
　　科学（science）　132原注213
　　原始的／近代的（primitive/modern）
　　　207
社会への順応（social conformity）　67,
　241-2
社会的諸関係（social relations）
　　愛（love）　299, 318
　　言語（language）　308
　　言語ゲーム（language-games）
　　　111-2
　　差異（differences）　12
　　信頼（trust）　12, 365
　　倫理（ethics）　194
　　ルソー（Rousseau）　301
社会的偏見（social prejudices）　37-8
自由意志（free will）　189原注149
宗教（religion）
　　ウィトゲンシュタイン（Wittgenstein）
　　　59-60, 83, 205
　　改宗（conversion）　79, 115
　　カプート Caputo　79
　　儀式（ritual）　168-9
　　原理主義（fundamentalism）　143

信仰（faith）　376-7
　　責任（responsibility）　15
　　デリダ（Derrida）　376-7
　　ドグマティズム（dogmatism）
　　　104
　　ヒック（Hick）　150
　　フレイザー（Frazer）　168-9
　　迷信（superstition）　14
　　倫理（ethics）　15, 304-7
　　倫理的アプローチ（ethical approach）
　　　9
　　レヴィナス（Levinas）　16, 305-7
　　予言（predictions）　104-5
　　告白（confession）、信仰（faith）も
　　参照せよ。
宗教性（religiosity）　100, 292
宗教的信念、宗教的信仰（religious belief）
　80, 101-2, 128原注152
　　ウィトゲンシュタイン（Wittgenstein）
　　　80, 101-2, 203-4, 205-6, 214, 305
　　『確実性の問題』（On Certainty）　96
宗教的排他主義（religious exclusivism）
　150
主体性（subjectivity）　8, 247, 257
証言（testimony）　365
進化論（evolution, theory of）　170
信仰（faith）
　　愛（love）　102
　　キェルケゴール（Kierkegaard）
　　　128原注153
　　犠牲（sacrifice）　201
　　信頼（trust）　88, 101
　　世界像（world-pictures）　377
　　──の危機（crisis of）　97, 206
　　『反哲学的断章──文化と価値』
　　　（Culture and Value）　101
　　レヴィナス（Levinas）　306-7, 336
信仰者／非信仰者
　（believers/non-believers）　201-2, 204
信仰主義（fideism）　13, 111, 176原注176,
　376

真実を語る（こと）（truth-telling）
385原注149
新宗教運動（New Religious Movements）
115
身体（body）　156, 187原注200, 251
　顔（face）も参照せよ。
信念、信仰（belief）
　アタラクシア（*ataraxia*）　34
　ウィトゲンシュタイン（Wittgenstein）
　105, 120原注10, 199-200, 227原注9
　『確実性の問題』（*On Certainty*）　2,
　116
　基礎的（foundational）――　98
　苦しみ（suffering）　128原注147
　強情さ（stubbornness）　105
　最後の審判（Last Judgement）
　96-7
　信頼（trust）　210
　世界像（world-pictures）　97, 105
　対立する（conflicting）――　2-3,
　192
　信念の根拠（grounds for）　94
　ピュロン主義的懐疑論
　（Pyrrhonian Skepticism）
　73原注119, 120原注10
　ムーア（Moore）　113
　迷信（superstition）　104,
　128原注152
　宗教的信念、宗教的信仰
　（religious belief）も参照せよ。
侵犯（trespassing）　248-9, 276, 355, 358
信頼（trust）
　アブラハムとイサク
　（Abraham and Isaac）　89
　『確実性の問題』（*On Certainty*）　329,
　364
　歓待（hospitality）　366-7
　基礎的な原理
　（foundational principles）　92, 364
　傷つきやすさ（vulnerability）　119
　言語ゲーム（language-games）　364

原始的な（primitive）――　329-30
　社会的関係（social relations）　12,
　364-6
　信仰（faith）　89, 101
　信念（belief）　93, 210
　――が消え去ってしまうこと
　（dissipation of）　93
　頼り（reliance）　89, 100,
　233原注103
　学ぶこと（learning）　88, 92
『シンドラーのリスト』（スピルバーグ）
　（*Schilndler's List*（Spielberg））　270
真理（truth）　31, 36, 51, 79, 84
スピルバーグ, スティーブン
　（Spielberg, Steven）　270
住まい、家（home）　350-2, 347原注228,
　358
スマート, N.（Smart, N.）　13
スリン, K.（Surin, K.）　146-7, 153, 161,
　198, 207
正義（公正）（justice）
　アボリジニ（Aboriginal people）
　179原注76
　『確実性の問題』（*On Certainty*）
　208
　ショーペンハウアー（Schopenhauer）
　137
　デリダ（Derrida）　373-4
　ニーチェ（Nietzsche）　316
　リオタール（Lyotard）　147-8
　レヴィナス（Levinas）　298-301
聖潔性（saintliness）　18, 224, 310, 312-3,
　332
政治、政治学／倫理、倫理学
　（politics/ ethics）　36-40, 179原注66
聖性（holiness）　310, 341原注112, 373
　聖潔性（saintliness）も参照せよ。
世界創造の物語（creationism）　129
世界像（world-pictures）
　言語（language）　10, 93
　原則（principles）　102-7

信仰（faith）　377
信仰、信念（belief）　97, 105, 216-7
　　対立する（conflicting）——　116-8
　　他人（other）の——　193,
　　131原注192, 135原注245
　　取り憑き（haunting）　371
　　排除されている事柄
　　　（excluded items）　192
「世界のことを書いた本」（world-book）
　219
責任（responsibility）
　　犠牲（sacrifice）　73
　　言語（language）　248
　　罪悪感、責め（guilt）　218, 224-6,
　　270-1, 373
　　宗教（religion）　16
　　他者（other）　259, 260-1
　　道徳（moral）　270
　　無条件的なもの（unconditional）
　　218
　　倫理、倫理学（ethics）　208,
　　227原注4
　　霊魂の不滅（immortality）　15
　　レヴィナス（Levinas）　262, 275-6,
　　290
セクストス・エムピリコス
　（Sextus Empiricus）
　　アタラクシア（ataraxia）　11, 30-4,
　　51, 82
　　自然の領域（natural realm）　50-1
　　ドグマティズム（dogmatism）　82
　　ピュロン主義的懐疑論
　　　　（Pyrrhonian Skepticism）も参照せよ。
セクト主義（sectarianism）　130原注174
説得（persuasion）　2, 12, 35-6, 60, 112,
　274
責め（guilt）→「罪悪感、責め」を参照せよ。
全体主義（totalitarianism）　141, 150
相互人間的関係（inter-human relations）
　314
相互主観性（intersubjectivity）　252,

323, 334, 354-5
相互人間的な関係
　（inter-personal relations）　155-6
『創世記』（Genesis）　89, 104, 267
想像力（imagination　12原注240
相対主義（relativism）　81, 138,
　234原注118
贈与すること（gift-giving）　223, 315,
　357, 367
存在論（ontology）　16-7, 212-3,
　286原注185, 311

タ　行

第三者（third party）　298-303, 367
　　他者（other）も参照せよ。
大陸哲学（Continental philosophy）
　20-22
ダーウィニズム（Darwinism）　318
多元主義（pluralism）　141-2, 146,
　176原注18
　　極端な（radical）——　198, 207
　　相対主義的（relativistic）——
　　140
　　宗教的（religious）——　138, 142,
　　144-5, 154, 176原注24
　　多元性（plurality）　176原注19
　　ヒック（Hick）　142-3
　　普遍性（universality）　146
多元性（plurality）　137-8, 147,
　178原注19
多神教主義（paganism）　148, 153, 72-3
他者（other）　161, 198, 344原注168
　　顔（face）　296-8, 131原注198,
　　346原注202
　　犠牲（sacrifice）　263-5
　　空間（space）　284原注163
　　苦しみ（suffering）　329
　　世界像（world-pictures）　131原注192,
　　134原注245
　　差異（differences）　145-6

自己現前（self-presence） 257

責任（responsibility） 154

──に対して開かれていること
（openness to） 356

──の恐怖（fear of） 343原注154

──への欲望（desire） 314-5,
341原注117, 352

デリダ（Derrida） 20, 322

暴力（violence） 198

ムーア（Moore） 121原注26

リオタール（Lyotard） 148-9

レヴィナス（Levinsas） 21, 290-3,
302-5, 309-11, 314-5, 322-3

他者への欲望（desire for other） 315,
341

頼り（reliance） 233原注103

知識（knowledge） 82-4, 90, 94-5, 363

治療的技法（therapeutic techniques）
82-4, 90, 94-5

ウィトゲンシュタイン（Wittgenstein）
11, 190

セクストス（Sextus） 11, 138, 190

『反哲学的断章─文化と価値』
（Culture and Value） 46

ピュロン主義的懐疑論
（Pyrrhonian Skepticism） 29-30,
45

倫理的・政治的要因
（ethical-political factors） 80

超越（transcendence） 331原注11

超自然的な倫理学（supernatural ethics）
218-20, 374

沈黙（silence） 52, 134原注236,
381原注69

ツヴァイク, シュテファン（Zweig, Stefan）
iii, 289

ディオゲネス（Diogenes） 32-3

デカルト, ルネ（Descartes, René） 87,
157

デカルトの方法（Cartesian method）
87

できる／べき（can/ought） 115

テサロニケの信徒への手紙一 359

『哲学探究』（ウィトゲンシュタイン）
（Philosophical Investigations
（Wittgenstein）） 168

言語（language） 168-9

言語ゲーム（language-games） 111

自然（nature） 167

序文（preface） 59

哲学的実践（philosophical practices）
44, 74原注133

人間／動物（humans/animals） 363

理想（ideal） 56, 155

倫理（ethics） 155

哲学的実践（philosophical practice）

ウィトゲンシュタイン（Wittgenstein）
41-6, 61, 72原注83

レヴィナス（Levinas） 234原注115

テニスのアナロジー
（tennis-playing analogy） 221

デフォー, ダニエル（Defoe, Daniel）

『ロビンソン・クルーソー』
（Robinson Crusoe） 267, 272, 308,
324, 352

デリダ, ジャック（Derrida, Jacques） 1-2,
137

愛／寛容（love/tolerance） 189

生き残った者の責め（survivor's guilt）
248

懐疑論（skepticism） 362

顔（face） 296

「割礼告白」（'Circumfession'） 375

カプート（Caputo） 350

神（God） 212

歓待（hospitality） 349-50, 353-5,
367

『歓待について』（Of Hospitality）
349

決断すること（decision-making）
371-2, 386-7, 386-7原注179

『交渉』（Negotiations）（未邦訳） 197

告白（confession）　379-80原注50,
　382-3原注97, 361
『死を与える』（*The Gift of Death*）
　264
宗教（religion）　376-7
真理（truth）　51
正義（公正）（justice）　373-4
贈与すること（gift-giving）　315,
　357
多元性（plurality）　147
佗者、他なるもの（other）　20, 322
動物（animals）　335
ドグマティズム（dogmatism）
　176原注13
反復可能性（iterability）　178,
　362-3, 381原注72, 333, 382原注93
人質／もてなす人（hostage/host）
　353
文芸（literature）　388原注214
暴力（violence）　368
ボードレール（Baudelaire）　329
『倫理、制度、哲学への権利』（未邦訳）
　（*Ethics, Institutions and the Right to
　Philosophy*）　27
レヴィナス（Levinas）　9, 18, 265-6,
　292, 333-4
伝統（tradition）　139-42, 147
等価（equipollence）　35-6, 38
道徳（morality）　154, 317, 319-20
道徳意識（moral consciousness）
　287原注209
道徳共同体（moral community）　165
道徳的直観主義（moral intuitionism）
　388原注209
道徳哲学（moral philosophy）　269
動物（Animals）
　ウィンチ, P.（Winch）　345原注185
　顔（face）　332
　子供（children）　324
　デリダ（Derrida）　333, 335
　人間性（humanity）　321, 329-31

ドゥルーリー. M.（Drury. M.）　27-8,
　77原注176, 130原注174, 204, 206, 215,
　231原注78
咎め（blame）　284原注153
ドグマティズム（dogmatism）
　130原注174, 176原注13
　　ウィトゲンシュタイン（Wittgenstein）
　　80, 202
　　懐疑論（skepticism）　37
　　宗教（religion）　104
　　セクストス（Sextus）　82
　　デリダ（Derrida）　176原注13
　　ピュロン主義的懐疑論
　　（Pyrrhonian Skepticism）　34
ドストエフスキー, フョードル
　（Dostoyevsky, Fyodor）
　　『カラマーゾフの兄弟』
　　（*The Brothers Karamasov*）　225,
　　238, 271
　　『罪と罰』（*Crime and Punishment*）
　　225
土地の所有権（land ownership）　151-2
どっちつかずであること
　（non-commitment）　40
途方に暮れている（being-at-a-loss）　36,
　71原注53
取り憑き（haunting）　353, 371
トリッグ, R.（Trigg, R.）　326
トルストイ, レフ（Tolstoy, Lev）
　　神（God）　200-1, 210, 214
　　キリスト教（Christianity）　215
　　懺悔（告白）（confession）　204
　　『懺悔』（*A Confession*）　72原注93,
　　200-1, 210, 230原注55, 213原注85
ドルバック, P.H.D.（D'Holbach, P.H.D.）
　343原注141

ナ 行

嘆くこと（mourning）　303
ナチズム（Nazism）　247-8

「汝殺すなかれ」（'Thou shalt not kill'）
293-4, 328
肉食獣（predators） 317
日常言語哲学
（ordinary language philosophy） 49
ニーチェ，フリードリヒ
（Nietzsche, Friedrich）
キリスト教（Christianity） 319
言語（language） 73原注105
自然主義（naturalism） 316-8
聖潔性（holiness） 341原注112
正義（公正）（justice） 316
ダーウィニズム（Darwinism） 318
『ツァラトゥストラかく語りき』
（*Thus Spoke Zarathustra*） 237
道徳（morality） 317, 319-20
『道徳の系譜』（*On the Genealogy of
Morality*） 197
ニーリ，J.C.（Nyíri, J.C.） 64-8, 81, 87,
138
ニュイエン，A.T.（Nuyen, A.T.） 164
ニュートン，サー・アイザック
（Newton, Sir Isaac） 288原注223
人間（humans）
アボリジニ（Aboriginal people）
174
オートマン（自動機械）（automata）
160
顔（face） 297, 252-3
共通性（commonality） 152-3, 170
災難（disasters） 135原注259
身体（body） 161
聖なる物体（sacred objects） 152
動物（animals） 321-2, 322-3,
328-31, 363
──性の喪失（lost） 173
非人類（non-humanity） 156
レヴィナス（Levinas） 322-4
人間中心主義（anthropocentrism） 333,
345原注179
人間的本性（human nature） 320,

342原注125
人間の振舞い（human behavior） 354,
385, 137原注139
認識論（epistemology） 194
ヌスバウム，M.（Nussbaum, M.） 31-2,
37-8, 64-8
ネルソン，G .K.（Nelson, G .K.） 115

八行

ハイデッガー，マルティン
（Heidegger, Martin） 16-7, 36
アウシュヴィッツ（Auschwitz）
372
犠牲（sacrifice） 246
現存在（Dasein） 239-46, 257,
262-4, 278原注25, 342原注123
責め（guilt） 199, 265-6, 277原注12,
16, 18, 139-40
『存在と時間』（*Being and Time*） 18,
239-46
存在論（ontology） 16-7
躊躇（hesitancy） 36
沈黙（silence） 381原注69
縫製の実例（clothing example）
240
善き良心（good conscience） 272
レヴィナス（Levinas） 248-9
バウマン，Z.（Bauman, Z.） 287原注218
梯子の隠喩（ladder metaphor） 52-3
バシュラール.G.（Bachelard, G.） 237,
357
パスカル，ファニア（Pascal, Fania）
76原注161, 270
パスカル，ブレーズ（Pascal, Blaise） 249
パットナム,H.（Putnam, H.） 280原注74
発話行為論（speech-act theory）
340原注100
ハドソン，W.D.（Hudson, W.D.） 93, 99,
128原注138
ハーバーマス，J.（Habermas,J.） 187原注20

反懐疑論（anti-skepticism）　81-2, 94-5

反自然主義（anti-naturalism）　18, 290, 316, 326, 334, 395原注178

反テロリズム対策
　　（anti-terrorism measures）　176原注16

反ヒューマニズム（anti-humanism）　317

判断（judgement）　107, 110
　　　　価値判断（value judgement）も参照せよ。

反復可能性（iterability）　333, 359, 362-3, 381原注72, 382原注93

バーンスタイン，RJ.（Bernstein, RJ.）　20

ピカート，M.（Picard, M.）　292, 325, 331, 342原注125

ヒック，J.（Hick, J.）
　　　　キリスト教（Chistianity）　142-3
　　　　神（God）　144
　　　　宗教（religion）　147
　　　　宗教的多元主義（religious pluralism）　138, 142, 145
　　　　宗教的排他主義
　　　　　（religious exclusivism）　150, 154

悲惨さ（wretchedness）　214-5, 224

非信仰者（non-believers）　201-2

否定神学（negative theology）　220

非道徳主義（amoralism）　164, 184原注148

人質（hostage）　251, 353

避難場所（refuge）　351, 353

非人間（non-humanity）　19, 156, 163, 182原注131, 346原注298
　　　　「動物（animals）」も参照せよ。

ヒューマニズム（humanism）　309-11, 332

ピュロン主義的懐疑論
　　（Pyrrhonian Skepticism）　75原注133
　　　　アタラクシア（ataraxia）　31-3, 35, 92, 119, 190
　　　　ウィトゲンシュタイン（Wittgenstein）　11, 29, 61-2, 69原注5
　　　　解放（liberation）　190, 191

自然主義（naturalism）　46, 67

信念（belief）　73原注110, 120原注10

真理（truth）　31, 36

説得（persuasion）　35

治療的技法（therapeutic techniques）　29-30, 45

「途方に暮れている」（'being-at-a-loss'）　36, 71原注53
　　　　倫理的／政治的意味
　　　　　（ethical/political implications）　37-41

表出性、顔の（expression, facial）　15, 34, 256

ファイヤアーベント，P.（Feyerabend, P.）　138-41, 135原注254

不一致（dissensus）　12, 138, 149

フィリップス，D.Z.（Phillips, D.Z.）　76原注170

フィロ（Philo）　76原注174

フォグリン，R.J.（Fogelin, R.J.）　68原注5

フォンフィッカー，ルートウィヒ
　　（von Ficker, Ludwig）　219

不可知論（agnosticism）　35, 200

不可能な（impossible）　128原注137

フッサール，エドムント
　　（Husserl, Edmund）　154, 291, 297

物理学（physics）　106

不道徳さ（immorality）　225

ブーバー，マルティン（Buber, Martin）　239

普遍性（universality）　90, 146, 254, 310

不滅（immortality）
　　　　ウィトゲンシュタイン（Wittgenstein）　208, 212-3, 218, 224
　　　　責任（responsibility）　15
　　　　『論理哲学論考』（*Tractatus Logico-Philosophicus*）　199

ブランショ，M.（Blanchot, M.）　385-6原注162

ブルア，D.（Bloor, D.）　65-8, 81, 87, 138,

205-7

フレイザー，ジェームズ（Frazer, James）
168-172
　　ウィトゲンシュタイン「フレイザー
　　『金枝篇』について」
　　（Wittgenstein, 'Remarks on Frazer's
　　Golden Bough'）も参照せよ．

フロイト，ジグムント（Freud, Sigmund）
75原注150

文芸（literature）　382-3原注97,
388原注214

文法（grammar）
　　表層（surface）——　73原注101, 203
　　深層（depth）——　73原注101, 203

ヘラー，ジョゼフ（Heller, Joseph）　40,
64

ヘルツォーク，ウェルナー（Herzog, Werner）
151-153

ヘルツベルク（Herzberg, L.）　89, 99,
124原注77, 233原注103, 329-30

冒涜（blasphemy）　102-3, 133原注251,
225

縫製の実例（clothing example）　240

暴力（violence）
　　顔（*le visage*）の——　255
　　傷つきやすさ（vulnerability）　248-9
　　第三者（third party）　298
　　他者（other）——　198
　　デリダ（Derrida）　238原注144, 368
　　——の自然的素質（natural capacity
　　for）　183原注136
　　倫理以前の（preethical）——　198

本来性（authenticity）　241-2, 263

保守主義（conservatism）
　　『確実性の問題』（*On Certainty*）　138-9
　　信仰主義（fideism）　71原注59
　　ニーリ（Nyíri）　64, 66, 87
　　フィリップス（Phillips）　76原注170

ポストモダニズム（postmodernism）
178原注50

ボードレール．C．（Baudelaire.C.）　258

ボビー、犬（Bobby, the dog）　323-5,
330-1

ホランド，R.F.（Holland, R.F.）　75原注147

ホロコースト（Holocaust）　247

本能的行動（instinct-actions）　171

マ 行

マーティン，D.（Martin, D.）　98-9

招き（invitation）　354, 356

マルクス，ウェルナー（Marx, Werner）
154

マルコム，N.（Malcolm, N.）　209, 211-4,
224, 337原注21

『緑の蟻が夢見るところ』（ヘルツォーク）
Where the Green Acts Dream（Herzog）
151-3

民主主義（democracy）　339原注84
　　相対主義的な（relativistic）——
　　139, 141

ムーア，G.E.（Moore, G.E.）　86
　　信念（belief）　113
　　常識（common sense）　82
　　蝶番の学び（hinged learning）　88,
　　103, 153
　　知識（knowledge）　83-4, 94-5
　　道徳的直観主義（moral intuitionism）
　　388原注209
　　他者（other）　121原注26
　　命題（propositions）　121原注35, 213

無関心（indifference）　164

無罪（innocence）　287原注207

無神論（Atheism）　197, 205-6

無動揺（平静）（unperturbedness）
　　アタラクシア（*ataraxia*）を参照せよ．

迷信（superstition）　14

命法（imperatives）
　　仮言（hypothetical）——　219
　　定言（categorical）——　219, 255
　　「汝殺すなかれ」
　　（'Thou shalt not kill'）　261

443

メシア（Messiah） 354, 359
もてなす人（host） 353
喪に服する（mourning） 261
モラウェッツ, T.（Morawetz, T.） 91-2,
133原注233
モンク, R.（Monk, R.） 225
モンテーニュ, M.（Montaigne, M.）
237

ヤ 行

ユーモア（humour） 185原注178,
280原注75
許し（forgiveness） 280原注75
予言（predictions） 104-5
予言、誤った（prophets, false） 97
善さ（goodness） 189
「ヨハネの手紙一」（1 John） 97
「ヨハネの手紙二」（2 John） 380原注55
予測不可能性（unpredictability） 354

ラ 行

ラック, B.R.（Clack, B.R.） 205,
232原注89
ラング, R.（Lang, R.） 381原注67
ランダム性（randomness） 387原注192
リーズ, R（Rhees, R.） 11-3, 58, 60
リオタール, J.F.（Lyotard, J.F.）
147-9, 178原注50
　差異（differences） 169-70, 174
　極端な多元主義（radical pluralism）
　　198, 207
　政治（politics） 179原注166
　多神教主義（paganism） 148, 153
　不一致（dissensus） 12, 138, 149,
　　151
　『文の抗争』（The Differend） 141,
　　178原注53
理性（reason） → 「合理性、理性、理由（根
　拠）」を参照せよ。

理想（ideal） 56
良心（conscience） 9, 165
　悪しき（葛藤なき）（bad）——
　　214, 249-50, 272, 368, 317-8, 372
　公共的（public）—— 244
　罪悪感、責め（guilt） 239, 242-6
　取り憑き（haunting） 205
　善き（葛藤なき）（good）——
　　9, 165, 225, 271-2, 352, 370
　レヴィナス（Levinas） 16, 260-1
ルカによる福音書（Luke's Gospel）
　380原注55
利己性（selfishness） 317
レヴィ, P.（Levi, P.） 251, 280原注75
レヴィナス, エマニュエル
　（Levinas, Emmanuel） 259-60
　愛（love） 304原注93
　家（home） 344, 228原注, 350-3
　生き延びた者の責め
　　（survivor's guilt） 248, 361
　「意味と意義」（'Meaning and Sense'）
　　192
　顔（face） 16, 19, 252-8, 282原注113,
　　290-1, 293-7, 338原注49
　カプート（Caputo） 184原注153,
　　250, 350
　神（God） 290-2, 292-4, 305-7
　歓待（hospitality） 386原注163
　言語（language） 9, 238, 307-8,
　　323-5
　現存在（Dasein） 341原注122
　告白（confession） 295
　自然主義（naturalism） 290, 316,
　　327-8, 334, 345原注178
　宗教／倫理（religion/ethics） 17,
　　305-6
　主体性、主観性（subjectivity） 7-8
　　137, 247, 257
　信仰（faith） 306, 336
　正義（公正）（justice） 298-9
　聖潔性（saintliness） 20, 224, 310,

312-3, 332, 342原注128
責任（responsibility）　262, 275-6
責め（guilt）　199, 224-6, 238-9,
259-60, 265, 266, 276, 313, 361
『全体性と無限』
（*Totality and Infinity*）　392
『存在の彼方へ』
（*Otherwise than Being*）　295, 303
他者、他なるもの（other）
238原注130, 265-6, 283原注130,
290-3, 302-5, 309-11, 314-5, 322-23
他者への欲望（desire for other）
314-5, 341原注117, 352
『タルムード九講話』
（*Nine Talmudic Readings*）　349
デリダ（Derrida）　9, 290-2, 333-4,
314-5
「汝殺すなかれ」
（'Thou shalt not kill'）　261, 328
人間／動物（humans/animals）
321
ハイデッガー（Heidegger）　7-8,
235-6, 249
反自然主義（antinaturalism）　18
ヒューマニズム（humanism）
309-11, 332
良心（conscience）　261
ルソー（Rousseau）　301-3
利他主義（altruism）　317, 320
倫理、倫理学（ethics）　9
ウィンチ（Winch）　194原注3
懐疑論（skepticism）　341原注110
『確実性の問題』（*On Certainty*）　153
言語（language）　238, 323-4
自然主義（naturalism）　18
社会的関係（social relations）
194-5
宗教（religion）　15-6, 305-6
主体性（subjectivity）　7, 258
政治、政治学（politics）　36-40
世界のことを書いた本（world-book）

219
責任（responsibility）　208
罪悪感（責め）（guilt）　226
超自然的（supernatural）　218-20,
374
『哲学探究』
（*Philosophical Investigations*）　155
動物（animals）　19
肉食獣（predator）　317
認識論（epistemology）　194
理性、合理性（reason）　19, 327
倫理的アプローチ（ethical approach）
252-3, 319
倫理的／政治的要因
（ethical/political factors）　36-40
ルソー, J.-J.（Rousseau, J.-J.）　384原注139
『告白』（*The Confessions*）　268, 274-5
所有（property）　285原注166
『人間不平等起源論』
（*A Discourse on the Origin of
Inequality*）　268, 301
理性（reason）　27
レヴィナス（Levinas）　301-3
霊魂の不滅、不滅（immortality）
381原注72
ウィトゲンシュタイン（Wittgenstein）
208-9, 212-3, 218, 224
責任（responsibility）　15-6
『論理哲学論考』
（*Tractatus Logico-Philosophicus*）
199-200
歴史（history）　125
レッドパス, T（Redpath, T.）　224
レディングズ, B.（Readings, B.）　151-4,
161, 172
極端な多元主義（radical pluralism）
198, 207
ローティ, リチャード（Rorty, Richard）
69原注47, 134原注248, 343原注140
ロビンス, J.（Robbins, J.）　239
『ロビンソン・クルーソー』（デフォー）

（*Robinson Crusoe*（Defoe）） 266-8, 272,
308, 324, 352
論理実証主義（logical positivism） 212
『論理哲学論考』（ウィトゲンシュタイン）
（*Tractatus Logico-Philosophicus*（Wittgenstein））
238
語ること／示すこと
（saying/showing） 66
沈黙（silence） 374
否定神学（negative theology）
220
命題（propositions） 52-53
「倫理学講話」
（‘A Lecture of Ethics’）
199-200, 218
霊魂の不滅（immortality） 119-200
――の完成（completion of） 55

【訳者紹介】

米澤　克夫　（よねざわ　かつお）
（はじめに、謝辞、序論、第2、3、4章、全体の要約担当および監訳）
元聖心女子大学教授
著書：『哲学思索と現実の世界』（共編著、創文社）、その他
訳書：P.M.S.ハッカー著『洞察と幻想――ウィトゲンシュタインの哲学観と経験の形
而上学』（八千代出版）、M.ブンゲ著『精神の本性について』（共訳、産業図書）、C.V.ボー
スト編『心と脳は同一か』（共訳、北樹出版）、D.A.ワイナー『天才と才人――ウィト
ゲンシュタインへのショーペンハウアーの影響』（共訳、三和書籍）

寺中　平治　（てらなか　へいじ）
（第1章担当）
聖心女子大学名誉教授
著書：『論理学』（共著、三和書籍）、その他
訳書：K.ブフタール・A.ヒュブナー共著『ウィトゲンシュタイン入門』（大修館書店）、
S.シューメーカー・R.スウィンバーン共著『人格の同一性』（産業図書）、V.クラー
フト著『ウィーン学団』（勁草書房）、D.A.ワイナー著『天才と才人――ウィトゲンシュ
タインへのショーペンハウアーの影響』（共訳、三和書籍）、G.E.ムア著『倫理学原理』
（共訳、三和書籍）、その他

菅崎　香乃　（すがさき　よしの）
（第5章担当）
筑波大学大学院人文社会科学研究科博士課程在学
論文：「ウィトゲンシュタイン『哲学探究』一五八節における「われわれ」――生徒
の位置づけをめぐって」（『哲学思想論叢』（筑波大学哲学・思想学会）31号、2013年、
15-27頁）、その他

河上　正秀　（かわかみ　しょうしゅう）
（第6、7章担当）
筑波大学名誉教授、元放送大学客員教授
著書：『ドイツにおけるキルケゴール思想の受容――20世紀初頭の批判哲学と実存哲
学』（創文社）、『行為と意味――技術時代の人間像』（未知谷）、その他
訳書：マックス・シェーラー全集・第9巻『社会学および世界観学論集（上）』（白水社、
共訳）、『キルケゴールの講話・遺稿集（第7巻）』（新地書房、共訳）、W.ヤンケ著『実
存思想の軌跡』（富士書店、共訳）、その他

出雲 **春明**（いずも　しゅんめい）
（第 8 章担当）
植草学園大学、高崎健康福祉大学非常勤講師
論文：「誕生としての行為──アレントのアウグスティヌス解釈を手掛かりにして（『倫理学年報』第 57 号、日本倫理学会）

馬場 **智理**（ばば　ともみち）
（第 8 章担当）
筑波大学非常勤講師
論文：「時間と他者──キルケゴール思想における実存解釈の研究」（学位論文：筑波大学）、その他

ウィトゲンシュタインとレヴィナス
倫理的・宗教的思想

2017 年 4 月 27 日　第 1 版第 1 刷発行

著　者　　ボブ・プラント
訳　者　　米澤克夫（監訳）/ 寺中平治 /
　　　　　菅崎香乃 / 河上正秀 / 出雲春明
　　　　　/ 馬場智理

発行者　　高橋　考
発　行　　三和書籍

〒 112-0013　東京都文京区音羽 2-2-2
電話 03-5395-4630
FAX 03-5395-4632
sanwa@sanwa-co.com
http://www.sanwa-co.com/
印刷／製本　モリモト印刷株式会社

乱丁、落丁本はお取替えいたします。定価はカバーに表示しています。
ISBN978-4-86251-211-6 C3010
本書の一部または全部を無断で複写、複製転載することを禁じます。

本書の電子版（PDF形式）はBook Pubの下記URLにてお買い求めいただけます。
http://bookpub.jp/books/bp/461

三和書籍の好評図書

天才と才人
ウィトゲンシュタインへのショーペンハウアーの影響

D.A.ワイナー 著／寺中平治・米澤克夫 共訳
四六判／上製／280頁　本体2,800円+税

●『若きウィトゲンシュタインへのショーペンハウアーの影響を、『論考』の存在論、論理学、科学、美学、倫理学、神秘主義という基本的テーマ全体にわたって、文献的かつ思想的に徹底分析した刮目の研究書、ついに完訳、本邦初公開。

倫理学原理
付録：内在的価値の概念／自由意志

G・E・ムア 著／泉谷周三郎／寺中平治／星野勉 訳
A5判／並製／418頁　本体6,000円+税

●1903年出版のG・E・ムア『倫理学原理』(Principia Ethica)は、20世紀における倫理学理論の出発を決定づけるものとなった。本書には「自由意志」と「内在的価値の概念」という2つの重要な論文も収録。

論理学

小林利裕／米沢克夫／寺中平治 共著
B6判／並製／201頁　本体2,000円+税

●広義の「論理学」、たとえば様相論理、規範論理、帰納法、科学方法論なども取り入れた本書。「論理学」を学ぶ方の便宜のためできるだけ演習問題を多くし、必要に応じて解答例を示している。

ピアジェの教育学
子どもの活動と教師の役割

J・ピアジェ 著／芳賀純・能田伸彦 監訳
A5判／上製／286頁　本体3,500円+税

●教師の役割とは何か？　子どもが世界を理解できるようにするための手段や方法を、その心の中に作り上げてゆくべきなのか？　活動をどのように提示したら、子どもがそれを取り入れることができるのか？　"教育の方法"、"授業の役割"、"子どもの自律性"というテーマは、ジャン・ピアジェが生涯にわたって論じ続けたものである。ピアジェによる教育に関する研究結果を、はじめて一貫した形でわかりやすくまとめた。

矛盾の研究
意味の論理学の構築について

J.ピアジェ 著／芳賀純ほか 訳
A5判／上製／396頁　本体6,000円+税

●ピアジェの「発生的認識論」は、I.プリゴジンやH.フォン＝フェルスター、S.パパートといった人々から異口同音に共感を寄せられ、関心を集めている。本書はジュネーヴの「国際発生的認識論センター」紀要第31・32巻の全訳であり、『認知構造の均衡化』(同紀要33巻)と並んで、発生的認識論の基本概念である「均衡化」の理解に欠かせない重要文献である。

三和書籍の好評図書

意味の論理
意味の論理学の構築について

J.ピアジェ 著／芳賀純 訳
A5判／上製／234頁　本体3,000円＋税

●人が自分のまわりの事物と自らの行為に付与する意味という観点から、人間の行為を理解することはできないだろうか？発達心理学の事実と理論、そして最近の意味に関する論理学の理論に基づいてアプローチする。

フランス心理学の巨匠たち
16人の自伝にみる心理学史

寺内礼 監訳
四六判／上製／631頁　本体3,980円＋税

●20世紀の心理学界をリードした先駆者たち、中でも、フランス語圏の心理学者たちの自伝集。精神生理学、児童心理学、実験心理学、臨床心理学などさまざまな分野の心理学者たちを通して、心理学の歴史と、彼らの素顔に迫る。

精神分析の終焉
フロイトの夢理論批判

ジョルジュ ポリツェル 著／寺内礼／富田正二 訳
四六判／上製／360頁　本体3,200円＋税

●フロイトの夢理論と無意識理論を綿密に分析し、夢からえられる豊かな素材を利用できるのは、精神分析だけだと確認した古典的文献を訳出。寺内礼による「精神分析の終焉」「ジョルジュ・ポリツェル人と作品」も収録。

ヴィクトリア時代の思潮とJ.S.ミル
文芸・宗教・倫理・経済

有江大介 著
A5判／並製／480頁　本体2,800円＋税

●ミルというヴィクトリア時代を代表する知識人を媒介に、時代の思潮全体をできる限り鳥瞰し各領域を架橋することを目指した。とりわけ、功利主義・科学主義の反面であるロマン主義や宗教、文芸や古典趣味などについて、ヴィクトリア時代の文脈において捉え直した。併せて、現代の大衆社会、消費社会の原型が形作られたヴィクトリア時代を代表する思想家ミルの認識論、幸福論、正義論を通じて提示しようと試みた。

感性と人間
感覚／意味／方向　生活／行動／行為

山岸健／山岸美穂 共著
A5判／上製／617頁　本体4,800円＋税

●人間は、まさに感性の泉であり、感性のまことにしなやかな鏡なのである。学術的なスタイルをとらず、人間と感性への、人間のアイデンティティと人間の条件へのひとつのアプローチを示した一冊。

三和書籍の好評図書

希望の社会学
我々は何者か、我々はどこへ行くのか

慶應義塾大学名誉教授 山岸健／草柳千早／浜日出夫 共編
A5判／並製／272頁　本体2,800円＋税

●〈社会学〉は離島でもなければ孤島でもない。〈社会学〉はさまざまな領域や分野の科学、哲学、文学、歴史学、芸術の諸領域、精神科学、人間科学、社会科学、などとさまざまな状態でつながり合っている。

社会学の饗宴Ⅰ　風景の意味
理性と感性

山岸健 責任編集
A5判／上製／480頁　本体4,800円＋税

●あなたを魅惑したあの風景にはどんな意味が？　親密な経験、疲労した身体、他者の視線、生きる技法…多彩な知性と感性がくりひろげる百花繚乱の宴。

社会学の饗宴Ⅱ　逍遥する記憶
旅と里程標

山岸健 責任編集
A5判／上製／472頁　本体4,800円＋税

●共同体の記憶は世界理解の手掛かりとなるのか？　グローバル化、都市、庭園、ヒロシマ、漂流する家族…多彩な知性と感性がくりひろげる百花繚乱の宴。

レオナルド・ダ・ヴィンチへの誘い
美と美徳・感性・絵画科学・創造力

山岸健 著
四六判／上製／318頁　本体2,800円＋税

●繊細にして優美。レオナルドの絵は、ただひたすらに美しい─史上最も偉大な創作者の「人間」に迫る。

人間理解と看護の心理学

寺内礼 編著
B6判／並製／306頁　本体2,200円＋税

●「人間理解なくして、看護も教育もあり得ない」。古く、誤った人間観や発達感は人間存在に害を与える存在となろう。社会が変わり、生活が変化するなかで、人間の生きざまも多様化している現代。本書がなかで「人間とは何か」を再考する一石となれば幸甚である（まえがきより抜粋）。

三和書籍の好評図書

人生に生きる価値を与えているものは何か
日本人とアメリカ人の生きがいについて

ゴードン・マシュー 著／宮川陽子 訳
四六判／上製／324頁　本体3,300円+税

●自分にとって人生で一番大切なものは何か？　9組の日本人とアメリカ人を考察し、彼らを動かしているものは何か、彼らの人生に意味を与えているものは何かを理解するために、彼らの人生を詳細に分析する。

人間福祉とケアの世界
人間関係／人間の生活と生存

小池妙子／山岸健 編著
A5判／並製／276頁　本体3,500円+税

●高齢化社会、知的障害者の高齢化、介護・福祉の現場、思想としての人間の生活と生存とは何かを幅広い視点で述べる。「人間」が生きるうえで大切なこと、考えていかなければならないこと、福祉を考えるための書。

家族／看護／医療の社会学
人生を旅する人びと

山岸健 編
A5判／並製／317頁　本体3,492円+税

●人それぞれに、さまざまなことを体験しながら、日常を生きている。人間は人生の旅人であり、生きる意味を追い求めるものだ。家族・看護・医療という視点から、現代人の生きる意味を問う。

日常生活と人間の風景
社会学的人間学的アプローチ

山岸健 著
A5判／並製／674頁　本体3,500円+税

●人間には必ず生活があり、生活には空間・時間といったものが存在する。それらを「トポス」と定義づけ、人間そして世界というふたつのキー・ワードに注目しながら、人間の理解と世界の理解を深める。

彦坂尚嘉のエクリチュール
日本現代美術家の思考

彦坂尚嘉 著
A5判／上製／599頁　本体6,400円+税

●ラディカルな批判精神をもって美術史の可能性を探る。

三和書籍の新刊図書

ハッピーわんこのお名前占い事典

しーちゃん／M. ローズマリー 著
四六判／並製／214頁 本体1,500円+税

●本書は、数年前に好評を博した「おとだま名前占い」を犬の名前にも適応させて展開したものである。名付ける際はもちろん、人間との相性や犬同士の相性を判断する場合にも参考になる。さらに専門的な画数や数秘術を応用したチェック法や読み解き法をわかりやすく解説している。

どうして私のアトピーは治ったか？

脱ステ・脱保湿・アトピー改善大作戦

井出智子なかむら東洋医療センター 副センター長
中村昭治 なかむら鍼灸接骨院院長　笹原茂儀 同副院長 著
四六判／並製／124頁 本体1,400円+税

●本書ではアトピー性皮膚炎の原因の多くは、筋膜や筋肉が硬くなることで血行不良に至り、それがもたらす新陳代謝の異常こそがアトピー性皮膚炎の主因であるとしている。著者らの勤務するなかむら鍼灸接骨院で行う筋・筋膜伸長療法は、硬く縮んだ筋肉を本来の状態に伸ばす治療法である。ステロイド剤、保湿剤を使わない治療により、アトピー性皮膚炎が完治した元患者の喜びの声も多数掲載している。

知って得する 年金・税金・雇用・健康保険の基礎知識 2017年版

榎本恵一／渡辺峰男／吉田幸司／林充之 編著
A5判／並製／286頁 本体2,000円+税

●家庭全体のライフプランを立てるために、法律・制度を正しく理解！特集年収106万円の壁。第1章 得する社会人の基礎知識・第2章 得する結婚退職の基礎知識・第3章 得する出産情報の基礎知識・第4章 得する働き盛りの基礎知識・第5章 万が一のときに損しないための基礎知識・第6章 得する中高年の生き方基礎知識・第7章 得する老後の基礎知識・第8章 人生の終焉を迎えるときの基礎知識

超初心者用・鍼灸院治療マニュアル

即効性のあるテクニック

淺野周 著
A5判／並製／326頁 本体3,500円+税

●北京堂の鍼治療理論に始まり、治療に関するテクニックを余すところなく紹介している。そして、36種の疾患別治療法である。いずれも即効性のある北京堂式テクニックである。最後には、テクニックをマスターした後の、開業を維持していくポイントや更にスキルアップしていくための勉強方法など、著者の実体験を元にわかりやすく書かれている。

階上都市　津波被災地域を救う街づくり

阿部寧 著
A5判／並製／210頁 本体2,500円+税

●本書は、これまでの常識を覆す提案。横（水平）に逃げずに縦（垂直）に逃げることをコンセプトにして、津波に耐えうる階上都市を構想した。序章の「階上都市の実現に向けて」から最終章のⅦ章「街（都市）再生の条件」まで、各章ごとに詳細に分析し、過去の津波被災の歴史にも学び、新しい街づくりを提案している。